普通高等教育"十二五"土木工程系列规划教材

# 路基路面工程

主　编　李　伟
副主编　朱广山　廖明军
参　编　田　帅　赵中华　张　晏
　　　　耿　琳　朱陈欣
主　审　王晓初

机械工业出版社

本书以我国现行的相关工程技术标准和规范为依据，吸取目前国内外最新的研究成果和工程实践经验，重点阐述路基路面的基本概念、基本理论和基本方法，并且尽可能地融入这一领域内的新技术、新理论和新进展。本书分为总论、路基工程、路面工程三大部分，共 16 章。路基工程部分包括路基工程概论、一般路基设计、路基边坡稳定性分析、路基防护与加固设计、挡土墙设计、路基排水设计、路基施工；路面工程部分包括路面工程概论、路面基层、沥青路面、沥青路面设计、水泥混凝土路面、水泥混凝土路面设计、路面结构排水设计、路面施工、路面养护与管理。

本书可作为高等院校土木工程类交通土建工程方向、道路桥梁与渡河工程、道路与交通工程、公路与城市道路工程、市政工程、桥梁与隧道工程、机场、港口及航道工程等专业的本科教材，也可作为成人教育有关专业教材，还可供道路交通行业有关工程技术人员学习参考。

## 图书在版编目（CIP）数据

路基路面工程/李伟主编．—北京：机械工业出版社，2013.9（2024.1 重印）

普通高等教育"十二五"土木工程系列规划教材

ISBN 978-7-111-43718-5

Ⅰ.①路… Ⅱ.①李… Ⅲ.①路基工程-高等学校-教材 ②路面-道路工程-高等学校-教材 Ⅳ.①U416

中国版本图书馆 CIP 数据核字（2013）第 195427 号

机械工业出版社（北京市百万庄大街 22 号 邮政编码 100037）
策划编辑：马军平　　　　责任编辑：马军平
责任校对：张 征 肖 琳　封面设计：张 静
责任印制：邸 敏
北京富资园科技发展有限公司印刷
2024 年 1 月第 1 版第 5 次印刷
184mm×260mm・28 印张・696 千字
标准书号：ISBN 978-7-111-43718-5
定价：69.80 元

电话服务　　　　　　　　网络服务
客服电话：010-88361066　机　工　官　网：www.cmpbook.com
　　　　　010-88379833　机　工　官　博：weibo.com/cmp1952
　　　　　010-68326294　金　书　网：www.golden-book.com
**封底无防伪标均为盗版**　机工教育服务网：www.cmpedu.com

# 前　言

路基路面工程是高等学校土木工程领域中道路桥梁与渡河工程、道路与交通工程、公路与城市道路工程、市政工程、桥梁与隧道工程、机场、港口及航道工程等专业的重要必修课，是一门理论与实践并重、工程性较强的课程。该课程涉及内容广泛，与工程实践联系紧密并具有一定的区域特点。

为使读者掌握路基和路面工程的特点和技术要领，了解其发展趋势，本书以当前我国现行的有关公路和城市道路的工程技术标准和规范为依据，吸取目前国内外最新的研究成果和工程实践经验，重点阐述路基路面的基本概念、基本理论和基本方法，并且尽可能地融入这一领域内的新技术、新理论和新进展。读者通过学习和掌握本书介绍的基本概念、理论和方法要点后，结合有关规范，能自如地从事路基路面工程方面的技术工作，分析和解决路基路面工程中的问题。

与路基路面工程学科有关的课程较多，包括道路建筑材料、工程地质、土质与土力学、桥涵水文、道路勘测设计、结构力学、材料力学和弹性力学等课程。从高等学校本科教育的培养目标出发，本书尽量对相关学科的基本概念、基本理论叙述清楚，若需引用更为深刻的内容，则授课时，可在保证主干教学内容的前提之下，适当补充加强。

本书编写注重内容的实用性、知识的先进性以及编排的系统性。为方便读者使用，每章均设置了相应的思考题。

全书共分16章，第1章、第3章、第5章由沈阳大学李伟编写；第9章至第11章、第14章由沈阳建筑大学朱广山编写；总论、第4章由北华大学廖明军及沈阳建筑大学耿琳共同编写；第7章、第15章由辽宁科技大学田帅编写；第8章、第16章由沈阳城市建设学院赵中华编写；第2章、第6章由辽宁科技大学张晏编写；第12章、第13章由沈阳建筑大学朱广山和朱陈欣编写。全书由李伟主编，李伟和廖明军统稿。

沈阳大学王晓初教授审阅了书稿，并提出了许多好的意见和建议，在此深表感谢。

沈阳大学研究生刘洪涛、聂红宾、王军伟、张建鹏为本书的文字录入、图形绘制及校对做了大量工作，在此深表感谢。

鉴于本书涉及的内容跨度较大、学科门类较多，限于编者的技术和业务水平，疏漏之处在所难免，不妥之处恳请各位专家和读者批评指正。本书在编写过程中，参考了有关的标准、规范、教材和论著等，在此向有关编著者表示衷心的感谢！因各种条件所限，未能与有关编著者取得联系，引用与理解不当之处，敬请谅解！

编　者

# 目　录

总论 ......................................................... 1
　0.1　道路工程发展概况 ................................ 1
　　0.1.1　国内道路工程发展 ........................ 1
　　0.1.2　国外道路工程发展 ........................ 2
　0.2　路基路面工程的
　　　　特点及基本要求 ................................ 4
　　0.2.1　路基路面工程的特点 .................... 4
　　0.2.2　路基设计的一般要求 .................... 5
　　0.2.3　路面设计的一般要求 .................... 6
　0.3　路基路面稳定性分析 ............................ 7
　0.4　行车荷载与交通分析 ............................ 8
　　0.4.1　行车荷载 ........................................ 8
　　0.4.2　交通分析 ...................................... 13
　0.5　自然环境因素影响 .............................. 15
　　0.5.1　温度的作用 .................................. 16
　　0.5.2　水分的作用 .................................. 17
　本章小结 ................................................... 18
　思考题 ....................................................... 18

## 第一篇　路基工程

### 第1章　路基工程概论 .................................. 19
　1.1　路基土的分类及工程性质 .................... 19
　　1.1.1　路基土的分类 .............................. 19
　　1.1.2　路基土的工程性质 ...................... 22
　1.2　公路的自然区划 .................................. 23
　1.3　路基的水温状况及干湿类型 ................ 26
　　1.3.1　路基湿度的来源 .......................... 26
　　1.3.2　大气温度对路基水温
　　　　　 状况的影响 .................................. 26
　　1.3.3　路基干湿类型及划分方法 .......... 26
　1.4　路基材料力学特性及
　　　　评价指标 .............................................. 32
　　1.4.1　路基受力 ...................................... 32
　　1.4.2　路基工作区 .................................. 32
　　1.4.3　路基土的应力—应变特性 .......... 33
　　1.4.4　路基土承载能力的评价 .............. 34
　1.5　路基的变形、破坏及防治 .................... 37
　　1.5.1　路基的变形、破坏形式 .............. 38
　　1.5.2　路基变形、破坏原因综合分析 .. 39
　　1.5.3　路基病害防治 .............................. 40
　本章小结 ................................................... 40
　思考题 ....................................................... 40

### 第2章　一般路基设计 .................................. 42
　2.1　概述 ...................................................... 42
　2.2　路基的类型与构造 .............................. 43
　　2.2.1　路堤 .............................................. 43
　　2.2.2　路堑 .............................................. 44
　　2.2.3　半填半挖路基 .............................. 45
　2.3　路基设计 .............................................. 46
　　2.3.1　路基宽度 ...................................... 46
　　2.3.2　路基高度 ...................................... 48
　　2.3.3　路基边坡坡度 .............................. 48
　　2.3.4　路基填料 ...................................... 53
　　2.3.5　路基压实 ...................................... 54
　2.4　路基附属设施 ...................................... 55
　　2.4.1　取土坑与弃土堆 .......................... 55
　　2.4.2　护坡道与碎落台 .......................... 56
　　2.4.3　堆料坪与错车道 .......................... 57
　　2.4.4　护栏 .............................................. 58
　本章小结 ................................................... 58
　思考题 ....................................................... 58

### 第3章　路基边坡稳定性分析 ...................... 59
　3.1　边坡稳定性分析原理 .......................... 59
　3.2　边坡稳定性分析的计算参数 .............. 59
　　3.2.1　土的计算参数 .............................. 59
　　3.2.2　边坡稳定性分析边坡的取值 ...... 60
　　3.2.3　汽车荷载当量换算 ...................... 61
　3.3　边坡稳定性分析方法 .......................... 61
　　3.3.1　路基边坡稳定性分析方法 .......... 61
　　3.3.2　直线滑动面法 .............................. 62

3.3.3　圆弧滑动面法 ································ 63
　　3.3.4　表解法 ······································ 66
3.4　浸水路堤边坡稳定性验算 ·························· 68
　　3.4.1　渗透动水的作用 ······························ 68
　　3.4.2　渗透动水压力的计算 ·························· 69
　　3.4.3　浸水路堤边坡稳定性分析 ···················· 69
　　3.4.4　浸水路堤边坡稳定措施 ······················ 71
3.5　陡坡路堤稳定性验算 ······························ 71
　　3.5.1　概述 ·········································· 71
　　3.5.2　分析方法 ···································· 72
本章小结 ·················································· 73
思考题 ···················································· 73

# 第4章　路基防护与加固设计

4.1　概述 ················································ 75
4.2　坡面防护 ············································ 76
　　4.2.1　植物防护 ······································ 76
　　4.2.2　工程防护 ······································ 79
4.3　冲刷防护 ············································ 81
　　4.3.1　直接防护 ······································ 81
　　4.3.2　间接防护 ······································ 85
4.4　软土地基加固处理 ·································· 87
　　4.4.1　软土地基加固方法 ···························· 87
　　4.4.2　软土地基加固工程监测 ······················ 88
本章小结 ·················································· 90
思考题 ···················································· 91

# 第5章　挡土墙设计

5.1　挡土墙类型及使用条件 ···························· 92
　　5.1.1　挡土墙概述 ·································· 92
　　5.1.2　挡土墙类型 ·································· 93
　　5.1.3　挡土墙的使用条件及要求 ···················· 95
5.2　挡土墙的构造与布置 ······························ 96
　　5.2.1　挡土墙的构造 ································ 96
　　5.2.2　挡土墙的布置 ································ 100
5.3　挡土墙土压力计算 ································ 102
　　5.3.1　作用在挡土墙上的力系 ······················ 102
　　5.3.2　一般条件下库仑主动土压力计算 ············ 102
　　5.3.3　其他情况土压力计算简述 ···················· 108
　　5.3.4　车辆荷载的换算及计算参数 ················ 110
5.4　挡土墙的设计 ······································ 112

　　5.4.1　概述 ·········································· 112
　　5.4.2　重力式挡土墙设计 ···························· 114
5.5　设计计算示例 ······································ 119
　　5.5.1　设计资料 ···································· 119
　　5.5.2　挡土墙稳定性验算 ···························· 120
本章小结 ·················································· 121
思考题 ···················································· 121

# 第6章　路基排水设计

6.1　概述 ················································ 123
　　6.1.1　排水的目的与要求 ···························· 123
　　6.1.2　路基排水设计的一般原则 ···················· 124
6.2　路基排水设施的构造与布置 ······················ 124
　　6.2.1　地面排水设备 ································ 124
　　6.2.2　地下排水设备 ································ 132
本章小结 ·················································· 136
思考题 ···················································· 136

# 第7章　路基施工

7.1　土质路基施工 ······································ 137
　　7.1.1　路基施工方法及施工准备 ···················· 137
　　7.1.2　土质路堤填筑 ································ 138
　　7.1.3　土质路堑开挖 ································ 145
　　7.1.4　土方机械化施工 ······························ 147
7.2　石质路基施工 ······································ 151
　　7.2.1　填石路堤施工 ································ 151
　　7.2.2　石质路堑开挖 ································ 154
　　7.2.3　路基石方爆破 ································ 155
7.3　防护工程施工 ······································ 161
　　7.3.1　坡面防护 ···································· 161
　　7.3.2　沿河路基防护 ································ 163
　　7.3.3　边坡锚固防护 ································ 165
　　7.3.4　挡土墙防护 ·································· 166
　　7.3.5　地基加固 ···································· 167
7.4　路基工程质量评定及验收 ·························· 175
　　7.4.1　土质路基质量评定及验收 ···················· 175
　　7.4.2　石质路基质量评定及验收 ···················· 175
　　7.4.3　防护工程质量评定及验收 ···················· 176
　　7.4.4　交工验收 ···································· 178
本章小结 ·················································· 178
思考题 ···················································· 179

## 第二篇 路面工程

### 第8章 路面工程概论 ········· 180
- 8.1 路面的结构与层位功能········· 180
  - 8.1.1 路基横断面········· 180
  - 8.1.2 路拱横坡度········· 180
  - 8.1.3 路面结构层及其功能········· 181
- 8.2 路面的等级与分类········· 182
  - 8.2.1 路面的等级········· 182
  - 8.2.2 路面的分类········· 183
- 8.3 路面材料的力学强度特性········· 183
  - 8.3.1 抗剪强度········· 184
  - 8.3.2 抗拉强度········· 185
  - 8.3.3 弯拉强度········· 186
- 8.4 路面材料的累积变形与疲劳特性········· 186
  - 8.4.1 路面材料的累积变形········· 187
  - 8.4.2 路面材料的疲劳特性········· 188
- 本章小结········· 190
- 思考题········· 191

### 第9章 路面基层 ········· 192
- 9.1 碎(砾)石基层········· 192
  - 9.1.1 强度形成原理········· 192
  - 9.1.2 碎(砾)石基层········· 195
  - 9.1.3 级配砾(碎)石基层厚度和材料········· 196
- 9.2 石灰稳定类基层········· 197
  - 9.2.1 强度形成原理········· 197
  - 9.2.2 影响石灰土强度的因素········· 198
  - 9.2.3 石灰土基层的应用········· 200
  - 9.2.4 石灰稳定土基层缩裂防治········· 200
  - 9.2.5 石灰稳定土混合料设计········· 200
  - 9.2.6 碎(砾)石灰土底基层········· 201
- 9.3 水泥稳定类基层········· 202
  - 9.3.1 强度形成原理········· 202
  - 9.3.2 影响强度的因素········· 204
  - 9.3.3 材料要求及混合料组成设计········· 204
- 9.4 工业废渣稳定基层········· 205
  - 9.4.1 对材料的要求········· 206
  - 9.4.2 混合料组成设计········· 207
  - 9.4.3 石灰煤渣类基层········· 207
  - 9.4.4 石灰粉煤灰类基层········· 207
- 本章小结········· 208
- 思考题········· 208

### 第10章 沥青路面 ········· 209
- 10.1 概述········· 209
  - 10.1.1 沥青路面的基本特性········· 209
  - 10.1.2 沥青路面的分类········· 209
  - 10.1.3 沥青路面类型的选择········· 211
  - 10.1.4 沥青路面对路基及基层的要求········· 211
- 10.2 沥青路面材料的结构与力学特性········· 212
  - 10.2.1 三相体系与压实性能········· 213
  - 10.2.2 沥青混合料的结构力学特性········· 214
  - 10.2.3 沥青混合料的黏弹性性质与力学模型········· 217
  - 10.2.4 沥青混合料的模量········· 223
  - 10.2.5 沥青混合料的强度········· 225
- 10.3 沥青路面的稳定性与耐久性········· 227
  - 10.3.1 沥青路面的高温稳定性········· 227
  - 10.3.2 沥青路面的低温抗裂性········· 231
  - 10.3.3 沥青路面的水稳定性········· 233
  - 10.3.4 沥青路面的抗疲劳性能········· 235
  - 10.3.5 沥青路面的耐老化性能········· 235
- 10.4 沥青路面的原材料········· 237
  - 10.4.1 沥青材料········· 237
  - 10.4.2 粗集料········· 242
  - 10.4.3 细集料········· 244
  - 10.4.4 填料········· 245
- 10.5 沥青混合料组成设计········· 245
  - 10.5.1 沥青混合料分类········· 245
  - 10.5.2 沥青混合料的选用········· 246
  - 10.5.3 沥青混合料的配合比设计········· 247
- 本章小结········· 256
- 思考题········· 256

### 第11章 沥青路面设计 ········· 257
- 11.1 概述········· 257
- 11.2 弹性层状体系理论分析········· 257
  - 11.2.1 基本假设与解题方法········· 257

11.2.2 主应力计算 ……………… 259
11.3 沥青路面结构设计
　　　年限及轴载 ……………… 259
　11.3.1 路面设计年限 …………… 259
　11.3.2 标准轴载及轴载当量换算 … 260
　11.3.3 设计年限累计当量
　　　　 标准轴载数 ……………… 260
　11.3.4 交通等级 ………………… 261
11.4 沥青路面结构组合设计 …… 261
　11.4.1 沥青面层结构 …………… 262
　11.4.2 沥青路面基层结构 ……… 263
　11.4.3 沥青路面垫层结构 ……… 265
　11.4.4 沥青路面层间结合 ……… 266
11.5 沥青路面设计 ……………… 266
　11.5.1 设计指标与极限标准 …… 266
　11.5.2 路面结构厚度设计方程式
　　　　 与设计参数 ……………… 269
　11.5.3 新建路面厚度设计 ……… 272
　11.5.4 新建沥青路面厚度计算示例 … 273
　11.5.5 路面交工验收指标 ……… 277
　11.5.6 沥青路面改建设计 ……… 278
本章小结 ……………………… 280
思考题 ………………………… 280

## 第12章 水泥混凝土路面 ……… 281
12.1 概述 ………………………… 281
　12.1.1 水泥混凝土路面的分类 … 281
　12.1.2 水泥混凝土路面的特点 … 281
12.2 水泥混凝土路面的构造 …… 281
　12.2.1 土基 ……………………… 281
　12.2.2 基层 ……………………… 282
　12.2.3 混凝土面板 ……………… 283
　12.2.4 接缝的构造与布置 ……… 283
　12.2.5 特殊部位混凝土面的处理 … 287
　12.2.6 接缝材料及技术要求 …… 290
　12.2.7 对面层混凝土材料的要求 … 290
12.3 其他类型混凝土路面简介 … 296
　12.3.1 钢筋混凝土路面 ………… 296
　12.3.2 连续配筋混凝土路面 …… 296
　12.3.3 装配式混凝土路面 ……… 297
　12.3.4 组合式（双层式）
　　　　 混凝土路面 ……………… 298
　12.3.5 钢纤维混凝土路面 ……… 298
　12.3.6 混凝土小块铺砌路面 …… 299
　12.3.7 碾压混凝土路面 ………… 299
本章小结 ……………………… 300
思考题 ………………………… 300

## 第13章 水泥混凝土路面设计 … 301
13.1 水泥混凝土路面设计理论 … 301
　13.1.1 概述 ……………………… 301
　13.1.2 混凝土路面交通等级 …… 302
13.2 水泥混凝土路面可靠度设计 … 304
　13.2.1 路面可靠度的定义和
　　　　 极限状态函数 …………… 304
　13.2.2 路面结构的目标可靠度 … 305
　13.2.3 设计参数均值的取值和
　　　　 变异系数范围 …………… 306
　13.2.4 路面结构可靠度的计算 … 307
　13.2.5 路面结构的
　　　　 可靠性设计 ……………… 308
13.3 水泥混凝土路面
　　　结构组合设计 ……………… 309
　13.3.1 混凝土面层板 …………… 309
　13.3.2 混凝土路面基层结构 …… 310
　13.3.3 混凝土路面垫层结构 …… 311
　13.3.4 混凝土路面的路基结构 … 311
13.4 我国水泥混凝土
　　　路面设计方法 ……………… 311
　13.4.1 目标可靠度与疲劳
　　　　 极限状态方程式 ………… 311
　13.4.2 弯拉应力分析及厚度设计 … 312
　13.4.3 混凝土路面板厚度计算示例 … 317
本章小结 ……………………… 321
思考题 ………………………… 322

## 第14章 路面结构排水设计 …… 323
14.1 概述 ………………………… 323
14.2 路面排水设计 ……………… 323
　14.2.1 路面表面排水 …………… 323
　14.2.2 中央分隔带排水 ………… 326
　14.2.3 路面内部排水 …………… 328
　14.2.4 路面边缘排水系统 ……… 330
　14.2.5 路面基层的排水系统 …… 331
本章小结 ……………………… 333
思考题 ………………………… 333

## 第15章 路面施工 …… 334

### 15.1 概述 …… 334
### 15.2 碎（砾）石基层施工 …… 334
- 15.2.1 级配碎石施工 …… 334
- 15.2.2 级配砾石施工 …… 338
- 15.2.3 填隙碎石施工 …… 340

### 15.3 半刚性基层施工 …… 342
- 15.3.1 水泥稳定土施工 …… 343
- 15.3.2 石灰稳定土施工 …… 349
- 15.3.3 石灰工业废渣稳定土施工 …… 352

### 15.4 沥青路面施工 …… 355
- 15.4.1 热拌沥青混合料路面施工 …… 355
- 15.4.2 沥青表面处治与封层的施工 …… 365
- 15.4.3 沥青贯入式路面施工 …… 369
- 15.4.4 冷拌沥青混合料路面施工 …… 371
- 15.4.5 透层、黏层 …… 372

### 15.5 水泥混凝土路面施工 …… 374
- 15.5.1 施工前的准备工作 …… 374
- 15.5.2 水泥混凝土路面配合比设计 …… 377
- 15.5.3 混凝土拌合物搅拌与运输 …… 383
- 15.5.4 滑模式摊铺施工 …… 386
- 15.5.5 轨道摊铺机铺筑施工 …… 389
- 15.5.6 三辊轴机组铺筑施工 …… 395
- 15.5.7 小型配套机具铺筑施工 …… 396
- 15.5.8 特殊气候条件下施工 …… 399

### 15.6 质量评定及验收 …… 401
- 15.6.1 基层施工质量评定及验收 …… 401
- 15.6.2 沥青路面施工质量评定及验收 …… 405
- 15.6.3 水泥混凝土路面施工质量评定及验收 …… 411

本章小结 …… 413
思考题 …… 414

## 第16章 路面养护与管理 …… 415

### 16.1 概述 …… 415
### 16.2 路面病害、防治与养护 …… 415
- 16.2.1 沥青路面主要病害、防治与养护 …… 415
- 16.2.2 水泥混凝土路面主要病害、防治与养护 …… 421

### 16.3 路面功能与评价 …… 427
- 16.3.1 路面功能 …… 427
- 16.3.2 路面评价 …… 429

### 16.4 路面管理系统 …… 433
- 16.4.1 路面管理系统的基本概念 …… 433
- 16.4.2 路面管理系统的分级 …… 434
- 16.4.3 路面管理系统的结构与组成 …… 436
- 16.4.4 路面管理系统的数据库 …… 437
- 16.4.5 路面损坏的预测模型 …… 438
- 16.4.6 路面管理系统的功能 …… 438

本章小结 …… 439
思考题 …… 439

## 参考文献 …… 440

# 总　　论

## 0.1　道路工程发展概况

### 0.1.1　国内道路工程发展

我国是一个历史悠久的文明古国，道路业发展很早。我国早在4000多年前，就有了车和行车的路。商代开始有驿道传送。西周时期以都市为中心的道路体系十分发达，已建立了比较完善的道路管理制度。秦代修建直道、驰道，建立了规模宏大的道路交通网，总里程达1.2万km，秦直道被誉为人类"第一条高速公路"，是可与兵马俑和长城相媲美的伟大工程，如图0-1所示。西汉时期设有驿站3万多处，道路交通呈现出十分繁荣的景象，特别是连接欧亚大陆的"丝绸之路"的开通，为当时东西方各国的经济文化交流作出了重要贡献。唐代是中国古代经济和文化发展的鼎盛时期，也是我国古代道路发展的鼎盛时期，初步建立了以都城为中心的四通八达的道路网，并在道路结构、施工方法等方面作了许多创新。宋、元、明各代道路交通均有不同程度的发展。到了清代，已经将道路分成了"官马大路""大路""小路"三个等级，其中仅"官马大路"就已超过2000km。

1901年我国输入了第一辆汽车，汽车运输在我国开始发展。1908年建成了我国历史上第一条公路，即广西龙州至那堪公路，全长30km。1912~1949年是我国近代公路的发展时期，全国先后共修建了13万km公路，但这些公路大多标准低、质量差，到1949年，能够勉强维持通车的公路仅8万km，汽车保有量约5万台，但大多分布在沿海及中部地区，而大部分山区、农村和边疆仍然交通闭塞，行路艰难。

图0-1　秦直道遗址

新中国成立以后，我国的公路交通事业得到了迅速的发展。主要经历了三个阶段：

（1）起步阶段（1950~1960年）　为了发展经济和保护国家领土完整，修建了举世闻名的青藏公路、康藏公路及海南岛公路、成都至阿坝公路等10余条重点公路，并积累了在自然条件复杂、工程艰巨、工期要求短的公路建设经验，同时创造了土石方大爆破、泥结碎石路面、泥结碎石路面加铺级配磨耗层和保护层、软土地基处理等一系列公路设计施工新技术，使我国的公路工程技术水平有了一个整体上的提高。

（2）普及阶段（1960~1980年初）　这期间共修建公路80多万km，其中高级、次高级公路达10万km。

（3）高速发展阶段（1980年代中期~至今）　随着20世纪80年代中期我国改革开放的步伐开始加快，公路建设也得到飞速发展，开创了公路历史崭新的局面。

虽然我国高速公路建设起步较晚，但发展迅速。自1988年中国修建第一条沪嘉（上海—嘉定）高速公路以来，中国高速公路建设经历了三个发展阶段：

1) 起步阶段（1988~1992年）。这期间每年高速公路通车里程为50~250km。

2) 发展阶段（1993~1997年）。这期间高速公路发展有了明显的加快，年通车里程保持在450~1400km。

3) 大发展阶段（1998年~至今）。在国家积极财政政策的推动下，这一阶段年通车里程基本保持在3000~5000km。2000年以来，我国高速公路通车里程一直保持较高的增长速度，"五纵七横"国道主干线于2007年全线贯通。截至2012年年底，不包括台湾省，我国高速公路的通车总里程达9.56万km，已超过美国，跃居世界第一位，如图0-2所示。到2020年，将基本建成国家高速公路网（简称为"7918网"）。

高速公路的建设和使用，为汽车快速、高效、安全、舒适地运行提供了良好的条件，标志着我国的公路运输事业和科学技术水平进入了一个崭新的时代。

半个多世纪以来，广大道路工程科技工作者从我国实际和建设需要出发，引进外国的先进技术，刻苦钻研，反复实践，在路基路面工程建设和科学研究中，取得了许多突破性的系列成果，如公路自然区划、土的工程分类、沥青路面结构、水泥混凝土路面结构、柔性路面设计理论与方法、刚性路面设计理论与方法和路面养护管理等。

图0-2　中国高速公路

## 0.1.2　国外道路工程发展

拿破仑时代法国工程师特雷萨盖首先用科学方法改善了道路施工技术，由于他的努力，筑路技术向科学化和近代化迈出了第一步。特雷萨盖于1764年发明了新的筑路方法，10年后在法国获得普遍采用，建成了著名的法国道路网，因而当时法国尊称特雷萨盖为"现代道路建设之父"。

英国的苏格兰工程师特尔福德于1815年建筑道路时，采用层式大石块基础的路面结构，这种大块石基础称为特尔福德基层。1816年英国的另一名苏格兰工程师马克当，对碎石路面作了认真的研究，马克当主张取消特尔福德所发明的笨重的大石块基础而代之以小尺寸的碎石材料，今天道路工程界仍将这种碎石路面称为马克当路面。马克当首先科学地阐述了路面结构的两个基本原则，至今仍为道路工程的工作者所肯定：一是道路承受交通荷载的能力主要依靠天然土基，并强调土基要具备良好的排水，当土基处于干燥状态下，才能承受交通荷载而不致发生过大沉降；二是用有棱角的碎石，互相咬紧锁结成为整体，形成坚固的路面。1858年发明了轧石机后，促进了碎石路面的发展，后来又用马拉的滚筒进行压实工作。1860年在法国出现了蒸汽压路机，进一步促进并改善了碎石路面的施工技术和质量，加快了施工进度。在20世纪初，世界上公认碎石路面是当时最优良的路面而推广于全球。马克当还为汽车时代交通与道路的关系提出了正确的见解。他认为：道路的建设应该适应交通的发展，而不应该为了维持落后的道路而限制交通。这个主张为以后公路发展起了很大的促进作用。

1883年戴姆勒和1885年本茨分别发明汽车，1888年邓洛普发明充气轮胎，加上马克当发明的碎石路面，成为近代道路交通的三大支柱。与此同时，特尔福德以道路工程师的身份首先创办了土木工程师学会，并担任了终身主席，逐渐发展成为国际上群众性学术团体。

汽车发明后，其性能不断改善，在速度、安全性和舒适性方面有很大的提高，原来的道路条件已不能适应，因而出现了高速公路，自第二次世界大战以后，高速公路在各国有相应的发展，高速公路已成为公路现代化的标志。

回顾历史，发达国家公路的发展大致都已经历了三个发展阶段，目前正处于第四个发展阶段。

（1）公路普及阶段（19世纪末~20世纪30年代）　这期间随着汽车的大量使用，大多是在原有乡村大道的基础上，按照汽车行驶的要求进行改建与加铺路面，构成基本的道路网，达到大部分城市都能通行汽车的要求。

（2）公路改善阶段（20世纪30年代~20世纪50年代）　这期间由于汽车保有量的迅速增加，公路交通需求增长很快，各国除进一步改善公路条件外，开始考虑城市间、地区间公路的有效连接，着手高速公路和干线公路的规划，各国都相继提出了以高速公路为主的干线公路发展规划，并通过立法，从法律和资金来源等方面给予保障。

（3）高速公路和干线公路高速发展阶段（20世纪50年代~20世纪80年代）　这期间各国大力推进高速公路和干线公路规划的实施与建设，并基本形成以道路使用者税费体系作为公路建设资金来源的筹资模式，各国经过几十年的发展，已基本形成了以高速公路为骨架的干线公路网，为公路运输的发展奠定了基础。

（4）公路综合发展阶段（20世纪80年代末90年代初~至今）　这期间各国在已经建成发达的公路网络的基础上，维护改进已有的道路、桥梁设施，进一步完善公路网络系统，重点解决车流合理导向、车辆运行安全以及环境保护等问题，以提高公路网综合通行能力和服务水平，重视公路环保设施的建设，在公路建设和运营过程中对环境和生态进行保护。

目前，国外高速公路呈现出了新的发展趋势，主要表现在以下几个方面：

（1）国际高速公路网的形成　相邻国家之间合作修建高速公路，形成国际高速公路网，促进了国际高速公路网的形成。为了更好地发挥高速公路效益，加强国际之间的公路运输联系，一些发达国家正在把主要的高速公路联结起来，构成国际高速公路网。

（2）信息化公路的逐步实现　信息化公路将着眼于道路的多功能利用，不仅使用路面，还要利用空间，这就使公路不仅具有运输人和物资的固有交通功能，还有输送电力等能源及各种信息，美化环境、抗灾避险及作为建造其他建筑物的基础等空间功能。

（3）卫星检测及控制系统得到广泛利用　信息时代的到来，各类检测及监测系统普遍使用，交通控制中心将充分利用卫星地面系统转发的交通信息，按新的交通流理论，指挥汽车按最优路线行驶，既节约时间，又创造最大效益。

路基路面工程作为道路工程的一个学科分支，在我国随着交通运输的快速发展，正在以较快的速度逐步接近国外同类学科的前沿。进入21世纪，交通运输不论是在我国，还是在其他技术发达国家，仍然是一个重要的科技领域。我国道路科技工作者将会从实际出发，不断吸取交叉学科的新成就以及世界各国的有用经验，全面推动路基路面工程学科的发展，为我国交通运输现代化作出贡献。根据当前路基路面工程科学技术的发展趋势，材料科学、岩土工程学、结构分析理论、机电工程、自动控制与量测技术和现代管理科学等学科的交叉与发展，将有利于路基路面工程学科的进一步发展。

## 0.2 路基路面工程的特点及基本要求

公路是一个空间带状建筑物，由各种各样的构造物组成。根据各构造物的特点和用途，公路一般可以分为路基工程、防护与加固工程、排水工程、路面工程、隧道工程、桥梁工程、交通安全设施和绿化工程等。

### 0.2.1 路基路面工程的特点

路基与路面是构成公路的主体构造物。路基是在天然地表面按照道路的设计线形（位置）和设计横断面（几何尺寸）的要求开挖或堆填而成的岩土结构物。路面是在路基顶面的行车部分用各种混合料铺筑而成的层状结构物。

路面按照层位功能的不同，划分为面层、基层和垫层，路面底面以下80cm范围内的路基部分称为路床，如图0-3所示。

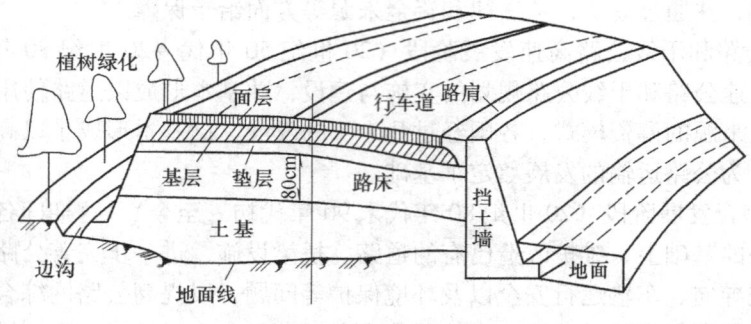

图0-3 路基路面基本构造示意图

路基是路面结构的基础，坚强而又稳定的路基为路面结构长期承受汽车荷载提供了重要的保证，而路面结构层的存在又保护了路基，使其免受车辆和大气的直接破坏，长期处于稳定状态。路基和路面相辅相成，是不可分离的整体，应综合考虑它们的工程特点，综合解决两者的强度、稳定性等工程技术问题。

路基路面工程的特点大致归纳如下：

（1）工程量大、投资大 路基与路面工程是道路工程的主要组成部分，工程量十分可观。例如，微丘区的三级公路每千米土石方数量为8000~16000m³，山岭、重丘区的三级公路每千米可达20000~60000m³，对于高速公路，数量更为可观。路面结构在道路造价中所占比重很大，一般都要达到30%左右。因此，精心设计，精心施工，使路基路面能长时期具备良好的使用性能，对节约投资、提高运输效益具有十分重要的意义。

（2）涉及面广、占地范围大 路基路面是一项线形工程，有的公路延续数百公里，甚至上千公里，占用土地范围大。我国是一个人口多、土地资源并不丰富的国家，在设计时要尽可能少占用农田，注意农田的保护和恢复。路基穿越地带，会切断原来路基两侧的农田灌溉系统，有时会占用河道、溪流等，需要经过充分技术论证，以不破坏原有的水利系统为原则。公路除应满足行车要求外，也是一个建筑构造物，是一件艺术品，高好路基路面的美观设计，对改善行车条件、保护生态平衡有着重要的意义，应尽量避免路基的大填大挖，注意原地貌的保护和恢复，对路基开挖的弃方要妥善处理，尽量减少路基施工对周边环境的不良影响。

(3) 结构复杂多变 公路沿线地形起伏，地质、地貌和气象特征多变，再加上沿线城镇经济发达程度与交通繁忙程度不一，路基断面形式、防护构造物应根据不同的情况设置。路面要根据公路使用要求、当地材料来源和条件，根据不同路段的地质水文条件和路基状况，采用相应不同的结构类型和厚度。工程技术人员必须掌握广博的知识，善于识别各种变化的环境因素，恰当地进行处理，建造出理想的路基路面工程。

(4) 路基与路面相互制约 路基要为路面提供稳固的地基，路基必须有足够的强度和稳定性。路基是保证路面强度和稳定性的必要前提，合理设计路基，可以减少路面的厚度，降低路面造价。随着我国高等级公路建设的迅速发展，行车荷载、车辆密度和车速增大，对路基的强度、稳定性和沉降控制等要求也越来越高，因此，路基设计要与路面设计结合起来综合考虑。

(5) 直接影响公路的使用性能 路基与路面的强度和稳定性直接影响公路的质量和造价。许多公路出现各种各样的病害，相当多的情况是路面损坏、路基坍塌，有些软土地基地段出现过大的路基沉陷，严重影响车辆通行和行车安全，增加了养护费用，路基路面在公路工程中占有重要的地位。

路基路面工程是一门多学科密切结合的技术学科，不仅有理论基础知识，还包括许多实际应用知识，包括技术要求、技术标准，蕴涵着许多技术知识的运用能力和技能培养。由于路基路面修建在自然环境中，影响其强度、稳定性和使用性能的因素多且复杂。路基路面工程的研究方法主要包括概念判断和理论分析两种。概念判断建立在试验、工程经验积累和大量的调查统计基础上，考虑路基路面的各种影响因素，作出正确的判断和采取相应的技术措施；理论分析建立在相关的力学理论知识基础上，借助于各种计算手段，特别是应用计算机对路基路面进行分析和计算。概念判断和理论分析两者相辅相成、缺一不可。

## 0.2.2 路基设计的一般要求

路基除断面尺寸应符合设计规范要求外，还应满足下列基本要求：

1) 具有足够的整体稳定性。路基是直接在地面上填筑或挖去一部分地面建成的。路基建成后，改变了原地面的天然平衡状态。在工程地质不良的地区，修建路基可能加剧原地面的不平衡状态；开挖路堑使两侧边坡土体失去支撑力，可能导致边坡坍滑或滑坡；天然坡面特别是陡坡面上的填方路堤可能因自重而下滑。对于上述种种情况，都必须因地制宜地采取措施保证路基的整体稳定性。

2) 具有足够的承载力。公路上的行车荷载通过路面传递给路基，对其产生一定压力，路基自重及路面的重力也给予路基和地基一定压力。这些压力都可以使路基产生一定的变形，使路面变形而遭到破坏，直接影响路面的使用品质。因此，要求路基具有足够的承载力，抵御外力产生的各种应力，并不产生超过容许范围的变形。

3) 具有足够的水温稳定性和耐久性。路基在地面水和地下水作用下，其强度将显著地降低。特别是在季节性冰冻地区，由于水温状况（湿度与温度状况）的变化，路基将发生周期性冻融破坏，使路基强度急剧下降。因此，路基不仅应具有足够的强度，而且还应保证在最不利的水温状况下，强度不会显著降低，即要求路基具有足够的水温稳定性与耐久性。

4）应符合环境保护要求，避免引发地质灾害，减少对生态环境的影响。

### 0.2.3 路面设计的一般要求

为了保证道路最大限度地满足车辆行驶的要求，提高行车速度，增强安全性和舒适性，降低运输成本和延长道路的使用年限，路面应满足下述基本要求：

（1）具有足够的承载力　行驶在路面上的车辆通过车轮把荷载传给路面，在路面结构内部产生应力、应变及位移。如果路面结构整体或某一组成部分的强度或抗变形能力不足以抵抗这些应力、应变及位移，则路面会出现断裂、沉陷，路表面会出现波浪或车辙，使路况恶化，服务水平下降。因此，要求路面结构整体及其各组成部分都具有与行车荷载相适应的承载能力。结构承载能力包括强度和刚度两方面。路面结构应具有足够的强度以抵抗车辆荷载引起的各个部位的各种应力，如压应力、拉应力、剪应力等，保证不发生压碎、拉断、剪切等各种破坏。路面整体结构或各个结构层应具有足够的刚度，使其在车辆荷载作用下不发生过量的变形，保证不发生车辙、沉陷或波浪等各种病害。

（2）具有足够的稳定性　路面结构暴露在大气之中，经常受到大气温度、降水和湿度变化的影响。结构的物理、力学性质将随之发生变化，处于另外一种不稳定状态。路面结构能否经受这种不稳定状态，而保持工程设计所要求的几何形状及物理力学性质，称为路面结构的稳定性。路面的稳定性包括高温稳定性、低温稳定性和水稳定性。

大气温度周期性的变化对路面结构的稳定性有重要影响，高温季节沥青路面软化，在车轮荷载作用下产生永久变形；水泥混凝土路面在高温季节因结构物变形产生过大内应力，导致路面被压曲破坏。在北方冰冻地区的低温冰冻季节，水泥混凝土路面、沥青路面、半刚性基层由于低温收缩产生大量裂缝，最终失去承载力。

大气降水使路面结构内部的湿度状态发生变化，水泥混凝土路面如果不能及时将水分排出结构层，会发生唧泥现象，冲刷基层，导致结构层被提前破坏。沥青混凝土路面中水分的侵蚀会引起沥青结构层剥落，结构松散。因此，路面的防水、排水是确保路面稳定的重要方面。

（3）具有足够的耐久性　路面工程投资大，从规划、设计、施工至建成通车需要较长的时间，对于这样的大型工程都应有较长的使用年限，一般的道路工程使用年限至少为数十年，承重并经受车辆直接碾压的路面部分要求使用年限在 20 年以上，因此路基路面工程应具有耐久的性能。路面在车辆荷载的反复作用与大气水温周期性的重复作用下，使用性能将逐年下降，强度与刚度将逐年衰变，路面材料的各项性能也可能由于老化衰变而引起路面结构的损坏。因此，提高路面的耐久性，保持其强度、刚度、几何形态经久不衰，除了进行精心设计、施工和选材之外，要把长年的养护、维修、恢复路用性能的工作放在重要的位置。

（4）具有足够的表面平整度　路面表面平整度是影响行车安全、行车舒适性以及运输效益的重要使用性能。不平整的路表面会增大行车阻力，并使车辆产生附加的振动作用。这种振动作用会造成行车颠簸，影响行车的速度和安全，驾驶的平稳和乘客的舒适感。同时，振动作用还会对路面施加冲击力，从而加剧路面和汽车机件的损坏和轮胎的磨损，并增大油料的消耗。另外，不平整的路面还会积滞雨水，加速路面的破坏。因此，为了减少振动冲击力，提高行车速度和增强行车舒适性、安全性，路面应保持一定的平整度。路面的平整度同整个路面结构和路基顶面的强度、抗变形能力有关，同结构层所用材料的强度、抗变形能力以及均匀性有很大关系。强度和变形能力差的路面结构和面层混合料经不起车轮荷载的反复作用，极易出现沉陷、车辙和推挤破坏，从而形成不平整的路面表面。

（5）具有足够的表面抗滑性能  路面表面要求平整，但不宜光滑，汽车在光滑的路面上行驶时，车轮与路面之间缺乏足够的附着力或摩擦力。雨天高速行车，或紧急制动，或突然起动，或爬坡、转弯时，车轮易产生空转或打滑，致使行车速度降低，油料消耗增多，甚至引起严重的交通事故。对于高速公路的高速行车道，要求具有较高的抗滑性能。路面表面的抗滑能力可以通过采用坚硬、耐磨、表面粗糙的粒料组成路面表层材料来实现，有时也可以采用一些工艺措施来实现，如水泥混凝土路面的刷毛或刻槽等。

## 0.3 路基路面稳定性分析

路基路面暴露在大气中，其稳定性在很大程度上由当地的自然条件所决定。因此，深入调查公路沿线的自然条件，从总体到局部，从大区域到具体路段的自然情况，对其进行分析研究，掌握其规律及对路基路面稳定性的影响，因地制宜地采取有效的工程措施，以确保路基路面具有足够的强度和稳定性。

路基路面的稳定性通常与下列因素有关：

（1）地理条件  公路沿线的地形、地貌和海拔高度不仅会影响到路线的选定，也会影响到路基与路面的设计。平原、丘陵、山岭各区地势不同，路基的水温情况也不同。平原区地势平坦，排水困难，地表易积水，地下水位相应较高，因而路基需要保持一定的最小填土高度，路面结构层应选择水稳定性良好的材料，并采取一定的结构排水设施；丘陵区和山岭区地势起伏较大，路基路面的排水设计至关重要，否则会导致稳定性下降，出现破坏现象，影响路基路面的稳定性。

（2）地质条件  沿线的地质条件，如岩石的种类、成因、节理，风化程度，岩石产状、层理和岩层厚度，有无夹层或遇水软化的夹层，以及有无断层或其他不良地质现象（岩溶、冰川、泥石流、地震等）都会对路基路面的稳定性产生一定的影响。

（3）气候条件  气候条件如气温、降水、湿度、冰冻深度、日照、蒸发量、风向、风力等都会影响公路沿线地面水和地下水的状况，并且会影响路基路面的水温情况。在一年之中，气候有季节性的变化，因此路基路面的水温情况也随之变化。气候还受地形的影响，如山顶与山脚、山南坡与山北坡的气候有很大的差别，这些因素都会严重影响路基路面的稳定性。

（4）水文和水文地质条件  水文条件如公路沿线地表水的排泄，河流洪水位、常水位，有无地表积水和积水时期的长短，河岸的淤积情况等。水文地质条件如地下水位，地下水移动的规律，有无层间水、裂隙水、泉水等。所有这些地面水及地下水都会影响路基路面的稳定性，如果处理不当，常会引起各种病害。

（5）土的类别  土是建筑路基和路面的基本材料，不同的土类具有不同的工程性质，因而将直接影响路基和路面的强度与稳定性。不同的土类含有不同粒径的土颗粒砂粒成分多的土，强度构成以内摩擦力为主，强度高，受水的影响小，但施工时不易压实。较细的砂在渗流情况下容易流动，形成流沙。黏粒成分多的土，强度形成以黏聚力为主，其强度随密实程度的不同变化较大，并随湿度的增大而降低。粉土类土毛细现象强烈，路基路面的强度和承载力随着毛细水上升，湿度增大而下降，在负温度坡差作用下，水分通过毛细作用移动并积聚，使局部土层湿度大幅度增加，造成路基冻胀，最后导致路基翻浆、路面结构层断裂等各种破坏。

## 0.4 行车荷载与交通分析

### 0.4.1 行车荷载

路基路面结构的主要功能是保证汽车安全、舒适、高速、经济地运行。汽车是路基和路面的服务对象，汽车荷载是造成路基和路面结构损伤的主要原因。为了使设计的路基路面结构具有良好的结构性能，达到预计的功能，首先应对行驶汽车的作用荷载分析，包括汽车轮重与轴重的大小与特性，不同车型车轴的布置，设计期限内汽车轴型的分布以及车轴通行量逐年增长的规律，汽车静态荷载与动态荷载特性比较等。

**1. 车辆类型**

道路运输使用的汽车大致可以分为载客汽车和载货汽车两类。

（1）载客汽车 载客汽车又分为轿车（小客车）和客车（大客车）两种。

1）轿车是除驾驶人外乘坐2~8人的小型客车。轿车按发动机的工作容积大小分为微型（1L以下）、轻型（1~1.6L）、中型（1.6~2.5L）和大型（2.5L以上）轿车。它们的车速高，空车质量和满载质量都较小，总质量一般大于1.2 t，最高车速一般大于100km/h。

2）客车是除驾驶人外乘坐9人以上的载客汽车。客车有单层和双层两种形式，并可按总质量、总长度分为不同类型，见表0-1。它们的满载质量一般大于10t，最高车速通常不小于60km/h。

表0-1 客车类型

| 类 型 | 小 型 | 中 型 | 大 型 | 铰接式 | 双 层 |
|---|---|---|---|---|---|
| 总质量/t | <4 | 4~11 | 11~16 | >18 | >15 |
| 总长/m | <6 | 6~9 | 9~12 | >14 | 9~12 |

（2）载货汽车 载货汽车包括一般载货汽车、自卸汽车、牵引车及被牵引的挂车、平板车和集装箱车等。其中，自卸车、集装箱车、混凝土搅拌车等往往也叫专用汽车。专用汽车是具有专业使用用途的载货汽车，可以较好地实现载运工具与货运间的相互配合。专用汽车在工业发达国家的载货汽车的保有量中已占很大比重。

载货汽车一般总质量为5~15t，最高车速为70~80km/h。自卸汽车总质量在15~50t以上，最高车速仅为40~50km/h。牵引车自重约为5t，被牵引的拖挂车、平板车、集装箱车的最大质量大于100t。在路面设计中，一般将专用汽车视作为载货汽车。

载货汽车按其载质量的大小分为三类：载质量4t以下的为轻型，4~8t为中型，载质量8t以上为重型。运输批量大，运距长的货物，采用的车辆载质量越大，运输生产率越高、成本越低。

载货汽车又分为整车、牵引式全挂车和牵引式半挂车。整车的货厢与汽车发动机为一整体。牵引式全挂车的牵引车与挂车是分离的，牵引车与挂车通过杆式或架式拖挂装置相连。牵引车就是拖车，提供动力，牵引后挂的挂车；挂车本身没有发动机，用于装货。有时牵引车可以牵引两辆以上的挂车，组成汽车列车。牵引式半挂车的牵引车与挂车也是分离的，但是通过铰接相互连接，牵引车的后轴也担负部分挂车的重量。在汽车列车的组合形式中，采用鞍式牵引车拖带半挂车较为普遍。半挂车的运输成本可比全挂车低35%。

由于大型客车、载货汽车质量总体上远比轿车大，在路面结构设计及路基稳定性验算中，主要考虑大型客车和载货汽车的作用。但是，当评定路面的表面特性（如平整度、抗滑性能）时，则应考虑到小客车高速行驶的安全和舒适性。

**2. 汽车的轴型**

无论是客车还是货车，车身的全部重量都通过车轴上的轮子传给路面。因此，对于路面结构设计而言，应更加重视汽车的轴重。为了统一设计标准和便于交通管理，各个国家对于轴重的最大限度均有明确的规定。我国公路与城市道路路面设计规范中均以100kN作为设计标准轴重。通常认为我国的道路车辆轴限为100kN。

一般地，整车形式的客、货车车轴分为前轴和后轴。绝大部分车辆的前轴为两个单轮组成的单轴，轴载约为汽车总重力的1/3。汽车的后轴有单轴、双轴和三轴三种形式，大部分汽车后轴是由双轮组组成。每一根后轴的轴载大约为前轴轴载的2倍。目前，在我国公路上行驶的货车的后轴轴载一般为60~130kN，大部分在100kN以下。

各种不同轴型的货车如图0-4所示。

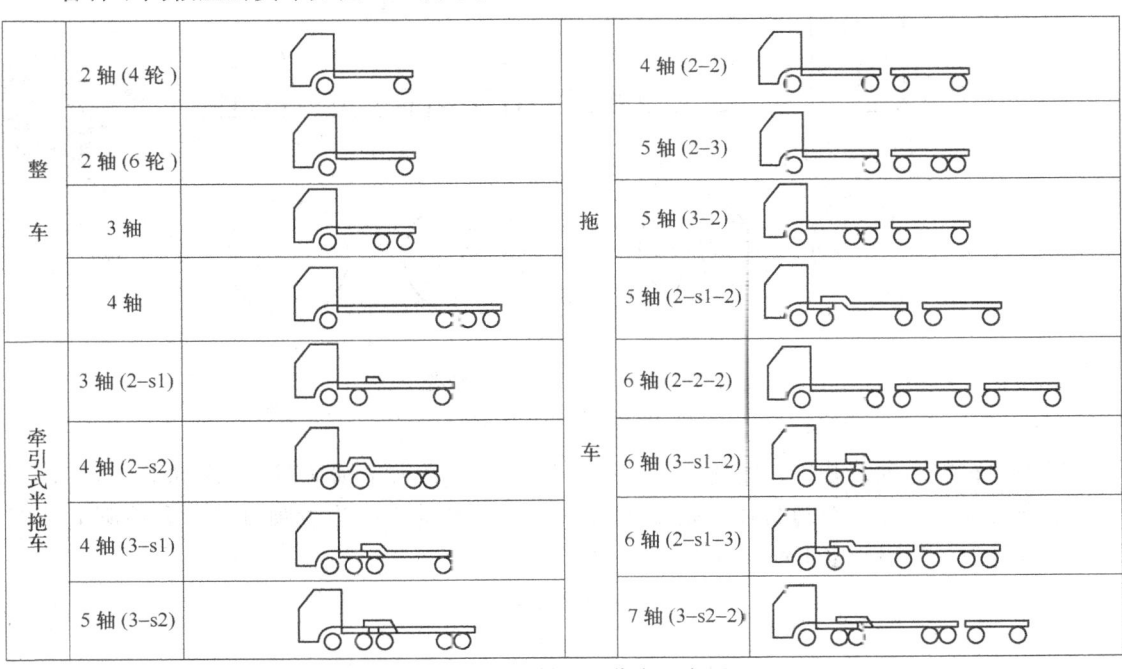

图0-4 不同轴型的货车示意图

**3. 汽车对道路的静态压力**

汽车对道路的作用可分为停驻状态和行驶状态。当汽车处于停驻状态下，对路面的作用力为静态压力,主要是由轮胎传给路面的垂直压力。影响垂直压力 $p$ 的因素包括汽车轮胎的内压力 $p_i$、轮胎的刚度和轮胎与路面接触的形状,以及轮载的大小。

货车轮胎的标准内压力 $p_i$ 一般为 0.4~0.7MPa。通常轮胎与路面接触面上的压力 $p$ 略小于内压力 $p_i$,为 $(0.8~0.9)p_i$。车轮在行驶过程中,内压力会因轮胎充气温度升高而增加,因此滚动的车轮接触压力也有所增加,达到 $(0.9~1.1)p_i$。

轮胎与路面接触面的形状和轮胎的花纹也会影响接触压力的分布。一般情况下,接触面上的压力分布是不均匀的。在路面设计中,通常忽略上述因素的影响,而直接取内压力作为接触压力,并假定在接触面上压力是均匀分布的。

轮胎与路面的接触面形状如图 0-5 所示,它的轮廓近似于椭圆形,因其长轴与短轴的差别不大,在工程设计中以圆形接触面积来表示。将车轮荷载简化成当量的圆形均布荷载,并采用轮胎内压力作为轮胎接触压力 $p$。

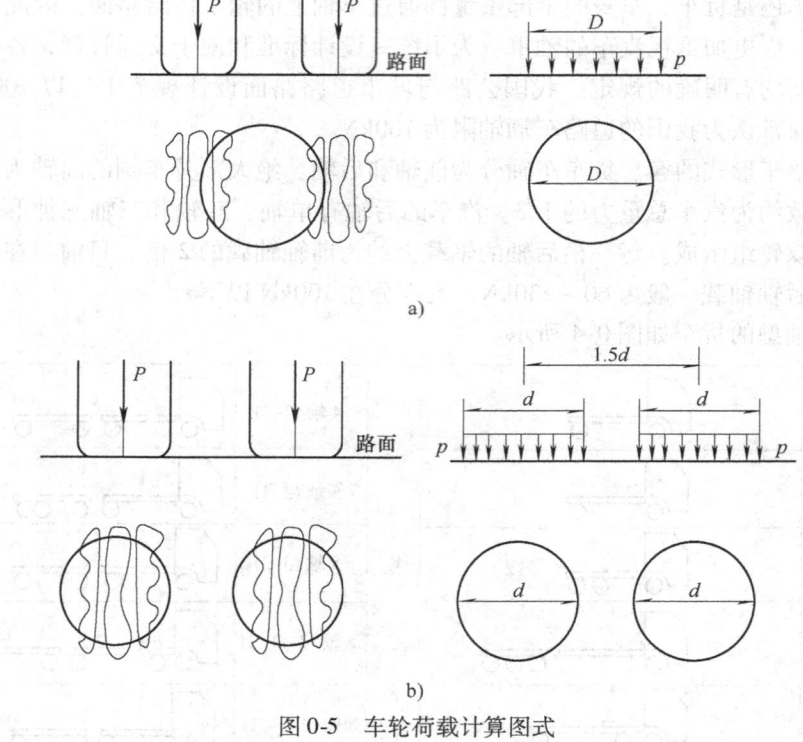

图 0-5 车轮荷载计算图式
a) 单圆荷载 b) 双圆荷载

对于双轮组车轴,若每一侧的双轮用一个圆表示,称为单圆荷载,如图 0-5a 所示;如用两个圆表示,则称为双圆荷载,如图 0-5b 所示。双圆荷载的当量圆直径 $d$ 和单圆荷载的当量圆直径 $D$,分别按以下两式计算:

$$d = \sqrt{\frac{4P}{\pi p}} \tag{0-1}$$

$$D = \sqrt{\frac{8P}{\pi p}} = \sqrt{2}d \tag{0-2}$$

式中 $P$——作用在车轮上的荷载(kN);

$p$——轮胎接触压力（kPa）。

我国现行路面设计规范中规定的标准轴载 BZZ—100 的 $P=100/4\text{kN}$，$p=700\text{kPa}$，按式（0-1）和（0-2）计算，可分别得到相应的当量直径为 $d=0.213\text{m}$，$D=0.302\text{m}$。

**4. 运动车辆对道路的动态影响**

行驶状态的汽车除了施加给路面垂直静压力之外，还给路面施加水平力、振动力。此外，由于汽车以较快的速度通过，这些动力影响还有瞬时性的特征。

（1）水平力　汽车在道路上等速行驶，车轮受到路面给它的滚动摩阻力，路面也相应受到车轮施加给它的向后的水平力；汽车在上坡行驶，或者在加速行驶过程中，为了克服重力与惯性力，需要给路面施加向后的水平力，相应在下坡行驶或者在减速行驶过程中，为了克服重力与惯性力作用，需要给路面施加向前的水平力。汽车在弯道上行驶，为了克服离心力，保持车身稳定不产生侧滑，需要给路面施加侧向水平力。特别是在汽车起动和制动过程中，施加于路面的水平力相当大。

车轮施加于路面的各种水平力 $Q$ 值与车轮的垂直压力 $P$，以及路面与车轮之间的附着系数 $\varphi$ 有关，如图 0-6 所示，其最大值 $Q_{max}$ 不会超过 $P$ 与 $\varphi$ 的乘积，即

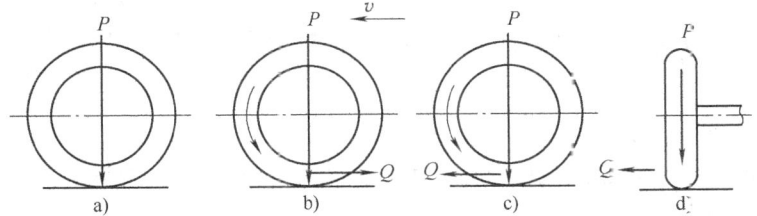

图 0-6　车轮作用于路面垂直压力与水平力
a）停驻　b）起动、一般行驶、加速　c）减速、制动　d）转向

$$Q_{max} < P\varphi \tag{0-3}$$

若以 $q$ 和 $p$ 分别表示接触面上的单位水平力和单位垂直接触压力，则最大水平力 $q_{max}$ 应满足

$$q_{max} < p\varphi \tag{0-4}$$

表 0-2 所列的 $\varphi$ 值为实地测量的资料，可以看出，$\varphi$ 的最大值一般不超过 0.7~0.8，与路面类型和湿度以及行车速度有关，相同的路面结构类型，干燥状态的 $\varphi$ 值比潮湿状态高；路面结构类型与干燥状态相同的情况下，车速越高，$\varphi$ 值越小。

表 0-2　纵向滑移路面附着系数 $\varphi$

| 路面状况 | 路面类型 | 车速/km/h | | |
|---|---|---|---|---|
| | | 12 | 32 | 64 |
| 干燥 | 碎石 | — | 0.60 | — |
| | 沥青混凝土 | 0.70~1.00 | — | 0.50~0.65 |
| | 水泥混凝土 | 0.70~0.85 | — | 0.60~0.80 |
| 潮湿 | 碎石 | — | 0.40 | — |
| | 沥青混凝土 | 0.40~0.65 | — | 0.10~0.50 |
| | 水泥混凝土 | 0.60~0.70 | — | 0.35~0.55 |

路面表面必须保持足够的附着系数，这是保证正常行车的重要条件。但是从路面结构结构本身来看，附着系数的大小直接关系到结构层承受的水平力荷载。在水平荷载作用下，结构层会产生复杂的应力状态，特别是面层结构，直接遭受水平荷载作用，若是抗剪强度不足，将会导致推挤、拥包、波浪、车辙等破坏现象。

(2) 振动力 汽车在道路上行驶，由于车身自身的振动和路面的不平整，其车轮实际上是以一定的频率和振幅在路面上跳动，作用在路面上的轮载时而大于静态轮载，时而小于静态轮载，呈波动状态，图0-7 所示即为轴载波动实例。

轮载的这种波动可近似地看做呈正态分布，其变异系数（标准离差与轮载静载之比）主要随以下三个因素而变化：

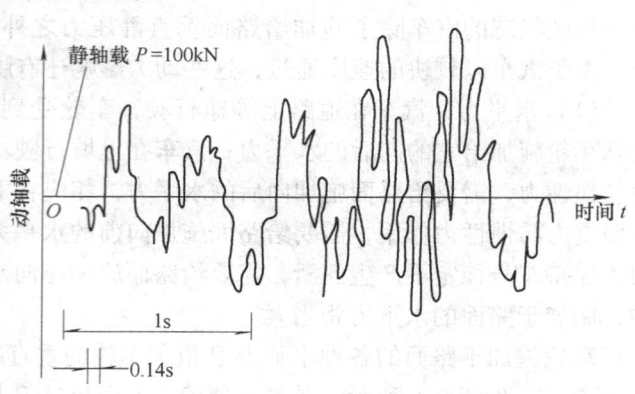

图 0-7 轴载波动实例
注：车速60km/h；路面平整度中等；
轮胎着地长23cm；通过时间0.0138s。

1) 行车速度：车速越高，变异系数越大。
2) 路面的平整度：平整度越差，变异系数越大。
3) 车辆的振动特性：轮胎的刚度低，减震装置的效果越好，变异系数越小。

正常情况下，变异系数均小于0.3。

振动轮载的最大峰值与静载之比称为冲击系数，在较平整的路面上，行车速度不超过50km/h 时，冲击系数不超过1.30。车速增加或路面平整性不良时，冲击系数还要增大。在设计路面时，有时以静轮载乘以冲击系数作为设计荷载。

(3) 瞬时性 行驶的汽车对路面施加的荷载有瞬时性，车轮通过路面上任一点时，路面承受荷载的时间很短，只有 0.01~0.10s。在路面以下一定深度处，应力作用的持续时间略长一点，但仍然是十分短暂的。由于路面结构中应力传递是通过相邻的颗粒来完成的，若应力出现的时间很短，则来不及传递分布，其变形特性便不能像静载时呈现得那样完全。美国各州公路工作者协会（AASHO）试验路曾对不同车速下沥青路面和水泥混凝土路面的变形进行量测，如图0-8 所示，结果表明，当行车速度由 3.2km/h 提高到56km/h 时，沥青路面的总弯沉减少36%；当行车速度由 3.2km/h 提高到96.7km/h 时，水泥混凝土路面的板角挠度和板边应变减少29%左右。动荷载作用下路面变形量的减小，可以理解为路面结构刚度的相对提高，或者是路面结构强度的相对增大。

(4) 重复性 汽车荷载对路面的多次重复作用也是一项重要的动态影响。在行车繁密的道路上，路面结构每天将承受上千次，甚至数万次车轮荷载

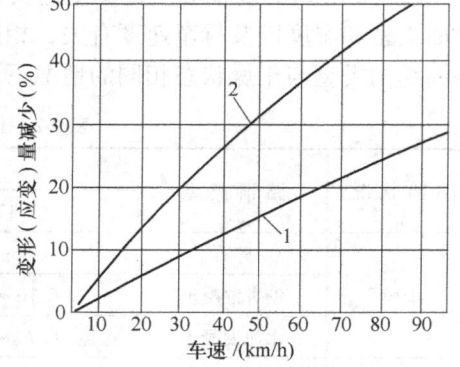

图 0-8 车速与路面变形的关系
1—刚性路面，板角挠度和板边
应变量随车速的变化
2—柔性路面，表面总弯沉量随车速的变化

的作用，在路面的整个使用期限内，承受的轮载作用次数更为可观。路面承受一次轮载作用和承受多次重复轮载作用的效果并不一样。对于弹性材料，在重复荷载作用下，呈现出材料的疲劳性质，也就是材料的强度将随荷载重复次数的增加而降低。对于弹塑性材料，如土基和柔性路面，在重复荷载作用下，将呈现出变形的逐渐增大，称为变形的累积。所以对于路面设计，不仅要重视轴重静力与动力的量值，道路通行的各类轴载的作用次数也是重要因数。

## 0.4.2 交通分析

道路上通行的车辆不仅具有不同的类型和不同的轴重，而且通行的车辆数目也是变化的。路面结构设计中，必须考虑设计年限内车辆对路面的综合累计损伤作用，必须对现有交通量、轴载组成以及增长规律进行调查和预估，并将它们换算成当量标准轴载的累计作用次数。

**1. 交通量与累计交通量**

交通量是指一定时间间隔内各类车辆通过某一道路横断面的数量。可以通过现有的交通流量观测站的调查资料，得到该道路设计的初始年平均日交通量；也可以根据需要，临时设站进行观测。当然这种观测只是短期的，仅为若干天，而且每天也可能仅观测若干小时。对此，可利用当地长期观测所得的时间分布规律，即月分布不均匀系数、日分布不均匀系数和小时分布换算系数，将临时观测结果按相应的换算系数换算成年平均日交通量。

对于路面结构设计，不仅要收集交通总量，还要区分不同的车型。目前各地观测站进行交通量调查，将车辆分成 11 类：小型货车、中型货车、大型货车、小型客车、大型客车、拖挂车、小型拖拉机、大中型拖拉机、自行车、人力车和畜力车。小型货车、小型客车、拖拉机和非机动车对路面结构损伤作用极其轻微，可忽略不计，这些车辆所占的比例应从总量中扣除。其余各类列入统计范畴的车辆按轴型和轴载大小分类（如单后轴货车、双后轴货车、牵引拖挂车、牵引半拖挂车等）和分级统计。还要通过目测大致估计这些货车的满载程度，以便确定空车数占货车总数的百分率。

有的交通量观测站配置有自动化的轴载仪直接记录通行车辆的轴数和轴载大小，然后按轴载大小分类统计累计轴载数，这种调查称为轴载谱调查。可用轴载谱调查与交通量的统计相互进行校核与补充。

道路路面承受的年平均日交通量是逐年增长的，要确定路面设计年限内的总交通量，还需要预估该年限内交通的发展。通常可根据最近若干年内连续观测的交通量资料，通过整理得出交通量年增长率的变化规律。逐年变化的交通量大致符合几何级数增长规律，即在设计年限内以固定的增长百分率 $\gamma$ 逐年增加。$\gamma$ 值的变化幅度很大，不同地区、不同经济条件、不同时间，$\gamma$ 值均不一样。通常在发达国家、大城市附近，由于经济基础已具相当规模，交通量的基数较大，所以增长率 $\gamma$ 较小。对于发展中国家、新开发的经济区，一般 $\gamma$ 值较大，若干年之后又逐步下降，趋向稳定，之后可利用其外延得到所需年份的平均日交通量。

在路面结构设计中，设计年限内累计交通量 $\overline{N}_e$，可以按以下两式预估

$$\overline{N}_e = \frac{365 N_1}{\gamma}[(1+\gamma)^t - 1] \tag{0-5}$$

$$\overline{N}_e = \frac{365N_t}{\gamma(1+\gamma)^{t-1}}[(1+\gamma)^t - 1] \tag{0-6}$$

式中 $\overline{N}_e$——设计年限内的累计交通量；

$N_1$——设计的初始年平均日交通量；

$N_t$——设计的末年平均日交通量；

$\gamma$——设计年限内交通量年平均增长率；

$t$——设计年限。

**2. 轴载组成与等效换算**

不同重力的轴载给路面结构带来的损伤程度是不同的。对于路面结构设计，除了设计期限的累计交通量之外，另一个重要的交通因素便是各级轴载所占的比例，即轴载组成或轴载谱。

根据实测的通过轴载次数和相应的轴载，整理成如图 0-9 所示的直方图，作为该道路通行的各级轴载的典型轴载谱。由交通调查得到某类车辆每日通行的轴载数，乘以相应的轴载谱百分率，即可推算出所有车辆各级轴载的作用次数。

道路上行驶的汽车轴载与通行次数，可以按照等效原则换算为某一标准轴载的当量通行次数，我国沥青路面设计规范和水泥混凝土路面设计规范，均选用双轮组单轴载 100kN 作为标准轴载。

各种轴载的作用次数进行等效换算的原则是：同一种路面结构在不同轴载作用下达到相同的损伤程度。通过室内或道路现场的重复作用试验，可以建立荷载量级同达到相同程度损伤的作用次数之间的关系，依据这一关系，可以推算出不同轴载的作用次数等效换算成标准轴载当量作用次数的轴载换算系数，即

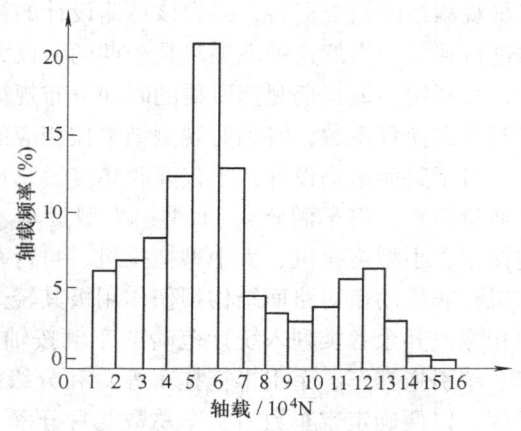

图 0-9 轴载谱

$$\eta_i = \frac{N_s}{N_i} = \alpha\left(\frac{P_i}{P_s}\right)^n \tag{0-7}$$

式中 $\eta_i$——$i$ 级轴载换算为标准轴载的换算系数；

$P_s$——标准轴载重（kN）；

$N_s$——标准轴载作用次数；

$P_i$——$i$ 级轴载重（kN）；

$N_i$——$i$ 级轴载作用次数；

$\alpha$——反映轴型（单轴、双轴或三轴）和轮组轮胎数（单轮或双轮）影响的系数；

$n$——同路面结构特性有关的系数。

沥青路面、水泥混凝土路面和半刚性路面的结构特性不同，损伤的标准也不相同，因而系数 $\alpha$ 和 $n$ 取值各不相同。

**3. 轮迹横向分布**

车辆在道路上行驶时，车轮的轨迹总是在横断面中心线附近一定范围内左右摆动，由于

轮迹的宽度远小于车道的宽度，因而总的轴载通行次数既不会集中在横断面上某一固定位置，也不可能平均分配到每一点上，而是按一定规律分布在车道横断面上，称为轮迹横向分布。图0-10所示为单向行驶时一个车道内的轮迹横向分布频率曲线，图0-11所示为混合行驶时双车道内轮迹横向分布频率曲线。

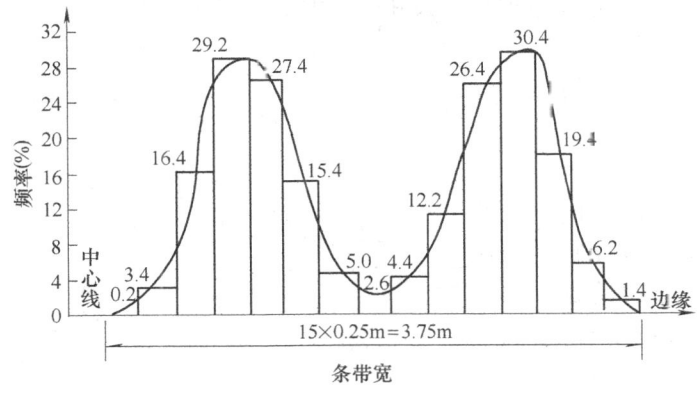

图0-10　轮迹横向分布频率曲线（单向行驶一个车道）

　　轴载通行次数分布频率曲线中的直方图条带宽为25cm，大约接近轮迹宽度，以条带上受到的车轮作用次数除以车道上受到的作用次数作为该条带的频率。如图0-10所示，对于单向行车的一个车道上，由于行车的渠化，频率曲线出现两个峰值，达到30%左右，而车道边缘处频率很低。如图0-11所示，混合行驶的双车道，车辆集中在双车道中央，频率曲线出现一个峰值，为30%左右，两侧边缘频率很低。

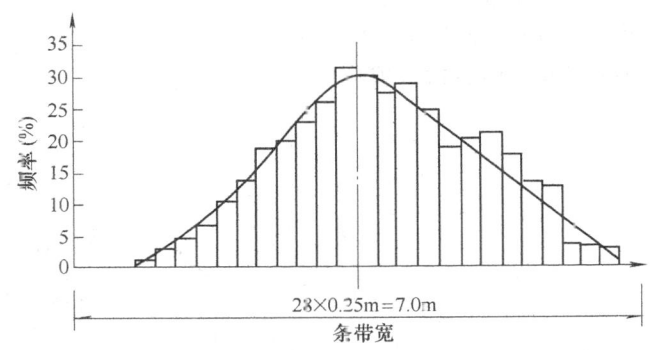

图0-11　轮迹横向分布频率曲线（混合行驶双车道）

　　轮迹横向分布频率曲线图形随许多因素（如交通量、交通组成、车道宽度、交通管理规则等）而变化，需区分各种不同情况，通过实地调查才能确定。

　　在路面结构设计中，用横向分布系数 $\eta$ 来反映轮迹横向分布频率的影响。通常取宽度为两个条带的宽度，即50cm，因为双轮组每个轮宽20cm，轮隙宽10cm，这时的两个条带频率之和称为轮迹横向分布系数。

## 0.5　自然环境因素影响

　　自然环境因素对路面的影响，主要表现为温度、湿度或两者的共同作用引起路面的材料和结构的性质与状态发生变化甚至损坏。例如，路面材料的强度与刚度随温度和湿度的变化有时会有大幅度的增减，路面材料的体积随路基路面结构内温度和湿度的升降而引起膨胀和收缩。因此，在分析设计路面时，必须考虑自然环境因素的影响。

## 0.5.1 温度的作用

**1. 路面温度的变化**

路面结构外露在地表,直接受到大气因素的影响。大气的温度在一天和一年内发生着周期性的变化,路面的温度也相应地在一天和一年内发生周期性变化。

路面温度的日变化观测资料表明,路面表层温度的周期性起伏同气温的变化几乎完全同步,且其温度较气温高。由于部分太阳辐射被路面所吸收,在夏天烈日照射下,沥青路面表层的最高温度可高出气温23℃左右,如图0-12所示,水泥混凝土路面也要高出14℃左右,如图0-13所示,路面结构内不同深度处的温度同样随气温而显现周期性变化,但起伏的幅度则随深度的增加而减小,其峰值也随深度增加而越来越滞后出现。

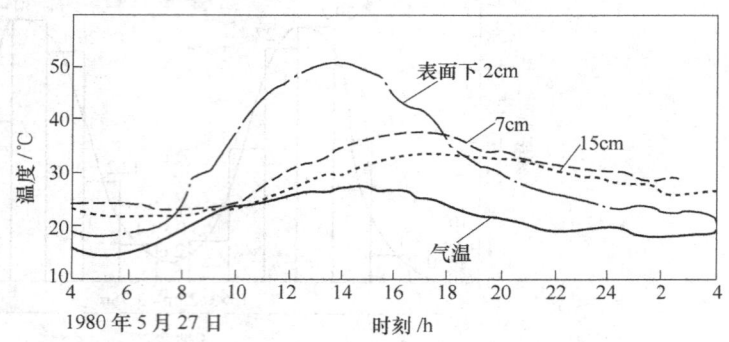

图0-12 沥青面层温度日变化曲线

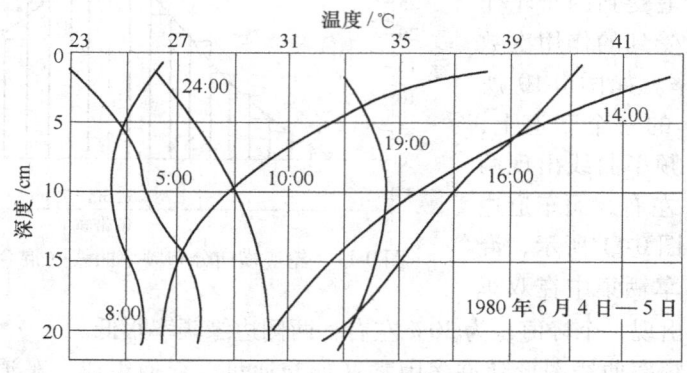

图0-13 一天内不同时刻沿水泥混凝土面层深度的温度变化曲线

路面面层顶面与底面之间的温度坡差(或称为梯度),在一日内的变化具有与气温变化近乎同步的周期性特点,如图0-14所示,路面结构内温度沿深度一般呈曲线分布。在夏季晴天的情况下,通常早晨某一时刻(如8:00)温度梯度接近于零,午后某时刻(如13:00~14:00)正温差(顶

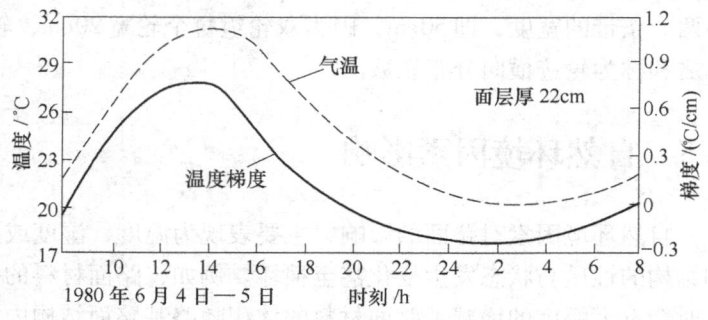

图0-14 水泥混凝土面层温度梯度与气温的日变化曲线

温高于底温）达到最大值，而在凌晨某时刻（如 3：00～5：00）负温差（顶温低于底温）达最大值。

在一年中，路面结构内不同深度，月平均温度的周期性变化与月平均气温的变化基本上是同步的，如图 0-15 所示。平均气温为最高和最低的 7 月和 1 月份，路面结构的平均温度也相应为最高和最低值。

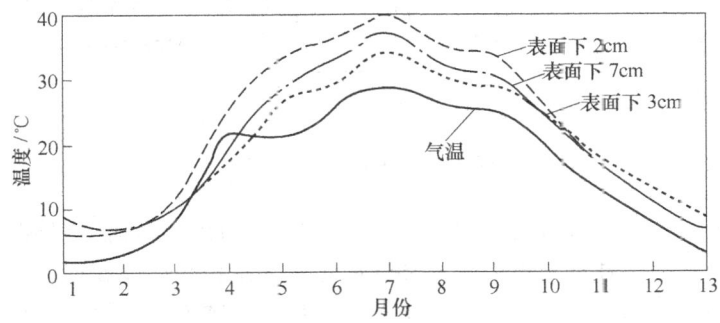

图 0-15 沥青面层月平均温度的年变化曲线

**2. 影响路面温度变化的因素**

影响路面结构内温度状况的因素，可分为外部和内部两类。外部因素主要为气候条件，如气温、太阳辐射（日照和云量）、风速、降水和蒸发量等。其中，气温和太阳辐射是决定路面温度状况的两项最重要的因素。到达路面表面的太阳辐射（属于短波辐射，包括太阳直接辐射和天空散射辐射），一部分被路面反射掉，余下部分则为路面所吸收而提高其温度；路面表面发出长波辐射又吸收大气长波辐射，形成路面的有效辐射，而使路面释放出部分热量。路面吸收与反射的辐射示意图如图 0-16 所示。大气和路面温度的差异，引起对流交换热量。风的出现，加强了对流，使路面丧失部分热量；降水和蒸发也会降低由日照所提高的路面温度。

内部因素为路面结构层的热特性，如材料的导热系数、比热容，路面表面对太阳辐射的吸收率等。路面的辐射吸收率同路面面层的类型及表面粗糙度有关。导热系数的大小同材料的结构、孔隙率和湿度有关。面层材料的导热系数或比热容越大，则出现的温度梯度将越小。

路面结构内的温度状况，可通过同当地的气象资料及路面结构的热特性参数之间建立联系的方法来预估。

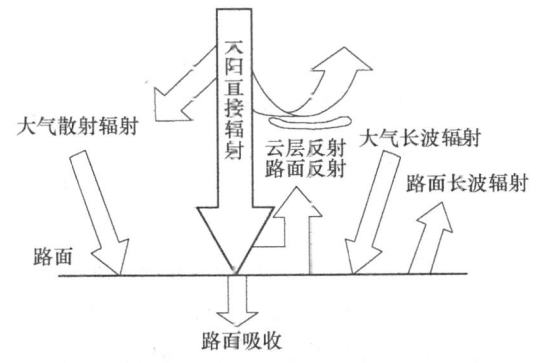

图 0-16 路面吸收与反射的辐射示意图

## 0.5.2 水分的作用

水分是影响路面结构强度、刚度和稳定性的重要因素之一。路面中水分的影响与道路所在地区的自然条件、季节、雨量、气温、蒸发条件及道路本身的排水能力等因素有关。

路面结构层中的水分主要有三个来源：一是土基中的毛细水；二是边沟渗水；三是路面

渗水。土基中毛细水来源于地下水，边沟和路面渗水来源于降雨和地面径流，如图 0-17 所示。

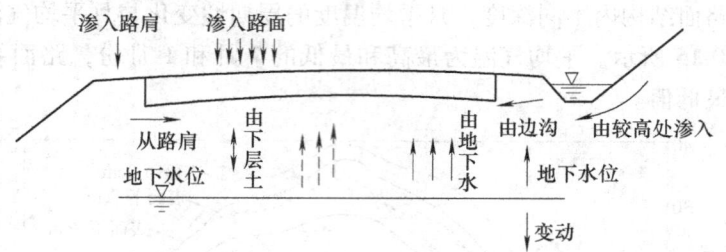

图 0-17 路基的湿度来源

土基中的毛细水上升高度取决于路基土质和土基压实度。路面渗水情况与路面面层类型和路面纵横向坡度有关。地下水位的高低和地面滞水情况也是影响路面湿度的重要因素。显然，地下水位越高，地面滞水越多，路面越潮湿；反之，路面则干燥。为保证路面的结构强度、刚度和稳定性，首先要保证土基不过分潮湿。

路面结构中，沥青面层在水的作用下，易发生沥青与石料的黏附力降低，甚至石料与沥青剥离，从而使路面发生松散、坑槽等病害。水对水泥混凝土面层影响不大。各类基层中，无机结合料稳定类基材料在含水率过大时，其强度降低，变形也增大；无机结合料粒料类基层通常水稳性较好，性质不受含水率变化的影响；沥青稳定类基层的性质同沥青面层一样，会受水分的影响。

水分一旦进入路面结构层中又不能及时排出时，在行车荷载的作用下会产生动水压力，形成冲刷等破坏作用。因此，要保证路面稳定性和耐久性，就要避免水分在路面结构内滞留，即减少水分侵入路面结构层或保证路面结构内部排水通畅。

## 本 章 小 结

本章主要介绍了国内外道路工程的发展概况，重点介绍路基路面工程的特点及基本要求，并对路基路面的稳定性、行车荷载及自然环境对道路的影响进行了综合分析。

## 思 考 题

0-1 路基路面工程的特点是什么？
0-2 简述路基路面设计的一般要求。
0-3 分析行车荷载及自然环境的影响？

# 第一篇 路基工程

# 第1章 路基工程概论

## 1.1 路基土的分类及工程性质

### 1.1.1 路基土的分类

土的种类不同,其工程性质也不同,为了区分路基土的工程性质,JTG E40—2007《公路土工试验规程》依据土的颗粒组成特征、土的塑性指标和土中有机质存在的情况,将公路用土分为巨粒土、粗粒土、细粒土和特殊土四大类,并进一步细分为十二种土,如图1-1所示。

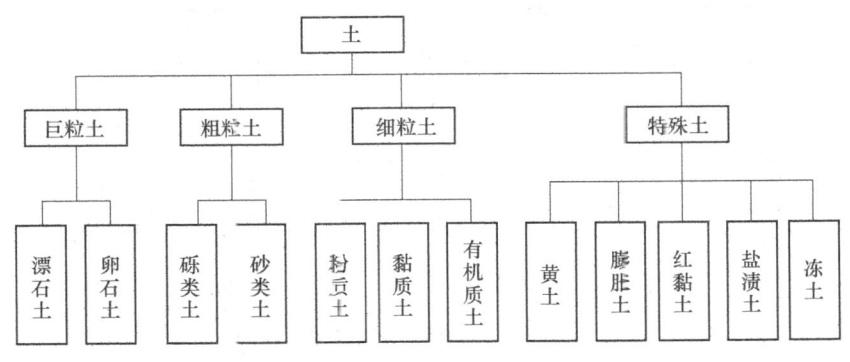

图 1-1 土分类总体系

我国公路用土的颗粒组成特征用不同粒径颗粒的质量占土总重的百分含量表示,不同粒组的划分界限及范围见表1-1。

表 1-1 粒组划分表

| 粒径/mm | 200 | 60 | 20 | 5 | 2 | 0.5 | 0.25 | 0.075 | 0.002 |
|---|---|---|---|---|---|---|---|---|---|
| 巨粒组 | | 粗粒组 | | | | | | 细粒组 | |
| 漂石<br>(块石) | 卵石<br>(小块石) | 砾(角砾) | | | 砂 | | | 粉粒 | 黏粒 |
| | | 粗 | 中 | 细 | 粗 | 中 | 细 | | |

公路用土分类的基本代号见表1-2。

表1-2  土的基本代号表

| 特征 | 土类 | | | | |
|---|---|---|---|---|---|
| | 巨粒土 | 粗粒土 | 细粒土 | 有机土 | 特殊土 |
| | 代号 | | | | |
| 成分代号 | 漂石 B<br>块石 Ba<br>卵石 Cb<br>小块石 Cb$_a$ | 砾 G<br>角砾 Ga<br>砂 S | 粉土 M<br>黏土 C<br>细粒土（C和M合称）F<br>粗细粒土合称 Sl | 有机土 O | 黄土 Y<br>膨胀土 E<br>红黏土 R<br>盐渍土 St |
| 级配和液限<br>高低代号 | | | 级配良好 W    高液限 H<br>级配不良 P    低液限 L | | |

注：1. 土类名称可用一个基本代号表示。当由两个基本代号构成时，第一个代号表示土的主成分，第二个代号表示副成分（级配或液限）。当由三个基本代号构成时，第一个代号表示土的主成分，第二个代号表示液限（或级配），第三个代号表示土中所含次要成分。
  2. 液限的高低以50划分；级配以不均匀系数 $C_u$ 和曲率系数 $C_c$ 表示，详见《公路土工试验规程》（JTG E40—2007）。

**1. 巨粒土**

巨粒组质量多于总质量50%的土称为巨粒土。巨粒土分为漂石土和卵石土，具体如图1-2所示。

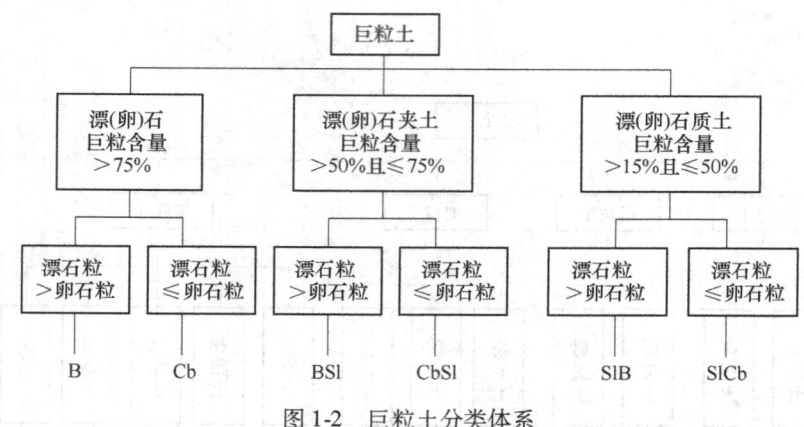

图1-2  巨粒土分类体系

注：1. 巨粒土分类体系中的漂石换成块石，B换成Ba，即构成相应的块石分类体系。
  2. 巨粒土分类体系中的卵石换成小块石，Cb换成Cba，即构成相应的小块石分类体系。

**2. 粗粒土**

巨粒组土粒质量少于或等于总质量15%，且巨粒组土粒与粗粒组土粒质量之和多于总土质量50%的土称为粗粒土。

粗粒土分为砾类土和砂类土两种。粗粒土中砾粒组质量多于砂粒组质量的称为砾类土。粗粒土中砾粒组质量少于或等于砂粒组质量的土称为砂类土。

砾类土分类体系如图1-3所示，砂类土分类体系如图1-4所示。

**3. 细粒土**

细粒组土粒质量多于或等于总质量50%的土称为细粒土。细粒土中粗粒质量小于总质量的25%的土称为粉质土或黏质土。粗粒组质量为总质量的25%~50%的土称为含粗粒的

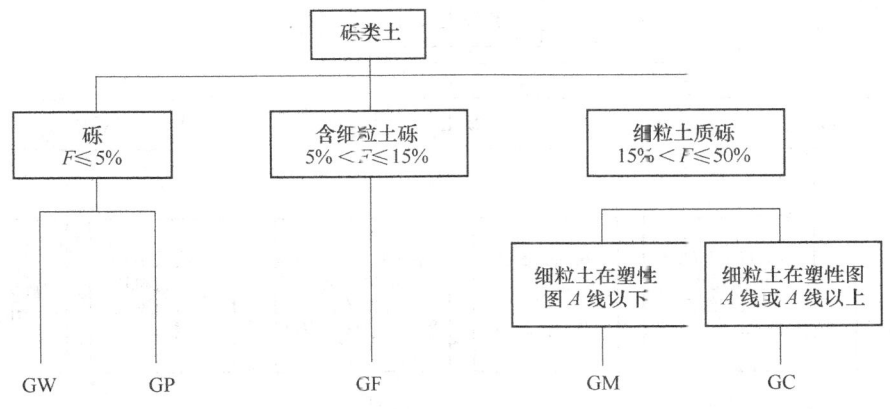

图 1-3 砾类土分类

注：砾类土分类体系中的砾石换成角砾，G 换成 Ga，即构成相应的角砾土分类体系。

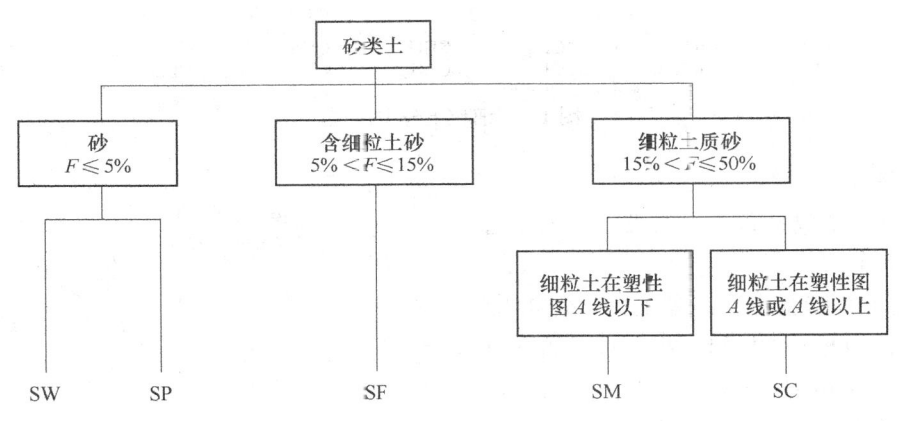

图 1-4 砂类土分类体系

注：需要时，砂可进一步细分为粗砂、中砂和细砂。① 粗砂，粒径大于 0.5mm 颗粒多于总质量 50%；② 中砂，粒径大于 0.25mm 颗粒多于总质量 50%；③ 细砂，粒径大于 0.075mm 颗粒多于总质量 75%。

粉质土或含粗粒的黏质土。有机质含量多于或等于总质量的 5%，且少于总质量 10% 的土称为有机质土。有机质含量多于或等于总质量的 10% 的土称为有机土。细粒土分类体系如图 1-5 所示。

细粒土应按塑性图分类。图 1-6 所示为土的塑性图，表明土的塑性指数 $I_P$ 与液限 $\omega_L$ 的相关关系，图中以 A 线和 B 线将坐标空间划分为四个区，大致区分了细粒土的塑性性能。

1) 当细粒土位于塑性图 A 线或 A 线以上时，在 B 线或 B 线以右称为高液限黏土，记为 CH；在 B 线以左，$I_P=7$ 线以上称为低液限黏土，记为 CL。

2) 当细粒土位于塑性图 A 线以下时，在 B 线或 B 线以右称为高液限粉土，记为 MH；在 B 线以左，$I_P=4$ 线以下称为低液限粉土，记为 ML。

3) 黏土～粉土过渡区（CL～ML）的土可以按相邻土层的类别考虑细分。

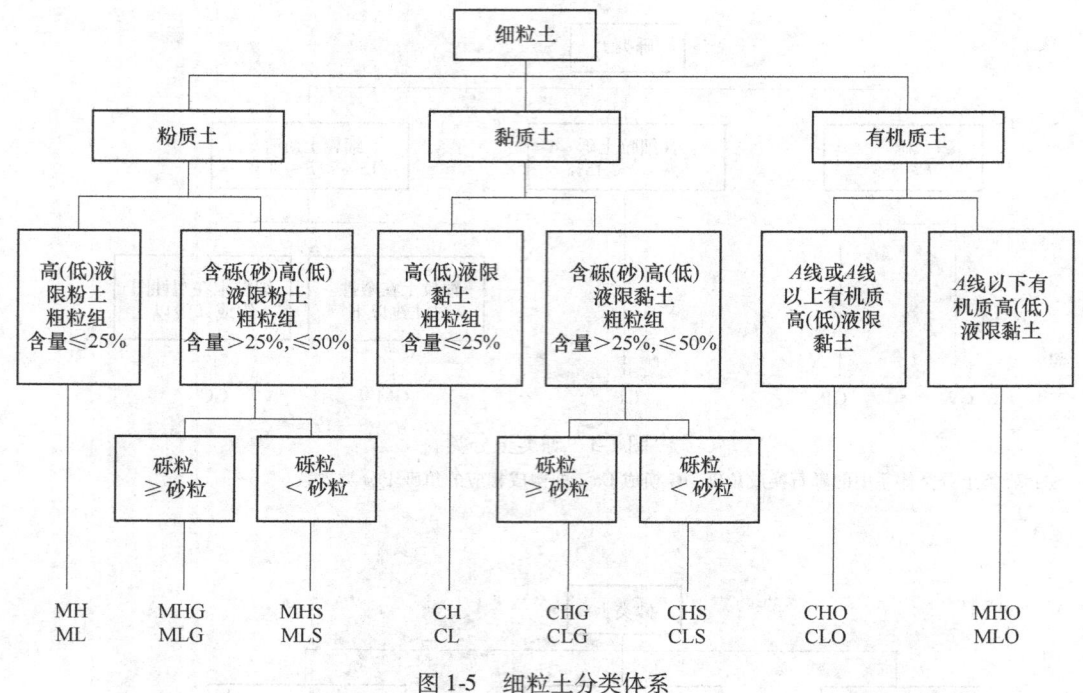

图 1-5 细粒土分类体系

### 4. 特殊土

特殊土主要包括黄土、膨胀土、红黏土、盐渍土和冻土。

1）黄土、膨胀土、红黏土按塑性指数和液限划分，根据土的塑性图上的位置定名。黄土属于低液限黏土，$\omega_L < 40\%$；膨胀土属于高液限黏土，$\omega_L > 50\%$；红黏土属于高液限粉土，$\omega_L > 55\%$。

2）盐渍土按土层中所含盐的种类和质量百分率进行分类，分为弱盐渍土、中盐渍土、强盐渍土和过盐渍土。

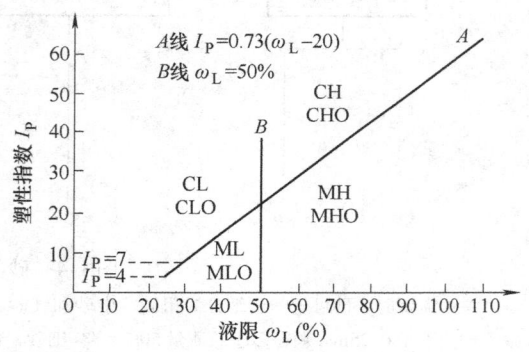

图 1-6 塑性图

3）冻土按冻结状态持续时间的长短，分为多年冻土（简称"永冻土"）、隔年冻土和季节冻土（简称"季冻土"）。

## 1.1.2 路基土的工程性质

公路用土具有不同的工程性质，在选择路基填筑材料，以及修筑稳定土路面结构层时，应根据不同的土类分别采取不同的工程技术措施。

### 1. 巨粒土

巨粒土具有很高的强度及稳定性，是填筑路基的最好材料。

对于漂石土，在码砌边坡时应正确选用边坡值，以保证路基稳定；对于卵石土，填筑时应保证具有足够的密实度。

**2. 粗粒土**

砾类土由于粒径较大，内摩擦力也大，因此强度和稳定性均能满足要求。级配良好的砾类土混合料密实度好。对于级配不良的砾类土混合料，填筑时应保证密实度，防止由于空隙大而造成路基积水、不均匀沉陷或表面松散等破坏。

砂类土又可分为砂、含细粒土砂（或称为砂土）和细粒土质砂（或称为砂性土）三种。

砂和砂土无塑性，透水性强，毛细上升高度小，具有较大的内摩擦系数，强度和水稳定性均好，但黏结性小，易于松散，压实困难，但是经充分压实的砂土路基，压缩变形小，稳定性好。为了加强压实和提高稳定性，可以采用振动法或灌水法压实，并可掺加少量黏土，以改善级配组成。

砂性土既含有一定数量的粗颗粒，使路基具有足够的强度和稳定性，又含有一定数量的细颗粒，使其具有一定的黏性，不至于过分松散。一般遇水干得快，不膨胀，干时具有足够的黏结性，雨天不泥泞，晴天不扬尘，容易被压实，便于施工。因此，砂性土是理想的路基填筑材料。

**3. 细粒土**

粉质土含有较多的粉土颗粒，干时虽有黏性，但易于破碎，浸水时容易成为流动状态。粉质土毛细作用强烈，毛细上升高度大（可达 1.5m）。在季节性冰冻地区容易造成冻胀、翻浆等病害。粉质土属于不良的公路用土，如果必须用粉质土填筑路基，则应采取技术措施改良土质并加强排水，采取隔离水等措施。

黏质土中细颗粒含量多，土的内摩擦系数小而黏聚力大，透水性小而吸水能力强，毛细现象显著，有较大的可塑性。黏性土干燥时较坚硬，施工时不易破碎。浸湿后能长期保持水分，不易挥发，因而承载力小。对于黏质土如果在含有适当含水率时加以充分压实和设置良好的排水设施，筑成的路基也能获得稳定。

有机质土（如泥炭、腐殖土等）不宜作为路基填料，如遇有机质土均应在设计和施工上采取适当措施。

**4. 特殊土**

黄土属大孔和多孔结构，具有湿陷性；膨胀土受水浸湿发生膨胀，失水则收缩；红黏土失水后体积收缩量较大；盐渍土潮湿时承载力很低。因此，特殊土也不宜作为路基填料。

**5. 冻土**

冻土融化后承载力大为降低，压缩性急剧增高，使地基产生融陷；相反，在冻结过程中又产生冻胀，对地基均为不利。冻土的冻胀和融陷与土的颗粒大小及含水率有关，一般土颗粒越粗，含水率越小，土的冻胀和融陷性越小。因此，冻土也不宜作为路基填料，如遇冻土应采取有效地防治及改造措施。

## 1.2 公路的自然区划

由于我国地域辽阔，各地气候、地形、水文地质条件等相差很大，而自然条件与公路建设密切相关，各种自然因素对公路构造物产生的影响和造成的病害也各不相同，因此，在不同地区的公路设计中应考虑的问题也各有侧重。如何根据各地自然条件特点对路线勘测、路基路面的设计、筑路材料的选择、施工方案的拟订等问题进行综合考虑是十分必要的。根据我国各地自然条件及其对公路建筑物影响的主要特征，制定 JTJ 003—1986《公路自然区划标准》，如图 1-7 所示，相应列出了不同地理区域自然条件对公路工程影响的差异性，并在路基路面的设计、施工和养护中采取适当的技术措施和设计参数。

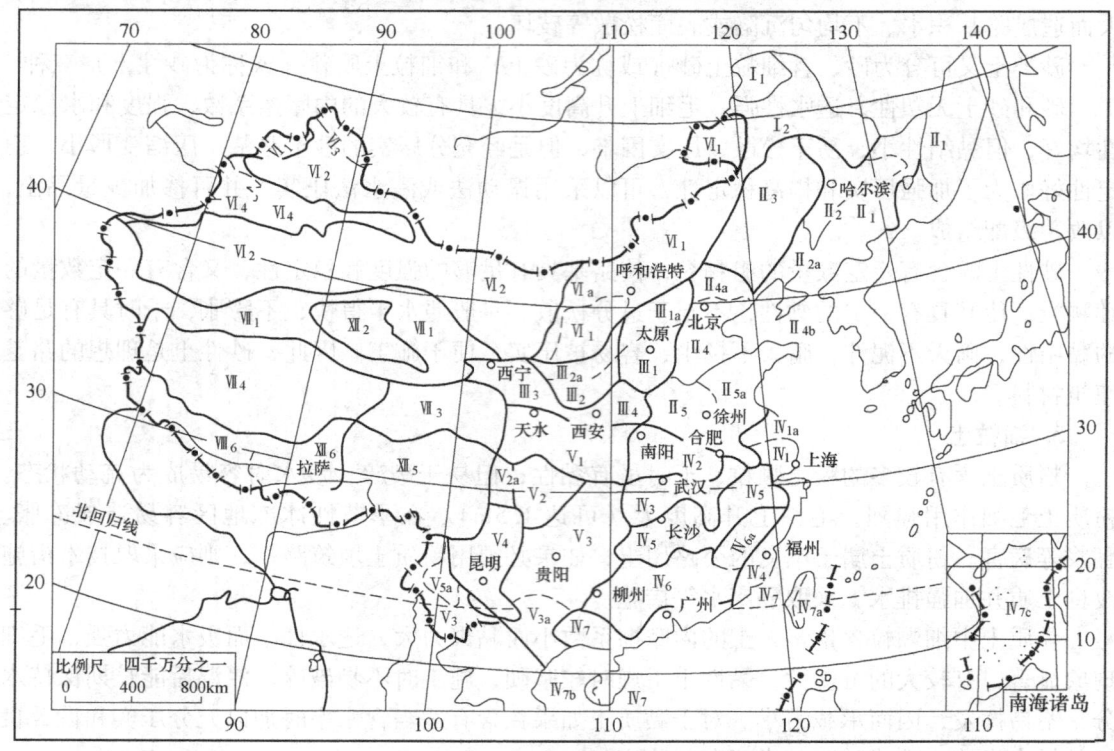

图 1-7　全国公路自然区划

根据影响公路工程的地理、地貌及气候的差异特点，公路自然区划按以下三项原则进行划分：

（1）道路工程特征相似的原则　即在同一区划内，在同样的自然因素下筑路具有相似性，例如，北方不利季节主要是春融时期，有翻浆病害，南方不利季节在雨季有冲刷、水毁等病害。

（2）地表气候区划差异性的原则　即地表气候是地带性差异与非地带性差异的综合结果。通常，地表气候随着当地纬度而变，如北半球北方寒冷、南方温暖，这称为地带性差异。除此之外，还与高程的变化有关，即沿垂直方向变化，如青藏高原由于海拔高，与纬度相同的其他地区相比，气候更加寒冷，即称为非地带性差异。

（3）自然气候因素既有综合又有主导作用的原则　即对公路工程的影响是各种自然气候因素综合作用的结果，但其中又有某种因素起主导作用，如道路冻害是水和热综合作用的结果。但是在南方，只有水而没有寒冷气候的影响，不会有冻害，说明温度起主导作用；西北干旱区与东北潮湿区同样都有负温度，但前者的冻害轻于后者，说明水起主导作用。

根据《公路自然区划标准》的规定，我国公路自然区划划分为三个等级。一级区划首先将全国划分为多年冻土、季节冻土和全年不冻土三大地带，再根据水热平衡和地理位置，划分为冻土、湿润、干湿过渡、湿热、潮暖、干旱和高寒 7 个一级区域。二级区划在一级区划基础上以潮湿系数为主进行了进一步划分。三级区划是在二级区划分更低一级的区域或类型单元。

**1. 一级自然区划**

根据不同地理、气候、构造、地貌界线的交错和叠合，全国分为 7 个一级自然区，其代号与名称如下：Ⅰ区——北部多年冻土区；Ⅱ区——东部温润季冻区；Ⅲ区——黄土高原干湿过渡区；Ⅳ区——东南湿热区；Ⅴ区——西南潮暖区；Ⅵ区——西北干旱区；Ⅶ区——青藏高寒区。

**2. 二级自然区划**

二级区划在一级区划范围内进行了进一步划分，其主要依据是潮湿系数 $K$。所谓潮湿系数是指年降水量 $R$ 与年蒸发量 $Z$ 之比，即 $K = R/Z$，据此划分为以下 6 个潮湿等级：过湿区（$K > 2.0$）、中湿区（$2.0 \geq K > 1.5$）、润湿区（$1.5 \geq K > 1.0$）、润干区（$1.0 \geq K > 0.5$）、中干区（$0.5 \geq K > 0.25$）、过干区（$K < 0.25$）。

根据二级区划的主要因素与标志，在全国 7 个一级自然区内又分为 33 个二级区和 19 个二级副区（亚区），共有 52 个二级自然区。全国公路自然区划一、二级区名称见表 1-3。

**表 1-3　公路自然区划名称表**

| | |
|---|---|
| Ⅰ 北部多年冻土区 | Ⅳ₇ 华南沿海台风区 |
| 　Ⅰ₁ 连续多年冻土区 | 　　Ⅳ₇ₐ 台湾山地副区 |
| 　Ⅰ₂ 岛状多年冻土区 | 　　Ⅳ₇ᵦ 海南岛西部润干区 |
| Ⅱ 东部湿润季冻区 | 　　Ⅳ₇c 南海诸岛副区 |
| 　Ⅱ₁ 东北东部山地湿冻区 | Ⅴ 西南潮暖区 |
| 　　Ⅱ₁ₐ 三江平原副区 | 　Ⅴ₁ 秦巴山地润湿区 |
| 　Ⅱ₂ 东北中部山前平原重冻区 | 　Ⅴ₂ 四川盆地中湿区 |
| 　　Ⅱ₂ₐ 辽河平原冻融交替副区 | 　　Ⅴ₂ₐ 雅安、乐山过湿副区 |
| 　Ⅱ₃ 东北西部润干冻区 | 　Ⅴ₃ 三西、贵州山地过湿区 |
| 　Ⅱ₄ 海滦中冻区 | 　　Ⅴ₃ₐ 滇南、桂西泹湿副区 |
| 　　Ⅱ₄ₐ 冀北山地副区 | 　Ⅴ₄ 川、滇、黔高原干湿交替区 |
| 　　Ⅱ₄ᵦ 旅大丘陵副区 | 　Ⅴ₅ 滇西横断山地区 |
| 　Ⅱ₅ 鲁豫轻冻区 | 　　Ⅴ₅ₐ 大理副区 |
| 　　Ⅱ₅ₐ 山东丘陵副区 | Ⅵ 西北干旱区 |
| Ⅲ 黄土高原干湿过渡区 | 　Ⅵ₁ 内蒙草原牛干区 |
| 　Ⅲ₁ 山西山地、盆地中冻区 | 　　Ⅵ₁ₐ 河套副区 |
| 　　Ⅲ₁ₐ 雁北张宣副区 | 　Ⅵ₂ 绿洲—荒漠区 |
| 　Ⅲ₂ 陕北典型黄土高原中冻区 | 　Ⅵ₃ 阿尔泰山地冻土区 |
| 　　Ⅲ₂ₐ 榆林副区 | 　Ⅵ₄ 天山—界山山地区 |
| 　Ⅲ₃ 甘东黄土山地 | 　　Ⅵ₄ₐ 塔城副区 |
| 　Ⅲ₄ 黄渭间山地、盆地轻冻区 | 　　Ⅵ₄ᵦ 伊犁河谷副区 |
| Ⅳ 东南湿热区 | Ⅶ 青藏高寒区 |
| 　Ⅳ₁ 常见中下游平原润湿区 | 　Ⅶ₁ 祁连—昆仑山地区 |
| 　　Ⅳ₁ₐ 盐城副区 | 　Ⅶ₂ 柴达木荒漠区 |
| 　Ⅳ₂ 江淮丘陵山地润湿区 | 　Ⅶ₃ 河源山原草甸区 |
| 　Ⅳ₃ 长江中游平原中湿区 | 　Ⅶ₄ 羌塘高原冻土区 |
| 　Ⅳ₄ 浙闽沿海山地中湿区 | 　Ⅶ₅ 川藏高山峡谷区 |
| 　Ⅳ₅ 江南丘陵过湿区 | 　Ⅶ₆ 藏南高山台地区 |
| 　Ⅳ₆ 武夷南岭山地过湿区 | 　　Ⅶ₆ₐ 拉萨副区 |
| 　　Ⅳ₆ₐ 武夷副区 | |

#### 3. 三级区划

划分方法有两种：① 以水文、地理和地貌为标志，将二级区划细分为若干个具有相似性的区域单元；② 以地貌、水文和土质类型为依据，分为若干个类型单元。

三级区划未列入全国性的区划中，由各省结合当地自然情况自行划分。

各级区划的范围不同，在公路工程中的应用也各有侧重，一级区划主要为全国性的公路总体规划和设计服务；二级区划主要为各地的公路路基路面设计、施工、养护提供较全面的地理、气候依据和有关参数，如土基和路面材料的回弹模量、路基临界高度、土基压实标准等。

## 1.3 路基的水温状况及干湿类型

路基的强度与稳定性同路基的干湿状态有密切关系，并在很大程度上影响路面结构设计。因此，在进行路基路面设计前应严格区分路基的干湿类型。

### 1.3.1 路基湿度的来源

路基在使用过程中，收到各种外界因素的影响，使湿度发生变化。引起路基湿度变化的来源（见图1-8）主要有：① 大气降水，通过路面、路肩和边坡渗入路基；② 边沟水及排水不良时的地表积水，以毛细水的形式渗入路基；③ 靠近地面的地下水，借助毛细作用上升到路基内部；④ 在土粒空隙中流动的水蒸气，遇冷凝结为水。上述来源的影响程度随当地自然条件和气候特点以及所采取的工程措施等而不同。

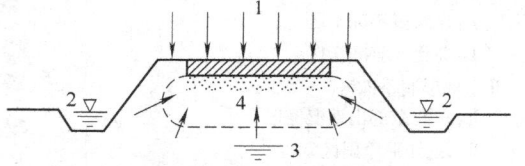

图1-8 路基湿度来源示意图
1—大气降水 2—地表积水
3—地下水上升的毛细水 4—水蒸气凝结的水

### 1.3.2 大气温度对路基水温状况的影响

路基湿度除了水的来源之外，另一个重要因素是受当地大地温度的影响。由于湿度与温度变化对路基产生的共同影响称为路基的水温状况。沿路基深度出现较大的温度梯度时，水分在温差的影响下以液态或气态由热处向冷处移动，并积聚在该处。这种现象在季节性冰冻地区尤为严重。

### 1.3.3 路基干湿类型及划分方法

#### 1. 路基干湿类型

路基的强度与稳定性同路基的干湿状态有密切关系，并在很大程度上影响路面结构设计。路基按其干湿状态不同，分为干燥、中湿、潮湿和过湿四类。为了保证路基路面结构的稳定性，一般要求路基处于干燥或中湿状态。过湿状态的路基必须经处理后方可铺筑路面。上述四种干湿类型以分界稠度 $\omega_{c1}$、$\omega_{c2}$ 和 $\omega_{c3}$ 来划分。稠度 $\omega_c$ 定义为土的含水率 $\omega$ 与土的液限 $\omega_L$ 之差与土的塑限 $\omega_P$ 与液限 $\omega_L$ 之差的比值，即

$$\omega_c = \frac{\omega_L - \omega}{\omega_L - \omega_P} \tag{1-1}$$

土的稠度较准确地表示了土的各种形态与温度的关系，稠度指标综合了土的塑性特性，包含了液限与塑限，全面直观地反映了土的硬软程度，物理概念明确。

1) $\omega_c = 1.0$，即 $\omega = \omega_P$，为半固体与硬塑状的分界值。
2) $\omega_c = 0$，即 $\omega = \omega_L$，为流塑与流动状的分界值。
3) $1.0 > \omega_c > 0$，即 $\omega_P > \omega > \omega_L$，土处于可塑状态。

以稠度作为路基干湿类型的划分标准是合理的，但是不同的自然区划、不同土组的分界稠度是不同的，见表 1-4。

表 1-4 各自然区划土基干湿分界稠度

| 自然区划 | 砂性土 | | | | 黏性土 | | | | 粉性土 | | | | 备注 |
|---|---|---|---|---|---|---|---|---|---|---|---|---|---|
| | $\omega_{c0}$ | $\omega_{c1}$ | $\omega_{c2}$ | $\omega_{c3}$ | $\omega_{c0}$ | $\omega_{c1}$ | $\omega_{c2}$ | $\omega_{c3}$ | $\omega_{c0}$ | $\omega_{c1}$ | $\omega_{c2}$ | $\omega_{c3}$ | |
| $II_1$ $II_2$ $II_3$ | 1.87 | 1.90 | 1.05 | 0.91 | 1.12 | 1.29 | 1.20 | 1.03 | 0.86 | 1.04 | 0.96 | 0.81 | 黏性土：分母适用于 $II_1$、$II_2$、$II_3$ 区； |
| | | | | | | 1.20 | 1.12 | 0.94 | 0.77 | | 0.96 | 0.89 | 0.73 | 粉性土：分母适用于 $II_{2a}$ 副区。 |
| $II_4$ $II_5$ | 1.87 | 1.05 | 0.91 | 0.78 | 1.29 | 1.20 | 1.03 | 0.86 | 1.12 | 1.04 | 0.89 | 0.73 | |
| III | 2.00 | 1.19 | 0.97 | 0.79 | | | | | 1.20 | 1.12 | 0.96 | 0.81 | 分子适用于粉土地区；分母适用于粉质亚黏土地区 |
| | | | | | | | | | | 1.04 | 0.89 | 0.73 | |
| IV | 1.73 | 2.32 | 1.05 | 0.91 | 1.20 | 1.03 | 0.94 | 0.77 | 1.04 | 0.96 | 0.89 | 0.73 | |
| V | | | | | 1.20 | 1.08 | 0.86 | 0.77 | 1.04 | 0.96 | 0.81 | 0.73 | |
| VI | 2.00 | 1.19 | 0.97 | 0.78 | 1.29 | 1.12 | 0.98 | 0.86 | 1.20 | 1.04 | 0.89 | 0.73 | |
| VII | 2.00 | 1.32 | 1.10 | 0.91 | 1.29 | 1.12 | 0.98 | 0.86 | 1.20 | 1.04 | 0.89 | 0.73 | |

注：$\omega_{c0}$ 为干燥状态路基常见下限稠度；$\omega_{c1}$、$\omega_{c2}$、$\omega_{c3}$ 分别为中湿、潮湿和过湿状态的分界稠度。

**2. 路基干湿类型划分方法**

（1）已建公路 对于已建公路，按不利季节路槽底面以下 80cm 深度内土的平均稠度确定。在路槽底面以下 80cm 内，每 10cm 取土样测定其天然含水率、塑限含水率和液限含水率，按式（1-2）和式（1-3）计算 $\overline{\omega}_c$。

$$\omega_{ci} = \frac{\omega_{Li} - \omega_i}{\omega_{Li} - \omega_{Pi}} \tag{1-2}$$

$$\overline{\omega}_c = \frac{\sum_{i=1}^{8} \omega_{ci}}{8} \tag{1-3}$$

式中  $\omega_i$——路槽底面以下 80cm 内，每 10cm 为一层，第 $i$ 层上的天然含水率；
$\omega_{Li}$、$\omega_{Pi}$、$\omega_{ci}$——第 $i$ 层土的液限含水率（76g 平衡锥）、塑限含水率、稠度；
$\overline{\omega}_c$——路槽以下 80cm 内土的算术平均稠度。

根据 $\overline{\omega}_c$ 判别路基的干湿类型，要按照道路所在的自然区划和路基土的类别，查表 1-4，与分界稠度作比较，并按表 1-5 所列区划界限确定道路所属的路基干湿类型。

表 1-5　路基干湿类型

| 路基湿类型 | 路基平均稠度与分界相对稠度的关系 | 一 般 特 性 |
| --- | --- | --- |
| 干燥 | $\overline{\omega}_c \geq \omega_{c1}$ | 路基干燥稳定，路面强度和稳定性不受地下水和地表积水影响。路基高度 $H > H_1$ |
| 中湿 | $\omega_{c1} > \overline{\omega}_c \geq \omega_{c2}$ | 路基上部土层处于地下水或地表积水影响的过渡带区内，路基高度 $H_2 < H \leq H_1$ |
| 潮湿 | $\omega_{c2} > \overline{\omega}_c \geq \omega_{c3}$ | 路基上部土层处于地下水或地表积水毛细影响区内，路基高度 $H_3 < H \leq H_2$ |
| 过湿 | $\overline{\omega}_c < \omega_{c3}$ | 路基极不稳定、冰冻区春融翻浆，非冻冻区弹性，路基经处理后方可铺筑路面，路基高度 $H < H_3$ |

（2）新建公路　对于新建公路，路基尚未建成，无法按上述方法现场勘查路基的湿度状况，可以用路基临界高度作为判别标准。当路基的地下水位或地表积水水位一定的情况下，路基的湿度由下而上逐渐减小，如图 1-9 所示。与分界稠度相对应的路基离地下水位或地表积水水位的高度称为路基临界高度 $H$，即 $H_1$ 相对应于 $\omega_{c1}$，为干燥和中湿状态的分界标准；$H_2$ 相对应于 $\omega_{c2}$，为中湿与潮湿状态的分界标准；$H_3$ 相对应于 $\omega_{c3}$，为潮湿和过湿状态的分界标准。

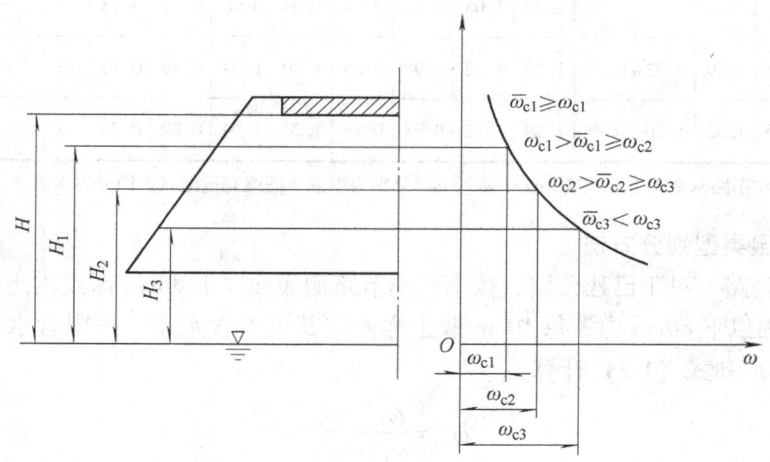

图 1-9　路基临界高度与路基干湿类型

在设计新建道路时，如能确定路基临界高度值，则可以此作为判别标准，与路基设计高度作比较，由此确定路基的干湿类型，见表 1-5。

为了保证路基的强度和稳定性不受地下水及地表积水的影响，在设计路基时，要求路基保持干燥或中湿状态，路槽底距地下水或地表积水的距离，要大于或等于干燥、中湿状态所对应的临界高度。不同土质和自然区划的路基临界高度见表1-5。

表1-6 路基临界高度参考值　　　　　　　　　　（单位：m）

| 水的分类<br>临界高度<br>自然区划 | 地下水 | | | 地表长期积水 | | |
|---|---|---|---|---|---|---|
| | $H_1$ | $H_2$ | $H_3$ | $H_1$ | $H_2$ | $H_3$ |
| II$_1$ | | | | | | |
| II$_2$ | | | | | | |
| II$_3$ | 1.9~2.2 | 1.3~1.6 | | | | |
| II$_4$ | | | | | | |
| II$_5$ | 1.1~1.5 | 0.7~1.1 | | | | |
| III$_1$ | | | | | | |
| III$_2$ | 1.3~1.6 | 1.1~1.3 | 0.9~1.1 | 1.1~1.3 | 0.9~1.1 | 0.6~0.9 |
| III$_3$ | 1.3~1.6 | 1.1~1.3 | 0.9~1.1 | 1.1~1.3 | 0.9~1.1 | 0.6~0.9 |
| III$_4$ | | | | | | |
| III$_{1a}$ | | | | | | |
| III$_{2a}$ | 1.4~1.7 | 1.0~1.3 | | | | |
| IV$_1$，IV$_{1a}$ | | | | | | |
| IV$_2$ | | | | | | |
| IV$_3$ | | | | | | |
| IV$_4$ | 1.0~1.1 | 0.7~0.8 | | | | |
| IV$_5$ | | | | | | |
| IV$_6$ | 1.0~1.1 | 0.7~0.8 | | | | |
| IV$_{6a}$ | | | | | | |
| IV$_7$ | | | | 0.9~1.0 | 0.7~0.8 | 0.6~0.7 |
| V$_1$，V$_2$，V$_{2a}$<br>（紫色土） | | | | | | |
| V$_3$ | | | | | | |
| V$_1$，V$_2$，V$_3$（黄壤土，现代冲积土） | | | | | | |
| V$_4$，V$_5$，V$_{5a}$ | | | | | | |
| VI$_1$ | (2.1) | (1.7) | (1.3) | (1.8) | (1.4) | (1.0) |
| VI$_{1a}$ | (2.0) | (1.6) | (1.2) | (1.7) | (1.3) | (1.1) |
| VI$_2$ | (1.9) | (1.5) | (1.1) | (1.7) | (1.2) | (0.9) |
| VI$_3$ | (2.1) | (1.7) | (1.3) | (1.9) | (1.5) | (1.1) |
| VI$_4$ | (2.2) | (1.8) | (1.4) | (1.9) | (1.5) | (1.2) |
| VI$_{4a}$ | (1.9) | (1.5) | (1.1) | (1.6) | (1.2) | (0.9) |
| VI$_{4b}$ | (2.0) | (1.6) | (1.2) | (1.7) | (1.3) | (1.0) |
| VII$_1$ | (2.2) | (1.9) | (1.6) | (2.1) | (1.6) | (1.3) |
| VII$_2$ | | | | | | |
| VII$_3$ | (2.3) | (1.9) | (1.6) | (2.1) | (1.6) | (1.3) |
| VII$_4$ | (2.1) | (1.6) | 1.3 | (1.8) | (1.4) | (1.0) |
| VII$_5$ | (3.0) | (2.4) | (1.9) | (2.4) | (2.0) | (1.6) |
| VII$_{6a}$ | | | | | | |

（砂性土）

（续）

| | 水的分类<br>临界高度<br>自然区划 | 地下水 | | | 地表长期积水 | | |
|---|---|---|---|---|---|---|---|
| | | $H_1$ | $H_2$ | $H_3$ | $H_1$ | $H_2$ | $H_3$ |
| 黏性土 | II$_1$ | 2.9 | 2.2 | | | | |
| | II$_2$ | 2.7 | 2.0 | | | | |
| | II$_3$ | 2.5 | 1.8 | | | | |
| | II$_4$ | 2.4~2.6 | 1.9~2.1 | 1.2~1.4 | | | |
| | II$_5$ | 2.1~2.5 | 1.6~2.0 | | | | |
| | III$_1$ | | | | | | |
| | III$_2$ | 2.2~2.75 | 1.7~2.2 | 1.3~1.7 | 1.75~2.2 | 1.3~1.7 | 0.9~1.3 |
| | III$_3$ | 2.1~2.5 | 1.6~2.1 | 1.2~1.6 | 1.6~2.1 | 1.2~1.6 | 0.9~1.2 |
| | III$_4$ | | | | | | |
| | III$_{1a}$ | | | | | | |
| | III$_{2a}$ | | | | | | |
| | IV$_1$，IV$_{1a}$ | 1.7~1.9 | 1.2~1.3 | 0.8~0.9 | | | |
| | IV$_2$ | 1.6~1.7 | 1.1~1.2 | 0.8~0.9 | | | |
| | IV$_3$ | 1.5~1.7 | 1.1~1.2 | 0.8~0.9 | 0.8~0.9 | 0.5~0.6 | 0.3~0.4 |
| | IV$_4$ | 1.7~1.8 | 1.0~1.2 | 0.8~1.0 | | | |
| | IV$_5$ | 1.7~1.9 | 1.3~1.4 | 0.9~1.0 | 1.0~1.1 | 0.6~0.7 | 0.3~0.4 |
| | IV$_6$ | 1.8~2.0 | 1.3~1.5 | 1.0~1.2 | 0.9~1.0 | 0.5~0.6 | 0.3~0.4 |
| | IV$_{6a}$ | 1.6~1.7 | 1.1~1.2 | 0.7~0.8 | | | |
| | IV$_7$ | 1.7~1.8 | 1.4~1.5 | 1.1~1.2 | 1.0~1.1 | 0.7~0.8 | 0.4~0.5 |
| | V$_1$，V$_2$，V$_{2a}$<br>（紫色土） | 2.0~2.2 | 0.9~1.1 | 0.4~0.6 | | | |
| | V$_3$ | 1.7~1.9 | 0.8~1.0 | 0.4~0.6 | | | |
| | V$_1$，V$_2$，V$_3$（黄壤土，现代冲积土） | 1.7~1.9 | 0.7~0.9 | 0.3~0.5 | | | |
| | V$_4$，V$_5$，V$_{5a}$ | 1.7~1.9 | 0.9~1.1 | 0.4~0.6 | | | |
| | VI$_1$ | (2.3) | (1.9) | (1.6) | (2.1) | (1.7) | (1.3) |
| | VI$_{1a}$ | (2.2) | (1.9) | (1.5) | (2.0) | (1.6) | (1.2) |
| | VI$_2$ | (2.2) | (1.8) | (1.5) | (1.9) | (1.6) | 1.1 |
| | VI$_3$ | (2.4) | (2.0) | (1.6) | (2.1) | (1.7) | (1.4) |
| | VI$_4$ | 2.4 | 2.0 | 1.6 | (2.2) | (1.7) | (1.3) |
| | VI$_{4a}$ | (2.2) | (1.7) | (1.4) | (1.0) | (1.4) | (1.1) |
| | VI$_{4b}$ | (2.3) | (1.8) | (1.4) | (2.0) | (1.6) | (1.2) |
| | VII$_1$ | 2.2 | (1.9) | (1.5) | (2.1) | (1.6) | (1.2) |
| | VII$_2$ | (2.3) | (1.9) | (1.6) | 1.8 | 1.4 | 1.1 |
| | VII$_3$ | (2.3) | (1.9) | (1.6) | (2.0) | (1.6) | (1.3) |
| | VII$_4$ | (2.1) | (1.6) | (1.3) | (1.8) | (1.4) | (1.1) |
| | VII$_5$ | (3.3) | (2.6) | (2.1) | (2.4) | (2.0) | (1.6) |
| | VII$_{6a}$ | (2.8) | 2.4 | 1.9 | 2.5 | 2.0 | 1.6 |

（续）

| | 水的分类<br>临界高度<br>自然区划 | 地 下 水 | | | 地表长期积水 | | |
|---|---|---|---|---|---|---|---|
| | | $H_1$ | $H_2$ | $H_3$ | $H_1$ | $H_2$ | $H_3$ |
| 粉性土 | $II_1$ | 3.8 | 3.0 | 2.2 | | | |
| | $II_2$ | 3.4 | 2.6 | 1.9 | | | |
| | $II_3$ | 3.0 | 2.2 | 1.6 | | | |
| | $II_4$ | 2.6~2.8 | 2.1~2.3 | 1.4~1.6 | | | |
| | $II_5$ | 2.4~2.9 | 1.8~2.3 | | | | |
| | $III_1$ | 2.4~3.0 | 1.7~2.4 | | | | |
| | $III_2$ | 2.4~2.85 | 1.9~2.4 | 1.4~1.9 | 1.9~2.4 | 1.4~1.9 | 1.0~1.4 |
| | $III_3$ | 2.3~2.75 | 1.8~2.3 | 1.4~1.8 | 1.8~2.3 | 1.4~1.8 | 1.0~1.4 |
| | $III_4$ | 2.4~3.0 | 1.7~2.4 | | | | |
| | $III_{1a}$ | 2.4~3.0 | 1.7~2.4 | | | | |
| | $III_{2a}$ | 2.4~3.0 | 1.7~2.4 | | | | |
| | $IV_1$，$IV_{1a}$ | 1.9~2.1 | 1.3~1.4 | 0.9~1.0 | | | |
| | $IV_2$ | 1.7~1.9 | 1.2~1.3 | 0.8~0.9 | | | |
| | $IV_3$ | 1.7~1.9 | 1.2~1.3 | 0.8~0.9 | 0.9~1.0 | 0.6~0.7 | 0.3~0.4 |
| | $IV_4$ | | | | | | |
| | $IV_5$ | 1.9~2.1 | 1.3~1.5 | 0.9~1.1 | | | |
| | $IV_6$ | 2.0~2.2 | 1.5~1.6 | 1.0~1.1 | | | |
| | $IV_{6a}$ | 1.8~2.0 | 1.3~1.4 | 0.9~1.1 | | | |
| | $IV_7$ | | | | | | |
| | $V_1$，$V_2$，$V_{2a}$<br>（紫色土） | 2.3~2.5 | 1.4~1.6 | 0.5~0.7 | | | |
| | $V_3$ | 1.9~2.1 | 1.3~1.5 | 0.5~0.7 | | | |
| | $V_1$，$V_2$，$V_3$<br>（黄壤土，现代冲积土） | 2.3~2.5 | 1.4~1.6 | 0.5~0.7 | | | |
| | $V_4$，$V_5$，$V_{5a}$ | 2.2~2.5 | 1.4~1.6 | 0.5~0.7 | | | |
| | $VI_1$ | (2.5) | (2.0) | (1.6) | (2.3) | (1.8) | (1.3) |
| | $VI_{1a}$ | (2.5) | (2.0) | (1.5) | (2.2) | (1.7) | (1.2) |
| | $VI_2$ | 2.6 | 2.2 | 1.6 | 2.3 | 1.6 | 1.2 |
| | $VI_3$ | (2.6) | (2.1) | (1.6) | (2.4) | (1.8) | (1.4) |
| | $VI_4$ | (2.6) | (2.2) | 1.7 | 2.4 | 1.9 | 1.4 |
| | $VI_{4a}$ | (2.4) | (1.9) | 1.4 | 2.1 | 1.6 | 1.1 |
| | $VI_{4b}$ | (2.5) | 1.9 | 1.4 | (2.2) | (1.7) | (1.2) |
| | $VII_1$ | (2.5) | (2.0) | (1.5) | (2.4) | 1.8 | 1.3 |
| | $VII_2$ | (2.5) | (2.1) | (1.6) | (2.2) | (1.6) | (1.1) |
| | $VII_3$ | (2.6) | 2.1 | 1.6 | (2.3) | (1.8) | (1.3) |
| | $VII_4$ | (2.3) | (1.8) | (1.3) | (2.1) | (1.6) | (1.1) |
| | $VII_5$ | (3.8) | (2.2) | (1.6) | (2.9) | (2.2) | (1.5) |
| | $VII_{6a}$ | (2.9) | (2.5) | 1.8 | (2.7) | 2.1 | 1.5 |

注：1. $H_1$ 为干燥状态路基临界高度；$H_2$ 为中湿状态路基临界高度；$H_3$ 为潮湿状态路基临界高度。
2. VI、VII有横线者，表示实测资料较少，有括号者表示没有实测资料，根据规律推算的。
3. 缺少资料的二级区，可论证地参考相邻二级区数值。

## 1.4 路基材料力学特性及评价指标

### 1.4.1 路基受力

路基在工作过程中,同时受到由路面传下来的行车荷载,以及路基和路面的自重作用。在路基上部靠近路面结构的一定深度范围内,路基土主要承受车辆荷载的作用。正确的设计应使路基所受的力在弹性限度范围内,而当车辆驶过后,路基能恢复原状,以保证路基相对稳定,不致使路面被破坏。图1-10所示为土质路基受力时,不同深度z范围内的应力分布图。

其中,$\sigma_1$为车轮荷载在土基内部任一点产生的竖向压应力,把车轮荷载简化为集中力时,$\sigma_1$可按布辛奈斯克公式进行计算,即

$$\sigma_1 = \frac{P}{z^2} \frac{3}{2\pi\left[1+\left(\frac{\gamma}{z}\right)^2\right]^{5/2}} = K\frac{P}{z^2} \quad (1\text{-}4)$$

$$K = \frac{3}{2\pi\left[1+\left(\frac{\gamma}{z}\right)^2\right]^{5/2}} \quad (1\text{-}5)$$

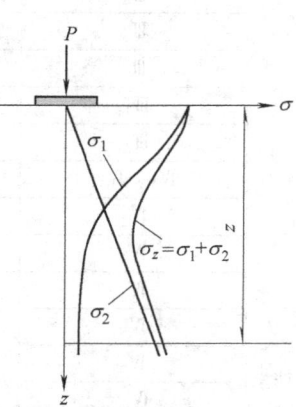

图1-10 土基中沿深度的应力分布示意图
$\sigma_1$—车辆荷载引起的应力
$\sigma_2$—土基自重引起的应力
$\sigma_z$—应力之和

式中 $P$——车轮荷载(kN);
$z$——荷载作用下的垂直深度(m);
$K$——应力系数;

土基自重引起的垂直压应力按下式计算

$$\sigma_2 = \gamma z \quad (1\text{-}6)$$

式中 $\gamma$——土的重度(kN/m³)。

因此,土中任一点受到的竖向压应力,按下式计算

$$\sigma_z = \sigma_1 + \sigma_2 = K\frac{P}{z^2} + \gamma z \quad (1\text{-}7)$$

### 1.4.2 路基工作区

由式(1-4)和式(1-6)可见,车轮荷载产生的垂直应力$\sigma_1$随深度增加而减小,自重应力$\sigma_2$则随深度增加而增大,因此,车轮荷载在土基中产生的应力与土基自重应力之比$\sigma_1/\sigma_2$也随之急剧减小。当此比值减小到一定数值时,如$\sigma_1/\sigma_2 = 1/5 \sim 1/10$,即在某一深度$z_a$处,车轮荷载在土基中产生的应力仅为土基自重应力的$1/5 \sim 1/10$倍,与土基自重应力相比,车辆荷载在$z_a$以下土基中产生的应力已很小,可忽略不计。把车轮荷载在土基中产生应力作用的这一深度范围称为路基工作区。

据此,可以计算路基工作区深度$z_a$。

$$n = \frac{\sigma_2}{\sigma_1} = \frac{\gamma z}{K\dfrac{P}{z^2}} \quad (1\text{-}8)$$

$$z_a = \sqrt[3]{\frac{KnP}{\gamma}} \qquad (1-9)$$

式中 $n$——系数，取 $n = 5 \sim 10$。

由式（1-9）可见，路基工作区随车轮荷载的加大而加深，表1-7列出了各种型号汽车对应的路基工作区深度。由于路基、路面材料不同，路面材料的强度和刚度及重度比土基大，路基工作区的实际深度随路面强度和厚度的增加而减小。因此，要精确计算 $z_a$ 必须将路面折算为当量厚度后再进行计算。在路基工作区内，土基的强度和稳定性对保证路面结构的强度和稳定性极为重要，对工作区深度范围内的土质选择和路基的压实度应提出较高的要求。

表1-7 路基工作区深度

| 汽车型号 | 工作区深度/m | | 汽车型号 | 工作区深度/m | |
| --- | --- | --- | --- | --- | --- |
| | $n = 5$ | $n = 10$ | | $n = 5$ | $n = 10$ |
| 解放 CA10B | 1.6 | 2.0 | 交通 SH141 | 1.6 | 2.0 |
| 北京 BJ130 | 1.2 | 1.6 | 上海 SH130 | 1.2 | 1.5 |
| 跃进 NJ130 | 1.4 | 1.7 | 黄河 JH150 | 1.9 | 2.4 |
| 红旗 CA773 | 1.0 | 1.3 | | | |

当工作区深度大于路基填土高度时，如图1-11所示，行车荷载不仅施加在路堤上，而且还施加在天然地基的上部土层，因此，天然地基上部土层和路堤应同时满足工作区要求，均应充分压实。

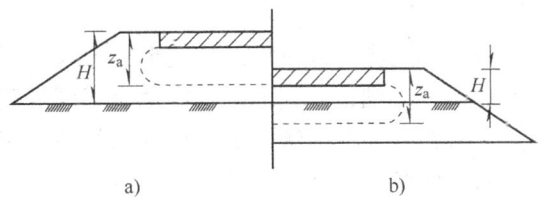

图1-11 工作区深度和路基高度
a）路基高度大于 $z_a$ b）路堤高度小于 $z_a$

## 1.4.3 路基土的应力—应变特性

路基是路面结构的支承体，车轮荷载通过路面结构传到路基。因此路基土的应力—应变特性对路基路面结构的整体强度和刚度有很大影响。路面结构的损坏，除了它本身的原因之外，路基的变形过大是重要原因之一，在路面结构的总变形中，土基的变形占很大部分，为70%~95%。路基土的变形包括弹性变形和塑性变形两部分。过大的塑性变形对于沥青路面产生车辙和纵向不平整，对于水泥混凝土路面将引起板块断裂。弹性变形过大将使沥青面层或水泥混凝土面板产生疲劳开裂。因此，提高路基土的抗变形能力是提高路基路面结构整体强度和刚度的重要方面。

在一定应力范围内，理想线弹性体的应力与应变关系呈线性特性。当应力消失时，应变也随之消失，恢复到初始状态。由于路基土的内部结构非常复杂，包括固相、液相和气相，固相又由不同矿物成分、不同粒径的颗粒组成，因此，路基土在应力作用下的变形特性同理想线弹性材料有很大区别。

图1-12所示是用压入承载板试验所得的土基竖向变形$l$与压力$p$之间的关系曲线，图中的曲线变化大致可分为三个阶段。

阶段Ⅰ——弹性变形阶段。在此阶段内，卸载后，变形可以恢复，土基受到弹性压缩，应力—应变的关系曲线呈近似直线。

阶段Ⅱ——塑性变形阶段。在此阶段内，外力增大，变形发展较快，卸载后，变形不能完全恢复。其中，能够恢复的变形称为弹性变形；不能恢复的变形称为塑性变形（或残余变形）。在此阶段范围内，应力—应变关系曲线呈曲线。

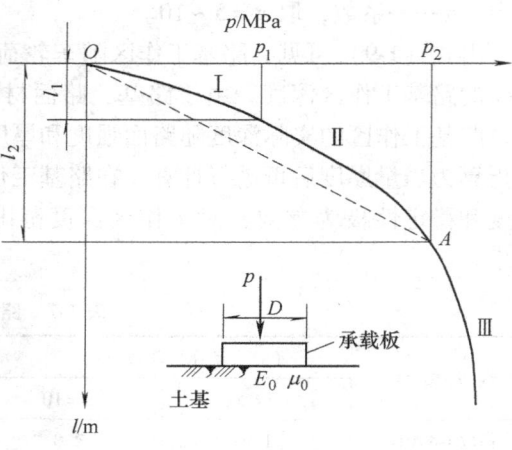

图1-12 土基的应力—应变关系曲线

阶段Ⅲ——破坏阶段。应力继续增大，变形急剧增大，土体已失去抵抗变形的能力，表明土体已破坏。

土基在外力作用下表现出的这种应力—应变特性称为土基的非线性。非线弹性体的土基的弹性模量$E$并不是一个常数。在重复荷载作用下土基将产生变形累积，使路面产生变形和破坏。

### 1.4.4 路基土承载能力的评价

路基的承载能力一般都采用一定应力级位下的抗变形能力来表征。尽管柔性路面设计和刚性路面设计以不同的理论体系为基础，不同的设计方法有不同的假定前提，但是用于表征路基承载力的各种指标都是土基在一定应力级位下的抗变形能力。用于表征土基承载力的参数指标主要有回弹模量、地基反应模量和加州承载比（CBR）等。

**1. 土基回弹模量**

以回弹模量表征土基的承载能力，可以反映土基在瞬时荷载作用下的可恢复变形能力，因而可以应用弹性理论公式描述荷载与变形之间的关系。以回弹模量作为表征土基承载能力的参数，可以在以弹性理论为基本体系的各种设计方法中得到应用。为了模拟车轮印迹的作用，通常都以圆形承载板压入土基的方法测定回弹模量。

测定土基回弹模量的承载板有两种，即柔性压板与刚性压板。用柔性压板测定回弹模量，土基与压板之间的接触压力为常量，如图1-13a所示，即

$$p(r)=\frac{P}{\pi a^2} \tag{1-10}$$

承载板的挠度$l(r)$与坐标$r$有关，在压板中心处（$r=0$）

$$l_{r=0}=\frac{2pa(1-\mu^2)}{E} \tag{1-11}$$

式中 $E$、$\mu$——土基的回弹模量、泊松比。

在柔性压板边缘处（$r=a$）

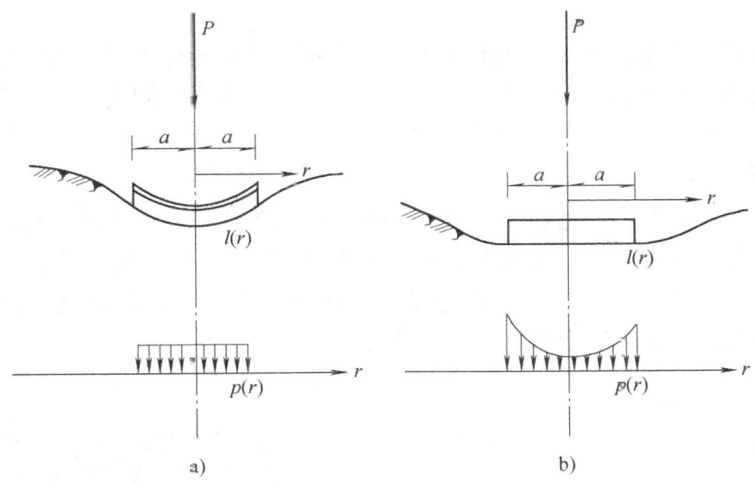

图 1-13 土基在圆形承载板下的压力与挠度分布曲线
a) 柔性承载板  b) 刚性承载板

$$l_{r=a} = \frac{4pa(1-\mu^2)}{\pi E} \tag{1-12}$$

因此，当测得压板中心或者压板边缘处挠度之后，假如 $\mu$ 为已知值，即可通过式 (1-11) 或式 (1-12) 反算，得到回弹模量 $E_R$ 值。

用刚性承载板测定土基回弹模量，压板下土基顶面的挠度为等值，不随坐标 $r$ 而变化。但是板底接触压力则随 $r$ 值的变化，成鞍形分布，如图 1-13b 所示。其挠度 $l$ 值与接触压力 $p$ 值可分别按式 (1-13) 或式 (1-14) 计算。测得刚性承载板挠度之后，即可按式 (1-14) 反算，得到回弹模量 $E_R$ 值。

$$l = \frac{2pa(1-\mu^2)}{E} \cdot \frac{\pi}{4} \tag{1-13}$$

$$p(r) = \frac{1}{2} \cdot \frac{pa}{\sqrt{a^2-r^2}} \tag{1-14}$$

在实际测定中，由于刚性承载板挠度易于量测，压力容易控制，用得较多。试验时宜采用逐级加载卸载法，每级增加 0.04MPa，待卸载稳定 1min 后读取回弹弯沉值，再加下一级荷载。回弹变形值超过 1mm 时，则停止加载。将结果可点绘出荷载—回弹弯沉曲线，如图 1-14 所示。在多数情况下，试验曲线呈非线性。在确定模量值时，可以根据实际可能出现的最大压应力，或可能出现的最大弯沉范围，在曲线上选取合适的值按下式进行计算

$$E = \frac{\pi a}{2} \cdot \frac{\sum p_i}{\sum l_i}(1-\mu^2) \tag{1-15}$$

式中 $p_i$、$l_i$——各级荷载的单位压力与相对应的回

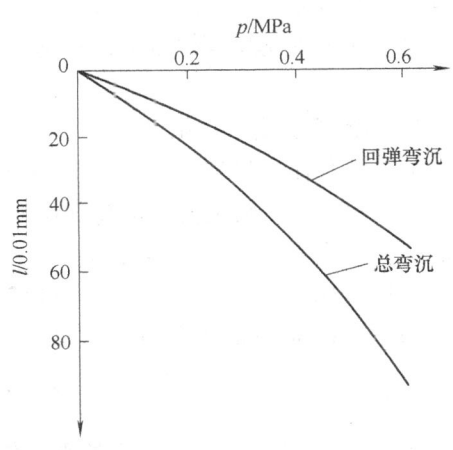

图 1-14 荷载回弹沉降线

弹弯沉值。

承载板直径的大小对测定结果也有影响,通常用车轮的轮印当量圆直径作为承载板的直径。但是对于刚性路面下的土基,有时采用较大直径承载板进行测定,因为荷载通过刚性路面板施加于地基表面的压力范围较之柔性路面为大。

**2. 地基反应模量**

用文克勒(E. Winkler)地基模型描述土基工作状态时,用地基反应模量 $K$ 表征土基的承载力。根据文克勒地基假定,土基顶面任一点的弯沉 $z$,仅同作用于该点的垂直压力 $p$ 成正比,而同其相邻点处的压力无关。即地基如同由许多各不相连的弹簧所组成,如图 1-15 所示。压力 $p$ 与弯沉 $l$ 之比称为地基反应模量 $K$,即

$$K = \frac{p}{l} \tag{1-16}$$

文克勒地基又称为稠密液体地基。地基反应模量 $K$ 值相当于该液体的相对密度,路面板受到的地基反力相当于液体产生的浮力。

地基反应模量 $K$ 值用承载板试验确定。承载板的直径规定为 76cm。测定方法与回弹模量测定方法相类似,但是采取一次加载到位的方法,施

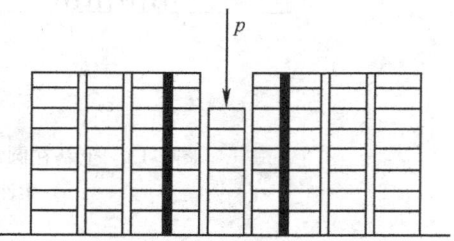

图 1-15 文克勒地基模型

加荷载的量值根据不同的工程对象,有两种方法供选用。当地基较为软弱时,用 0.127cm 的弯沉量控制承载板的荷载,因为通常情况下混凝土路面板的弯沉不会超出这一范围。假如地基较为坚实,弯沉值难以达到 0.127cm 时,以单位压力 $p = 70\text{kPa}$ 控制承载板的荷载。这也是考虑到混凝土路面下土基承受的压力通常不会超过这一范围。

承载板直径的大小对 $K$ 值有一定影响,直径越小,$K$ 值越大。但是由试验得知,当承载板直径大于 76cm 时,$K$ 值的变化很小。因此规定以直径为 76cm 的承载板为标准。当采用直径为 30cm 的承载板测定时,可按下式进行修正,即

$$K_{76} = 0.4 K_{30} \tag{1-17}$$

按上述方法确定的 $K$ 值是一定荷载或沉降条件下的荷载应力与总弯沉之比,其中包含回弹弯沉和残余弯沉。如果只考虑回弹弯沉,则可以得到地基回弹反应模量 $K_R$,通常 $K_R$ 与总弯沉对应的地基反应模量 $K$ 之间有如下关系,即

$$K_R = 1.77 K \tag{1-18}$$

**3. 加州承载比(CBR)**

加州承载比是早年由美国加利福尼亚州提出的一种评定土基及路面材料承载能力的指标。承载能力以材料抵抗局部荷载压入变形的能力表征,并采用高质量标准碎石为标准,以它们的相对比值表示为 CBR 值。

计算 CBR 值时,取贯入深度为 0.254cm,但是当贯入深度为 0.254cm 时的 CBR 值小于贯入深度为 0.508cm 时的 CBR 值时,应采用后者。CBR 值按下式计算。

$$\text{CBR} = \frac{p}{p_s} \times 100 \tag{1-19}$$

式中 $p$——对应于某一贯入度的土基单位压力(kPa);

$p_s$——相应贯入度的标准压力(kPa),见表 1-8。

表1-8 CBR试验标准压力值 $P_s$

| 贯入值/cm | 0.254 | 0.508 | 0.762 | 1.016 | 1.270 |
|---|---|---|---|---|---|
| 标准压力/kPa | 7.03 | 10.55 | 13.36 | 16.17 | 18.23 |

试验时，用一个端部面积为19.35cm²的标准压头，以0.127cm/min的速度压入土中。记录每贯入0.254cm时的单位压力，直至压入深度达到1.27cm时为止。标准压力值是用高质量标准碎石由试验求得，其值见表1-8。

CBR试验设备有室内试验与室外试验两种。室内用CBR试验装置如图1-16所示。试件按路基施工时的含水率及压实度要求在试筒内制备，并在加载前浸泡在水中，饱水4天。为了模拟路面结构对土基的附加压力，在浸水过程中及压入试验时，在试件顶面施加环形砝码，其质量应根据预计的路面结构质量来确定。

CBR值野外试验方法基本与室内试验相同，但其压入试验直接在土基顶面进行。有时，野外试验结果与室内试验结果不完全相同，这主要是由于土

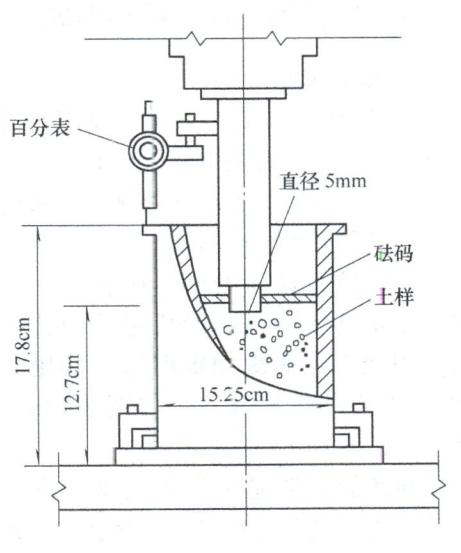

图1-16 CBR试验简图

壤含水率不一样，室内试验时，试件处于饱水状态；野外试验时，土基处于施工时的湿度状态。所以，对野外试验结果必须加以修正，换算成饱水状态的CBR值。常用路基土的CBR值见表1-9。

表1-9 常用路基土CBR值

| 土　　类 | CBR（%） |
|---|---|
| 级配良好的砾石，砾石-砂混合料 | 60~80 |
| 级配差的砾石，砾石-砂混合料 | 35~60 |
| 均匀颗粒的砾石和砂质砾石<br>粉质砾石，砾石-砂-粉土混合料 | 40~80 |
| 黏土质砾石，砾石-砂-粉土混合料<br>级配良好的砂，砾石质砂；粉质砂，砂-粉土混合料 | 20~40 |
| 级配差的砂或砾石质砂 | 15~25 |
| 黏土质砂，石砂-黏土混合料 | 10~20 |
| 粉土，砂质粉土，砾石质粉土，贫黏土，砂质黏土，砾石质黏土，粉质黏土 | 5~15 |
| 无机质粉土，贫有机质黏土，云母质黏土或硅藻土 | 4~8 |
| 有机质黏土，肥黏土，有机质粉土 | 3~5 |

## 1.5 路基的变形、破坏及防治

路基暴露在大气中，经受土体自重、行车荷载和各种自然因素的不断作用，路基的各个

部位将产生变形。路基的变形分为可恢复的变形和不可恢复变形,路基的不可恢复变形将引起路基标高和边坡坡度、形状的改变,严重时将造成土体位移,危及路基的整体性和稳定性,对路基造成各种破坏。

### 1.5.1 路基的变形、破坏形式

**1. 路基沉陷**

路基沉陷是指路基表面在垂直方向产生较大的沉落,如图 1-17 所示。路基的沉陷分为两种情况,一是路基本身的压缩沉降;二是由于路基下部天然地面承载能力不足,在路基自重的作用下引起沉陷或向两侧挤出而造成的。

路基的沉缩是因路基填料选择不当,填筑方法不合理,压实度不足,在路基堤身内部形成过湿的夹层等因素,在荷载和水温综合作用之下引起的路基沉陷,如图 1-17a 所示。

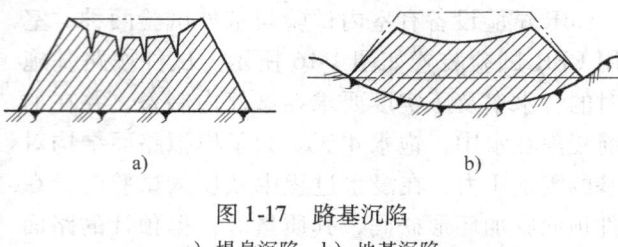

图 1-17 路基沉陷
a) 堤身沉陷  b) 地基沉陷

地基的沉陷是指原天然地面有软土、泥沼或不密实的松土存在,承载能力极低,路基修筑前未经处理,在路基自重作用下,地基下沉或向两侧挤出引起的,如图 1-17b 所示。

**2. 边坡滑塌**

路基边坡滑塌是最常见的路基病害,根据边坡土质类别、破坏原因和规模的不同,可分为溜方与滑坡两种情况。

(1) 溜方 由于少量土体沿土质边坡向下移动所形成。溜方通常指的是边坡上表面薄层土体下溜,主要是由于流动水冲刷边坡或施工不当而引起的,如图 1-18a、b 所示。

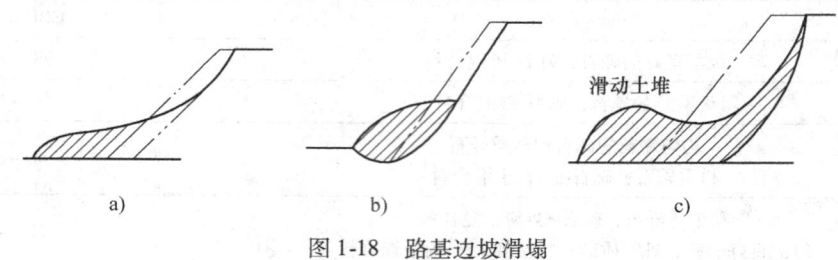

图 1-18 路基边坡滑塌
a)、b) 溜方  c) 滑坡

(2) 滑坡 一部分土体在重力作用下沿某一滑动面滑动。滑坡主要是由于土体的稳定性不足所引起的,如图 1-18c 所示。

路堤边坡坡度过陡,或边坡坡脚被冲刷淘空,或填土层次安排不当是路堤边坡发生滑坡的主要原因。

路堑边坡滑坡的主要原因,是边坡高度和坡度与天然岩土层次的性质不相适应。黏性土层和蓄水的砂石层交替分层且有倾向于路堑方向的斜坡层理存在时容易造成滑动。

**3. 剥(碎)落和崩塌**

剥落和碎落是指路堑边坡风化岩层表面,在大气温度与湿度的交替作用,以及雨水冲刷

和动力作用之下，表层岩石从坡面上剥落下来，向下滚落。

大块岩石脱离坡面沿边坡滚落称为崩塌，如图1-19所示。

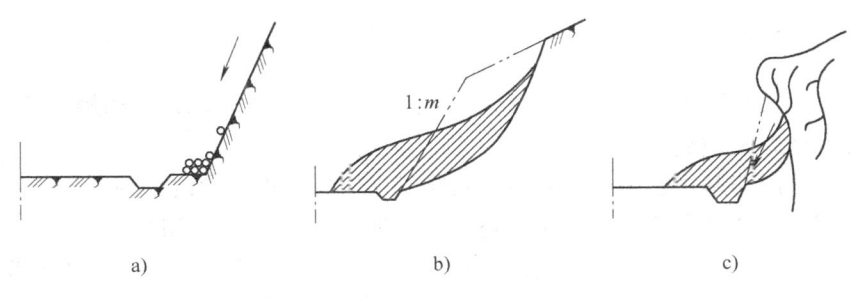

图1-19 路堑边坡破坏示意图
a) 碎落 b) 滑塌 c) 崩塌

**4. 路面沿山体滑坡**

在较陡的山坡上填筑路基，如果原地面未经除杂草、凿毛或人工挖台阶，坡脚又未进行必要的支撑，特别是受水的润滑时，填方与原地面之间的抗剪力很小，在自重和荷载作用下，路基整体或局部有可能沿原地面向下移动，路基整体失去稳定，如图1-20所示。此种破坏虽不普遍，但也不应忽视，如果不针对其产生破坏的原因采取措施，路基稳定性就得不到保证，导致路基的破坏。

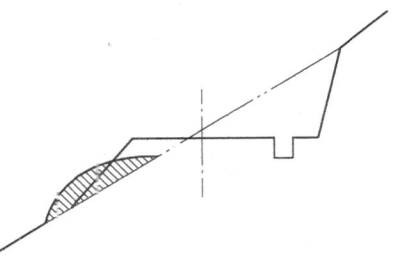

图1-20 路堤沿山坡滑动示意图

**5. 不良地质和水文地质条件造成的路基破坏**

公路通过不良地质条件（如泥石流、溶洞等）和较大自然灾害（如大暴雨）地区，均可能导致路基的大规模毁坏。

另外，不可抗拒的自然灾害（如地震、火山等）均可造成无法防止的毁坏。

## 1.5.2 路基变形、破坏原因综合分析

由上面路基变形破坏的形式及原因分析可知，路基破坏的原因是多方面的，各种变形破坏既有各自的特点，又往往具有共同的原因，大致可归纳为以下几个方面：

1）不良的工程地质和水文地质条件。主要包括地质构造复杂、岩层走向及倾角不利、岩性松软、风化严重、土质较差、地下水位较高及其他特殊不良地质灾害等。

2）不利的水文与气候因素。主要包括降雨量大、洪水猛烈、干旱、冰冻、积雪或温差特别大等。

3）设计不合理。主要包括断面尺寸不符合设计标准要求（包括边坡取值不当）、挖填布置不符合要求、最小填土高度不足、未进行合理的防护、加固与排水设计等。

4）施工不符合规范要求。主要包括填筑顺序不当、土基压实不足、盲目进行大型爆破以及不按设计要求和操作规程施工、工程质量不满足标准等。

在上述原因中，地质条件是影响路基工程质量和产生病害的基本前提，水是造成路基病

害的主要原因。因此，设计前应详细进行地质与水文的勘察工作，针对具体条件及各种因素的综合作用，采取正确的设计方案与施工方法，消除和尽可能减少路基病害，确保路基工程达到规定的质量要求。

### 1.5.3 路基病害防治

为了提高路基的稳定性，防治各种病害的产生，主要可以采取以下措施：

1) 正确设计路基横断面。
2) 选择良好的路基用土填筑，必要时对路基上层填土进行稳定处理。
3) 采取正确地填筑方法，充分压实路基，保证达到规定的压实度。
4) 适当提高路基，防止水分从侧面渗入或从地下水位上升进入路基工作区范围。
5) 正确进行排水设计（包括地面排水、地下排水、路面结构排水以及地基的特殊排水）。
6) 必要时设计隔离层隔绝毛细水上升，设置隔温层减少路基冰冻深度和水分累积，设置砂垫层以疏干土基。
7) 采取边坡加固、修筑挡土结构物、土体加筋等防护技术措施，以提高其整体稳定性。

以上各项技术措施的宗旨在于限制水分浸入路基，将已浸入路基的水分迅速排除，保持路基干燥，提高路基的整体强度与稳定性。

## 本 章 小 结

路基是道路工程的基础，它与路面共同承受行车荷载和自然因素的作用，因此路基本身的强度与稳定性，直接影响路面的使用寿命和道路的使用品质。

本章主要介绍路基土的分类及工程性质；公路的自然区划；路基水温状况及干湿类型；路基材料力学特性与评价指标以及路基的常见变形、破坏及防治等内容。

## 思 考 题

1-1 路基土分为哪几类？多少种？各类土又有什么工程性质？
1-2 路基湿度的来源主要有哪几个方面？
1-3 路基干湿类型的分类如何？一般路基主要求工作在何状态？
1-4 什么叫平均稠度和临界高度？在旧路改造和新建公路时如何判定路基干湿类型？
1-5 什么是路基工作区？确定该区有何意义？
1-6 土基有哪些强度指标？
1-7 如何确定土基回弹模量值？
1-8 公路自然区划是根据什么原则制定的？
1-9 某公路一段粉质黏土路基，经实地测定某路槽底面以下 80cm 范围内各土层的含水率见表 1-10。已知土的液限为 34%，土的塑限为 17%，试判断该路段土的干湿类型。

表1-10　某路槽底面80cm范围内各土层的含水率

| 深度/cm | 天然含水率（%） | 深度/cm | 天然含水率（%） |
|---|---|---|---|
| 1~10 | 18.54 | 40~50 | 19.52 |
| 10~20 | 18.63 | 50~60 | 19.75 |
| 20~30 | 18.91 | 60~70 | 19.85 |
| 30~40 | 19.21 | 70~80 | 19.87 |

1-10　试判断表1-11所列地点拟建公路的土基干湿类型。

表1-11　拟建公路资料表

| 地点 | 土组 | 设计路槽底至水位/m | | |
|---|---|---|---|---|
| | | 地下水 | 地表长期积水 | 地表临时积水 |
| 北京 | 黏质土 | 2.5 | | |
| 武汉 | 黏质土 | 1.4 | 1.0 | |
| 西安 | 粉质土 | 3.1 | | |
| 甘肃 | 粉质土 | 3.0 | | 1.0 |
| 乌鲁木齐 | 砂质土 | 2.0 | 1.5 | |

# 第 2 章 一般路基设计

一般路基通常指在良好的地质与水文等条件下，填方高度和挖方深度不超过路基设计规范允许范围的路基。通常认为，一般路基可以结合当地的地形、地质情况，直接选用典型断面图或设计规定，不必进行个别论证和验算。超过规范规定的高填、深挖路基，以及地质和水文等条件特殊的路基，称为特殊路基。为确保路基具有足够的强度与稳定性，特殊路基需要进行专门设计和验算。

## 2.1 概述

路基是路面的基础，它在自然环境中承受着路基土的自重和路面结构的重力，同时还承受由路面传递下来的行车荷载，是公路的承重主体，也是公路工程的重要组成部分。路基与路面共同承受交通荷载的作用，因此，它必须具有足够的强度、稳定性和耐久性。

行车荷载在路基内产生的附加应力主要作用于路槽下 0.8m 范围以内。此部分路基按其作用可视为路面结构的路床，其强度与稳定性要求可根据路基路面综合设计的原则确定。坚固的路基，不仅是路面强度与稳定性的重要保证，而且能为延长路面使用寿命创造有利条件，所以路基路面的综合设计至为重要。

路基设计之前，应做好全面调查研究，充分收集沿线地质、水文、地形、地貌、气象、地震等设计资料。改建公路，还应收集历年路况资料及当地路基的翻浆、崩坍、水毁、沉降变形等病害的防治经验。

路基设计，一般宜移挖作填，当出现大量弃方或借方时，应配合农田水利建设和自然环境等进行综合设计。应根据公路所在地区的自然因素与地质条件，设计完善的排水设施和防护工程，采取经济有效的病害防治措施。陡坡上的半填半挖路基，可根据地形、地质条件，采用护肩、砌石或挡土墙；当山坡高陡或稳定性差，不宜多挖时，可采用桥梁、悬出路台等构造物；三、四级公路的悬崖陡壁地段，当山体岩石整体性好时，可采用半山洞。分离式路基应处理好与整体式路基的相互衔接和边坡的防护，设置完善的排水设施，并与自然景观相协调。

沿河路基，边缘标高应满足防洪安全高度的规定，并根据冲刷情况，设置必要的防护设施；废方应妥善处理，以免造成河床堵塞、河流改道或冲毁沿线构造物、农田、房屋等不良后果。

季节性冰冻地区工程地质、水文地质不良地段，应采用水稳定性好的材料填筑路堤，或用粒料换填处理，对于高速公路、一级公路应结合防治冻害和翻浆的具体措施，进行路基、路面、排水等综合设计。

为了确保路基在外界因素作用下，有足够的强度与稳定性，不产生异常的变形，在路基的整体结构中还必须有完善的各项附属设施。其中有路基排水、路基防护与加固，以及与路基工程直接相关的设施，如弃土堆、取土坑、护坡道、碎落台、堆料坪及错车道等。

由于路基标高与原地面标高有差异,且各路段岩土性质的变化,各处附属设施的布置不尽相同,因此各路段的路基横断面形状差别很大。路基横断面形式的选定和各项附属设施的设计,同样是路基设计的基本内容。

## 2.2 路基的类型与构造

通常,根据公路路线设计确定的路基标高与天然地面高程是不同的,路基设计标高低于天然地面高程时,需进行挖掘。路基设计标高高于天然地面高程时,需进行填筑。由于填挖情况的不同,路基横断面的典型形式,可归纳为路堤、路堑和填挖结合三种类型。路堤是指全部用岩土填筑而成的路基,路堑是指全部在天然地面开挖而成的路基,此两者是路基的基本类型。当天然地面横坡大,且路基较宽,需要一侧开挖而另一侧填筑时,为填挖结合路基,也称为半填半挖路基。在丘陵或山区公路上,填挖结合是路基横断面的主要形式。

另外,路基横断面还分为整体式和分离式。整体式路基是指上行线下行线连为一体的路基,地形条件允许时应是首选的形式。分离式路基是指上行线与下行线之间有一定地表间隔的路基,地形较陡、路基较宽时,为了减小对自然的破坏,避免高填方或深挖方及由此产生的高大边坡,可将路基设计成分离式的路基。

路基横断面形式应与沿线自然环境相协调,避免因深挖、高填对其造成不良影响。根据公路等级、技术标准,结合当地地形、地质、水文、填挖等情况选用。高速公路、一级公路宜采用浅挖、低填、缓边坡的路基断面形式。

### 2.2.1 路堤

图 2-1 所示为路堤的几种常见横断面形式。路堤按填土高度的不同,可分为矮路堤、一般路堤和高路堤。填土高度小于 1.0~1.5m 的,属于矮路堤(图 2-1a);填土高度在 1.5~18m 范围内的土路堤或 1.5~20m 范围内的石质路堤为一般路堤(图 2-1b);填土高度大于 18m 的土质路堤或 20m 的石质路堤为高路堤。另外,根据路基所处的条件和加固类型的不同,还有浸水路堤、护脚路堤及挖沟填筑路堤等形式。

矮路堤常在平坦地区取土困难时选用。平坦地区地势低,水文条件较差,易受地面水和地下水的影响,设计时应注意满足最小填土高度的要求,力求不低于使路基处于干燥或中湿状态的临界高度。为保证路基的强度和稳定性,路基两侧均应设边沟。

矮路堤的填土高度通常接近或小于路基工作区的深度,因此,除填方路堤本身要满足规定的施工要求外,天然地面也应按规定进行压实,达到规定的压实度,必要时对不良的地表进行换土或加固处理,改善路基水文状况,提高地基的承载能力。

填方高度 $h=2~3m$ 时,填方数量较少,全部或部分填方可以在路基两侧取土,要将路基两侧设置的取土坑与排水沟渠结合。为保护填方坡脚不受流水侵害,保证边坡稳定,可在坡脚与沟渠之间预留 1~2m 甚至大于 4m 宽度的护坡道(图 2-1e)。地面横坡较陡时,为防止填方路堤沿山坡向下滑动,应将天然地面挖成台阶(图 2-1f),台阶宽度不应小于 2m,或设置石砌护脚路堤(图 2-1d)。

高路堤的填方数量大,占地多,为使路基稳定和横断面经济合理,需进行个别设计,高路堤和浸水路堤的边坡可采用上陡下缓的折线形式或台阶形式,如在边坡中部设置 1~2m

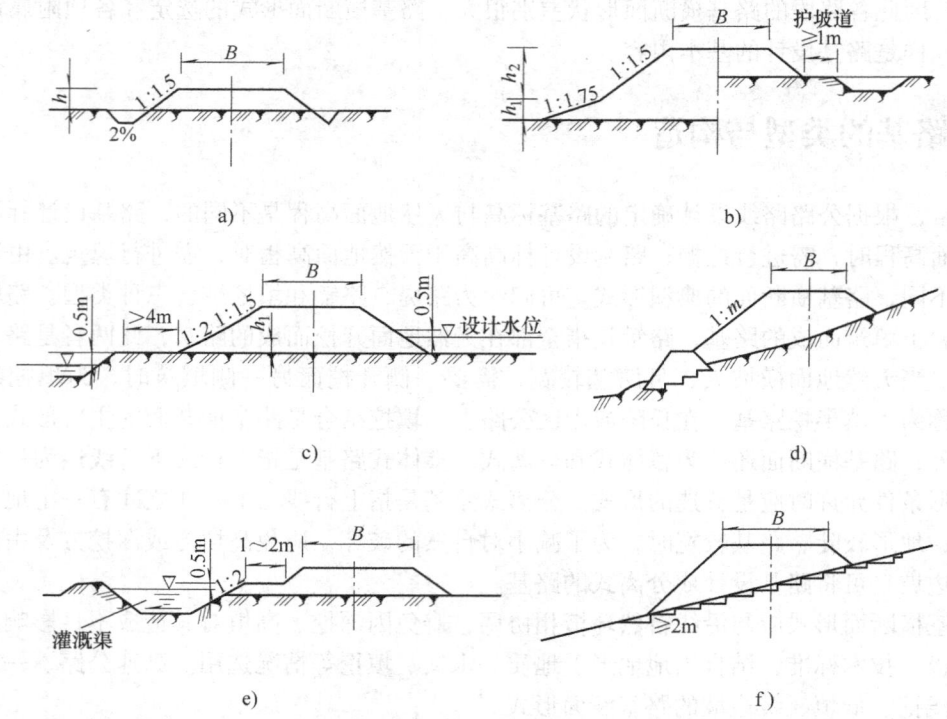

图 2-1　路堤常用横断面形式
a) 矮路堤　b) 一般路堤　c) 浸水路堤　d) 护脚路堤　e) 挖沟填筑路堤　f) 陡坡路堤

宽的护坡道。为防止水流侵蚀和冲刷坡面，高路堤和浸水路堤的边坡须采取适当的坡面防护和加固措施，如种草、铺草皮、加铺土工格栅和砌石等。

## 2.2.2　路堑

图 2-2 所示是路堑的几种常见横断面形式，有全挖路基、台口式路基及半山洞路基。路堑由人工开挖地层而成，破坏了原地层的天然平衡状态，其稳定性主要取决于地质与水文条件、边坡深度和坡度。水文和地质条件不良时，边坡稳定性较低，路基的病害较多。所以路堑设计，需要根据水文和地质条件，选择合适的边坡形式和边坡坡度，必要时设计加固防护构造物。

挖方边坡可视高度和岩土层情况设置成直线、折线或台阶形式。路堑的路基病害直接或间接由于水的原因而造成，所以路堑的排水非常重要。挖方边坡的坡脚处必须设置边沟，以汇集和排除路基范围内的地表径流。路堑的上方应设置截水沟，以拦截和排除流向路基的地表径流。边坡坡面易风化时，在坡脚处设置 0.5~1.0m 的碎落台，防止碎落的土石直接进入边沟，阻碍边沟排水；坡面可采用防护措施，防止边坡因降雨造成水土流失。

陡峻山坡上的半路堑，路中线宜向内侧移动，尽量采用台口式路基（图 2-2b），避免路基外侧的少量填方。遇有整体性的坚硬岩层，为节省石方工程，可采用半山洞路基（图 2-2c）。

挖方路基处土层地下水文状况不良时，可能导致路面的破坏，所以对路堑以下的天然地基，要人工压实至规定的压实度，必要时还应翻挖，重新分层填筑、换土或进行加固处理，采取加铺隔离层，设置必要的排水设施。

深路堑成巷道式，受排水、通风、日照影响，病害多于路堤，行车视野受限，景观环境有所降低，施工也较困难。所以，尽量少采用很深的长路堑。必须采用路堑时，要兼顾日照、积雪、通风等，确定合理的路线走向，尽可能选用大半径平竖曲线及缓和的纵、横坡度等技术指标。技术等级高的公路，还必须进行平面、纵断面线形的组合设计，使道路景观与周围环境协调，以改善路堑段的行车条件。

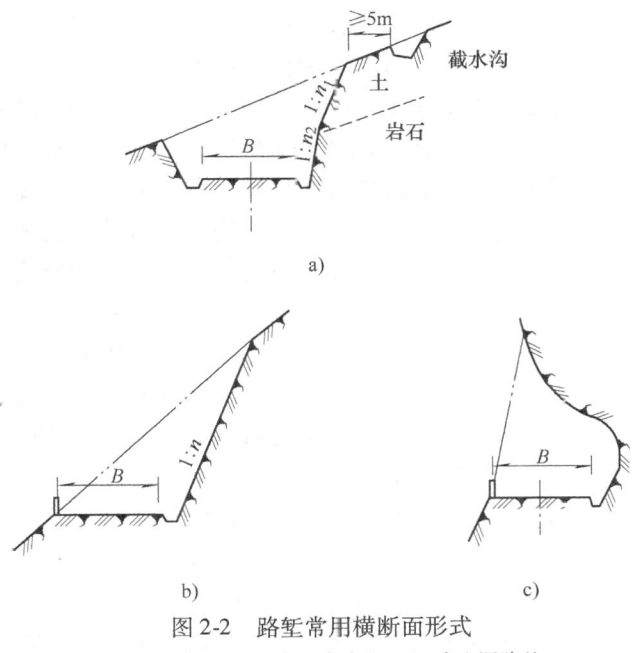

图 2-2 路堑常用横断面形式
a) 全挖路基　b) 台口式路基　c) 半山洞路基

## 2.2.3 半填半挖路基

图 2-3 所示是半填半挖路基的几种常见横断面形式。位于山坡上的路基，通常取路中心的标高接近原地面的标高，以便减少土石方数量，保持土石方数量横向平衡，形成半填半挖

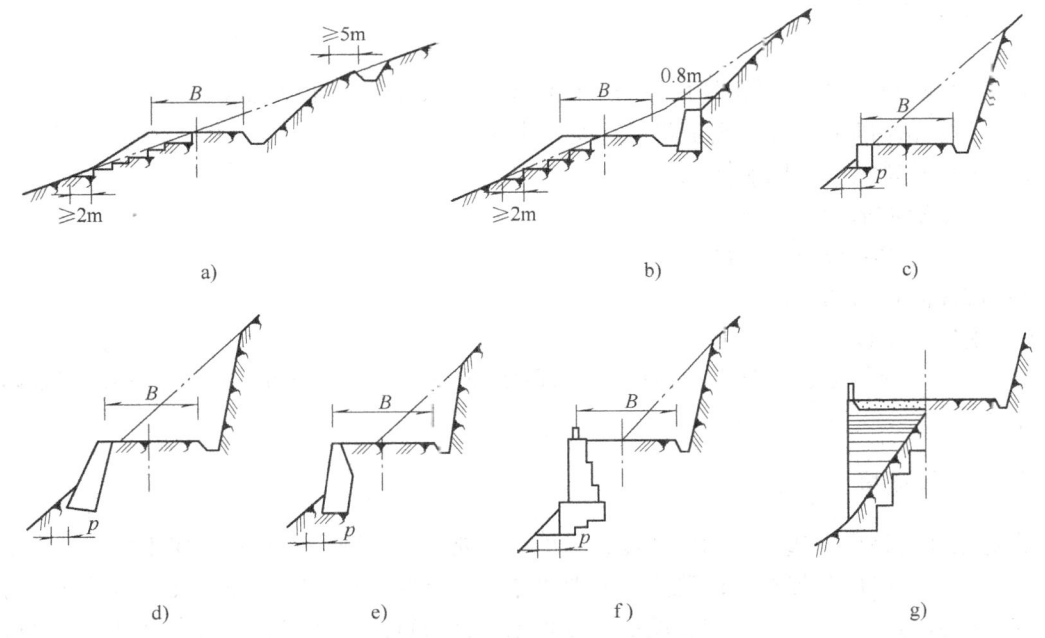

图 2-3 半填半挖路基常用横断面形式
a) 一般填挖路基　b) 矮挡土墙路基　c) 护肩路基　d) 砌石护坡路基
e) 砌石护墙路基　f) 挡土墙支撑路基　g) 半山桥路基

路基。若处理得当，路基稳定可靠，是比较经济的断面形式。

半填半挖路基兼有路堤和路堑两者的特点，上述对路堤和路堑的要求均应满足。填方部分的原地面横坡陡于1∶5时，土质地表应挖台阶（图2-3a，b），石质地表应凿毛；填方部分的局部路段，如遇原地面的短缺口，可采用砌石护肩（图2-3c）。如果填方量较大，也可就近利用废石方，砌筑护坡或护墙（图2-3d，e），墙面可采用1∶0.5坡度或更陡，石砌护坡和护墙承受一定的侧向压力，相当于简易式挡土墙，应砌至一定深度，基底具有足够的稳定性。有时填方部分需要设置路肩（或路堤）式挡土墙（图2-3f），确保路基稳定，进一步压缩用地宽度。如果填方部分悬空，而纵向又有适当的基岩时，则可以沿路基纵向建成半山桥路基（图2-3g）。挖方部分应设边沟，并酌情判断是否设置截水沟（图2-3a）。挖方边坡如果较陡，坡面岩土稳定性不良，应设置上方挡土墙（图2-3b），以支撑边坡防止边坡向下滑动。如果坡面为易风化松散的岩土，在风吹、日晒、雨淋及温差循环变化的作用下，坡面将产生碎落现象，边坡应进行防护，同时也可以在挖方坡脚处设置高度为1.0m左右的矮挡土墙（图2-3b），防止碎落的土石堵塞边沟或落入行车道。从路基稳定性需要，较陡山坡的路基宁挖勿填或多挖少填；在陡峭山坡上，尤其是沿溪线，为减少石方的开挖数量，避免大量的废方阻塞溪流，有时又需要少挖多填。因此，挖填结合的路基，在选定路线和线形设计时，应进行路线平、纵、横综合设计，择优确定断面形式。

上述三类典型路基横断面形式，各具特点，分别在一定条件下使用。由于地形、地质、水文等自然条件差异性很大，且路基位置、横断面尺寸及要求等也应服从于路线、路面及沿线结构物的要求，所以路基横断面类型的选择，必须因地制宜，综合设计。

## 2.3 路基设计

在工程地质和水文地质条件良好的地段修筑的一般路基设计包括以下内容：
1）选择路基断面形式，确定路基宽度与路基高度。
2）选择路基填料与压实标准。
3）确定边坡形状与边坡坡度。
4）路基排水系统布置和排水结构设计。
5）坡面防护与加固设计。
6）附属设施设计。

4）、5）内容较多，且具有独特性，分别编成独立章节详细介绍。除此之外，其余内容在本章作介绍。

### 2.3.1 路基宽度

路基宽度为路肩外边缘之间的宽度，一般包括路肩、路面、中间带、变速车道等。路面供机动车行使；路肩为保护路面稳定，并兼供错车、临时停车、行人和非机动车通行。高速公路和一级公路一般均设中间带，路面宽度根据设计通行能力及交通量大小而定，一般每个车道宽度为3.50~3.75m。路肩宽度由公路等级和混合交通情况而定，最小每侧为0.5m，有条件时力争不小于1.0m，技术等级高的公路及城镇近郊的一般公路，路肩宽度尽可能增大，一般取1~3m，并铺筑硬质面层，提高路肩利用效率，以保证路面行车不受干扰。各级公路路基宽度为行车道宽度与路肩宽度之和,当设有中间带、加(减)速车道、爬坡车道、紧急停车带、错车道等时,应计入这些部分的宽度。公路路基宽度按 JTG B01—2003《公路工程技术标准》或有关技术规范的规定进行设计,如图 2-4 所示,各级公路路基宽度值可参照表 2-1 选取。某些特殊地质条件下,需要采用特殊横断面形式的路基,如软土地区的路基设置反压护道;沙漠或雪害地区设计成流线型路基横断面;地形起伏大或用地受限制地段可考虑采用分离式路基横断面;滑坡地带或沿河等路段基横断面相应有所变化。

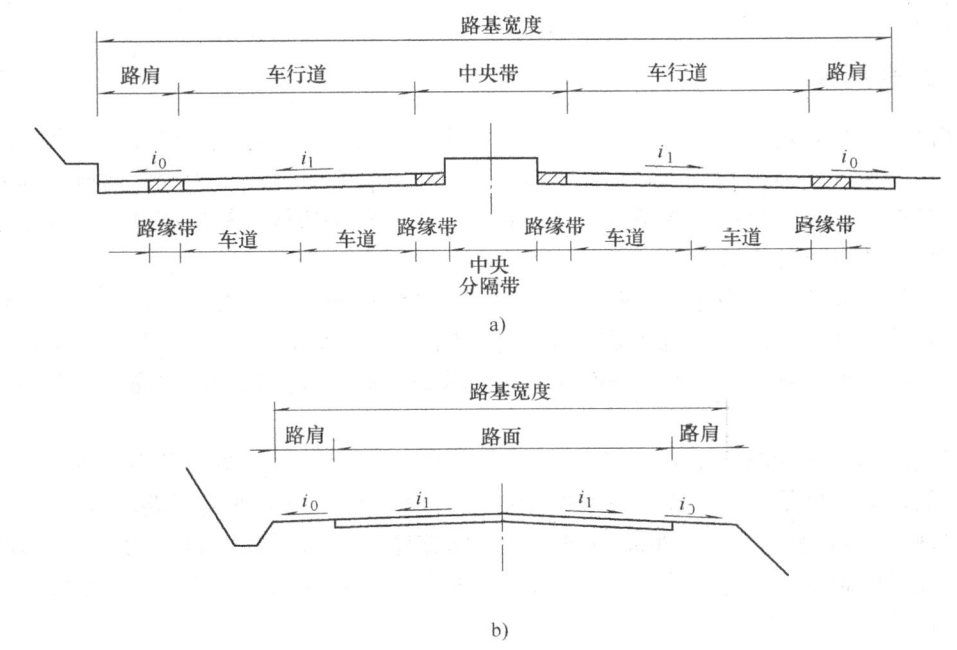

图 2-4 公路路基宽度图
a) 高速公路和一级公路 b) 二、三、四级公路

表 2-1 各级公路路基宽度

| 公路等级 | | 高速公路、一级公路 | | | | | | | | |
|---|---|---|---|---|---|---|---|---|---|---|
| 设计速度/(km/h) | | 120 | | | 100 | | | 80 | | 60 |
| 车道数 | | 8 | 6 | 4 | 8 | 6 | 4 | 6 | 4 | 4 |
| 路基宽度/m | 一般值 | 45.00 | 34.50 | 28.00 | 44.00 | 33.50 | 26.00 | 32.00 | 24.50 | 23.00 |
| | 最小值 | 42.00 | — | 26.00 | 41.00 | | 24.50 | | 21.50 | 20.00 |
| 公路等级 | | 二级公路、三级公路、四级公路 | | | | | | | | |
| 设计速度/(km/h) | | 80 | | 60 | | 40 | 30 | | 20 | |
| 车道数 | | 2 | | 2 | | 2 | 2 | | 2 或 1 | |
| 路基宽度/m | 一般值 | 12.00 | | 10.00 | | 8.50 | 7.50 | | 6.50(双车道) | 4.50(单车道) |
| | 最小值 | 10.00 | | 8.50 | | — | — | | | |

注:1. "一般值"为正常情况下的采用值;"最小值"为条件受限制时可采用的值。
2. 八车道高速公路路基宽度"一般值"为设置左侧硬路肩、内侧车道采用 3.50m 时的宽度;八车道高速公路路基宽度"最小值"为不设置左侧硬路肩、内侧车道采用 3.75m 时的宽度。

路基占用土地，是公路通过农田或用地受限制地区时的突出问题。建路占地必需综合规划，统筹兼顾，讲究经济效益，农业与交通相互促进。公路建设应尽可能利用非农业用地，少占农田。高速公路局部路段可选用高架道路，以桥代路。山坡路基应尽量使填挖平衡，扩大和改善林业用地，保护林区牧地，防止水土流失，维护生态平衡。减少高填深挖，利用植物防护，绿化与美化路基，严防因修筑路基而使路基附近地段遭受损害。路基宽，对行车有利，但土方工程量大，对自然环境破坏严重，工程造价也高。所有这些，在路基设计与施工过程中应综合考虑。

### 2.3.2 路基高度

路基高度是指路堤的填筑高度或路堑的开挖深度，是路基中心线处设计标高和原地面标高之差。由于原地面沿横断面方向往往是倾斜的，因此在路基宽度范围内，两侧的高差常有差别。路基两侧边坡的高度是指填方坡脚或挖方坡顶与路基边缘的相对高差，所以路基高度有中心高度与边坡高度之分。

路基的填挖高度，是在路线纵断面设计时，综合考虑路线纵坡要求、路基稳定性和工程经济等因素确定的。从路基的强度和稳定性要求出发，路基上部土层应处于干燥或中湿状态，路基高度应根据临界高度并结合公路沿线具体条件和排水及防护措施确定路堤的最小填土高度。

路堤填土的高矮和路堑挖方的深浅可按 JTG D30—2004《公路路基设计规范》的规定，使用常规的边坡高度值，作为高矮深浅的依据。通常将大于 18m 的土质路堤和大于 20m 的石质路堤视为高路堤，将大于 20m 的路堑视为深路堑。高路堤和深路堑的土石方数量大，占地多，施工困难，边坡稳定性差，行车不利，应尽量避免使用，不得已而一定要用时，应进行个别特殊设计。

为保证路基稳定，应尽量满足路基临界高度的要求，若路基高度矮，低于按地下水位或地面积水位计算的临界高度，可视为矮路堤。矮路堤通常处于行车荷载应力作用区范围内，同时经受着地面和地下水不利水温状况的影响。有时为了增强路基路面的综合强度与稳定性，需要另外增加投资加强路面结构或增设地下排水设施。究竟如何合理确定路基的高度，需要进行综合比较后才可择优取用。

沿河及受水浸淹的路基，其高度应根据技术标准所规定的设计洪水频率（见表 2-2）求得设计水位，再增加 0.5m 的余量。如果河道因设置路堤而压缩过水面积，致使上游有壅水，或河面宽阔而有风浪，就应增加壅水高度和波浪冲上路堤的高度（即波浪侵袭高度）。所以沿河浸水路堤的高度，应高出上述各值之和 0.5m，以保证路基不致淹没，并据此进行路基的防护与加固。

表 2-2　路基设计洪水频率

| 公路等级 | 高速公路 | 一级公路 | 二级公路 | 三级公路 | 四级公路 |
| --- | --- | --- | --- | --- | --- |
| 设计洪水频率 | 1/100 | 1/100 | 1/50 | 1/25 | 按具体情况确定 |

### 2.3.3 路基边坡坡度

公路路基的边坡坡度，可用边坡高度 $H$ 与边坡宽度 $b$ 之比值表示，并取 $H=1$，如图 2-5

所示，$H:b=1:0.5$（路堑边坡）或 $1:1.5$（路堤边坡）。

路基边坡坡度的大小，取决于边坡的土质、岩石的性质及水文地质条件等自然因素和边坡的高度。在陡坡或填挖较大的路段，边坡稳定不仅影响到土石方工程量和施工的难易，而且是路基整体稳定性的关键。因此，确定边坡坡度对于路基的稳定性和工程的经济合理性至关重要，是路基设计的重要任务。一般路基的边坡坡度可根据多年工程实践经验和设计规范推荐的数值采用，特殊路基的边坡坡度宜通过边坡稳定性验算确定。

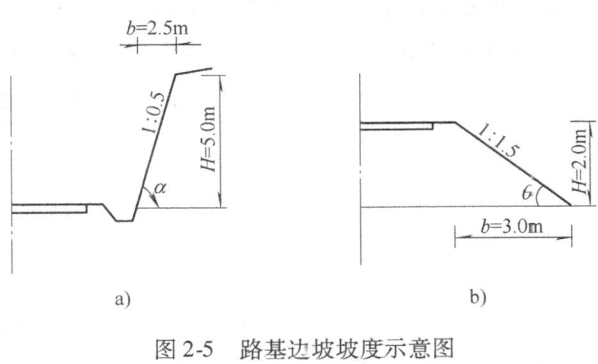

图 2-5　路基边坡坡度示意图
a）路堑　b）路堤

**1. 路堤边坡**

当地质条件良好，边坡高度不大于 20m 时，其边坡坡度不宜陡于表 2-3 的规定值。

表 2-3　路堤边坡坡度

| 填料类别 | 边坡坡度 | |
|---|---|---|
| | 上部高度（$H \leq 8m$） | 下部高度（$H \leq 12m$） |
| 细粒土 | $1:1.5$ | $1:1.75$ |
| 粗粒土 | $1:1.5$ | $1:1.75$ |
| 巨粒土 | $1:1.3$ | $1:1.5$ |

对边坡高度超过 20m 的路堤，边坡形式宜采用阶梯形，边坡坡率应按规范规定由稳定性分析计算确定，并应进行个别设计。

对于渗水性土，可采用直线滑动面法进行验算；对于黏质土，可采用圆弧滑动面法进行验算。验算时，稳定性系数不得小于 1.25。

填方边坡高时，可在边坡中部每隔 8~10m 设边坡平台一道，平台宽度为 1~3m，用浆砌片石或水泥混凝土预制块防护。边坡平台设排水沟时，应符合排水沟设计要求；不设排水沟时，平台应设坡度为 2%~5% 向外倾斜的缓坡。填石路基上的边坡平台不设排水沟。

沿河受水浸淹的路堤边坡坡度，在设计水位以下部分视填料情况可采用 $1:1.75$~$1:2.0$，在常水位以下部分可采用 $1:2.0$~$1:3.0$。如用渗水好的土填筑或设边坡防护时，可采用较陡的边坡。

当公路沿线有大量天然石料或路堑开挖的废石方时，可用以填筑路堤。填石路堤边坡坡度一般可用 $1:1$，边坡坡面应选用大于 25cm 的不易风化的石块进行台阶式码砌，码砌厚度为 1~2m。填石路堤高度不宜超过 20m。易风化岩石及软质岩石用做填料时，应按土质路堤边坡设计。

陡坡上的路基填方可采用当地不易风化的开山片石砌筑，如图 2-6 所示。砌石顶宽一律采用 0.8m，基底面以 $1:5$ 的坡度向路基内侧倾斜，砌石高度一般为 2~15m。

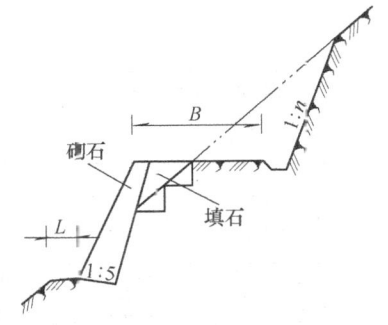

图 2-6　砌石路基

砌石的内外坡度依砌石高度按表 2-4 选定。为提高砌石的稳固性，砌石顶部 0.5m 高度范围内应采用 M5 水泥砂浆砌筑。砌石路基每隔 15~20m 设一道伸缩缝。

表 2-4　砌石边坡坡度

| 序　号 | 砌石高度/m | 内坡坡度 | 外坡坡度 |
| --- | --- | --- | --- |
| 1 | ≤5 | 1∶0.3 | 1∶0.5 |
| 2 | ≤10 | 1∶0.5 | 1∶0.67 |
| 3 | ≤15 | 1∶0.6 | 1∶0.75 |

在地震地区，应参照 JTJ 004—1989《公路工程抗震设计规范》的有关规定。该规范规定，高速公路和一级公路的路堤，边坡高度大于表 2-5 的规定时，应放缓边坡坡度。

表 2-5　路堤边坡高度限制

| 填　料 | 基本烈度/m | |
| --- | --- | --- |
| | 8 | 9 |
| 岩块和细粒土（粉性土和有机质土除外） | 15 | 10 |
| 粗粒土（细砂、极细砂除外） | 6 | 3 |

### 2. 路堑边坡

路堑是在天然地表上人工开挖出来的路基结构物，设计路堑边坡时，首先应从地貌和地质构造上判断其整体稳定性。在遇到工程地质或水文地质条件不良的地层时，应尽量使路线避绕它；对于稳定的地层，则应考虑开挖后，是否会由于减少支承，坡面风化加剧而引起失稳。

影响路堑边坡稳定的因素较为复杂，除了路堑深度和坡体土石的性质之外，地质构造特征、岩石的风化和破碎程度、土层的成因类型、地面水和地下水的影响、气候条件等都会影响路堑边坡的稳定性，在边坡设计时，必须全面考虑各种影响因素，综合确定路堑边坡坡度。

土质路堑边坡形式及坡度应根据工程地质与水文地质条件、边坡高度、排水措施、施工方法，并结合自然稳定山坡和人工边坡的调查及力学分析综合确定。边坡高度不大于 20m 时，边坡坡度不宜陡于表 2-6 的规定值。

表 2-6　土质路堑边坡坡度

| 土的类别 | | 边坡坡度 |
| --- | --- | --- |
| 黏土、粉质黏土、塑性指数大于 3 的粉土 | | 1∶1 |
| 中密以上的中砂、粗砂、砾砂 | | 1∶1.5 |
| 卵石土、碎石土、圆砾土、角砾土 | 胶结和密实 | 1∶0.75 |
| | 中密 | 1∶1 |

注：土的密实程度划分见表 2-7。

表 2-7　土的密实程度划分

| 分　级 | 试坑开挖情况 |
| --- | --- |
| 较松 | 铁锹很容易铲入土中，试坑坑壁容易坍塌 |
| 中密 | 天然坡面不易陡立，试坑坑壁有掉块现象，部分需用镐开挖 |
| 密实 | 试坑坑壁稳定，开挖困难，土块用手使力才能破碎，从坑壁取出大颗粒处能保持凹面形状 |
| 胶结 | 细粒土密实度很高，粗颗粒之间呈弱胶结，试坑用镐开挖很困难，天然坡面可以陡立 |

岩质路堑边坡形式及坡度应根据工程地质与水文地质条件、边坡高度、施工方法，结合自然稳定边坡和人工边坡的调查综合确定，必要时可采用稳定性分析方法予以验算。边坡高度不大于30m时，无外倾软弱结构面的边坡按表2-8确定岩体类型，边坡坡度按表2-10确定。

表2-8 岩质边坡的岩体分类

| 岩体类型 \ 判定条件 | 岩体完整程度 | 结构面结合程度 | 结构面产状 | 直立边坡自稳能力 |
| --- | --- | --- | --- | --- |
| Ⅰ | 完整 | 结构面结合良好或一般 | 外倾结构面或外倾不同结构面的组合线倾角大于75°或小于35° | 30m高边坡长期稳定，偶有掉块 |
| Ⅱ | 完整 | 结构面结合良好或一般 | 外倾结构面或外倾不同结构面的组合线倾角为35°~75° | 15m高的边坡稳定，15~30m高的边坡欠稳定 |
| Ⅱ | 完整 | 结构面结合差 | 外倾结构面或外倾不同结构面的组合线倾角大于75°或小于35° | 15m高的边坡稳定，15~30m高的边坡欠稳定 |
| Ⅱ | 较完整 | 结构面结合良好或一般或差 | 外倾结构面或外倾不同结构面的组合线倾角小于35°，有内倾结构面 | 边坡出现局部塌落 |
| Ⅲ | 完整 | 结构面结合差 | 外倾结构面或外倾不同结构面的组合线倾角为35°~75° | 8m高的边坡稳定，15m高的边坡欠稳定 |
| Ⅲ | 较完整 | 结构面结合良好或一般 | 外倾结构面或外倾不同结构面的组合线倾角为35°~75° | 8m高的边坡稳定，15m高的边坡欠稳定 |
| Ⅲ | 较完整 | 结构面结合差 | 外倾结构面或外倾不同结构面的组合线倾角大于75°或小于35° | 8m高的边坡稳定，15m高的边坡欠稳定 |
| Ⅲ | 较完整（碎裂镶嵌） | 结构面结合良好或一般 | 结构面无明显规律 | 8m高的边坡稳定，15m高的边坡欠稳定 |
| Ⅳ | 较完整 | 结构面结合差或很差 | 外倾结构面以层面为主，倾角多为35°~75° | 8m高的边坡不稳定 |
| Ⅳ | 不完整（散体、碎裂） | 碎块间结合很差 | | 8m高的边坡不稳定 |

注：岩体完整程度划分见表2-9。

表2-9 岩体完整程度划分

| 岩体完整程度 | 结构面发育程度 | 结构类型 | 完整性系数 $K_V$ |
| --- | --- | --- | --- |
| 完整 | 结构面1~2组，以构造节理或层面为主，密闭型 | 巨块状整体结构 | >0.75 |
| 较完整 | 结构面2~3组，以构造节理或层面为主，裂隙多呈密闭型，部分为微张型，少有充填物 | 块状结构、层状结构、镶嵌碎裂结构 | 0.35~0.75 |
| 不完整 | 结构面大于3组，在断层附近受构造作用影响较大，裂隙以张开型为主，多有充填物，厚度较大 | 碎裂状结构、散体结构 | <0.35 |

表 2-10 岩质路堑边坡坡度

| 边坡岩体类型 | 风化程度 | 边坡坡度 | |
|---|---|---|---|
| | | $H<15m$ | $15m\leqslant H<30m$ |
| Ⅰ类 | 未风化、微风化 | 1∶0.1~1∶0.3 | 1∶0.1~1∶0.3 |
| | 弱风化 | 1∶0.1~1∶0.3 | 1∶0.3~1∶0.5 |
| Ⅱ类 | 未风化、微风化 | 1∶0.1~1∶0.3 | 1∶0.3~1∶0.5 |
| | 弱风化 | 1∶0.3~1∶0.5 | 1∶0.5~1∶0.75 |
| Ⅲ类 | 未风化、微风化 | 1∶0.3~1∶0.5 | |
| | 弱风化 | 1∶0.5~1∶0.75 | |
| Ⅳ类 | 弱风化 | 1∶0.5~1∶1 | |
| | 弱风化 | 1∶0.75~1∶1 | |

注: 1. 有可靠的资料和经验时, 可不受本表限制。
2. Ⅳ类强风化包括各类风化程度的极软岩。

确定路堑边坡坡度时, 应注意岩体结构面的情况, 如受结构面控制的挖方边坡, 则应按结构面的情况设计边坡。当岩层倾向路基时, 应避免设计高的路堑边坡。软质岩层倾向路基, 倾角大于 25°, 走向与路线平行或交角较小时, 边坡坡度宜与倾角一致。

当挖方边坡较高时, 可根据不同的土质、岩石性质和稳定要求, 开挖成折线式 (图 2-2a) 或台阶式边坡 (图 2-7)。在台阶式边坡中部, 高度每隔 6~10m 或变坡点处设边坡平台一道, 边坡平台的宽度不宜小于 2m, 坚硬岩石地段的边坡平台一般可不加固。

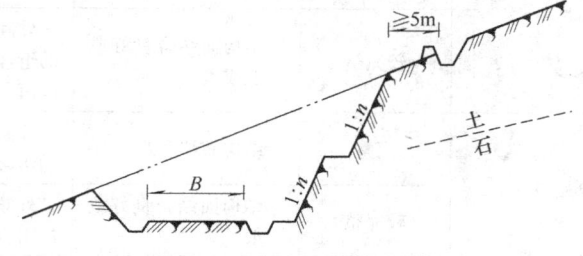

图 2-7 台阶式路堑边坡

由于地表岩层和自然条件, 以及路基构造要求与形式变化极大, 岩石路堑边坡坡度难以确定, 表 2-10 所列数值为一般条件下的经验数值, 运用时应结合当地的工程地质和水文条件, 参考各地现有自然稳定的山坡和人工成型稳定的山坡, 加以对比选用。必要时应进行个别设计和稳定性验算, 采用排水、护坡与加固等技术措施。

对高速公路、一级公路, 当挖方为软质、风化岩层及土质边坡时, 可根据坡面稳定状况和碎落情况设置挡土墙、矮墙或进行坡面防护, 并应考虑绿化与工程措施相结合。容易产生碎落的风化破碎岩石、软质岩层、砾 (碎) 石等地段的挖方路基, 应在边沟外侧设置碎落台。碎落台高度与路肩齐平, 宽度不宜小于 1m, 高速公路、一级公路边坡高度超过 12m 时, 碎落台宽度不宜小于 2m。

在地震地区的岩石路堑边坡坡度应参考《公路工程抗震设计规范》规定。规范规定, 当岩石路堑边坡高度超过 10m 时, 边坡坡度应按表 2-11 采用。

表 2-11 地震区高度超过 10m 的岩石路堑边坡的坡度

| 岩石种类 | 基本烈度 | |
|---|---|---|
| | 8 | 9 |
| 风化岩石 | 1∶0.6~1∶1.5 | 1∶0.75~1∶1.5 |
| 一般岩石 | 1∶0.1~1∶0.5 | 1∶0.2~1∶0.6 |
| 坚石 | 1∶0.1~直立 | 1∶0.1~直立 |

## 2.3.4 路基填料

填筑路基的理想材料应当是稳定性好、压缩性小、便于施工压实及运距短的土、石材料。

**1. 填料的分类**

根据填料的性质和适用性，按表 2-12 确定填料的分类。

表 2-12 填料分类

| 分 类 | 性质和适用性 |
| --- | --- |
| 砾石、不易风化的石块 | 渗水性强，水稳定性极好，强度高，为良好的填料，石块空隙间用小石料充填密实并经充分压实后，路堤残余下沉量小，车辆荷载作用下的塑性变形小 |
| 碎石土、卵石土、砾石土、粗砂、中砂 | 渗水性强、水稳性好，属施工性能良好的填料，但其中黏性土含量过多时，水稳性能下降较多 |
| 砂性土 | 既含有一定数量的粗颗粒，使之具有足够的强度和水稳性，又含有一定数量的细颗粒，从而把粗颗粒黏结在一起，为填筑路堤的良好材料 |
| 黏性土 | 渗水性很差，干燥时强度高而不易挖掘，浸水后水稳定性差，强度下降，变形大，在充分碾压和有良好排水设施情况下，筑成的路基也能获得稳定 |
| 粉性土 | 含有较多的粉土粒，干时有一定黏结性，但易被压碎，浸水时很快被湿透，毛细现象严重，在季节性冰冻地区易产生温度积聚，造成冻胀翻浆，水饱和时有振动液化问题，是最差的一种筑路材料 |
| 重黏土 | 渗水性极差，塑性指数和液限都很高，干时坚硬、难挖掘，湿时膨胀性和塑性都很大，不宜用作路基填料 |

**2. 路基填料设计**

在设计路基填料时，要注意以下事项：

1) 填方路基宜选用级配较好的粗粒土作为填料。

2) 砾（角砾）类土、砂类土应优先选作路床填料，土质较差的细粒土可填在路堤底部。用不同填料填筑路基时，应分层填筑，每一水平层均应采用同类填料。

3) 泥炭、淤泥、冻土、强膨胀土及易溶盐超过允许限量的土，不得直接用于填筑路基。

4) 冰冻地区路床及浸水部分的路堤不应直接采用粉质土填筑。

5) 强风化岩石及浸水后容易崩解的岩石不宜作为浸水部分路堤填料。

6) 细粒土作填料，当土的含水率超过最佳含水率两个百分点以上时，应采取晾晒或掺入石灰、固化材料等技术措施进行处理。

7) 桥涵台背和挡土墙墙背填料，应优先选用内摩擦角值较大的砾（角砾）类土、砂类土填筑。

8) 当采用细粒土填筑时，路堤填料最小强度应符合表 2-13 的规定。

表 2-13　路堤填料最小强度要求

| 项目分类 | 路面底面以下深度/m | 填料最小强度（CBR）（%） | | |
|---|---|---|---|---|
| | | 高速公路、一级公路 | 二级公路 | 三、四级公路 |
| 上路堤 | 0.8～1.5 | 4 | 3 | 3 |
| 下路堤 | 1.5以下 | 3 | 2 | 2 |

注：1. 当路基填料的 CBR 值达不到表列要求时，可掺石灰或其他稳定材料处理。
　　2. 当三、四级公路铺筑沥青混凝土和水泥混凝土路面时，应采用二级公路的规定。

## 2.3.5　路基压实

路堤填土需分层压实，使之具有一定的密实度。土质路堑开挖至设计高程后，需检验路基顶面工作区内天然状态土的密实度，该密实度通常低于设计要求。必要时，应挖开后再分层压实，使之达到一定的密实度。分层压实的路基顶面能防止水分干湿作用引起的自然沉陷和行车荷载反复作用产生的压密变形，确保路面的使用品质和使用寿命。

**1. 压实土的特性**

土的压实效果同压实时的含水率有关，存在一最佳含水率，在此含水率条件下，采用一定的压实功能可以达到最大密实度，获得最经济的压实效果。最佳含水率是一相对值，随压实功能的大小和土的类型而变化。所施加的压实功能越大，压实土的细粒含量越少，则最佳含水率越小，而最大密实度越高。

压实土遇水浸湿后，其含水率会增长：一部分填满空隙，另一部分被土粒吸附引起体积膨胀。压实土的膨胀量除了与土质有关之外，很大程度上与压实时的含水率有关，压实含水率低于最佳含水率时压实的土，比略高于最佳含水率时压实的土，有较大的膨胀量。因此，从水稳定性的角度来看，当接近或略大于最佳含水率时，压实土的吸水量与膨胀量最小，最为稳定。

在最佳含水率时压实的试件抗变形能力最强，低于最佳含水率及高于最佳含水率时，则抗变形能力下降。因而，在最佳含水率时压实的土可望得到最高的浸湿后的抗变形能力。同时，增加压实功，提高密度，可以得到较高的浸湿后的抗变形能力。

综合分析可以看出，路基土在最佳含水率状态下进行压实，可以提高路基的变形能力和水稳定性。

**2. 压实标准**

路基土压实标准按重型、轻型两种标准击实试验方法确定。重型击实试验方法的击实功相当于12～15t压路机的碾压效果。轻型击实试验方法的击实功相当于6～8t压路机的碾压效果，因而其最大密实度比重型标准小6%～12%，最佳含水率大2%～8%。

用标准击实试验确定的最大干密度与最佳含水率是一种理想的状态，实际工程施工时很难完全达到百分之百的最大干密度，或者需要付出过多的击实功才能达到，这从经济上考虑也是不可取的。

从路基的实际工作状态分析，路基顶面约150cm范围内的土层，较强烈地感受到行车荷载的反复作用以及水温的反复干湿和冻融作用。在路堤的下层，上述影响因素均很小，但是土体的自重应力和地下水或地面滞水的毛细浸湿作用影响较大。在高路堤的中部，上述各项因素的影响都不严重。因此，对于路基的不同层位应提出不同的压实要求，上层和下层的压实度应高些，中层可低些。当然，这还应同路基的填挖情况和自然因素的影响程度紧密结合起来考虑。例如，季节性冰冻地区，为缓和冻胀和翻浆的产生，压实度应高些，重冰冻地区应高于轻冰冻地区；而在干旱地区，路基受潮程度较轻，压实度可低于潮湿地区。

高等级公路对行车平稳性的要求高，应具有较强的抗变形能力，因此对路基的压实度要求应高于一般公路。

根据上述原则，JTG D30—2004《公路路基设计规范》针对各种不同情况提出不同的压实度标准。压实度是以应达到的干密度绝对值与标准击实法得到的最大干密度之比值的百分率表征。表 2-14 所列为适用于各级公路的以重型击实方法为标准的路床压实度和相应的路床土最小强度。

表 2-14　路床土最小强度和压实度要求

| 项目分类 | 路面底面以下深度/m | 填料最小强度（CBR）（%） | | | 压实度（%） | | |
| --- | --- | --- | --- | --- | --- | --- | --- |
| | | 高速公路一级公路 | 二级公路 | 三、四级公路 | 高速公路一级公路 | 二级公路 | 三、四级公路 |
| 填方路基 | 0～0.3 | 8 | 6 | 5 | ≥96 | ≥95 | ≥94 |
| | 0.3～0.8 | 5 | 4 | 3 | ≥96 | ≥95 | ≥94 |
| 零填及挖方路基 | 0～0.3 | 8 | 6 | 5 | ≥96 | ≥95 | ≥94 |
| | 0.3～0.8 | 5 | 4 | — | ≥96 | ≥95 | — |

注：1. 表列压实度是按 JTJ E40—2007《公路土工试验规程》中重型击实试验法求得的最大干密度的压实度。
　　2. 当三、四级公路铺筑沥青混凝土和水泥混凝土路面时，其压实度应采用二级公路的规定值。

公路路堤除了 80cm 深度的路床土之外，其下部分的路基一律按重型击实试验法求得的最大干密度控制压实度。路堤应分层铺筑，均匀压实，各个等级公路上路堤和下路堤的压实度的要求列于表 2-15。除了特殊气候区和选用特殊填料修筑的路堤之外，路堤压实应满足表列的要求。

表 2-15　路堤压实度

| 填挖类型 | 路面底面以下深度/m | 压实度（%） | | |
| --- | --- | --- | --- | --- |
| | | 高速公路、一级公路 | 二级公路 | 三、四级公路 |
| 上路堤 | 0.80～1.50 | ≥94 | ≥94 | ≥93 |
| 下路堤 | 1.50 以下 | ≥93 | ≥92 | ≥90 |

## 2.4　路基附属设施

除排水及防护与加固工程外，与一般路基工程有关的附属设施有取土坑、弃土堆、护坡道、碎落台、堆料坪、错车道及护栏等。这些附属设施是确保路基的强度、稳定性和行车安全的有效措施。这些附属设施也是路基的组成部分，是路基设计的内容之一，正确合理地设置附属设施是十分重要的。

### 2.4.1　取土坑与弃土堆

路基土石方的挖填平衡，是公路路线设计的基本原则之一，但往往难以做到完全平衡。

土石方数量经过合理调配后，不可避免地在全线还会出现借方和弃方（又称为废方）。路基土石方的借或弃，首先要合理选择地点，即确定取土坑或弃土堆的位置。选点时要兼顾土质、数量、用地及运输条件等因素，还必须结合沿线区域规划、因地制宜，综合考虑，维护自然平衡，防止水土流失，做到借之有利、弃之无害。借弃所形成的取土坑或弃土堆，要求尽量结合当地地形，力争得以充分利用，并注意外形规整，弃堆稳固。对高等级公路或位于城郊附近的干线公路，尤应注意。

平坦地区，如果用土量较少，可以沿路两侧设置取土坑，与路基排水和农田灌溉相结合。路旁取土坑，大致如图 2-8 所示，深度约 1.0m 或稍大一些，宽度按用土数量和用地允许而定。为防止坑内积水危害路基，当堤顶与坑底高差不足 2.0m 时，在路基坡脚与坑之间需设宽度 ≥1.0m 的护坡平台，坑底设纵横排水坡及相应设施。

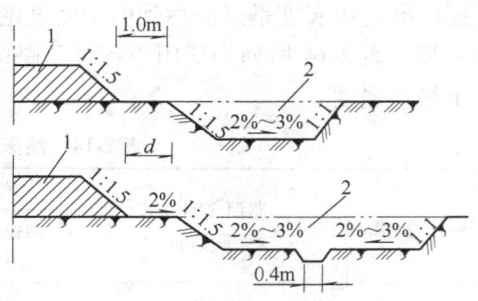

图 2-8　路旁取土坑示意图
1—路堤　2—取土坑

河水淹没地段的桥头引道近旁，一般不设取土坑，如设取土坑要距河流中水位边界 10m 以外，并与导治结构物位置相适应。此类取土坑要求水流畅通，不得长期积水危及路基或构造物的稳定。

路基开挖的废方，应尽量加以利用，如用以加宽路基或加固路堤，填补坑洞或路旁洼地，也可兼顾农田水利或基建等所需，不得任意倾倒，做到变废为用，弃而不乱，并采取必要的防护。

废方一般选择路旁低洼地，就近弃堆。当地面横坡缓于 1∶5 时，弃土堆可设在路堑两侧，地面较陡时，宜设在路基下方。沿河路基爆破后的废石方，往往难以远运，条件许可时可以部分占用河道，但要注意河道压缩后，不致壅水危及上游路基及附近农田等。

图 2-9 所示为路旁弃土堆一例，要求堆弃整平，顶面具有适当横坡，并设平台、三角土块及排水沟，宽度 $d$ 与地面土质有关，最少 3.0m，最大可按路堑深度加 5.0m，即 $d \geqslant H + 5.0$m。积砂或积雪地段的弃土堆，宜有利于防砂防雪，可设在迎面一侧，并具有足够距离。弃土堆一般可堆成梯形横断面，边坡不应陡于 1∶1.5，并应与周围环境相协调。

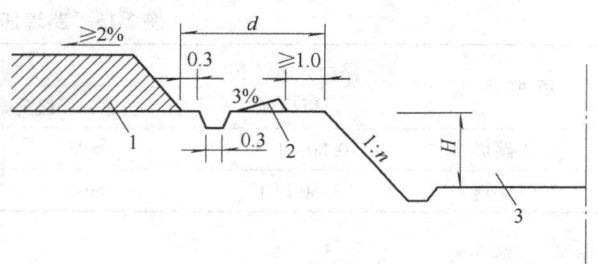

图 2-9　路旁弃土堆示意图
1—弃土堆　2—平台与三角土块　3—路堑

## 2.4.2　护坡道与碎落台

护坡道是保护路基边坡稳定性的措施之一，设置的目的是加宽边坡横向距离，减小边坡平均坡度。护坡道宽度最少为 1.0m，护坡道越宽，越有利于边坡稳定，但宽度大，则工程数量也随之增加。因此，设计时要兼顾边坡稳定性与经济合理性。

护坡道一般设在挖方坡脚处，边坡较高时也可设在边坡上方及挖方边坡的变坡处，如

图 2-10 所示。浸水路基的护坡道,可设在浸水线以上的边坡上。护坡道宽度应符合表 2-16 的要求。

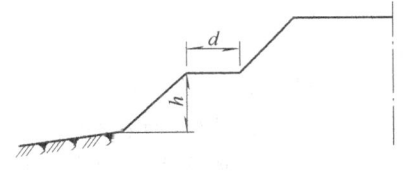

图 2-10 护坡道示意图

表 2-16 护坡道参数表

| 护坡道高度 $h$/m | 护坡道宽度 $d$/m |
| --- | --- |
| ≤3 | 1 |
| 3~6 | 2 |
| 6~12 | 2~4 |

碎落台设于土质或石质土的挖方边坡坡脚处,如图 2-11 所示,主要供零星土石碎块下落时临时堆积,以保护边沟不致阻塞,也具有护坡道的作用。碎落台宽度一般为 1.0~1.5m,如兼有护坡作用,可适当放宽。高速公路、一级公路边坡高度超过 12m 时,碎落台宽度不宜小于 2m。碎落台上的堆积物应定期清理。

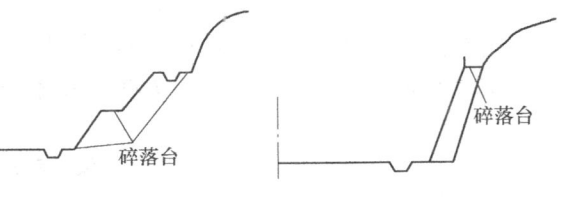

图 2-11 碎落台示意图

### 2.4.3 堆料坪与错车道

路面养护用矿质材料,可就近选择路旁合适地点堆置备用,也可在路肩外缘设堆料坪,其面积可结合地形与材料数量而定,如每隔 50~100m 设一个堆料坪,长 5~8m,宽 2m。高级路面或采用机械化养路的路段,可以不设堆料坪,另设集中备用料场,以维护公路外形的视觉平顺和景观优美。

单车道公路,由于双向行车会车和相互避让的需要,通常应每隔 200~500m 设置错车道一处,如图 2-12 所示。错车道的长度不得短于 30m,两端各有长度为 10m 的出入过渡段,

图 2-12 错车道

中间 10m 供停车用。单车道的路基宽度为 4.5m，而错车道地段的路基宽度为 6.5m。错车道是单车道路基的一个组成部分，应与路基同时设计与施工。

### 2.4.4 护栏

护栏是公路附属的安全设施。不封闭的各级公路，当路堤高度大于或等于 6m，以及急弯、陡峻山坡、桥头引道等危险路段应设置护栏。设置护栏路段的路基，一侧应加宽 0.5m，以保持设置护栏后的路肩宽度。护栏分墙式和柱式两种。重力式挡土墙、砌石、填石路基应采用墙式护栏；其他情况可设置柱式护栏。

墙式护栏的内侧为路肩边缘，外侧距路基边缘应为 10cm。墙式护栏应采用浆砌片（块）石或混凝土块砌筑，宽 40cm，高出路肩 50~60cm，每段长 200cm，净间距为 200cm。墙式护栏应用 M7.5 水泥砂浆砌筑、抹面，外涂白色。

柱式护栏中心距内侧路肩边缘应为 20cm，距外侧路基边缘应为 30cm。柱式护栏宜采用钢筋混凝土制作，直径为 15~20cm，高出路肩 70~80cm，埋深约 70cm。柱式护栏中心距，在平曲线路段为 200cm，直线路段为 300cm。柱式护栏应用涂料标出红白相间的条纹或加反光材料标志。

高速公路、一级公路，当设置防撞护栏、防撞墙或护索时，其设置要求按 JTJ 074—1994《高速公路交通安全设施设计及施工技术规范》的规定办理。

## 本 章 小 结

一般路基通常可以结合当地的地形、地质情况，直接选用典型断面图或设计规定。根据填挖情况路基典型横断面可归纳为路堤、路堑、半填半挖等三种形式。依据公路等级、设计速度、车道数等确定路基宽度；在确保路基强度和稳定性的前提下，依据路基设计标高与中桩地面标高的差值确定路基高度；根据地质土质和水文状况及边坡高度确定边坡形式和边坡坡度，还要在实践中完善设计。与一般路基工程有关的附属设施有取土坑、弃土堆、护坡道、碎落台、堆料坪、错车道及护栏等。

## 思 考 题

2-1 一般路基设计主要有哪些内容？
2-2 常见的路基横断面形式有哪些？
2-3 如何确定路基宽度？它与哪些因素有关？
2-4 什么是矮路堤？修建时应注意哪些问题？
2-5 什么是半填半挖路基？它有什么特点？
2-6 路基边坡选择的主要依据有哪些？
2-7 一般路基工程的附属设施有哪些内容？
2-8 试述护坡道的用途和设置位置。

# 第3章 路基边坡稳定性分析

一般路基设计可直接根据地形套用典型横断面图,不必进行边坡论证和验算。而公路按线形的要求往往需要穿过一些不良地质与水文地质地区,而且还有可能出现深挖高填路基的情况。这些路基不能套用典型横断面图,而应对其进行稳定性分析验算,以确定经济、合理的路基断面形式及稳定的边坡值,寻求恰当的防护加固措施。

## 3.1 边坡稳定性分析原理

路基边坡滑坍是路基常见的破坏现象之一。它会影响车辆的安全迅速舒适的行驶,甚至造成交通中断。根据对边坡发生滑坍现象的大量观察,路基边坡破坏时形成一滑动面。滑动面的形状与土质有关。对于黏性土具有较大的黏聚力$c$,而内摩擦角$\varphi$较小,边坡滑坍时,滑动土体有时像圆柱形,有时像碗形;对于松散的砂土、砂性土和砾(石)土具有较大的内摩擦角$\varphi$和较小的黏聚力$c$,边坡滑坍时,滑动面类似于平面或折线面。

为了简化计算,可近似地把滑动面与路基横断面的交线均通过坡脚,并假设为直线、圆曲线或折线三种,如图3-1所示,以土的抗剪强度为理论基础,按力的平衡原理建立相应的计算式进行判断。

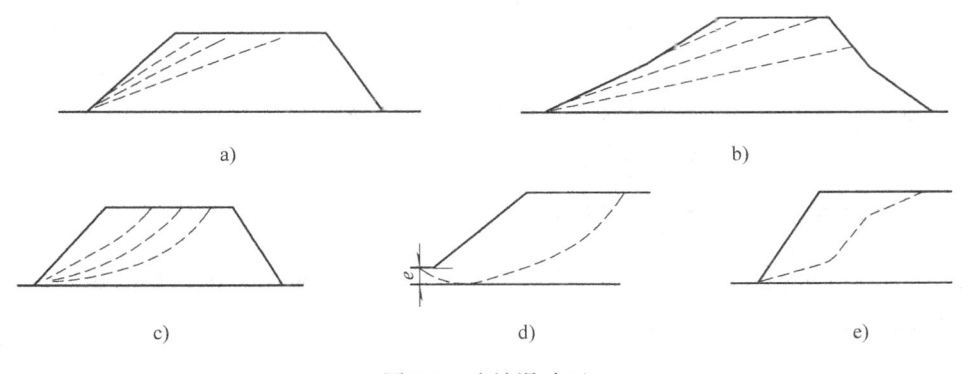

图3-1 边坡滑动面
a)、b) 直线滑动示意图  c)、d) 圆曲线滑动示意图  e) 折线滑动示意图

## 3.2 边坡稳定性分析的计算参数

### 3.2.1 土的计算参数

路基处在复杂的自然环境中,其稳定性随环境条件(特别是土的含水率)和时间的增长而变化。路堑是在天然土层中开挖而成,土石的性质、类别和分布是自然存在的。而路基是由人工填筑而成,填料性质可用人为方法控制。因此,在边坡稳定性分析时,对于土的物

理力学数据的选用,以及可能出现的最不利情况,应尽可能与路基将来实际情况相一致。

边坡稳定性分析所需土的试验材料如下所示:

1) 路堑或天然边坡:应取原状土的重度 $\gamma$、内摩擦角 $\varphi$ 和黏聚力 $c$。

2) 路堤边坡:应取与现场压实度一致的压实土的试验数据,包括压实后土的重度 $\gamma$、内摩擦角 $\varphi$ 和黏聚力 $c$。

在边坡稳定性分析时,对于均匀土体边坡填料的物理力学参数的选用,应力求能与路基将来实际使用情况相一致。故试验所得的资料应根据当地的气候条件、交通发展状况等因素,以最不利状况进行调整,然后才能用于验算中。如边坡由多层土体所构成,所采用各层土的边坡稳定性分析参数 $\gamma$、$c$ 和 $\varphi$ 的值应根据试验分析确定;对于直线和圆弧法可通过合理的分段,直接取用不同土层的参数值。如用综合土体边坡稳定性分析,可采用式(3-1)~式(3-3)加权平均法求得,加权平均法适用于较为粗略的边坡稳定性分析。

$$c = \frac{c_1 h_1 + c_1 h_2 + \cdots + c_n h_n}{h_1 + h_2 + \cdots + h_n} = \frac{\sum_{i=1}^{n} c_i h_i}{\sum_{i=1}^{n} h_i} \tag{3-1}$$

$$\tan\varphi = \frac{h\tan\varphi + h\tan\varphi + \cdots + h\tan\varphi}{h_1 + h_2 + \cdots + h_n} = \frac{\sum_{i=1}^{n} h_i \tan\varphi_i}{\sum_{i=1}^{n} h_i} \tag{3-2}$$

$$\gamma = \frac{\gamma_1 h_1 + \gamma_2 h_2 + \cdots + \gamma_n h_n}{h_1 + h_2 + \cdots + h_n} = \frac{\sum_{i=1}^{n} \gamma_i h_i}{\sum_{i=1}^{n} h_i} \tag{3-3}$$

式中 $c_i$、$\varphi_i$、$\gamma_i$——第 $i$ 土层的黏聚力、内摩擦角、重度;

$h_i$——第 $i$ 土层的厚度。

### 3.2.2 边坡稳定性分析边坡的取值

边坡稳定性分析时,对于折线形或阶梯形边坡,一般可取平均值,如图 3-2a 取 $AB$ 线,图 3-2b 则取坡脚点 $B$ 和坡顶点 $A$ 的连线。

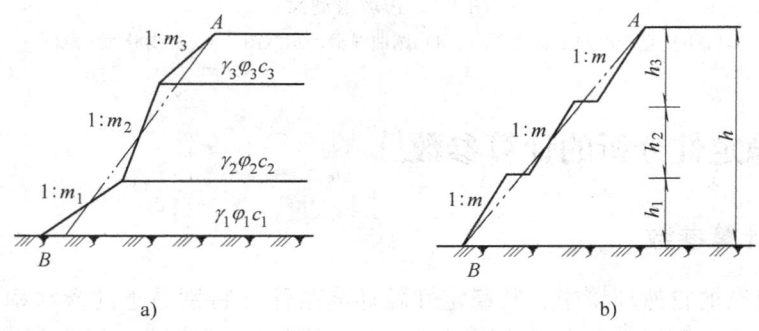

图 3-2 边坡取值示意图

### 3.2.3 汽车荷载当量换算

路基除承受自重作用外，同时还承受行车荷载的作用，如图3-3所示。在边坡稳定性分析时，需要将车辆按最不利情况排列，并将设计车辆的相应加重车进行布置，将车辆的设计荷载换算成当量土柱高（即以相等压力的土层厚度来代替荷载），以 $h_0$ 表示。验算时将此当量高度土体连同滑动土体一并进行计算。

荷载当量土柱高度 $h_0$ 的计算式为

$$h_0 = \frac{NG}{\gamma BL} \quad (3-4)$$

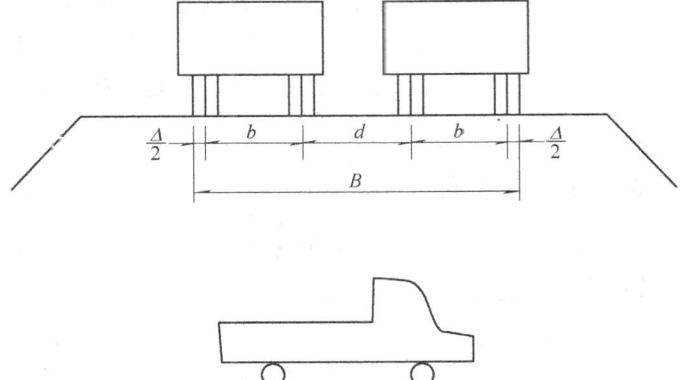

图3-3 汽车荷载布置示意图

式中 $N$——横向各分布的车辆数，单车道 $N=1$，双车道 $N=2$；
$G$——每一辆车的重力（kN）；
$\gamma$——路基填料的重度（kN/m）；
$L$——汽车前后轴加轮胎着地宽度的总距（m），对公路Ⅰ、Ⅱ级，$L=13.0$m；
$B$——横向分布车辆轮胎最外缘之间总距（m），当横向分布两列车队时，对公路Ⅰ、Ⅱ级均为5.5m，如横向分布不只两列车队时，则按下式计算

$$B = Nb + (N-1)d + \Delta \quad (3-5)$$

式中 $b$——每一车辆的轮距，取1.8m；
$d$——相邻两辆轮距，取1.3m；
$\Delta$——轮胎着地宽度（m），对公路Ⅰ、Ⅱ级均为0.6m。

荷载分布宽度，可以分布在行车道（路面）的范围，考虑到实际行车可能有横向偏移或车辆停放在路肩上，也可认为 $h_0$ 厚的当量土层分布在整个路基宽度上。

## 3.3 边坡稳定性分析方法

### 3.3.1 路基边坡稳定性分析方法

路基边坡稳定性分析方法可分为两类，即力学分析法和工程地质法。力学分析法包括数解法和图解或表解法；数解法即假定几个不同的滑动面，按力学平衡原理对每个滑动面进行边坡稳定性分析，从中找出极限滑动面，按此极限滑动面的稳定程度来判断边坡的稳定性。此法较精确，但计算较繁。图解或表解法是在计算机和图解分析的基础上，制定、成图或表，用查图或查表法进行边坡稳定性分析。此法简单，但不如数解法精确。工程地质法是根据不同土类及其所处的状态，经过长期的生产实践和大量的资料调查，拟定边坡稳定值参考

数据，在设计时，将影响边坡稳定的因素作比拟，采用类似条件下的稳定边坡值。

随着电算的普及，常用的边坡稳定性分析方法为力学分析法的数解法，根据滑动面形状分直线破裂面法和圆弧破裂面法，简称直线法和圆弧法。直线法适用于砂土和砂性土（两者合称砂类土），土的抗力以内摩擦力为主，黏聚力甚小，边坡破坏时，破裂面近似平面。圆弧法适用于黏性土，土的抗力以黏聚力为主，内摩擦力较小，边坡破坏时，破裂面近似圆柱形。

### 3.3.2 直线滑动面法

如图 3-4a 所示，路堤土楔体 $ABC$ 沿假设滑动面 $AB$ 滑动，其稳定系数 $K$ 按下式计算（按纵向单位长度计，下同）

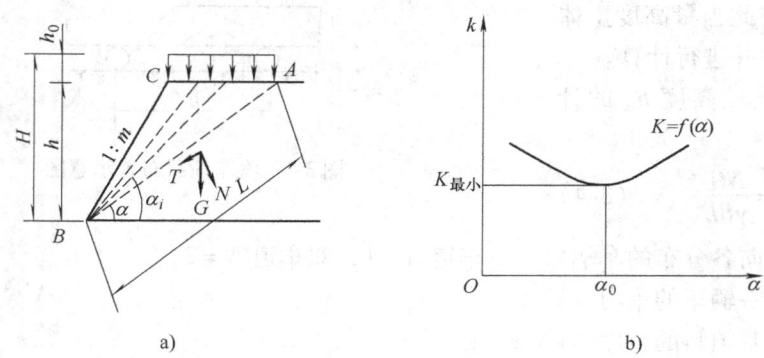

图 3-4 直线滑动面示意图

$$K = \frac{F}{T} = \frac{G\cos\alpha\tan\varphi + cL}{G\sin\alpha} \tag{3-6}$$

式中 $F$——沿滑动面 $AB$ 方向的抗滑阻力（kN）；

$T$——沿滑动面 $AB$ 方向的下滑力（kN）；

$G$——滑动土楔体 $ABC$ 自重及路基顶面换算土柱重力之和（kN）；

$\alpha$——滑动面 $AB$ 对于水平面的夹角（°）；

$\varphi$——路堤填土的内摩擦角（°）；

$c$——路堤填土的黏聚力（kPa）；

$L$——滑动面 $AB$ 的长度（m）。

边坡稳定性分析时，先假定路堤边坡值，然后通过坡脚 $A$ 点，假定 3~4 个可能的滑动面倾角 $\alpha_i$，如图 3-4a 所示，按式（3-6）求出相应的稳定系数 $K_i$，得出 $K_i$ 与 $\alpha_i$ 的关系曲线，如图 3-4b 所示。在 $K = f(\alpha)$ 关系曲线上找到最小稳定系数 $K_{\min}$ 及对应的极限破裂面倾斜角 $\alpha_0$。

由于试验所得的计算参数 $\varphi$、$c$ 与实际有一定的偏差，为了保证边坡有足够的安全储备，一般取稳定系数 $K \geqslant 1.25$，但也不应取过大，而使工程不经济。

由于砂类土黏聚力很小，一般可忽略不计，即取 $c = 0$，则式（3-7）可表达为

$$K = \frac{F}{T} = \frac{G\cos\alpha\tan\varphi}{G\sin\alpha} = \frac{\tan\varphi}{\tan\alpha} \tag{3-7}$$

由式(3-7)可知,当 $K=1$ 时,$\tan\varphi = \tan\alpha$,抗滑力等于下滑力,滑动土体处于极限平衡状态,此时路堤的极限坡度等于砂类土的内摩擦角,相当于自然休止角。当 $K>1$ 时,路堤边坡处于稳定状态且与边坡高度无关;$K<1$,则不论边坡高度多少,都不能保证稳定。

### 3.3.3 圆弧滑动面法

**1. 条分法**

(1) 基本原理 如图 3-5 所示,先假定一圆弧滑动面,将圆弧滑动面上的土体分成若干竖向土条,依次计算每个土条滑动面圆心的抗滑力矩和下滑力矩,然后分别叠加求出整个滑动土体的抗滑力矩和滑动力矩,再求它们的比值可得稳定系数,从而判断出路基边坡是否稳定。

(2) 基本步骤与计算公式

1) 通过坡脚任意选定可能的圆弧滑动面 $AB$,其半径为 $R$。取单位长的路段,将其划分为若干个垂直土条,其宽一般取 $2\sim 4\mathrm{m}$,如图 3-5 所示。

2) 计算每个土条的自重 $G_i$(包括其上部换算土柱的重力),并引至滑动圆弧上,并分解到滑动面的法向和切线方向上。

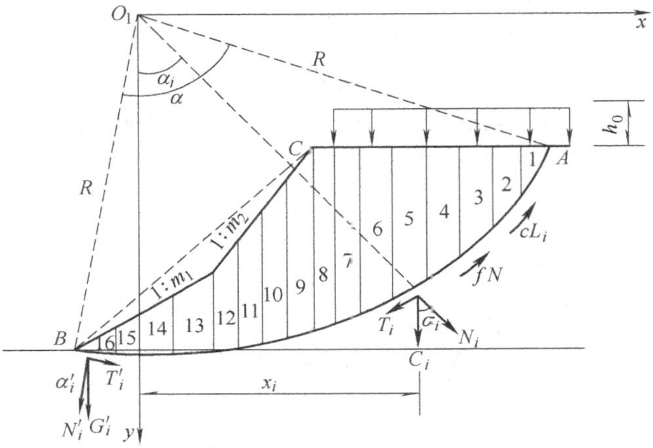

法向分力 $N_i = G_i\cos\alpha_i$

切向分力 $T_i = G_i\sin\alpha_i$

式中 $\alpha_i$——通过第 $i$ 条土条的滑动圆弧的中心处的法线与铅垂线夹角,也可用下式计算

$$\alpha_i = \arcsin\frac{x_i}{R} \tag{3-8}$$

图 3-5 条分法边坡稳定性设计图

3) 以 $O$ 点为转动圆心,以 $R$ 为转动力臂,计算滑动面上各土条对 $O$ 点的滑动力矩 $M_\mathrm{S}$ 和抗滑力矩 $M_\mathrm{r}$。

滑动力矩 $$M_\mathrm{S} = R\left(\sum_{i=1}^{n} T_i - \sum_{i=1}^{m} T_i\right)$$

抗滑力矩 $$M_\mathrm{r} = R\left(\sum_{i=1}^{n} N_i\tan\varphi + \sum_{i=1}^{n} cL_i\right)$$

式中 $\sum_{i=1}^{n} T_i$——$Oy$ 轴右侧的力矩;

$\sum_{i=1}^{m} T_i$——$Oy$ 轴左侧的力矩;

$n$——$Oy$ 轴右侧的土条数;

$m$——$Oy$ 轴左侧的土条数。

4) 求稳定系数 $K$

$$K = \frac{M_r}{M_s} = \frac{R(\sum_{i=1}^{n} N_i \tan\varphi + \sum_{i=1}^{n} cL_i)}{R(\sum_{i=1}^{n} T_i - \sum_{i=1}^{m} T_i)} = \frac{f\sum_{i=1}^{n} G_i \cos\alpha_i cL}{\sum_{i=1}^{n} G_i \sin\alpha_i - \sum_{i=1}^{n} G_i \sin\alpha_i} \quad (3\text{-}9)$$

式中　$L$——滑动圆弧的总长度（m）；

　　　$f$——摩阻系数，$f = \tan\varphi$。

5）按上述步骤通过坡脚再假定几个可能的滑动面，计算对应的稳定系数 $K$，并在圆心辅助线（近似圆心连线）$MI$ 上作垂线，按相应比例绘出，稳定系数 $K_1$，$K_2$，…，$K_n$ 对应于 $O_1$，$O_2$，…，$O_n$ 的关系曲线 $K = f(O)$，在该曲线最低点作圆心辅助线 $MI$ 的平行线，如图3-6所示，与曲线 $f(O)$ 相切的切点对应的圆心为极限滑动面圆心，对应的滑动面为最危险滑动面，相应的稳定系数为最小稳定系数 $K_{\min}$。其值如为 1.25～1.5，则路基是稳定的，否则应采取相应的措施（如放缓边坡、更换填料等），重新进行稳定性验算，直至满足要求为止，或选择适当的加固措施。

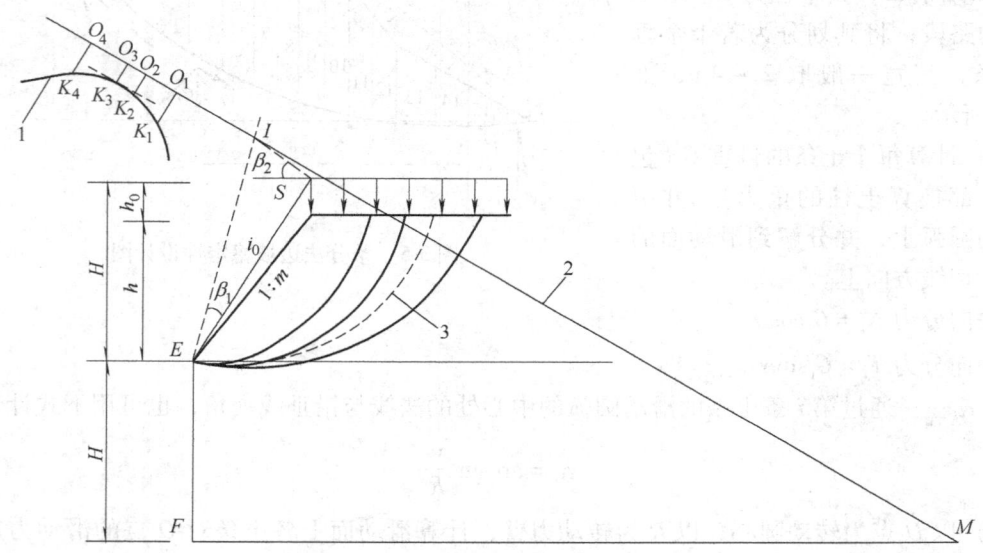

图 3-6　4.5$H$ 法最危险滑动面圆心确定设计图

**2. 危险圆心辅助线的确定**

为了较快地找到最危险滑动面，减少试算工作量，根据经验，最危险滑动圆心在一条线上，该线即是圆心辅助线。确定圆心辅助线可以采用 4.5$H$ 法或 36°线法。

（1）4.5$H$ 法（图3-6）。

1）由坡脚 $E$ 向下引竖线，在竖线上截取高度 $H = h + h_0$ 得 $F$ 点。

2）自 $F$ 点向右引水平线，在水平线上截取 4.5$H$，得 $M$ 点。

3）连接边坡坡脚 $E$ 和顶点 $S$，求得 $SE$ 的斜度 $i_0 = 1/m$，据此值查表3-1 得 $\beta_1$ 和 $\beta_2$ 值。$E$ 点作与 $SE$ 成 $\beta_1$ 角（逆时针方向）的直线，再由 $S$ 点作与水平线成 $\beta_2$ 角（顺时针方向）的直线，两线相交得 $I$ 点。

表 3-1　辅助线作图角度值表

| 边坡斜度 $i_0$ | 边坡倾角 $\theta$ | $\beta_1$ | $\beta_2$ | 边坡斜度 $i_0$ | 边坡倾角 $\theta$ | $\beta_1$ | $\beta_2$ |
| --- | --- | --- | --- | --- | --- | --- | --- |
| 1∶0.5 | 63°26′ | 29°30′ | 40° | 1∶2.0 | 26°34′ | 25° | 35° |
| 1∶0.75 | 53°08′ | 26° | 39° | 1∶2.25 | 23°58′ | 25° | 35° |
| 1∶1 | 45°00′ | 26° | 37° | 1∶2.5 | 21°48′ | 25° | 35° |
| 1∶1.25 | 38°40′ | 26° | 35°30′ | 1∶3 | 18°26′ | 25° | 35° |
| 1∶1.5 | 33°41′ | 26° | 35° | 1∶4 | 14°02′ | 25° | 36° |
| 1∶1.75 | 29°41′ | 26° | 35° | 1∶5 | 11°19′ | 25° | 37° |

4) 连接 I 和 M 两点即得圆心辅助线。

最危险圆心一般在 MI 辅助线的延长线上。

(2) 36°线法　由荷载换算土柱部边缘 S 点（不计荷载时 S 点位于路基边缘）处作与水平线成 36°角的射线 SI，即得圆心辅助线。

36°法和 4.5H 法确定圆心辅助线方法的计算结果相差不大，为求解简便，一般用 36°法。但 4.5H 法较精确，且求出的稳定系数 K 值最小，故常用分析重要建筑物的边坡稳定性。另外两种方法均可不计荷载换算土层的高度所得结果相差不大，可作简化计算。

【例 3-1】　已知某路基横截面初步拟定如图 3-5 所示，高度为 25m，顶宽 8.5m，边坡坡度 $m_1 = 1.75$，$m_2 = 1.5$。路基填土重度 $\gamma = 19.2 \text{kN/m}^3$，土的黏聚力 $c = 42.5 \text{kPa}$，内摩擦角为 15°，设计荷载为公路 I 级，试分析其边坡稳定性。

解：1) 用方格纸以 1∶50 比例绘出路堤横断面。

2) 路基顶宽 8.5m，可并排两辆重车，公路 I 级重车为 300kN 按式 (3-4) 将汽车荷载换算成当量土柱高度为

$$h_0 = \frac{NG}{\gamma BL} = \frac{2 \times 300}{19.2 \times 5.5 \times 5.6} \text{m} \approx 1.0 \text{m}$$

3) 按 4.5H 法确定滑动圆心辅助线（图 3-6）。将路基左侧坡顶边缘点 C 与坡脚 B 连成一直线，由此线坡率查表 3-1 可查得 $\beta_1 = 26°$、$\beta_2 = 35°$。据此两角分别自坡脚 B 和左顶点 C 作直线相交于 I 点；由坡脚 B 向下引竖线，在竖线上截取高度 $H = 25\text{m}$ 得 F 点，自 F 点向右引水平线，在水平线上截取 $FM = 4.5H = 112.5\text{m}$，得 M 点，连接 MI 并延长，即为所求危险圆心辅助线。

4) 在辅助线上先定圆心 O 点作通过路基左侧坡脚 B 点的圆弧，量得半径 $R = 47.5\text{m}$，滑动圆心角 $\alpha = 74.4°$。按滑动土体的形状将其分成 16 段，如图 3-5 所示。

5) 分别量取各土条中心与圆心竖线的水平距离 $x_i$（圆心竖线左侧取负值，右侧取正值），算出滑动曲线每一分段中点与圆心竖线之间的偏角 $\alpha_i$。

6) 将各分段土体图形简化为梯形或三角形，分别量取其宽和高，并计算出面积 $A_i$（包括其上当量土层面积），再以路堤纵向长度 1m 分别计算出各分段的重力 $G_i$。

7) 将每一段土体的重力 $G_i$ 化为两个分力：在滑动圆弧法线方向上 $N_i = G_i \cos\alpha_i$；切线方向上 $T_i = G_i \sin\alpha_i$，并分别求出此两者之和，即 $\sum N_i$ 和 $\sum T_i$。

8) 算出滑动曲线圆弧长 $L = \sum l_i = 0.01745 \times 74.4 \times 47.5 \text{m} = 61.7 \text{m}$

9) 根据表 3-2 计算结果，由式 (3-9) 计算稳定系数 $K_i$

表 3-2 圆弧法边坡稳定性分析表

| 分段 | 土条 $b_i$/m | 土条高 $h_i$/m | 土条重 $G_i = A_i\gamma$ /kN | $x_i/n$ | $\sin\alpha_i$ | $\cos\alpha_i$ | $G_i\sin\alpha_i$ /kN | $G_i\cos\alpha_i\tan\varphi_i$ /kN |
|---|---|---|---|---|---|---|---|---|
| 1 | 2.16 | 2.6 | 108 | 40.0 | 0.843 | 0.539 | 91 | 16 |
| 2 | 2.0 | 6.4 | 246 | 38.3 | 0.803 | 0.592 | 198 | 39 |
| 3 | 2.75 | 9.5+1.0 | 555 | 35.9 | 0.757 | 0.653 | 420 | 97 |
| 4 | 2.75 | 12.4+1 | 707 | 33.2 | 0.690 | 0.716 | 494 | 135 |
| 5 | 1.0 | 14.1 | 271 | 31.3 | 0.659 | 0.752 | 179 | 55 |
| 6 | 4.0 | 14.8 | 1137 | 28.8 | 0.606 | 0.795 | 689 | 242 |
| 7 | 4.0 | 14.8 | 1137 | 24.8 | 0.522 | 0.853 | 593 | 259 |
| 8 | 4.0 | 14.4 | 1106 | 20.8 | 0.433 | 0.899 | 484 | 266 |
| 9 | 4.0 | 13.6 | 1045 | 16.8 | 0.354 | 0.935 | 370 | 262 |
| 10 | 4.0 | 12.6 | 971 | 12.8 | 0.269 | 0.963 | 262 | 251 |
| 11 | 4.0 | 11.4 | 879 | 8.8 | 0.185 | 0.983 | 163 | 231 |
| 12 | 4.0 | 9.8 | 755 | 4.8 | 0.101 | 0.995 | 76 | 201 |
| 13 | 2.8 | 8.1 | 437 | 1.4 | 0.030 | 0.9996 | 13 | 117 |
| 14 | 3.2 | 6.4 | 393 | -1.6 | -0.034 | 0.9994 | -13 | 105 |
| 15 | 4.0 | 4.3 | 329 | -5.2 | -0.110 | 0.994 | -36 | 87 |
| 16 | 3.6 | 1.5 | 105 | -8.4 | -0.177 | 0.984 | -19 | 28 |
| | | | | | | | $\Sigma$ = 3964 | $\Sigma$ = 2391 |

$$K_i = \frac{f\sum_{i=1}^{n} N_i + cL}{\sum_{i=1}^{n} T_i} = \frac{2391 + 42.5 \times 61.7}{3964} = 1.26$$

10) 用同样的方法,在辅助线上另找 $O_2$、$O_3$、$O_4$、$O_5$、$O_6$ 五个圆心,可求得它们的稳定系数:$K_2 = 1.318$、$K_3 = 1.283$、$K_4 = 1.335$、$K_5 = 1.293$、$K_6 = 1.321$。

比较 6 个圆心对应的 $K$ 值,知 $O_1$ 点的 $K$ 值最小,且 $K_1 = 1.26 > 1.25$,故边坡是稳定的。

## 3.3.4 表解法

用圆弧法进行路基边坡稳定性分析,计算工作量较大。对于均质、直线形边坡路堤及滑动面通过坡脚,顶为水平并延伸至无限远,可按表解法进行边坡稳定性分析。表解法是在图解和分析计算的结果上制成的一系列计算参数表的边坡稳定性分析方法。

如图 3-7 所示,用 36°法绘圆心辅助线,并假定滑动面通过坡脚 $A$,在求危险滑动面时,各个圆心位置可自路基边缘点 $S$ 开始,取 $SO_1 = (0.25 + 0.4m)H$,其中 $m$ 为平均边坡坡度,$H$ 为填方边坡高。再由 $O_1$ 点开始,每隔 $0.3H$ 定一点,分别定出 $O_2$、$O_3$、$O_4$、$O_5$ 圆心,并查表算出稳定系数,取 $K_{\min}$ 作为验算结果依据。

如图 3-8 所示,将土体划分个小块,其宽为 $b$、高为 $h$、滑弧全长 $L$,将此三者换算成边坡高度 $H$ 的表达式,即 $b = \beta H$、$h = \xi H$、$L = \lambda H$。

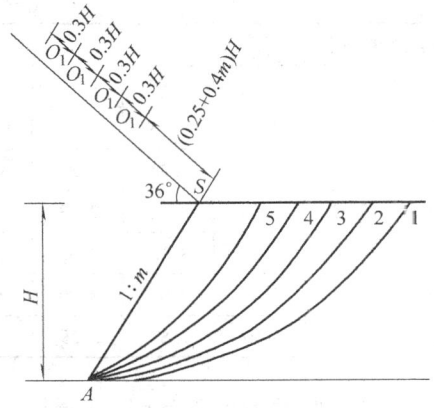

图 3-7 36°最危险滑动面圆心确定示意图

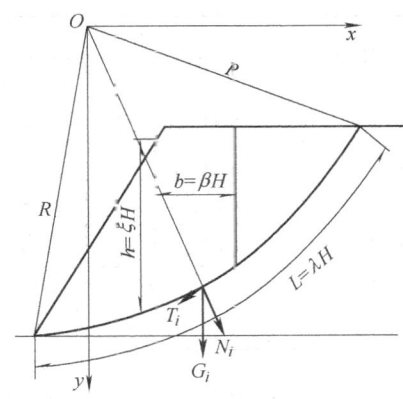

图 3-8 最危险滑动面稳定性分析示意图

每 1m 坡长的土块总重为 $G = ahl\gamma = \gamma\xi\beta H^2$

其法向和切向分力为

$$N = G\cos\alpha = \gamma\xi\beta H^2\cos\alpha$$
$$T = G\sin\alpha = \gamma\xi\beta H^2\sin\alpha$$

稳定系数为

$$K_1 = \frac{f\sum_{i=1}^{n} N_i + cL}{\sum_{i=1}^{n} T_i} = \frac{f\sum_{i=1}^{n} \xi\beta\gamma H^2\cos\alpha + c\lambda H}{\sum_{i=1}^{n} \xi\beta\gamma H^2\sin\alpha}$$

令 $A = \dfrac{\sum_{i=1}^{n}\xi\cos\alpha}{\sum_{i=1}^{n}\xi\sin\alpha}$, $B = \dfrac{\lambda}{\sum_{i=1}^{n}\xi\beta\sin\alpha}$

由此可得

$$K = fA + \frac{c}{\gamma H}B \tag{3-10}$$

式中  $H$——边坡高度（m）；

$c$——土的黏聚力（kPa）；

$f$——土的内摩擦系数，$f = \tan\varphi$，$\varphi$ 为土的内摩擦角（°）；

$A$、$B$——取决于几何形状的系数，由表 3-3 可查得。

表 3-3 滑动圆弧通过边坡坡脚的 $A$、$B$ 值

| 边坡坡度 | 滑动圆弧的圆心 | | | | | | | | | |
|---|---|---|---|---|---|---|---|---|---|---|
| | $O_1$ | | $O_2$ | | $O_3$ | | $O_4$ | | $O_5$ | |
| $i_0 = 1:m$ | $A$ | $B$ | $A$ | $B$ | $A$ | $B$ | $A$ | $B$ | $A$ | $B$ |
| 1∶1 | 2.34 | 5.75 | 1.87 | 6.00 | 1.57 | 6.75 | 1.40 | 7.50 | 1.24 | 8.80 |
| 1∶1.25 | 2.64 | 6.05 | 2.16 | 6.35 | 1.82 | 7.03 | 1.66 | 8.03 | 1.48 | 9.65 |
| 1∶1.5 | 3.04 | 6.25 | 2.54 | 6.5 | 2.15 | 7.15 | 1.9 | 8.03 | 1.71 | 10.10 |

(续)

| 边坡坡度 | 滑动圆弧的圆心 | | | | | | | | |
|---|---|---|---|---|---|---|---|---|---|
| | $O_1$ | | $O_2$ | | $O_3$ | | $O_4$ | | $O_5$ |
| 1:1.75 | 3.44 | 6.35 | 2.87 | 6.58 | 2.50 | 7.22 | 2.18 | 8.33 | 1.96 | 10.41 |
| 1:2.0 | 3.84 | 6.50 | 3.23 | 6.7 | 2.80 | 7.26 | 2.45 | 8.45 | 2.21 | 10.10 |
| 1:2.25 | 4.25 | 6.64 | 3.58 | 6.8 | 3.19 | 7.27 | 2.84 | 8.30 | 2.53 | 9.8 |
| 1:2.5 | 4.67 | 6.65 | 6.98 | 6.78 | 3.53 | 7.30 | 3.21 | 8.15 | 2.85 | 9.5 |
| 1:2.75 | 4.99 | 6.04 | 4.33 | 6.78 | 3.86 | 7.24 | 3.59 | 8.02 | 3.20 | 9.21 |
| 1:3 | 5.23 | 6.60 | 4.69 | 6.75 | 4.24 | 7.23 | 3.97 | 7.87 | 3.59 | 8.81 |

【例3-2】 已知路堤高10m，路基填土为黏性土，经试验并考虑不利因素的影响，$c = 9.8\text{kPa}$，$\varphi = 22°$，$\gamma = 16.66\text{kN/m}^3$，边坡坡度$m = 1.5$，试用表解法分析其边坡稳定性。

**解**：据题查表3-3可得五个圆心对应$A$、$B$值，并按（3-10）计算出$K_i$值，见表3-4。

表3-4 $A$、$B$值及稳定系数表

| | $O_1$ | $O_2$ | $O_3$ | $O_4$ | $O_5$ |
|---|---|---|---|---|---|
| $A$ | 3.04 | 2.54 | 2.15 | 1.90 | 1.71 |
| $B$ | 6.25 | 6.50 | 7.15 | 8.33 | 10.10 |
| $C$ | 1.60 | 1.41 | 1.29 | 1.26 | 1.29 |

由上表可知最小边坡稳定系数$K_{\min} = 1.26 > 1.25$值，满足稳定性要求。

## 3.4 浸水路堤边坡稳定性验算

### 3.4.1 渗透动水的作用

受到季节性或长期浸水的沿河路堤、河滩路堤等均称为浸水路堤。河滩路堤除承受普通路堤所承受的外力及自重力外，还要承受浮力及渗透动水压力的作用。如图3-9所示，当河中水位上升时，水从路基边坡的一侧或两侧渗入路堤内；当水位下降时，水又从路堤内向外渗出。由于水在土体内的渗透速度比河中水位升降速度慢得多，因此，当堤外水位升高时，堤内渗水比降曲线（即浸润线）成凹形；反之成凸形。如路堤两侧边坡上的水位不一致，还会产生横穿路堤的渗透。

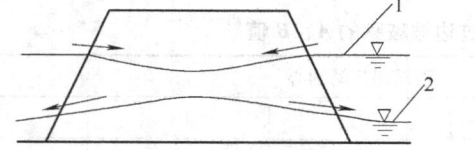
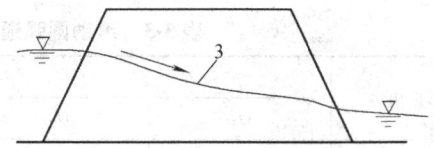

图3-9 浸水路堤浸水曲线示意图
1—水位上升时　2—水位下降时　3—单侧渗水时

当水位急剧发生变化时，特别是水位下降，土体内部的水流出边坡需要较长的时间，由于水位的差异，其渗透动水压力的方向指向土体外面，这就剧烈破坏路堤边坡的稳定性，并可能产生边坡凸起和滑动现象。此外，渗透水流还能带走路堤细小的土粒而引起路堤的变形。

路堤中的水在路堤中的渗透时产生的动水压力与土的性质有关。对透水性较强的填料如砂砾、碎石，路堤中水位变化与路堤外几乎同步，可不计动水压力；对严格压实的渗透性极小的黏性土填料，几乎不渗水，也可不计动水压力；只有采用一般黏性土（如中、低液限黏土，粉质中液限黏土等）时，就必须进行渗透动水压力的计算。

## 3.4.2 渗透动水压力的计算

如图 3-10 所示，渗透动水压力可按下式计算

$$D = I\Omega_B \gamma_w \quad (3-11)$$

式中 $D$——作用于浸润线以下土体重心的渗透动水压力（kN/m）；

$I$——渗流水力坡降（取用浸润曲线的平均坡降，如图 3-12 中 $EF$ 的斜率）；

$\Omega_B$——浸润曲线与滑动弧之间的面积（如图 3-12 中 $AEF$ 的面积）（m²）；

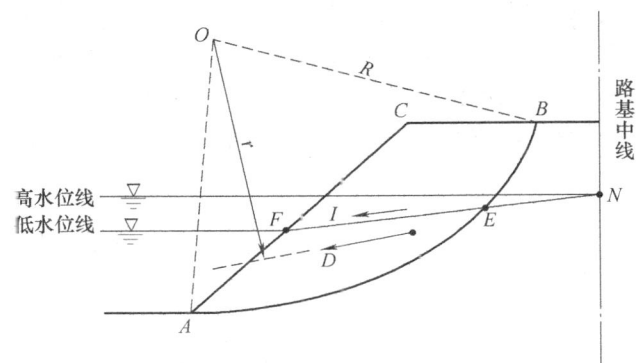

图 3-10 渗透动水压力示意图

$\gamma_w$——水的重度（kN/m³），一般可取 $\gamma_w = 10$ kN/m³。

## 3.4.3 浸水路堤边坡稳定性分析

浸水路堤的稳定性，应按路堤处于最不利的情况进行边坡稳定性分析。其破坏一般发生在最高洪水位骤然降落的时候。边坡稳定性分析的原理和方法与普通路堤边坡稳定性的圆弧法基本相同。只是注意浸水后土体内产生动水压力需先绘出土体内的浸润曲线，分别计算浸水与未浸水土条的重力。采用条分法分析浸水路堤稳定性时可用下式计算其稳定性系数

$$K = \frac{M_Y}{M_S} = \frac{R(\sum N + cL)}{R\sum T + D\bar{r}} = \frac{(f_c\sum N_c + f_b\sum N_b + c_c L_c + c_b L_b)R}{(\sum T_c + \sum T_b)R + \sum D_i S_i}$$

$$= \frac{f_c\sum N_c + f_b\sum N_b + c_c L_c + c_b L_b}{\sum T_c + \sum T_b + \sum D_i S_i/R} \quad (3-12)$$

式中 $K$——稳定系数，一般取 1.25~1.50；

$f_c\sum N_c$——浸润线以上部分沿滑动面的内摩擦力，$f_c = \tan\varphi_c$；

$f_b\sum N_b$——浸润线以下部分沿滑动面的内摩擦力，$f_b = \tan\varphi_b$；

$c_c$——浸润线以上部分沿滑动面的单位黏聚力（kPa）；

$c_b$——浸润线以下部分沿滑动面的单位黏聚力（kPa）；

$L_c$——浸润线以上部分沿滑动面的弧长（m）；

$L_b$——浸润线以下部分沿滑动面的弧长（m）；

$\sum T_c$——浸润线以上部分沿滑动面的下滑力；

$\sum T_b$——浸润线以下部分沿滑动面的下滑力；

$D$——渗透动水压力；

$D_i$——分段 $i$ 的渗透动水压力；

$S_i$——分段 $i$ 的渗透动水压力作用线距圆心的垂直距离。

计算水位线以下土的浸水重度 $\gamma_b$ 可按下式（考虑了水的浮力）计算

$$\gamma_b = \frac{\gamma - \gamma_w}{1+e} = (\gamma - \gamma_w)(1-n) \tag{3-13}$$

式中，$n$——土的孔隙率；

$e$——土的孔隙比。

**【例 3-3】** 某路堤横断面尺寸拟定如图 3-11 所示，其路基高度为 13m，顶宽 10m，高水位时水深为 7m。经试验得黏聚力干土时 $c_c = 10$kPa，饱水后 $c_b = 5$kPa；水的重度 $\gamma_w = 10$kN/m³，干土重度时 $\gamma_c = 17$kN/m³，湿土粒重度 $\gamma_s = 26.0$kN/m³；内摩擦角 $\varphi = 24°$，且浸水后不变；孔隙率 $n = 31\%$，水力坡降 $I = 0.08$。试分析其稳定性。

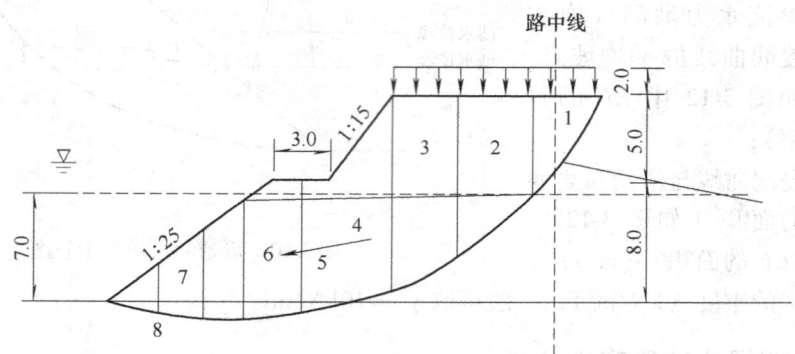

图 3-11 浸水路堤稳定性验算示例（尺寸单位：m）

**解：** 1）用方格纸以 1:50 比例绘出路堤横断面。

2）用 $4.5H$ 法确定滑动圆弧中心所在辅助线后，拟定滑动曲线及其中心所在位置，将滑动圆弧范围内土体分为 8 段，并求出各分段终点的偏角 $\alpha_i$。

3）确定浸润线位置。假定它与水力坡降线一致，由路基中线最高水位处以坡降 $I = 0.08$ 引出，浸润线以上是干土，重度 $\gamma_c = 17 = $ kN/m³，浸润线以下是饱和土，并受水的浮力的作用，重度为

$$\gamma_b = (\gamma_s - \gamma_w)(1-n) = (26-10) \times (1-0.31) \text{kN/m}^3 = 11 \text{kN/m}^3$$

4）分段并计算出浸润线上、下干土面积 $A_c$ 和饱和土的面积 $\Omega_b$；并分别计算出重力 $G_c$、$G_b$。

5）按比例求出干土和饱和土两部分滑动曲线长度。

6）找出浸润线以下土体的重心，平行于浸润线，画出动水压力。按式 (3-12) 求出作用于饱和土体的渗透动水压力。

$$D = I\Omega_b \gamma_w = 0.08 \times 202.52 \times 10 \text{kN/m} = 162.0 \text{kN/m}$$

将上述所有计算结果列于表 3-5。

表 3-5 条分法浸水路堤边坡稳定性分析表

| 分段 | $\sin\alpha_i$ | $\cos\alpha_i$ | 分段面积 $A/m^2$ | | 土的重力 $G/kN$ | | 分段重力 $G_c + G_b$ /kN | $N_i$ /kN | $T_i$ /kN | 滑动曲线长度/m | |
|---|---|---|---|---|---|---|---|---|---|---|---|
| | | | 干的部分 $A_c$ | 饱和部分 $\Omega_b$ | 干的部分 $G_c$ | 饱和部分 $G_b$ | | | | | |
| 1 | 0.85 | 0.53 | 28.6 | 1.3 | 486.0 | 14.3 | 500.3 | 265.2 | 427.0 | | |
| 2 | 0.64 | 0.77 | 41.0 | 16.5 | 696.0 | 181.5 | 877.5 | 675.0 | 561.0 | | |
| 3 | 0.47 | 0.88 | 24.5 | 33.5 | 416.0 | 368.5 | 734.5 | 690.0 | 368.5 | | |
| 4 | 0.28 | 0.96 | 9.58 | 41.42 | 163.0 | 455.0 | 618.0 | 594.0 | 173.0 | | |
| 5 | 0.11 | 0.99 | 8.60 | 44.50 | 146.0 | 489.5 | 635.5 | 629.0 | 70.3 | 7.2 | 38.0 |
| 6 | -0.07 | 0.99 | — | 38.50 | — | 423.5 | 423.5 | 419.5 | -29.6 | | |
| 7 | -0.27 | 0.97 | — | 22.0 | — | 242.0 | 242.0 | 234.5 | -65.4 | | |
| 8 | -0.37 | 0.93 | — | 4.8 | — | 525.5 | 52.8 | 49.2 | -19.6 | | |
| | | | | $\Omega_b$ = 202.52 | | | | $\sum_{i=1}^{n} N_i$ = 3556.4 | $\sum_{i=1}^{n} N_i$ = 1485.2 | | |

7) 按式（3-14）计算稳定系数，假定干土和饱和土的内摩擦角相同。

$$K_2 = \frac{0.45 \times 3556.4 + 10 \times 7.2 + 5 \times 38.0}{1485.2 + 162} = 1.13$$

用同样的方法还可假定另两条滑动曲线并求出稳定系数：$K_1 = 1.13$、$K_3 = 1.25$。由上可知，$K_2$ 对应的滑动曲线是临界曲线，其稳定系数比非浸水路堤小得多。因此，浸水部分的边坡应再放缓，或改换填料使稳定系数不小于 1.25。

### 3.4.4 浸水路堤边坡稳定措施

1) 选择恰当的断面形式，必要时可设折线形边坡，或设置 1~2m 宽的护坡道。
2) 在受到水位变化或淹没部分路基应尽可能选用渗水性较好的材料，如有天然级配的砂砾、卵石、砂或不易风化的片、碎石等。无此类材料时可选用黏土，但必须严格分层压实。使用不同土质填筑时，应在分界处设置反滤层。反滤层可采用土工织物作为反滤层；也可采用砂砾石、碎卵石等材料分层填筑，每层约 15cm。
3) 根据河床特征、水流强弱、施工条件等因素，采取适当的防护加固措施。
4) 如基底土质不良可能造成滑坍时，应首先采取加固措施处治，或经技术经济比较，改用其他方案如修建桥梁或栈桥通过。

## 3.5 陡坡路堤稳定性验算

### 3.5.1 概述

当路堤修筑在地面横坡坡度大于 1：2.5（土质基底）或陡于 1：2（不易风化的岩石基底）或在不稳固的山坡上时，因下滑力较大，填土有可能沿山坡下滑，所以路基不仅要分析路堤边坡稳定性，还要分析路堤沿地面陡坡下滑的稳定性。

陡坡路基的滑动面有以下几种可能：
1）在陡坡岩石基底或稳定山坡基底处，路堤整体沿基底接触面产生滑动。
2）基底为不稳定的坡积覆盖层，且下卧基岩层较陡，致使路堤连同其下卧层滑动。
3）基岩下岩层强度不均匀，如泥质页岩，致使路堤沿某一最弱的层面滑动。

陡坡路堤产生下滑的主要原因是地面横坡较陡、基底土层软弱或强度不均匀，加上地面水、地下水的作用使土体抗剪强度显著降低。因此，边坡稳定性分析中应采用可能滑动面附近的土体的有关测试数据，并考虑最不利因素后论证确定。

陡坡路堤稳定性分析假定路堤整体沿滑动面下滑，故分析方法可分为直线和折线两种方法。

### 3.5.2 分析方法

**1. 直线滑动面稳定性验算**

如图 3-12 所示，当滑动面为单一坡面，土体沿直线滑动面整体下滑时，可用直线法进行边坡稳定性分析。

滑动面以上土体的稳定性可按下式计算

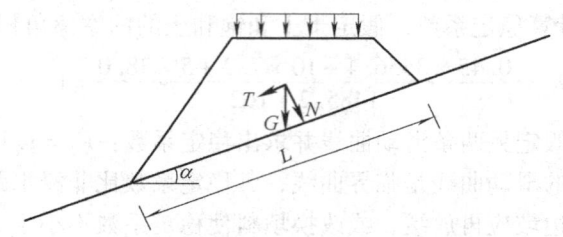

图 3-12 陡坡路堤直线滑动面示意图

$$E = T - \frac{1}{K}(N\tan\varphi + cL) \tag{3-14}$$

$$T = G\sin\alpha, N = G\cos\alpha$$

式中 $E$——下滑力（kN），若 $E \leq 0$ 则路堤是稳定的。
$G$——在滑动面以上滑动体自重加路堤顶面的换算土层荷载（kN）；
$\alpha$——滑动面对水平面的倾斜角（°）；
$\varphi$——滑动面处土体的内摩擦角（°）；
$c$——滑动面处土体的单位黏聚力（kPa）；
$L$——滑动面的长度（m）；
$K$——安全系数，一般取 1.25~1.50。

**2. 折线滑动面稳定性分析验算**

当滑动面为多个坡度的折线倾斜面时，如图 3-13 所示，可将滑动面上土体按折线段垂直划分为若干条块，自上而下分别计算各土体的剩余下滑力，根据最后一块的剩余下滑力的正负值确定其整体稳定性。

$$E_n = \left[T_n + E_{n-1}\cos(\alpha_{n-1} - \alpha_n)\right] - \frac{1}{K}\left\{\left[N_n + E_{n-1}\sin(\alpha_{n-1} - \alpha_n)\right]\tan\varphi_n + c_n L_n\right\} \tag{3-15}$$

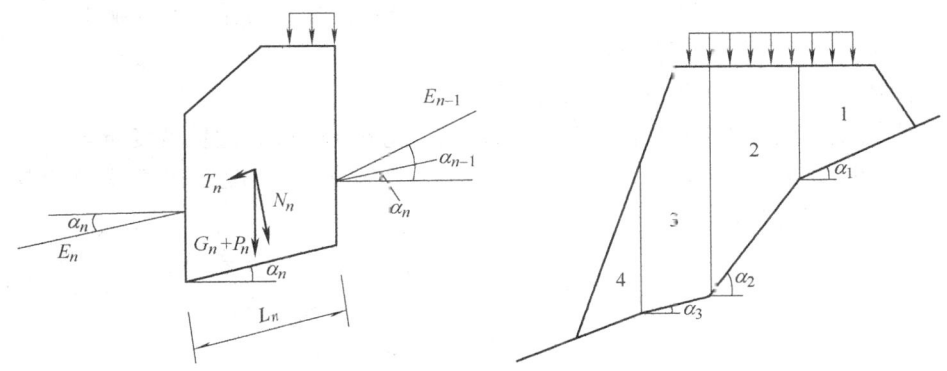

图 3-13 折线滑动面示意图

$$T_n = (G_n + P_n)\sin\alpha, \quad N_n = (G_n + P_n)\cos\alpha$$

式中 $E_n$——第 $n$ 个条块的剩余下滑力（kN）；
$\quad\alpha_n$——第 $n$ 个条块滑动面分段的倾斜角（°）；
$\quad c_n$——第 $n$ 个条块滑动面上软弱土层的单位黏聚力（kPa）；
$\quad E_{n-1}$——第 $n-1$ 条块传递而来的剩余下滑力（kN）；
$\quad\alpha_{n-1}$——第 $n-1$ 条块滑动面分段的倾斜角（°）。

当最后的剩余下滑力 $E_n \leqslant 0$ 时，认为稳定；$E_n > 0$ 时，则不稳定，必须采取稳定措施。

**3. 增加稳定性措施**

要增加稳定性可以采用以下措施：

1）改善基底，如开挖台阶，放缓力坡，以减少下滑力；清除坡积层，夯实基底，使路堤置于密实的稳定基础上；选择大颗粒的填料，嵌入地面，以增加接触面的摩擦系数。

2）加强排水设施，在路堤上侧设置边沟或截水沟，以阻止地面水浸湿滑动面；受地下水影响时，则设置渗沟等地下排水设施以疏干基底，并且尽快将水排除到影响范围外。

3）设置支挡结构物，如石砌护脚、干砌或浆砌挡土墙等。

## 本 章 小 结

边坡稳定性分析通常应用力学分析法和工程地质法两种方法。其中力学分析法应重视土的重度、内摩擦角及黏聚力等参数值的合理选择，根据边坡地质土质、水文地质情况和边坡高度，合理选择验算方法，确定边坡形式和坡度。

运用工程地质法分析边坡稳定性，关键要认真、详细地调查沿线可靠的水文地质和工程地质资料，并进行分析比较，应用试验和类比的方法合理确定稳定的边坡形式和边坡坡度。

## 思 考 题

3-1 路基边坡稳定性分析的基本原理和基本假定是什么？
3-2 路基边坡稳定性分析需要哪些参数？如何合理取值？
3-3 路基边坡稳定性分析的方法有哪些？各自适用于哪些情况？

3-4 浸水路基边坡稳定性分析与普通路基边坡稳定性分析的异同点有哪些?

3-5 陡坡路基稳定性分析包括哪些内容?

3-6 试述最危险圆心辅助线的绘制步骤。

3-7 已知某陡坡路堤路基如图3-14所示，其顶宽 $B=8.5\mathrm{m}$，边坡坡度 $m=1.5$。路基填土为亚黏土，重度 $\gamma=17.6\mathrm{kN/m}^3$，$\varphi=17.5°$，$c=9.8\mathrm{kN/m}^2$；设计荷载换算土层高 $h=0.82\mathrm{m}$。试验算其稳定性。

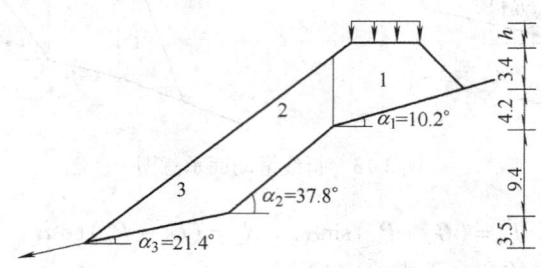

图3-14 陡坡路堤路基

# 第4章 路基防护与加固设计

路基防护与加固是防治路基病害、保证路基稳定、改善环境景观、保护生态平衡的重要工程技术措施。路基设计时，应根据道路性质和当地条件，结合路基基身和排水情况，采取相应的防护加固措施。路基防护与加固，按其作用与对象的不同，可分为坡面防护、冲刷防护、支挡结构及地基加固等。

## 4.1 概述

在各种复杂的自然因素、长期行车荷载的作用下，保证路基的强度与稳定性，不仅与路基位置、横断面尺寸、岩土组成等方面密切，路基的防护与加固也是不可缺少的主要工程技术措施之一。随着公路等级的提高、交通量的急剧增长，防护工程对保证公路使用品质、提高经济效益更具有重要的意义。特别是在强调公路应与自然环境、人文环境和谐统一的今天，更加显得重要，所以应引起重视。在进行路基设计时，应综合考虑以人为本，坚持可持续科学发展观，以及安全、环保、舒适、和谐的设计理念。

**1. 一般规定**

1）各级公路应根据当地气候、水文、地形、地质条件及筑路材料分布情况，采用工程防护和植物防护相结合的综合措施，防治路基病害，保证路基稳定，并与周围环境景观相协调。

2）路基坡面防护工程应在稳定的边坡上设置，防护类型的选择应综合考虑工程地质、水文地质、边坡高度、环境条件、施工条件和工期等因素的影响。对于路基稳定性不足和存在不良地质因素的路段，应注意路基边坡防护与支挡加固的综合设计。

3）路基支挡结构设计应满足在各种设计荷载组合下支挡结构的稳定、坚固和耐久；类型选择及设置位置的确定应安全可靠、经济合理、便于施工养护；结构材料应符合耐久性、耐腐蚀性的要求。

4）在地下水较为丰富路段，应注意路基边坡防护与地下排水措施的综合设计。在多雨地区，用砂类土、细粒土等填筑的路堤，应采取坡面防护与截水、排水的综合措施，防止边坡冲刷破坏。

5）防护支挡结构应与桥台、隧道洞门、既有支挡结构物协调配合，衔接平顺。

6）路基施工过程中应注意边坡临时防护措施，边坡临时防护工程宜与永久防护工程相结合。

**2. 防护与加固类型**

路基防护与加固工程中，一般把防止风化和冲刷，主要起隔离、封闭作用的措施称为路基防护工程；把防止路基或坡体因自重而坍塌，地基承载力不足而沉陷，主要起支撑、加固作用的结构物称为加固工程。其主要内容为路基边坡防护和湿软地基加固，并可按作用的不同分为边坡坡面防护、沿河路堤的冲刷防护、支挡建筑以及软土地基的加固处治四大类。

（1）坡面防护　坡面防护主要是保护易受自然因素影响而稳定性被破坏的路基边坡，还可以达到美化路容的目的。坡面防护设施仅起到将坡面封闭隔离的作用，不承受外力作用，所以要求被防护的路基边坡本身是稳定的。坡面防护主要有植物防护和工程防护。植物防护可视为"有生命"的有机物防护，常用于土质边坡的防护；工程防护属无机物防护，其使用对象以石质路堑边坡为主。通常有机物防护在边坡稳定和改善路容方面要优于无机物防护。

（2）冲刷防护　冲刷防护主要用于防止水流对路基（如沿河路堤、河滩路堤、水泽区路堤、桥头引道等）的冲刷，避免造成路基强度降低，坡脚淘空，以至崩坍。冲刷防护按其防护形式的性质和作用可分为直接防护和间接防护两大类。

（3）支挡建筑　支挡建筑是用来防止路基变形或支撑路基或山体的位移，保证路基的稳定，包括路基边坡支撑（挡土墙、土（石）垛等）和堤岸支撑（驳岸、浸水挡土墙）。

（4）软土地基加固　软土地基指泥沼与软土、低洼的湖（海）相沉积土层、人为垃圾杂填土等。湿软地基加固就是用一定的有效方法以防湿软路基沉陷、滑移或产生其他病害。软土地基加固的关键在于治水和固结。

路基的防护加固措施应遵循"因地制宜，就地取材，以防为主，防治结合"的方针；它直接影响到路线景观，应当采取工程防护与植物防护相结合的防护措施，并与路线景观相协调。

## 4.2　坡面防护

### 4.2.1　植物防护

植物防护，可美化路容、协调环境、调节边坡土的湿温度，起到固结和稳定边坡的作用。它对于坡高不大，边坡比较平缓的土质坡面是一种简易而有效的防护设施。植物防护主要形式有植被防护、三维植被网防护和骨架植物防护三种。

**1. 植被防护**

植被防护的主要形式有种草、铺草皮和植树。

（1）种草　种草适用于边坡坡度不陡于1∶1、坡高不大、坡面径流流速缓慢、坡面冲刷轻微且适应于草类生长的土质边坡，如图4-1所示。草种的选择应考虑防护的目的、气候、土质、施工季节等因素，当以防止坡面侵蚀为目的时，应采用易成活、生长快、根系发达、茎矮叶茂的多年生耐旱草种；当以协调与周围环境的关系为目的时，宜采用乡土草种。此外最好采用几种草籽混合播种，以形成一个良好的覆盖层。

对不宜种草的坡面，可以先铺一层5~10cm厚的种植土，再栽种或播种，但种植土与原坡面必须结合牢固。在暴雨强度较大的地区，可在坡面上铺设装有草籽、肥料和土拌和均匀的土工织物植生袋。

图4-1　边坡种草防护

为了克服边坡种草难以成活的缺点，并为尽早使植物发挥防护作用，可以在苗圃撒播大批草籽成活后，移栽到路基边坡上。和种草相比，栽草可以较快形成绿化带，较早地发挥防护作用。

（2）铺草皮　铺草皮适用于需要迅速绿化的土质边坡和风化严重的软质岩石边坡，边坡坡度为1∶1～1∶2，草皮宜选择根系发达、茎矮叶茂的耐旱草种，可就近培育，如远距离采购，培育地气候应尽量与工程所在地相近。当坡面冲刷严重、边坡较陡较高、径流速度大于0.7m/s，允许最大速度为1.8m/s时可分别采用平铺、叠铺以及采用片石铺砌成方格或拱式边框，方格或框内再铺草皮的方式，如图4-2所示，各种方式应根据边坡坡度、水流速度和草皮来源等具体条件来选用。

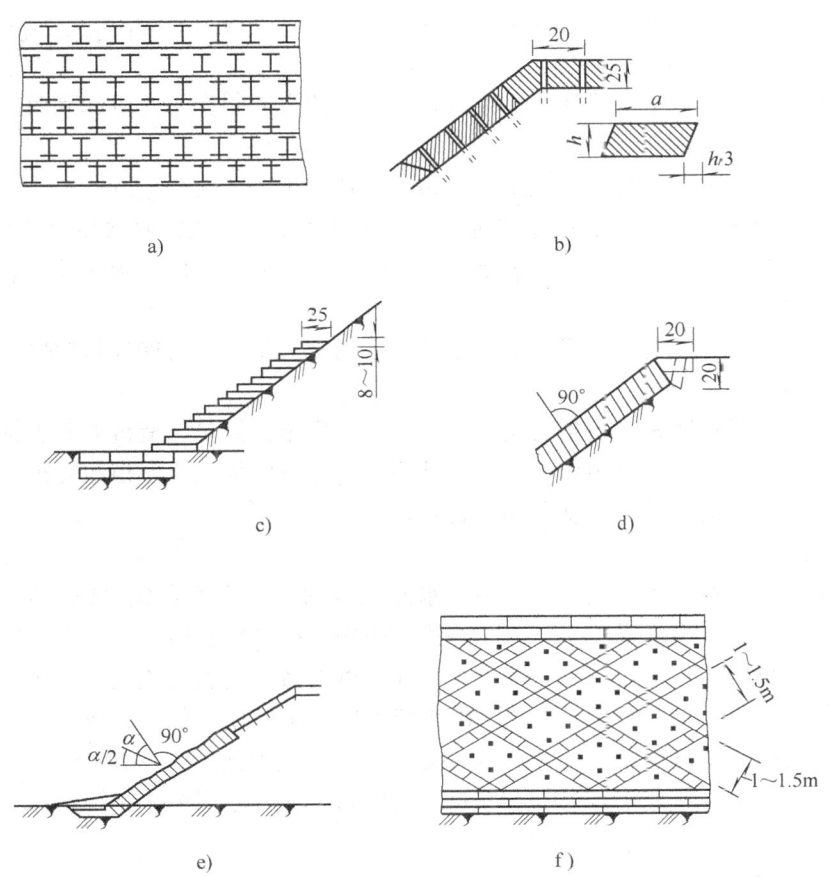

图4-2　草皮防护示意图（单位：m）
a）平铺平面　b）平铺剖面　c）水平叠铺　d）垂直叠铺　e）斜交叠铺　f）网格式

平铺草皮应由坡脚向上铺设，并用竹木尖桩或柳梢固定草皮。路堑边坡平铺草皮时，应铺过坡顶1m或铺至截水沟边；路堤边坡平铺草皮时，应铺过路肩外缘0.2m。

坡度等于或陡于1∶1的坡面上可采用叠铺的形式，每块草皮的尺寸以20cm×40cm为宜。为方便施工，多采用水平叠铺形式。

网格式铺法是先将草皮平铺成与路线斜交成45°的方格状，如图4-3所示，坡顶和坡脚部分则铺设几条水平的带状，然后在网格内栽草或撒草籽。网格式铺法形式最为经济，但其坚固程度不及平铺和叠铺，常用于草皮供应不足的路段。

铺草皮需预先备料，草皮可就近培育，切成整齐块状，然后移铺在坡面上，坡面要预先整平，必要时还应加铺种植土。铺草皮一般应在春秋季或雨季，并应随挖随铺。

(3) 植树 植树适用于坡度不陡于 1∶1.5 的各种土质边坡和风化极严重的岩质边坡，尤其适用于堤岸边的漫水河滩上，用来降低水流速度，使泥沙淤积，防止水流直接冲刷路堤。植树可以加强路基的稳定性，还有防风、防沙、防雪、美化路容、调节气候等作用。多排林带若与水流方向斜交，还可起到改变水流方向的作用。

图 4-3 网格式铺草皮

根据不同的防护要求，可按梅花形、方格形将树栽成条带状或连续式。

植树的种类应选择在当地土质和气候条件下能迅速生长、根深枝茂的低矮灌木类树种。在高等级道路以及道路弯道内侧的边坡上，严禁栽植高大树木，以免影响视线，妨碍行车安全，引起交通事故。

另外，植树防护宜安排在气候温暖、湿度较大的季节施工。为保证防护效果，最好与种草、铺草皮配合使用。

道路建设的实践证明植物防护有明显的优点，包括施工简单、造价低廉、保护坡面、改善环境等。因此，在适宜植草植树的路段，坡面防护工程应优先考虑植物防护，即使当地条件不太适宜，也应创造条件，尽量采用植物防护。

**2. 三维植被网防护**

三维植被网是一种三维结构的、适用于水土保持的新型土工合成材料，适用于砂性土、土夹石及风化岩石，且坡度缓于 1∶0.75 的边坡防护，可以有效地防治水土流失，增加绿化面积，改善生态环境。具体作用是：草皮长成前，可保持土地表面免遭风雨的侵蚀；与植物形成的复合保护层可经受高水位，大流速的水流冲刷，可替代混凝土、沥青、块石等坡面保护。该方法采用高分子材料以及抗紫外线稳定剂，化学稳定性高，对环境无污染（降解型的网垫两年后在土中不留痕迹），工程造价低，造价仅为混凝土护坡和干砌块石护坡的 1/7，浆砌块石护坡的 1/8，并具有施工简便的特点。

**3. 骨架植物防护**

(1) 浆砌片石混凝土骨架植物防护 浆砌片石（混凝土）骨架植物适用于缓于 1∶0.75 的土质和全风化岩石边坡，当坡面受雨水冲刷严重或长期潮湿时，坡度应缓于 1∶1。骨架可分为方格形、拱形和人字形等，如图 4-4 所示。在降雨量较大且集中地地区，骨架宜做成节水沟型，骨架嵌入坡面深度一般为 30~50cm，骨架内植物的选择参见植物防护的有关要求。

(2) 多边形混凝土空心块植物防护 多边形混凝土空心块植物适用于边坡缓于 1∶0.75 的土质和全风化、强风化岩石路堑边坡。采用 C20 混凝土，M7.5 砂浆砌筑，边长为 15~20cm，厚度约 10cm，宽度约 5cm。多边形混凝土空心块内填充种植土，喷播植草，植物的选择参见植物防护的有关要求。

(3) 锚杆混凝土框架植物防护 锚杆混凝土框架植物适用于边坡高度较大、稳定性较差的土质和岩石路堑边坡。

1) 系统锚杆混凝土框架植物。系统锚杆混凝土框架植物适用于坡体中无不良结构面、风化破碎的岩石路堑边坡。系统锚杆宜为全长黏结型锚杆，长度为 4～10m，间距为 1.5～4m。锚杆宜采用Ⅱ级或Ⅲ级钢筋，直径 14～32mm，设计抗拔力不低于 5kN，钢筋保护层厚度不应小于 2cm。注浆材料宜选用 M20 水泥浆或水泥砂浆，注浆压力不低于 0.2MPa。框

图 4-4　混凝土骨架植物防护

架采用钢筋混凝土，强度不低于 C25，宽度为 40～60cm，厚度为 40～60cm。框架内可喷播植草或骨架植物。

2) 预应力锚索混凝土框架植物。预应力锚索混凝土框架植物适用于坡体中存在不良结构面、具有潜在破坏面或滑动面的土质和岩石路堑边坡。预应力锚索间距一般为 3～6m，锚固体上覆土层厚度不应小于 4m，锚固段长度不应小于 4m，也不宜大于 10m，锚杆自由段长度不宜小于 5m，并应超过破裂面 1～2m。杆孔径根据设计锚固力、地层形状、锚杆材料等确定，预应力钢筋的保护层厚度不应小于 2cm，锚孔直径一般为 10～15cm。注浆材料宜选用水泥浆或水泥砂浆，设计强度不低于 30MPa，压力分散型锚杆锚固段注浆体抗压强度不宜低于 40MPa。框架和承压垫块的几何尺寸、结构强度根据设计锚固力、地层形状等确定。框架内可喷播植草或骨架织物。

## 4.2.2　工程防护

当不宜使用植物防护或考虑就地取材时，可采用砂石、水泥、石灰等矿质材料进行坡面防护，称为工程防护。其主要形式有砂浆抹面、喷浆、填缝以及石砌护坡或护面墙等。

(1) 抹面　抹面防护适用于石质挖方坡面，岩石表面易风化，但比较完整，尚未剥落，如页岩、泥砂岩、千枚岩的新坡面。对此应及时予以封面，以预防风化成害。常用的抹面材料有石灰浆和石灰水泥浆等，其中石灰为胶结料，要求精选。混合料如加纸筋或竹筋，可提高强度，防止开裂；如掺加适量制盐副产品卤水，因其含有氯化钙与氯化镁，可使抹面加速硬化，预防开裂。抹面前，应清理坡面风化层、浮土与松动碎块、填坑补洞，洒水润湿。抹面后，应拍浆、抹平和养护。

(2) 喷浆　喷浆防护施工简便，效果较好，适用于易风化而坡面不平整的岩质挖方边坡，厚度一般为 5～10cm。喷浆的水泥用量较大，重点工程可选用。比较经济的砂浆是用水泥、石灰、河砂及水，按质量比 1∶1∶6∶3 配合。喷浆前后的处治，与抹面相同。对坡面较陡或易风化的坡面，可以在喷浆前先铺设加筋材料，加筋材料可以用铁丝网或土工格栅，喷浆坡面应设置泄水孔。

(3) 填缝　填缝防护的目的是修复岩体内的裂隙以保持岩质边坡的整体性，避免水分渗入岩体缝隙造成病害，适用于较坚硬的不易风化的岩质挖方边坡。按缝隙的大小和深浅，

可采用勾缝和灌缝两种形式。对节理裂缝多的岩体，宜采用勾缝，将水泥砂浆或水泥石灰砂浆嵌入缝中。对缝隙较大而深的岩体，可采用水泥砂浆灌缝；缝隙又宽又深时，可采用混凝土灌缝。抹面、喷浆和填缝等防护方法，可以局部处治，综合使用，并与放缓边坡等方法加以比较，力求实用和经济。如果在坡面防护时着色或修饰，还有助于改善路容。

（4）砌石护坡 路基坡面为防止地表水流或河水冲刷，可以使用干砌片石护面，如图4-5所示。重要路段或暴雨集中地区的土质高边坡，以及桥涵附近坡面和岩坡、地表排水沟渠等，也可干砌片石加固。片石护面要求坡面稳固，先垫以砂层，然后自下而上平整地铺砌片石，片石应逐块嵌紧且错缝，护面厚度一般不应小于20cm，干砌要勾缝，护面顶部封闭，以防渗水。

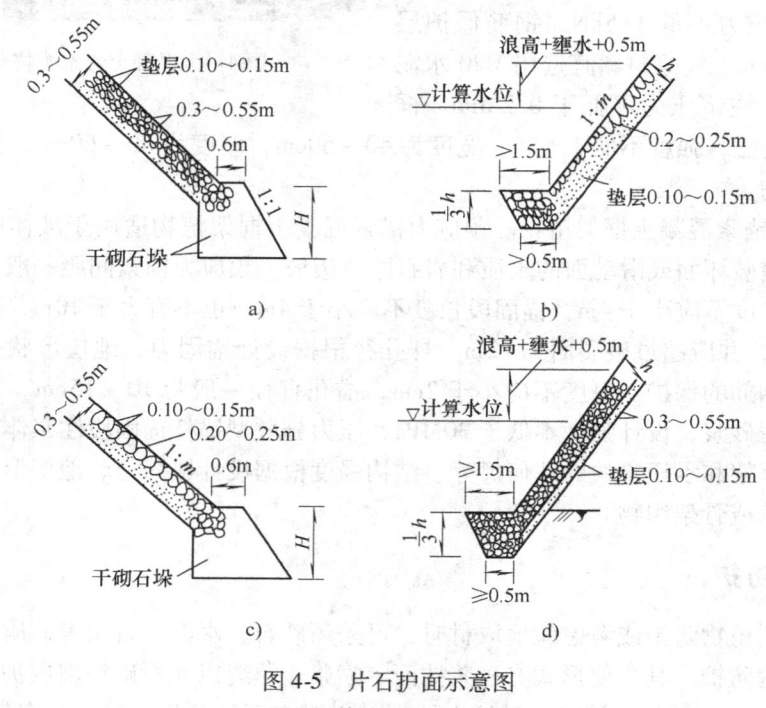

图4-5 片石护面示意图
a)、b) 单层 c)、d) 双层

（5）护面墙 为了使各种软质岩层和较破碎岩石的挖方边坡免受大气影响，可采用护面墙加以防护。护面墙也可用于坡面易受侵蚀的土质边坡的防护。护面墙的墙背应紧贴坡面，表面砌平，厚度可不一，使用的石料应符合规格。一般情况下，护面墙除自重外，不承受其他荷载，也不承受墙背土压力。其构造与布置如图4-6所示。墙高与厚度及路堑边坡的关系见表4-1。

表4-1 护面墙的厚度

| 护面墙高度 $H$/m | 路堑边坡 | 护面墙厚度/m | |
|---|---|---|---|
| | | 顶部 $b$ | 底部 $d$ |
| ≤2 | 1:0.5 | 0.40 | 0.40 |
| ≤6 | 陡于1:0.5 | 0.40 | $0.40 + 0.10H$ |

(续)

| 护面墙高度 $H$/m | 路堑边坡 | 护面墙厚度/m | |
|---|---|---|---|
| | | 顶部 $b$ | 底部 $d$ |
| $6 < H \leqslant 10$ | 1:0.5~1:0.75 | 0.40 | $0.40 + 0.05H$ |
| $10 < H < 15$ | 1:0.75~1:1 | 0.60 | $0.60 + 0.05H$ |

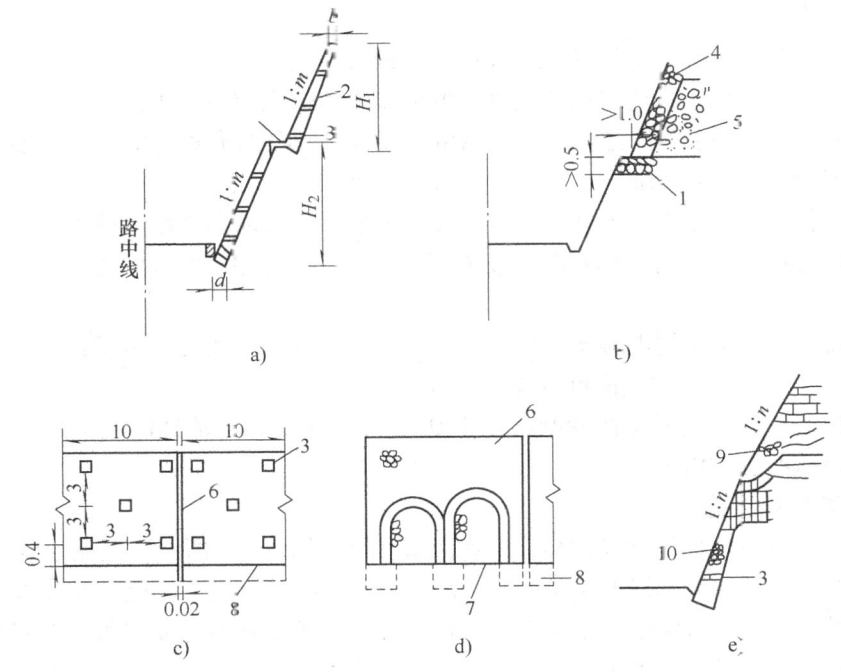

图 4-6 护面墙示意图（尺寸单位：m）
a) 双层式 b) 单层式 c) 墙面 d) 拱式 e) 混合式
1—平台 2—耳墙 3—泄水孔 4—封顶 5—松散夹层 6—伸缩缝 7—软地基 8—基础 9—支补墙 10—护面墙

护面墙高一般不超过 10m，若超过 10m，可以分级设置，每一级高度 6~10m，中间设平台，墙背可设耳墙，纵向每 10m 设一条伸缩缝，墙身应预留泄水孔，基础要求稳固，顶部应封闭。如果墙基软硬不匀，可设拱跨过软弱地基。

坡面常有各种不同地质现象，开挖后形成凹陷，应以石砌圬工填塞平整，称为支补墙。除传统的植物防护和工程防护外，目前工程中还采用一些新型的防护技术，如挂网式护坡防护、三维植被网植草防护、客土喷播防护、喷混凝土植草防护等，并且土工织物在防护工程中也得到了广泛的应用。另外，对于岩质边坡也推广应用植物保护。

## 4.3 冲刷防护

### 4.3.1 直接防护

直接防护是直接在坡面或坡脚设置防护结构物，以减轻或避免水流的直接冲刷。直接防护可采用植物防护、砌石防护、抛石防护或石笼防护、浸水挡土墙等形式。

**1. 植物防护**

对于水流与路线大致平行、不受各种洪水主流冲刷的季节性浸水路堤边坡，可采用铺草皮等植物防护。其中平铺草皮的允许流速为 1.2m/s，叠铺草皮的允许流速可达 1.8m/s。还可在河漫滩上采取植树防护，以降低水流速度，促使泥沙淤积，改变水流方向，从而达到保护堤岸的目的。

**2. 砌石防护**

砌石防护分为干砌片石护坡和浆砌片石护坡两种形式。

干砌片石护坡适用于水流方向比较平顺的河岸滩地边缘或不受主流冲刷的路堤边坡，允许流速为 2~4m/s。按水的流速大小可选用单层或双层铺砌的形式，单层或双层的上层干砌片石厚度一般为 0.25~0.35m，下层厚为 0.15~0.25m。

浆砌片石护坡适用于受主流冲刷、波浪作用强烈、有流冰和漂浮物撞击的堤岸边坡，允许流速为 4~6m/s。浆砌片石的厚度按水流速度及波浪的大小等因素确定，一般取 0.35~0.50m。

当石料缺乏时，可采用混凝土板块防护。板块尺寸取决于所经受的荷载，一般厚为 8~20cm，边长为 1~2m，允许流速可达 4~8m/s。

砌石防护的基础均应埋置在冲刷线以下 0.5~1.0m 处。若基础深度不足，则应采取抛石、石笼等合适的防淘措施。

**3. 抛石防护和石笼防护**

抛石防护类似在坡脚处设置护脚，也称为抛石垛，如图 4-7 所示，适用于经常受侵蚀且水深较大的路基边坡或坡脚以及挡土墙和护坡的基础的防护。抛石不受气候条件限制，路基沉实以前均可施工，季节性浸水或长期浸水都可使用。抛石垛的边坡坡角，不应大于抛石浸水后的天然休止角，其坡度值可参考表 4-2 选用。石料粒径视水深与流速而定，一般为 30~50cm，抛石防护的允许流速为 3~5m/s。

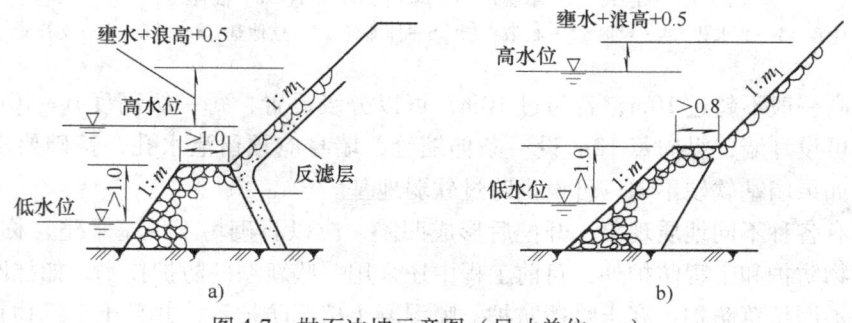

图 4-7 抛石边坡示意图（尺寸单位：m）
a）新堤石垛 b）旧堤石垛

表 4-2 抛石边坡坡度参考值

| 水文条件 | 边坡坡度 |
| --- | --- |
| 水浅、流速较小 | 1:1.25~1:2 |
| 水深 2~6m，流速较大，波浪汹涌 | 1:2~1:3 |
| 水深大于 6m，在急流中施工 | 缓于 1:2 |

在水流或波浪作用强烈的河段以及缺乏大块石料的地区，可用预制混凝土块体作为抛投材料，或者改用石笼防护。

石笼是用钢丝编织成框架，内填石料，设在坡脚处，以防急流和大风浪破坏堤岸，也可用来加固河床，防止淘刷。钢丝框架可做成箱形或圆形，如图4-8a、b所示。笼内填石的粒径，不应小于4cm，一般为5～20cm，外层应用大且棱角凸出石料，内层可用较小石块填充笼在坡脚处排列。用于防止冲刷淘底时，石笼应平铺并与坡脚线垂直，靠堤岸一端固定，另一端不必固定，淘刷后可以向下沉落贴于底面。用于防止堤岸边坡冲刷时，石笼应垒码平铺成梯形，如图4-8c、d所示。单个石笼的大小，以不被相应速度的水流冲动为宜，铺设时须用碎（砾）石垫层铺平，底层各角可用钢棒固定于基底。

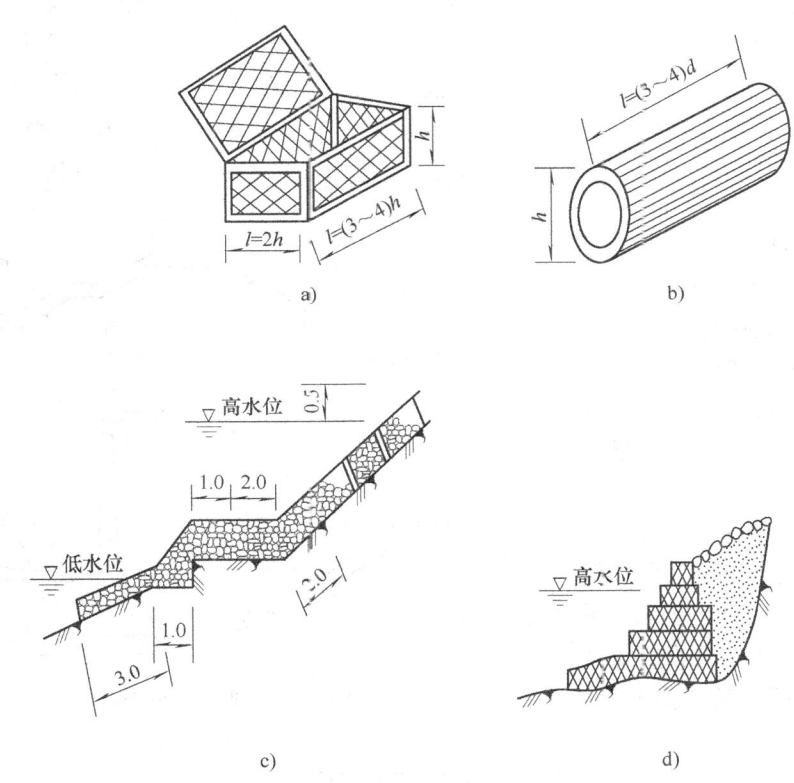

图4-8 石笼防护示意图（尺寸单位：m）
a）箱形笼 b）圆柱形笼 c）防止淘底 d）防护岸坡

**4. 浸水挡土墙**

在峡谷急流、水流冲刷严重、洪水持续时间长且流向不固定、险岸位置经常发生变化的河段，或水中漂浮物多且大、有强烈流冰等对沿河路基和河岸边坡造成威胁而用其他直接防护措施不能抵御时，或为防止路基挤占河床，可采用浸水挡土墙。浸水挡土墙大多采用浆砌片石或混凝土结构，基础应埋置在冲刷线以下的坚实地基上。浸水挡土墙允许流速可达5～8m/s，并能抵抗强烈的波浪和流冰等的冲击。

**5. 土工织物软体沉排**

土工织物软体沉排是在土工织物上以块石或预制混凝土块体为压重的护坡结构。土工织物软体沉排一般适用于水下工程及预计可能发生冲刷的河床和岸坡土面上。有单片垫和双片垫两种结构形式。

单片垫是利用土工织物拼接成大面积的排体；双片垫是将两块单片垫重叠后按一定距离和形式将两片垫连接在一起而构成管状或格状空间，其中再填充透水性土石料（如砂、卵石等），起到防护和反滤的作用，双片垫的结构形式如图 4-9 所示。

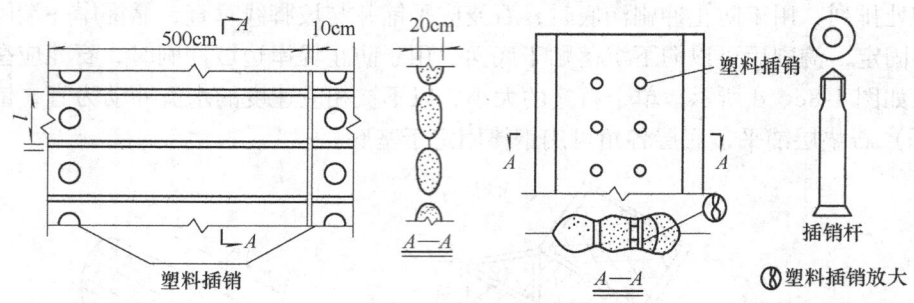

图 4-9 双片垫土工织物软体沉排

### 6. 土工模袋

土工模袋是一种双层织物袋，用尼龙绳缝制，袋中充填流动性水泥混凝土、水泥砂浆或细石混凝土，凝固后形成高强度和高刚度的硬结板块。其主要应用场合及铺设形式如图 4-10 所示。土工模袋材料应满足表 4-3 的技术要求，充填水泥混凝土时，粗骨料最大粒径应符合表 4-4 的要求，坍落度不宜小于 20mm，其强度等级不低于 C10；充填水泥砂浆时，其强度等级不低于 M2.5。

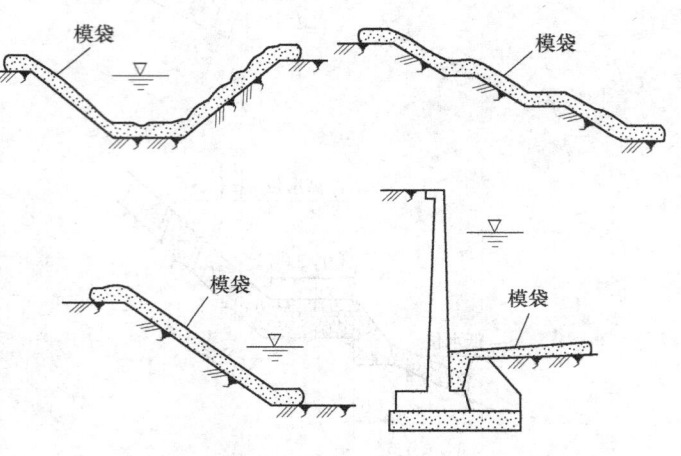

图 4-10 土工模袋的应用及铺设

表 4-3 土工模袋的材料要求

| 指 标 内 容 | 指 标 要 求 |
| --- | --- |
| 顶破强度/N | ≥1500 |
| 渗透系数/($10^{-3}$ cm/s) | 0.86~10 |
| 等效孔径 $O_{95}$/mm | 0.07~0.15 |
| 伸长率（%） | ≤15 |

表 4-4 混凝土粗骨料的最大粒径要求

| 土工模袋厚度/mm | 骨料最大粒径/mm |
| --- | --- |
| 150~250 | ≤20 |
| ≥250 | ≤40 |

采用土工模袋护坡的坡度不得陡于1：1。如在水下施工，水流速度不宜大于1.5m/s。模袋应根据工程要求和当地土质、地形、水文、经济与施工条件等进行选型。同时应根据水流量选定模袋滤水点分布数量，当选用无滤水点模袋时，应增设渗水滤管。

## 4.3.2 间接防护

间接防护包括修建丁坝、顺坝等导流结构物以及疏浚河床、改变河道、营造防护林等工程。

**1. 导流结构物**

设置导流结构物可改变水流方向，消除和减缓水流对堤岸直接破坏，同时可减轻堤岸近旁淤积，彻底解除水流对局部堤岸的损害作用，起安全保护作用。导流结构物是桥涵和路基的重要附属工程，由于涉及水流改向，影响范围较大，工程费用较高，务必慎重。用于防护堤岸的改河工程，一般限于小型工程，如截弯取直、挖滩改道、清除孤石等，可在小河的局部段落上使用。

导流结构物主要是指坝体结构，按其与河道的相对位置，一般可分为丁坝、顺坝或格坝，如图4-11所示。

导流结构物的布置是工程成败的关键，应综合考虑河道宽窄、水流方向、地质条件、防护要求、材料来源、施工条件和工程经济等因素，全面治理，并避免河床更多压缩，或因水位提高和水流改向，危害河对岸或附近地段的农田水利、地面建筑及堤岸等。

坝一般用石块修建成梯形横断面，坝体分为坝头、坝身和坝根三个组成部分，横断面尺寸依构造要求、施工条件和使用需要而定，并应进行稳定性计算。

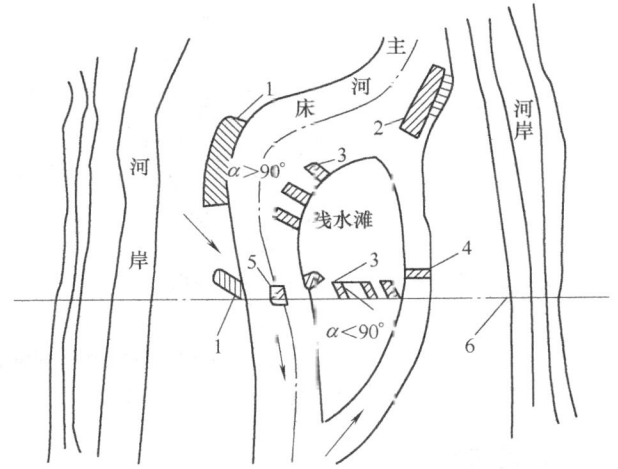

图4-11 沿河导流结构物布置示意图
1—顺坝 2—格坝 3—丁坝（挑水坝）
4—拦水坝 5—导流坝 6—路中线

（1）丁坝 丁坝是坝根与河岸相接、坝头伸向河槽、与水流成一定角度的横向导流结构物，也称为挑水坝。丁坝与堤岸垂直或斜交，适用于宽浅变迁性河段，可以排流、将水流挑离堤岸、束河归槽、减小流速和改善流态，从而减轻水流对河岸和路基的冲刷，保护河岸，如图4-12所示。设计丁坝时，其设计长度应按导流线来考虑，不宜过多地压缩水流断面。丁坝轴线与水流方向的夹角，需按导流线的外形、流速、水深、水流含砂量、河床地层情况、河岸地质情况及坝长等综合考虑。丁坝的间距必须使其上游的壅高水位延伸到前一个丁坝的坝头，以免在坝头下游发生水面跌落的现象，同时要使下游丁坝布置在上游丁坝的影响水流范围之内。坝根处结构薄弱，易被水冲开，应作适当的处理和防护，丁坝群中的第

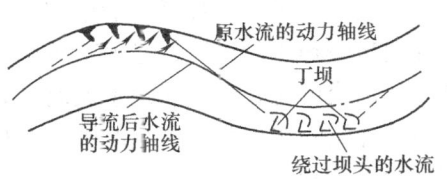

图4-12 丁坝的导流作用

一座丁坝，受水流冲击力最大，尤其要做好坝根防护。

（2）顺坝　顺坝是坝根与河岸相接、坝身与导流线基本重合或平行的纵向导流结构物，也称为导流坝。它具有导流、束水、调整航道曲度、改善流态的作用，适用于河床断面较窄、不允许过多占用河道以及地质条件较差的沿河路基防护。顺坝的终点必须与河岸连在一起，通常设计为开口式，以利淤积。

（3）格坝　格坝是建于顺坝与河岸之间，一端与河岸相连、另一端与顺坝相连的横向导流结构物，在平面上成网格状。其作用是使水流反射入主要河床，防止高水位时水流入顺坝与河岸间而冲刷其间的河床及坝内坡脚与河岸，并促进淤积。

顺坝一般与格坝联合使用，布置形式如图 4-13 所示。

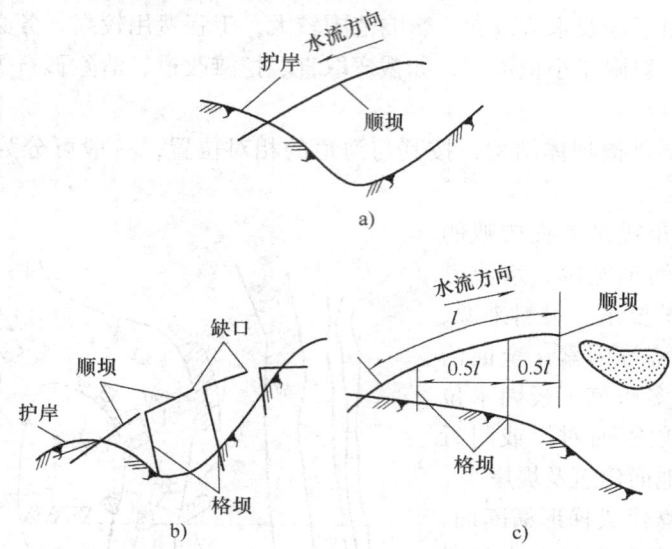

图 4-13　顺坝和格坝的布置形式
a）顺坝的布置　b）顺坝和格坝的联合布置　c）设有缺口的顺坝和格坝

### 2. 改河工程

在局部河道弯曲的路段，为避免路线多次跨越而增加道路工程的工作量，可以采用将河道进行截弯取直、挖滩改河、清除孤石等改河工程，如图 4-14 所示。

改变河道的主要目的是：将直接冲刷路基的水流引向旁处；路基占用河槽后，需要拓宽河道；挖滩改河，清除孤石，改移河道，以保护路基；截弯取直，以利于布置路线或桥涵。

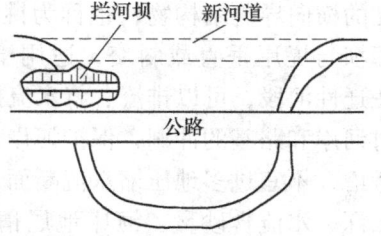

图 4-14　截弯取直改河工程

改河工程设计，必须首先进行细致的地形与地质情况勘察，以作为改河工程设计的依据。改河的起点、终点应设在河流较稳定的地段，必须适应河势，使新河槽符合原来自然河道的特征，从而使水流能顺利地流向新河道，以免造成冲刷、淤积和漂浮物的撞击，并保证不致使水流重返故道，同时还应与农田水利建设相配合，达到技术上可靠、经济上合理的效果。新河道的设计宽度应与原河道的稳定宽度大致相等。新河道的起点处应设置导流结构物，并在原河道上修建截水坝。新河道的纵断面上由于河底纵坡变陡，为使其达到不冲不淤的稳定纵坡，在地质条件相同的条件下，可将多余纵坡（较大的纵坡）设置在新河道进口段，并作适当的加固措施。新河道出口段纵坡不应缓于原河道纵坡，以满足不淤的要求。

## 4.4 软土地基加固处理

土作为路基本身或其支承体，其松散特性体现出的一大缺点是强度低，软土路基更是如此。若对软土地基不加处理或处理不当，往往会导致路基沉陷、滑移或产生其他病害，故要保持地基稳定，保证地基具有足够的承载能力，必须对软土地基进行加固处理。

### 4.4.1 软土地基加固方法

软土地基加固的关键在于治水和固结，其处理方法有很多种，每种方法都有其适应性和局限性，需要根据工程实际情况、材料来源、施工条件等因素，对处理方案进行技术、经济以及施工进度等方面的比较论证，为同时解决软土路基沉降、稳定性而选用最有效、最经济的处治方案。

软土地基处理往往首先考虑浅层处理法，然后选择深层处理法，并强调综合处理。在进行综合处理设计时，应遵循几项基本原则：一是加速排水固结措施和增强软土地基强度措施相结合，如塑料排水板加砂垫层，并与填土预压进行联合作用，施工简单，可加速固结沉降，再如反压护道法与竖向排水法并用，由反压护道获得软土地基的稳定性，由竖向排水促进软基固结；二是地上、地面与地下处理相结合；三是避免处理措施在施工或使用中受到干扰。

我国高等级公路软土地基常用的处理方法及其特点见表4-5。

表4-5 软土地基常用处理方法及其特点

| 方　法 | 处治原理 | 工程特性 | 适用范围 |
|---|---|---|---|
| 换填法 | 以砂、石或强度较高的黏土置换软土。通过换填增加强度，减少沉降 | 施工简单，费用高 | 适用于清淤回填 |
| 强夯法 | 采用夯锤从高处落下，在冲击力和振动力作用下振实、挤密地基土，从而提高地基承载力，减少沉降 | 施工简单，进度快，工期短，费用低，对周围环境影响大 | 适用于加固碎石土、砂土、低饱和土和泥炭 |
| 反压护道法 | 将原设计护坡道抬高到路堤高度一半位置，使堤下软土向两侧隆起的趋势得到抑制，以增大抗滑力矩，防止路堤滑动破坏 | 施工简单，费用低，但公路用地增加 | 适用于路堤高度不超过极限高度的地基 |
| 堆载预压法 | 利用路堤荷载对地基施加应力，引起地基中孔隙水压力增加，经过6～12个月的预压，孔隙水流出，地基不断沉降，形成密实实体 | 施工简单，工期长，若采用超载预压可缩短工期，但需土方两次调运 | 适用于软土、淤泥质土路段 |
| 砂垫层法 | 在路堤底部的地面上铺设厚度一般为30～50cm的砂层，形成水平方向的排水通道 | 施工简单，费用较低，工期较长 | 适用于软弱层薄和路堤高度不大（小于2倍极限高度）的地基 |

（续）

| 方法 | 处治原理 | 工程特性 | 适用范围 |
|---|---|---|---|
| 塑料排水板法 | 将带状塑料排水板用插板机插入软土中，其上加载预压，土中水沿塑料板通道溢出，增加了竖向排水能力，同时缩短水平方向的排水距离 | 施工速度快，效率高，费用低，对土体扰动小 | 适用于垂直方向性比大，或软土中有较薄粉细砂夹层情况 |
| 水泥（石灰）搅拌桩法 | 利用深层搅拌机械将水泥或石灰与土强制搅拌，形成加固土桩体的复合地基，以提高地基的承载能力，限制软土的侧向挤动及阻截地下的渗透水流 | 施工较复杂，造价较高，处理效果良好 | 适用于淤泥、淤泥质土和含水量较高、地基承载力不大于120kPa的黏性土、粉性土。石灰桩适用于含砂量小，没有滞水砂层的软土，水泥桩适用于含砂量大的软土 |
| 挤密碎石（砂）法 | 地基中用锤击、振冲、爆破等方法成孔，然后在孔中分层填入人工砂、砾石、灰土或石灰等材料，压实成直径较大的桩体，并与桩间挤密的土共同组成复合地基 | 施工工艺较复杂，造价高，对周围环境影响大 | 适用于松散的非饱和的黏性土地基 |
| 挤密石灰桩法 | 通过机械或人工成孔，将生石灰掺和料填进孔中，以及生石灰的吸水、膨胀、发热及离子交换作用，使地基疏干，增强强度，挤密桩间土 | 施工工艺较复杂，造价高，受地下水影响大 | 适用于含水量大、排水性差、没有滞水砂层的软土地基 |
| 轻质路堤 | 以自重轻的材料作为路堤填料，可有效减少地基沉降，有利地基稳定 | 施工较复杂 | 适用于沿线轻质材料丰富的地基 |
| 加筋土法 | 土中加入某种能承受一定拉力的筋条或化学纤维铺设在路基底部，依靠筋条与填土之间的摩擦作用，提高土的抗剪强度，扩散基底应力，改善路基抵抗变形的条件，从而提高地基承载力和减小差异沉降 | 施工简单，费用较低 | 适用于沉降量不大的路基，可以用于整治翻浆，或用作路基反滤、排水、隔离层 |

### 4.4.2 软土地基加固工程监测

为了防止因设计不当或施工管理不善而造成地基处理失败或未达到预期效果，软土地基处治施工必须确保施工质量，科学组织，加强管理，严格按照有关操作规程实施。在施工过程中，应注意观测填筑过程中和竣工后的固结、强度和位移的变化，即变形监测、应力监测和其他监测内容。

**1. 变形监测**

一般变形监测主要包括地表位移和土体内部位移，位移方向包括竖向位移和水平位移，水平位移包括垂直路堤中心线的横向水平位移和平行路堤中心线的纵向水平位移。

地表竖向位移观测一般采用沉降板观测方式。沉降板由钢底板或钢筋混凝土板、金属测杆和保护套管组成。沉降板宜埋设在路堤左右路肩和中心线的原地面上。

地表水平位移一般采用埋设边桩进行观测，边桩埋设在路堤坡脚处地表1.2m以下，桩顶预埋不易磨损的测头，桩周上部50cm用混凝土浇筑固定，确保边桩埋置稳固。

土体内部竖向位移的观测是通过在土体内埋设沉降标进行，沉降标分为分层标和深层标两种。分层标可以在同一根测标上，分别观测土体沿深度方向各层次及某一层位土体的压缩情况，分层标的深度可贯穿整个软土层，各分层测点布设间距一般为1.0m，甚至更密；深层标是测定某一层以下土体压缩量的，其埋设位置根据实际需要确定。深层标通常采用水准仪测量标杆顶端高程的方法进行。分层标主要采用电磁式沉降仪进行，电磁式沉降仪的工作原理是在土体中埋设一竖管，隔一定距离设置一个磁环，当土体发生沉降时和土体同步沉降，利用电磁测头测出发生沉降后磁环的位置，将其与磁环起初的位置进行比较，进而计算出测点的沉降量。

土体分层水平位移观测一般采用测斜仪进行，将测斜仪预埋在岩土体的钻孔内，与岩土体结合为一体，所测测斜管的位移就是岩土体的位移。

在路堤填筑施工中，应随时注意路堤的稳定情况，当出现异常情况而可能失稳时，应立即停止加载并采取果断措施，待路堤恢复稳定后，方可继续填筑。

**2. 应力监测**

软土地基应力监测包括孔隙水压力和土压力监测等。

孔隙水压力观测主要采用孔隙水压力计（包括气压式、水压式、电感式等）进行，孔隙水压力的平面布点集中于路中心，一般每种土层均设有测点，土层较厚时，一般每隔3~5m设一个测点，埋设后待钻孔完全填实和超静孔隙水压力消散时，才可测孔压计的初读数，一般需要3~4d的稳定时间。测初始读数时需连续观测数日，直至读数稳定为止。现场进行孔隙水压力观测，可根据测点孔隙水压力—时间变化曲线，反算土的固结系数、推算测点不同时间的固结度，从而推算强度增长，并确定下一级施工加荷的大小，因而可用来控制加荷速率。

土压力观测主要是将土压力计埋设在填土中，通过其读数来完成土压力的测定工作。此方法可以测定的土压力类型包括土的总压力、垂直土压力、水平土压力和大、小主应力等。在进行土压力计埋设时，应注意减小埋设效应的影响，做好基床面的制备、感应膜的保护和连接电缆的保护，确保仪器安全，并应尽量使仪器周围材料的级配、含水率、密度等同邻近的填方接近。各土压力之间的距离不应超过1m，其水平面以外土压力计的定位、定向应借助模板或成型体进行，确保土压力计电缆的编号、埋设、保护等符合要求。

进行软土地基沉降观测时，观测数据应及时记录在表内，随时记录、校核、汇总并整理分析，发现问题应及时复查或重测。观测期间应及时记录当地气象资料及地下水位的变化情况。路堤监测内容具体见表4-6，具体监测成果见表4-7。

表4-6 路堤监测项目及目的

| 监测项目 | | | 仪标名称 | 监测目的 |
|---|---|---|---|---|
| 变形 | 地表位移 | 地表竖向位移 | 沉降板或水杯 | 地表以下土体沉降总量 |
| | | 地表水平位移 | 水平位移边桩 | 测定路堤测向地面水平位移量并监测地面沉降或隆起量，用于稳定监测 |
| | 土体位移 | 土体竖向位移 | 深层沉降标 | 地基某一层位以下沉降量 |
| | | | 深层分层沉降标 | 地基不同层位分层沉降量 |
| | | 土体水平位移 | 地下水平位移标（测斜仪、管） | 观测地基各层位土体侧向位移量，用于稳定监测和了解土体各层侧向变位以及附加应力增加过程中的变位发展情况 |

（续）

| | 监测项目 | 仪标名称 | 监测目的 |
|---|---|---|---|
| 应力 | 地基孔隙水压力 | 孔隙水压力计 | 观测地基孔隙水压力变化，分析地基土固结情况 |
| | 土压力 | 土压力计（盒） | 测定测点位置的土应力及应力分布情况 |
| | 承载力 | 载荷试验仪 | 一般用于地基或桩（柱）的承载能力测定，粉喷桩地基应做此项监测，其他地基必要时采用 |
| 其他 | 地下水位（辅助监测） | 地下水位观测计 | 监测地基处理后地下水位的变化情况，校验孔隙水压力计读数 |
| | 出水量（辅助监测） | 单孔出水量计 | 监测单个竖向排水井排水量，了解地基排水情况 |

表 4-7 路堤监测成果表

| | | | |
|---|---|---|---|
| 观测资料成果曲线图 | 沉降观测 | | 荷载—时间—沉降（地表沉降或土体分层沉降）过程线 |
| | | | 路堤横向沉降盆图（不同观测时间，相应的沉降曲线） |
| | 水平位移观测 | 地面横向位移 | 地面位移 |
| | | | 荷载-时间-水平位移过程线 |
| | | 土体内部水平位移 | 水平位移随深度变化曲线 |
| | 应力观测 | 孔隙水压力 | 荷载-孔隙水压力-时间曲线 |
| | | | 孔隙水压力等值线（视必要或可能） |
| | | 土压力 | 荷载-时间-土压力变化过程线 |
| | 其他 | 搅拌桩承载力观测 | 荷载-沉降变化过程线 |
| | | | 沉降-时间变化过程线 |
| | | 单孔出水量观测 | 荷载-时间-出水量变化过程线 |
| | | 地下水位井水观测 | 全年时间-地下水位变化线 |
| 观测成果报告 | | | 路基地质勘察报告 |
| | | | 材料试验成果（包括填筑材料和地基处理材料） |
| | | | 试验工程施工计划书 |
| | | | 施工质量管理情况报告 |
| | | | 动态观测报告（分观测内容写） |
| | | | 各阶段试验工作的阶段报告 |
| | | | 试验研究工作报告 |
| | 总报告 | | 试验研究工作全过程情况 |
| | | | 针对地基处理所用材料、方法、设计参数即取值、施工工艺等提出有效、适用及经济的分析意见 |
| | | | 提出科研、设计与施工的结论性意见和建议 |

# 本 章 小 结

路基防护与加固工程是路基主体工程中的一部分，也是道路安全、环保、舒适和谐统一的重要组成部分。实践中应根据公路的功能并结合当地气候、水文、地质、环境、路基标高、断面形式等方面进行综合处治。在确保路基稳定、不影响道路使用功能的基础上，应重视与自然景观相协调，避免对环境造成破坏。坡面防护是本章的重点，包括植物防护和工程防护两大方面。在有条件的情况下，尽可能实施植物防护，这既是环保的需要，也可改变路容。应该清楚地认识软土地基加固处理的重要性，处理时务必先查明不良地质因素，然后再针对性地采取措施，这是关键性的一步。

## 思 考 题

4-1 简述路基防护的必要性。
4-2 直接防护与间接防护的有哪些区别？
4-3 路基防护工程与加固工程各有什么不同？它们分别有哪些类型？
4-4 软土地基的加固方法有哪些？各适用于何种情况？

# 第 5 章 挡土墙设计

## 5.1 挡土墙类型及使用条件

### 5.1.1 挡土墙概述

挡土墙是指承受土体侧压力的墙式构造物。在路基工程中，挡土墙可用以稳定路堤和路堑边坡，减少土石方工程量和占地面积，防止水流冲刷路基，并经常用于整治塌方、滑坡等路基病害。在山区公路中，挡土墙的应用更为广泛。

路基在遇到下列情况时可考虑修建挡土墙（见表5-1）：

表5-1 挡土墙的使用场合

| 名　称 | 示　意　图 | 使 用 场 合 |
| --- | --- | --- |
| 路堑挡土墙 | | ① 在山坡陡峻处，用以减少挖方数量，降低边坡高度，避免山坡因开挖而失去稳定；<br>② 在地质不良地段，用以支挡可能滑坍的山体 |
| 路堤挡土墙 | | ① 在陡坡上填筑路堤时，用以支挡路堤下滑；<br>② 收缩坡脚，避免与其他建筑物相互干扰，减少填方量；<br>③ 保证沿河路堤不受水流冲刷 |
| 路肩挡土墙 | | ① 支挡陡坡路堤下滑；<br>② 抬高公路；<br>③ 收缩坡脚，减少占地，减少填方量 |
| 山坡挡土墙 | | 支挡山坡覆盖层或滑坡下滑 |
| 桥头挡土墙 | | 支承桥梁上部建筑及保证桥头填土稳定 |

1）陡坡地段。
2）岩石风化的路堑边坡地段。
3）为避免大量挖方及降低边坡高度的路堑地段。
4）可能产生塌方、滑坡的不良地段。
5）高填方地段。
6）水流冲刷严重或长期受水浸泡的沿河路基地段。

7)为节约用地、减少拆迁或少占农田的地段。

8)为保护重要建筑物、生态环境或其他特殊需要的地段。

## 5.1.2 挡土墙类型

按照挡土墙在路基横断面上的位置不同,可分为路堑墙、路堤墙、路肩墙、浸水墙、山坡墙及抗滑墙等类型,如图 5-1 所示。按照挡土墙的墙体材料不同,可分为石砌挡土墙、砖砌挡土墙、混凝土挡土墙、钢筋混凝土挡土墙、钢板挡土墙等类型。按照挡土墙的结构形式不同,可分为重力式挡土墙、加筋土挡土墙、锚定式挡土墙、薄壁式挡土墙、桩板式挡土墙等类型。

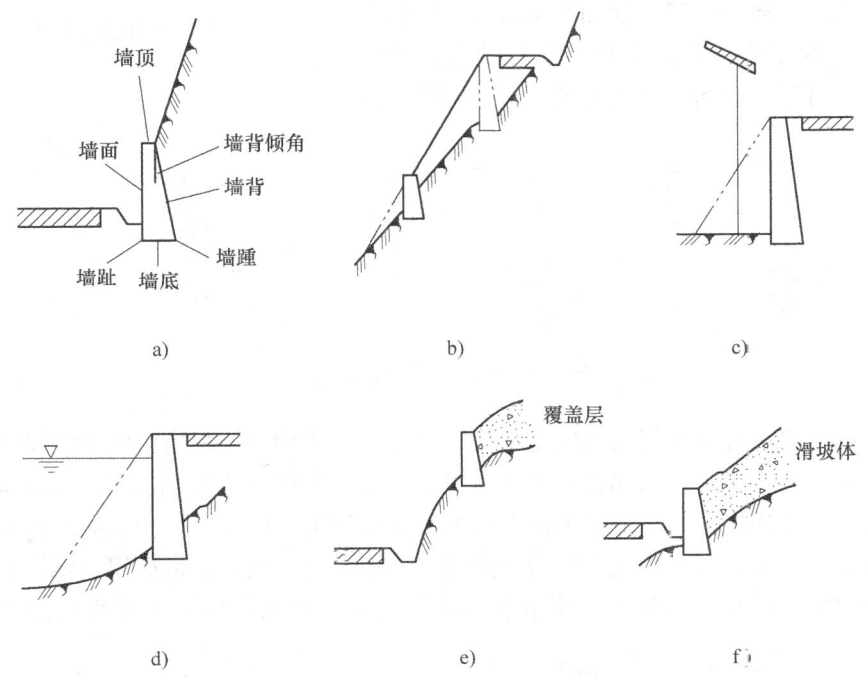

图 5-1 不同位置的挡土墙

a) 路堑墙 b) 路堤墙 c) 路肩墙 d) 浸水墙 e) 山坡墙 f) 抗滑墙

重力式挡土墙是指依靠墙身自重抵抗土体侧压力来维持其稳定的挡土墙。一般多用片(块)石砌筑,在缺乏石料的地区有时也用混凝土修建。图 5-2 所示的挡土墙均为重力式挡

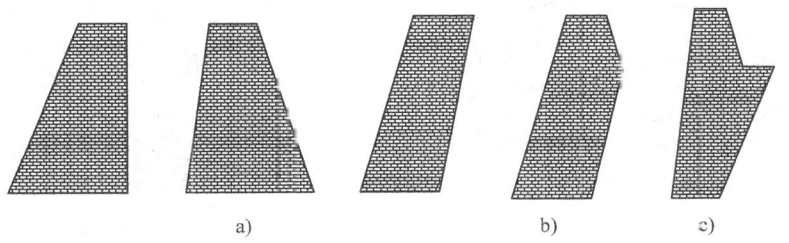

图 5-2 重力式挡土墙

a) 普通重力式挡土墙 b) 不带衡重台的折线挡土墙 c) 衡重式挡土墙

土墙。重力式挡土墙形式简单，施工方便，可就地取材，适应性较强，故被广泛应用。但其圬工数量较大，对地基的承载能力要求较高。

加筋土挡土墙是填土、拉筋、面板三者的结合体，如图 5-3 所示。填土和拉筋之间的摩擦力改善了土的物理力学性质，而使得填土与拉筋结合为一个整体。在这个整体中起控制作用的是填土与拉筋之间的摩擦力，面板的作用是阻挡填土坍落挤出，迫使填土与拉筋结合为整体。加筋土挡土墙按设置位置分为路堤式、路肩式；按设置方式分为双面交错式、双面分离式、台阶式等，如图 5-4 所示。加筋土挡土墙属于柔性结构，对地基变形适应性大，建筑高度大，具有省工、省料、施工方便、快速等优点。

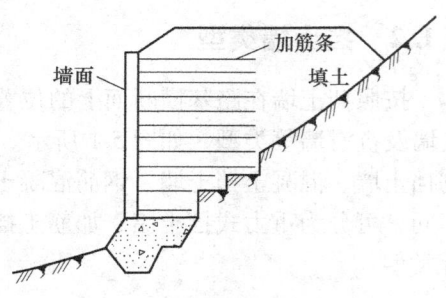

图 5-3 加筋土挡土墙

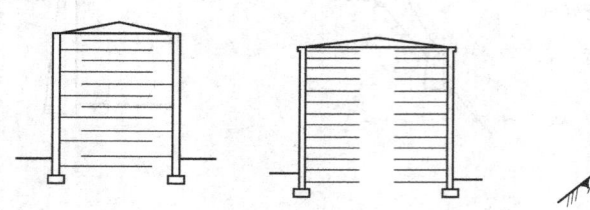

图 5-4 加筋土挡土墙的形式

锚定式挡土墙可分为锚杆式和锚定板式两种。锚杆式挡土墙是指由钢筋混凝土墙板和锚杆组成，依靠锚固在岩层内的锚杆的水平拉力来承受土体侧压力的挡土墙，如图 5-5a 所示。锚杆的一端与立柱连接，另一端被锚固在山坡深处的稳定岩层或土层中。墙后侧向土压力由挡土板传给立柱，由锚杆与稳定岩层或土层之间的锚固力，使墙获得稳定。锚定板式挡土墙是指由钢筋混凝土墙板、拉杆、锚定板以及其间的填土共同形成的一种组合挡土结构，如

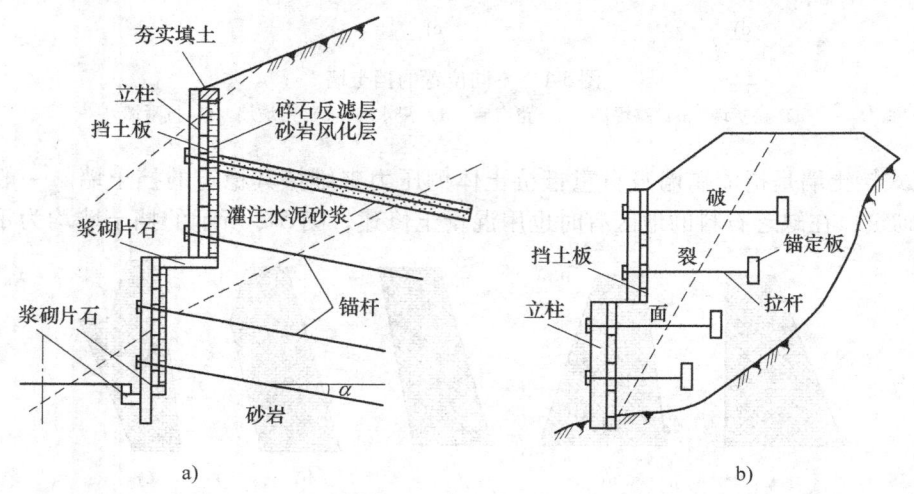

图 5-5 锚定式挡土墙

a) 锚杆式挡土墙　b) 锚定板式挡土墙

图 5-5b 所示。它借助于埋在填土内的锚定板的抗拔力抵抗侧向土压力，保持墙的稳定。锚定板式挡土墙的特点在于构件断面小，工程量省，不受地基承载力的限制，构件可预制，有利于实现结构轻型化和施工机械化。

薄壁式挡土墙属于钢筋混凝土结构，可以分为悬臂式和扶壁式两种。悬臂式挡土墙是指由立壁、墙趾板和墙踵板 3 个钢筋混凝土悬臂式构件组成的挡土墙，如图 5-6a 所示。扶壁式挡土墙是指沿悬臂式挡土墙的立壁，每隔一定距离加设一道扶壁（肋板），将立壁与踵板连接起来的挡土墙，如图 5-6b 所示。薄壁式挡土墙结构的稳定不是依靠自重，而是主要依靠墙踵板上的填土重力来保证。它们具有断面尺寸小、自重轻、能修建在较弱的地基上等优点，缺点是需耗用一定数量的水泥和钢筋，施工工艺较为复杂。

桩板式挡土墙由钢筋混凝土锚固桩和挡土板组成，如图 5-7 所示。它利用深埋的锚固段的锚固作用和被动抗力抵抗侧向土压力，从而维护挡土墙的稳定。

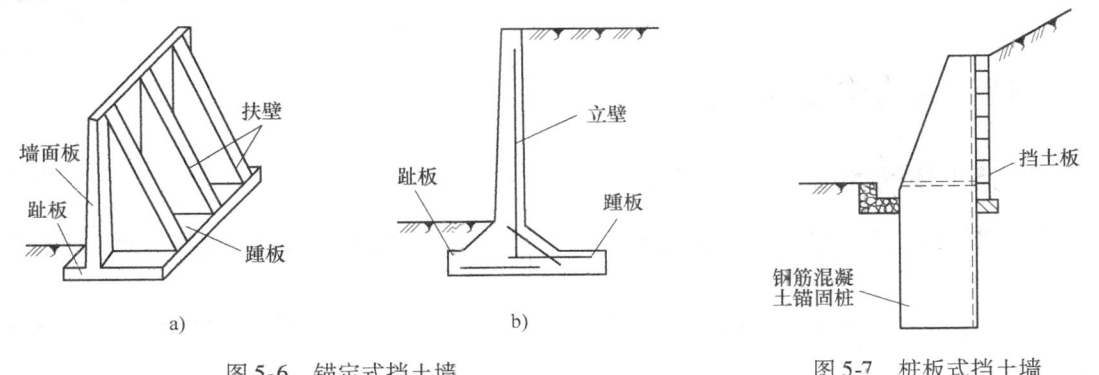

图 5-6 锚定式挡土墙
a) 悬臂式挡土墙　b) 扶壁式挡土墙

图 5-7 桩板式挡土墙

## 5.1.3 挡土墙的使用条件及要求

各类挡土墙的适用范围和选择应根据与所支挡土体的稳定平衡条件，综合考虑工程地质、水文地质、冲刷深度、荷载作用情况、环境条件、施工条件、工程造价等因素，经论证后选择使用。各类挡土墙适用条件及要求见表 5-2。

表 5-2 各类挡土墙适用条件及要求

| 挡土墙类型 | 适 用 条 件 | 要　　求 |
|---|---|---|
| 重力式挡土墙 | 适用于一般地区、浸水地区和地震地区的路肩、路堤和路堑等支挡工程 | 墙高不宜超过 12m，干砌挡土墙的高度不宜超过 6m。高速公路、一级公路不应采用干砌挡土墙 |
| 半重力式挡土墙 | 适用于不宜采用重力式挡土墙的地下水位较高或较软弱的地基上 | 墙高不宜超过 8m |
| 加筋土挡土墙 | 适用于一般地区的路肩式挡土墙、路堤式挡土墙，但不应修建在滑坡、水流冲刷、崩塌等不良地质地段 | 高速公路、一级公路墙高不宜大于 12m，二级公路及二级以下公路墙高不宜大于 20m。当采用多级墙时，每级墙高不宜大于 10m，上、下级墙体之间应设置宽度不小于 2m 的平台 |
| 锚杆式挡土墙 | 适用于墙高较大的岩质路堑地段，具有锚固条件的路堑墙，对地基承载力要求不高 | 用作抗滑挡土墙时，可采用肋柱式或板壁式单级墙或多级墙，每级墙高不宜大于 8m。多级墙的上下级间应设置宽度不小于 2m 的平台 |

(续)

| 挡土墙类型 | 适用条件 | 要求 |
|---|---|---|
| 锚定板式挡土墙 | 适用于缺少石料地区的路肩墙或路堤墙，但不应修建于滑坡、坍塌、软土及膨胀土地区 | 可采用肋柱式或板壁式，墙高不宜超过10m，肋柱式锚定板挡土墙可采用单级墙或多级墙，每级墙高不宜超过6m，上下级墙体之间应设置宽度不小于2m的平台，上下两级墙的肋柱宜交错布置 |
| 悬臂式挡土墙 | 适用于城市或缺乏石料的地区及地基承载力较低的填方地段 | 墙高不宜超过5m |
| 扶壁式挡土墙 | 适用于城市或缺乏石料的地区及地基承载力较低的填方地段 | 墙高不宜超过15m |
| 桩板式挡土墙 | 适用于表土及强风化层较薄的均质岩石地基，也可用于地震区的路堑或路堤支挡或滑坡等特殊地段的治理 | 挡土墙高度较大 |

## 5.2 挡土墙的构造与布置

### 5.2.1 挡土墙的构造

挡土墙的构造必须满足强度和稳定性的要求，同时考虑就地取材、结构合理、断面经济、施工养护方便和安全。

常用的石砌及钢筋混凝土挡土墙一般是由墙身、基础、排水设施和沉降伸缩缝等部分组成。

挡土墙各部分的名称如图 5-8 所示。墙身靠填土（或山体）一侧称为墙背；大部分外露的一侧称为墙面（或墙胸）；墙的顶面部分称为墙顶；墙的底面部分称为墙底；墙背与墙底的交线称为墙踵；墙面与墙底的交线称为墙趾；墙背与竖直面的夹角称为墙背倾角，一般用 $\alpha$ 表示，工程中常用单位墙高与其水平长度之比来表示，即可表示为 $1:n$；墙踵到墙顶的垂直距离称为墙高，用 $H$ 表示。

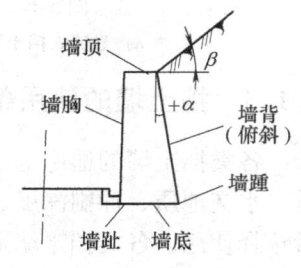

图 5-8 挡土墙各部分名称

**1. 墙身**

（1）墙背　重力式挡土墙的墙背可做成直线式墙背和折线式墙背两大类型，如图5-9所示。直线式墙背常见的有仰斜式、俯斜式、垂直式墙背三种。折线式墙背常见的有凸形折线式和衡重式墙背两种。

1）仰斜式墙背所受的土压力较小，故墙身断面较经济。用于路堑墙时，墙身与开挖面坡较贴合，故开挖量与回填量均较小。但当墙趾处地面横坡较陡时，会使墙身增高，断面增大，故仰斜墙背适用于路堑墙及墙趾处地面平坦的路肩墙或路堤墙。仰斜式墙背的坡度不宜缓于 1:0.3，以免施工困难。

2）俯斜式墙背所受的土压力较大。在地面横坡陡峻时，俯斜式挡土墙可采用陡直的墙面，借以减小墙高。俯斜式墙背也可做成台阶形，以增加墙背与填料间的摩擦力。

3）垂直式墙背的特点介于仰斜式和俯斜式墙背之间。

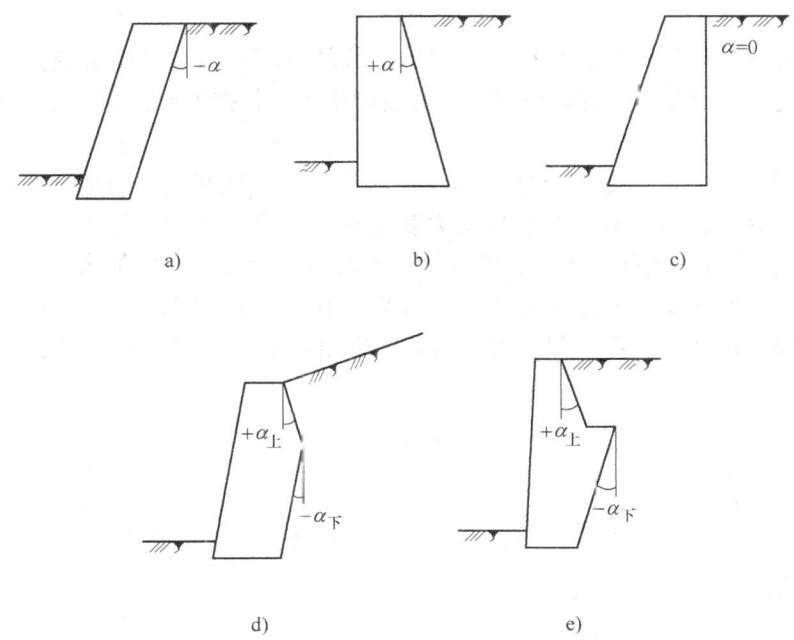

图 5-9 重力式挡土墙的断面类型
a) 仰斜式 b) 俯斜式 c) 垂直式 d) 凸形折线式 e) 衡重式

4) 凸形折线式墙背是将仰斜式挡土墙的上部墙背改为俯斜，以减小上部断面尺寸，多用于路堑墙，也可用于路肩墙。

5) 衡重式墙在上下墙之间设置衡重台，并采用陡直的墙面，适用于山区地形陡峻处的路肩墙和路堤墙，也可用于路堑墙。上墙俯斜式墙背的坡度1∶0.25～1∶0.45，下墙仰斜式墙背的坡度在1∶0.25左右，上下墙的墙高比一般采用2∶3。

(2) 墙面 墙面一般均为平面，其坡度应与墙背坡度相协调。墙面坡度又直接影响挡土墙的高度。因此，在地面横坡较陡时，墙面坡度一般为1∶0.05～1∶0.20，矮墙可采用陡直墙面；地面平缓时，一般采用1∶0.20～1∶0.35较为经济，但不宜缓于1∶0.4，以免过分增加墙高。根据经验，俯斜式和衡重式、凸形折线式挡土墙可采用1∶0.05近乎于陡直的墙面坡度。仰斜式挡土墙的墙面坡度可采用与墙背坡度相同的坡度，两者也可不同，视墙前地面横坡可采用1∶0.15～1∶0.25的墙面坡度。垂直式挡土墙墙面坡度常采用1∶0.25左右。

(3) 墙顶 墙顶最小宽度，浆砌挡土墙不小于50cm，干砌挡土墙不小于60cm。钢筋混凝土挡土墙墙顶宽度按施工条件确定，一般不应小于20cm。浆砌路肩墙顶一般宜采用粗石料或C15混凝土材料做成顶帽，厚40cm。如不做顶帽，对路堤墙和路堑墙，墙顶应以大块石砌筑，并用砂浆勾缝，或用M5砂浆抹平顶面，砂浆厚20cm。干砌挡土墙墙顶50cm厚度内，应用M5号砂浆砌筑，以增加墙身的稳定性。

(4) 护栏 为保证交通安全，在地形险峻地段，或过高、过长的路肩墙的墙顶应设置护栏。为满足路肩最小宽度的要求，护栏内侧边缘距路面边缘的距离，二、三级路不小于0.75m，四级路不小于0.5m。

## 2. 基础

地基不良和基础处理不当，往往会引起挡土墙的破坏，因此必须重视挡土墙的基础设计，事先应对地基的地质条件作详细调查，必要时须先进行挖探或钻探，然后再确定基础类型与基础埋置深度。

（1）基础类型　绝大多数挡土墙，都直接修筑在天然地基上。当地基承载力不足，地形平坦而墙身较高时，为了减小基底压应力和增加抗倾覆稳定性，常常采用扩大基础，如图5-10a所示，将墙趾或墙踵部分加宽成台阶，或两侧同时加宽，以加大承压面积。加宽宽度视基底压应力需要减少的程度和加宽的合力偏心距的大小而定，一般不小于20cm。台阶高度按加宽部分的抗剪、抗弯拉和基础材料的刚性角的要求确定（刚性角：浆砌片石35°，混凝土45°）。

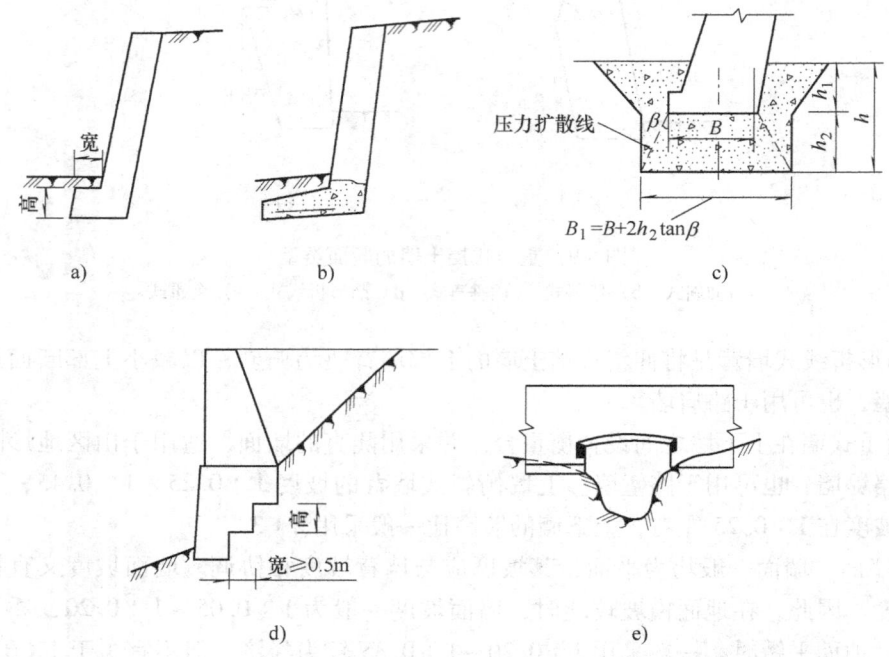

图 5-10　重力式挡土墙的基础类型
a）墙趾或墙踵部分加宽　b）钢筋混凝土底板　c）换填地基　d）台阶基础　e）拱形基础

当地基压应力超过地基承载力过多时，需要的加宽值较大，为避免加宽部分的台阶过高，可采用钢筋混凝土底板，如图5-10b所示，其厚度由剪力和主拉应力控制。

地基为软弱土层（如淤泥、软黏土等）时，可采用砂砾、碎石、矿渣或灰土等材料予以换填，以扩散基底压应力，使之均匀地传递到下卧软弱土层中，如图5-10c所示。一般换填深度 $h_2$ 与基础埋置深度 $h_1$ 之和不宜超过5m，对淤泥和泥炭等应更浅些。

当挡土墙修筑在陡坡上，而地基又为完整、稳固、对基础不产生侧压力的坚硬岩石时，可如图5-10d所示，设置台阶基础，以减少基坑开挖和节省圬工。台阶高一般为1m左右，台阶宽视地形和地质情况而定，不宜小于0.25m，高宽比可以采用3∶2或2∶1。最下一个台阶的底宽应满足偏心距的有关规定，不宜小于1.5～2.0m。

如地基有短段缺口（如深沟等）或挖基困难（如需水下施工等），可采用拱形基础，以石砌拱圈跨过，再在其上砌筑墙身，如图 5-10e 所示，但应注意土压力不宜过大，以免横向推力导致拱圈开裂。设计时，对拱圈应予验算。

（2）基础埋置深度　为保证挡土墙基础的稳定性，必须根据下列要求，将基础埋入地面以下适当深度。

1）应保证基底土层的允许承载力大于基底可能出现的最大应力，避免地基产生剪切破坏。

2）应保证基础不受冲刷，在墙前地基受水冲刷地段，如未采取专门的防冲刷措施，应将基础埋置到冲刷线以下，以免基底和墙趾前的土层被水淘蚀。

3）在季节性冰冻地区，应将基础埋置到冰冻线以下，以防止地基因冻融而破坏。

4）路堑式挡土墙基础顶面应低于路堑边沟底面不小于 0.5m。

对于土质地基，基础埋置深度应符合下列要求：

1）无冲刷时，应在天然地面以下至少 1m。

2）有冲刷时，应在冲刷线以下至少 1m。

3）受冻胀影响，应在冻结线以下不少于 0.25m。当冻深超过 1m 时，采用 1.25m，但基底应夯填一定厚度的砂砾或碎石垫层，垫层底面应位于冻结线以下不少于 0.25m。碎石、砾石和砂类地基，不考虑冻胀影响，但基础埋深不宜小于 1m。

挡土墙宜采用明挖基础。大于 5% 纵向斜坡上的挡土墙，基底应设计为台阶式。基础位于横向斜坡地面上时，前趾埋入地面的深度和距地表的水平距离应满足表 5-3 的要求，以防止地基剪切破坏。基底倾斜度应满足表 5-4 的要求。

表 5-3　斜坡地面基础埋置条件

| 土 层 类 别 | 最小埋入深度 $h$/m | 距地表水平距离 $L$/m | 示意图 |
|---|---|---|---|
| 较完整的硬质岩石 | 0.25 | 0.25~0.50 | |
| 一般硬质岩石 | 0.60 | 0.60~1.50 | |
| 软质岩石 | 1.00 | 1.00~2.00 | |
| 土质 | ≥1.00 | 1.50~2.50 | |

表 5-4　基底倾斜度

| 地 层 类 别 | | 基底倾斜度 |
|---|---|---|
| 一般地基 | 岩石 | ≤0.3 |
| | 土质 | ≤0.2 |
| 浸水地基 | $\mu<0.5$ | 0.0 |
| | $0.5\leq\mu\leq0.6$ | ≤0.1 |
| | $\mu>0.6$ | ≤0.2 |

当挡土墙位于地质不良地段，地基土内可能出现滑动面时，应进行地基抗滑稳定性验算，将基础底面埋置在滑动面以下，或采用其他措施，以防止挡土墙滑动。

对于岩石地基，应清除表面风化层。当风化层较厚难以全部清除时，可根据地基的风化程度及其允许承载力将基底埋入风化层中。

在风化层不厚的硬质岩石地基上，基底一般应置于基岩表面风化层以下；在软质岩石地

## 3. 排水设施

挡土墙应设置排水措施，以疏干墙后土体和防止地面水下渗，防止墙后积水形成静水压力，减少寒冷地区回填土的冻胀压力，消除黏性土填料浸水后的膨胀压力。

挡土墙常用的排水措施可以分为地面排水和墙身排水两部分。

（1）地面排水　地面排水主要是防止地表水渗入墙后土体或地基。防止地表水渗入墙后土体的主要措施有：① 在墙后地面设置排水沟，引排地面水；② 夯实回填土和地表松土，防止雨水及地表水下渗，必要时还需采取封闭处理等。防止地表水渗入地基的主要措施有：① 加固边沟（路堑墙）；② 在适当位置设置排水沟。

（2）墙身排水　墙身排水主要是为了迅速排除土内积水。其方法是在浆砌块（片）石墙身的适当高度处设置一排或数排泄水孔，如图 5-11 所示。泄水孔的尺寸一般为 5cm × 10cm，10cm × 10cm，15cm × 20cm 的方孔或直径为 5～10cm 圆孔。孔眼间距一般为 2～3m，对于浸水挡土墙孔眼间距一般 1.0～1.5m，干旱地区可适当加大，孔眼上下错开布置。下排排水孔的出口应高出墙前地面 0.3m；若为路堑墙，应高出边沟水位 0.3m；若为浸水挡土墙，应高出常水位 0.3m。为防止水分渗入地基，下排泄水孔进水口的底部应铺设 30cm 厚的黏土隔水层。泄水孔的进水部分应设置粗粒料反滤层，以免孔道堵塞。当墙背填土透水性不良或可能发生冻胀时，应在最低一排泄水孔至墙顶以下 0.5m 的范围内铺设厚度不小于 0.3m 的砂卵石排水层。干砌挡土墙因墙身透水，可不设泄水孔。

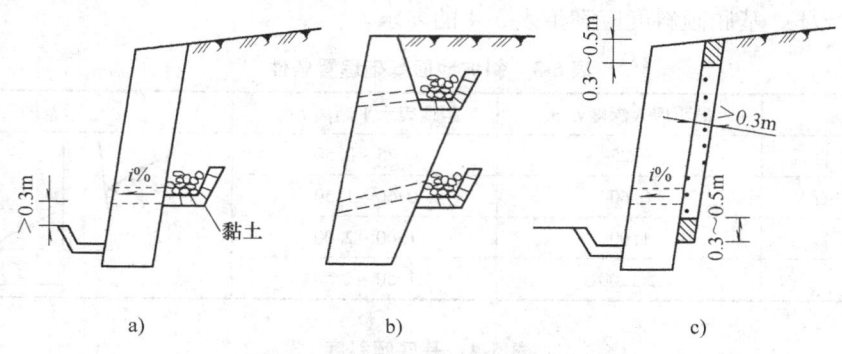

图 5-11　挡土墙的泄水孔及排水层

## 4. 沉降伸缩缝

为避免因地基不均匀沉陷而引起墙身开裂，需根据地质条件的变异和墙高、墙身断面的变化情况设置沉降缝。为了防止圬工砌体因收缩硬化和温度变化而产生裂缝，应设置伸缩缝。

设计时，一般将沉降缝与伸缩缝合并设置，统称为沉降伸缩缝。沉降伸缩缝沿路线方向每隔 10～15m 设置一道，兼起两者的作用，缝宽 2～3cm，缝内一般可用胶泥填塞，但在渗水量大、填料容易流失或冻害严重地区，则宜用沥青麻筋或涂以沥青的木板等具有弹性的材料，沿内、外、顶三方填塞，填深不宜小于 0.15m，当墙后为岩石路堑或填石路堤时，可设置空缝。干砌挡土墙，缝的两侧应选用平整石料砌筑，使之成垂直通缝。

## 5.2.2　挡土墙的布置

挡土墙的布置是挡土墙设计的一个重要内容，通常是在路基横断面图和墙址纵断面图上进行,个别复杂的挡土墙还应作平面布置。

**1. 横向布置**

横向布置主要是在路基横断面图上进行,其内容包括挡土墙的位置选择、确定断面形式、绘制挡土墙横断面图等。

(1) 挡土墙的位置选择　路堑挡土墙,大多设置在边沟的外侧。路肩墙应保证路基宽度布设。路堤墙应与路肩墙进行技术经济比较,以确定墙的合理位置。路堤墙与路肩墙的墙高或圬工数量相近,其基础情况相仿时,宜做路肩墙,因为采用路肩墙可减少填方和占地;但当路堤墙的墙高或圬工数量比路肩墙显著降低,且基础可靠时,则宜做路堤墙。浸水挡土墙应结合河流情况布置,以保持水流顺畅,不致挤压河道而引起局部冲刷。山坡挡土墙应考虑设在基础可靠处,墙的高度应保证设墙后墙顶以上边坡的稳定性。

(2) 确定断面形式　不论是路堤墙,还是路肩墙,当地形陡峻时,可采用俯斜式或衡重式;地形平坦时,则可采用仰斜式。对路堑墙来说,宜用仰斜式或折线式。

(3) 绘制挡土墙横断面图　挡土墙横断面图的绘制选择在起讫点、墙面最大处、墙身断面或基础形式变异处,以及其他必需桩号处的横断面上进行。根据墙身形式、墙高和地基与填料的物理力学指标等设计资料,进行设计或套用标准图,确定墙身断面尺寸、基础形式和埋置深度,布置排水设计,指定墙背填料的类型等。

**2. 纵向布置**

纵向布置主要在墙址纵断面图上进行,布置后绘制挡土墙正面图,如图 5-12 所示。

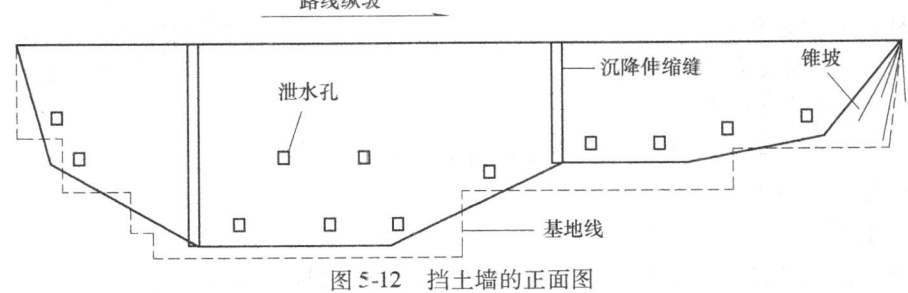

图 5-12　挡土墙的正面图

1) 确定挡土墙的起讫点和墙长,选择挡土墙与路基或其他结构物的连接方式。路肩墙与路堑连接应嵌入路堑中 2~3cm;与路堤连接采用锥坡和路堤衔接;与桥台连接时,为了防止墙后回填表土从桥台尾端与挡土墙连接处的空隙中溜出,应在桥台尾端与挡土墙之间设置隔墙及接头墙。路堑挡土墙在隧道洞口应结合隧道洞门、翼墙的设置情况平顺衔接;与路堑边坡衔接时,一般将墙顶逐渐降低到 2m 以下,使边坡坡脚不至于伸入沟内,有时也可用横向端墙连接。

2) 按地基及地形情况进行分段,布置沉降伸缩缝的位置。

3) 布置各段挡土墙的基础。沿挡土墙长度方向有纵坡时,挡土墙的纵向基底宜做成不大于 5% 的纵坡。当墙址地面纵坡不超过 5% 时,基底可按此纵坡布置;若大于 5%,应在纵向挖成台阶,台阶的尺寸随地形而变化,但其高宽比不宜大于 1:2。地基为岩石时,纵坡虽不大于 5%,为减少开挖,也可在纵向做成台阶。

4) 布置泄水孔和护栏(或护桩、护墙)的位置,包括数量、尺寸和间距。

5) 标注各特征断面的桩号及墙顶、基础、冲刷线、冰冻线和设计洪水位的标高等。

### 3. 平面布置

对于个别复杂的挡土墙，如高的、长的沿河挡土墙和曲线挡土墙，除了进行横、纵向布置外，还应进行平面布置，并绘制平面布置图。

在平面图上，应标示挡土墙与路线平面位置的关系，与挡土墙有关的地物、地貌等情况，沿河挡土墙还应标示河道及水流方向，以及其他防护、加固工程等。

在挡土墙设计图上，应附有简要说明，说明选用挡土墙设计参数的依据，主要工程数量，对材料和施工的要求及注意事项等，以利于指导施工。

## 5.3 挡土墙土压力计算

### 5.3.1 作用在挡土墙上的力系

确定作用于挡土墙上的力系是挡土墙设计的关键，其中主要是确定土压力。作用在挡土墙上的力系，按其作用性质分为主要力系、附加力系和特殊力。

**1. 主要力系**

主要力系是经常作用于挡土墙的各种力，如图 5-13 所示。它包括：

1）挡土墙自重 $G$ 及位于墙上的荷载。
2）墙后土体的主动土压力 $E_a$（包括作用在墙后填料破裂棱体的荷载，简称超载）。
3）基底的法向反力 $N$ 及摩擦力 $T$。
4）墙前土体的被动土压力 $E_p$。

对浸水挡土墙而言，在主要力系中还应包括常水位时的静水压力和浮力。

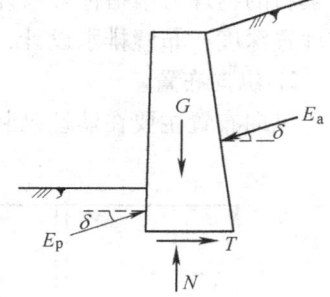

图 5-13 作用于挡土墙的主要力系

**2. 附加力系**

附加力系是季节性作用于挡土墙的各种力，例如洪水时的静水压力和浮力、动水压力、波浪冲击力、冻胀压力以及冰压力等。

**3. 特殊力**

特殊力是偶然出现的力，如地震力、施工荷载、水流漂浮物的撞击力等。

在一般地区，挡土墙设计仅考虑主要力系。在浸水地区还应考虑附加力系，而在地震区应考虑地震对挡土墙的影响。各种力的取舍，应根据挡土墙所处的具体工作条件，按最不利的组合作为设计的依据。

一般地区的挡土墙，作用于墙上的力系有：① 挡土墙自重及位于墙上的恒荷载；② 作用于墙背上的主动土压力（包括墙后填料破坏棱体上的荷载）；③ 基底的法向反力及摩擦力。

各种力的取舍，应根据挡土墙所处的具体工作条件，按最不利的组合作为设计的依据。

### 5.3.2 一般条件下库仑主动土压力计算

**1. 不同性质的土压力**

土压力是挡土墙设计的主要荷载，是指挡土墙墙后的土体或墙后土体表面上的荷载对墙背产生的侧压力。

根据挡土墙的位移和墙后土体所处的应力状态，土压力可以分为主动土压力、被动土压力和静止土压力三种类型，如图5-14所示。

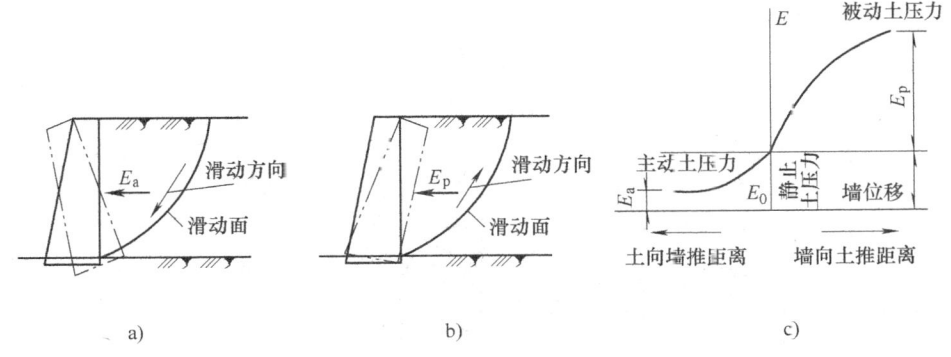

图5-14 三种不同性质的土压力

（1）主动土压力 当挡土墙向外移动（位移或倾覆）时，土压力随之减少，直到墙后土体沿破裂面下滑而处于极限平衡状态，此时作用于墙背的土压力称为主动土压力，用 $E_a$ 表示。

（2）被动土压力 当墙向土体挤压移动时，土压力随之增大，土体被推移向上滑动处于极限平衡状态，此时土体对墙的抗力称为被动土压力，用 $E_p$ 表示。

（3）静止土压力 当墙处于原来位置不动时，土压力介于两者之间，称为静止土压力，用 $E_0$ 表示。

由于土的应力—应变状态不同，土压力的大小和方向也是变化的。被动土压力、静止土压力、主动土压力三者的关系为：$E_p > E_0 > E_a$。

在挡土墙设计中，采用哪种性质的土压力作为挡土墙设计荷载，要根据挡土墙的具体条件而定。路基挡土墙一般都可能有向外的位移或倾覆。因此，在设计中按墙背土体达到主动极限平衡状态，且设计时取一定的安全系数，以保证墙背土体的稳定。对于墙趾前的被动土压力 $E_p$，在挡土墙基础一般埋深的情况下，考虑到各种自然力和人畜活动的作用，一般均不计，以偏于安全。

**2. 土压力计算**

主动土压力计算的理论和方法，在土力学中已有专门论述，这里仅结合路基挡土墙的设计，介绍库仑主动土压力计算方法的具体应用。

路基挡土墙因路基形式和荷载分布的不同，土压力有多种计算图式。以路堤挡土墙为例，按破裂面交于路基面的位置不同，可分为五种图式，即破裂面交于内边坡、破裂面交于荷载内侧（路肩）、破裂面交于荷载中部、破裂面交于荷载外侧（另一侧路肩）、破裂面交于外边坡，如图5-15所示。

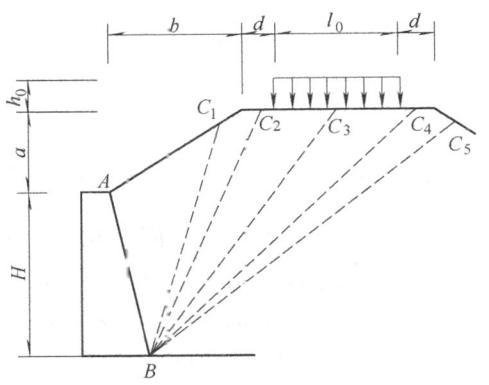

图5-15 土压力的计算图式

现以破裂面交于内边坡、荷载中部和外边坡为例，应用土力学的知识推导土压力计算公式如下。

（1）破裂面交于内边坡　如图 5-16 所示，这一图式适用于路堤式或路堑式挡土墙。

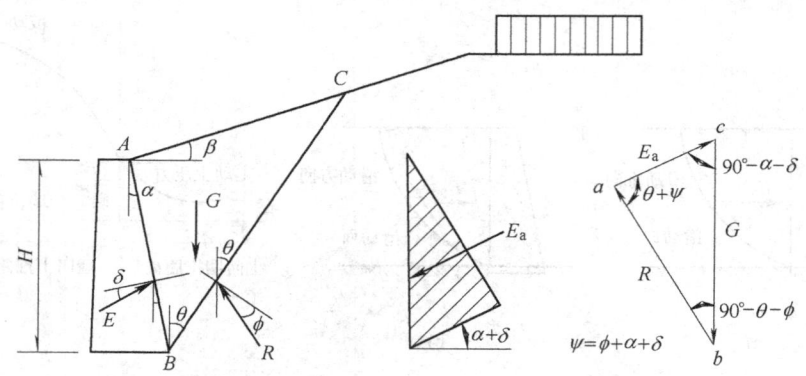

图 5-16　破裂面交于内边坡

图中 $AB$ 为挡土墙墙背，$BC$ 为破裂面，$BC$ 与铅垂线的夹角 $\theta$ 为破裂角，$ABC$ 为破裂棱体。棱体上作用着三个力，即破裂棱体自重 $G$、主动土压力 $E_a$ 和破裂面上的反力 $R$。$E_a$ 的方向与墙背法线成 $\delta$ 角，且偏于阻止棱体下滑的方向；$R$ 的方向与破裂面法线成 $\varphi$ 角，且偏于阻止棱体下滑的方向。取挡土墙长度为 1m 计算，作用于棱体上的平衡力三角形 $abc$ 可得

$$E_a = \frac{\sin(90° - \theta - \varphi)}{\sin(\theta + \psi)}G = \frac{\cos(\theta + \varphi)}{\sin(\theta + \psi)}G \tag{5-1}$$

式中

$$\psi = \varphi + \alpha + \delta$$

因而

$$G = \gamma AB \cdot BC \sin(\alpha + \theta)/2$$

$$AB = H\sec\alpha$$

$$BC = \frac{\sin(90° - \alpha + \beta)}{\sin(90° - \theta - \beta)}AB = H\sec\alpha \frac{\cos(\alpha - \beta)}{\cos(\theta + \beta)}$$

$$G = \frac{1}{2}\gamma H^2 \sec^2\alpha \frac{\cos(\alpha - \beta) \cdot \sin(\theta + \alpha)}{\cos(\theta + \beta)} \tag{5-2}$$

将式（5-2）代入式（5-1），得

$$E_a = \frac{1}{2}\gamma H^2 \sec^2\alpha \frac{\cos(\alpha - \beta)\sin(\theta + \alpha)}{\cos(\theta + \beta)} \frac{\cos(\theta + \varphi)}{\sin(\theta + \psi)} \tag{5-3}$$

令

$$A = \frac{1}{2}H^2 \sec^2\alpha \cos(\alpha - \beta)$$

则

$$E_a = \gamma A \frac{\sin(\theta + \alpha)\cos(\theta + \varphi)}{\cos(\theta + \beta)\sin(\theta + \psi)} \tag{5-4}$$

当参数 $\gamma$、$\varphi$、$\delta$、$\alpha$、$\beta$ 固定时，$E_a$ 随破裂面的位置而变化，即 $E_a$ 是破裂角 $\theta$ 的函数。为求最大土压力 $E_a$，首先要求对应于最大土压力时的破裂角 $\theta$。取 $dE_a/d\theta = 0$，得

$$\gamma A \left[ \frac{\cos(\theta + \varphi)}{\sin(\theta + \psi)} \frac{\cos(\theta + \varphi)\cos(\theta + \alpha) + \sin(\theta + \beta)\sin(\theta + \alpha)}{\cos^2(\theta + \beta)} - \right.$$

$$\left. \frac{\sin(\theta + \alpha)}{\cos(\theta + \beta)} \frac{\sin(\theta + \psi)\sin(\theta + \varphi) + \cos(\theta + \psi)\cos(\theta + \varphi)}{\sin^2(\theta + \psi)} \right] = 0$$

整理化简后得
$$P\tan^2\theta + Q\tan\theta + R = 0$$

式中
$$\tan\theta = \frac{-Q \pm \sqrt{Q^2 - 4PR}}{2P} \tag{5-5}$$
$$Q = \cos(\alpha-\beta)\cos(\psi+\varphi) - \cos(\psi+\varphi)\cos(\alpha+\delta)$$
$$R = \cos\varphi\sin\psi\cos(\alpha-\beta) - \sin\alpha\cos(\psi-\varphi)\cos\beta$$

将式中（5-5）求得的 $\theta$ 值代入式（5-4），即可求得最大主动土压力 $E_a$ 值。最大主动土压力 $E_a$ 也可以用下式表示

$$E_a = \frac{1}{2}\gamma H^2 K_a = \frac{1}{2}\gamma H^2 \frac{\cos^2(\varphi-\alpha)}{\cos^2\alpha\cos(\alpha+\delta)\left[1+\sqrt{\frac{\sin(\varphi+\delta)\sin(\varphi-\beta)}{\cos(\alpha+\delta)\cos(\alpha-\beta)}}\right]^2} \tag{5-6}$$

式中　$\gamma$——墙后填土重度（$kN/m^3$）；
　　　$\varphi$——填土的内摩擦角（°）；
　　　$\delta$——墙背与填土间的摩擦角（°）；
　　　$\beta$——墙后填土表面的倾斜角（°）；
　　　$\alpha$——墙背倾斜角（°），俯斜墙背 $\alpha$ 为正，仰斜墙背 $\alpha$ 为负；
　　　$H$——挡土墙高度（m）；
　　　$E_a$——主动土压力系数。

土压力的水平和垂直分力为
$$\begin{cases} E_x = E_a\cos(\alpha+\delta) \\ E_y = E_a\sin(\alpha+\delta) \end{cases} \tag{5-7}$$

（2）破裂面角交于路基面
1）破裂面交于荷载中部（图5-17b）。

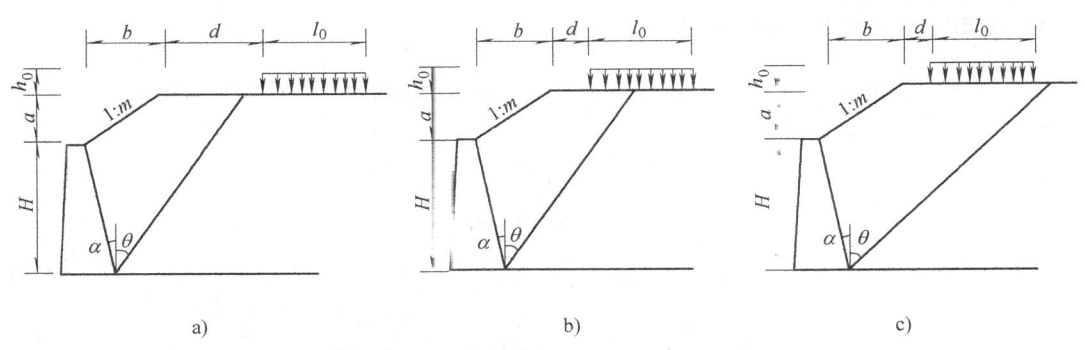

图 5-17　破裂面交于路基面
a）交于荷载内侧　b）交于荷载中部　c）交于荷载外部

破裂棱体的断面面积为
$$S = \frac{1}{2}(\varepsilon+H)^2(\tan\theta+\tan\alpha) - \frac{1}{2}(b+a\tan\alpha)\alpha + [(a+H)\tan\theta + H\tan\alpha - b - a]h_0$$
$$= \frac{1}{2}(\alpha+H+2h_0)(\alpha+H)\tan\theta - \frac{1}{2}ab - (b+d)h_0 + \frac{1}{2}H(H+2a+2h_0)\tan\alpha$$

令
$$A_0 = \frac{1}{2}(h + H + 2h_0)(a + H) \tag{5-8}$$

$$B_0 = \frac{1}{2}ab + (b+d)h_0 - \frac{1}{2}H(H + 2\alpha + 2h_0)\tan\alpha$$

则
$$S = A_0\tan\theta - B_0$$

因此，破裂棱体的重力为
$$G = \gamma(A_0\tan\theta - B_0)$$

将 $G$ 代入式（5-1）得
$$E_a = \gamma(A_0\tan\theta - B_0)\frac{\cos(\theta + \varphi)}{\sin(\theta + \psi)} \tag{5-9}$$

令 $dE_a/d\theta = 0$，即
$$\gamma\left[(A_0\tan\theta - B_0)\frac{-\sin(\theta+\psi)\sin(\theta+\varphi) - \cos(\theta+\psi)\cos(\theta+\varphi)}{\sin^2(\theta+\psi)} + \frac{A_0\cos(\theta+\varphi)}{\sin(\theta+\psi)\cos^2\theta}\right] = 0$$

经整理化简，得
$$\tan^2\theta + 2\tan\psi\tan\theta - \cot\varphi\tan\psi - \frac{B_0}{A_0}(\cot\varphi + \tan\psi) = 0$$

故
$$\tan\theta = -\tan\psi \pm \sqrt{(\cot\varphi + \tan\psi)\left(\frac{B_0}{A_0} + \tan\psi\right)} = 0 \tag{5-10}$$

将求得的 $\theta$ 值代入式（5-9），即可求得主动土压力 $E_a$。

必须指出，式（5-9）和式（5-10）具有普遍意义。因为无论破裂面交于荷载中部、荷载的内侧或外侧，破裂棱体的断面面积 $S$ 都可以归纳为一个表达式，即
$$S = A_0\tan\theta - B_0$$

式中，$A_0$ 和 $B_0$ 为边界条件系数。将不同边界条件下的 $A_0$、$B_0$ 的值代入式中，即可求得与之相应的破裂角和最大主动土压力。

2）破裂面交于荷载外侧（图7-17c）
$$S = \frac{1}{2}(a+H)^2(\tan\theta + \tan\alpha) - \frac{1}{2}(b + a\tan)a + l_0h_0 = \frac{1}{2}(a+H)^2\tan\theta +$$
$$\frac{1}{2}H(H+2a)\tan\alpha - \frac{1}{2}ab + l_0h_0$$

写成
$$S = A_0\tan\theta - B_0$$

式中
$$A_0 = \frac{1}{2}(a+H)^2 \tag{5-11}$$

$$B_0 = \frac{1}{2}ab - l_0h_0 - \frac{1}{2}H(H+2\alpha)\tan\alpha$$

3）破裂面交于荷载内侧（图5-17a）

在式（5-8）或式（5-11）中，令 $h_0 = 0$

则
$$S = A_0\tan\theta - B_0$$

式中
$$A_0 = \frac{1}{2}(a+H)^2$$

$$B_0 = \frac{1}{2}ab - \frac{1}{2}H(H+2a)\tan\alpha \tag{5-12}$$

（3）破裂面交于外边坡　在图 5-18 中

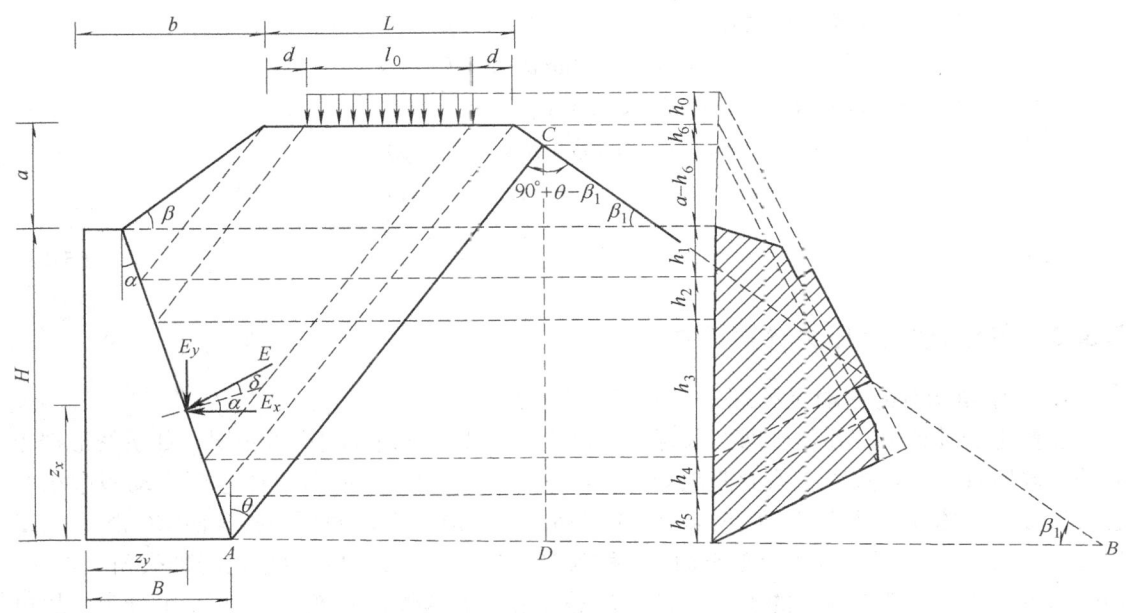

图 5-18　破裂面交于外边坡

$$AB = b + L + (H + a)\cot\beta_1 - H\tan\alpha$$

$$BC = AB \frac{\sin(90° - \theta)}{\sin(90° + \theta - \beta_1)} = AB \frac{\cos\theta}{\cos(\theta - \beta_1)}$$

$$CD = BC\sin\beta_1 = AB \frac{\cos\theta\sin\beta_1}{\cos(\theta - \beta_1)}$$

三角形 $ABC$ 的面积为

$$S_{\triangle ABC} = \frac{1}{2}AB \cdot CD = \frac{1}{2}[b + L + (H + a)\cot\beta_1 - H\tan\alpha]^2 \frac{\cos\theta\sin\beta_1}{\cos(\theta - \beta_1)}$$

破坏棱体的面积为

$$S = (H + a)(b + L) + \frac{1}{2}(h + a)^2 \cot\beta_1 - \frac{1}{2}ab - \frac{1}{2}H^2\tan\alpha + l_0 h_0 -$$

$$\frac{1}{2}[b + L + (H + a)\cot\beta_1 - H\tan\alpha]^2 \frac{\cos\theta\sin\beta_1}{\cos(\theta - \beta_1)} +$$

$$\frac{1}{2}\{(H + a)[2(b + L) + (H + a)\cot\beta_1] - ab - H^2\tan\alpha\} + l_0 h_0$$

则

$$S = A_0 \frac{\cos\theta}{\cos(\theta - \beta_1)} + B_0$$

$$G = \gamma S = \gamma\left\{A_0 \frac{\cos\theta}{\cos(\theta - \beta_1)} + B_0\right\}$$

代入式（7-1），得

$$E_a = \gamma\left\{A_0\frac{\cos\theta}{\cos(\theta-\beta_1)} + B_0\right\}\frac{\cos(\theta+\varphi)}{\sin(\theta+\psi)}$$

令 $dE_a/d\theta = 0$，并经整理简化得

$$P\tan^2\theta + Q\tan\theta + R = 0$$

式中，$P = -A_0\sin\beta_1\sin\varphi\cos\psi + B_0\cos(\psi-\varphi)\sin^2\beta_1$

$$Q = 2A_0\sin\beta_1\cos\varphi\cos\psi + B_0\cos(\psi-\varphi)\sin^2\beta_1$$

$$R = \cos\beta_1\cos(\psi-\varphi)(A_0 + B_0\cos\beta_1) + A_0\sin^2\beta_1\cos\varphi\sin\psi$$

解该方程得

$$\tan\theta = \frac{-Q \pm \sqrt{Q^2 - 4PR}}{2P} \tag{5-13}$$

### 5.3.3 其他情况土压力计算简述

**1. 大俯角墙背的主动土压力——第二破裂面法**

在挡土墙设计中，往往会遇到墙背俯斜很缓，即墙背倾角 $\alpha$ 很大的情况，如折线形挡土墙的上墙墙背，衡重式挡土墙的假想墙背，如图5-19所示。当墙后土体达到主动极限衡状态时，破裂棱体并不沿墙背或假想墙背 $CA$ 滑动，而是沿着土体的另一破裂面 $CD$ 滑动，$CD$ 称为第二破裂面，而远离墙的破裂面 $CF$ 称为第一破裂面，$\alpha_i$ 和 $\theta_i$ 为相应的破裂角。这时，挡土墙承受着第二破裂面上的土压力 $E_a$，$E_a$ 是 $\alpha_i$ 和 $\theta_i$ 的函数。因 $E_x$ 是 $E_a$ 的水平分力，故可以列出以下函数关系，即

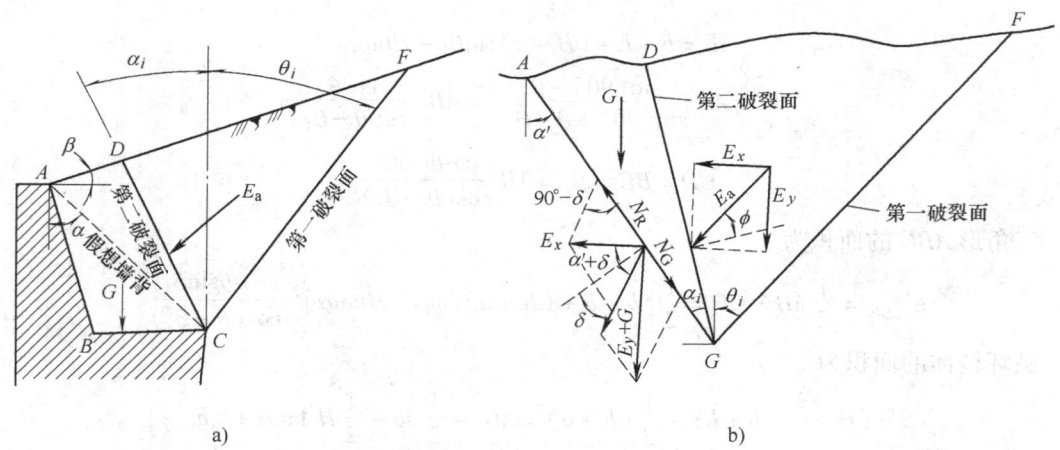

图5-19 出现第二破裂面的条件

$$E_x = f(\alpha_i, \theta_i) \tag{5-14}$$

为了确定最不利的破裂角 $\alpha_i$ 和 $\theta_i$ 及相应的主动土压力值，可以求解下列偏微分方程组

$$\left.\begin{array}{l}\dfrac{\partial^2 E_x}{\partial \alpha_i} = 0 \\[2mm] \dfrac{\partial E_x}{\partial \theta_i} = 0\end{array}\right\} \tag{5-15}$$

并满足下列条件

$$\left.\begin{array}{l}\dfrac{\partial^2 E_x}{\partial \alpha_i}<0\\[6pt]\dfrac{\partial^2 E_x}{\partial \theta_i}<0\\[6pt]\dfrac{\partial^2 E_x}{\partial \theta_i}\cdot\dfrac{\partial E_x}{\partial \theta_i}-\left\{\dfrac{\partial^2 E_x}{\partial \alpha_i \partial \theta_i}\right\}>0\end{array}\right\} \qquad (5\text{-}16)$$

**出现第二破裂面的条件是：**

1) 墙背或假想墙背的倾角 $\alpha'$ 必须大于第二破裂面的倾角 $\alpha_i$，即墙背或假想墙背不妨碍第二破裂面的出现。

2) 在墙背或假想墙背面上产生的抗滑力必须大于其下滑力，即 $N_R > N_G$，或 $E_x\tan(\alpha'+\delta) > (E_y+G)$，使破裂棱体不会沿墙背或假想墙背下滑。

第二条件的又一表达方式为：作用于墙背或假想墙背上的土压力对墙背法线的倾角 $\delta'$，应小于或等于墙背摩擦角 $\delta$。

一般俯斜式挡土墙为避免土压力过大，很少采用平缓背坡，故不易出现第二破裂面。衡重式的上墙或悬壁式墙，因系假想墙背，$\delta = \varphi$，只要满足第一个条件，即出现第二破裂面。设计时应首先判别是否出现第二破裂面，然后再用相应的公式计算土压力。

其做法是先拟定两组破裂面，按相应公式算出 $\theta_i$，以确定第一破裂面的位置；如与假定相符，再按与此边界条件相对应的公式计算 $\alpha_i$；如果 $\alpha_i > \alpha'$，表明不会出现第二破裂面，应按一般库仑公式计算土压力；如果 $\alpha_i \leq \alpha'$，表明有第二破裂面的出现，应按出现第二破裂面的库仑公式计算土压力。出现第二破裂面的土压力计算公式和推导可参考公路或铁路路基设计手册。

**2. 折线形墙背的土压力计算**

凸形墙背的挡土墙和衡重式挡土墙，其墙背不是一个平面而是折面，称为折线形墙背。对这类墙背，以墙背转折点或衡重台为界，分成上墙与下墙，分别按库仑方法计算主动土压力，然后取两者的矢量和作为全墙的土压力。

计算上墙土压力时，不考虑下墙的影响，按俯斜墙背计算土压力。衡重式挡土墙的上墙，由于衡重台的存在，通常都将墙顶内缘和衡重台后缘的连线作假想墙背，假想墙背与实际墙背间的土假定与实际墙背一起移动。计算时先按墙背倾角 $\alpha$ 或假想墙背倾角 $\alpha'$ 是否大于第二破裂角进行判断，如不出现第二破裂面，应以实际墙背或假想墙背为边界条件，按一般直线墙背库仑主动土压力计算；如出现第二破裂面，则按第二破裂面的主动土压力计算。

下墙土压力计算较复杂，目前普遍采用各种简化的计算方法，下面介绍两种常用的计算方法。

(1) 延长墙背法　如图 5-20 所示，在上墙土压力算出后，延长下墙墙背交于填土表面 $C$，以 $B'C$ 为假想墙背，根据延长墙背的边界条件，用相应的库仑公式计算土压力，并绘出墙背应力分布图，从中截取下墙 $BB'$ 部分的应力图作为下墙的土压力。将上下墙两部分应力图叠加，即为全墙土压力。

这种方法存在着一定误差：

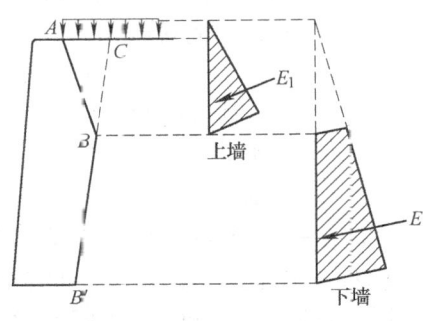

图 5-20　延长墙背法

1) 忽略了延长墙背与实际墙背之间的土楔及荷载重,但考虑了在延长墙背和实际墙背上土压力方向不同而引起的垂直分力差,虽然两者能相互补偿,但未必能相抵消。

2) 绘制土压应力图形时,假定上墙破裂面与下墙破裂面平行,但大多数情况下两者是不平行的,由此存在计算下墙土压力所引起的误差。

以上误差一般偏于安全,由于此法计算简便,至今仍被广泛采用。

(2) 力多边形法 在墙背土体处于极限平衡条件下,作用于破裂棱体上的诸力,应构成矢量闭合的力多边形。在算得上墙土压力后,就可绘出下墙任一破裂面力多边形。利用力多边形来推求下墙土压力,这种方法叫力多边形法。

### 5.3.4 车辆荷载的换算及计算参数

**1. 车辆荷载换算**

墙背后填土表面有车辆荷载作用,使土体中出现附加的竖直应力,从而产生附加的侧向压力。考虑到这种影响可将车辆荷载近似地按均布荷载考虑,并将其换算为重度与墙后填料相同的均布土层。

(1) 按墙高确定的附加荷载强度 挡土墙设计中,换算均布土层厚度 $h_0$ 可直接由挡土墙高度确定的附加荷载强度计算,即

$$h_0 = \frac{q}{\gamma} \tag{5-17}$$

式中 $\gamma$——墙背填土重度 (kN/m³);

$q$——附加荷载强度,按表 5-5 取用 (kN/m³)。

表 5-5 附加荷载强度 $q$

| 墙高 $H$/m | $q$/kPa | 墙高 $H$/m | $q$/kPa |
|---|---|---|---|
| ≤2.0 | 20.0 | ≥10.0 | 10.0 |

注:$H = 2.0 \sim 10.0$m 时,$q$ 由线性内插法确定。

(2) 根据破裂棱柱体范围内布置车辆荷载换算

$$h_0 = \frac{\sum Q}{\gamma B_0 L} \tag{5-18}$$

$$B_0 = (H + a)\tan\theta - H\tan\alpha - b$$

式中 $\gamma$——墙后填土重度 (kN/m³);

$B_0$——不计车辆荷载作用时破裂棱体的宽度 (m),对于路堤墙,为破裂棱体范围内的路基宽度(即不计边坡部分的宽度 $b$),如图 5-21 所示;

$L$——挡土墙的计算长度 (m);

$\sum Q$——布置在 $B_0 L$ 范围内的车轮总重 (kN),每辆标准汽车总重为 550kN。

挡土墙的计算长度 $L$,如图 5-22 所示,按下式计算

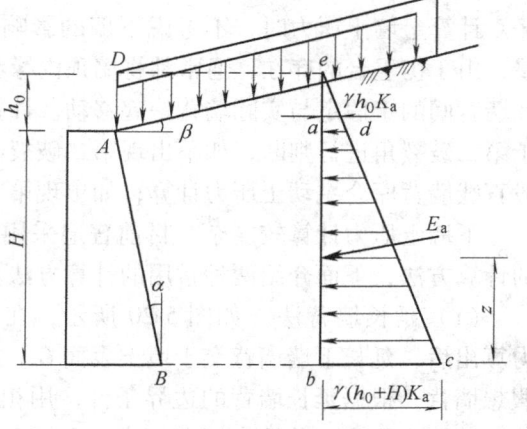

图 5-21 均布荷载换算图式

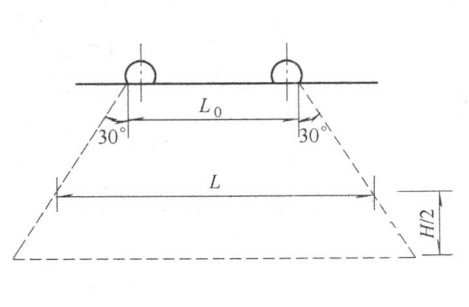 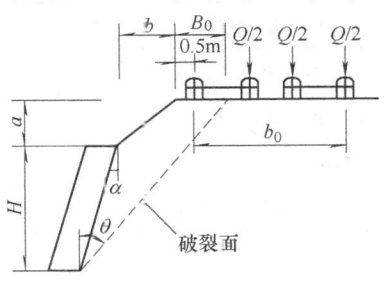

a)  b)

图 5-22 车辆荷载换算图式

$$L = L_0 + (H + 2a)\tan 30° \tag{5-19}$$

式中 $L_0$——标准汽车前后轴轴距加轮胎着地长度，为 14.0m。

车辆荷载总重 $\Sigma Q$ 按下述规定计算：

1）纵向。当取用挡土墙分段长度时，为分段长度内可能布置的车轮重力；当取一辆标准汽车的扩散长度时为一辆标准汽车重力；

2）横向。破裂棱体宽度 $B_0$ 范围内可能布置的车轮重力，车辆外侧车轮中心距路面（或硬路肩）、安全带边缘的距离为 0.5m。

**2. 计算参数**

（1）填料的计算内摩擦角和重度 设计挡土墙时最好按填料的实际工作情况进行试验，并考虑一定的安全度后来确定填料的计算内摩擦角及重度。无条件试验时，可参考表 5-6 所列的经验数据选用。

表 5-6 填料的计算内摩擦角和重度参考值

| 填料种类 | 计算内摩擦角 $\varphi$ | 重度 $\gamma/(kN/m^3)$ |
| --- | --- | --- |
| 黏性土 | 15°～30° | 17 |
| 砂类土 | 28°～40° | 18 |
| 砂砾、卵石土 | 35°～40° | 18～19 |
| 碎石土、不易风化的岩石碎块 | 40°～45° | 19 |
| 不易风化的石块（开山石） | 45°～50° | 19～20 |

对于路堑挡土墙，墙后除利用开挖的土石回填部分外，其余均为天然土石，因此习惯上多参考自然山坡的坡角来确定设计的 $\varphi$ 值。

（2）墙背摩擦角 影响墙背摩擦角 $\delta$ 的因素是多方面的，主要有墙背的粗糙度（墙背越粗糙，$\delta$ 越大）、填料的性质（$\varphi$ 越大，$\delta$ 越大）和墙后排水条件（排水条件越好，$\delta$ 越大）等。墙后摩擦角 $\delta$ 的经验参考值见表 5-7。

表 5-7　墙背摩擦角 $\delta$ 参考值

| 挡土墙墙背性质 | 填料排水情况 | $\delta$ |
|---|---|---|
| 墙背光滑 | 不良 | $(0 \sim 1/3)\varphi$ |
| 片、块石砌体、粗糙 | 良好 | $(1/3 \sim 1/2)\varphi$ |
| 干砌片、块石、很粗糙 | 良好 | $(1/2 \sim 2/3)\varphi$ |
| 第二破裂面体、无滑动 | 良好 | $\varphi$ |

## 5.4　挡土墙的设计

### 5.4.1　概述

**1. 荷载分类与组合**

施加于挡土墙的荷载按性质划分见表 5-8 所示，常用荷载组合见表 5-9。

表 5-8　荷载分类

| 荷载分类 | | 作用（或荷载）名称 |
|---|---|---|
| 永久作用（或荷载） | | 挡土墙结构重力 |
| | | 填土（包括基础襟边以上土）重力 |
| | | 填土侧压力 |
| | | 墙顶上的有效永久荷载 |
| | | 墙顶与第二破裂面之间的有效荷载 |
| | | 计算水位的浮力及静水压力 |
| | | 预加力 |
| | | 混凝土收缩及徐变影响力 |
| | | 基础变位影响力 |
| 可变作用（或荷载） | 基本可变作用（或荷载） | 车辆荷载引起的土侧压力 |
| | | 人群荷载、人群荷载引起的土侧压力 |
| | 其他基本可变作用（或荷载） | 水位退落时的动水压力 |
| | | 流水压力 |
| | | 波浪压力 |
| | | 冻胀压力和冰压力 |
| | | 温度影响力 |
| | 施工荷载 | 与各类挡土墙施工有关的临时荷载 |
| 偶然作用（或荷载） | | 地震作用力 |
| | | 滑坡、泥石流作用力 |
| | | 作用于墙顶护栏上的车辆碰撞力 |

表 5-9 常用荷载组合

| 组 合 | 荷 载 名 称 |
|---|---|
| I | 挡土墙结构重力、填土重力、墙顶上的有效永久荷载、填土侧压力及其他永久荷载与一种或几种基本可变荷载相组合 |
| II | 组合 I 与一种或几种其他可变荷载相组合 |
| III | 组合 I 与偶然荷载中的船只或漂流物撞击力相组合 |
| IV | 施工荷载组合 |
| V | 挡土墙结构重力、预加力、填土重力及填土侧压力,其中的一种或几和与地震力相结合 |

注: 1. 洪水与地震力不同时考虑。
    2. 冻胀力、冰压力与流水压力或波浪压力不同时考虑。
    3. 车辆荷载与地震力不同时考虑。

**2. 挡土墙设计原则**

挡土墙按"极限状态分项系数法"进行设计。挡土墙设计极限状态分构件承载力极限状态和正常使用极限状态。

承载力极限状态是挡土墙出现以下任何一种状态,即认为超过了承载力极限状态:

1) 整个挡土墙或挡土墙的一部分作为刚体失去平衡。
2) 挡土墙构件或连接部件因材料承受的强度超过极限而破坏,或因过量塑性变形而不适于继续承载。
3) 挡土墙结构变为机动体系或局部失去平衡。

正常使用极限状态是指挡土墙出现下列状态之一时,即认为超过了正常使用极限状态:

1) 影响正常使用或外观变形。
2) 影响正常使用或耐久性的局部破坏(包括裂缝)。
3) 影响正常使用的其他特定状态。

挡土墙按构件承载能力极限状态设计时,采用下列表达式

$$\gamma_0 S = R(\cdot) \tag{5-20}$$

$$R(\cdot) = R\left(\frac{R_k}{\gamma_f}, \alpha_d\right) \tag{5-21}$$

式中 $\gamma_0$——结构重要性系数,按表 5-10 的规定选用;
    $S$——作用(或荷载)效应的组合设计值;
$R(\cdot)$——挡土墙结构抗力函数;
    $R_k$——抗力材料的强度标准值;
    $\gamma_f$——结构材料、岩石性能的分项系数,按表 5-11 的规定选用;
    $\alpha_d$——结构或结构构件几何参数的设计值,当无可靠数据时,可采用几何参数标准值。

表 5-10 结构重要性系数 $\gamma_0$

| 墙高/m | 公 路 等 级 | |
|---|---|---|
| | 高速公路、一级公路 | 二级及二级以下公路 |
| ≤5.0 | 1.00 | 0.95 |
| >5.0 | 1.05 | 1.00 |

表 5-11 承载能力极限状态作用（或荷载）分项系数

| 情况 | 荷载增大对挡土墙结构起有利作用时 | | 荷载增大对挡土墙结构起不利作用时 | |
|---|---|---|---|---|
| 组合 | Ⅰ,Ⅱ | Ⅲ | Ⅰ,Ⅱ | Ⅲ |
| 垂直恒荷载 $\gamma_G$ | 0.90 | | 1.20 | |
| 恒荷载或车辆荷载、人群荷载的主动土压力 $\gamma_{Q1}$ | 1.00 | 0.95 | 1.40 | 1.30 |
| 被动土压力 $\gamma_{Q2}$ | 0.30 | | 0.50 | |
| 水浮力 $\gamma_{Q3}$ | 0.95 | | 1.10 | |
| 静水压力 $\gamma_{Q4}$ | 0.95 | | 1.05 | |
| 动水压力 $\gamma_{Q5}$ | 0.95 | | 1.20 | |

注：1. 挡土墙按正常使用极限状态设计时，通常采用表 5-9 所列的各分项系数。
 2. 当对挡土墙进行基础合理偏心距和圬工结构合力偏心距计算时，除被动土压力采用 0.3 外，其余全部荷载系数规定采用 1.0。

**3. 挡土墙设计步骤**

挡土墙的设计步骤如下：
1) 根据具体情况，通过技术和经济比较，确定墙址位置。
2) 测绘墙址处的纵向地面线，核对路基横断面图，收集墙址处的地质和水文等资料。
3) 选择墙后填料，确定填料的物理力学计算参数和地基计算参数。
4) 进行挡土墙断面形式、构造和材料设计，确定有关计算参数。
5) 进行挡土墙的纵向布置。
6) 用计算法或套用标准图确定挡土墙的断面尺寸。
7) 绘制挡土墙立面、横断面和平面图。

## 5.4.2 重力式挡土墙设计

**1. 重力式挡土墙的破坏形式及稳定性要求**

（1）重力式挡土墙的一般破坏形式
1) 因基础滑动而造成的滑动，如图 5-23a 所示。
2) 墙身绕墙趾转动而产生的倾覆，如图 5-23b 所示。
3) 因基础产生过大的或不均匀的沉陷而引起的墙身倾覆，如图 5-23c 所示。
4) 因墙身材料强度不足而产生的墙身剪切破坏，如图 5-23d 所示。

其他还有沿通过墙踵的某一滑动圆弧的浅层剪切破坏，如图 5-23e 所示，以及沿基底某一深度（如通过软土下卧层底面）滑弧的深层剪切破坏，如图 5-23f 所示。实际上，基础的滑动破坏，在大多数情况下也是沿紧靠基底的某一剪切面的剪切破坏。

（2）重力式挡土墙的稳定性要求　为避免发生以上破坏，保证挡土墙具有足够的整体性和结构强度，使之在使用过程中能充分发挥良好的作用，在设计挡土墙时，一般均应验算沿基底的滑动稳定性，绕墙趾转动的倾覆稳定性，基底应力及偏心距，以及墙身断面的强度。如地基有软弱下卧层存在，还应验算沿基底某一可能的滑动面的滑动稳定性。挡土墙的验算，应按平面问题取单位长度来进行。验算项目和控制指标见表 5-12。

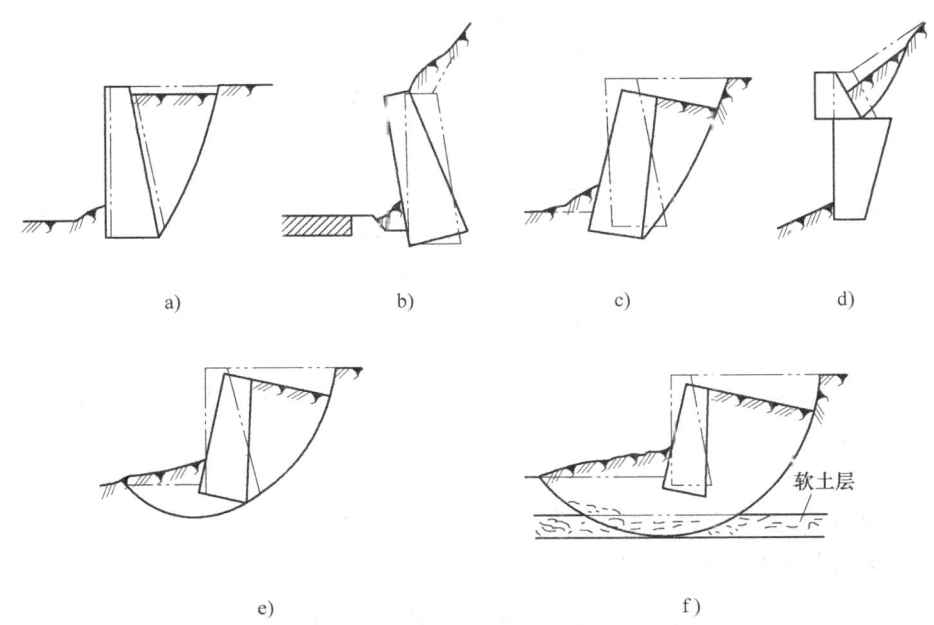

图 5-23 挡土墙的破坏形式

表 5-12 挡土墙验算项目及控制指标

| 要　　求 | 项　　目 | 指　　标 |
| --- | --- | --- |
| 不产生墙身沿基底的滑动破坏 | 滑动稳定性 | (1) 荷载组合Ⅰ、Ⅱ、Ⅲ、Ⅳ时，$K_c \geq 1.3$<br>(2) 荷载组合Ⅴ时，$K_c \geq 1.2$ |
| 不产生墙身绕墙趾倾覆 | 倾覆稳定性 | (1) 荷载组合Ⅰ时，$K_0 \geq 1.5$<br>(2) 荷载组合Ⅱ、Ⅲ、Ⅳ时，$K_0 \geq 1.3$<br>(3) 荷载组合Ⅴ时，$K_0 \geq 1.2$ |
| 地基不出现过大的沉陷 | 基底应力 | 基底最大压应力不大于地基允许承载力，即 $\sigma_{max} \leq [\sigma_0]$ |
| 不出现因基底不均匀沉陷而引起墙身倾斜 | 偏心距 | 作用于基底合力的偏心距：$e \leq B/6$（土质地基）；$e \leq B/4$（岩石地基） |
| 墙身不产生开裂破坏 | 墙身断面强度 | 墙身截面上的压应力，$\sigma_{max}$ 及剪应力 $\tau$，拉应力 $\sigma_{min}$ 小于材料的允许应力，即 $\sigma_{max} \leq [\sigma_a]$，$\tau \leq [\sigma_j]$，$\sigma_{min} \leq [\sigma_{ml}]$；作用于截面上的合力偏心距 $e_1 \leq 0.25B_1$ |

**2. 重力式挡土墙的稳定性验算**

(1) 抗滑稳定性验算　为保证挡土墙抗滑稳定性，应验算在土压力和其他荷载作用下，基底摩擦力抵抗挡土墙滑移的能力，用抗滑稳定性系数 $K_c$ 表示，即抗滑力与滑动力之比，如图 5-24 所示。抗滑稳定系数 $K_c$ 为

$$K_c = \frac{(G + E_y)u}{E_x} \geq [K_c] \tag{5-22}$$

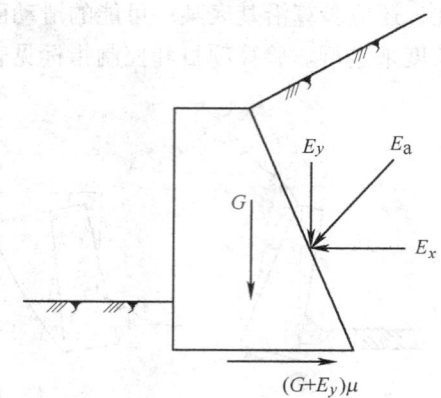

图 5-24 挡土墙的抗滑稳定

式中 $G$——作用于基底以上的重力（kN），浸水挡土墙的浸水部分应计入浮力；
$E_y$——墙后主动土压力的竖向分量（kN）；
$E_x$——墙后主动土压力的水平分量（kN）；
$\mu$——基底与地基土间的摩擦系数，当缺乏可靠试验资料时，可按表 5-13 选用；
$[K_c]$——允许抗滑稳定系数，见表 5-12。

表 5-13 基底与地基土间的摩擦系数 $\mu$

| 地基土的分类 | 摩擦系数 $\mu$ | 地基土的分类 | 摩擦系数 $\mu$ |
| --- | --- | --- | --- |
| 软塑黏土 | 0.25 | 碎石类土 | 0.50 |
| 硬塑黏土 | 0.30 | 软质岩石 | 0.40 ~ 0.60 |
| 砂类土、黏砂土、半干硬黏土 | 0.30 ~ 0.40 | 硬质岩石 | 0.60 ~ 0.70 |
| 砂类土 | 0.40 | | |

（2）抗倾覆稳定性验算 为保证挡土墙抗倾覆稳定性，须验算它抵抗墙身绕墙趾向外转动倾覆的能力，用抗倾覆稳定系数 $K_0$ 表示，即对于墙趾的总稳定力矩 $\sum M_y$ 与总倾覆力矩 $\sum M_0$ 之比，如图 5-25 所示。抗倾覆稳定系数 $K_0$ 为

$$K_0 = \frac{\sum M_y}{\sum M_0} = \frac{Gz_G + E_y z_x}{E_x z_y} \geqslant [K_0] \tag{5-23}$$

式中 $z_G$——墙身重力、基础重力、基础上填土的重力及作用于墙顶的其他荷载的竖向力的合力重心到墙趾的距离（m）；
$z_x$——墙后主动土压力的竖向分量到墙趾的距离（m）；
$z_y$——墙后主动土压力的水平分量到墙趾的距离（m）；
$[K_0]$——允许抗倾覆稳定系数，见表 5-12；
其他符号意义同前。

（3）基底应力及合力偏心距验算 为了保证挡土墙基底应力不超过地基允许承载力，应进行基底应力验算；同时，为了避免挡土墙不均匀沉陷，应控制作用于挡土墙基底合力的偏心距，如图 5-26 所示。作用于基底合力的偏心距 $e$ 为

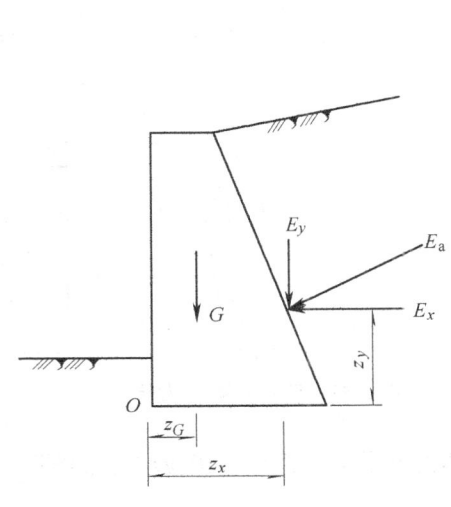
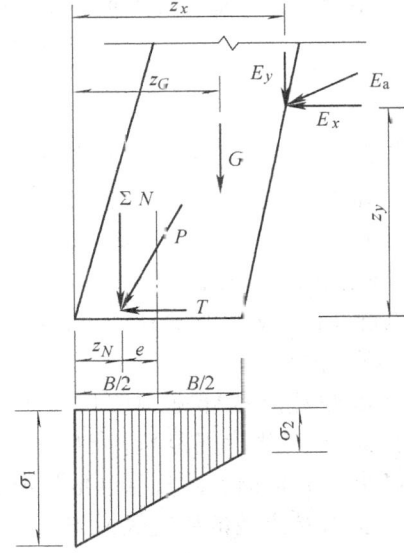

图 5-25 挡土墙的抗倾覆稳定    图 5-26 基底应力及合力偏心距

$$e = \left| \frac{B}{2} - z_N \right| \leq [e] \tag{5-24}$$

$$z_N = \frac{\sum M_y - \sum M_0}{\sum N} = \frac{G z_G + E_y z_x - E_x z_y}{G + E_y} \tag{5-25}$$

式中 $\sum N$——作用于基底合力的法向分力（kN）；

$z_N$——$\sum N$ 对墙趾的力臂（m）；

$B$——基底宽度（m）；

$[e]$——允许合力偏心距（m），见表 5-10；

其他符号意义同前。

基底应力的分布随偏心距大小而异，各种情况下基底的最大应力 $\sigma_1$、最小应力 $\sigma_2$ 可分别按下列公式确定。

1) 当 $e = 0$ 时（均匀分布）

$$\sigma_{1,2} = \frac{G + E_y}{B} \leq [\sigma_0] \tag{5-26}$$

式中 $[\sigma_0]$——地基承载力（kPa）；

其余符号意义同前。

2) 当 $0 < e < B/6$ 时（梯形分布）

$$\sigma_{1,2} = \frac{G + E_y}{B}\left(1 + \frac{6e}{B}\right) \leq [\sigma_0] \tag{5-27}$$

3) 当 $e = B/6$ 时（三角形分布）

$$\sigma_1 = \frac{2(G + E_y)}{B} \leq [\sigma_0]$$

$$\sigma_2 = 0 \tag{5-28}$$

4) 当 $e > B/6$ 时（三角形分布，出现受拉区）。基底和地基之间一般不能承受拉应力，

故常略去不计,这时基底应力重分布,即

$$\sigma_1 = \frac{2(G+E_y)}{3z_N} = \frac{2(G+E_y)}{3\left(\frac{B}{2}-e\right)} \leq [\sigma_0] \tag{5-29}$$

若出现负偏心,则上式中 $z_N$ 应改为 $B-z_N$。

(4)墙身断面强度验算 为保证墙身具有足够的强度,应根据经验选择1~2个控制性截面进行验算。验算截面,一般可以选择在距离墙身底部 1/2 墙高和截面急剧变化处,如图 5-27 所示。

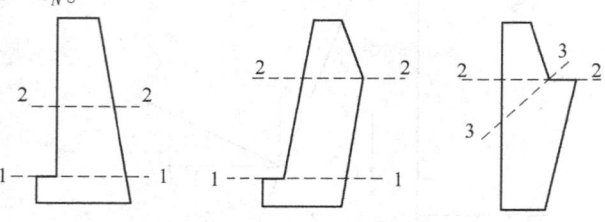

图 5-27 验算截面的选择

挡土墙验算方法详见 JTG D30—2004《公路路基设计规范》。当挡土墙墙身高小于 12m 时,可依据当地地质土质、墙体类型及荷载情况直接应用标准图集。

### 3. 重力式挡土墙的稳定性措施

(1)增加抗滑稳定性的方法 若挡土墙的抗滑稳定验算不满足要求,则应采取适当的措施增加挡土墙的抗滑稳定性。常用措施主要有:

1)采用倾斜基底,如图 5-28 所示。设置向内倾斜的基底,可以增加抗滑力和减少滑动力,从而增加了抗滑稳定性。基底倾斜越大,越有利于抗滑稳定性,但应考虑挡土墙连同地基土一起滑动的可能性,因此对于基底倾斜应加以控制。通常,对于土质地基不陡于 1:5,对于岩石地基不陡于 1:3。根据前述原理,沿倾斜基底的抗滑稳定性系数 $K_c$ 为

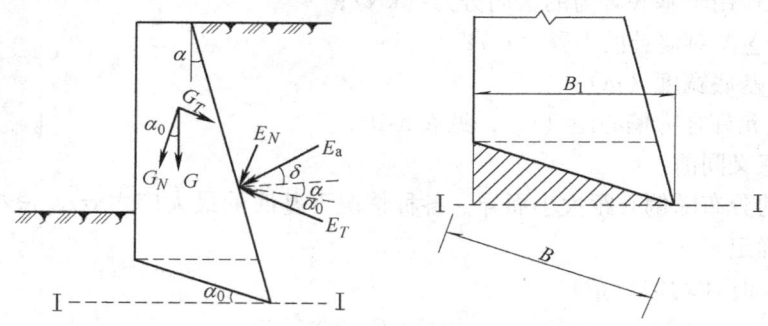

图 5-28 倾斜基底

$$K_c = \frac{(G_N+E_N)\mu}{E_T-G_T} = \frac{[G\cos\alpha_0 + E_a\sin(\alpha+\delta+\alpha_0)]\mu}{E_a\cos(\alpha+\delta+\alpha_0) - G\sin\alpha_0} \tag{5-30}$$

式中 $\alpha$——基底倾角(°);

$E_T$、$E_N$——墙后主动土压力平行于基底和垂直于基底的分量(kN);

$G_T$、$G_N$——墙体重力平行于基底和垂直于基底的分量(kN);

其余符号意义同前。

2)采用凸榫基础,如图 5-29 所示。在挡土墙底面设置混凝土凸榫,与基础连成整体,利用凸榫前土体所产生的被动土压力以增加挡土墙的抗滑稳定性。

3)更换基底土层,以增大基础底面与地基之间的摩擦系数。

4)改变墙身断面形式和尺寸,以增大垂直力系,但单纯扩大断面尺寸,收效不大也不

经济。

（2）增加抗倾覆稳定性的方法　若挡土墙的抗倾覆稳定验算不满足要求，则采取适当的措施加大稳定力矩和减少倾覆力矩，以增加抗倾覆稳定性。常用措施主要有：

1）展宽墙趾，如图 5-30 所示。展宽墙趾的作用是增大抗倾覆力矩的力臂，从而增加其抗倾覆稳定性，但当墙趾前地面较陡，墙趾加宽过多时，将导致墙高和圬工体积显著增加。

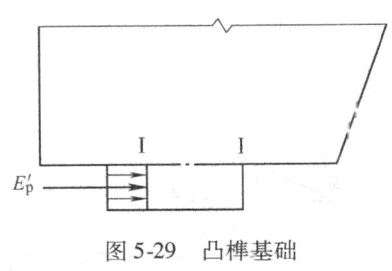

图 5-29　凸榫基础

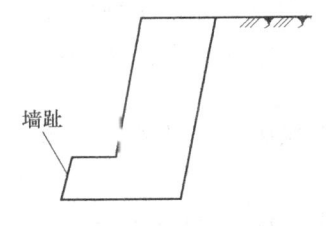

图 5-30　展宽墙趾

2）改变墙面及墙背坡度，如图 5-31 所示。改陡墙背坡度可以减小土压力，改缓墙面坡度可以加大抗倾覆力矩的力臂。但若墙趾前地面较陡，改缓面坡度将引起基础外移，使墙高增加。

3）改变墙身断面形式。不同的墙身断面形式具有不同的稳定性，就抗倾覆而言，衡重式优于仰斜式，仰斜式又优于俯斜式。设计时可以根据地基和地面横坡情况选择适当的墙身断面形式，以增加挡土墙的抗倾覆稳定性。

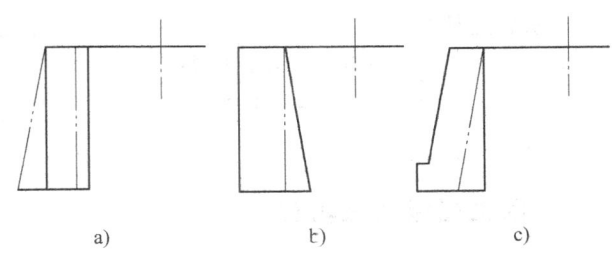

图 5-31　改变墙面及墙背坡度
a）改变墙面　b）改为俯斜式墙背　c）改为仰斜式墙背

（3）提高地基承载力或减小基底应力的方法　若挡土墙的基底应力及合力偏心距验算不满足要求，则采取适当的措施以降低基底应力及减小偏心距。常用措施主要有：

1）加宽墙趾或扩大基础，以加大承压面积，调整偏心距。

2）加固地基或换土，以提高地基承载力。

3）调整墙背坡度或断面形式以减小偏心距。

## 5.5　设计计算示例

### 5.5.1　设计资料

**1. 墙身构造**

拟采用浆砌片石重力式路堤墙，如图 5-32 所示。墙背高 $H=6$m，填土高 $h=3$m，墙背选用仰斜 $1:0.25$（$\alpha = -14°02'$），墙面平行于墙背，初定墙顶宽 $b_1 = 1.54$m，墙底宽 $B_1 = 1.47$m，基底倾斜 $1:5$（$\alpha_0 = 11°19'$）。墙身分段长度 10m。

**2. 车辆荷载**

计算荷载：公路—Ⅱ级荷载，荷载组合Ⅰ，车辆荷载的等代土层厚度 $h_0 = 0.64$m。

### 3. 墙后填料

墙背填土为砂土，重度 $\gamma = 18$ kN/m³，计算内摩擦角 $\varphi = 35°$，填土与墙背间的摩擦角 $\delta = \varphi/2$。

### 4. 地基情况

硬塑黏性土，允许承载力 $[\sigma_0] = 250$ kPa，基底摩擦系数 $\mu = 0.30$。

### 5. 墙身材料

5 号水泥砂浆砌片石，砌体重度 $\gamma_a = 22$ kN/m³，砌体允许压应力 $[\sigma_a] = 600$ kPa，允许剪应力 $[\tau] = 100$ kPa，允许压应力 $[\sigma_{ml}] = 60$ kPa。

### 6. 墙后土压力

通过库仑主动土压力方法计算（计算略）得知：$E_a = 91.2$ kN，$z_y = 2.08$ m。

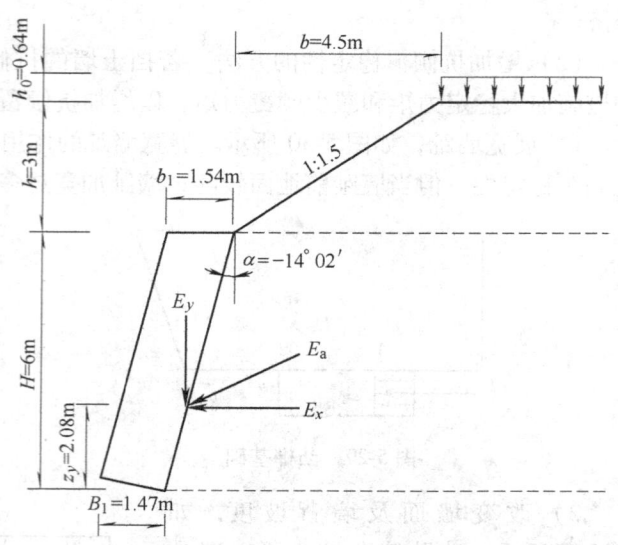

图 5-32 挡土墙示例

## 5.5.2 挡土墙稳定性验算

**1. 计算墙身重 $G$ 及其力臂 $z_G$**

墙身重 $G$ 及其力臂 $z_G$ 计算结果见表 5-14。

表 5-14 墙身重 $G$ 及其力臂 $z_G$ 计算结果

| 体积 $V/\mathrm{m}^3$ | 自重 $G/\mathrm{kN}$ | 力臂 $z_G$ |
|---|---|---|
| $V_1 = (6 \times 0.25 + 1.47) \times 6 = 17.82$ | $G_1 = \gamma V_1 = 392.04$ | $z_{G1} = 1/2 (6 \times 0.25 + 1.47) = 1.49$ |
| $V_2 = 1/2 \times (6 \times 0.25) \times 6 = 4.50$ | $G_2 = \gamma V_2 = 99.00$ | $z_{G2} = (6 \times 0.25 + 1.47 - 1/3 \times 6 \times 0.25) = 2.47$ |
| $V_3 = 1/2 \times (6 \times 0.25 + 1.47 - 1.54)^2/0.25 = 4.09$ | $G_3 = \gamma V_3 = 89.98$ | $z_{G3} = 1/3 (6 \times 0.25 + 1.47 - 1.57) = 0.48$ |
| $V_4 = 1/2 \times 1.47^2/5 = 0.22$ | $G_4 = \gamma V_4 = 4.84$ | $z_{G4} = 1/3 \times 1.47 = 0.49$ |
| $V = V_1 - V_2 - V_3 - V_4 = 9.01$ | $G = \gamma V = 198.22$ | $z_G = 1/2(6 \times 0.25 + 1.47) = 1.49$ |

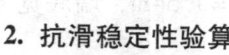

**2. 抗滑稳定性验算**

由式（5-31）得

$$K_c = \frac{(G_N + E_N)\mu}{E_T - G_T} = \frac{[G\cos\alpha_0 + E_a\sin(\alpha + \delta + \alpha_0)]\mu}{E_a\cos(\alpha + \delta + \alpha_0) - G\sin\alpha_0}$$

$$= \frac{[198.22\cos11°19' + 91.2\sin(-14°02' + 17°30' + 11°90')] \times 0.30}{91.2\cos(-14°02' + 17°30' + 11°90') - 198.22\sin11°19'}$$

$$= 1.32 > 1.30$$

该初拟的挡土墙抗滑稳定性满足要求。

**3. 抗倾覆稳定性验算**

$$E_x = E_a\cos(\alpha + \delta) = 91.2 \times \cos(-14°02' + 17°30')\,\text{kN} = 91.0\,\text{kN}$$

$$E_y = E_a\sin(\alpha + \delta) = 91.2 \times \sin(-14°02' + 17°30')\,\text{kN} = 5.5\,\text{kN}$$

$$z_x = B_1 + z_c \times 0.25 = (1.47 + 2.08 \times 0.25)\,\text{m} = 1.99\,\text{m}$$

由式（5-24）得

$$K_0 = \frac{\sum M_y}{\sum M_0} = \frac{Gz_G + E_yz_x}{E_xz_y} = \frac{198.22 \times 1.48 + 5.5 \times 1.99}{91.0 \times 2.08} = 1.61 > 1.50$$

该初拟的挡土墙抗倾覆稳定性满足要求。

**4. 基底应力及偏心距验算**

由式（5-25）得

$$e = \frac{B}{2} - z_N = \frac{B_1}{2} - \frac{Gz_G + E_yz_x - E_xz_y}{G + E_y}$$

$$= \left(\frac{1.47}{2} - \frac{198.22 \times 1.48 + 5.5 \times 1.99 - 91.0 \times 2.08}{198.22 + 5.5}\right)\text{m} = 0.17\,\text{m} < B_1/6 = 0.245\,\text{m}$$

由式（5-28）得

$$\sigma_{1,2} = \frac{G + E_y}{B}\left(1 \pm \frac{6e}{B}\right) = \frac{G + E_y}{1.47}\left(1 \pm \frac{6 \times 0.17}{1.47}\right)$$

$$= \begin{cases} 234.75 \\ 42.42 \end{cases}\text{kPa} < [\sigma_0] = 250\,\text{kPa}$$

该初拟的挡土墙基底应力及偏心距满足要求。

**5. 墙身断面强度验算**

墙面、墙背互相平行，截面的最大应力出现在接近基底处。由基底应力验算可知，偏心距及基底应力均满足地基的要求。墙身截面应力也能满足墙身材料的要求，故可不作验算。

通过上述验算，所拟截面符合各项要求，决定采用此截面，墙顶宽为 1.54m。

## 本 章 小 结

本章主要介绍了挡土墙的概念、类型、构造及适用范围以及各种情况土压力的计算，难点是重力式挡土墙的稳定性验算方法。

## 思 考 题

5-1 按照挡土墙的设置位置不同，挡土墙分为哪几类？挡土墙有哪些用途？

5-2 重力式挡土墙的基本组成部分有哪些？
5-3 挡土墙的布置要求有哪些？
5-4 挡土墙的设计步骤有哪些？
5-5 重力式挡土墙设计时为何要设沉降伸缩缝？
5-6 挡土墙的基础埋深有何要求？
5-7 试述挡土墙稳定性验算的内容及重力式挡土墙不稳定时采取的措施。
5-8 挡土墙的排水设施是如何设计的？
5-9 计算题：某挡土墙如图5-33所示，墙后土压力 $E_x = 177.7 \text{kN}$，$E_y = 130.5 \text{kN}$，$z_x = 2.2\text{m}$，$z_y = 2.3\text{m}$，挡土墙尺寸：顶宽 $b_1 = 1.1\text{m}$，墙高 $H = 8\text{m}$，墙身为等截面，墙背墙面坡度均为 1:0.2，基础两侧比墙身各宽出 0.2m，基础厚 0.6m，基底为岩石地基，基底摩擦系数 $\mu = 0.5$；墙体重度 $\gamma = 22.5 \text{kN/m}^3$。验算其抗滑稳定性及抗倾覆稳定性，并验算其基底应力及偏心距。

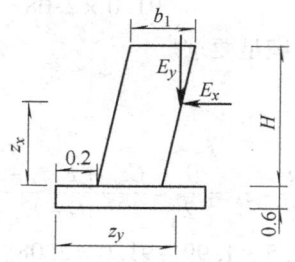

图 5-33　思考题 5-9 图

# 第6章 路基排水设计

水是路基产生各种病害和变形的主要外因之一，在路基设计中应充分予以重视，应因地制宜地采取各种排水措施，并将这些设施组合成完善的排水系统，使水尽快排出路基范围，以减少对路基的危害。

## 6.1 概述

不同的水源由不同的途径浸入路基并对路基产生危害，因此做好路基排水设计，就必须深入调查水源及其地质条件，以便进一步了解水源存在的形式及其特征，采取必要的工程技术措施加以排除。

### 6.1.1 排水的目的与要求

路基路面的强度与稳定性同水的关系十分密切。路基路面的病害很多，形成的原因很多，但水是主要的因素之一，因此路基路面设计、施工、养护中应十分重视路基路面排水工程。

根据水源的不同，影响路基路面的水源可分为地面水和地下水，与此相应的排水工程为地面排水设施和地下排水设施。

地面水包括大气降水、江河湖海里的水及水库水。地面水对路基产生冲刷和渗透，冲刷可导致路基整体稳定性受损坏，渗透使土体过湿降低路基强度。

地下水包括上层滞水、潜水及承压水等，它们对路基的损坏轻者使路基湿软，降低强度，重者引起冻胀、翻浆、边坡滑坍、路基整体滑动。

路基排水设计的目的是，拦截路基上方的地面水和地下水，迅速汇集基身内的地面水，把它们导入排水管道，并通过桥涵等将其排泄到路基下方。对于路基下方，应采取措施妥善处理路基上方排泄下来的水流或路基下方水道里的水流，防止冲刷路基坡脚。

路基排水的任务就是把路基范围内的土基湿度降低到一定范围，保持路基常年处于干燥状态，确保路基路面具有一定的强度与稳定性。

路基路面设计时，必须考虑将影响路基路面稳定性的地面水排除和拦截于路基用地范围以外，并防止地面水漫流、滞积或下渗。对影响路基稳定性的地下水，则应予以隔断、疏干和降低，并引导到路基范围以外的适当地点。

路基路面施工时首先应校核全线范围内的排水系统设计是否完备合理，必要时予以补充，应重视排水工程的质量和使用效果。

路基路面养护中应对排水设施定期检查与维修，保证排水设施正常使用，水流畅通，并根据具体情况不断改善路基路面的排水条件。

### 6.1.2 路基排水设计的一般原则

1）排水设计要因地制宜、全面规划、因势利导、综合治理、讲究实效、注意经济，并充分利用有利地形和自然水系。一般情况下地面和地下设置的排水沟渠，宜短不宜长，以使水流不过于汇集，做到及时疏散，就近引流。

2）各种路基排水沟渠的设置，应注意与农田水利相配合，必要时可适当增设涵管孔径，以防农业用水影响路基稳定，并做到路基排水有利于农田排灌。路基边沟一般不应用作农田灌溉渠道，两者必需合并使用时，边沟的断面应加大，并予以加固，以防止水流危害路基。

3）设计前必须进行调查研究，查明水源与土质条件，重点路段要进行排水系统的全面规划，考虑路基排水与桥涵布置相配合，地下排水与地面排水相配合，各种排水沟渠的平面布置与竖向布置相配合，做到综合治理和分期修建。对于排水困难和地质不良的地段，还应与路基防护加固相配合，并进行特殊设计。

4）路基排水要注意防止附近山坡的水土流失，尽量不破坏天然水系，不轻易合并自然沟渠和改变水流性质，尽量选择有利地质条件布设人工沟渠，减少排水沟渠的防护与加固工程。对于重点路段的主要排水设施以及土质松软和纵坡较陡地段的排水沟渠，应注意必要的防护和加固。

5）路基排水要结合当地水文条件和道路等级等具体情况，注意就地取材，以防为主，既要稳固适用，又必须讲究经济效益。可以考虑先重点后一般，先地下后地面，实行分期修建和逐步完善步骤，但要注意不应遗留后患而导致短期内路基、路面的严重破坏，从而影响交通和造成经济等方面的损失。

## 6.2 路基排水设施的构造与布置

路基排水涉及沿线的生态平衡、水土保持，以及农田和水利。进行排水设施的选型和计算时，不仅要考虑路基排水的需要和可能，还应因地制宜、综合规划。

### 6.2.1 地面排水设备

常用的地面排水设备及其适用条件见表6-1，这些设备主要用于排除地面水，它们位于路基的不同部位，各自功能、布置要求、构造形式均不同。路基地面排水设施的径流量计算，对高速公路和一级公路应采用15年，其他等级公路应采用10年的重现期内任意30min的最大降雨强度。各类地表水沟沟顶应高出设计水位0.2m以上。

表6-1 地面排水设备及适用条件

| 名 称 | 适 用 条 件 |
| --- | --- |
| 边沟 | 设置在挖方路段的路肩外侧或低路堤的坡脚外，多与路中线平行，用于汇集和排除路基范围内和流向路基的少量地面水 |
| 截水沟（天沟） | 一般设置在挖方路基边坡坡顶以外，或山坡路堤上方的适当地点，用以拦截并排除路基上方流向路基的地面径流，减轻边沟的水流负担，保证挖方边坡和填方坡脚不受流水冲刷 |

(续)

| 名　称 | 适　用　条　件 |
|---|---|
| 排水沟 | 当路线受到多段沟渠或水道影响时，为保护路基不受水害，可以设置排水沟，其主要用途是将路基范围内各种水源的水流，引至桥涵或路基范围以外的指定地点 |
| 跌水和急流槽 | 跌水适用于排水沟渠连接处，由于水位落差较大，需要消能或改变水流方向；急流槽的纵坡，比跌水的平均纵坡更陡，结构的坚固稳定性要求更高，是山区公路回头曲线沟通上下线路基排水及沟渠出水口的一种常见排水设施 |
| 倒虹吸和渡水槽 | 当水流需要横跨路基，同时受到设计高程的限制，可以采用管道或沟槽，从路基底部或上部架空跨越，前者称倒虹吸，后者为渡水槽，分别相当于涵洞和渡水桥，两者属于路基地面排水的特殊结构物，并且多半是配合农田水利所需而采用 |
| 蒸发池 | 用于气候干旱、排水困难地段，可利用沿线的集中取土坑或专门设置蒸发池以排除地表水 |

**1. 边沟**

边沟的排水量不大，一般不需进行水文水力计算，根据沿线条件，选用标准横断面形式。边沟紧靠路基，通常不允许其他排水沟渠的水流引入，也不能与其他人工沟渠合并使用。边沟不宜过长，尽量使沟内水流就近排至路旁边自然水沟或低洼地带，必要时设置涵洞，将边沟水横穿路基从另一侧排出。

边沟的纵坡（出水口附近除外）一般与路线纵坡一致。平坡路段，边沟宜保持不小于 0.5% 的纵坡。特殊情况允许采用 0.3% 但边沟出口间距宜减短。在边沟出水口附近以及排水困难路段，如回头曲线和路基超高较大的平曲线等处，边沟应进行特殊设计。

边沟的横面形式有梯形、矩形、三角形及流线形等，如图 6-1 所示。各断面形式及适用范围见表 6-2。边沟横断面一般采用梯形，石方路段的边坡宜采用矩形横断面，坡面应采用浆砌片石防护。少雨浅挖地段的土质边沟可采用三角形横断面。

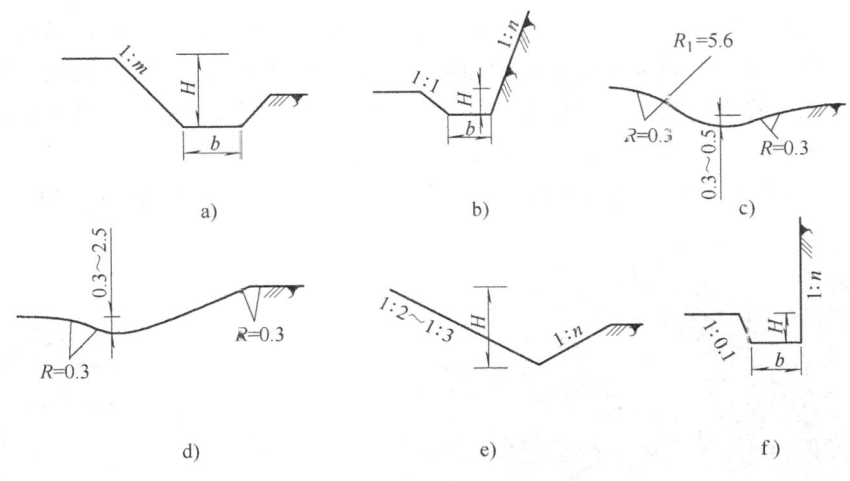

图 6-1　边沟的横断面形式示意图（尺寸单位：m）
a)、b) 梯形　c)、d) 流线形　e) 三角形　f) 矩形

表 6-2　边沟主要形式及适用范围

| 形式 | 特点及适用条件 | 沟壁边坡 | 主要尺寸 | 长度及纵坡 |
|---|---|---|---|---|
| 梯形边沟 | 排水量大，边坡稳定性好；适用于土质或软弱石质边沟 | 内侧边坡为 1:1.0～1:1.5，外侧边坡坡度与挖方边坡坡度相同 | 底宽与深度为 0.4～0.6m，水流少的地区或路段，取低限或更小，但不宜小于 0.3m；降水量集中或地势偏低的路段，取高限或更大一些 | 长度一般小于 500m，多雨地区不宜超过 300m；纵坡与路线保持一致，最小纵坡为 0.25%，沟壁铺砌后可为 0.12%，纵坡大于 3% 时需进行加固防护 |
| 矩形边沟 | 占地少，施工方便；适用于石质或铺砌式边沟 | 直立或稍有倾斜 | 底宽与深度为 0.4～0.6m，水流少的地区或路段，取低限或更小，但不宜小于 0.3m；降水量集中或地势偏低的路段，取高限或更大一些 | |
| 流线形边沟 | 美观大方，与环境相协调；多用于积雪、积砂路段 | 曲线半径 $R$ 多采用 30cm | 底宽与深度为 0.4～0.6m，降水量集中或地势偏低的路段，取高限或更大一些 | |
| 三角形边沟 | 便于机械施工；适用于矮路堤或少雨浅挖地段土质路堤 | 宜采用 1:2～1:3，外侧边坡坡度与挖方边坡坡度相同 | 深度为 0.4～0.6m，流量较大时沟深宜适当加大 | 长度不宜超过 200m |

边沟可采用浆砌片石，栽砌卵石和水泥混凝土预制块防护，砌筑用的砂浆强度，对于高速公路、一级公路采用 M7.5，其他等级公路采用 M5。边沟出水口附近，水流冲刷比较严重，必须慎重布置和采取相应措施。

边沟水流流向桥涵进水口时，为避免边沟流水产生冲刷，应做适当处治。此外还应根据地形等条件，在桥涵进口前或在其他水流落差较大处，设置急流槽与跌水等结构物，将水流引入桥涵或其他指定地点。

边沟水流流至回头曲线处，一般边沟水较满，且流速较大，此时宜顺着边沟方向沿山坡设置引水沟，将水引至路基范围以外的自然沟中，或设急流槽、涵洞等结构物，将水引下山坡或路基另一侧，以免对回头曲线路段冲刷。

**2. 截水沟**

截水沟的位置，如图 6-2 所示，应尽量与绝大多数地面水流方向垂直，以提高截水效能和缩短沟的长度。降水量较少或坡面坚硬和边坡较低以致冲刷影响不大的路段，可以不设截水沟；反之，如果降水量较多，且暴雨频率较高，山坡覆盖层比较松软，坡面较高，水土流失比较严重的地段，必要时可设置两道或多道截水沟。

图 6-3 所示是路堑段挖方边坡上方设置的截水沟图例之一，图中距离 $d$ 一般应大于 5.0m，

图 6-2　截水沟

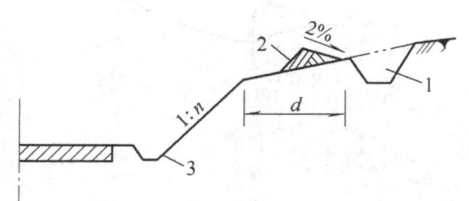

图 6-3　挖方路段截水沟的示意图
1—截水沟　2—土台　3—边沟

地质不良地段可取 10.0m 或更大。截水沟下方一侧，可堆置挖沟的土方，要求做成顶部向沟倾斜 2% 的土台。

山坡填方路段可能遭到上方水流的破坏作用，此时必须设截水沟，以拦截山坡水流保护路堤，如图 6-4 所示。截水沟与坡脚之间，要有不小于 2.0m 的间距，并做成 2% 的向沟倾斜横坡，确保路堤不受水害。

截水沟的横断面形式，一般为梯形，沟的边坡坡度，因岩土条件而定，一般采用 1:1.0~1:1.5，沟底宽度 b 不小于 0.5m，沟深 h 按设计流量而定，也不应小于 0.5m。

截水沟应保证水流畅通，就近引入自然沟内排出，必要时配以急流槽或涵洞等泄水结构物将水流引入指定地点。截水沟水流不应引入边沟，当必须引入时，应增大边沟横断面，并进行防护。沟底应具有 0.5% 以上的纵坡，沟底和沟壁要求平整密实，不滞流、不渗水，必要时予以加固和铺砌。截水沟的长度以 200~500m 为宜。

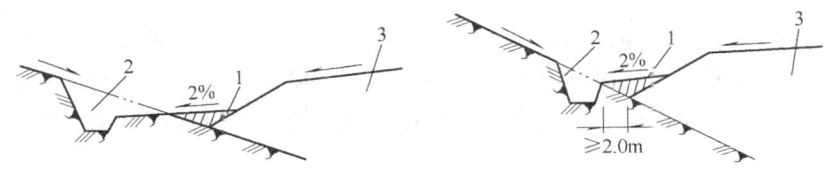

图 6-4　填方路段截水沟的示意图
1—土台　2—截水沟　3—路堤

**3. 排水沟**

排水沟的位置，必须结合地形条件，离路基尽可能远些，距路基坡脚不宜小于 2m，平面上应力求直捷，转弯时也应尽量圆顺，做成弧形，连续长度宜短，一般不超过 500m，如图 6-5 所示。

图 6-5　排水沟

排水沟的横断面，一般采用梯形，尺寸大小应经过水力水文计算选定。用于边沟、截水沟及取土坑出水口的排水沟，横断面尺寸根据设计流量确定，底宽与深度不宜小于 0.5m，土沟的边坡坡度为 1:1~1:1.5。

排水沟水流注入其他沟渠或水道时，通常应使排水沟与原水道两者成锐角相交，交角不大于 45°，有条件可用半径 $R = 10b$（$b$ 为沟顶宽）的圆曲线朝下游与其他水道相接，如图 6-6 所示。排水沟应具有合适的纵坡，以保证水流畅通，一般情况下，可取 0.5%~

1.0%，不小于0.3%，也不宜大于3.0%。若纵坡大于3%，应采取相应的加固措施。

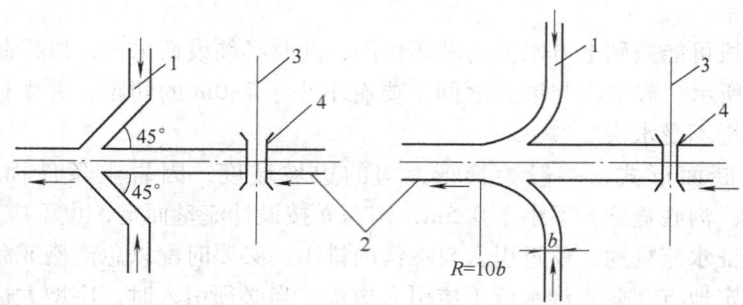

图 6-6 沟渠连接示意图
1—排水沟  2—其他渠道  3—路基中心线  4—桥涵

排水沟必要时应予以加固，以防止水流对沟渠的冲刷与渗漏。表 6-3 为土质沟渠各种加固类型，沟渠加固类型与沟底纵坡有关，表 6-4 所列可供设计时参照使用。图 6-7 所示为沟渠加固横断面图，设计时可结合当地条件，根据沟渠土质、水流速度、沟底纵坡和使用要求等而定。

表 6-3 沟渠加固类型

| 形 式 | 名 称 | 铺砌厚度/cm |
|---|---|---|
| 简易式 | 平铺草皮 | 单层 |
| | 竖铺草皮 | 叠铺 |
| | 水泥砂浆抹平层 | 2~3 |
| | 石灰三合土抹平层 | 3~5 |
| | 黏土碎（砾）石加固层 | 10~15 |
| | 石灰三合土碎（砾）石加固层 | 10~15 |
| 干砌式 | 干砌片石 | 15~25 |
| | 干砌片石砂浆勾缝 | 15~25 |
| | 干砌片石砂浆抹平 | 20~25 |
| 浆砌式 | 浆砌片石 | |
| | 混凝土预制块 | 20~25 |
| | 砖砌水槽 | 6~10 |

表 6-4 加固类型与沟底纵坡关系

| 纵坡坡度（%） | <1 | 1~3 | 3~5 | 5~7 | >7 |
|---|---|---|---|---|---|
| 加固类型 | 不加固 | 土质好时，不加固；土质不好时，简易加固 | 简易加固或干砌式加固 | 干砌式或浆砌式加固 | 浆砌式加固或改用跌水 |

**4. 跌水与急流槽**

跌水与急流槽是路基地面排水沟渠的特殊形式，用于陡坡地段。由于纵坡陡、水流速度快、冲刷力大，要求跌水与急流槽的结构稳固耐久，通常应采用浆砌块石或水泥混凝土预制块砌筑并具有相应的防护加固措施。

跌水的构造，有单级和多级之分，沟底有等宽和变宽之别。图 6-8 表示路基边沟水流通

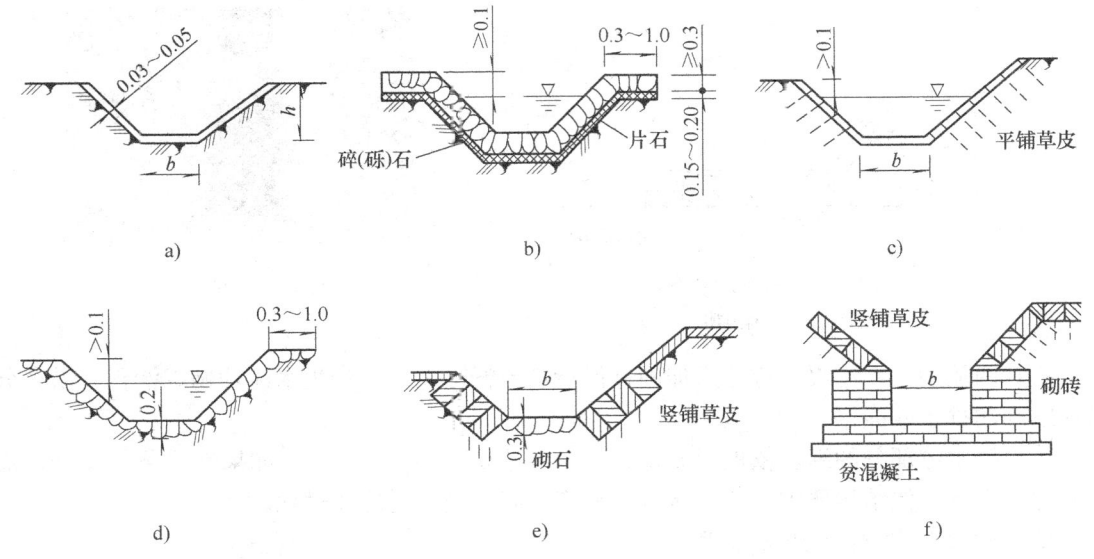

图 6-7 沟渠加固横断面图（尺寸单位：m）
a) 石灰三合土抹平层　b) 干砌片石（碎石垫平）　c) 平铺草皮
d) 浆砌片石（碎石垫平）　e) 竖铺草皮，砌石底　f) 砖砌水槽

过涵洞排泄时采用的单级跌水。较长陡坡地段的沟渠，为减缓水流速度，可采用多级跌水，如图 6-9 所示。多级跌水底宽和每级长度，可以采用各自相等的对称形，也可根据实地需要，做成变宽或不等长度与高度。

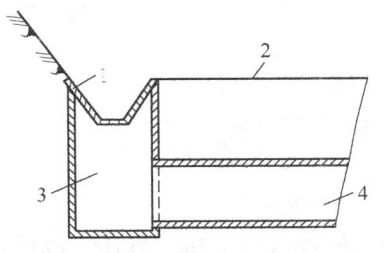

图 6-8　边沟与涵洞单级跌水连接图
1—边沟　2—路基　3—跌水井　4—涵洞

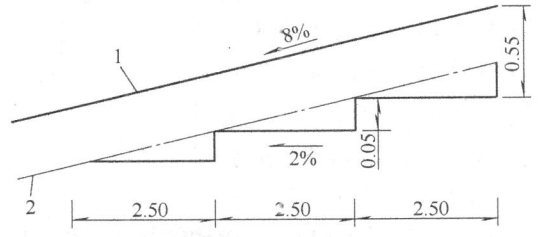

图 6-9　多级跌水纵剖面图（尺寸单位：m）
1—沟顶线　2—沟底线

按照水力计算特点，跌水的基本构造可分为进水口、消力池和出水口三个组成部分，如图 6-10 所示。各个组成部分的尺寸，由水力计算而定。一般情况下，如果地质条件良好，地下水位较低，设计流量小于 $1.0 \sim 2.0 m^3/s$，跌水台阶（护墙）高度 $p$ 最大不超过 2.0m。常用的简易多级跌水，台高为 $0.4 \sim 0.5m$，护墙用石砌或混凝土结构，墙基埋置深度为水深的 $1.0 \sim 1.2$ 倍，并不小于 1.0m，且应深入冰冻线以下，石砌墙厚为 $0.25 \sim 0.30m$。消力池（图 6-11）起消能作用，要求坚固稳定，底部具有 $1\% \sim 2\%$ 的纵坡，底厚为 $0.30 \sim 0.35m$。壁高应比计算水深至少大 0.20m，壁厚与护墙高度相仿。消力池末端设有消力槛，槛高 $c$ 依计算而定，要求低于池内水深，为护墙高度的 $1/5 \sim 1/4$，即 $c = (0.20 \sim 0.25)p$，一般取 $c = 15 \sim 20cm$。消力槛顶部厚度为 $0.3 \sim 0.4m$，底部预留孔径为 $5 \sim 10cm$ 的泄水孔，以利水流中断时排泄池内的积水。

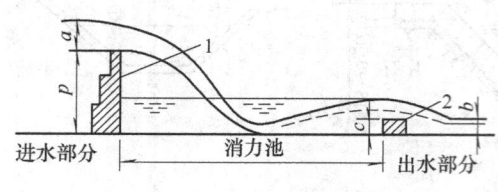 

图 6-10　跌水构造示意图　　　　　图 6-11　消力池
1—护墙　2—消力槛

跌水两端的土质沟渠,应注意加固,保持水流畅通,不致产生水流冲刷或淤积,以充分发挥跌水的排水效能。

急流槽主体部分的纵坡依地形而定,一般可达67%(1:1.5),如果地质条件良好,需要时还可更陡,但结构要求更严,造价也相应提高,设计时应通过比较而定。

急流槽多用砌石(抹面)和水泥混凝土结构,也可利用岩石坡面挖槽。如临时急需时,可就近取材,采用竹木结构。

急流槽的构造,如图6-12所示,按水力计算特点,也由进口、主槽(槽身)和出口三部分组成。

急流槽的进出口与主槽连接处,因沟槽横断面不同,为了能平顺衔接,可设过渡段,出口部分设有消力池。各个部分的尺寸,依水力计算而定。对于设计流量不超过 $1.0 m^3/s$,槽底倾斜为1:(1~1.5)

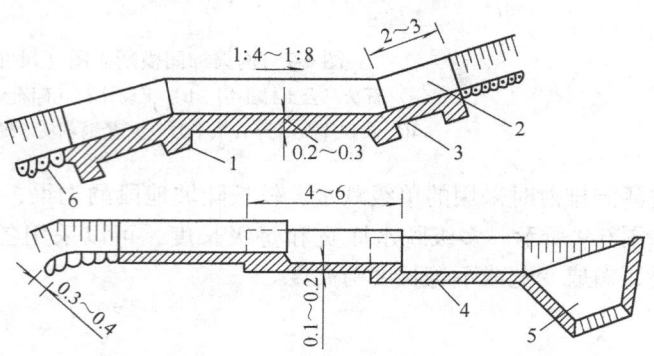

图 6-12　急流槽构造示意图(尺寸单位:m)
1—耳墙　2—消力池　3—混凝土槽底　4—钢筋混凝土槽底
5—横向沟渠　6—砌石护底

的小型结构,可参照图6-12。急流槽的基础必须稳固,端部及槽身每隔2~5m,在槽底设耳墙埋入地面以下。槽身较长时,宜分段砌筑,每段长5~10m,预留伸缩缝,并用防水材料填缝。

**5. 倒虹吸与渡水槽**

倒虹吸的设置往往是因路基横跨原有沟渠,且沟渠水位高于路基设计高程,不能按正常条件下设置涵洞,此时采用倒虹吸是可行的方案之一,图6-13所示是其布置图式的一种。

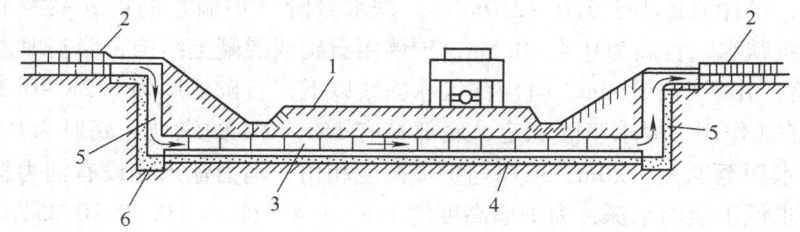

图 6-13　竖井式倒虹吸布置图
1—路基　2—原沟渠　3—洞身　4—垫层　5—竖井　6—沉淀池

倒虹吸是借助上下游沟渠水位差，利用势能迫使水流降落，经路基下部管道流向路基另一侧，再复升流入下游水渠，如图6-14所示。由于所设管道为有压管道，竖井式倒虹吸的水流成多次垂直改变方向，水流条件较差，结构要求较高，容易漏水和淤塞，且难以清理和修复，应尽量不用或少用，使用时需合理设计，进行水力计算，选择最佳设计方案，并要求施工保证质量，使用时要经常检查维修。

图6-14 倒虹吸

倒虹吸管道有箱形和圆形两种，以水泥混凝土和钢筋混凝土结构为主，临时性简易管道可用砖石结构，永久性或急需时也可改用钢铁管道。管道的孔径为0.5~1.5m，管道附近的路基填土厚度一般不小于1.0m，以免行车荷载压力过于集中，严寒地区也可颁以防冻。考虑到倒虹吸的泄水能力有限，以及为了施工和养护方便，管道不宜埋置过深，以填土高度不超过3.0m为宜。

倒虹吸管道两端设竖井，井底高程低于管道高程起沉淀泥沙与杂物作用，也可改用斜管式或缓坡式，以代替竖井式升降管，此时水流条件有所改善，但路基用地宽度增大，管道长度增加。为减少堵塞现象，设计时要求管道内水流的速度，不小于1.5m/s，并在进口处设置沉沙池和拦泥栅，如图6-15所示。

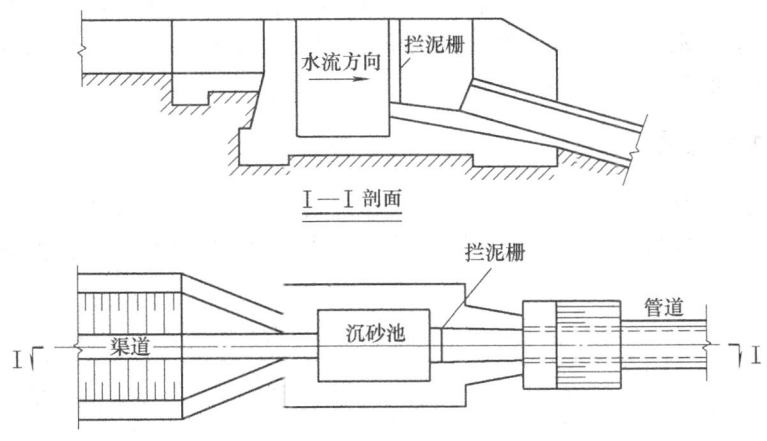

图6-15 倒虹吸管上游进口构造图

倒虹吸管进口处所设的沉沙池，位于原沟渠与管道之间的过渡段，池底和池壁采用砌石抹面或混凝土，厚度为0.3~0.4m（砌石），或0.25~0.30m（混凝土），池的容量以不溢水为度。水流经过沉沙池后，水中仍含有细粒泥沙或轻质漂浮物，可设网状拦泥栅予以清除，确保倒虹吸管道不致堵塞，但拦泥栅本身容易被堵塞，需经常清理，以保证水流畅通，避免沉沙池和沟渠溢水而危害路基。到虹吸的出口应设过渡段与下游沟渠平顺衔接，应对原有土质沟渠进行适当加固。

渡水槽相当于渡水桥，原水道与路基设计高程相差较大，如果路基两侧地形有利，或当地确有必要，可设简易桥梁，架设水槽或管道，从路基上部跨越，以沟通路基两侧的水流。

渡水槽的架设应满足公路对净空和美化的要求，其构造和桥梁相似，但主要作用是沟通水流，故除应在结构上具有足够强度外，在效能上应适合排水的要求，其中包括进出口的衔接以及防止冲刷和渗漏等。渡水槽由进出水口、槽身和下部支承三部分组成，其中进（出）口段的构造，如图6-16所示。

为降低工程造价，槽身过水横断面一般均较两端的沟渠横断面为小，槽中水流速度相应有所提高，因此进出口段应注意防止冲刷和渗漏。进出水口处设置过渡段，根据土质情况，分别将槽身两端伸入路基两侧地面2~5m，而且进出水口过渡段宜长一些，以防淤积。如果主槽较短，可取槽身与沟渠的

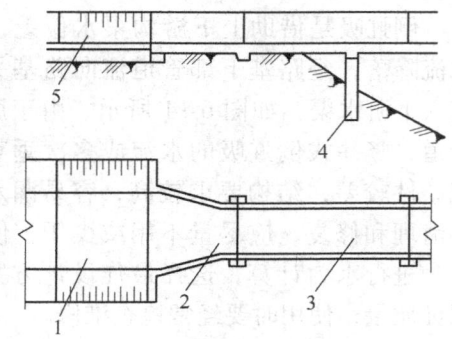

图6-16 渡水槽进出口布置图
1—沟渠 2—过渡段 3—主槽
4—支撑 5—防渗加固段

横断面相同，沟槽直接衔接，可不设过渡段。水流横断面不同时，过渡段的平面收缩角为10°~15°，据此可确定过渡段的有关尺寸。与槽身连接的土质沟渠，应予以防护加固，其长度至少是沟渠水深的4倍。

**6. 蒸发池**

蒸发池与路基边沟（或排水沟）间应设排水沟连接。蒸发池边缘与路基边沟距离不应小于5m，面积较大的蒸发池不得小于20m。池中水位应低于排水沟的沟底。

蒸发池的容量应以一个月内路基汇流入池中的雨水能及时完成渗透与蒸发作为设计依据。每个蒸发池的容水量不宜超过200~300m³，蓄水深度不应大于1.5~2.0m。蒸发池的设置不应使附近地面形成盐渍化或沼泽化。

## 6.2.2 地下排水设备

常用的路基地下排水设备及其适用条件见表6-5，其特点是排水量不大，主要是以渗流方式汇集水流，并就近排出路基范围以外。对于流量较大的地下水，应设置专用地下管道予以排除。

表6-5 地下排水设备及适用条件

| 名　　称 | 适　用　条　件 |
| --- | --- |
| 明沟 | 排除路基及边坡土体的上层滞水或埋藏很浅的潜水和地下承压水 |
| 暗沟（盲沟） | 沟内分层填以大小不同的颗粒材料，利用渗水材料透水性将地下水汇集于沟内，并沿沟排泄至指定地点 |
| 渗沟 | 采用渗透方式将地下水汇集于沟内，并通过沟底通道将水排至指定地点 |
| 渗井 | 属于直立式地下排水设备，当地下存在多层含水层，其中影响路基的上部含水层较薄，排水量不大且平式渗沟难以布置，采用立式（竖向）排水，设置渗井，穿过不透水层，将路基范围内的上层地下水引入更深的含水层中去，以降低上层的地下水位或全部予以排除 |

由于地下排水结构物埋置在地面以下，不易维修，在路基建成后又难以查明失效情况，因此要求地下排水结构物牢固有效。

**1. 明沟**

明沟通常有梯形断面和矩形槽式断面。梯形断面明沟如图6-17所示，一般适用于地下

水埋藏很浅的潜水和承压水,深度仅为 1~2m。矩形槽式断面明沟如图 6-18 所示,一般用于处理地下水埋藏相应较深,或者地质不良、水沟边坡容易发生滑塌的地方,其深度可达 3m 左右。明沟用处很广,施工简便,养护容易,造价低廉,是排除地下水的较好措施。

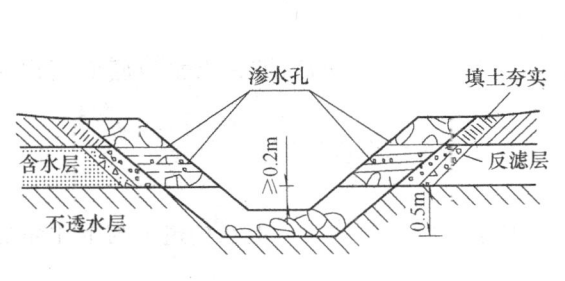 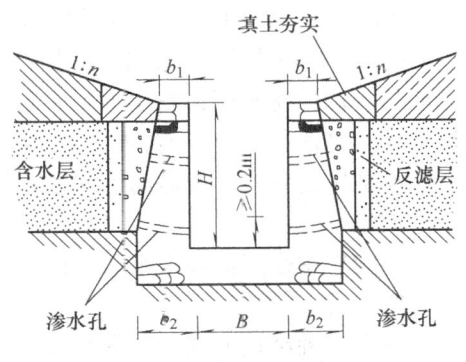

图 6-17 浆砌片石梯形断面明沟　　　　图 6-18 浆砌片石矩形断面明沟

### 2. 暗沟

相对于地面排水的明沟而言,暗沟具有隐蔽工程的含义,此种构造相对于管道流水而言,习惯上称为盲沟,在水力特性上属于湍流。

图 6-19 所示为一侧边沟下面所设的盲沟用以拦截流向路基的层间水,防止路基边坡滑塌和毛细水上升危及路基的强度与稳定性。图 6-20 所示是路基两侧边沟下面均设盲沟,用以降低地下水位,防止毛细水上升至路基工作区范围内,形成水分积聚而造成冻胀和翻浆,或土基过湿而降低强度等。图 6-21 所示是设在路基挖方与填方交界处的横向盲沟,用以拦截和排除路堑下面层间水或小股泉水,保持路基填土不受水害。

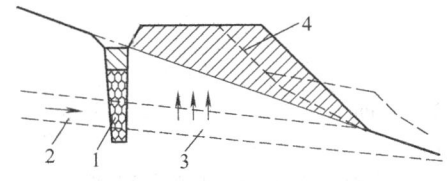 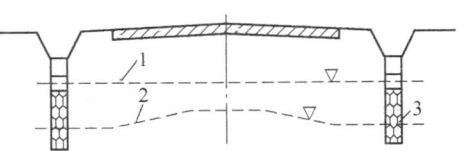

图 6-19　一侧边沟下设盲沟　　　　　　图 6-20　两侧边沟下设盲沟
1—盲沟　2—层间水　3—毛细水　4—可能滑坡线　　1—原地下水位　2—降低后地下水位　3—盲沟

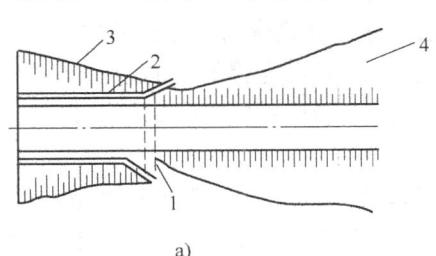 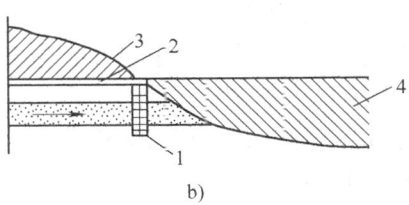

图 6-21　填挖交界处横向盲沟
a) 平面图　b) 纵剖面图
1—盲沟　2—边沟　3—路堑　4—路堤

以上所述的盲沟,沟槽内全部填满颗粒材料,可以理解为简易盲沟,其构造比较简单,横断面成矩形，也可做成上宽下窄的梯形，沟壁倾斜度约为 1∶0.2，底宽 $b$ 与深度 $h$ 大致为 1∶3，深为 1.0～1.5m，底宽 0.3～0.5m。盲沟的底部中间填以粒径较大（3～5cm）的碎石，其空隙较大，水可在空隙中流动。粗粒碎石两侧和上部都按一定比例分层（层厚约10cm）填以较细粒径的粒料，逐层粒径比例大致按 6 倍递减。盲沟顶部和底面，一般设有厚 30cm 以上的不透水层，或顶部设有双层反铺草皮。

简易盲沟的排水能力较小，不宜过长，沟底具有 1%～2% 的纵坡，出水口底面高程应高出沟外最高水位 20cm，以防水流倒渗。

寒冷地区的盲沟，应做防冻保温处理或将盲沟设在冻结深度以下。

**3. 渗沟**

渗沟的作用是降低地下水位或拦截地下水，其水力特性是湍流，但在构造上与上述简易盲沟有所不同。

渗沟有三种结构形式，如图 6-22 所示。

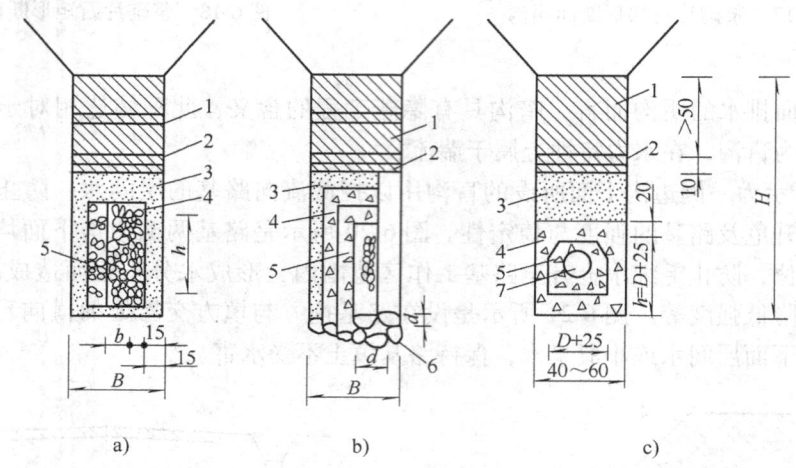

图 6-22 渗沟结构图式（尺寸单位：cm）
a) 盲沟式 b) 洞式 c) 管式
1—黏土夯实 2—防渗土工布 3—粗砂 4—石屑 5—碎石 6—浆砌片石沟洞 7—预制混凝土管

盲沟式渗沟与上述简易盲沟相似，但构造更为完善。当地下水流量较大，要求埋置更深时，可在沟底设洞或管，前者称为洞式渗沟，后者称为管式渗沟。渗沟的位置与作用，视地下排水的需要而定，大致如图 6-19～图 6-21 所示的简易盲沟相仿，但沟的尺寸更大，埋置更深，而且要进行水力计算确定尺寸。公路路基中，浅埋的渗沟为 2～3m 以内，深埋时可达 6m 以上。

渗沟底部设洞或管，底部结构相当于顶部可以渗水的涵洞。图 6-23 所示是洞式渗沟结构图例，其洞宽 $b$ 约 20cm，高 20～30cm；盖板用条石或混凝土预制板；板长约为 $2b$，板厚 $P \geqslant 15$cm，并预留渗水孔，以便渗入沟内的水汇集于洞内排出。洞身要求埋入不透水层内，如果地基软弱还应铺设砂石基础；洞身埋在透水层中时，必要时在两侧和底部加设隔水层，以达到排水的目的。洞底设置不小于 0.5% 的纵坡，使集水通畅排出。

当排除地下水的流量更大，或排水距离较长，可考虑采用管式渗沟。渗沟底部埋设的管道一般为陶土或混凝土的预制管，管壁上半部留有渗水孔，渗水孔交错排列，设于边沟下的管或渗沟，如图 6-24 所示。管的内径 $D$ 由水力计算而定，一般为 $0.4\sim 0.6\mathrm{m}$，管底设基座。对于冰冻地区，为防止冻结阻塞，除管道埋在冰冻线以下外，必要时采取保温措施，管径宜较大一些。

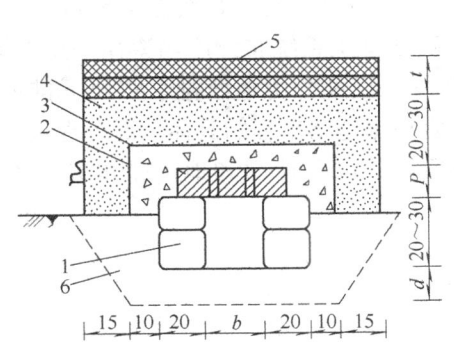
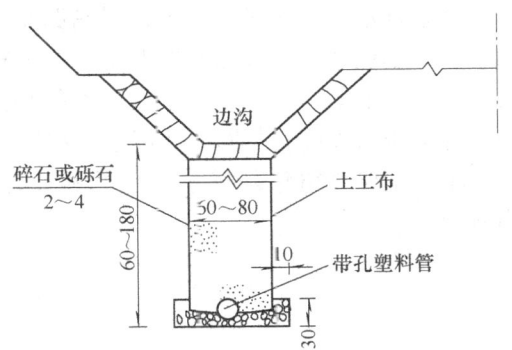

图 6-23　洞式渗沟结构示意图（尺寸单位：cm）
1—浆砌块石　2—碎砾石　3—盖板　4—砂
5—双层反铺草皮或土工布　6—基础

图 6-24　管式渗沟（尺寸单位：cm）

### 4. 渗井

渗井的平面布置以及孔径与渗水量按水力计算而定，一般为直径 $1.0\sim 1.5\mathrm{m}$ 的圆柱形，也可是边长为 $1.0\sim 1.5\mathrm{m}$ 的方形。图 6-25 所示为圆形渗井的结构与布置图例。

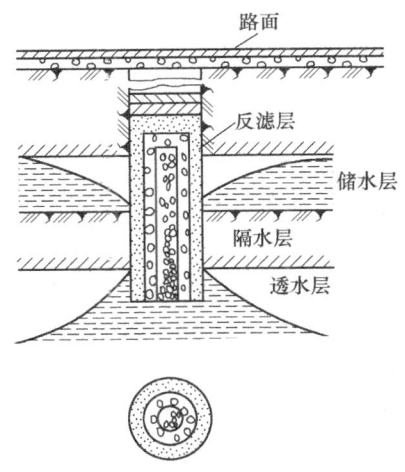

图 6-25　渗井结构与布置图例

井深视地层构造情况而定，井内由中心向四周按层次，分别填入由粗而细的砂石材料，粗料渗水，细料反滤。填充料要求筛分冲洗，施工时需用铁皮套筒分隔填入不同粒径的材料，要求层次分明，不得粗细材料混杂，以保证渗井达到预期排水效果。

鉴于渗井施工难度较大，单位渗水面积的造价高于渗沟，一般尽量少用。当路基含水率过大、路面翻浆、其他地下排水设施不易布置时或其他技术措施造价较高，此时渗井可作为方案之一，设计时应进行分析比较，有条件地选用。

## 本章小结

路基排水是保证路基稳定，提高路基抗变形能力的一项简便、有效而又经济的工程措施，在路基设计、施工和养护中应予以充分重视。路基排水系统布设应当遵循一定的原则，实现拦截、汇集、引导、疏干或宣泄等功能。路基排水设施分为地面排水和地下排水两大类，各类排水设施有不同的适用条件和设计要求，宜根据道路工程的具体情况合理选择。

本章主要介绍路基排水的目的和设计的一般原则，以及地面和地下排水设计的相关内容。

## 思 考 题

6-1 路基排水的目的和任务是什么？
6-2 在路基排水设计过程中，应注意哪些原则？
6-3 路基地面排水设施主要有哪些？各自的适用条件是什么？
6-4 路基地下排水设施主要有哪些？各自的适用条件是什么？

# 第7章 路基施工

路基作为公路工程的主要组成部分，其施工质量的好坏将直接影响到公路的使用质量和服务水平，而影响路基施工的因素又比较复杂，所以制定施工技术规范来规范其施工行为，使施工做到技术先进、经济合理、安全环保，确保质量是非常必要的。

## 7.1 土质路基施工

土质路基的基本工作是路堑挖掘成型、土的移运、路堤填筑压实，以及与路基直接有关的各项附属工程。其工程量大、施工期长，且所需人力物力资源较大，因而必须集中精力，认真对待。

### 7.1.1 路基施工方法及施工准备

**1. 施工方法**

路基施工的基本方法按其技术特点大致可分为人工及简易机械化、综合机械化、水力机械化和爆破方法。

（1）人工及简易机械化方法 人工施工是传统方法，使用手工工具，劳动强度大、功效低、进度慢、工程质量也难以保证，但限于具体条件，短期内还必然存在并适用于地方道路和某些辅助性工作；简易机械施工是在人工施工的基础上，对施工过程中劳动强度大和技术要求相对较高的工序用机具或简易机械完成，以利加快工程进度、提高施工效率和工程质量。但这种施工方法工效有限，只能用于工程量小、工期要求不严的路基或构造物施工，特别不适宜高速公路和一级公路路基的大规模施工。

（2）综合机械化方法 为了加快施工进度，提高劳动生产率，实现高标准高质量施工，对于劳动强度大和技术要求高的工序，应配以数量充足、配套齐全的施工机械。机械化和综合机械化施工是保证高等级公路施工质量和施工进度的重要条件。对于路基土石方工程来说，更具有迫切性。在施工过程中，涉及运输、填筑、摊平、压实等工序，这些都需机械设备作业，任何一个环节出现问题，将影响到施工作业的整体。实现机械化施工是我国路基施工的发展方向。因此，综合机械化方法成为路基施工现代化的重要途径。

（3）水力机械化方法 水力机械化方法是机械化方法的一种，利用水泵、水枪等水力机械，喷射强力水流，冲散土层并流运至指定地点沉积。这种方法需要充足的电能和水源，可挖掘比较松散的土质及地下钻孔，对于砂砾填筑路堤或基坑回填，可起到密实作用（称为水夯法）。

（4）爆破方法 对于石质路基开挖可采用爆破方法施工。另外，爆破方法还可用于冻土、泥沼等特殊路基施工，以及清除路面、开石取料与石料加工等作业。

**2. 施工准备**

（1）组织准备工作 主要是建立和健全施工队伍和管理机构，明确施工任务，制定必要的规章制度,确立施工所应达到的目标等。组织准备是做好一切准备工作的前提。

(2) 技术准备工作　路基开工前,施工单位应在全面熟悉设计文件和设计交底的基础上进行施工现场的勘察,核对与必要时修改设计文件,发现问题应及时根据有关程序提出修改意见并报请变更设计,编制施工组织计划,恢复路线,施工放样与清除施工场地,搞好临时工程的各项工作等。

施工组织计划是具有全局性的大事,其中包括选择施工方案、确定施工方法、布置施工现场(施工总平面布置)、编制施工进度计划、拟定关键工程的技术措施等,它是整个工程施工的指导性文件,也是其他各项工作的依据。在当前强调加强施工管理,实现现代化科学管理的时期,如何抓住施工组织计划这一环节,更具有现实意义。

临时工程,包括施工现场的供电、给水、修建便道、便桥,架设临时通信设施,设置施工用房(生活和生产所必需)等,这些均为展开基本工作的必备条件。

路基恢复定线、清除路基用地范围内一切障碍物等,是施工前的技术准备工作,也是基本工作的一个组成部分,应协调进行。

路基开工前应做好施工测量工作,其内容包括导线、中线、水准点复测,横断面检查与补测,增设水准点等。施工人员还应对路基工程范围内的地质、水文情况详细调查,通过取样、试验确定其性质范围,并了解附近既有建筑物对特殊土的处理方法。

(3) 物质准备工作　包括各种材料与机具设备的购置、采集、加工、调运与储存,以及生活后勤供应等。为使供应工作能适应基本工作的需要,物质准备工作必须制定具体计划,其中有的计划内容如劳动调配、机具配置及主要材料供应计划,必须服从于保证上述施工组织计划顺利实施,而且常被列为施工组织计划的一个组成部分。

土质路基施工,仅是整个道路工程中的一个工程项目,上述准备工作主要对整个工程的施工而言,对于某一单项工程,如土质路基、石质路基、路基排水或防护加固,或路基工程以外的桥涵与路面等,准备工作的具体内容与要求虽有差别,但基本项目不可缺少。

## 7.1.2　土质路堤填筑

### 1. 填料选择

路堤通常是利用沿线就近土石作为填筑材料。选择填料时应尽可能优先选择当地强度高、稳定性好并利于施工的土石作为路堤填料。

1) 一般情况下,碎石、卵石、砾石、粗砂等具有良好透水性,且强度高、稳定性好,因此可优先采用。

2) 亚砂土、亚黏土等经压实后也具有足够的强度,故也可采用。

3) 重黏土、黏性土、捣碎后的植物土等由于透水性差,作路堤填料时应慎重采用。

4) 粉性土水稳性差,不宜作路堤填料。

5) 泥炭、淤泥、沼泽土、冻结土,含残余树根和易于腐烂物质的土不宜用作填筑路堤。

6) 含盐量超过规定的强盐渍土和过盐渍土不能用作高等级公路路基填料。

7) 膨胀土除非表层用非膨胀土封闭,一般也不宜用作高等级公路路基填料。

8) 液限大于50%、塑性指数大于26、含水率不适宜直接压实的细粒土,不得直接作为路基填料,需要使用时,必须采取措施进行处理土质。

路基取土与填筑必须有条不紊，有计划有步骤地进行操作，这不仅是文明施工的需要，而且是选土和合理利用填土的保证。不同性质的路基用土，除按规定予以废弃和适当处治外，一般不允许任意混填。经野外取土试验，符合表 7-1 的规定时，才能使用，二级和二级以下的公路做高级路面时，应符合高速公路及一级公路的规定。表 7-1 中所列强度按 JTG E40—2007《公路土工试验规程》规定方法确定。

表 7-1 路基填方材料最小强度和最大粒径表

| 项目分类<br>（路面底面以下深度/cm） | | 填料最小强度 $CBR$（%） | | 粒料最大粒径<br>/cm |
|---|---|---|---|---|
| | | 高速公路及一级公路 | 二级及二级以下公路 | |
| 路基 | 上路床（0~30） | 8.0 | 6.0 | 10 |
| | 下路床（30~80） | 5.0 | 4.0 | 10 |
| | 上路堤（80~150） | 4.0 | 3.0 | 15 |
| | 下路堤（>150） | 3.0 | 2.0 | 15 |
| 零填及路堑路床（0~30） | | 8.0 | 6.0 | 10 |

一般的土和石都可以用作路堤的填料。用卵石、碎石、砾石、粗砂等透水性良好的填料，只要分层填筑分层压实，可不控制含水率；用黏性土等透水性不良的填料，应在接近最佳含水率情况下分层填筑与压实。

工业废渣是较好的填料。高炉矿渣或钢渣至少应放置一年以上，必要时应予破碎。粉煤灰属于轻质筑路材料，当路堤修筑在软弱地基或滑坡体上时，采用轻质填料有利于路堤的稳定。有些矿渣使用前应检验有害物质含量，以免污染环境。

应当指出，有多种料源可供选择时，应优先选用那些挖取方便、压实容易、强度高、水稳性好的土料。路堤受水浸淹部分，应尽量选用水稳性好的填料。

**2. 基底处理**

为使填筑在天然地面上的路堤与原地面紧密结合，以保证填筑后的路堤不产生沿基底的滑动和过大变形，填筑路堤前，应根据基底的土质、水文、坡度、植被和填土高度采取一定措施对基底进行处理。

（1）密实稳定的土质基底

1）当地面横坡度 $i<1:1$ 且路堤高度超过 0.5m 时，一般不作处理，直接在地面上修筑路堤。

2）当地面横坡度 $i=1:1~1:5$ 时，需除草皮、杂物，处理深度不小于 15cm。

3）当地面横坡度 $i>1:5$ 时，除草皮、杂物后，需在地表挖台阶处理，如图 7-1 所示。台阶宽度不小于 1m，高度为 0.2~0.3m。

（2）耕地或松土基底

1）一般情况应清除有机土、种植土后压实，如图 7-2 所示。

2）当耕地为深度大于 30cm 的深耕地时，需先将耕地翻松，结块土打碎后整平压实。

3）当遇到水田时，需首先排水，疏干，进行换填土处理。

（3）覆盖层不厚的倾斜岩石基底

1）当地面横坡为 1:5~1:2.5 时，需挖除覆盖层，并将基岩挖成台阶。当地面横坡度陡于 1:2.5 时，应进行个别设计，特殊处理，如设置护脚或护墙。

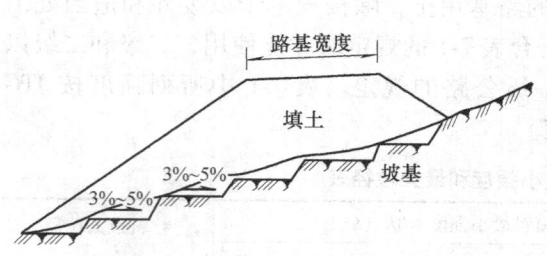

图 7-1　坡基挖台阶处理示意图

图 7-2　清理表层土体

2）当路基稳定受到地下水影响时，应予拦截或排除，引地下水至路堤基底范围以外。如处理有困难时，则应在路堤底部填以渗水土或不易风化的岩块。

**3. 填筑方式及机械配置**

（1）土质路堤填筑　土质路堤（包括石质土），按填土顺序可分为分层平铺、竖向填筑和混合填筑。

1）分层平铺。水平分层填筑是一种将不同性质的土有规则地分层填筑和压实的填筑方法，该法易于达到规定的压实度，易于保证质量，是填筑路堤的基本方法。水平分层填筑应遵守以下规定：

① 用不同性质土填筑路堤时，应分层填筑，层数应尽量减少，每种填料总厚不小于0.5m，不得混杂乱填，在纵向使用不同土质填筑相邻路堤，为防止发生不均匀变形应将交接处做成斜面，应将透水性差的土填在斜面下部。

② 用透水性较小的土填路堤下层时，应做成4%的双向横坡，如用以填筑上层时，不应覆盖在透水性较大的土所填筑的下层边坡上。

③ 凡不因潮湿及冻融而变更其体积的优良土应填在上层，强度较小的土应填在下层。

④ 河滩路堤填土应在整个宽度上连同护道在内一并分层填筑，受水浸淹部分的填料，选用水稳定性好的土料。

⑤ 桥涵、挡土墙及其他构造物的回填土，以采用砂砾或砂性土为宜，并应适时分层回填压实。

分层填筑方式有利于压实，可保证强度；不同用土按规定层次填筑，有条件应尽量采用。图 7-3 所示为不同用土的组合方案。图 7-3a 是正确填筑方案：不同用土水平分层，以保证强度均匀；透水性差的用土，如黏性土等，一般宜填于下层，表面成双向横坡，有利于排除积水，防止水害；同一层次有不同用土时，接搭处成斜面，以保证在该层厚度范围内，强度比较均匀，防止产生明显变形。图 7-3b 是不正确填筑方案：未水平分层，有反坡积水，夹有冻土块和粗大石块，以及有陡坡斜面等，其主要问题在于强度不均匀和排水不利。此外，分层平铺时应注意用土不含有害杂质（草木、有机物等）及未经处治的劣土（细粉土、膨胀土、盐渍土与腐殖土等）；桥涵、挡土墙等结构物的回填土，以砂性土为宜，防止不均匀沉降，并按有关操作规程回填和夯实。

2）竖向填筑。竖向填筑指沿道路中心线方向逐步向前深填，如图 7-4 所示。路线跨越深谷或池塘时，地面高差大，填土面积小，难以水平分层卸土，以及陡坡地段上半填半挖路基，局部路段横坡较陡或难以分层填筑等情况，可采用竖向填筑方式。竖向填筑的质量在于

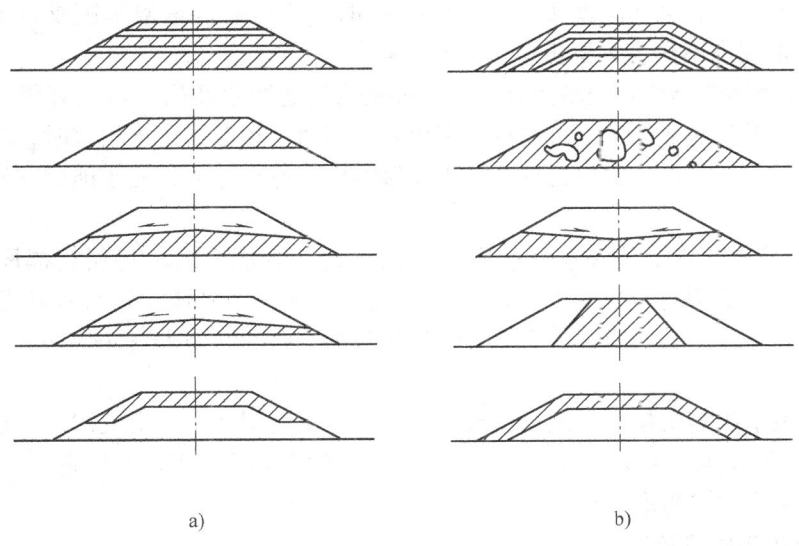

图 7-3 土质路堤填筑方案示意图
a) 正确方案   b) 不正确方案

密实程度，为此宜采用必要的技术措施。如选用振动式或锤式夯击机，选用沉陷量较小及粒径较均匀的砂石填料；路堤全宽一次成型；暂不修建较高级的路面，允许短期内自然沉落。

3）混合填筑。混合填筑指路堤下层采用竖向填筑法而上层采用水平分层填筑法，因而其上部经分层碾压容易达到足够的压实度，如图 7-5 所示。必要时可考虑参照地基加固的注入、扩孔或强夯等措施，以保证填土具有足够的密实度。

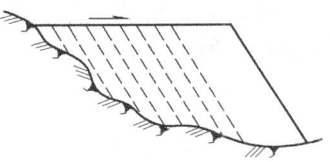 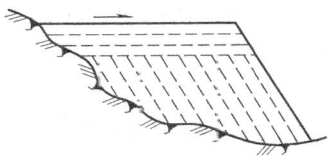

图 7-4 竖向填筑方案示意图        图 7-5 混合填筑方案示意图

土质路堤填筑所使用的机械设备有平土机、推土机、铲运机等机具。

(2) 桥涵等构造物处的填筑   桥台台背、涵洞两侧及涵顶、挡土墙墙背的填筑在这些构造物基本完成后进行，由于场地狭窄，又要保证不损坏构造物，填筑压实比较困难，而且容易积水。如果填筑不良，完工后填土与构造物连接部分出现沉降差，就会发生跳车，影响行车的速度、舒适与安全，甚至影响构造物的稳定，养护期间要经常修补路面，也会导致堵塞交通。所以要注意选好填料和认真施工。

1）填料。在下列范围内一般应选用渗水性土填筑：台背顺路线方句，上部距翼墙尾端不少于台高加 2m，下部距基础内缘不少于 2m；拱桥台背不少于台高的 3～4 倍；涵洞两侧不少于孔径的 2 倍；挡土墙墙背回填部分。如果台背采用渗水土有困难时，在冰冻地区自路堤顶面起 2.5m 以下，非冰冻地区高水位以下，可用与路堤相同的填料填筑。特别要注意，不要将构造物基础挖出来的劣质土混入填料中。

2）填筑。桥台背后填土应与锥坡填土同时进行，涵洞、管道缺口填土，应在两侧对称均匀回填；涵顶填土的松铺厚度小于 50~100cm 时，不得通过重型车辆或施工机械；靠近构造物 100cm 范围内不得有大型机械行驶或作业。

3) 排水。桥涵等结构物处填土在施工中要竭力防止雨水流入；对已有积水应挖沟或用水泵将其排除。对于地下渗水，可设盲沟引出。当不得不用非渗水土填筑时，应在其上设置横向盲沟或用黏土等不透水材料封顶。挡土墙墙背应作好反滤层，使水能顺利地从泄水孔流出去。

4) 压实。应在接近最佳含水率状态下分层填筑，分层压实。每层松铺厚度不宜超过 20cm。密实度应达到设计要求。如设计无专门规定，则按路基压实度标准执行。用非渗水土填筑时，必须加强压实措施，或对填土性能进行改善处理（如掺生石灰），以提高强度和减少雨水的渗入。

为了保证填土压实质量，在比较宽阔部位应该尽量使用大型压实机械，只是在临近构造物边缘及涵顶 50cm 内，才采用小型夯压机械，分薄层夯压密实。夯压遍数应通过试验确定，以达到压实度要求为准。

### 4. 填土压实与质量控制

在公路路基修筑过程中，常常会遇到天然土层强度较低，经汽车荷载作用则产生较大沉陷而影响工程质量的现象。尤其是取土填筑路基时，由于原有结构状态被施工挖运破坏，致使其结构松散、强度降低、水稳性差。土在压实过程中，因土粒受到瞬时荷重或振动力的作用，使土粒调整位置重新组合，彼此挤紧，较小颗粒被挤入较大颗粒间的空隙中。颗粒位置转移稳定，空隙缩小，土的单位质量提高，形成密实整体，从而致使强度增加，稳定性提高。为了使路基具有足够的强度与稳定性，必须予以压实，以提高其密实程度。所以路基的压实工作是路基施工过程中一个重要工序，也是提高路基强度与稳定性的根本技术措施之一。大量试验和工程实践还证明：土基压实后，路基的塑性变形、渗透系数、毛细水作用及隔温性能等均有明显改善。因此，压实是改善土工程性质的一种经济合理措施。土质路基压实施工如图 7-6 所示。

（1）影响压实效果的主要因素　根据试验研究可知，土的压实过程和结果受到多种因素的影响。对具有塑性的细粒土，影响压实效果的因素有内因和外因两方面：内因主要是土质和含水率，外因主要是压实功能、压实机具和压实方法等。掌握这些因素的规律，对深入了解土的压实原理和指导压实工作，都有重要的意义。

1) 含水率对压实效果的影响。土中含水率对压实效果的影响比较显著，只有在最佳含水率的情况下压实效果最好。并且，在最佳含水率情况下压实的土水稳性最好。

图 7-6　土质路基压实施工图

2) 土质对压实效果的影响。不同的土质，其压实效果不同。如图 7-7 所示，不同的土质具有不同的最佳含水率及最大干密度。

3) 压实功对压实效果的影响。压实功系指压实机具重量、辗压次数、作用时间等。通常对同一种土,随着压实功的增大,最佳含水率会随之减小而最大干密度随之增加。当含水率一定时,压实功越大则密实度越高。因此,增大压实功是提高土基密实度的又一种方法,但压实功增加到一定程度后,土的密度增长就不明显了,这表明,对于某一种土来说,如果超过某一限度,再采用增加压实功的办法来提高土的密实度就不经济了。

4)压实机具和压实方法对压实效果的影响。不同的压实机具的压力作用深度不同,因而其压实效果也不同。通常夯击式作

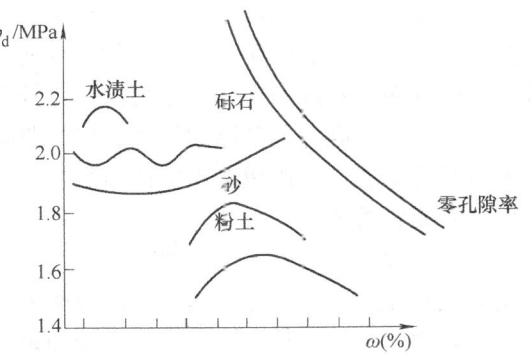

图 7-7 几种土质的压实曲线对照图

用深度最大,振动式次之,静力辗压式最浅。根据这一特性即可确定各种机具的最佳压实厚度,然而一种机具的作用深度在压实过程中并不是固定不变的。例如,光面碾开始碾压时,因土体松软,压力传递较深,但随着碾压次数的增加,土的强度相应提高,其作用深度就逐渐减小。不同压实厚度其压实效果也不同。通常情况下,夯击不宜超过 20cm,8~12t 光面碾不宜超过 20~30cm。压实作用时间越长,土密实度越高,但随时间进一步加长,其密实度的增长幅度会逐渐减小,故压实时,要求压实机具以较低速度行驶,以便达到预期的压实效果。

(2)路基压实标准  在路基施工中,用压实度表征土基密实程度的指标。压实度是指压实后土的干密度与该种土室内标准击实试验下所得的最大干密度之比。压实土体的干密度可按下式计算

$$\rho_d = \rho_\omega / (1 + 0.01\omega) \tag{7-1}$$

式中  $\rho_\omega$——土的湿密度($g/cm^3$);

$\omega$——土的含水率(%)。

不同道路等级及路床不同深度,其压实度要求不同。道路等级越高压实度要求也越高。路基上部压实度比路基下部为高。路基压实过程中只有达到规定的压实度,才能保证路基的强度和稳定性。土质路基(含土石混填)的压实度标准见表 7-2。

表 7-2  土质路基压实度标准

| 填挖类别 | 路床顶面以下深度/m | 路基压实度(%) | | |
|---|---|---|---|---|
| | | 高速公路、一级公路 | 二级公路 | 三、四级公路 |
| 零填及挖方 | 0~0.30 | ≥96 | ≥96 | ≥94 |
| | 0.30~0.80 | ≥96 | ≥95 | — |
| 填方 | 0~0.80 | ≥96 | ≥95 | ≥94 |
| | 0.80~1.50 | ≥94 | ≥94 | ≥93 |
| | ≥1.50 | ≥93 | ≥92 | ≥90 |

注:1. 表列压实度以重型击实法为准。
    2. 平均年降雨量少于 150mm 且地下水位低的特殊旱地区,压实度标准可降低 2%~3%。
    3. 过湿或多雨地区,土的含水率超过最佳含水率 5% 时,应采取综合稳定技术处理后再压实。

压实度是以室内标准击实试验所得最大干密度为标准的。同一压实度时,如采用不同击实标准,其实际密实度是大不一样的。目前标准击实试验有轻型击实试验和重型击实试验两种。已经证明,对同一土体,重型击实比轻型击实可获得更高的最大干密度和相对较低的最佳含水率。随着高等级公路的发展,对公路路基质量的要求越来越高,因此,对高等级公路和城市重要干道,采用重型击实标准来控制压实度,对于确保路基路面质量,提高道路使用品质具有非常重要的意义。

(3) 压实方法及机械 压实土层的密实度随深度递减,表面5cm的密实度最高。填土分层的压实厚度和压实遍数与压实机械类型、土的种类和压实度要求有关,应通过试验路来确定。同样质量的振动压路机要比光轮静碾压路机的压实有效深度大1.5~2.5倍。如果压实遍数超过10遍仍达不到压实度要求,则继续增加遍数的效果很小,不如减小压实层厚。

碾压时,横向接头的轮迹应有一部分重叠,对振动压路机一般重叠40~50cm,对三轮压路机一般重叠1/2后轮宽;前后相邻两区段宜纵向重叠1~1.5m。应做到无漏压、无死角和确保碾压均匀。

压路机行驶速度过慢则影响生产率,行驶过快则对土的接触时间过短,压实效果较差。一般光轮静碾压路机的最佳速度为2~5km/h,振动压路机为3~6km/h。所以各种压路机械的最大速度不宜超过4km/h。对压实度要求高,以及铺土层较厚时,行驶速度更要慢些。碾压开始宜用慢速,随着土层的逐步密实,速度逐步提高。压实时的单位压力不应超过土的强度极限,否则土体将会遭到破坏。开始时土体较疏松,强度低,故宜先轻压,随着土体密度的增加,再逐步提高压强。所以,推运摊铺土料时,应力求机械车辆均匀分布行驶在整个路堤宽度内,以便填土得到均匀预压。否则要采用轻型光轮压路机(6~8t)进行预压。正式碾压时,若为振动压路机,第一遍应静压,然后由弱振至强振。

碾压时,在直线路段和大半径曲线路段,应先压边缘,后压中间;小半径曲线地段因有较大的超高,碾压顺序宜先低(内侧)后高(外侧)。路堤边缘往往压实不到,仍处于松散状态,雨后容易滑坍,故两侧可采取多填宽度40~50cm,压实工作完成后再按设计宽度和坡度予以刷齐整平。也可以采用卷扬机牵引的小型振动压路机从坡脚向上碾压,或采用人工拍实。坡度不陡于1:1.75时,可用履带式推土机从下向上压实。

不同的填料和场地条件要选择不同的压实机械。常用的压实设备有光面碾、羊足碾、轮胎碾、振动碾、夯实机等,技术性能可检阅相对应的机械设备。

(4) 压实质量控制 土的压实应在接近最佳含水率的情况下进行。天然土通常接近最佳含水率,因此填铺后应随即碾压。含水率过大时,应将土摊开晾晒至要求的含水率时再整平压实。填土接近最佳含水率的容许范围,与土的种类和压实度要求有关。在一定的压实度要求情况下,砂类土比细粒土的范围大;在同一种土类的情况下,压实度要求低的比要求高的范围大。范围的具体值可从该种土的击实试验曲线上查得,即在该曲线图的纵坐标上按要求的干密度处画一横线,此线与曲线相交的两点所对应的含水率就是它的范围。

天然土过干需要加水时,可在前一天于取土地点浇洒,使水均匀渗入土中;也可将土运至路堤再用水浇洒,并拌和均匀。加水量可按下式估算

$$V = (\omega_0 - \omega)\frac{Q}{1+\omega} \tag{7-2}$$

式中 $V$——所需加水量(t);

图 7-8 几种压实机械设备
a) 三轮压路机  b) 铜轮压路机  c) 羊足碾  d) 冲击式压路机

$\omega$ ——天然土的含水率（以小数计）；

$\omega_0$ ——最佳含水率（以小数计）；

$Q$ ——需加水的土的质量（t）。

此外还应增加洒水至碾压时的水分蒸发消耗量。

在压实过程中，施工单位的自检人员应经常检查压实度是否符合要求。压实度试验方法可采用环刀法、蜡封法、水袋法、灌砂法或核子密度湿度仪法。环刀法适用于细粒二，灌砂法适用于各类土。核子密度湿度仪应与环刀法、灌砂法等进行对比标定后才可应用。

每一压实层均应检验压实度，合格后方可填筑其上一层。

## 7.1.3 土质路堑开挖

**1. 开挖方式的确定**

路堑施工就是按设计要求进行挖掘，并将挖掘出来的土方运到路堤地段作填料，或者运往弃土地点。它虽然不像路堤填筑那样有填料的选择和分层压实等问题，但是路堑是由天然地层构成的，天然地层在生成和演变的长期过程中，一般具有复杂的地质结构。处于地壳表层的路堑边坡，开挖暴露于大气中，受到各种自然的和人为因素的影响，比路堤边坡更容易发生变形和破坏。路堑边坡的稳定与施工方法有着密切的关系，例如，施工开挖边坡过陡，弃土堆距坡顶太近，施工中排水不良，支挡工程未及时做好，都会引起边坡失稳，发生坍滑。

路堑开挖方式应根据路堑的深度和纵向长度，以及地形、土质、土方调配情况和开挖机械设备条件等因素确定，以加快施工进度和提高工作效率。路堑开挖可根据具体情况采用横挖法、纵挖法或混合式开挖法。

**2. 横挖法**

从路堑的一端或两端按横断面全宽逐渐向前开挖，称为横挖法。这种开挖方法适用于较短的路堑。

路堑深度不大时，可以一次挖到设计标高，称单层横挖法，如图 7-9 中 a 所示；路堑深度较大时，可分成几个台阶进行开挖，称分层横挖法，如图 7-9 中 b 所示，各层要有独立的出土道和临时排水设施。用人力按分层横挖法开挖路堑时，每层深度视工作与安全而定，一般宜为 1.5~2.0m，无论自两端一次横挖到路基标高或分台阶横挖，均应设单独的运土通道及临时排水沟。分层横挖使得工作面纵向拉开，多层多向出土，可以容纳较多的施工机械，加快了开挖速度。若用挖掘机配合自卸汽车进行，台阶高度可采用 3~4m。

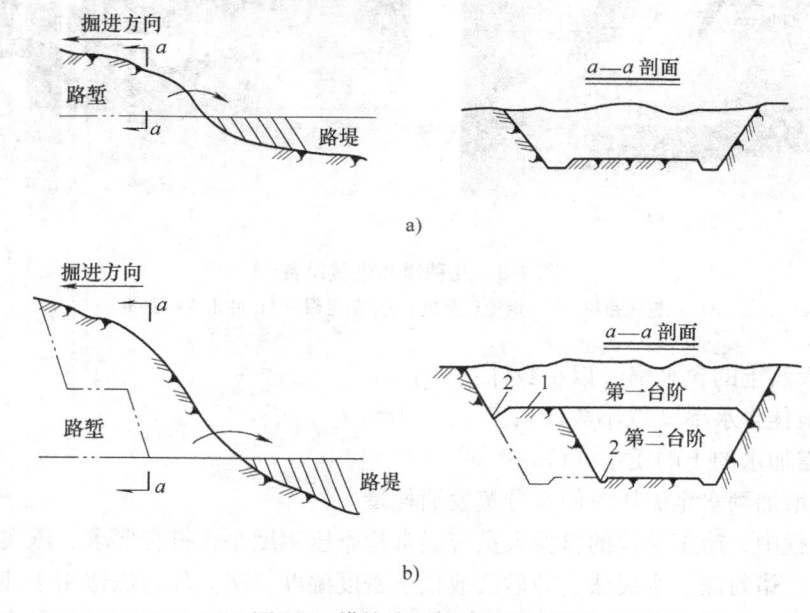

图 7-9 横挖法开挖路堑示意图
a）单层横挖法 b）分层横挖法

**3. 纵挖法**

沿路堑纵向将高度分成不大的层次依次开挖。纵挖法适用于较长的路堑。

如果路堑的宽度及深度都不大，可以按横断面全宽纵向分层挖掘，称为分层纵挖法，如图 7-10 中 a 所示。如果路堑的宽度及深度都比较大，可沿纵向分层、每层先挖出一条通道，然后开挖两旁，称为通道纵挖法，如图 7-10 中 b 所示，通道可作为机械通行或出口路线，以加快施工速度。分段纵挖法是沿路堑纵向选择一个或几个适宜处，将较薄一侧路堑横向挖穿，使路堑分成两段或数段，各段再进行纵向开挖的方法，如图 7-10 中 c 所示。分段纵挖法适用于路堑较长，运距较远的路堑。

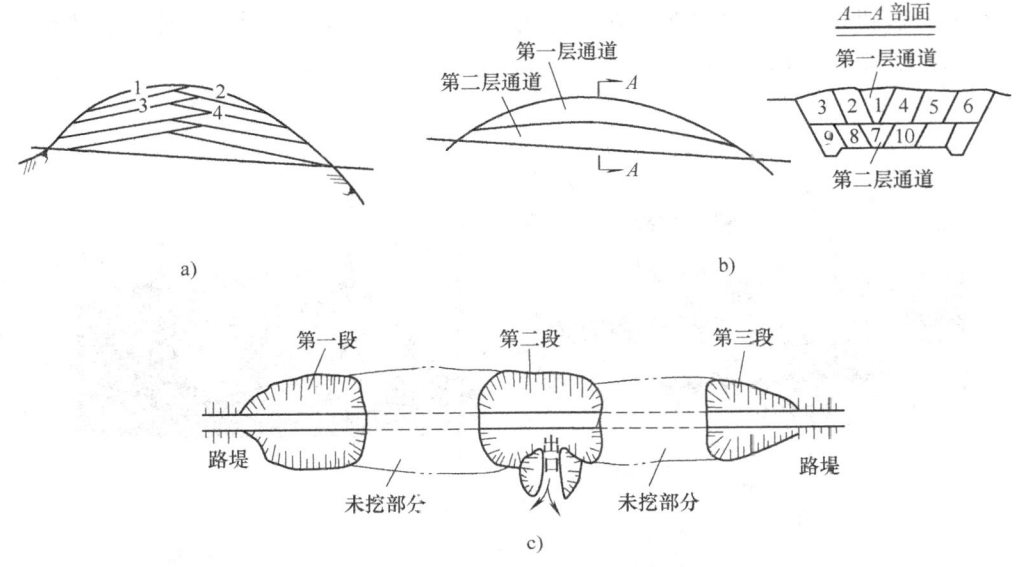

图 7-10　纵挖法开挖路堑示意图
a）分层纵挖法　b）通道纵挖法　c）分段纵挖法

**4. 混合式开挖法**

混合式开挖法是将横挖法、通道纵挖法混合使用，先沿路堑纵向开挖通道，然后沿横向开挖横向通道，再双通道沿纵横向同时掘进，每一坡面应设一个施工小组或一台机械作业。如图 7-11 所示。

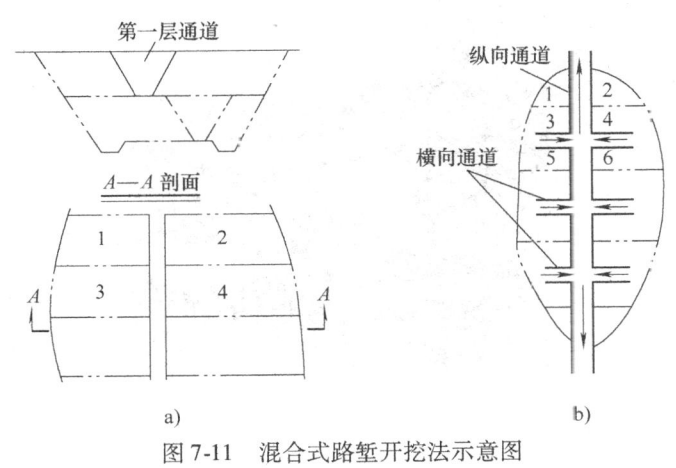

图 7-11　混合式路堑开挖法示意图
a）横面和平面　b）平面纵、横通道示意图

## 7.1.4　土方机械化施工

**1. 土方施工机械及其作业方式**

路堑土方应按工程的具体情况，选备适宜的挖掘机械、装运机械、平整机械和压实机

械，最大限度地发挥机械的效能。路基工程准备工作到整修工作，作业项目很多，选用机械要从技术和经济两个方面并结合本单位本工点的具体情况来考虑。路基土方工程适用的机械按土质、运距、土方量和场地大小等因素而定，应当选用在技术性能上最适合于该项作业的机械。但每一种机械常可完成几种作业，因此，现场缺乏某种机械时，经常采用以下土方机械的作业方法，如图7-12所示。

图 7-12 几种土方施工机械
a）推土机 b）装载机 c）铲运机 d）平地机 e）挖掘机

（1）推土机作业 推土机作业由切土、运土、卸土、倒退（或折返）、回空等过程组成一个循环。影响作业效率的主要因素是切土和运土两个环节。因此，以最短的时间和距离切满土，尽可能减少土在推运中的散失，是衡量推土机作业方式优劣的依据。基本作业方式有抗槽推土（图 7-13a）、波浪式推土（图 7-13b）、并列推土（图 7-13c）、下坡推土（图 7-13d）及接力推土五种。

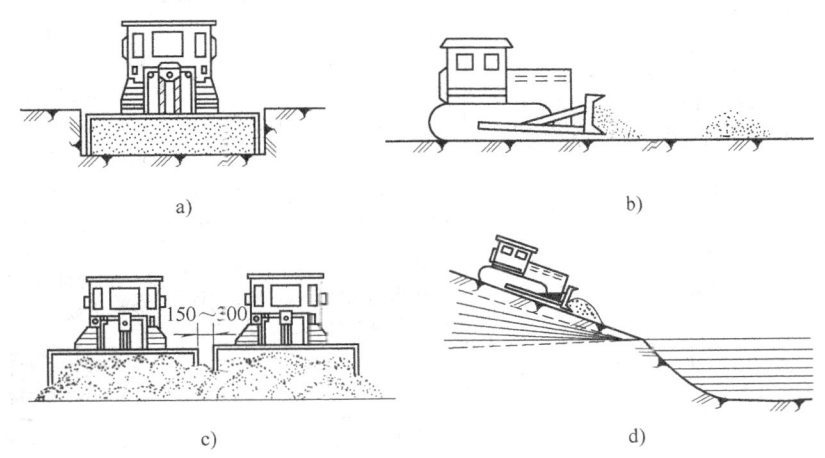

图 7-13　推土机作业
a）坑槽推土　b）波浪式推土　c）并列推土　d）下坡推土

（2）铲运机作业　铲运机能够独立完成土方的铲装、运输、铺填、整平和预压等项作业，而且具有相当的机动灵活性，主要用于运输距离大、土方量集中的铲运工作。铲运机的作业由铲装、运送、卸铺、回程四个过程组成一个循环。欲提高铲运机效率，应尽量在最短的距离和时间内装满铲斗，在运送和回空中应尽量提高速度。铲运机有以下几种铲土方法：一般铲土、波浪式铲土、跨铲铲土、下坡铲土、顶推铲土。

（3）挖掘机作业　挖掘机有正铲挖掘机、反铲挖掘机、拉铲挖掘机之分。正铲挖掘机的基本作业方式有侧向开挖、正向开挖；反铲挖掘机的基本作业方式有沟端开挖、沟侧开挖；拉铲挖掘机的基本作业方式有沟侧开挖、沟端开挖。

（4）装载机作业　装载机是一种工作效率较高的铲土运输机械，它兼有推土机和挖掘机两者的工作能力，可以进行铲掘、挂运、整平、装载和牵引等多种作业。其优点是适应性强，作业效率高，操纵简便，是一种发展较快的循环作业式机械。装载机与运输车辆配合，可采用如下作业方式："I"字形作业 "V"字形作业 "L"字形作业。

（5）平地机作业　平地机是一种铲土、运土、卸土同时进行的连续作业机械。主要工作装置是一把刮刀，它可以调整四种作业动作，即刮刀平面回转，刮刀左右端升降，刮刀左右引伸和刮刀机外倾斜，来完成刮刀刀角铲土侧移、刮刀刮土侧移、刮刀刮土直移和机身外刮土等作业。

**2. 施工机械选择**

各种土方机械按其性能可以完成路基土方的部分或全部工作。选择机械种类和操作方案，是组织施工的第一步，为能发挥机械的使用效率，必须根据工程性质、施工条件、机械性能及需要与可能，择优选用。

根据以往工程实践经验的总结，几种常用的土方机械适用范围见表 7-3；按施工条件选择土方机械时，则可参考表 7-4。

表 7-3　常用土方机械适用范围

| 机械名称 | 适用的作业项目 | | |
|---|---|---|---|
| | 施工准备工作 | 基本土方作业 | 施工辅助作业 |
| 推土机 | 1. 修筑临时道路；<br>2. 推倒树木，拔除树根；<br>3. 铲草皮，除积雪及建筑碎屑；<br>4. 推缓陡坡地形，整平场地；<br>5. 翻挖回填井、坑、陷穴、坟 | 1. 高度3m以内的路堤和路堑土方；<br>2. 运距100m以内土的挖、填与压实；<br>3. 傍山坡挖填结合路基土方 | 1. 路基缺口土方的回填；<br>2. 路基粗平，取弃土方的整平；<br>3. 填土压实，斜坡上挖台阶；<br>4. 配合挖掘机与铲运机松土、运土 |
| 铲运机 | 1. 铲运草皮；<br>2. 移运孤石 | 运距600~700m以内的挖土、运土、铺平与压实（高度不限） | 1. 路基粗平；<br>2. 借土坑与弃土堆整平 |
| 自动平地机 | 除草、除雪、松土 | 修筑高0.75m以内路堤与深0.6m以内路堑，以及填挖结合路基的挖、运、填土 | 开挖排水沟、平整路基，修整边坡 |
| 松土机 | 翻松旧路面、清除树根与废土层、翻松硬土 | | 1. 硬质土的翻松；<br>2. 破碎0.5m内的冻土层 |
| 挖掘机 | | 1. 半径7m以内的挖土与卸土；<br>2. 装土供汽车远运 | 1. 挖沟槽与基坑；<br>2. 水下捞土（反向铲土等） |

表 7-4　选择土方机械的施工条件

| 路基形式及施工方法 | 填挖高度/m | 土方移运水平直距/m | 主要施工机械名称 | 机械施工运距/m | 最小工作地段长度/m |
|---|---|---|---|---|---|
| （一）路堤 | | | | | |
| 路侧取土 | <0.75 | <15 | 自动平土机 | — | 300~500 |
| 路侧取土 | <3.00 | <40 | 80马力推土机 | 10~40 | — |
| 路侧取土 | <3.00 | <60 | 100~140马力推土机 | 10~60 | — |
| 路侧取土 | <6.00 | 20~100 | 6m³拖式铲运机 | 80~250 | 50~80 |
| 路侧取土 | >6.00 | 50~200 | 6m³拖式铲运机 | 250~500 | 80~100 |
| 远运取土 | 不限 | <500 | 6m³拖式铲运机 | <700 | >50~80 |
| 远运取土 | 不限 | 500~700 | 9~12m³拖式铲运机 | <1000 | >50~80 |
| 远运取土 | 不限 | >500 | 9m³自动铲运机 | >500 | >50~80 |
| 远运取土 | 不限 | >500 | 自卸汽车运土 | >500 | (5000m³) |
| （二）路堑 | | | | | |
| 路侧弃土 | <0.60 | <15 | 自动平土机 | — | 300~500 |
| 路侧弃土 | <3.00 | <40 | 80马力推土机 | 10~40 | — |
| 路侧下坡弃土 | <4.00 | <70 | 100~140马力推土机 | 10~70 | — |
| 路侧弃土 | <6.00 | 30~100 | 6m³拖式铲运机 | 100~300 | 50~80 |
| 路侧弃土 | <15.0 | 50~200 | 6m³拖式铲运机 | 300~600 | >100 |
| 路侧弃土 | >15.0 | >100 | 9~12m³拖式铲运机 | <1000 | >200 |
| 纵向利用 | 不限 | 20~70 | 80马力推土机 | 20~70 | — |
| 纵向利用 | 不限 | <100 | 100~140马力推土机 | <100 | — |
| 纵向利用 | 不限 | 40~600 | 6m³拖式铲运机 | 80~700 | >100 |
| 纵向利用 | 不限 | <800 | 9~12m³拖式铲运机 | <1000 | >100 |
| 纵向利用 | 不限 | >500 | 9m³自动铲运机 | >500 | >100 |
| 纵向利用 | 不限 | >500 | 自卸汽车运土 | >500 | (5000m³) |
| （三）半填半挖 | | | | | |
| 横向利用 | 不限 | <60 | 80~140马力斜角推土机 | 10~60 | — |

注：表中均指中等坚硬类土，如土质坚硬时应选用松土机将土疏松。（1马力 = 735.498W）

## 7.2 石质路基施工

### 7.2.1 填石路堤施工

在山丘地区，路基石方占有相当大的比例，石质路堤是一种最常见、最普遍的路基形式。因此，研究石质路堤的施工具有重要的意义。

**1. 填料的选择**

暴露在大气中容易风化的石块通常不宜作为路堤填料。在料源困难而需采用时，应视作填土，边坡坡度和形状按土质路堤处理。填筑必须分层，较大石块应大面朝下摆平放稳，石块之间要用碎石和石屑填满铺平，采用重型振动压路机认真碾压，尽量将能压碎的风化石块压碎。

用不易风化的石块填筑路堤，其边坡坡度和形状按填石路堤考虑。填石路堤一般也应分层填筑，每层厚度对高速公路或一级公路不宜超过0.5m，其他公路不要超过1m。填石路堤的石料强度不应小于15MPa；用于护坡的不应小于20MPa。填石路堤的石料最大粒径应不大于500mm，并不宜超过层厚的2/3，不均匀系数宜为15~20。高速公路、一级公路填石路堤路床顶面以下50cm范围内的填料最大粒径不大于10cm，并分层填筑分层压实。压实前需用大型推土机将层面推平，局部要用细石粒人工找平。然后用12t以上的振动压路机碾压，或用2.5t以上的夯锤夯击，碾压或夯击的遍数可通过试验确定，以达到要求密实度为准，通常，路堤上部碾压6~7遍，下部可以少碾压1~2遍。

特殊情况下允许采用倾填办法施工，如用推土机将爆破后的石块直接推入路堤。这时要求倾填前先用较大石块码砌，当填石路堤高度大于6m时，其码砌厚度不小于2m，当填石路堤高度小于6m，其码砌厚度不小于1m，以免边坡部分松散不实。但路槽底面以下4m范围内仍应采用分层填筑，以提高密实度，减少不均匀沉陷。

路槽底面以下30cm范围内，不得含有粒径大于15cm的石块，以利路面受力均匀和结构良好。路床填料粒径应小于100mm。

**2. 填筑工艺**

路堤宜采用水平分层填筑，即按照横断面全宽分成水平层次，逐层向上填筑。如原地面不平，应从最低处分层填起，每填一层经过压实符合规定要求后，再填上一层。原地面纵坡大于12%地段，可采用纵向分层填筑法施工，沿纵坡分层，逐层填压密实。但填至路堤的上部，仍应采用水平分层填筑法。水平分层填筑是填筑路基的基本方法，它最能保证填土质量，一般均应采用。

(1) 同一路段上用到不同性质填料时注意的问题

1) 不同性质的填料要分别分层填筑，不得混填，以免内部形成水囊或薄弱面，影响路堤稳定。

2) 路堤上部受车辆荷载的作用影响较大，故一般宜将水稳性、冻稳性较好的土填在路堤的上部；但路堤的下部可能受水浸淹时，也宜用水稳性好的土填筑。

3) 透水性较大的土填在透水性较小的土之下时，如果两者粒径相差悬殊，应在层间加铺过渡垫层，以免上层的细颗粒散落到下层内；如果透水性较小的土填在透水性较大的土之下时,其顶面应作成4%的双向向外横坡,以免积水。

4)沿纵向同层次要改变填料种类时,应做成斜面衔接,且将透水性好的填料置于斜面的上面为宜。

5)填方相邻作业段交接处若非同时填筑,则先填地段应按1∶1坡度分层留好台阶;若同时填筑,则应分层相互交叠衔接,搭头长度不得少于2m。

(2)石质路堤填筑要求

1)路堤施工前,应先修筑试验路段(图7-14a),确定满足表7-5中孔隙率标准的松铺厚度、压实机械及组合、压实速度及压实遍数、沉降差等参数。

表7-5 填石路堤压实质量标准

| 分 区 | 路床顶面以下深度/m | 硬质石料孔隙率(%) | 中硬石料孔隙率(%) | 软质石料孔隙率(%) |
|---|---|---|---|---|
| 上路堤 | 0.8~1.5 | ≤23 | ≤22 | ≤20 |
| 下路堤 | >1.5 | ≤25 | ≤24 | ≤22 |

a)                    b)                    c)

图7-14 填石路堤施工
a)试验段 b)填筑碾压 c)填到设计标高

2)路床施工前,应先修筑试验路段,确定能达到最大压实干密度的松铺厚度、压实机械及组合、压实速度及压实遍数、沉降差等参数。

3)二级及二级以上公路的填石路堤应分层填筑压实。二级以下砂石路面公路在陡峻山坡地段施工特别困难时,可采用倾填的方式将石料填筑于路堤下部,但在路床底面以下不小于1.0m范围内仍应分层填筑压实。

4)岩性相差较大的填料应分层或分段填筑。严禁将软质石料与硬质石料混合使用。

5)中硬、硬质石料填筑路堤时,应进行边坡码砌。码砌边坡的石料强度、尺寸及码砌厚度应符合设计要求。边坡码砌与路基填筑宜基本同步进行。

6)压实机械宜选用重量不小于18t的振动压路机。

7)在填石路堤顶面与细粒土填土层之间应按设计要求设过渡层。

(3)施工工序

1)施工准备。

① 对原地面处理:清除原地面草皮、耕作物、树根、淤泥、腐殖土等有害物质,用压路机碾压至规定的压实度,检测合格后进行下一道工序。

② 确定取料场的位置,制定采集方案,配备自卸车及附属机械,规划便道。

③ 对填料做标准试验，同一作业段材料尽量材质均匀，达到填石路堤的质量要求，骨料比例、细料含量、塑性指数等符合规定。

④ 每一种填料开始填筑前应制作试验路段，验证压路机型、铺填厚度、碾压遍数、检测质量方法和控制方法。

2) 测量放样。

① 复核中桩线位、水准点高程和中桩标高。

② 按纵向设计标高和横断面设计图，逐桩放样。

③ 钉出中心桩和边桩，设置标杆，标出每层的填筑高度，挂线施工。

④ 设置好观测沉降量的基准点和桩位。

3) 按指定位置，并经监理工程师批准的取料场，用推土机清除覆盖后，用推土机或装载机或挖掘机按填料要求进行备料，监理工程师签认"材料许可证"。

4) 选用大吨自卸汽车运料至施工路段内，运用"车推法"摊铺。首先进一车石料卸在填筑地段，推土机马上根据填石路堤允许松铺厚度处起铲摊平，然后第2车料卸在第1车料推平的末端，第1车料的石块就均匀地被压在下面，细料在表面嵌缝，这样填石路堤表面看不见凸石，既平整又顺适，又便于压实。

5) 分层填筑用推土机配合人工整平。

① 逐层填筑时，应安排好石料运输路线，派人指挥，按水平分层，先低后高，先两侧后中间卸料，并用大型推土机摊平。个别不平处应配合人工用细石块、石屑找平。虚铺厚度按规定一般路床以下 0~50cm 为 30cm；50cm 以下为 40cm。

② 如石块天然级配较差，粒径大，石块间的空隙较大时，可于每层表面的空隙里扫入石渣、石屑、中粗砂或砂砾，再以压力水将砂冲入下部，反复数次，使空隙填满。

③ 对于大于 20cm 的石块进行人工拣出或砸碎。如填料颗粒非常均匀，无细料填充时，可人工用小石块找平，石屑塞缝，最后压实。

④ 如果填料中粒径 20cm 以上的石块较多时，边坡外侧可选用未风化的坚硬石料砌筑，厚度不小于 1.0m，可以起到封路基的作用。

6) 洒水。填石路堤不同于土质路基，难以确定最大干密度和最佳含水率，在路堤填筑过程中根据填料颗粒组成和石料性质，由现场监理人员同意，可适量洒水，使路基表面平整。

7) 碾压和整形。填石路堤只有选用振动压路机才能达到最佳压实度。碾压速度不宜大于 3km/h，碾压时直线段由两边向中间，小半径曲线段由内侧向外侧，纵向进退式进行。纵向接头搭压不小于 2m，横向接头轮迹重叠 1/3，直到无漏压、无死角，确保碾压均匀。按设计断面进行边坡整修，达到平整、无悬石。每层填筑时，留有超宽（每侧各 25cm），边坡坡度按 1:5 控制，施工时路拱为 2%，路床顶面按 1.5% 控制。

8) 检查压实度。填石路堤的压实度检测采用"沉降量观测法"，沿路纵向每 20m 一处，横向不小于 3 点（即左、中、右各一点），但每 100m² 不少于 10 点，定点观测每层压实后表面标高。

填石路堤施工工艺流程如图 7-15 所示。

**3. 压实及质量控制**

填石路堤的密实度用判断方法检查，即重型振动压路机分层碾压，达到用锹难以挖动，须用撬棍才能松动且坑壁稳定，或者重锤下落不下沉及发生弹跳时，均可认为密实度已满足要求。

## 7.2.2 石质路堑开挖

路基石方除软石的松软部分可用大马力推土机松动，或人力使用撬棍、十字镐、大锤松动开挖外，软石的紧密部分及次坚石、坚石通常采用爆破法开挖。有条件时宜采用松土法开挖，局部情况可采用破碎法开挖。松土法及破碎法均属于非爆破开挖石方的施工方法。

**1. 爆破法开挖**

山区公路路基石方工程量大而且集中，据统计一般占土石方总量的45%～75%。爆破是石质路基施工最有效的方法，爆破还可以用于爆松冻土、淤泥、开采石料等。在公路工程中如能采用综合爆破施工方法，不但能保证功效高、工期短、占用劳动力少、成本降低，而且可以取顺直的路线布置方案，很值得提倡。

**2. 松土法开挖**

开挖岩石除了采用爆破法之外，松土法也越来越被广泛采用。松土法是充分利用岩体自身存在的各种裂面和结构面，用推土机牵引的松土器将

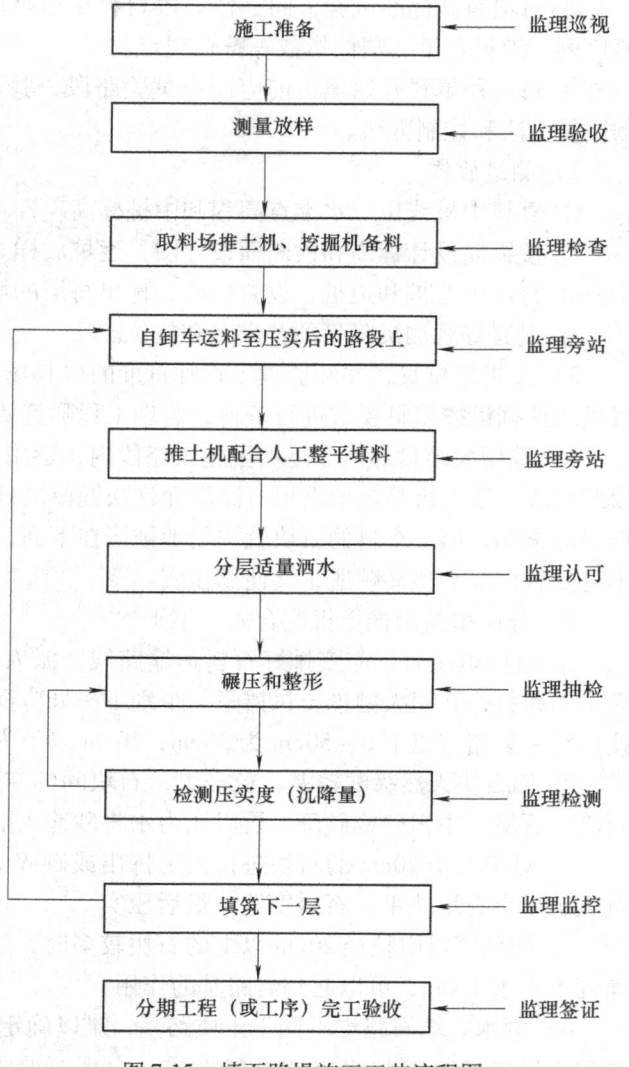

图 7-15 填石路堤施工工艺流程图

岩体翻碎，再用推土机或装载机与自卸汽车配合，将翻松了的岩块搬运出去。松土法避免了爆破法所具有的危险性，而且有利于开挖边坡的稳定及附近建筑物的安全。一般来说，松土法的作业效率比较高。随着推土机和松土器的大型化，能够采用松土法施工的范围也越来越广，从国外的实践和发展趋势看，只要能够使用松土法施工的场合，就应尽量不用爆破法施工。

砂岩、石灰岩、页岩等沉积岩是比较容易松开的岩石，因为这些岩石都有沉积层面，层厚越薄者越容易松开。花岗岩、玄武岩、安山岩等岩浆岩不成层状或带状，松开比较困难。片麻岩、片岩、石英岩等变质岩，松开的难易程度视岩体破裂面情况而异。

松土法的作业效率与岩体的裂面和风化程度有关。岩体被裂面分隔成较大块时，松开效率较好；岩体已裂成小块或粒状时，只能劈成沟槽，效率不高。

哪种型号松土器适合于哪种岩石，可以用上述岩石性质进行分析判断，也可以根据岩石

的室内试验（抗压强度、抗拉强度）来判断各种型号松土器的劈开性能。由于室内试验采用的是单块岩石，所得数据比实际的大，判断时应考虑到这一点。

以上各种判断选择松土器型号的方法，都有很大的局限性，最好的办法还是在现场用松土器直接进行松劈操作试验，从而得出切合实际的结果。

多齿松土器适于松动破碎而薄的岩体，单齿松土器适于松动较坚硬较厚的岩体。

松土作业方向应尽可能顺着岩层的下坡方向。松土间隔一般为 1.0～1.5m。遇到较坚硬的岩石，松土器难于贯入，或引起机械后部翘起及履带打滑，这时可用另一台推土机在后面顶推。若岩石较为完整与坚硬，也可以先进行适当的浅孔松动爆破，然后进行松土作业。

**3. 破碎法开挖**

破碎法开挖是用破碎机凿碎岩块（图7-16）。凿子装在推土机或挖掘机上。它利用活塞的冲击作用，使凿子产生冲击力，因此，其破碎岩块的能力决定于活塞的大小。破碎法宜用于岩体裂缝较多，岩块体积较小，抗压强度低于 100MPa 的岩石。破碎法的工作效率不高，不宜作为开挖岩石的主要方法，仅用于不能使用爆破法或松土法施工的局部场合。

图 7-16　石质路堑开挖机械

### 7.2.3　路基石方爆破

在山岭或丘陵地区开挖石质路堑时，如遇到坚硬的岩层，利用机械开挖不能进行施工时，通常都采用爆破的方法来进行，这是石质路基施工最有效的方法。在土石方大量集中的地段以及挖除冻土和大孤石时，也常用爆破法施工。爆破的目的是将坚石、孤石或冻土进行破碎或松动，然后利用推土机将其堆集，装载机装车运走。被破碎的石料多数用于填筑路堤，或被用于砌石工程及破碎成碎石料使用。石质路基爆破施工流程如图7-17所示。

**1. 常用爆破方法**

（1）钢钎炮（炮眼法）　这种炮由于炮眼直径小，装药量受限制，故爆破的石方量不大，一般不超过 10m³。因此，在路基石方工程集中时，应尽可能少用这种炮型。但是此法操作简便，对设计边坡外的岩体振动损害小，平均耗药量也少，机动灵活，因而它又是一种不可缺少的炮型。特别是在工程分散石方量小以及整修边坡、开挖边沟、炸孤石时，此法非常适用。此外，也常用此法为大型炮创造有利地形。

炮眼位置应选择在临空面多的地方。炮眼方向不要与岩石的节理和裂缝相平行，面应与之垂直，不可避免时则炮眼应离裂缝有一定距离，如图7-18所示，否则爆炸气体将会沿裂缝逸出。

图 7-17 石质路基爆破施工流程
a) 放样 b) 爆破 c) 开挖 d) 整形

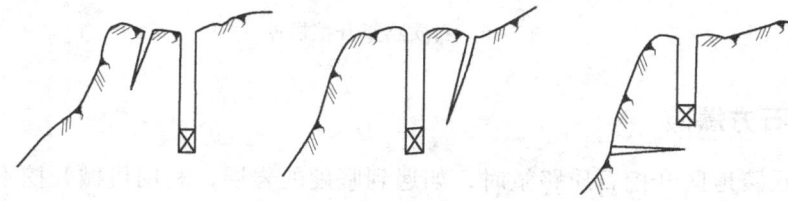

图 7-18 炮眼布置图

(2) 深孔法爆破 深孔爆破法炮眼孔径大于 75mm, 深度在 5m 以上。此法的爆破效率较高, 爆破时对路基边坡的影响比大型爆破要小, 所以深孔爆破比较安全, 爆破效果也易于控制, 但爆破后仍有 10% ~ 25% 的大石块, 需要第二次小爆破进行破碎, 以便于清方。

进行深孔爆破, 要事先将地面修成台阶形的梯段, 相当于在采石场内的"膛口", 其倾角最好为 60°~75°, 高度宜为 5~15m。炮孔分竖孔和斜孔两种, 如图 7-19 所示, 孔径在公路工程中以

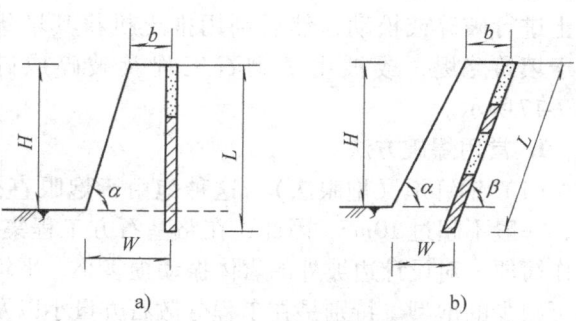

图 7-19 竖炮孔和斜炮孔梯段断面图
a) 竖炮孔 b) 斜炮孔
$L$—炮孔深度 $H$—台阶高度 $W$—抵抗线深度
$\alpha$—倾斜角 $b$—阶梯顶边缘至炮眼距离

100~150mm 为宜，超钻长度大致是梯段高度的 10%~15%，岩石坚硬者取大值。目前，深孔爆破已开始用于石方集中与地形较平缓的垭口或深路堑。

（3）葫芦炮（药壶炮或轰膛炮）　葫芦炮炮眼口径为 35~40mm，深 2.5~3.0m 以上，炮眼底部多次烘膛，成药壶形，将炸药集中装入"药壶"中进行爆破。由于炮眼底部容积增大，装药较多，因而可克服钢钎炮的缺点，增加爆破能量的利用率，从而提高爆破效果，所以它为公路施工所常用，如图 7-20 及图 7-21 所示。

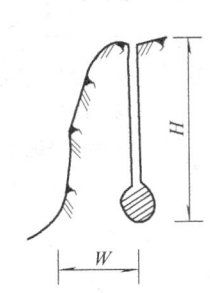
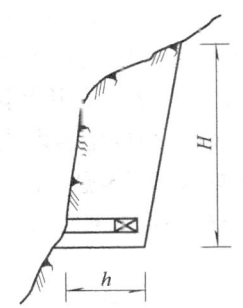

图 7-20　葫芦炮布置图　　　　图 7-21　猫洞炮布置图

（4）微差爆破　两相邻药包或前后排药包以毫秒的时间间隔（一般为 15~75ms）依次起爆。前发药包为后发药包开创了临空面，从而加强了岩石的破碎效果，减少了岩石夹制力，可节省炸药 20%。炮孔排列和起爆顺序可根据断面形状和岩性按图 7-22 所示分类。

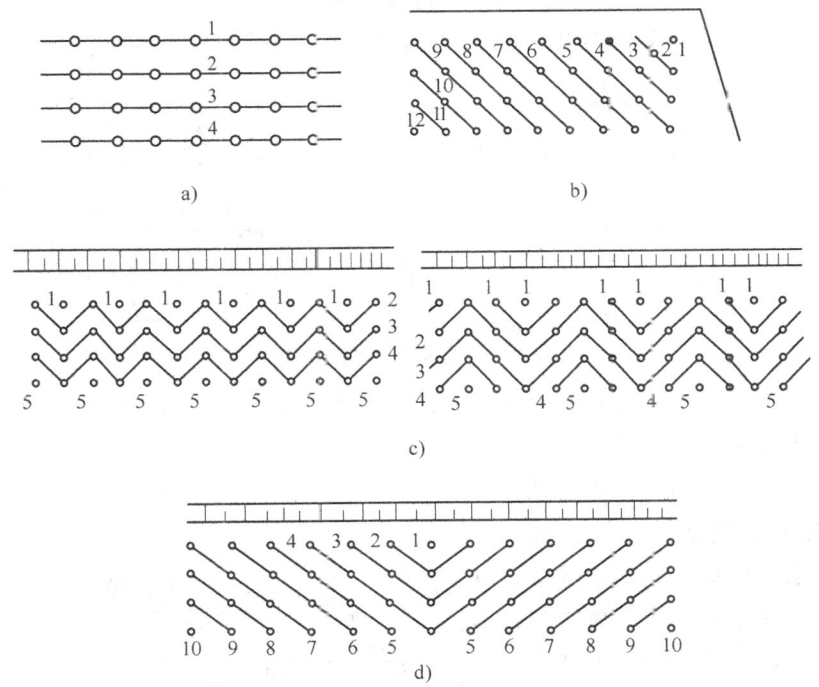

图 7-22　微差爆破各种起爆网络图（图中数字为起爆顺序）
a）直排依次顺序起爆法　b）斜排依次顺序起爆法　c）波形起爆网络　c）"V"字形起爆网络

（5）光面爆破和预裂爆破　光面爆破有侧向临空面，用控制抵抗线和药量的方法进行爆破，使之形成一个光滑平整的边坡。预裂爆破没有侧向临空面和最小抵抗线，用控制药量预先炸出一条裂缝，使拟爆体与山体分开，作为隔振减振带，以保护开挖界限以外山体或建筑物，减弱爆破的振动破坏。光面与预裂爆破后，在边坡壁上通常均留下半个炮孔的痕迹。

进行光面或预裂爆破时，应严格保持炮孔在同一平面内，炮孔间距 $a$ 和抵抗线 $W$ 之比应小于 0.8。装药量应适当控制，并采用合理的药包结构，通常使炮孔直径大于药卷直径 1~2 倍，或采用间隔药包、间隔钻孔装药。预裂炮的起爆时间在主炮之前，光面炮在主炮之后，其间隔时间可取 25~50ms。同一排孔必须同时起爆，最好用传爆线起爆，否则会影响爆破质量。其炮孔布置如图 7-23 所示。半壁路堑的炮孔布置如图 7-24 所示，全路堑的炮孔布置如图 7-25 所示。

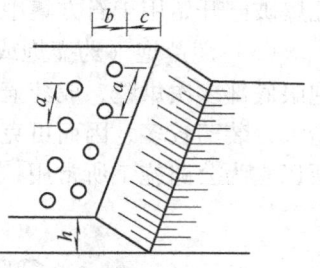

图 7-23 炮孔布置立面图
$a$—炮孔间距 $b$—炮孔排距
$c$—第一排炮孔至台阶边缘距离
$h$—台阶高度

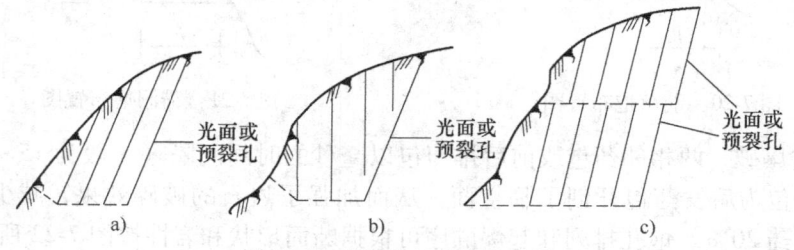

图 7-24 半壁路堑的炮孔布置
a）半壁路堑倾斜孔 b）半壁路堑垂直孔 c）半壁路堑分层布孔

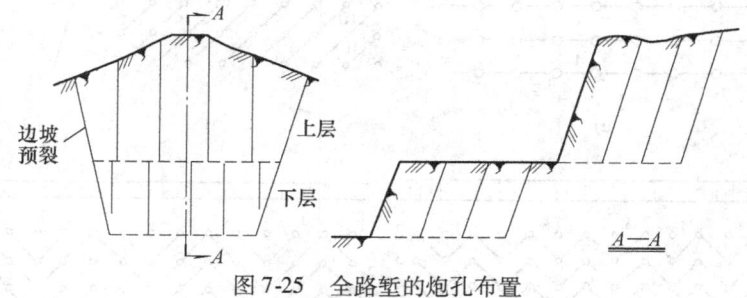

图 7-25 全路堑的炮孔布置

（6）洞室炮（药室法） 大型洞室爆破，威力大，效率高，可以缩短工期，节约劳力，技术安全可靠性也大；但如果使用不当，则可能破坏山体平衡，造成路基后遗病害。对于不良地质，如滑坡体、岩堆、断层破碎带、软弱地基以及在周围有重要建筑物、人烟稠密的村镇等路段，不宜进行大型洞室爆破。

洞室炮先开挖导洞通向药室，根据不同的条件先用平洞或竖井，如图 7-26 所示。洞室爆破主要用于石方

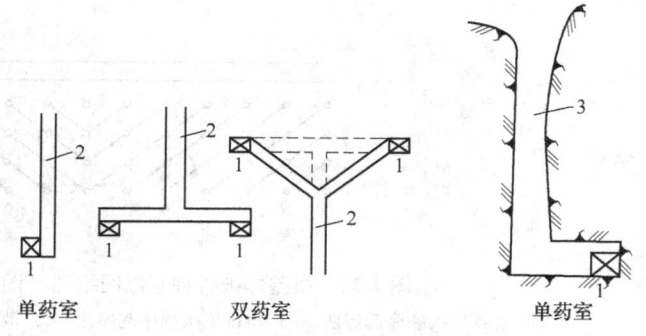

图 7-26 导洞与药室布置图
1—药室 2—平洞 3—竖井

大量集中、地势险要或工期紧迫的路段。

根据地形条件和路基断面形式，可分别选用以下洞室炮：

1) 如为平地拉槽路堑，石质大多是软石，通常采用稳定的扬弃爆破。
2) 如为傍山的深挖路堑及半填半挖路堑，岩石也较松软，临空面大，爆破时石块向低方向抛掷，通常采用斜坡地形的抛掷爆破。
3) 如自然地面坡度大于30°，地形地质条件复杂的半填半挖路堑，通常采用抛坍爆破。爆破后路堑边坡稳定。
4) 在公路工程中用于以借为填或多挖作填地段，特别是在深挖高填相间、工程最大的鸡爪形地区，采用定向爆破，一次可形成百米以至数百米路基。
5) 不宜采用抛掷爆破的次坚石、软石路基，并配合机械化清方的地段，通常采用松动爆破。

(7) 选用各种爆破方法的基本原则　为了充分发挥各种爆破方法的特点，利用不同的地形、地质的客观条件，在路基石量工程中采用综合爆破，选用各种爆破方法，组织炮群，有计划、有步骤地爆破拟开挖的石方是十分重要的。各种炮型综合运用按以下原则：

1) 全面规划、重点设计。
2) 利用有利地形，打开工作面。
3) 综合利用小炮群，分段分批爆破。

① 在半填半挖的斜坡地形，采用一字排炮；在自然坡度较缓的地形，先用钢钎炮切脚，改造后再采用一字排炮。
② 路线横切小山包时，采用钢钎炮三面切脚，改造地形后，再在中间用葫芦炮爆破。
③ 遇路基加宽、阶梯较高的地形，采用上下互相配合的小炮群，如图7-27所示。
④ 遇拉沟路堑，采用两头开挖时，可用立眼揭盖、平眼扫底的梅花炮，如图7-28所示。

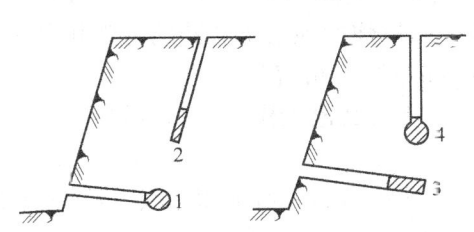

图7-27　小炮群的配合
1、4—葫芦炮　2—钢钎炮　3—猫洞炮

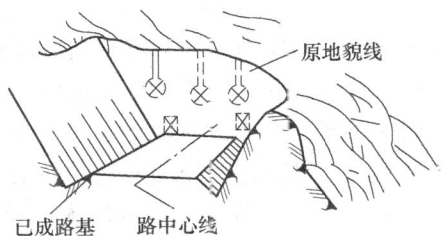

图7-28　拉沟路堑使用的梅花形立眼和平眼的混合炮群

⑤ 机械化清方时，如遇坚石，可用眼深2m以上的钢钎炮，组合成30~40个的多排多层炮群，或采用深孔炮。在坚硬岩石中，为使岩石破碎程度满足清方的要求，可以采用微差爆破或间隔药包。遇软石或节理发育的次坚石，可用松动爆破。

**2. 起爆方法**

石质路基爆破，在其他条件相同的情况下，应根据所需要的爆破效果选用不同的装药爆破方式，即采用不同的装药量和埋药深度，如图7-29所示。暗洞装药爆炸所产生的气体压力较弱，多用于扩大炮眼、直井等工作。松动装药爆破时只是岩石炸松，不会抛出，多用于一般路基与采石场工程。抛掷装药爆破结果将形成一个倒置的圆锥形漏斗坑，碎裂岩石被抛出，多用于大爆破工程。

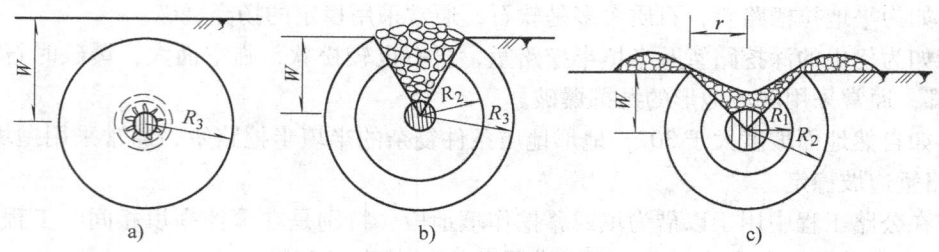

图 7-29　不同深度的药包装置
a）暗洞装药　b）松动装药　c）抛掷装药

### 3. 爆破作业

爆破作业的主要工序有：挖除盖山皮、钻眼（导洞）、爆破器材的安全检查、装药、堵塞、引爆及清理现场。

（1）钻炮眼　炮眼的位置、方向和深度均能直接影响爆破效果。钻眼工作分为人工钻眼与机械钻眼。人工钻眼操作简便，适用于少量的石方爆破；机械钻眼设备较多，但钻眼速度快、工效高，适合大量的石方爆破。炮眼打成后，应将其中石粉掏尽、擦干，以便装药。

（2）爆破器材的安全检查　为保证安全，避免不必要的浪费，在装药、引爆之前，应对爆破器材进行检查，不符合施工安全要求的变质材料不能使用。

（3）装药与堵塞炮眼　装药时最好让所有非装药人员撤离危险区，并要求装药与堵塞工作快速进行，以免炸药受潮，降低威力。炸药装好后，先用干砂或土压于药上捣实，再用湿土堵满炮眼并捣实。当所有的炮眼堵塞完成后，由爆破领导人指挥布置安全警戒，禁止人、畜在危险区内通行，待所有人员撤出危险区后，下令点火引爆。

（4）点火引爆　点火前应由炮长检查电爆网路，并确定危险区内无人或隐蔽好后，接通电源引爆。点火后应由炮长和安全员数爆炸的炮数，当爆炸的炮数与装药的炮数相等时，方可解除安全警戒。假如不等，应在最后一炮响过 30min 后，方可解除警戒。

（5）瞎炮处理　一旦出现瞎炮，应停止瞎炮附近的所有其他工作，在爆破领导人的指挥下，查明原因，研究妥善处理瞎炮的办法。

（6）清渣撬石　清渣工作，可用人工或机械进行。若炸落的岩石体积过大，可进行二次爆破改小，二次爆破可用钢钎炮或裸露炮进行。

### 4. 施工安全

用标志、布告等标出执行爆破的工作区域，规定放炮的时间和信号，并在爆破地点周围 200~400m 危险区的一切主要通道上设置岗哨和危险警告标志，同时督促人、畜迁出危险区。危防区半径的确定，一般按爆破后碎片、飞石的最大距离、地震波的影响、空气冲击波的作用距离等因素中的主要和最大的数值为准。

采用石方爆破开挖时，首先应查明地下管线的平面位置和埋置深度，同时应查明附近的建筑物结构类型及地质构造是否有塌方现象，然后制定爆破方案和用药量，设计报送有关部门审查批准后方可进行。

## 7.3 防护工程施工

### 7.3.1 坡面防护

**1. 植物防护**

(1) 植被防护施工  植被施工，铺、种植被后，应适时进行洒水、施肥等养护管理，直到植被成活。种草施工，草籽应撒布均匀，同时做好保护措施。灌木（树木）应在适宜季节栽植。养护用水应不含油、酸、碱、盐等有碍草木生长的成分。植被防护效果如图7-30所示。

图7-30  植被防护

(2) 三维植被网防护施工  三维植被网中的回填土宜采用客土，或土、肥料及腐殖质土的混合物。三维植被网（图7-31）应符合设计及有关标准。三维植被网的搭接宽度不宜小于100mm。三维植被网边坡防护如图7-32所示。

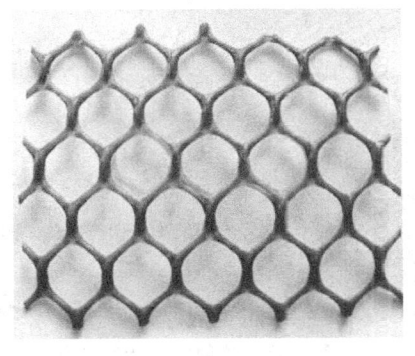

图7-31  三维植被网

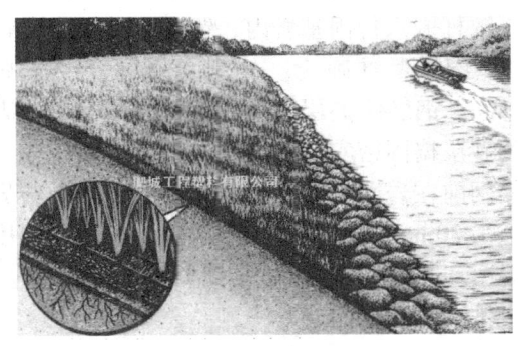

图7-32  三维植被网边坡防护

(3) 湿法喷播施工  喷播后应及时养护，成活率达到90%以上。

(4) 客土喷播施工（图7-33）  喷播植草混合料的配合比（植生土、土壤稳定剂、水泥、肥料、混合草籽、水等）根据边坡坡度、地质情况和当地气候条件确定，混合草籽用量每1000m²不宜少于25kg。气温低于+12℃不宜喷播作业。

**2. 骨架植物防护**

(1) 浆砌片石（或混凝土）骨架植草防护施工（图7-34）  骨架内采用植物或其他辅

助防护措施。植草草皮下宜有 50～100mm 厚的种植土，草皮应与坡面和骨架密贴，及时对草皮进行养护。

图 7-33　客土喷播施工

图 7-34　浆砌片石骨架植草防护施工

（2）水泥混凝土空心块护坡施工　预制块铺置在路堤沉降稳定后方可施工，预制块铺置前将坡面整平，预制块经验收合格后方可使用。预制块应与坡面紧贴，不得有空隙，并与相邻坡面平顺。

**3. 圬工防护**

（1）喷浆防护施工　喷护前采取措施对泉水、渗水进行处治，并按设计要求设置泄水孔，排、防积水。喷射顺序应自下而上进行。砂浆初凝后，应立即开始养生，养护期一般为 5～7d。应及时对喷浆层顶部进行封闭处理。

（2）喷射混凝土防护施工（图7-35）　作业前进行试喷，选择合适的水胶比和喷射压力。喷射混凝土宜自下而上进行，做好泄水孔和伸缩缝。喷射混凝土初凝后，应立即养生，养护期一般为 7～10d。

（3）锚杆挂网喷射混凝土（砂浆）防护施工　锚杆嵌入稳固基岩内，锚固深度根据设计要求结合岩体性质确定。锚杆孔深大于锚固长度 200mm。钢筋保护层厚度不宜小于 20mm。固定锚杆的砂浆捣固密实，钢筋网与锚杆连接牢固。铺设钢筋网前在岩面喷射一层混凝土，钢筋网与岩面的间隙为 30mm，然后再喷射混凝土至设计厚度。喷射混凝土的厚度要均匀，钢筋网不得外露。做好泄、排水孔和伸缩缝。

图 7-35　喷射混凝土防护施工

（4）干砌片石护坡施工　边坡为粉质土、松散的砂或粉砂土等易被冲蚀的土时，碎石或砂砾垫层厚度不小于 100mm。基础选用较大石块砌筑，如基础与排水沟相连，其基础应设在沟底以下，并按设计要求砌筑浆砌片石。砌筑彼此镶紧，接缝要错开，缝隙间用小石块填满塞紧。

（5）浆砌片（卵）石护坡施工（图7-36）　砂浆终凝前，砌体覆盖，砂浆初凝后，立即进行养生。路堤边坡采用浆砌片石护坡，在路堤沉降稳定后施工。在冻胀变化较大的土质边坡上，护坡底面铺设 100~150mm 厚的碎石或砂砾垫层。浆砌片石护坡每 10~15m 留一伸缩缝，缝宽 20~30mm。在基底地质有变化处，设沉降缝，可将伸缩缝与沉降缝合并设置。

（6）水泥混凝土预制块护坡施工 在寒冷地区，预制块混凝土强度不宜低于 C20。路堤边坡护坡在路堤沉降稳定后施工。铺设混凝土预制块前将坡面平整，碎石或砂砾垫层的厚度不宜小于 100mm。预制块错缝砌筑，砌筑坡面平顺，并与相邻坡面顺接。

图 7-36 浆砌片（卵）石护坡施工

**4. 封面、捶面防护**

（1）封面防护施工 封面防护不宜在严寒冬季和雨天施工。封面前岩体表面要冲洗干净，土体表面要平整、密实、湿润。封面应分两层进行施工，底层为全厚的 2/3，面层为全厚的 1/3。封面厚度要均匀，表面光滑，封面与坡面应密贴稳固。大面积封面每隔 5~10m 设伸缩缝，缝宽 10~20mm。封面初凝后立即进行养生。按设计要求做好边坡封顶和排水设施。

（2）捶面护坡施工 嵌补填平边坡坑凹、裂缝。厚度要均匀，表面光滑，捶面与坡面密贴稳固。伸缩缝设置、边坡封顶、排水、养生方法、气候要求与封面防护施工要求相同。

**5. 膨胀土路基边坡防护**

边坡施工避开雨季作业，以防边坡遇水膨胀破坏。边坡施工过程中，应注意做好防排水，顶部应及时封闭。边坡修整后，立即防护。

## 7.3.2 沿河路基防护

沿河路基防护工程基础埋设在局部冲刷线以下不小于 1m 或嵌入基岩内。导流构造物施工前，根据现场具体情况，采取相应措施，避免冲刷农田、村庄、公路和下游路基。

**1. 植物防护施工**

经常浸水或长期浸水的路堤边坡，不宜采用种草防护。沿河路堤边坡铺草皮防护，采用平铺、叠铺草皮的方法。基础部分铺置层的表面与地面齐平。植树防护采用带状或条形。防护河岸路基或防御风浪侵蚀，采用横行带状；防护桥头引道路堤，采用纵行带状。植树选用喜水树种，林带由多行树木组成，乔灌木要密植。植树后，采取有效措施加以保护。

**2. 砌石或混凝土防护**

石料选用未风化的坚硬岩石。开挖基坑时，核对地质情况，与设计要求不符时，进行处理。基础完成后及时用符合设计要求的材料回填。铺砌层底面的碎石、砂砾石垫层或反滤层，应符合设计要求。坡面密实、平整、稳定后方可铺砌。砌块交错嵌紧，严禁浮塞。砂浆饱满、密实，不得有悬浆。每 10~15m 设伸缩缝，基底土质变化处设沉降缝，并按设计要求做好伸缩缝、沉降缝及泄水孔。采用干、浆砌片石时，不得大面平铺，石块彼此交错搭接，不得松动。采用干、浆砌河卵石时，必须长方向垂直坡面，戍横行裁砌牢固。采用铺砌混凝土预制块时，按设计规格和要求检验合格后方可铺筑。就地浇筑混凝土板时，采取措施提高早期强度,混凝土表面平整、光滑。

**3. 护坦防护施工**

护坦顶面埋入计算河床以下 0.5~1.0m。护坦防护图如图 7-37 所示。

图 7-37 护坦防护图

**4. 抛石防护施工**

抛石体边坡坡度和石料粒径根据水深、流速和波浪情况确定,石料粒径大于 300mm,用大小不同的石块掺杂抛投。坡度不陡于抛石石料浸水后的天然休止角。抛石厚度为粒径的 3~4 倍;用大粒径时,不得小于 2 倍。抛石石料选用质地坚硬、耐冻且不易风化崩解的石块。

**5. 石笼防护施工**

选用浸水不崩解、不易风化的石料。基底应大致整平,必要时用碎石或砾石垫层找平。石笼应做到位置正确,搭叠衔接稳固、紧密,确保整体性。石笼结构如图 7-38 所示。

**6. 土工模袋防护施工**

按设计要求整平坡面,放线定位,挖好边界处理沟。土工模袋铺展后拉紧固定,防止充填时下滑。充填材料根据设计要求和实际情况合理选用,充填应连续。需要排水的边坡,应适时开孔设置排水管。模袋顶部宜采用浆砌块石固定。有地面径流处,坡顶采取防护措施,防止地表水侵蚀模袋底部。岸坡模袋底端应设压脚或护脚棱体,有冲刷处应采取防冲措施。模袋护坡的侧翼宜设压袋沟。模袋与坡面间应按设计要求铺设好土工织物滤层。土工模袋防护如图 7-39 所示。

图 7-38 石笼结构图　　　　图 7-39 土工模袋防护图

**7. 丁坝防护施工**

施工前应制定合理的施工方案，合理安排工期，避免因工期过长引起农田、村庄、上下游路基冲刷。丁坝坝头做平面防护。处理好坝根与相连接的地层或其他防护设施的衔接。丁坝间的河岸或路基边坡所承受的允许流速小于水流靠岸回流流速时，应缩短坝距或对河岸及路基边坡采取防护措施。丁坝防护如图7-40所示。

**8. 顺坝防护施工**

顺坝与上下游河岸的衔接，应使水流顺畅，起点应选择在水流匀顺的过渡段，坝根位置宜设在主流转向点的上方。坝根嵌入稳定河岸内的距离应符合设计要求，坝根附近河岸应防护加固至上游不受水流冲击处。顺坝防护如图7-41所示。

图7-40 丁坝防护施工

图7-41 顺坝防护施工

### 7.3.3 边坡锚固防护

破碎且不平整的边坡，必须将松散的浮石和岩渣清除，用浆砌片石填补空洞，对坡面缝隙进行封闭处理。边坡修整后平整、密实，无溜滑体、蠕变体和松动岩体。边坡开挖和钻孔过程中，应对岩性及构造进行编录和综合分析，与设计相比出入较大时，应按规定处理。修整边坡的弃渣应按有关规定堆放，不得污染环境。边坡锚固防护施工如图7-42所示。

图7-42 边坡锚固防护施工

**1. 锚杆施工**

孔深小于3m时，采用先注浆后插锚杆的施工工艺。注浆时，浆体除孔口200～300mm外，应均匀充满全孔。锚杆插入后居中固定。杆体外露部分避免敲击、碰撞，3d内不得悬吊重物，3d后才可安装垫板。当孔深大于3m时应按相关要求施工。

**2. 预应力锚索**

1) 锚索束安装。在锚索入孔前，必须校对锚索编号与孔号是否一致，做好标记。锚索束必须顺直地安放在钻孔中心。

2）锚固端灌浆。放入锚索束后及时灌浆。无黏结锚索孔灌浆宜一次注满锚固段和自由段。灌浆饱满、密实。

3）锚索张拉。孔内砂浆的强度未达到设计强度的75%时，不得进行张拉。锚索锁定后，在48h内若发现有明显的预应力松弛时，应进行补偿张拉。

4）封孔。封孔灌浆时，进浆管插到底，灌浆饱满。封孔灌浆后，锚头部分涂防腐剂，并按设计要求进行封闭。

### 7.3.4 挡土墙防护

在岩体破碎、土质松软或地下水丰富地段修建挡土墙（图7-43、图7-44），宜避开雨季。

图7-43 重力式挡土墙施工

图7-44 扶壁式挡土墙施工

**1. 重力式挡土墙**

（1）基础施工　将基底表面风化、松软土石清除，硬质岩石基坑中的基础，宜满坑砌筑；雨季在土质或易风化软质岩石基坑中砌筑基础时，在基坑挖好后及时封闭坑底。当基底设有向内倾斜的稳定横坡时，应采取临时排水措施，辅以必要坐浆后安砌基础。采用台阶式基础时，台阶与墙体应连在一起同时砌筑，基底及墙趾台阶转折处不得砌成垂直通缝，砌体与台阶壁间的缝隙砂浆应饱满。基坑应随砌筑分层回填夯实，并在表面留3%的向外斜坡。

（2）墙身施工　墙身分层错缝砌筑，砌出地面后基坑应及时回填夯实，并完成其顶面排水、防渗设施。伸缩缝与沉降缝内两侧壁竖直、平齐，无搭叠；缝中防水材料按设计要求施工。泄水孔在砌筑墙身过程中设置，确保排水畅通，并保证墙背反滤、防渗设施的施工质量。当墙身的强度达到设计强度的75%时，方可进行回填等工作。在距墙背0.5~1.0m以内，不宜用重型振动压路机碾压。

**2. 悬臂式和扶壁式挡土墙**

现场整体浇筑时，每段墙的底板、面板和肋的钢筋一次绑扎，宜一次完成混凝土浇筑。当采用现场分段浇筑时，按设计要求进行施工，并预埋好连接钢筋，连接处混凝土面应严格凿毛，并清洗干净。

浇筑混凝土后，按有关规定进行养护。墙体达到设计强度的75%以后方可进行墙背填土，并按设计要求的填料和密实度分层填筑、压实；墙背排水设施应随填土及时施工。

**3. 锚杆挡土墙**

（1）钻孔施工　施工前，应清除岩面松动石块，整平墙背坡面。根据设计孔径及岩土性质合理选择钻孔机具。孔轴应保持直线，孔位允许偏差为±50mm，深度允许偏差为-10~+50mm。钻孔后应将孔内粉尘、石渣清理干净。

（2）安装普通砂浆锚杆　锚杆安装在孔位中心。锚杆未插入岩层部分，必须按设计要求作防锈处理。有水地段安装锚杆，将孔内的水排出或采用早强速凝药包式锚杆。砂浆随拌随用。宜先插入锚杆然后灌浆，灌浆应采用孔底注浆法，灌浆管应插至距孔底50~100mm，并随水泥砂浆的注入逐渐拔出，灌浆压强不宜小于0.2MPa。砂浆锚杆安装后，不得敲击、摇动。普通砂浆锚杆在3d内，早强砂浆锚杆在12h内，不得在杆体上悬挂重物。必须待砂浆达到设计强度的75%后方可安装肋栏、墙板。

**4. 锚定板挡土墙**

吊装时应保证肋柱不前倾。拉杆及锚定板埋设，应先填土后挖槽就位；挖槽时，锚定板比设计位置宜高30~50mm。锚定板前方超挖部分宜用C10水泥混凝土或灰土回填夯实。严禁直接碾压拉杆和锚定板。肋柱、锚定板上的锚头及螺杆应作防锈处理和防水封闭。分级平台应按设计要求进行封闭，并设2%的外倾排水坡。

**5. 加筋土挡土墙**

安装直立式墙面板应按不同填料和拉筋预设仰斜坡，仰斜坡一般为1∶0.02~1∶0.05，墙面不得前倾。拉筋应有粗糙面，并按设计布置呈水平铺设，当局部与真土不密贴时应铺砂垫平。拉筋尾端宜用拉紧器拉紧，各拉筋的拉力应大体均匀，避免拉动墙面板。墙背拉筋锚固段填料宜采用粗粒土或改性土等。墙背填土必须满足设计压实度要求。

填料摊铺、碾压应从拉筋中部开始平行于墙面碾压，先向拉筋尾部逐步进行，然后再向墙面方向进行，严禁平行于拉筋方向碾压。填土分层厚度及碾压遍数，应根据拉筋间距、碾压机具和密实度要求，通过试验确定，严禁使用羊足碾碾压。靠近墙面板1m范围内，应使用小型机具夯实或人工夯实，不得使用重型压实机械压实。

## 7.3.5　地基加固

**1. 湿黏土路基施工**

用不符合规定的湿黏土填筑路基时，应进行处理，处理后符合压实质量规定。基底为软土时，应按设计要求进行处治。不同类的填料，不得填筑在同一压实层上。路堤填筑时，每层宜设2%~3%的横坡。当天的填土，当天完成压实。填筑层压实后，采取措施防止路基工作面暴晒失水。

（1）水稻田地段路基施工　水稻田地段路基施工不得影响农田排灌。施工前采取措施排除公路用地范围内的地表水。疏干地表水确有困难时，按设计要求进行处治。二级及二级以上公路路堑段，应在边坡顶适当距离外，筑埂并挖截水沟；土质、风化岩石边坡，应浆砌护墙或护坡；路堑路段宜加大边沟尺寸并采用浆砌。

（2）河、塘、湖地段路堤施工　受水浸润作用的路堤部分，宜用水稳性好、塑性指数不大于6、压缩性小、不易风化的透水性填料填筑。在洪水淹没地段的路堤两侧不得取土；三、四级公路，特殊情况下，可在下游侧距路堤安全距离外取土。两侧水位差较大的河滩路堤，根据具体情况，宜放缓下游一侧边坡，设滤水趾和反滤层，在基底设隔渗墙或隔渗层。防洪工程应在洪水期前完成，施工期间应注意防洪。

（3）多雨潮湿地区路基施工　多雨潮湿地区施工，应注意排水。机具停放地、库房、生活区域应选在地势较高不易被水淹的地点,并有完善的排水防洪设施。多雨潮湿地区,应按设计要求对基底过湿土层进行处理。

**2. 软土地区路基施工**

软土地基处理前,复核处理方案的可行性,编制实施性施工组织设计。软土地基处理材料的选用及处理方案,宜因地制宜、就地取材。软土地基处理施工具体方法有几十种,常常多种方法综合应用。按加固性质,主要有以下几类:

(1) 浅层处理

1) 换填施工(图 7-45)。换填料应选用水稳性或透水性好的材料。回填应分层填筑、压实。

2) 抛石挤淤施工(图 7-46)。这种方法适用于常年积水的洼地。抛投顺序,应先从路堤中部开始,中部向前突进后再渐次向两侧扩展,以使淤泥向两旁挤出。当软土或泥沼底面有较大的横坡时,抛石应从高的一侧向低的一侧扩展,并在低的一侧多抛填一些。片石露出水面后,宜用重型压路机反复碾压,然后在其上面铺反滤层,再行填土。

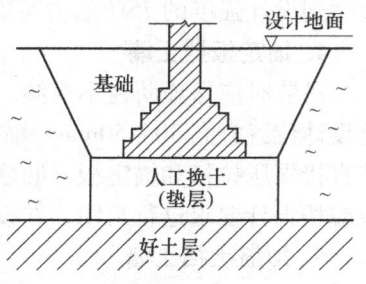

图 7-45 换填土处理地基

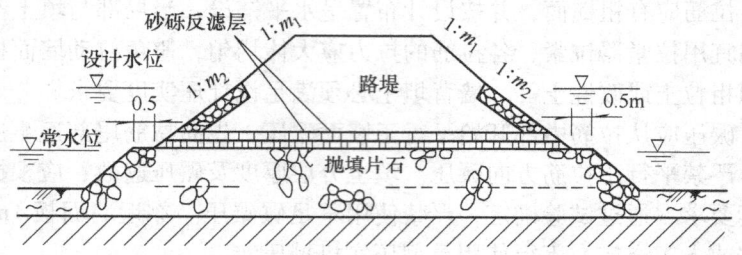

图 7-46 抛石挤淤

3) 反压护道(图 7-47)。反压护道用于路堤高度不大于 1.5~2 倍的极限高度,非耕作区和取土不太困难的地区。不需特殊的机具设备和材料,施工简易方便,但占地多,用土量大,后期沉降大,养护工作量也大。反压护道应与路堤本身同时填筑,如分开填筑,必须在路堤达到临界高度前筑好。

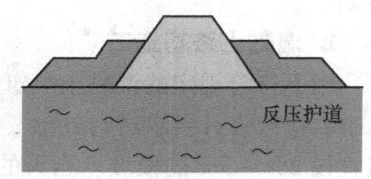

图 7-47 反压护道法

(2) 砂(砾)垫层(图 7-48) 砂垫层主要起浅层水平排水作用,适用于施工期限不

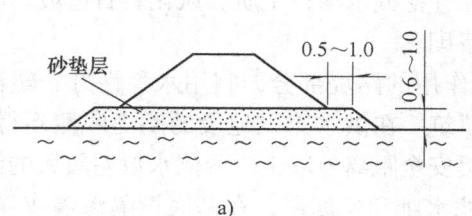

a)

b)

图 7-48 砂垫层(尺寸单位:m)

a) 示意图  b) 施工图

紧迫、砂料来源充足、运距不远的施工环境。垫层材料采用无杂物的中、粗砂，含泥量应小于5%；也可采用天然级配砂砾料，其最大粒径应小于50mm，砾石强度不低于四级。垫层宜分层摊铺压实，碾压到规定的压实度。垫层采用砂砾料时，避免粒料离析。垫层宽度应宽出路基边脚500～1000mm，两侧宜用片石护砌或采用其他方式防护。

（3）土工合成材料（图7-49、图7-50） 土工合成材料在软土地基加固中的作用包括排水、隔离、应力分散和加筋补强。土工布连接一般采用搭接法或缝接法。缝接法有一般缝法、丁缝法和蝶形法。土工布一般分一层或多层铺设。当铺设两层以上时，层与层之间要夹10～20cm的砂或砂砾垫层，以提高基底透水性。

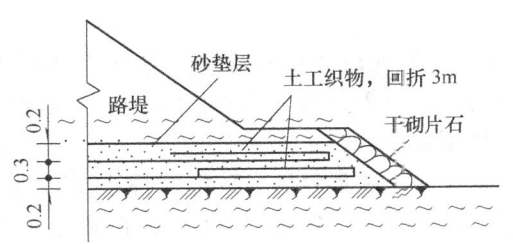

图7-49 土工合成材料加固软土地基（尺寸单位：m）

图7-50 土工栅格试验段现场

土工合成材料施工注意事项：

1）下承层应平整，摊铺时拉直、平顺，紧贴下承层，不得扭曲、折皱，在斜坡上摊铺时，应保持一定松紧度。

2）铺设土工合成材料，在路堤两边各留一定长度，回折覆裹在已压实的填筑层面上，折回外露部分用土覆盖。

3）土工合成材料的连接，采用搭接时，搭接长度宜为300～600mm；采用缝接时，缝接宽度应不小于50mm，缝接强度应不低于土工合成材料的抗拉强度；采用黏结时，黏结宽度应不小于50mm，黏结强度应不低于土工合成材料的抗拉强度。

4）施工中应采取措施防止土工合成材料受损，出现破损时应及时修补或更换。

5）双层土工合成材料上、下层接缝应错开，错开长度应大于500mm。

（4）袋装砂井（图7-51） 主要用导管式振动打桩机（在行进方式上普遍采用的有轨道门架式、履带臂架式、吊机导架式等），选用聚丙烯或其他适用的编织料制成的袋，采用渗水率较高的中、粗砂制成砂袋。袋装砂井按整平原地面→摊铺下层砂垫层→机具定位→打入套管→沉入砂袋→拔出套管→机具移位→埋砂袋头→摊铺上层砂垫层的施工工艺流程进行。

砂袋露天堆放时应有遮盖，不得长时间曝晒；砂袋应垂直下井，不得扭结、缩颈、断裂、磨损；拔钢套管时如将砂袋带

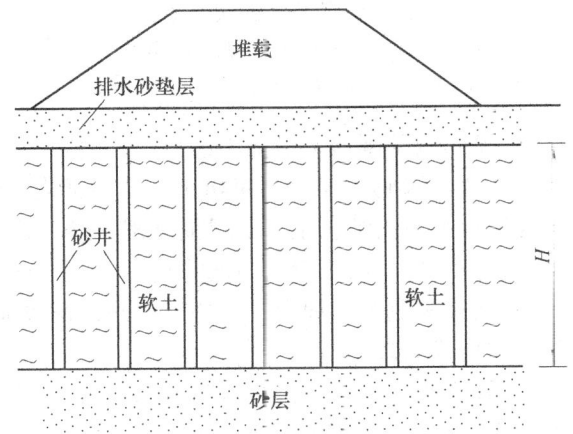

图7-51 袋装砂井

出或损坏,应在原孔位边缘重打;连续两次将砂袋带出时,应停止施工,查明原因并处理后方可施工;砂袋在孔口外的长度,应能顺直伸入砂垫层至少300mm。

(5) 塑料排水板(图7-52) 用插板机或与袋装砂井打设机共同打设。按整平原地面→摊铺下层砂垫层→机具就位→塑料排水板穿靴→插入套管→拔出套管→割断塑料排水板→机具移位→摊铺上层砂垫层的施工工艺程序进行。

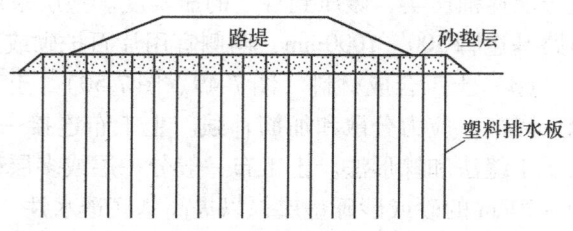

图7-52 塑料排水板

现场堆放的塑料排水板,应采取措施防止损坏滤膜;塑料排水板超过孔口的长度应能伸入砂垫层不小于500mm,预留段应及时弯折埋设于砂垫层中,与砂垫层贯通,并采取保护措施;塑料排水板不得搭接;施工中防止泥土等杂物进入套管内,一旦发现应及时清除;打设形成的孔洞应用砂回填,不得用土块堵塞。

(6) 真空预压、真空堆载联合预压(图7-53、图7-54) 密封膜厚度宜为0.12~0.17mm,密封膜每边长度应大于加固区相应边3~4m。薄膜加工后不得存在热穿、热合不紧等现象,不宜有交叉热合缝。每个加固区用2~3层密封膜,具体层数可根据密封膜性能确定。

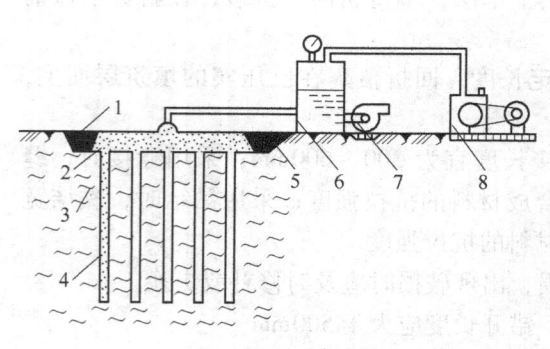

图7-53 真空预压法
1—橡皮布 2—砂垫层 3—淤泥 4—砂井
5—黏土 6—集水灌 7—抽水泵 8—真空泵

图7-54 真空预压法施工现场

1) 密封沟与围堰。沿加固边界开挖密封沟,其深度应低于地下水位并切断透水层,内外坡应平滑。沟底宽度大于400mm,密封膜与沟底黏土之间应进行密封处理。密封沟回填料应为不含杂质的纯黏土,不得损害密封膜。筑堰位置应跨密封沟的外沟沿,堰体应密实牢固。铺膜前,应把出膜弯管与滤管连接好,并培实砂子,同时处理好出口的连接。

2) 真空表测头。埋设于砂垫层中间,每块加固区不少于2个真空度测点,真空管出口须防止弯折或断裂。

3) 抽真空。抽真空持续时间符合设计要求,设计无规定可持续2~5个月;覆盖厚度宜为200~400mm,膜下真空压力应持续稳定在80kPa以上;注意观察负压对其相邻结构物的影响。

4) 真空堆载联合预压。路堤填筑宜在抽真空 30~40d 后开始进行，或按设计规定开始堆载；路堤填筑速率应符合设计规定；路堤填筑期间，应保持抽真空；路堤填筑高度达到设计标高（考虑沉降）后，应继续抽真空，路堤沉降值（或地基固结度）达到设计要求后方可停止抽真空。

5) 施工监测。预压过程中，应进行孔隙水压力、真空压力、深层沉降量及水平位移等预压参数的监测。真空压力每隔 4h 观测一次，表面沉降每 2d 测一次。当连续五昼夜实测地面沉降小于 0.5mm/d、地基固结度已达到设计要求的 80% 时，经验收，即可终止抽真空。停泵卸荷后 24h，测量地表回弹值。

(7) 砂桩 用振动、冲击或水冲等方式在软弱地基中成孔后再将砂挤入土中，形成大直径的密实砂柱体。采用单管冲击法、一次打桩管成桩法或复扩成桩法施工时，使用饱和砂；采用双管冲击法、重复压拔法施工时，可使用含水率为 7%~9% 的砂；饱和土中施工可用天然湿砂。地面下 1~2m 土层应超量投砂，通过压挤提高表层砂的密实程度。成桩过程应连续。实际灌砂量未达到设计用量时，应进行处理。

(8) 碎石桩 碎石桩主要用振冲器、吊机或施工专用平车和水泵，将砂、碎石、砂砾、废渣等加入振密，按整平地面→振冲器就位对中→成孔清孔→加料振密→关机停水→振冲器移位的施工工艺程序进行。碎石桩施工如图 7-55 所示。材料要求：未风化碎石或砾石，粒径宜为 19~63mm，含泥量应小于 10%。施工前应按规定做成桩试验。根据试桩成果，严格控制水压、电流和振冲器在固定深度位置的留振时间。

图 7-55 碎石桩施工

(9) 加固土桩 生石灰粒径应小于 2.36mm，无杂质，氧化镁和氧化钙总量应不小于 85%，其中氧化钙含量应不小于 80%。粉煤灰中二氧化硅和三氧化二铝含量应大于 70%，烧失量应小于 10%。水泥采用普通或矿渣水泥。

1) 加固土桩施工（图 7-56）。主要用振冲器、起重机或施工专用步履式、门架式振动沉桩设备。按整平地面→振冲器就位对中→成孔→空气压缩机注入生石灰（或粉煤灰）→边振动边拔出套管→振冲器移位→封紧桩孔的施工工艺程序进行。加固土桩施工前必须进行成桩试验，桩数不宜少于 5 根，取得满足设计喷入量的各种技术参数，如钻进速度、提升速度、搅拌速度、喷气压力、单位时间喷入量等；确定能保证胶结料与加固软土拌和均匀性的工艺；掌握下钻和提升的阻力情况，选择合理的技术措施；根据地层、地质情况确定复喷范围。

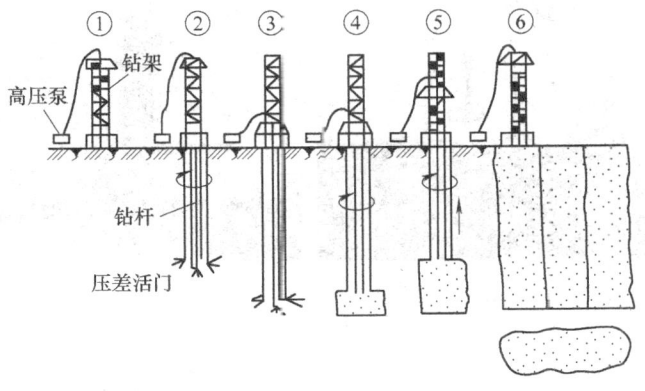

图 7-56 加固土桩施工工序

2）粉体固化剂。严格控制喷粉标高和停粉标高，不得中断喷粉，确保桩体长度；严格控制粉喷时间、停粉时间和喷入量。采取措施防止桩体上下喷粉不匀、下部剂量不足、上下部强度差异大等问题，按设计要求的深度复搅。当钻头提升到地面以下小于500mm时，送灰器停止送灰，用同剂量的混合土回填。如喷粉量不足，整桩复打，复打的喷粉量不小于设计用量。因故喷粉中断时，必须复打，复打重叠长度应大于1m。施工设备必须配有自动记录的计量系统。钻头直径的磨损量不得大于10mm。

水泥搅拌桩施工如图7-57所示，挤密石灰桩施工如图7-58所示。

图7-57　水泥搅拌桩施工　　　　　　　图7-58　挤密石灰桩施工

（10）水泥粉煤灰碎石桩　水泥选用普通硅酸盐水泥，粉煤灰选用袋装Ⅱ、Ⅲ级粉煤灰。施工前应进行成桩试验，试桩数量宜为5~7根。桩体施工选择合理的施打顺序，避免对已成桩造成损害。成桩过程中，应对已打桩的桩顶进行位移监测。混合料应拌和均匀。

（11）强夯（图7-59）　利用大型履带式起重机将8~40t的重锤从6~40m高度自由落下，对土进行强力夯实。施工前应选择有代表性并不小于500m²的路段进行试夯，确定最佳夯击能、间歇时间、夯间距等参数。施工前检查锤重和落距，单击夯击能量应符合设计要求。夯击前，应对夯点放样并复核，夯完后检查夯坑位置，发现偏差或漏夯应及时纠正。施工过程中应记录每个夯点的夯沉量，原始记录应完整、齐全。强夯施工完成后，应通过标准贯入、静力触探等原位测试，测量地基的夯后承载能力是否达到设计要求。

  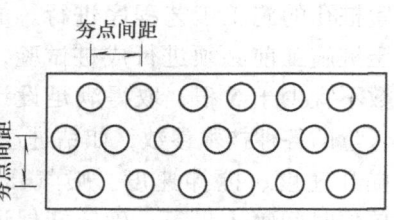

a)　　　　　　　　　　b)　　　　　　　　　　c)

图7-59　强夯施工图

a）轻锤　b）重锤　c）夯点布置图

(12) 强夯置换

1) 强夯置换施工。标出第一遍夯点位置,测量地面高程;测量夯前锤底高程;夯击并逐击记录夯坑深度,当夯坑过深而发生起锤困难时,停夯后向坑内填料直至坑顶填平,记录填料数量,如此重复直至满足规定的夯击次数及控制标准,完成一个墩体的夯击;按由内而外、隔行跳夯击打的原则完成全部夯点的施工;推平地基,用低能量进行满夯,将表层松土夯实,并测量夯后地基高程;按设计铺筑垫层,并分层碾压密实。

2) 施工过程质量控制。夯击前,应对夯点放样进行复核,夯完后检查夯坑位置,发现偏差或漏夯应及时纠正;按设计要求检查每个夯点的夯击次数和每击沉降量及夯墩的置换深度。

(13) 软土地区路堤施工　软土地区路堤施工计划中考虑地基固结工期;施工时不宜破坏软土地基表层硬壳层;路堤压实宽度不应小于设计值,坡度应符合设计要求;填筑过程中,路堤中心线地面沉降速率每昼夜应不大于 10~15mm,坡脚水平位移速率每昼夜应不大于 5mm。应结合沉降和位移发展趋势对观测结果进行综合分析。填筑速率应以水平位移控制为主,超过标准应立即停止填筑。采用排水固结法施工时,桥台、涵洞、通道以及加固工程应在预压沉降完成后方可进行施工。路堤与桥台衔接部位、路堤与堆坡预压填土应同步填筑与碾压,填料宜选用透水性材料。按设计要求的预压荷载、预压时间进行预压。

1) 在软土地基上直接填筑路堤。水面以下部分应选择透水性好的填料,水面以上可用一般土或轻质材料填筑。填筑路基的土宜从取土场取用。必须在两侧取土时,取土坑距路堤坡脚的距离应满足路堤稳定的要求。反压护道施工宜与路堤同时填筑。分开填筑时,必须在路堤达到临界高度前完成反压护道施工。

2) 吹填砂路堤施工。吹填砂材料宜采用中、粗砂,含泥量不宜大于 15%。吹填砂路堤用渗沟排水时,在连接砂堤的端部应设砂砾反滤层,防止砂土堵塞渗沟。排水口处两侧挡水堤应作加固处理。挡水堤外边坡应按设计要求进行防护。吹填砂路堤完工后,应及时完成封闭层。

3) 矿渣路堤施工。路堤填料应为至少放置一年以上的高炉矿渣,并有良好的级配,必要时应予破碎;矿渣用于水位以下或地下水位 300mm 以内的路堤施工时,其最大粒径应不大于 300mm,同时粒径宜小于 1/2 压实厚度,通过 19mm 筛孔量应不大于 10%,通过 0.075mm 的筛余料塑性指数应不超过 6。每层铺筑厚度应根据试验确定。矿渣填料顶面应采用级配良好的矿渣,或者用最大粒径为 75mm 的破碎矿渣或碎石进行嵌缝,其厚度应不小于 100mm。

**3. 红黏土地区路基施工**

(1) 路堤填筑　避免雨期施工。雨期施工时,应防止松土被雨淋湿。施工中应保持作业面横坡不小于 3%。雨后作业面,应经晾干且重新压实合格后方可进行下道工序的施工。填料应随挖随用。摊铺后必须及时碾压,做到当天摊铺当天完成碾压。路堤填筑应连续,碾压完成后,应采取措施防止路堤作业面暴晒失水。

(2) 包边法施工　分层填筑时,先摊铺包边土,后摊铺红黏土。碾压前,应控制两种填料的含水率,使两种填料在同一压实工艺下能达到压实标准。碾压应从两边往中间进行,对不同填料的结合处要增加碾压遍数 1~2 遍;超高弯道的碾压应自低处向高处进行。

#### 4. 膨胀土地区路基施工

避开雨季作业，加强现场排水，基底和已填筑的路基不得被水浸泡。膨胀土地区路基应分段施工，各道工序应紧密衔接，连续完成。路基边坡按设计要求修整，并应及时进行防护施工。

（1）填料　强膨胀土不得作为路堤填料。中等膨胀土经处理后可作为填料，用于二级及二级以上公路路堤填料时，改性处理后胀缩总率应不大于0.7%。胀缩总率不超过0.7%的弱膨胀土可直接填筑。

（2）路堤基底处理　高度不足1m的路堤，按设计要求采取换填或改性等措施处理。表层为过湿土，按设计要求采取换填或固化等措施处理。填土高度小于路面和路床的总厚度，基底为膨胀土时，宜挖除地表0.30~0.60m的膨胀土，并将路床换填为非膨胀土或掺灰处理。若为强膨胀土，挖除深度应达到大气影响深度。

（3）路堑施工　路堑施工前，先施工截、排水设施，将水引至路幅以外。边坡施工过程中，必要时，宜采取临时防水封闭措施保持土体原状含水率。边坡不得一次挖到设计线，应预留厚度300~500mm，待路堑完成时，再分段削去边坡预留部分，并立即进行加固和封闭处理。路床底标高以下应按照设计要求进行处理。宜用支挡结构对强膨胀土边坡进行防护。支挡结构基坑应采取措施防止曝晒或浸水，基础埋深应在大气风化作用影响深度以下。

（4）摊铺压实　膨胀土路基填筑松铺厚度不得大于300mm；土块粒径应小于37.5mm；填筑膨胀土路堤时，应及时对路堤边坡及顶面进行防护。路基完成后，当年不能铺筑路面时，应按设计要求做封层，其厚度应不小于200mm，横坡不小于2%。

#### 5. 黄土地区路基施工

（1）湿陷性黄土地基的处理措施　湿陷性黄土地基应采取拦截、排除地表水的措施，防止地表水下渗，减少地基地层湿陷下沉。其地下排水构造物与地面排水沟渠必须采取防渗措施。若地基土层有强湿陷性或较高的压缩性，且允许承载力低于路堤自重力时，应考虑地基在路堤自重和活荷载作用下所产生的压缩下沉。除采用防止地表水下渗的措施外，可根据湿陷性黄土工程特性和工程要求，因地制宜采取换填土、重锤夯实、强夯法、预浸法、挤密法、化学加固法等措施对地基进行处理。

（2）地基陷穴处理方法　对陷穴、暗穴，可以采用灌砂、灌浆、开挖回填等措施，开挖的方法可以采用导洞、竖井和明挖等。

#### 6. 盐渍土地区路基施工

（1）基底（包括护坡道）处理　地表为过盐渍土的细粒土、有盐结皮和松散土层时，应将其铲除，铲除的深度通过试验确定。地表过盐渍土层过厚时，如仅铲除一部分，应设置封闭隔断层，隔断层宜设置在路床顶以下800mm处；若存在盐胀现象，隔断层应设在产生盐胀的深度以下。

（2）路堤施工　盐渍土路堤分层填筑、分层压实，每层松铺厚度不宜大于200mm，砂类土松铺厚度不宜大于300mm。碾压时严格控制含水率，碾压含水率不宜大于最佳含水率1个百分点。雨天不得施工。盐渍土路堤的施工，从基底处理开始，连续施工。在设置隔断层的地段，宜一次做到隔断层的顶部。地下水位高的黏性盐渍土地区，宜在夏季施工；砂性盐渍土地区，宜在春季和夏初施工；强盐渍土地区，宜在表层含盐量较低的春季施工。

（3）排水　施工中应及时合理设置排水设施，路基及其附近不得积水。取土坑底面应高出地下水位至少 150mm，底面向路堤外侧应有 2%～3% 排水横坡。在排水困难地段或取土坑有可能被水淹没时，在取土坑外采取适当处理措施。在地下水位较高地段，加深两侧边沟或排水沟，以降低路基下的地下水位。盐渍土地区的地下排水管与地面排水沟渠，必须采取防渗措施。

## 7.4 路基工程质量评定及验收

### 7.4.1 土质路基质量评定及验收

土质路基验收标准如下：填土经压实后，不得有松散、翻浆及表面不平整现象；凡有影响路基质量及设计要求换土的路段，必须选点抽查，挖坑检验，坑深至 0.8m，如发现不合格，必须重新处理；各类沟槽的回填土不得含污泥、腐殖土及其他有害物质；土质路基的压实度必须满足规范要求。

土质路堤施工质量标准具体要求见表 7-6。

表 7-6　土质路堤施工质量标准

| 序号 | 检查项目 | 允许偏差 | | | 检查方法或频率 |
| --- | --- | --- | --- | --- | --- |
| | | 高速公路 一级公路 | 二级公路 | 三、四级公路 | |
| 1 | 路基压实度 | 符合规定 | 符合规定 | 符合规定 | 施工记录 |
| 2 | 弯沉 | 不大于设计值 | 不大于设计值 | 不大于设计值 | — |
| 3 | 纵断高程 /mm | +10，-15 | +10，-20 | +10，-20 | 每 200m 测 4 断面 |
| 4 | 中线偏位 /mm | 50 | 100 | 100 | 每 200m 测 4 点 弯道加 HY、YH 两点 |
| 5 | 宽度 | 不小于设计值 | 不小于设计值 | 不小于设计值 | 每 200m 测 4 处 |
| 6 | 平整度 /mm | 15 | 20 | 20 | 3m 直尺 每 200m 测 2 处 ×10 尺 |
| 7 | 横坡（%） | ±0.3 | ±0.5 | ±0.5 | 每 200m 测 4 个断面 |
| 8 | 边坡坡度 | 不陡于设计坡度 | 不陡于设计坡度 | 不陡于设计坡度 | 每 200m 抽查 4 处 |

### 7.4.2 石质路基质量评定及验收

1）当填料中大于 30cm 颗粒的含量不大于 30% 时，应采用灌砂法或布袋法检测压实度。压实标准：路床顶面以下（0～80cm）不小于 95%，上路堤（80～150cm）不小于 94%，下路堤（150cm 以下）不小于 92%，检测频率与土质路堤的规定相同。最大干重度宜采用表面振动压实仪法或重击实法测定。

2）当填料中大于 38mm 颗粒的含量大于 30% 时，采用工艺法控制与检测压实质量。填筑层按规定的碾压遍数（不少于6遍）碾压至无明显轮迹时，再用激振力25kN以上的振动压路机振压二遍，分别测量基准点标高（基准点用特制的蘑菇头道钉，长20～25cm，直径1.5cm，在压实前埋入压实层中，同填料一起碾压），两次标高之差即为压沉值。压实标准：各测点压沉值平均值不大于5mm，标准差不大于3mm，表示达到压实度要求。检测频率：施工单位每100m²检测10点，监理、施工单位可用同一基准点，同时进行平行检测，但必须采用两部以上仪器独立观测，独立记录。

3）路床顶面应测定弯沉值，检验其整体强度，必须时用承载板测定回弹模量。

4）填石路堤密实程度宜以通过12t以上振动压路机进行压实试验，当压实顶面稳定不再下沉（无轮迹）时，可判为密实状态。

石质路堤施工质量标准具体要求见表7-7。

表7-7　填石路堤施工质量标准

| 项目 | 检测项目 | 允许偏差 | | 检查方法或频率 |
| --- | --- | --- | --- | --- |
| | | 高速公路<br>一级公路 | 其他公路 | |
| 1 | 压实度 | 符合试验路确定的施工工艺 | | 施工记录 |
| | | 沉降差不大于试验路确定的沉降差 | | 水准仪：每40m检测一个断面，每个断面检测5～9点 |
| 2 | 断面高程/mm | +10，-20 | +10，-30 | 水准仪：每200m测4个断面 |
| 3 | 弯沉 | 不大于设计值 | | — |
| 4 | 中线偏位/mm | 50 | 100 | 经纬仪：每200m测4点弯道加HY、YH两点 |
| 5 | 宽度 | 不小于设计值 | | 米尺：每200m测4处 |
| 6 | 平整度/mm | 20 | 30 | 3m直尺：每200m测4点×10尺 |
| 7 | 横坡（%） | ±0.3 | ±0.5 | 水准仪：每200m测4个断面 |
| 8 | 边坡 坡度 | 不陡于设计值 | | 每200m抽查4处 |
| | 边坡 平顺度 | 符合设计要求 | | |

### 7.4.3　防护工程质量评定及验收

干砌片石施工质量应符合表7-8的规定，浆砌砌体施工质量应符合表7-9的规定。

表7-8　干砌片石施工质量标准

| 序号 | 项目检查 | 允许偏差 | 检查方法与频率 |
| --- | --- | --- | --- |
| 1 | 厚度/mm | ±50 | 每100m²抽查8点 |
| 2 | 顶面高度/mm | ±30 | 水准仪：每20m抽查5点 |
| 3 | 外形尺寸/mm | ±100 | 每20m或自然段，长宽各测5点 |
| 4 | 表面平整度/mm | 50 | 2m直尺：每20m测5点 |

表 7-9 浆砌砌体施工质量标准

| 序号 | 检查项目 | 允许偏差 | | 检查方法与频率 |
|---|---|---|---|---|
| 1 | 砂浆强度 | 不小于设计强度 | | 每 1 工作台班 2 组试件 |
| 2 | 顶面高程/mm | 料、块石 | ±15 | 水准仪：每 20m 抽查 5 点 |
| | | 片石 | ±20 | |
| 3 | 底面高程/mm | −20 | | |
| 4 | 坡度或垂直度（%） | 料、块石 | 0.3 | 斥垂线：每 20m 检查 5 点 |
| | | 片石 | 0.5 | |
| 5 | 断面尺寸/mm | 料石、混凝土块 | ±20 | 尺量：每 20m 检查 5 点 |
| | | 块石 | ±30 | |
| | | 片石 | ±50 | |
| 6 | 墙面距路基中线/mm | ±50 | | 尺量：每 20m 检查 5 点 |
| 7 | 表面平整度/mm | 料石、混凝土块 | 10 | 2m 直尺：每 20m 检查 5 处 |
| | | 块石 | 20 | |
| | | 片石 | 30 | |

袋装砂井施工质量应符合表 7-10 的规定，塑料排水板施工质量应符合表 7-11 规定。

表 7-10 袋装砂井施工质量标准

| 序号 | 项目 | 允许偏差 | 检查方法和频率 |
|---|---|---|---|
| 1 | 井距/mm | ±150 | 抽查 3% |
| 2 | 井长 | 不小于设计值 | 查施工记录 |
| 3 | 井径/mm | +10.0 | 挖验 3% |
| 4 | 竖直度（%） | 1.5 | 查施工记录 |
| 5 | 灌砂率（%） | +5.0 | 查施工记录 |

表 7-11 塑料排水板施工质量标准

| 序号 | 检查项目 | 允许偏差 | 检查方法和频率 |
|---|---|---|---|
| 1 | 板距/mm | ±150 | 抽查 3% |
| 2 | 板长 | 不小于设计值 | 抽查 3% |
| 3 | 竖直度（%） | 1.5 | 查施工记录 |

砂桩施工质量应符合表 7-12 的规定，碎石桩施工质量应符合表 7-13 的规定。

表 7-12 砂桩施工质量标准

| 序号 | 检查项目 | 允许偏差 | 检查方法和频率 |
|---|---|---|---|
| 1 | 桩距/mm | ±150 | 抽查 3% |
| 2 | 桩长 | 不小于设计值 | 查施工记录 |
| 3 | 桩径 | 不小于设计值 | 抽查 3% |
| 4 | 竖直度（%） | 1.5 | 查施工记录 |
| 5 | 灌砂量 | 不小于设计值 | 查施工记录 |

表 7-13 碎石桩施工质量标准

| 序号 | 检查项目 | 允许偏差 | 检查方法和频率 |
| --- | --- | --- | --- |
| 1 | 桩距/mm | ±150 | 抽查3% |
| 2 | 桩径 | 不小于设计值 | 查施工记录 |
| 3 | 桩长 | 不小于设计值 | 抽查3% |
| 4 | 竖直度（%） | 1.5 | 查施工记录 |
| 5 | 灌碎石量 | 不小于设计值 | 查施工记录 |

### 7.4.4 交工验收

路基交工验收前，应对外观质量和局部缺陷进行整修或处理。分项工程、分部工程、单位工程完成后，应按有关规定进行中间检查验收。交工验收前应恢复施工段内的导线点、水准点，以及验收中要求和可能需要的其他标志桩。交工验收前应按照规范及《公路工程质量检验评定标准》的要求进行自检，自检合格后，编制符合要求的交工资料，申请进行交工验收。交工验收按照交通部《公路工程竣（交）工验收办法》和《公路工程质量检验评定标准》（JTG F80/1）有关规定执行。

## 本 章 小 结

路基是路面的基础。路基的施工质量直接影响路基路面的使用品质。若路基施工存在质量问题，会带来很多隐患，将使养护工作量加大，养护费用增加。路基施工准备工作是工程顺利实施的基础和保证，而施工是关键。本章介绍了路基施工的基本方法及特点、施工前的准备工作、路基填料的选择以及路基的填挖方案、路基压实等。

路基的基本施工方法有人工及简易机械化、综合机械化、水力冲填和爆破等方法，施工过程中要根据现场实际情况选择合理的施工方案；路基施工前的准备工作内容较多，涉及组织准备、技术准备和物质准备三个方面，主要包括一般准备、施工测量、场地清理和复查试验等。

选择填料时，一方面要考虑料源和经济性，另一方面要顾及填料性质的适应性，填料以及采用强度高、水稳性好、压缩性小、施工方便以及运距短的岩土材料为宜，应优先选用级配较好的砾类土、砂类土等粗粒土作为填料。土质路堤（包括石质土），按填土顺序可分为平铺和竖向填筑两种方案；土质路堑开挖按掘进方向可分为纵向全宽掘进和横向通道掘进两种方案。

影响压实效果的因素有很多，应结合压实土的具体性质和要求，通过实地试验选用最适宜的压实方案。压实过程中，经常检查含水率和密实度，以达到符合规定压实度的要求。

为确保路基的强度与稳定性，路基的防护与加固也是不可缺少的工程技术措施。路基防护与加固，按其作用与对象的不同，主要分为边坡坡面防护、沿河路堤河岸冲刷防护与加固、路基的支挡工程，以及地基的加固处理。

交工验收前应按照《公路工程质量检验评定标准》的要求进行自检，自检合格后，编制符合要求的交工资料，申请进行交工验收。

## 思 考 题

7-1 试述路基施工的重要性。

7-2 路堤填筑方法有哪些？适用性如何？

7-3 路堑开挖有哪些方式？适用条件是什么？

7-4 简述路基填筑的主要工序。

7-5 土方开挖的机械有哪些？适用性如何？

7-6 为什么要进行路基压实？压实原则？

7-7 影响压实效果的因素有哪些？

7-8 试述压实质量控制与检查。

7-9 路基防护与加固的意义？

7-10 工程防护形式有哪些？各适用于什么场合？

7-11 植物防护的特点是什么？在什么情况下可以使用植物防护？

7-12 地基加固有哪些方法？各自适用条件是什么？

7-13 浆砌片石护面墙的施工要点？片石护坡施工时应注意什么？

7-14 当地形条件相同时，用同量炸药为什么在斜坡地形比平地的爆破岩石方量多？

7-15 影响爆破效果的主要因素有哪些？

7-16 试举出石方爆破工程中常用的几种爆破方法。

7-17 试述爆破作业的程序。

7-18 《公路路基施工技术标准》、《公路工程质量检验评定规范》对路基工程的质量标准如何规定？

7-19 怎样对路基进行检查验收？

7-20 人工挖掘土方、砌筑防护工程的安全要点是什么？

# 第二篇　路面工程

# 第8章　路面工程概论

## 8.1　路面的结构与层位功能

### 8.1.1　路基横断面

路基横断面由行车道、硬路肩或土路基组成。根据公路等级，可选择不同的路面横断面形式。通常将路面横断面分为槽式和全铺式两种。

（1）槽式横断面　在路基上按照路面行车道及硬路肩设计宽度范围，开挖与路面同厚度的浅槽，在槽内铺筑路面，也可以采用培槽法，在路基两侧培槽，或半填半挖的方法培槽，如图8-1a所示。

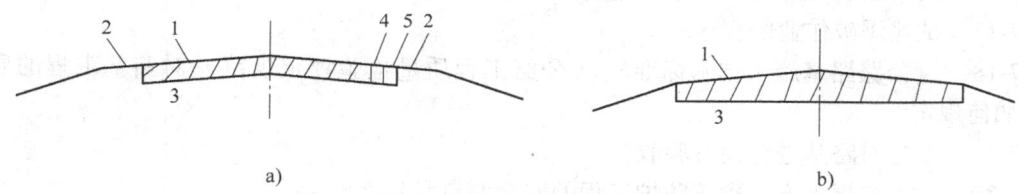

图8-1　路基横断面形式
a）槽式　b）全铺式
1—路面　2—土路肩　3—路基　4—路缘石（侧石）　5—加固路肩

（2）全铺式横断面　在路基全部宽度内都铺筑路面，在盛产石料的山区或较窄的路基上铺筑中、低级路面，常采用全铺式横断面，如图8-1b所示。在高等级公路路面中的排水基层，通常需要全宽范围铺筑以便横向排入边沟。此外，对于交通量增长较快的重要公路，也往往将硬路肩和土路肩按行车道标准，全宽铺筑面层。

### 8.1.2　路拱横坡度

**1. 路拱**

为了保证路面上雨水及时排出，减少雨水对路面的浸湿和渗透，路面表面应做成两边低、中间高的路拱。高级路面平整度和水稳定性好，透水性小，一般采用较小路拱横坡度和直线形路拱。低等级路面，为利于迅速排除路表积水，通常采用较大的路拱横坡度和抛物线形路拱。表8-1为各种不同类型路面路拱的平均横坡度值。

表 8-1　各类路面路拱的平均横坡度

| 路 面 类 型 | 路拱平均横坡度（%） |
|---|---|
| 沥青混凝土、水泥混凝土 | 1～2 |
| 厂拌沥青碎石、路拌沥青碎（砾）石、沥青贯入碎（砾）石、沥青表面处治、整齐石块 | 1.5～2.5 |
| 半整齐石块、不整齐石块 | 2～3 |
| 碎、砾石等粒料路面 | 2.5～3.5 |
| 低级路面 | 3～4 |

**2. 路拱横坡度的形式与选择**

路拱横坡度的形式有二次抛物线形和直线形。二次抛物线形路拱横坡在中部平缓，边缘较陡，对中、低级路面，路面不宽，车辆大多居中行驶，所以一般采用这种形式。直线形路拱横坡由两根倾斜直线连成的，行车平稳。为改善路面中央部分的行车状况，可在中间插入一段圆曲线，长度不大于 3m，这种形式的路拱，在横坡度较小和等级较高的路面上采用较多。

路拱横坡度的选择，应充分考虑有利于行车平稳和有利于横向排水两方面的要求。在干旱和有积雪、浮冰地区，应采用低值；多雨地区采用高值；道路纵坡较大或路面较宽，或行车速度较高时，或交通量和车辆载重较大时，或常有拖挂汽车行驶时，应采用平均横坡度的低值，反之则应取用高值。

路肩横坡度一般较路面横坡大 1%。但高速公路和一级公路的硬路肩采用与路面行车道相同的结构时，应采用与路面行车道相同的路面横坡度。

## 8.1.3　路面结构层及其功能

路面是直接承受交通荷载、大气温度及雨水作用的结构，应具有良好的稳定性和足够的强度、刚度，其表面应满足平整、抗滑和排水的要求。

行车荷载和自然因素对路面的影响，随深度的增加而逐渐减弱，对路面材料的强度、抗变形能力和稳定性的要求也随深度的增加而逐渐降低，路面结构通常是分层铺筑的，按照使用要求、受力状况、土基支承条件和自然因素影响程度的不同，分为若干层次。按照各个层位功能的不同，划分为三层次，即面层、基层和垫层，如图 8-2 所示。

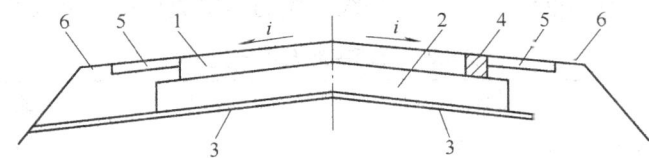

图 8-2　路面结构层次划分示意图

$i$—路拱横坡度　1—面层　2—基层（有时包括底基层）　3—垫层　4—路缘石　5—加固路肩　6—土路肩

**1. 面层**

面层是路面结构最上面的一个层次，直接承受行车荷载作用大气降水和温度变化，它应具有足够的结构强度、温度稳定性、耐磨、抗滑、平整和不透水。面层由一层或数层组成，顶面可加铺磨耗层，底面可增设联结层。

修筑所用材料主要有水泥混凝土、沥青混凝土、沥青碎（砾）石混合料、砂砾或碎石掺土或不掺土的混合料以及块料等。

面层有时分两层或三层铺筑，高速公路和一级公路的沥青面层一般分为2~3层，沥青面层总厚度10~20cm，各层根据不同要求采用不同的级配组成，也可分上、下两层铺筑的复合式混凝土路面，此时上、下两层分别采用不同强度等级的水泥混凝土和不同的施工工艺。

**2. 基层**

基层是面层的下卧层，主要起承重作用，承受由面层传递来的车辆荷载垂直力，并把它扩散到垫层和土基中。因此，要求基层具有足够的强度、刚度，并具有良好的扩散应力的能力以及较好的平整度。

高等级公路的基层通常较厚，基层一般分两层或三层铺筑，位于下层的称为底基层，对基层材料质量和强度的要求相对较低，并应尽量使用当地材料修筑。

修筑基层所用材料有各种结合料（如石灰、水泥或沥青等），稳定土或稳定碎（砾）石、贫水泥混凝土、天然砂砾，各种碎石或砾石、片石、块石或圆石，各种工业废渣和土、砂、石所组成的混合料等。

**3. 垫层**

垫层介于基层和土基之间，它可改善土基的湿度和温度状况、使面层与基层免受土基水温状况变化的不良影响或保护土基处于稳定状态；同时，也可扩散基层传递的荷载应力、减小土基的应力与变形，并可阻止路基土挤入基层。

垫层材料要求水稳性和隔热性要好。常用的垫层材料有两大类：一类为松散粒料，如砂、砾石、炉渣等透水性垫层；另一类为石灰、水泥和炉渣稳定土等组成的稳定性垫层。

为了保护路面面层的边缘，一般公路的基层宽度应比面层每边至少宽出25cm，垫层宽度应比基层每边至少宽出25cm，或与路基同宽以利排水。

## 8.2 路面的等级与分类

### 8.2.1 路面的等级

通常按照路面面层的使用品质、材料组成类型以及结构的强度与稳定性，将路面分为高级、次高级、中级和低级等四个等级，各等级对应的面层类型材料见表8-2。

表8-2 路面等级及面层类型

| 路面等级 | 面层主要类型 | 使用年限/年 | 适应的道路等级 |
| --- | --- | --- | --- |
| 高级路面 | 沥青混凝土、厂拌沥青碎石 | 15 | 高速、一级公路<br>城市快速路、主干路 |
| 高级路面 | 水泥混凝土 | 30~40 | 高速、一级公路<br>城市快速路、主干路 |
| 次高级路面 | 沥青贯入碎（砾）石、路拌沥青碎（砾）石 | 12 | 汽车专用二级公路<br>城市主干道、次干道 |
| 次高级路面 | 沥青表面处治 | 8 | 汽车专用二级公路<br>城市主干道、次干道 |
| 中级路面 | 级配砾石、泥结碎石及其他材料 | 5 | 一般二、三级公路，城市道路 |
| 低级路面 | 加固土或改善土 | 5 | 四级公路 |

（1）高级路面　高级路面是指用水泥混凝土、沥青混凝土、厂拌沥青碎石和整齐石块面层的路面。其特点是强度高，刚度大，稳定性好，使用寿命长，能适应繁重的交通量，平整无尘，能保证车辆高速行驶，其养护费用少，运输成本低。

（2）次高级路面　次高级路面是指用沥青贯入碎（砾）石、路拌沥青碎（砾）石、沥青表面处治和半整齐石块等作面层的路面。其特点是强度、刚度和稳定性较差，使用寿命较短，所适应的交通量较小，行车速度也较低，初期建设投资虽较低，但后期养护费用和运输成本较高。

（3）中级路面　中级路面一般适应于中等交通的道路，其强度低，平整度差，易扬尘，行车速度低，需经常养护、维修，运输成本高，可广泛使用当地材料，造价较低。

（4）低级路面　低级路面是指用各种粒料或当地材料改善土，如炉渣土、砾石土和砂砾土等作面层的路面。其路面的强度和刚度很低，水稳性和平整度均很差，易扬尘，故只能保证车辆低速行驶，所适应交通量很小，雨季有时不能通车，造价低廉，要求经常养护维修，运输成本较高。

## 8.2.2　路面的分类

路面的面层类型一般按路面所使用的主要材料划分，如水泥混凝土路面、沥青路面、砂石路面等。在进行路面结构设计时，从路面结构在行车荷载作用下的力学性能出发，将路面划分为柔性路面、刚性路面和半刚性路面三类。

（1）柔性路面　柔性路面是指刚度较小，抗弯拉强度较低，主要靠抗压、抗剪强度来承受车辆荷载作用的路面，它主要包括各种未经处理的粒料基层和各类沥青面层、碎（砾）石面层或块石面层组成的路面结构。其结构的总体刚度较小，在车辆荷载作用下，容易产生较大的弯沉变形，由于其结构本身的抗弯拉强度较低，通过各结构层将车辆荷载传递给土基，使土基承受较大的应力作用，柔性路面的路基强度和稳定性对整个路面结构影响明显。

（2）刚性路面　刚性路面主要指刚度较大、抗弯拉强度较高的路面，主要包括用水泥混凝土作面层或基层的路面结构。其强度高、弹性模量大。水泥混凝土路面结构处于弹性工作状态，其竖向弯沉较小，通过板体的扩散分布作用，传递给基础上的单位压力较柔性路面小得多。

（3）半刚性路面　用水泥、石灰、粉煤灰等无机结合料稳定土或碎（砾）石而修筑的基层，称为半刚性基层。半刚性基层初期强度和刚度较小，具有柔性路面力学性质，后期强度和刚度增长幅度较大，具有刚性路面力学性质，但是最终的强度和刚度远小于水泥混凝土。半刚性路面一般是由半刚性基层和铺筑其上的沥青面层组成的路面结构。

刚性路面、柔性路面和半刚性路面是从结构设计方法出发，以力学特性作为划分原则的，这种划分没有绝对的定量界限。近年来，材料科学的发展正在逐步改变这种属性，如水泥混凝土添加聚合物，使得它在保留高强度的同时降低刚度，具有柔性路面的特性，而沥青改性的研究使得沥青混凝土随着气候的变化而变化的力学性质更加趋于稳定，从而具有刚性路面的特性，这说明不同的路面类型是处于发展和相互转化中的。

## 8.3　路面材料的力学强度特性

路面材料分为矿料和结合料两大类，矿料分为集料（也称为骨料）和填充料两类。集料包括碎石、卵碎石、片石和料石；填充料包括土、砂、石粉和矿渣等。结合料包括有机结合料和无机结合料，各种材料的基本性质和成型方式不同，各种路面结构层具有不同的力学特性。

路面材料在车轮荷载和环境因素的作用下所表现出的力学特性，对路面的使用品质和使用寿命有重大影响。因此，深刻理解路面材料的力学特性将有助于正确判别路面各种病害的真实成因，同时将有助于正确理解路面设计方法基本原理的物理背景。

### 8.3.1 抗剪强度

路面在车轮作用下回出现剪应力，如果剪应力超过抗剪强度，路面就出现剪切破坏。路面结构层因材料的抗剪强度不足而导致的路面破坏通常有三种情况：

1) 路面结构层厚度较薄，总体刚度不足，车轮荷载通过薄层结构传给土基的剪应力过大，导致路基路面整体结构发生剪切破坏。

2) 无结合料的粒料基层因层位不合理，内部剪应力过大而引起部分结构层产生剪切破坏。

3) 面层结构的材料抗剪强度较低。如高气温条件下的沥青面层、级配碎石面层等，经受较大的水平推力时，面层材料产生纵向或横向推移等各种剪切破坏。

按摩尔强度理论，材料的抗剪强度包括摩擦阻力和黏结力两部分组成，摩擦阻力同作用在剪切面上的法向正应力成正比；黏结力为材料固有性质，与法向正应力无关，即

$$\tau_f = \sigma \tan\varphi + c \tag{8-1}$$

式中 $\tau_f$——抗剪强度（kPa）；
$c$——材料的黏结力（kPa）；
$\sigma$——法向正应力（kPa）；
$\varphi$——材料的内摩擦角。

$c$ 和 $\varphi$ 是表征路面材料抗剪强度的两项参数，可以通过直接剪切试验，绘出 $\tau$-$\sigma$ 曲线后，按上式确定，如图 8-3 所示。

对于松散粒料无法进行直剪试验时，可以由三轴压缩试验，绘制莫尔圆和相应的包络线，如图 8-4 所示，按上式直线关系近似确定 $c$、$\varphi$ 值。由于三轴试验较接近实际受力状态，因此得到广泛应用。

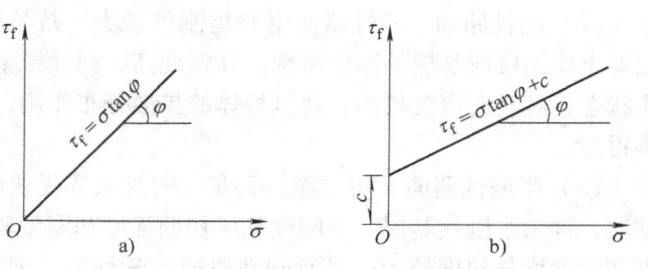

图 8-3 抗剪强度与法向压应力之间的关系
a) 无黏性土 b) 黏性土

沥青混合料经受剪切时，除了矿质颗粒之间存在摩擦阻力之外，还有粒料与沥青的黏结力以及沥青膜之间的黏滞阻力共同形成抗剪强度。因此沥青混合料的抗剪强度不仅同粒料的级配组成、形状和表面特性有关，也同所采用沥青的黏结力和用量有关。

大量试验结果表明，沥青混合料的黏结力取决于以下因素：

1) 沥青的黏度。黏度越高，混合料受剪时的黏滞阻力就越大，因而黏结力也越大。

2) 沥青的用量。用量过少，不足以充分涂敷矿质颗粒，用量过多时，又将使颗粒被挤

开，两种情况都会使黏结力降低，因而，存在一最佳沥青用量，使黏结力达到最大。

3）温度和剪切速率。沥青的黏度受温度和应力作用时间的影响很大，随着温度的升高和剪切速率的下降，混合料的黏结力下降。

4）细料。特别是矿粉的含量增多，有棱角的集料增多，矿粉同沥青的吸附性好等因素，都有助于提高黏结力。

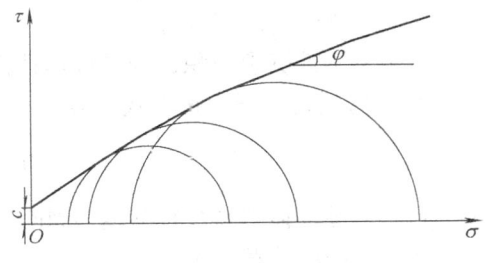

图 8-4 莫尔圆破坏包络线

## 8.3.2 抗拉强度

沥青路面、水泥混凝土路面及各种半刚性基层在气温急骤下降时产生收缩，水泥混凝土路面和各种半刚性基层在大气湿度变化时，产生明显的干缩，这些收缩变形受到约束阻力时，将在结构层内产生拉力，当材料的抗拉强度不足以抵抗上述拉应力时，路面结构会产生拉伸断裂。

路面材料的抗拉强度主要由混合料中结合料的黏结力所提供，可以采用直接拉伸或间接拉伸试验，测绘应力—应变曲线，取曲线的最大应力值为抗拉强度。

直接拉伸试验如图 8-5 所示，将直径为 $D$、高度为 $h$ 的圆柱体试件两端黏结在带球形铰的金属盖帽上，通过变形传感器测定试件在给定温度时各级拉应力下的应变值，绘出应力—应变曲线。

间接拉伸试验也叫劈裂试验，如图 8-6 所示，所用试件分为圆柱体和立方体两种试件。在给定温度下通过试件两侧的压条沿直径方向按一定的加载速度施加压力，直至试件劈裂破坏。

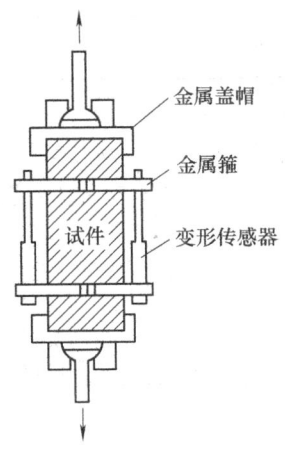

图 8-5 直接拉伸试验

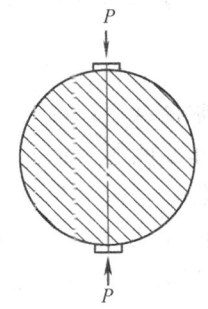

图 8-6 间接拉伸试验

立方体劈裂抗拉强度按下式计算

$$f_{ts} = \frac{2F}{\pi A} = 0.637 \frac{F}{A} \tag{8-2}$$

式中 $f_{ts}$——立方体劈裂抗拉强度（MPa）；

$F$——极限荷载（N）；
$A$——试件劈裂面积，为试件横截面面积（$mm^2$）。
圆柱体劈裂抗拉强度按下式计算

$$f_{ct} = \frac{2F}{\pi d_m \times l_m} \tag{8-3}$$

式中 $f_{ct}$——圆柱体劈裂抗拉强度（MPa）；
$F$——极限荷载（N）；
$d_m$——试件直径（mm）；
$l_m$——圆柱体的平均长度（mm）。

沥青混合料对温度敏感性较高，其抗拉强度与温度有关，一般情况下抗拉强度随试验温度的升高降低。温度较高时，沥青混合料的抗拉强度不足以抵抗外荷载作用下的拉应力，路面结构将会出现较大的变形。负温条件下，抗拉强度则随着试验温度的降低而增加。

### 8.3.3 弯拉强度

常温或低温下的沥青混合料、水泥混凝土及半刚性材料具有一定的弯拉强度，见表8-3。但是在车辆荷载重复作用下，路面各结构层底部可能产生较大的弯拉应力，当其超过材料本身的抗弯拉强度时，就会发生弯曲断裂破坏。

表8-3 路面材料弯拉强度和弯拉回弹模量参考值

| 材料名称 | 弯拉强度 $S$/MPa | 弯拉回弹模量 $E$/MPa |
| --- | --- | --- |
| 沥青混凝土 | 1.5 | 1500 |
| 沥青石屑 | 1.0 | 1800 |
| 水泥土 | 0.6 | 2800 |
| 水泥稳定砂砾 | 0.5 | 2800 |
| 石灰土 | 0.3 | 1200 |
| 石灰粉煤炭 | 0.5 | 1800 |
| 炉渣灰土 | 0.6 | 1300 |

路面材料的弯拉强度 $\sigma_f$ 按下式计算

$$\sigma_f = \frac{FL}{bh^2} \tag{8-4}$$

式中 $F$——极限荷载（N）；
$L$——支座间间距（mm）；
$h$、$b$——试件高度及宽度（mm）。

路面材料的弯拉强度大多通过简支小梁试验进行评定。小梁截面边长的尺寸应不低于混合料中集料最大粒径的4倍。通常采用三分点加载。

## 8.4 路面材料的累积变形与疲劳特性

路面结构在荷载重复应力作用下，可能出现破坏极限状态有两类：
1) 弹塑性工作状态。塑性变形累积到一定限度，产生累积变形。
2) 弹性工作状态。内部微量损伤累积扩大，导致疲劳断裂破坏，产生疲劳破坏。

两类状态的共同点：破坏极限的发生不仅同荷载应力大小有关，而且同荷载应力作用次数有关。

1）水泥混凝土路面处于弹性工作状态（疲劳破坏）。

2）沥青路面在低温时处于弹性状态（疲劳破坏），在高温时处于弹塑性状态（累积变形形成车辙、沉陷等）。

3）半刚性路面（无机结合料）早期处于弹塑性，后期处于弹性（疲劳破坏）。

4）以黏土为结合料的碎砾石路面处于弹塑性状态（累积变形）。

## 8.4.1 路面材料的累积变形

路面经受着无数次车轮荷载的重复作用所发生的结构破坏，完全不同于其他类型的结构在使用期间内可能出现的极限破坏。当路面材料处于弹塑性工作状态时，在荷载应力的重复作用下，路面结构的塑性变形发生积累，当积累变形超过一定限度时，路面的使用性能大大降低，这是路基路面各结构层材料塑性变形的综合结果，与荷载的大小和重复作用的次数有关，也受到路面各结构层材料变形特征的影响。

**1. 颗粒材料**

（1）级配良好　碎（砾）石材料在重复应力作用下的塑性变形累积规律与细粒土相似，级配良好的颗粒材料的重复加载试验结果。当偏应力低于某一值时，塑性变形随作用次数增加而增加，且逐渐趋于稳定。偏应力较大时，塑性变形量随作用次数的增加而不断增加，直至破坏，如图 8-7 所示。

（2）级配不良　级配不良、粒径单一的颗粒材料，在应力重复作用多次以后，塑性变形量也会继续增长。含粒料过多的颗粒材料由于混合料密实度降低，累积变形不断增长，两种材料均不宜用于修筑路面。

**2. 沥青混合料**

沥青混合料的永久变形特征，可利用单轴压缩试验、静态蠕变试验或重复三轴压缩试验进行测试。静态蠕变试验简单方便，重复三轴压缩实验与路面实际受力工作状态较为相符，两种试验方法得出的累计应变—时间关系曲线基本一致。密实型沥青碎石混合料经受重复三轴试验的结果如图 8-8 所示。

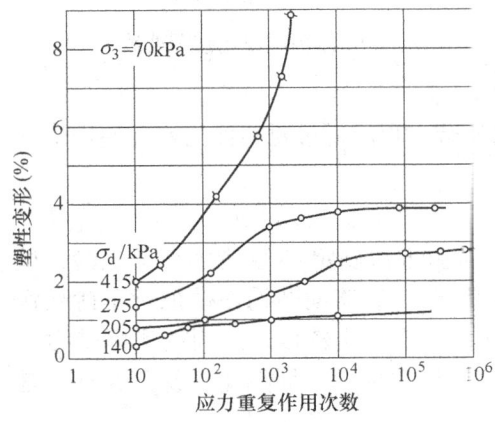

图 8-7　良好级配粒料的变形积累

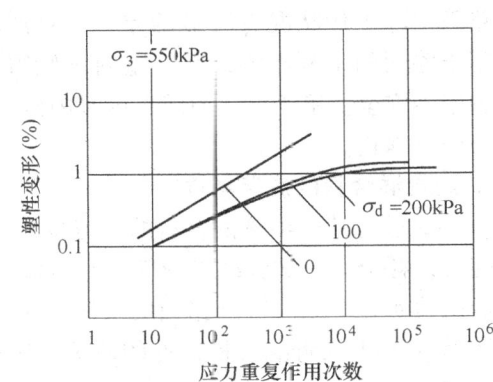

图 8-8　密实型沥青碎石混合料的塑性变形累积量

从图 8-8 中可以看出，塑性应变量随应力重复作用次数的增加而增加。塑性变形的累积量随温度的升高而加大，在温度保持不变的情况下，塑性变形累积量不仅与荷载重复作用次数有关，还与总的加载时间有关，加载频率及应力循环的间隔时间对累计变形与时间的关系影响不大。

沥青混合料在重复荷载应力作用下的塑性变形积累实际上是一种蠕变现象。在温度较高时，沥青稠度低，荷载作用时间长时，沥青混合料呈现出弹—黏—塑性性质，在重复应力的作用下，累计变形较大；有棱角的立方体集料组成的混合料比圆形集料组成的混合料具有更高的劲度模量，累计变形量也较小；密级配沥青碎石，由于其良好的级配特征，累计变形量也低于细料较多的沥青混凝土；压实方法、压实效果等因素对累计变形量的大小都有一定的影响。

## 8.4.2 路面材料的疲劳特性

路面材料的疲劳特征，主要考虑疲劳破坏的发生情况及疲劳强度、疲劳寿命和疲劳极限等方面。

**1. 基本概念**

路面材料在经受重复荷载作用后强度降低的现象称为疲劳；路面材料在低于抗拉强度下经受重复拉应力或拉应变而最终导致破坏，称为疲劳破坏；在应力作用一定次数后，材料的疲劳强度不再下降而趋于稳定，此稳定值称为疲劳极限；当重复应力低于此值时，材料可经受无限多次的作用而不出现破坏。导致材料破坏的荷载作用次数，称为疲劳寿命。

**2. 水泥混凝土和无机结合料稳定类的疲劳特性**

（1）试验方法 一般由室内小梁试验来体现，通常用不同应力水平达到破坏时的荷载反复作用次数来表示。重复弯拉应力 $\sigma_r$ 与一次加载得出的极限弯拉应力 $\sigma_f$ 之比称为应力比。通过对小梁试验施加重复应力，可以绘制出应力比 $\sigma_r/\sigma_f$ 与重复应力作用次数 $N_f$ 的关系曲线，该曲线称为疲劳曲线，如图 8-9 所示。

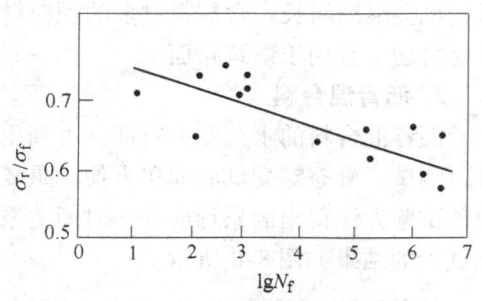

图 8-9 水泥混凝土疲劳曲线

（2）试验结果分析 室内试验条件与水泥混凝土路面实际工作状况有明显的差异。自然环境对混凝土路面的不利影响，常使室内试验得出的结果偏于不安全。鉴于上述原因，由室内试验得出的疲劳方程应通过对路面的实际使用情况的检验予以修正。

**3. 沥青混合料的疲劳特性**

（1）试验方法 沥青混合料的疲劳特性可用下面试验方法确定：① 现场疲劳试验，试验时间长，耗资大，试验结果受气温和水温条件等的影响；② 路面结构在模拟行车荷载作用下的试验研究，比较符合路面的实际受力情况，试验结果也比较接近路面的实际受力情况；③ 室内小型沥青混合料试件的疲劳试验研究，该方法费用少，周期短，易于实现，是目前使用最多的方法。

疲劳试验施加荷载的方式有控制应力或控制应变两种：

1) 控制应力。控制应力试验又称为常值应力试验。试验时保持作用荷载应力值不变，随荷载重复作用一次数增加，沥青混合料强度逐渐减小，应变逐渐增大，至试件出现裂缝时即达疲劳破坏，如图8-10a所示。

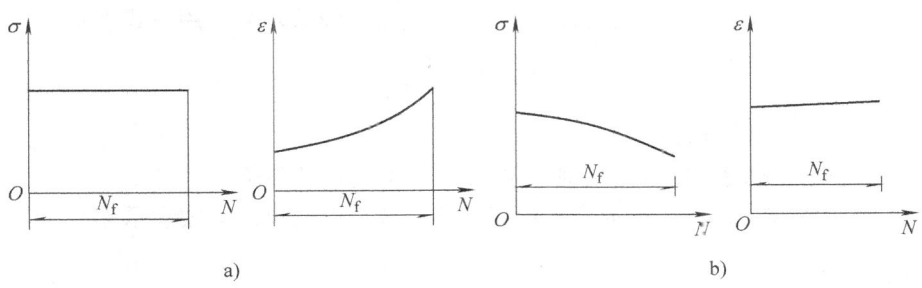

图 8-10　控制应力和控制应变疲劳试验
a) 控制应力　b) 控制应变

2) 控制应变。控制应变试验又称为常值应变试验。试验室保持应变恒定，随着荷载重复作用次数的增加，沥青混合料的劲度下降。为保持恒定应变量，减小作用荷载的应力值，当劲度下降至初始劲度约50%时，即认为沥青混合料已产生疲劳，此时的荷载作用次数即为疲劳寿命，如图8-10b所示。

(2) 试验分析　沥青路面在车轮荷载的作用下，结构层内不同的点处于不同的应力应变状态。在图8-11中，当车轮驶进路表$A$点时，$A$点受拉；而当车辆直接作用于$A$点时，$A$点受压；面层底部$B$点的情况则恰恰相反，车轮直接作用于$A$点时，$B$点受到主拉应力的作用；车辆离开，应力方向旋转、减小，并有剪应力产生；当车辆驶过一定距离后，$B$点则承受压力的作用。因此，车轮每驶过一次，$A$点或$B$点便出现一次应力循环。$B$点的应力随时间的变化情况如图8-12所示。

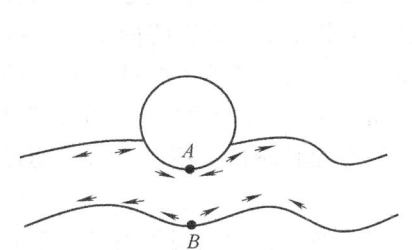

图 8-11　轮载作用下面层受力状态

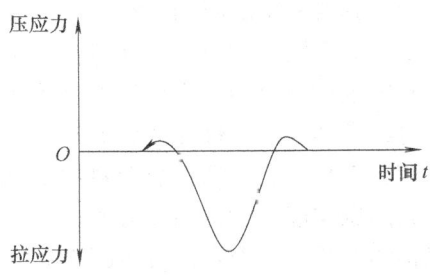

图 8-12　应力随时间变化

在疲劳试验过程中，由于温度的轻微升高和轻微裂缝的出现，使面层混合料的力学性质发生变化，材料的抗拉强度随着荷载作用次数增加而逐渐降低。当荷载作用次数达到一定值以后，材料的抗拉强度低于疲劳试验中施加的应力，即出现疲劳开裂。由于路面材料的抗压强度远大于其抗拉强度，而面层底部在车辆的作用下所受到的拉应力又比路表面在车辆驶进或驶出后产生的拉应力要大得多，因而路面所产生的裂缝往往从路面的底部开始发生。

(3) 疲劳寿命

1) 疲劳寿命预估。按应力控制得出的疲劳寿命较短，应用时偏于安全，按应变控制得出的结果则相反。大量试验表明，同一种沥青混合料因试验时所采用的控制方法不同，试件达到破坏时的荷载作用次数有一定的差别。当沥青混合料面层厚度大于15cm时，宜采用控制应力方式；当面层厚度小于5cm时，宜采用控制应变方式；当层厚为5~15cm时，则根据条件选择合适的控制方法。

① 按控制应力试验方法进行沥青混合料疲劳试验，疲劳寿命可用下式表示

$$N_{f1} = K_1 \left(\frac{1}{\sigma_r}\right)^{n_1} \tag{8-5}$$

式中　$N_{f1}$——疲劳寿命；
　　　$K_1$、$n_1$——回归系数，取决于材料的性质、温度及试验条件。

② 按控制应变方法进行沥青混合料疲劳试验，疲劳寿命可用下式表示

$$N_{f2} = K_2 \left(\frac{1}{\varepsilon_r}\right)^{n_2} \tag{8-6}$$

式中　$N_{f2}$——疲劳寿命；
　　　$K_2$、$n_2$——回归系数，取决于材料的性质、温度及试验条件。

2）影响因素。沥青混合料疲劳寿命的影响因素很多，原材料、材料级配、混合料的性质、施工性质以及环境因素等。主要表现在以下三方面：

① 材料性能的影响。沥青混合料是由沥青及矿物在一定条件下拌制而成的，影响疲劳寿命的主要因素是沥青材料及矿料的性质。沥青材料的路用性能取决于沥青规格和性质，一般认为随着沥青黏度的增加，控制好最佳沥青用量，将有利于疲劳寿命增加。沥青混合料的温度性质影响到其疲劳寿命。高温条件下的疲劳寿命小于低温条件下的疲劳寿命。沥青材料劲度模量的大小将直接影响到混合料的疲劳寿命。

② 沥青混合料现场铺筑后的压实度，也直接影响到沥青混合料的稳定度、劲度模量及空隙率的大小。提高现场沥青混合料的压实度、减小空隙率对提高疲劳寿命极其重要。

③ 试验加荷速率的影响。应变一定，加荷速率减小，疲劳寿命会增大；同时，每次振动的周期内具有的空隙时间，有利于疲劳寿命的增长，这是因为间歇时间将引起动力弹性模量的改变，无间歇加荷时动力弹性模量在较短的时间内迅速下降，随后缓慢下降至试件破坏，而有间歇加荷时间动力模量下降的速度要缓慢得多，因而疲劳寿命相应也较长一些。

沥青结合料对疲劳性能的影响能占到60%。沥青含量高的沥青混合料，其沥青膜较厚，因而其疲劳寿命较高。沥青混合料的空隙率越大，其疲劳寿命就越低，所以，保证沥青混合料有较高的压实度，对提高疲劳寿命十分重要。

集料的形状、表面纹理及级配都对沥青混合料的疲劳寿命有影响。棱角尖锐、表面粗糙及开级配的集料压实困难，由于压实不良造成的空隙率过大而导致疲劳寿命缩短。这些粗糙有棱角的集料也可能是裂缝的起源，同样会缩短疲劳寿命。

## 本 章 小 结

本章主要介绍了路面的结构与层位功能，路面的等级与分类，路面材料的力学强度特性，路面材料的累积变形与疲劳特性四个方面的内容。重点掌握路面的结构层次的划分、路面的等级与分类，理解路面材料的力学强度特性，熟悉路面的累积变形与疲劳特征。

## 思 考 题

8-1　路基横断面由哪几个部分组成?

8-2　什么叫路拱横坡度? 路拱横坡度有哪些形式?

8-3　路面结构层划分为哪几个层次? 画出示意图。

8-4　路面分为哪几个等级? 各等级对应的面层类型是什么?

8-5　从路面结构在行车荷载作用下的力学性能出发,将路面划分哪三类?

8-6　路面结构层因材料的抗剪强度不足而导致的路面破坏通常有哪几种情况?

8-7　沥青混合料的黏结力取决于哪些因素?

8-8　什么叫疲劳? 什么叫疲劳破坏? 什么叫疲劳寿命?

8-9　路面材料的疲劳特征主要考虑哪些方面?

8-10　沥青混合料疲劳寿命的影响因素主要表现在哪些方面?

# 第 9 章 路 面 基 层

路面基层是直接位于面层下的结构层次，是路面结构中的重要组成部分。现代道路设计中，常用碎（砾）石、无机结合料稳定类（半刚性基层材料）作路面的基层材料。由于材料性质各异，因此在路面基层设计中，要因地制宜，合理地选用路面基层材料。

## 9.1 碎（砾）石基层

### 9.1.1 强度形成原理

**1. 纯碎石材料**

（1）嵌锁型原则　嵌锁型原则的理论基础是填充理论，即大颗粒填料间空隙如何填充才能使孔隙率最小，同时大小颗粒间又不会产生干涉（挤开）现象。因此，它的抗剪强度主要取决于剪切面上的法向应力和材料内摩阻角。它由三项因素构成：粒料表面的相互滑动摩擦，剪切时体积膨胀而需克服的阻力，粒料重新排列受到的阻力。

研究表明：单一粒料在另一粗糙但平整的粒料上滑动，其内摩阻角大都小于30°；许多粒料相互紧密接触，沿某一剪切面相互变位时因体积膨胀和粒料重新排列而多耗的功，可使内摩阻角增至45°~50°。

嵌锁型结构强度主要取决于石料的强度、形状、尺寸、均匀性、表面粗粒度及施工时的压实程度。当石料强度高，形状接近正立方体、有棱角、尺寸均匀、表面粗糙、压实度高时，内摩阻力就大。

（2）级配原则　级配原则组成的理论基础是魏矛斯（Weymooth）提出的干涉理论，认为颗粒间的空隙应由次一级颗粒填充，但填隙的颗粒不得大于其间隙的距离，否则大小颗粒间势必发生干涉现象。为避免干涉起见，大小粒子间应按一定数量分配，常见的粒料级配有连续级配、间断级配两类。

连续级配的级配曲线平顺圆滑，相邻粒径间有一定的质量比例，混合料不易离析。在连续级配中剔除其中一个或几个分级形成一种不连续的级配称为间断级配。间断级配的粗料可以互相靠拢而不受干涉，从而提高混合料的内摩阻角；细料部分仍按连续级配原则以保持其黏结力，其粗料的空隙以更小的粒径而不是次级骨料填充会得到更大的密实度。因此，间断级配兼有嵌挤原则与级配原则的优点，是内摩阻力、黏结力、密实度都是最好的混合料。

**2. 土—碎（砾）石混合料**

土—碎（砾）石混合料的强度和稳定性取决于内摩阻力和黏结力的大小。当混合料中含土较少时，按嵌挤原则形成强度；反之，按级配密实原则形成强度。其中，以集料大小分配，特别是粗细成分的比例最为重要，图9-1表示土—碎（砾）石混合料的三种物理状态。

第一种（图9-1a），不含或很少含细料（指0.074mm以下颗粒）的混合料，它的强度和稳定性依靠颗粒之间内摩阻力获得。其密度较低，但透水性好，不易冰冻。由于这种材料

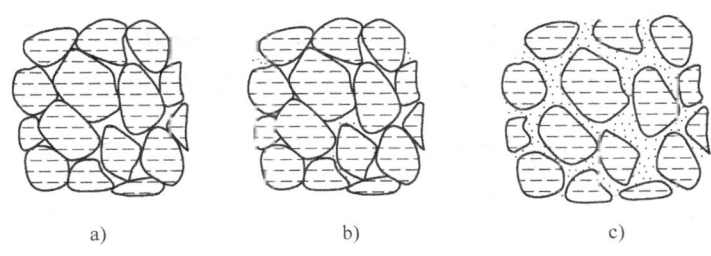

图9-1 土—碎(砾)石混合料的三种物理状态

没有黏结性,施工时压实困难。

第二种(图9-1b),含有足够的细料来填充颗粒间空隙的混合料,仍能够从颗粒接触而获得强度,其抗剪强度、密实度有所提高,透水性低,施工时易压实。

第三种(图9-1c),含有大量细料,粗颗粒间没有直接接触,集料是"浮"在细料之中。这种混合料施工时易压实,但其密实度较低,易冰冻,难透水,强度和稳定性受含水量影响很大。

图9-2表示不同细料含量对土—砾石混合料的密实度和CBR的试验结果,其中CBR值为试件浸湿后的测定结果。由图9-2可知,随着压实功增加,密实度和CBR值均增加,而最大密实度和CBR值都对应一个最佳细料含量。最大密实度时的最佳细料含量为8%~10%,而最大CBR值时的最佳细料含量为6%~8%。前者的细料含量的状况可代表图9-1b状态,而最大值左右两侧的曲线部分则分别代表图9-1a和c两种状态。

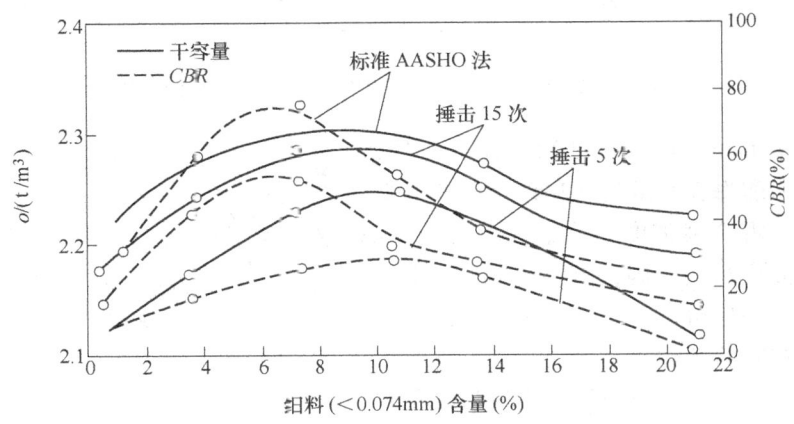

图9-2 土—砾石混合料密实度和CBR随细料含量而变化

图9-3表示土—碎石混合料的试验结果。可见,细料成分对碎石集料CBR的影响一般比对砾石的影响小。密实度曲线与砾石区别不大,对同一粒径分配,土—碎石混合料的CBR值通常比土—砾石混合料稍大一些。

图9-4是几种粒状材料用AASHO标准压实法的CBR值和干密度的试验结果。密实度和CBR值都随集料尺寸增大而增大,而最佳细料含量降低。当细料含量稍小于最大密实度时

的含量，其 CBR 最大，其强度和稳定性也最大。

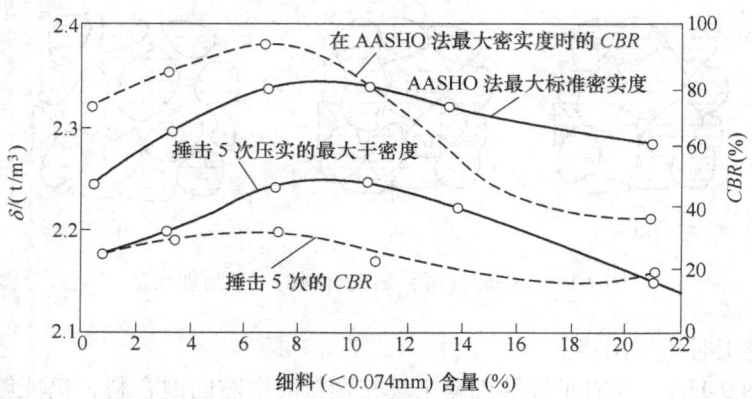

图 9-3 土—碎石混合料密实度和 CBR 随细料含量而变化

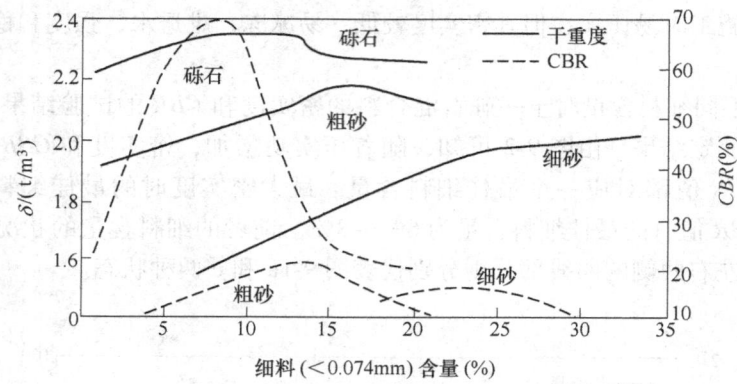

图 9-4 混合料密实度和 CBR 随细料和最大粒径而变化

由以上分析可知，只有在已知粒径分配的情况下，密实度才能作为衡量强度和稳定性的依据。细料含量偏多的混合料强度和稳定性大大低于细料含量偏低的混合料的原因，是由于如图 9-1c 的情况下，强度和稳定性受结合料的影响很小，主要取决于大颗粒间的接触。

室内试验和工地实践都表明，集料为碎石时，由于颗粒间嵌挤作用的增强，其强度和稳定性都比圆滑砾石集料好，更易排水。此外，细粒土的物理性质对混合料的强度和稳定性也会有影响，特别是图 9-1c 的情况时。图 9-5 表示细料（小于 0.42mm）的塑性指数对砾石混合料三轴强度的影响。可见，当细粒土含量很低时，其塑性指数对强度的影响很小；随着细粒土的含量增加时，塑性指数的影响越来越大。因此，对于细料含

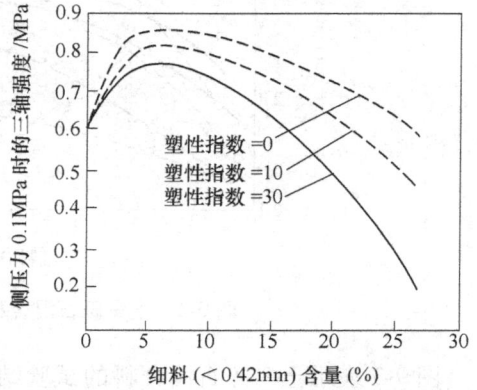

图 9-5 塑性指数对砾石（最大粒径 2.54cm）饱水三轴强度的影响

量多的混合料，必须限制细料的塑性指数。

## 9.1.2 碎（砾）石基层

碎（砾）石基层是用尺寸均匀的碎（砾）石作为基本材料，以石屑、黏土或石灰土作为填充结合料，经压实而成的结构层。碎石层的结构强度，主要靠碎石颗粒间的嵌挤作用以及填充结合料的黏结作用。嵌挤作用的大小，主要取决于石料的尺寸、强度、形状以及压实度；黏结作用则取决于填充结合料本身的内聚力及其与矿料之间黏附力的大小。碎石颗粒尺寸为 0~75mm，通常按其尺寸大小划分为 6 类，见表 9-1。颗粒最大尺寸，按层厚和石料强度选定，一般不宜超过压实层厚的 0.8 倍，石料较软时，可采用较大尺寸。

表 9-1 各种碎石尺寸与分类

| 编 号 | 碎石名称 | 粒径范围/mm | 用 途 |
|---|---|---|---|
| 1 | 粗碎石 | 75~50 | 集料 |
| 2 | 中碎石 | 50~35 | |
| 3 | 细碎石 | 35~25 | |
| 4 | 石渣 | 25~15 | 嵌缝料 |
| 5 | 石屑 | 15~5 | |
| 6 | 米石 | 0~5 | 封面料 |

**1. 填隙碎石**

用单一尺寸的粗碎石作主集料，形成嵌锁作用，并用石屑填满碎石间的孔隙，增加密实度和稳定性，称为填隙碎石。填隙碎石可适用于各等级公路的底基层和二级以下公路的基层。填隙碎石的一层压实厚度为 10~20cm，若设计层厚超过该值，应分层压实。

填隙碎石用作基层时，碎石最大粒径不应超过 60mm，压碎值不大于 26%；用作底基层时，碎石的最大粒径不应超过 80mm（均指圆孔筛），压碎值不大于 30%。粗碎石的颗粒组成应符合表 9-2 的规定，轧制碎石得到的 5mm 以下石屑是最好的填隙料，填隙料的颗粒组成见表 9-3。

表 9-2 填隙碎石粗碎石的颗粒组成

| 编 号 | 标称尺寸/mm | 通过下列筛孔（单位：mm）的质量百分率（%） | | | | | | | |
|---|---|---|---|---|---|---|---|---|---|
| | | 80 | 60 | 50 | 40 | 30 | 25 | 20 | 10 |
| 1 | 40~80 | 100 | 25~60 | | 0~15 | | 0~5 | | |
| 2 | 30~60 | | 100 | | 25~50 | 0~15 | | 0~5 | |
| 3 | 25~50 | | | 100 | 35~70 | | 0~15 | | 0~5 |

表 9-3 填隙料的颗粒组成

| 筛孔尺寸 | 10 | 5 | 2.0 | 0.5 | 0.075 | 塑性指数 |
|---|---|---|---|---|---|---|
| 通过百分率（%） | 100 | 85~100 | 60~80 | 30~50 | 0~10 | 小于 6 |

**2. 泥结碎石基层**

泥结碎石基层是以碎石作为集料，黏土作为填充料和黏结料，经压实修筑成的一种结构。泥结碎石层虽用同一尺寸石料修筑，但在使用过程中由于行车荷载的反复作用，石料会被压碎而向密实级配转化。它的力学强度和稳定性不仅取决于碎石的相互嵌挤作用，同时也受到土的黏结作用的影响。

泥结碎石水稳性较差，当被用作沥青类不透气面层的基层时，只适用于干燥路段。泥结碎石基层的主层矿料粒径不宜小于 40mm，并不大于层厚的 0.7 倍，石料等级不低于Ⅳ级，长条、扁平状颗粒含量不宜超过 20%。泥结碎石层所用黏土，应具有较高的黏性，塑性指数以 12~15 为宜。黏土内不得含腐殖质或其他杂物。黏土用量一般不超过混合料总重的 15%~18%。

泥结碎石除用作基层外，还能用于低等级道路的路面。

**3. 泥灰碎石基层**

泥灰结碎石层是以碎石为集料，用一定数量的石灰和土作黏结填缝料的结构层。由于掺入了石灰，泥灰结碎石的水稳性优于泥结碎石，因此，泥灰结碎石多用在潮湿与中湿路段作为沥青路面的基层，也可作为中级路面的面层。

泥灰结碎石对黏土质量的规格要求与泥结碎石相同，石灰质量不低于 3 级。石灰与土的用量不应大于混合料总重的 20%，其中石灰剂量为土重的 8%~12%。

泥灰结碎石层的施工工序与泥结碎石相同，但泥浆改为灰土浆。若采用拌和法时，应先将石灰与黏土拌和均匀，再与石料拌和，摊铺均匀，边压边洒水，使石灰与土在碾压中成浆并充满空隙。

### 9.1.3 级配砾（碎）石基层厚度和材料

级配砾（碎）石路面，是由各种集料（砾石、碎石）和土按最佳级配原理修筑而成的路面层或基层。由于级配砾（碎）石是用大小不同的材料按一定比例配合、逐级填充空隙，并用黏土黏结，故经过压实后，能形成密实的结构。级配砾（碎）石路面的强度是由摩阻力和黏结力构成，具有一定的水稳性和力学强度。

级配砾（碎）石路面厚度一般为 8~16cm，当厚度大于 16cm 时应分两层铺筑，下层厚度为总厚度的 0.6 倍，上层为总厚度的 0.4 倍。如基层和面层为同样类型的结构，其总厚度在 16cm 以下时，可分两层摊铺，一次碾压。

级配砾（碎）石路面所用材料，主要为天然砾石或较软的碎石。其形状以接近立方体或圆球形为佳，石料强度应不低于Ⅳ级。表 9-4 所示为级配混合料的级配范围标准，设计时，应以此为准。

表 9-4 级配砾（碎）石矿料级配

| 编号 | 通过下列筛孔/mm 的质量百分率（%） | | | | | | | | 小于 0.6mm 细料特质 | | 适用条件 |
|---|---|---|---|---|---|---|---|---|---|---|---|
| | 37.5~63 | 31.5 | 19 | 16 | 9.5 | 4.75 | 2.36 | 0.6 | 0.075 | 液限 | 塑性指数 | |
| 1 | — | 100 | — | 60~80 | 40~60 | 30~50 | 20~35 | 15~25 | 7~12 | 不大于35 | 8~14 | 潮湿或有黏性土地区 |
| 2 | — | 100 | — | 70~90 | 50~70 | 40~60 | 25~40 | 20~32 | 8~15 | 不大于35 | 8~12 | 干旱半干旱或缺乏黏性土地区 |

(续)

| 编号 | 通过下列筛孔/mm 的质量百分率（%） | | | | | | | | 小于0.6mm 细料特质 | | 适用条件 |
|---|---|---|---|---|---|---|---|---|---|---|---|
| | 37.5~63 | 31.5 | 19 | 16 | 9.5 | 4.75 | 2.36 | 0.6 | 0.075 | 液限 | 塑性指数 | |
| 3 | 100 | — | 55~85 | — | 35~70 | 25~60 | 15~45 | 10~20 | 5~10 | 不大于25 | 不大于4 | 潮湿路段 |
| 4 | — | — | 90~100 | — | 60~75 | 40~60 | 20~50 | 12~25 | 5~12 | 不大于25 | 不大于6 | 中湿或干燥路段 |
| 5 | 100 | — | <50 | — | <30 | <25 | <15 | <8 | ≤3 | 不大于25 | 不大于4 | |
| 6 | — | — | <65 | — | <45 | <35 | <25 | <15 | ≤5 | 不大于25 | 不大于6 | |

注：1、2号作面层；3、4号作基层；5、6号作垫层。

级配砾（碎）石基层应密实稳定，其粒径级配范围应按表9-4选用。为防止冻胀和湿软，应注意控制小于0.6mm细料的含量和塑性指数。在中湿和潮湿路段，用作沥青路面的基层时，应在级配砾石中掺石灰，细料含量可适当增加，掺入的石灰剂量为细料含量的8%~12%。在级配砾石中掺石灰修筑基层，主要是为了提高基层的强度和稳定性。

用级配砾石的垫层称为级配砂砾垫层，其级配砂砾要求颗粒尺寸为4.75~31.5mm，其中19~31.5mm含量不少于50%。

## 9.2 石灰稳定类基层

在粉碎的土和原状松散的土（包括各种粗、中、细粒土）中掺入适量的石灰和水，按照一定技术要求，经拌和，在最佳含水率下摊铺、压实及养生，其抗压强度符合规定要求的路面基层称为石灰稳定类基层。用石灰稳定细粒土得到的混合料简称石灰土，所做成的基层称为石灰土基层（底基层）。

石灰剂量是石灰质量占全部土颗粒干质量的百分率，即石灰剂量＝石灰质量/干土质量。

石灰稳定类材料适用于各级公路路面的底基层，可用作二级和二级以下公路的基层，但石灰土不应用作高等级公路的基层。在冰冻地区的潮湿路段和其他地区的过湿路段不宜采用石灰土作基层和底基层。

### 9.2.1 强度形成原理

在土中掺入适量的石灰，并在最佳含水率下拌匀压实，使石灰与土发生一系列的物理、化学作用，从而使土的性质发生根本的变化。一般分四个方面：第一是离子交换作用，第二是结晶硬化作用，第三是火山灰作用，第四是碳酸化作用。

**1. 离子交换作用**

土的微小颗粒具有一定的胶体性质，它们一般都带有负电荷，表面吸附着一定数量的钠、氢、钾等低价阳离子（$Na^+$、$H^+$、$K^+$）。石灰是一种强电解质，在土加入石灰和水后，石灰在溶液中电离出来的钙离子（$Ca^{2+}$）就与土中的钠、氢、钾离子产生离子交换作用，原来的钠（钾）土变成钙土，土颗粒表面所吸附的离子由一价变成了二价，减少了土颗粒表面吸附水膜的厚度，使土粒相互之间更为接近，分子引力随着增加，许多单个土粒聚成小团粒，组成一个稳定结构。

**2. 结晶硬化作用**

在石灰土中只有一部分熟石灰 $Ca(OH)_2$ 进行离子交换作用，绝大部分饱和的 $Ca(OH)_2$ 自行结晶。熟石灰与水作用生成熟石灰结晶网格，其化学反应式为

$$Ca(OH)_2 + nH_2O \longrightarrow Ca(OH)_2 \cdot nH_2O$$

**3. 火山灰作用**

熟石灰的游离 $Ca^{2+}$ 与土中的活性氧化硅 $SiO_2$ 和氧化铝 $Al_2O_3$ 作用生成含水的硅酸钙和铝酸钙的化学反应就是火山灰作用，其反应式为

$$xCa(OH)_2 + SiO_2 + nH_2O \longrightarrow xCaO \cdot SiO_2 \cdot (n+x)H_2O$$

$$xCa(OH)_2 + Al_2O_3 + nH_2O \longrightarrow xCaO \cdot Al_2O_3 \cdot (n+x)H_2O$$

上述所形成的熟石灰结晶网格和含水的硅酸钙和铝酸钙结晶都是胶凝物质，它具有水硬性并能在固体和水两相环境下发生硬化。这些胶凝物质在土微粒团外围形成一层稳定保护膜，填充颗粒空隙，使颗粒间产生结合料，减少了颗粒间的空隙与透水性，同时提高密实度，这是石灰土获得强度和水稳定性的基本原因，但这种作用比较缓慢。

**4. 碳酸化作用**

在土中的 $Ca(OH)_2$ 与空气中的二氧化碳作用，其化学反应式为

$$Ca(OH)_2 + CO_2 \longrightarrow CaCO_3 + H_2O$$

$CaCO_3$ 是坚硬的结晶体，它和其生成的复杂盐类把土粒胶结起来，从而大大提高了土的强度和整体性。

由于石灰与土发生了一系列的相互作用，从而使土的性质发生根本的改变。在初期，主要表现为土的结团、塑性降低、最佳含水率增加和最大密实度减少等，后期主要表现为结晶结构的形成，从而提高其板体性、强度和稳定性。

## 9.2.2 影响石灰土强度的因素

**1. 土质**

各种成因的土都可以用石灰来稳定，但生产实践说明，黏性土较好，其稳定的效果显著，强度也高。当采用高液限黏土时施工不易粉碎；采用粉性土的石灰土早期强度较低，但后期强度也可满足行车要求；采用低液限土质时易拌和，但难以碾压成型，稳定的效果不显著。采用的土质，既要考虑其强度，还要考虑到施工时易于粉碎便于碾压成型。一般采用塑性指数 12～18（100g 平衡锥测液限，搓条法测塑限）的黏性土为好。塑性指数偏大的黏性土，要加强粉碎，粉碎后，土中 15～25mm 的土块不宜超过 5%。经验证明，塑性指数小于 12 的土不宜用石灰稳定。对于硫酸盐类含量超过 0.8% 或腐殖质含量超过 10% 的土，对强度有显著影响，不宜直接采用。

**2. 灰质**

石灰应是消石灰粉或生石灰粉，对高速公路或一级公路宜用磨细生石灰粉。

石灰质量应符合Ⅲ级以上的技术指标，并要尽量缩短石灰的存放时间。在同等石灰剂量

下，质量好的石灰，稳定效果好。如采用质量差的石灰，为了满足石灰土的技术要求（表9-5），就得适当增加石灰剂量。

表9-5 石灰的技术标准

| 项目 | 类别与指标 | 钙质生石灰 I | 钙质生石灰 II | 钙质生石灰 III | 镁质生石灰 I | 镁质生石灰 II | 镁质生石灰 III | 钙质消石灰 I | 钙质消石灰 II | 钙质消石灰 III | 镁质消石灰 I | 镁质消石灰 II | 镁质消石灰 III |
|---|---|---|---|---|---|---|---|---|---|---|---|---|---|
| 有效钙加氧化镁（%）≥ | | 85 | 80 | 70 | 80 | 75 | 65 | 65 | 50 | 55 | 60 | 55 | 50 |
| 未消解残渣（%）①≤ | | 7 | 11 | 17 | 10 | 14 | 20 | | | | | | |
| 含水率（%）≤ | | | | | | | | 4 | 4 | 4 | 4 | 4 | 4 |
| 细度 | 0.71mm②筛余≤ | | | | | | | 0 | 1 | 1 | 0 | 1 | 1 |
| 细度 | 0.125mm 累计筛余≤ | | | | | | | 13 | 20 | 20 | 13 | 20 | |
| 钙镁石灰的分类，MgO（%） | | ≤5 | | | >5 | | | ≤4 | | | >4 | | |

① 5mm 圆孔筛的筛余。
② 方孔筛。

### 3. 石灰剂量

石灰剂量对石灰土强度影响显著，石灰剂量较低（小于3%～4%）时，石灰主要起稳定作用，土的塑性、膨胀、吸水量减小，使土的密实度、强度得到改善。随着剂量的增加，强度和稳定性均提高，但剂量超过一定范围时，强度反而降低。生产实践中常用的最佳剂量范围，对于黏性土及粉性土为8%～14%；对砂性土则为9%～16%。剂量的确定应根据结构层技术要求进行混合料组成设计。

### 4. 含水率

水是石灰土的重要组成部分。它促使石灰土发生物理化学变化，形成强度；便于土的粉碎、拌和与压实，并且有利于养生。不同土质的石灰土有不同的最佳含水率，需通过标准击实试验确定，并用以控制施工中的实际加水量。所用水应是干净可供饮用的水。

### 5. 密实度

石灰土的强度随密实度的增加而增长。实践证明，石灰土的密实度每增减1%，强度增减4%左右。而密实石灰土的抗冻性、水稳定性也好，缩裂现象也少。

### 6. 石灰土的龄期

石灰土强度具有随龄期增长的特点。一般石灰土初期强度低，前期（1～2个月）增长速率较后期为快。石灰土强度与龄期关系可表示为

$$R_t = R_1 t\beta \tag{9-1}$$

式中 $R_1$——1个月龄期抗压强度；
$R_t$——$t$个月龄期抗压强度；
$\beta$——系数，取0.1～0.5。

### 7. 养生条件

养生条件主要指温度与湿度。养生条件不同，其强度也有差异。当温度高时，物理化学反应、硬化、强度增长快，反之强度增长慢，在负温条件下甚至不增长。因此，要求施工期的最低温度应在5℃以上，并在第一次重冰冻（-5～-3℃）到来之前1个月到1个半月完成。

多年的施工经验证明,热季施工的灰土强度高,质量可以保证,一般在使用中很少损坏。

养生的湿度条件对石灰土的强度也有很大影响。实践证明:在一定潮湿条件下养生强度的形成比在一般空气中养生要好。

### 9.2.3 石灰土基层的应用

石灰稳定土不但具有较高的抗压强度,而且也具有一定的抗弯强度,且强度随龄期逐渐增加。因此,石灰稳定土一般可以用于各类路面的基层或底基层。但石灰稳定土因其水稳定性较差不应用作高速公路或一级公路的基层,必要时可以用作底基层。在冰冻地区的潮湿路段以及其他地区的过分潮湿路段,也不宜采用石灰土作基层。当低等级公路采用高级路面时,也不宜用石灰稳定土作基层。

### 9.2.4 石灰稳定土基层缩裂防治

石灰稳定土基层防治缩裂的措施主要有下述几种:

1) 控制压实含水率。石灰稳定土因含水率过多产生的干缩裂缝显著,因而压实时含水率一定不要大于最佳含水率,其含水率应略小于最佳含水率。

2) 严格控制压实标准。实践证明,压实度小时产生的干缩要比压实度大时严重,因此,应尽可能达到最大压实度。

3) 温缩的最不利季节是材料处于最佳含水率附近,温度在 $-10 \sim 0$℃ 时,因此,施工要在当地气温进入 0℃ 前一个月结束,以防在不利季节产生严重温缩。

4) 干缩的最不利情况是石灰稳定土成型初期,因此,要重视初期养护,保证石灰土表面处于潮湿状况,禁干晒。

5) 石灰稳定土施工结束后要及早铺筑面层,使石灰土基层含水率不发生大变化,可减轻干缩裂隙。

6) 在石灰稳定土中掺加集料(砂砾、碎石等),使其集料含量为 70%~80%,使混合料满足最佳组成要求,不但提高强度和稳定性,而且具有较好的抗裂性。

7) 基层的缩裂会反射到面层,为了防止基层裂缝的反射,国内外常采取以下措施:

① 设置联结层。设置沥青碎石或沥青贯入式联结层,是防止反射裂缝的有效措施。

② 铺筑碎石隔离过渡层。在石灰土与沥青面层间铺筑厚 10~20cm 的碎石层或玻璃纤维网格,可减轻反射裂缝出现。

### 9.2.5 石灰稳定土混合料设计

石灰稳定土是由土、石灰和水组成的。混合料的组成设计包括:根据强度标准,通过试验选取合适的土,确定必需的或最佳的石灰剂量和混合料的最佳含水率。

**1. 石灰土的强度标准**

石灰土的强度标准根据相应的公路等级和在路面结构中的层位而定。在规定温度保湿养生 6d、浸水 1d 后无侧限抗压强度标准见表 9-6。

表9-6 石灰稳定细粒土的强度和压实度标准

| 使用层次 | 高速公路和一级公路 | | 二级和二级以下公路 | |
| --- | --- | --- | --- | --- |
| | 强度/MPa | 压实度（%） | 强度/MPa | 压实度（%） |
| 基层 | | | ≥0.8 | 中、粗粒土97，细粒土93 |
| 底基层 | ≥0.8 | 中、粗粒土97，细粒土95 | 0.5~0.7 | 中、粗粒土95，细粒土93 |

注：1. 在低塑性土（塑性指数小于7）地区，石灰稳定砂砾土和碎石土的7d浸水抗压强度应大于0.5MPa。
2. 低限用于塑性指数小于7的黏性土，高限用于塑性指数大于7的黏性土。

**2. 混合料的设计步骤**

1）制备同一种土样、不同石灰剂量的石灰土混合料，根据不同的层位，可参照下列石灰剂量进行配制。

① 用作基层：砂砾土和碎石土，采用3%，4%，5%，6%，7%；塑性指数小于12的黏性土，采用10%，12%，13%，14%，16%；塑性指数大于12的黏性土，采用5%，7%，9%，11%，13%。

② 用作底基层用：塑性指数小于12的黏性土，采用8%，10%，11%，12%，14%；塑性指数大于12的黏性土，采用5%，7%，8%，9%，11%。

2）确定混合料的最佳含水率和最大干密度（用重型击实标准试验），至少做3个不同石灰剂量混合料的击实试验，即最小剂量、中间剂量和最大剂量。

3）按最佳含水率与工地预期达到的压实度制备试件，进行强度试验时，做平行试验的试件数量应符合规定。

4）试件在规定温度（北方冰冻地区为20℃±2℃，南方非冰冻地区为25℃±2℃）下保湿养生6d，浸水1d，进行无侧限抗压强度试验，根据表9-7的强度标准，选定合适的石灰剂量，室内试验结果的平均抗压强度$\bar{R}$应符合下式的要求

$$\bar{R} \geqslant \frac{R_d}{1 - Z_\alpha C_v} \tag{9-2}$$

式中 $R_d$——设计抗压强度；

$C_v$——试验结果的偏差系数（小数计）；

$Z_\alpha$——标准正态分布表中随保证率（或置信度$\alpha$）而变的系数，重交通道路应取保证率95%，此时$Z_\alpha = 1.645$，其他道路可取保证率为90%，即$Z_\alpha = 1.282$。

工地实际采取的石灰剂量应较实验室内试验确定的剂量多0.5%~1.0%。

## 9.2.6 碎（砾）石灰土底基层

用石灰稳定碎（砾）石土简称碎（砾）石灰土。将拌和均匀的碎（砾）石灰土经摊铺、整型、碾压、养生后成型的底基层，称为碎（砾）石灰土底基层。

混合料的最佳组成应是碎（砾）石掺入量占混合料总重的60%~70%，而且要求碎（砾）石要有一定级配（级配标准可参照级配碎（砾）石基层）。按重型击实试验确定材料的最佳含水率和最大干密度。所制成的试件在规定温度下，经6d保湿养生，1d浸水的无侧限抗压强度应满足规范规定的强度标准要求。

碎（砾）石灰土基层的施工方法和程序，可参照石灰土施工方法进行。但应把碎（砾）石摊铺在路槽内，然后把先拌匀的石灰土均匀地铺在碎（砾）石层上再与碎（砾）石拌均

匀（控制含水率为最佳含水率），经整型、碾压、养生而成型。在具备机械拌和的条件下，也宜用中心站集中拌和法施工。

## 9.3 水泥稳定类基层

在粉碎的或原状松散的土（包括各种粗、中、细粒土）中，掺入适当水泥和水，按照技术要求，经拌和摊铺，在最佳含水率时压实及养护成型，其抗压强度符合规定要求，以此修建的路面基层称为水泥稳定类基层。当用水泥稳定细粒土（砂性土、粉性土或黏性土）时，简称水泥土。

水泥是水硬性结合料，绝大多数的土类（高塑性黏土和有机质较多的土除外）都可以用水泥来稳定，改善其物理力学性质，适应各种不同的气候条件与水文地质条件。水泥稳定类基层具有良好的整体性、足够的力学强度、抗水性和耐冻性。其初期强度较高，且随龄期增长而增长，所以应用范围很广。近年来，在我国一些路面工程中，水泥稳定土可用于路面结构的基层和底基层，在保证路面使用品质上取得了满意的效果。但水泥土禁止作为高速公路或一级公路路面的基层，只能用作底基层。在高等级公路的水泥混凝土路面板下，水泥土也不应用作基层。

### 9.3.1 强度形成原理

在利用水泥来稳定土的过程中，水泥、土和水之间发生了多种非常复杂的作用，从而使土的性能发生了明显的变化。这些作用包括化学作用（如水泥颗粒的水化、硬化作用，有机物的聚合作用，以及水泥水化产物与黏土矿物之间的化学作用等）、物理—化学作用（如黏土颗粒与水泥及水泥水化产物之间的吸附作用，微粒的凝聚作用，水及水化产物的扩散、渗透作用，水化产物的溶解、结晶作用等）、物理作用（如土块的机械粉碎作用，混合料的拌和、压实作用等）。现就其中的一些主要作用过程介绍如下。

**1. 水泥的水化作用**

在水泥稳定土中，首先发生的是水泥自身的水化反应，从而产生出具有胶结能力的水化产物，这是水泥稳定土强度的主要来源。水泥的水化过程前面已经详细地介绍过了，其反应式如下所示，这里不再赘述。

碳酸三钙　　　　　　　　$2Ca_3Si + 6H_2O \longrightarrow Ca_3Si_2H_3 + 3CH$

硅酸二钙　　　　　　　　$2Ca_3Si + 4H_2O \longrightarrow Ca_3Si_2H_3 + CH$

铝酸三钙　　　　　　　　$Ca_3Al + 6H_2O \longrightarrow Ca_3AlH_6$

铁铝酸四钙　　　　　　　$Ca_4AlFe + 7H_2O \longrightarrow Ca_4AlFeH_7$

水泥水化生成的水化产物，在土的孔隙中相互交织搭接，将土颗粒包覆连接起来，使土逐渐丧失了原有的塑性等性质，并且随着水化产物的增加，混合料也逐渐坚固起来。但水泥稳定土中水泥的水化与水泥混凝土中水泥的水化之间还有所不同，这是因为：① 土具有非常高的比表面积和亲水性；② 水泥稳定土中的水泥含量较少；③ 土对水泥的水化产物具有强烈的吸附性；④ 在一些土中常存在酸性介质环境。由于这些特点，在水泥稳定土中，水泥的水化硬化条件较混凝土中差得多；特别是由于黏土矿物对水化产物中的 $Ca(OH)_2$ 具有极强的吸附和吸收作用，使溶液中的碱度降低，从而影响了水泥水化产物的稳定性；水化硅酸钙中会逐渐降低析出$Ca(OH)_2$，从而使水化产物的结构和性能发生变化，进而影响到混合料的性能。因此，在选用水泥时，在其他条件相同时，应优先选用硅酸盐水泥，必要时还应对水泥稳定土"补钙"，以提高混合料中的碱度。

**2. 离子交换作用**

土中的黏土颗粒由于颗粒细小、比表面积大，因而具有较高的活性，当黏土颗粒与水接触时，黏土颗粒表面通常带有一定量的负电荷，在黏土颗粒周围形成一个电场，这层带负电荷的离子就称为电位离子。带负电的黏土颗粒表面，时而吸引周围溶液中的正离子，如$K^+$、$Na^+$等，而在颗粒表面形成了一个双电层结构，这些与电位离子电荷相反的离子就称为反离子。在双电层中电位离子形成了内层，反离子形成外层。靠近颗粒的反离子与颗粒表面结合较紧密，当黏土颗粒运动时，结合较紧密的反离子将随颗粒一起运动，而其他反离子将不产生运动；由此在运动与不运动的反离子之间便出现了一个滑移面。

由于在黏土颗粒表面存在着电场，因此也存在着电位，颗粒表面电位离子形成的电位称为热力学电位$\varphi$，滑动面上的电位称为电动电位$\xi$；由于反离子的存在，离开颗粒表面越远电位越低，经过一定的距离电位将降低为零，此距离称为双电层厚度。由于各个黏土颗粒表面都具有相同的双电层结构，因此黏土颗粒之间往往间隔着一定的距离。

在硅酸盐水泥中，硅酸三钙和硅酸二钙占主要部分，其水化后所生成的氢氧化钙所占的比例也较高，可达水化产物的25%。大量的氢氧化钙溶于水以后，在土中形成了一个富含$Ca^{2+}$的碱性溶液环境。当溶液中富含$Ca^{2+}$时，因为$Ca^{2+}$的电价高于$K^+$、$Na^+$等离子，与电位离子的吸引力较强，从而取代了$K^+$、$Na^+$，成为反离子，同时$Ca^{2+}$也使双电层电位的降低速度加快，从而使电动电位减小、双电层的厚度降低，使黏土颗粒之间的距离减小，相互靠拢，导致土的凝聚，从而改变土的塑性，使土具有一定的强度和稳定度。这种作用就称为离子交换作用。

**3. 化学激发作用**

钙离子的存在不仅影响到了黏土颗粒表面双电层的结构，而且在这种碱性溶液环境下，土本身的化学性质也将发生变化。

土的矿物组成基本上都属于硅铝酸盐，其中含有大量的硅氧四面体和铝氧八面体。在通常情况下，这些矿物具有比较高的稳定性，但当黏土颗粒周围介质的pH值增加到一定程度时，黏土矿物中的部分$SiO_2$和$Al_2O_3$的活性将被激发出来，与溶液中的$Ca^{2+}$反应，生成新的矿物，这些矿物主要是硅酸钙和铝酸钙系列，如$4CaO \cdot 5SiO_2 \cdot 5H_2O$、$4CaO \cdot Al_2O_3 \cdot 19H_2O$、$3CaO \cdot Al_2O_3 \cdot 16H_2O$、$CaO \cdot Al_2O_3 \cdot 10H_2O$等。这些矿物的组成和结构与水泥的水化产物都有很多类似之处，并且同样具有胶凝能力。生成的这些胶结物质包裹着黏土颗粒表面，与水泥的水化产物一起将黏土颗粒凝结成一个整体。因此，氢氧化钙对黏土矿物的激发作用，将进一步提高水泥稳定土的强度和水稳定性。

**4. 碳酸化作用**

水泥水化生成的$Ca(OH)_2$，除了可与黏土矿物发生化学反应外，还可以进一步与空气中的$CO_2$发生碳化反应并生成碳酸钙晶体。其反应如下

$$Ca(OH)_2 + CO_2 + nH_2O = CaCO_3 + (n+1)H_2O$$

碳酸钙生成过程中产生体积膨胀，也可以对土的基体起到填充和加固作用；只是这种作用相对来讲比较弱，并且反应过程缓慢。

### 9.3.2 影响强度的因素

**1. 土质**

土的类别和性质是影响水泥稳定土强度的重要因素,各类砂砾土、砂土、粉土和黏土均可用水泥稳定,但稳定效果不同。试验和生产实践证明,用水泥稳定级配良好的碎(砾)石和砂砾,效果最好,不但强度高,而且水泥用量少;其次是砂性土;再次是粉性土和黏性土。重黏土难以粉碎和拌和,不宜单独用水泥来稳定。因此,一般要求土的塑性指数不大于17。

**2. 水泥的成分和剂量**

各种类型的水泥都可以用于稳定土。但试验研究证明,水泥的矿物成分和分散度对其稳定效果有明显影响。对于同一种土,通常情况下硅酸盐水泥的稳定效果好,而铝酸盐水泥较差。

在水泥硬化条件相似,矿物成分相同时,随着水泥分散度的增加,其活性程度和硬化能力也有所增大,从而水泥土的强度也大大提高。

水泥土的强度随水泥剂量的增加而增长,但过多的水泥用量,虽获得强度的增加,在经济上却不一定合理,在效果上也不一定显著,且容易开裂。试验和研究证明,水泥剂量为4%~8%时较合理。

**3. 含水率**

含水率对水泥稳定土强度影响很大,当含水率不足时,水泥不能在混合料中完全水化和水解,发挥不了水泥对土的稳定作用,影响强度形成。同时,含水率小,达不到最佳含水率也影响水泥稳定土的压实度。因此,使含水率达到最佳含水率的同时,也要满足水泥完全水化和水解作用的需要为好。

水泥正常水化所需的水量约为水泥质量的20%,对于砂性土,完全水化达到最高强度的含水率较最佳密度的含水率为小;对于黏性土则相反。

**4. 施工工艺过程**

水泥、土和水拌和均匀,且在最佳含水率下充分压实,使之干密度最大,其强度和稳定性就高。水泥土从开始加水拌和到完成压实的延迟时间要尽可能最短,一般宜在6h以内。若时间过长,则水泥凝结,在碾压时不但达不到压实度要求,而且也会破坏已结硬水泥的胶凝作用,反而使水泥稳定土强度下降。在水泥终凝时间达不到规定要求时,可以使用一定剂量的缓凝剂,但缓凝剂的品种和具体数量应根据试验确定。

水泥稳定土需湿法养生,以满足水泥水化形成强度的需要。养生温度越高,强度增长得越快,因此,要保证水泥稳定土养生的温度和湿度条件。

### 9.3.3 材料要求及混合料组成设计

**1. 材料要求**

(1) 土 凡能被粉碎的土都可用水泥稳定。宜用作水泥稳定类基层的材料有:石渣、石屑、砂砾、碎石土、砾石土等。碎石或砾石的压碎值对于高速公路和一级公路应不大于30%,对二级和二级以下公路应不大于35%。对于二级公路以下的一般公路,当用水泥稳定土作底基层时,颗粒最大粒径不应超过37.5mm(指圆孔筛);对于高速公路和一级公路,颗粒最大粒径不应超过31.5mm(指方孔筛)。土的颗粒组成应符合表9-7规定,同时土的均匀系数（土的均匀系数为通过量60%的筛孔尺寸与通过量10%的筛子尺寸的比值）应大于5，细粒土的塑性指数不应超过9。

表9-7 水泥稳定土的颗粒组成

| 筛孔尺寸/mm | 37.5 | 31.5 | 19 | 9.5 | 4.75 | 2.36 | 0.6 | 0.075 | 液限 | 塑限 |
|---|---|---|---|---|---|---|---|---|---|---|
| 通过百分率（%）（基层） | | 100 | 90~100 | 50~80 | 29~49 | 15~32 | 6~20 | 0~5 | <28 | <9 |
| 通过百分率（%）（底基层） | 100 | 93~100 | 75~90 | 50~70 | 29~50 | 15~35 | 6~20 | 0~5 | <28 | <9 |

（2）水泥　普通硅酸盐水泥、矿渣硅酸盐水泥或火山灰质硅酸盐水泥都可以用于稳定土，但应选用终凝时间较长（宜6h以上）的水泥。早强、快硬及受潮变质的水泥不应使用。宜采用强度等级较低的水泥，如强度等级为32.5或42.5的水泥。

（3）水　饮用的水，均可以应用。

**2. 混合料组成设计**

水泥稳定土混合料组成设计与石灰稳定土基本相同。

（1）强度和压实度标准　7d无侧限抗压强度及压实度应根据公路等级和所在路面结构中的层位确定，见表9-8。

表9-8 水泥稳定土混合料的强度及压实度标准

| 使用层次 | 高速公路和一级公路 | | 二级和二级以下公路 | |
|---|---|---|---|---|
| | 强度/MPa | 压实度（%） | 强度/MPa | 压实度（%） |
| 基层 | 3~5 | 98 | 2.5~3.5 | 中、粗粒土97，细粒土96 |
| 底基层 | 2.0~2.5 | 中、粗粒土97，细粒土96 | 1.5~2.0 | 中、粗粒土96，细粒土95 |

（2）设计步骤

1）制备同一种土样、不同水泥剂量的混合料，一般按下列水泥剂量配制。

① 用作基层：中粒土和粗粒土，采用3%，4%，5%，6%，7%；塑性指数小于12的土，采用5%，7%，8%，9%，11%；其他细粒土，采用8%，10%，12%，14%，16%。

② 用作底基层：中粒土和粗粒土，采用3%，4%，5%，6%，7%；塑性指数小于12的土，采用4%，5%，6%，7%，8%；其他细粒土，采用6%，8%，9%，10%，12%。

2）确定最佳含水率和最大干密度。

3）按最佳含水率和计算得到的压实度制试件，根据表9-8强度标准选定合适的水泥剂量。此剂量试件室内试验结果的平均抗压强度R应符合式（9-2）的要求。

工地实际采用的水泥剂量应比室内试验确定剂量多0.5%~1.0%。

## 9.4　工业废渣稳定基层

随着工业的发展，工业废渣逐渐增多，怎样综合利用工业废渣引起了国内外重视。近年来，我国利用工业废渣铺筑路面基层，取得显著成效，不但提高了路面使用品质，而且降低了工程造价,"变废为宝",具有很大的经济意义。

公路上常用的工业废渣有火力发电厂的粉煤灰和煤渣,钢铁厂的高炉渣和钢渣,化肥厂的电石渣,煤矿的煤矸石等。粉煤灰和煤渣中含有较多的二氧化硅、氧化钙或氧化铝等活性物质。用石灰稳定工业废渣时,石灰在水的作用下形成饱和的 $Ca(OH)_2$ 溶液,废渣的活性氧化硅和氧化铝在 $Ca(OH)_2$ 溶液中产生火山灰反应,生成水化硅酸钙和铝酸钙凝胶,把颗粒胶凝在一起,随水化物不断产生而结晶硬化,具有水硬性。温度较高时,强度增长快,因此,石灰稳定工业废渣最好在热季施工,并加强保湿养生。

工业废渣材料主要用石灰与之综合稳定,即石灰工业废渣材料,主要有石灰粉煤灰类及石灰其他废渣类。

石灰稳定工业废渣基层的特点是水硬性、缓凝性、强度高、稳定性好,成板体、且强度随龄期不断增加,抗水、抗冻、抗裂而且收缩性小,适应各种气候环境和水文地质条件等。所以,近几年来,修筑高等级公路常选用石灰稳定工业废渣作高级或次高级路面的基层或底基层。

## 9.4.1 对材料的要求

(1) 石灰  工业废渣基层所用的结合料是石灰或石灰下脚料。石灰的质量宜符合Ⅲ级以上技术指标。

(2) 废渣材料  粉煤灰是火力发电厂燃烧煤粉产生的粉状灰渣,主要成分是 $SiO_2$ 和 $Al_2O_3$,其总含量一般要求超过 70%。粉煤灰的烧失量一般要小于 20%,如达不到上述要求,应通过试验后,才能采用。干粉煤灰和湿粉煤灰都可以应用。干粉煤灰堆放时应洒水以防飞扬。湿粉煤灰堆放时,含水率不宜超过 35%。粉煤灰比表面积宜大于 $2500m^2/g$。

(3) 粒料(砾料)  高速公路和一级公路集料的压碎值应不大于 30%,二级公路和二级以下公路集料的压碎值应不大于 35%。颗粒最大粒径高速公路和一级公路不大于 31.5mm,二级公路和二级以下公路不大于 37.5mm。石灰工业废渣混合料中粒料质量宜占 80% 以上,并应有良好的级配;二灰砂砾混合料应符合表 9-9 规定,二灰碎石混合料应符合表 9-10 规定。

表 9-9  二灰砂砾混合料的级配范围

| 筛孔尺寸/mm | 37.5 | 31.5 | 19 | 9.5 | 4.75 | 2.36 | 1.18 | 0.6 | 0.075 |
|---|---|---|---|---|---|---|---|---|---|
| 通过百分率(%)(基层) |  | 100 | 88~98 | 55~75 | 39~59 | 27~47 | 17~35 | 10~25 | 0~10 |
| 通过百分率(%)(底基层) | 100 | 85~100 | 65~89 | 50~72 | 35~55 | 25~45 | 17~35 | 10~27 | 0~15 |

表 9-10  二灰碎石混合料的级配范围

| 筛孔尺寸/mm | 37.5 | 31.5 | 19 | 9.5 | 4.75 | 2.36 | 1.18 | 0.6 | 0.075 |
|---|---|---|---|---|---|---|---|---|---|
| 通过百分率(%)(基层) |  | 100 | 88~98 | 55~75 | 30~50 | 16~36 | 10~25 | 4~18 | 0~5 |
| 通过百分率(%)(底基层) | 100 | 94~100 | 79~92 | 51~72 | 30~50 | 16~36 | 10~25 | 4~18 | 0~5 |

## 9.4.2 混合料组成设计

石灰工业废渣混合料的组成设计内容包括：根据表 9-11 的强度标准，通过试验选取适宜稳定的土，确定石灰与粉煤灰或石灰与煤渣的比例，确定石灰粉煤灰或石灰煤渣与土的比例（均为质量比），确定混合料的最佳含水率。

表 9-11 二灰混合料的强度和压实度标准

| 使用层次 | 高速公路和一级公路 | | 二级和二级以下公路 | |
|---|---|---|---|---|
| | 强度/MPa | 压实度（%） | 强度/MPa | 压实度（%） |
| 基层 | ≥0.8 | ≥98 | ≥0.6 | 中、粗粒土97，细粒土96 |
| 底基层 | ≥0.6 | 中、粗粒土97，细粒土96 | ≥0.5 | 中、粗粒土96，细粒土95 |

混合料的设计方法和步骤，可参照石灰稳定土进行。

## 9.4.3 石灰煤渣类基层

石灰煤渣（简称二渣）基层是用石灰和煤渣按一定配合比，加水拌和、摊铺、碾压、养生而成型的基层。二渣中如掺入一定量的粗集料便称为三渣；掺入一定量的土，便称为石灰煤渣土。混合料的配合比应满足表 9-11 规定的强度标准。各地可根据当地气候、水文地质条件，公路等级及实践经验参照如下配比选用：

1）采用石灰煤渣作基层或底基层时，石灰与煤渣的比可以是（20:80）~（15:85）。

2）采用石灰煤渣土作基层或底基层时（土为细粒土），石灰与煤渣的比可用 1:（1~4），但混合料的石灰不应小于 10%，石灰煤渣与土的比可用 1:（1~4）。

3）采用石灰煤渣粒料作基层或底基层时，石灰：煤渣：粒料可以是（7~9）:（26~33）:（58~67）。

为了提高石灰煤渣和石灰煤渣土的早期强度，可外加 1%~2% 的水泥。

石灰煤渣、石灰煤渣土和三渣皆具有水硬性，物理力学性质基本上与石灰土相似，但其强度与水稳定性都比石灰土好。石灰煤渣的 28d 强度可达 1.5~3.0MPa，并随龄期而增长，初期强度增长慢，尚有一定的塑性，但达到一定龄期后，处于弹性工作状态，成板体，具有刚性，当冷缩和干缩时，易产生裂缝。研究表明，当采用石灰煤渣粒料时，抗缩裂能力有所改善。

石灰煤渣基层的施工程序和方法基本上与石灰土基层相同，但要加强养生，重视提高初期强度，防止早期重交通量下出现早期破坏现象。

## 9.4.4 石灰粉煤灰类基层

石灰粉煤灰（简称二灰）基层是用石灰和粉煤灰按一定配比，加水拌和、摊铺、碾压及养生而成型的基层。在二灰中掺入一定量的土，经加水拌和、摊铺、碾压及养生成型的基层，称二灰土基层。混合料的配比组成，各地可根据当地的实践经验可参照下面配比选用。

1）采用石灰粉煤灰土作基层或底基层时，石灰与粉煤灰的比常用 1:（2~4）（对于粉土，以 1:2 为合适）。石灰粉煤灰与细粒土的比为 30:70。

2）采用石灰粉煤灰与级配的中粒土和粗粒土时，石灰与粉煤灰的比为 1:（2~4），石灰粉煤灰与粒料的比常采用 (20:80)~(15:85)。

根据最近研究提出，为了防止裂缝，采用石灰与粉煤灰的配比为 1:(3~4)，集料含量为 80%~85% 最佳，既可抗干缩又可抗温缩。不少地区在修筑高级或次高级路面时选用这种基层和底基层，既减少了因基层反射裂缝而引起的面层开裂问题，还减轻了沥青路面的车辙。

石灰粉煤灰类的基层施工，同石灰稳定土基层的施工。施工时，应尽量安排在温暖高温季节，以利于形成早期强度而成型。

## 本章小结

本章主要介绍了现代道路设计中常用的碎（砾）石基层、石灰稳定类基层、水泥稳定类基层、工业废渣稳定基层，详细讲解了各种常用路面基层的基本概念、强度形成原理、材料组成要求以及施工工序与方法。其中由水泥、石灰、粉煤灰等无机结合料稳定土或碎砾石而修筑而成的半刚性基层在现代道路工程实践中具有广泛的应用。

## 思 考 题

9-1 碎（砾）石基层所包含的各种基层结构有哪些？
9-2 无机结合料稳定类目前常用的基层有哪些？
9-3 石灰稳定类基层的强度形成原理及影响强度的因素是什么？
9-4 水泥稳定类基层的强度形成原理及影响强度的因素是什么？
9-5 如何进行石灰稳定土混合料和水泥稳定土混合料的设计？
9-6 石灰稳定类基层的施工步骤有哪些？
9-7 石灰工业废渣稳定类基层的概念是什么？对材料有哪些要求？

# 第10章 沥青路面

沥青路面是我国道路的主要路面形式。由于沥青路面采用沥青作结合料,因而增强了矿料间的黏结力,提高了混合料的强度,使路面的使用质量和耐久性都得到了提高。在近些年,沥青路面广泛应用于我国的公路和城市道路。

## 10.1 概述

### 10.1.1 沥青路面的基本特性

沥青路面是用沥青材料作结合料黏结矿料修筑面层与各类基层和垫层所组成的路面结构。

由于沥青路面使用沥青作结合料,因而增强了矿料间的黏结力,提高了混合料的强度和稳定性,使路面的使用质量和耐久性都得到提高。与水泥混凝土路面相比,沥青路面具有表面平整、无接缝、行车舒适、耐磨、振动小、噪声低、施工期短、养护维修简便、适宜于分期修建等优点,因而获得越来越广泛的应用。20世纪50年代以来,各国修建沥青路面的数量迅猛增长,所占比重很大。我国的公路和城市道路近20年来使用沥青材料修筑了相当数量的沥青路面。我国高速公路主要采用沥青路面。随着国民经济和现代化道路交通运输的需要,沥青路面必将有更大的发展。

沥青路面属柔性路面,其强度与稳定性在很大程度上取决于土基和基层的特性。沥青路面的弯拉强度较低,因而要求路面的基础应具有足够的强度和稳定性,所以在施工时必须掌握路基土的特性进行充分压实。对软弱土基或翻浆路段,必须预处理。在低温时,沥青路面的抗变形能力很低,在寒冷地区为了防止土基不均匀冻胀而使沥青路面开裂,需设置防冻层。沥青面层修筑后,由于它的透水性小,从而使土基和基层内的水分难以排出,在潮湿路段易发生土基和基层变软,导致路面破坏。因此,必须提高基层的水稳性,尽可能采用结合料处治的整体性基层。对交通量较大的路段,为使沥青路面具有一定的抗弯拉和抗疲劳开裂能力,宜在沥青面层下设置沥青混合料的联结层。采用较薄的沥青面层时,特别是在旧路面上加铺面层时,要采取措施加强面层与基层之间的黏结,以防止水平力作用而引起沥青面层的剥落、推挤、拥包等破坏。

### 10.1.2 沥青路面的分类

**1. 按强度构成原理分类**

按强度构成原理,可将沥青路面分为密实型和嵌挤型两大类。

(1) 密实型 沥青路面要求矿料的级配按最大密实原则设计,其强度和稳定性主要取决于混合料的黏聚力和内摩阻力。密实型沥青路面按其孔隙率的大小可分为闭式和开式两种:闭式混合料中含有较多的小于0.5mm和0.074mm的矿料颗粒,孔隙率小于6%,混合料致密而耐久，但热稳定性较差；开式混合料中小于0.5mm的矿料颗粒含量较少，孔隙率大于6%，其热稳定性较好。

（2）嵌挤型　沥青路面要求采用颗粒尺寸较为均一的矿料，路面的强度和稳定性主要靠集料颗粒之间相互嵌挤所产生的内摩阻力，黏结力则起着次要的作用。按嵌挤原则修筑的沥青路面，其热稳定性较好，但孔隙率较大、易渗水，因而耐久性较差。

**2. 按施工工艺分类**

按施工工艺的不同，沥青路面可分为层铺法、路拌法和厂拌法三类。

（1）层铺法　用分层洒布沥青、分层铺撒矿料和碾压的方法修筑。其主要优点是工艺和设备简单、功效较高、施工进度快、造价较低；其缺点是路面成型期较长，需要经过炎热季节行车碾压之后路面方能成型。用这种方法修筑的沥青路面有沥青表面处治和沥青贯入式两种。

（2）路拌法　用机械将矿料和沥青材料就地拌和摊铺与碾压密实而成的沥青面层。此类面层所用的矿料为碎（砾）石者称为路拌沥青碎（砾）石；所用的矿料为土者则称为路拌沥青稳定土。路拌沥青面层通过就地拌和，沥青材料在矿料中分布比层铺法均匀，可以缩短路面的成型期。但因所用的矿料为冷料，需使用黏稠度较低的沥青材料，故混合料的强度较低。

（3）厂拌法　将规定级配的矿料和沥青材料在工厂用专用设备加热拌和，然后送到工地摊铺碾压而成的沥青路面。矿料中细颗粒含量少，不含或含少量矿粉，混合料为开级配的（空隙率达10%~15%）称为厂拌沥青碎石；若矿料中含有矿粉，混合料是按最佳密实级配配制的（空隙率10%以下）称为沥青混凝土。厂拌法按混合料铺筑时温度的不同，又可分为热拌热铺和热拌冷铺两种。热拌热铺是混合料在专用设备加热拌和后立即趁热运到路上摊铺压实。如果混合料加热拌和后储存一段时间再在常温下运到路上摊铺压实，即为热拌冷铺。厂拌法使用较黏稠的沥青材料，且矿料经过精选，因而混合料质量高，使用寿命长，但修建费用也较高。

**3. 按沥青路面的技术特性分类**

根据沥青路面的技术特性，沥青面层可分为沥青混凝土、热拌沥青碎石、乳化沥青碎石混合料、沥青贯入式、沥青表面处置5种类型。此外，沥青玛蹄脂碎石近年在许多国家也得到广泛应用。

（1）沥青表面处治路面　指用沥青和集料按层铺法或拌和法铺筑而成的厚度不超过3cm的沥青路面。沥青表面处治的厚度一般为1.5~3.0cm。层铺法可分为单层、双层、三层。单层表面处治厚度为1.0~1.5cm，双层表面处治厚度为1.5~2.5cm，三层表面处治厚度为2.5~3.0cm。沥青表面处治适于用作三级、四级公路的面层、旧沥青面层上加铺罩面或抗滑层、磨耗层等。

（2）沥青贯入式路面　指用沥青贯入碎（砾）石作面层的路面。沥青贯入式路面的厚度一般为4~8cm。当沥青贯入式的上部加铺拌和的沥青混合料时，也称为上拌下贯，此时拌和层的厚度宜为3~4cm，其总厚度为7~10cm。沥青贯入式碎石路面适于用作二级及二级以下公路的沥青层。

（3）沥青碎石路面　指用沥青碎石作面层的路面，沥青碎石的配合比设计应根据实践经验和马歇尔实验的结果，并通过施工前的试拌和试铺确定。沥青碎石有时也用作联结层。

(4) 沥青混凝土路面 指用沥青混凝土作面层的路面，其面层可由单层或双层或三层沥青混合料混合组成，各层混合料的组成设计应根据其层厚和层位、气温和降雨量等气候条件、交通量和交通组成等因素确定，以满足对沥青面层使用功能的要求。沥青混凝土常用作高等级公路的面层。

(5) 乳化沥青碎石混合料 适于用作三级、四级公路的沥青面层、二级公路养护罩面以及各级公路的调平层。国外也用作柔性基层。

(6) 沥青玛蹄脂碎石路面 指沥青玛蹄脂碎石混合料作面层或抗滑层的路面。沥青玛蹄脂混合料（简称SMA）是以间断级配为骨架，用改性沥青、矿粉及木质纤维素组成的沥青玛蹄脂为结合料，经拌和、摊铺、压实而形成的一种构造深度较大的抗滑面层。它具有抗滑耐磨、孔隙率小、抗疲劳、高温抗车辙、低温抗开裂的优点，是一种全面提高密级配沥青混凝土使用质量的新材料。适于用作高速公路、一级公路和其他重要公路的表面层。

(7) 开级配沥青混合料磨耗层（简称OGFC） 具有较强的结构排水能力，适于用作多雨地区修筑沥青路面的表面层或磨耗层。

### 10.1.3 沥青路面类型的选择

采用不同的施工工艺和材料可以修筑成不同类型的沥青路面。因此，必须根据路面的使用要求和施工的具体条件，按照技术经济原则来综合考虑，选定最适当的路面类型。

选择沥青路面的类型，一方面要根据任务要求（道路的等级、交通量、使用年限、修建费用等）和工程特点（施工季节、施工期限、基层状况等），另一方面还应考虑材料供应情况、施工机具、劳力和施工技术条件等因素，可参照表10-1选定。

表10-1 路面类型的选择

| 公路等级 | 面层类型 | 设计年限/年 | 设计年限内累计标准轴次/(万次/车道) |
|---|---|---|---|
| 高速公路一级公路 | 沥青混凝土、沥青玛蹄脂碎石 | 15 | >400 |
| 二级公路 | 沥青混凝土 | 12 | <200 |
| 二级公路 | 热拌沥青碎石混合料、沥青贯入式 | 10 | 100~200 |
| 三级公路 | 乳化沥青碎石混合料、沥青表面处治 | 8 | 10~100 |
| 四级公路 | 水结碎石、泥结碎石、级配碎（砾）石、半整齐石块路面 | 5 | ≤10 |
| 四级公路 | 粒料改善土 | 5 | |

从施工季节来讲，沥青路面一般都要求在温暖干燥的气候条件下施工，所用沥青材料在施工时具有较大的流动性，便于路面摊铺和压实成型。热拌热铺类的沥青碎石或沥青混凝土面层，气候对其影响较小，仅要求在晴朗天气和气温不低于5℃时施工。若施工气温较低，则应选用热拌冷铺法施工较为适宜。

沥青路面一般不宜铺筑在纵坡大于6%的路段上。纵坡大于3%的路段，考虑抗滑的要求，宜采用粗粒式的沥青碎石或粗粒式的沥青表面处治。

### 10.1.4 沥青路面对路基及基层的要求

沥青路面属柔性路面，其力学强度和稳定性在很大程度上取决于土基与基层的特性。

**1. 沥青路面对路基的要求**

对路基的基本要求，最重要的有以下两点：

（1）路基要有尽可能高的强度　路基强度的高低不仅对整个路面的厚度有很大影响，而且直接影响到路面结构层材料的选择，软弱土基还可能直接导致路面变形和破坏。

（2）路基要有尽可能高的稳定性　路基在使用过程中，保持其强度和不发生明显变形对路面使用质量以及使用期限有很大影响。

为了保证路基的强度和稳定性，首先要尽可能减少或防止自由水进入路基；其次是分层填筑路堤，按重型压实标准加强路基压实，特别是增加路基上部的压实度，是提高路基强度和稳定性的既经济又有效的措施。

**2. 沥青路面对基层的要求**

1）具有足够的强度和适宜的刚度。基层是沥青路面的承重层，在预期行车荷载的反复作用下，不会产生超过允许的残余变形，更不允许产生剪切破坏（粒料基层）和弯拉破坏（半刚性基层）。特别是在重交通道路上，只有具有必需强度的材料才能作为基层使用。在沥青面层下，应优先选用强度大、承载能力高的半刚性基层，以适应较薄的沥青面层，或适当减薄沥青面层。在重交通道路、一级公路和高速公路上，基层材料还应该有高的抗疲劳破坏的能力。

2）具有良好的稳定性。沥青面层，特别是沥青表面处治、沥青贯入式和路拌沥青碎石路面，在使用初期透水性一般较大。雨季表面水有可能透过沥青面层而进入基层或底基层。表面水也有可能从两侧路肩或路面与路肩的结合处渗入路面结构层中。如沥青面层上产生了裂缝，表面水将从裂缝渗入路面结构层中。而水分要从路面结构层和土基中蒸发出来却比渗透进去困难得多。进入路面结构层的水能使细料含量较多且塑性指数较大的基层材料强度大大降低。因此，必须采用水稳定性良好的材料作为沥青路面基层。在潮湿多雨地区以及在土基湿度可能受地下水影响的地段，尤须重视。在寒冷地区及季冻地区基层还应具有一定的抗冻性和较好的抗低温开裂的性能。

3）表面必须平整、密实，拱度与面层一致。薄沥青面层的平整度、拱度取决于基层的平整度和拱度。用沥青面层来调整基层的平整度和拱度是不经济、不合理的。因此，保持基层的平整度、拱度是保持薄沥青面层的厚度均匀一致以及面层表面的平整度和拱度的先决条件。

4）与面层结合良好。基层与面层结合良好，可减少面层底部的拉应力和拉应变，以防止薄沥青面层发生滑动、推移等破坏。为此，基层表面应稳定并且具有一定的粗糙度，表面应结构均匀，无松散颗粒。在铺筑沥青面层前，表面还应干燥无尘。为使面层与基层结合良好，尚可采取设置联结层或浇洒黏层沥青等措施。

5）有较小的干燥收缩温度收缩变形，以减少反射裂缝。

## 10.2　沥青路面材料的结构与力学特性

沥青路面面层的铺筑材料为沥青混合料。它是由沥青胶结料、石质集料和矿粉按比例在一定温度下经拌和、压实而形成的一种材料。与其他均质材料和水硬性胶结材料相比，沥青混合料的结构相对比较松散，并具有明显的颗粒性特征，因此它具有独特的结构与力学特性。

## 10.2.1 三相体系与压实性能

沥青混合料是一种具有空间网络结构的多相体系，从宏观上看，它是集料、沥青和空气所组成的三相体系，如图 10-1 所示。

在图 10-1 中，$V_a$ 为视体积，$V_c$ 为真体积，$\rho_a = (m_e + m_g)/V_a$ 为视密度，$\rho_c = (m_e + m_g)/V_c$ 为真密度。根据土力学三相体系理论，对沥青混合料定义如下量纲为一的参数：

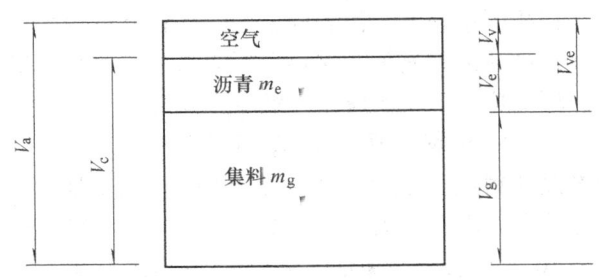

图 10-1 沥青混合料的三相体系

孔隙比 $\qquad e = \dfrac{V_{ve}}{V_g}$

空隙率 $\qquad n = \dfrac{V_v}{V_a} \times 100\%$

剩余空隙率 $\qquad n' = \dfrac{V_{ve}}{V_a} \times 100\%$

沥青饱和度 $\qquad S_r = \dfrac{V_e}{V_{ve}} \times 100\%$

压实度 $\qquad K = \dfrac{\rho_a}{\rho_c} \times 100\%$

油石比 $\qquad a = \dfrac{m_e}{m_g} \times 100\%$

沥青用量 $\qquad b = \dfrac{m_e}{m_g + m_e} \times 100\%$

以上参数通过数学表达式的转换，可以得到如下一些主要关系式

$$n = \frac{e}{1+e} \times 100\%$$

$$b = \frac{a}{1+a} \times 100\%$$

$$n' = \frac{1 - S_r}{1 + e} e \times 100\%$$

$$S_r = \frac{(\rho_g/\rho_e) a}{e}$$

$$K = \frac{1 + eS_r}{1 + e} = \frac{1 + a(\rho_g/\rho_e)}{1 + e} = 100 - n'$$

式中　$\gamma_g$——集料整体的真密度，$\gamma_g = m_g/V_g$；

$\gamma_e$——沥青的真密度，$\gamma_e = m_e/V_e$。

孔隙比 $e$、空隙率 $n$、剩余空隙率 $n'$、沥青饱和度 $S_r$、压实度 $K$，均可以用作表征沥青混合料压实程度的指标。沥青混合料必须经过拌和、摊铺、碾压才能形成一种结构,具有一定的强度。尤其是碾压,对混合料的强度起着至关重要的作用。

众所周知,沥青混合料密实程度的大小直接影响到材料的强度,如抗压强度或抗拉强度。在相同条件下,密实程度好的材料具有较高的强度;反之,则较低。由于沥青混合料又是一种黏性极为显著的材料,因而从一般意义上来说,影响其压实性能的主要因素有压实温度、压实速度、压实应力、沥青用量等。

在给定集料级配及沥青用量的情况下,沥青混合料的压实程度是有限制的,有时即使有较大的压实应力也达不到某一压实程度。如图10-2所示,在保证集料不被压碎,不改变级配的前提下,压实度 $K$ 与油石比 $a$ 的坐标中,沥青混合料的压实效应可分为三个区域,即可压实域、困难压实域、不可压实域。三者的分界线为孔隙比 $e_{min} = 0.19$ 和 $e_{dif} = 0.22$。这两个分界线的数值随着混合料级配的不同而不同。

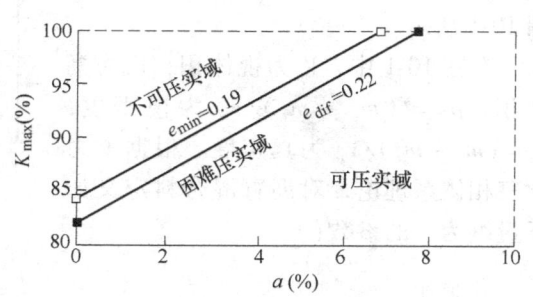

图 10-2 沥青混合料的压实可行性区域

根据压实度的定义,实际施工时的视密度 $\gamma_a$ 可以通过钻孔取芯在试验室内实测,而真密度 $\gamma_c$ 则可以通过各组成材料的配合比用量 $P_i$ 及密度 $\gamma_i$,按下式算得

$$\gamma_c = \frac{100 + a}{\sum_{i=1}^{m} P_i / \gamma_i}$$

则

$$K = \frac{\gamma_a}{\gamma_c} \times 100\%$$

【例 10-1】 实测 $\gamma_a = 2.364 \text{g/cm}^3$,各组成材料的配合比用量及密度见表10-2。

表 10-2 沥青混合料配合比组成与材料密度

| 材　　料 | 沥　青 | 石　粉 | 0/2 粒料 | 2/4 粒料 | 4/6 粒料 |
|---|---|---|---|---|---|
| 密度/(g/cm³) | 1.03 | 2.70 | 2.82 | 2.84 | 2.85 |
| 用量(%) | 7.3 | 4.3 | 56.4 | 16.3 | 23.0 |

解:

$$\gamma_c = \frac{100 + 7.3}{7.3/1.03 + 4.3/2.7 + 56.4/2.82 + 16.3/2.84 + 23.0/2.85} \text{g/cm}^3 = 2.525 \text{g/cm}^3$$

$$K = \frac{2.364}{2.525} \times 100\% = 93.6\%$$

### 10.2.2 沥青混合料的结构力学特性

压实成型的沥青混合料是由石质集料、沥青胶结料和残余空隙所组成的一种具有空间网络的多相体系,其材料属性为颗粒性材料。颗粒性材料的强度构成起源于内摩阻力和黏结力。对于沥青混合料,它的力学强度主要取决于集料颗粒间的摩擦力和嵌挤力、沥青胶结料的黏结性以及沥青与集料之间的黏附性等。不同级配组成的沥青混合料,具有不同的空间结构类型,也就具有不同的内摩阻力和黏结力。因此,沥青混合料的结构组成对其强度构成有举足轻重的作用。

按沥青混合料强度构成原则的不同,其结构可分为按嵌挤原理构成的结构和按密实级配原理构成的结构两大类。按嵌挤原理构成的沥青混合料,要求采用较粗的、颗粒尺寸较均匀的集料,沥青在混合料中起填隙作用,并把集料黏结成为一个整体。这种材料的结构强度主要依赖于集料颗粒之间相互嵌挤所产生的内摩阻力,而对沥青的黏结作用依赖性不大,沥青贯入式路面、沥青表面处治以及沥青碎石路面均属此类结构。这些路面的性能受温度的影响相对较小。

按密实级配原理构成的沥青混合料,是指集料和沥青按最大密实原则进行配合而形成的一种材料,其结构强度是以沥青与集料之间的黏结力为主、以集料颗粒间的嵌挤力和内摩阻力为辅而构成的。沥青混凝土路面和沥青碎石混合料路面属于此类,这种路面的性能受温度的影响相对较大。按这种混合料网络结构中"嵌挤成分"和"密实成分"所占的比例不同,沥青混合料的组成结构形态有三种典型类型,即密实悬浮结构、骨架空隙结构和密实骨架结构,如图10-3所示。

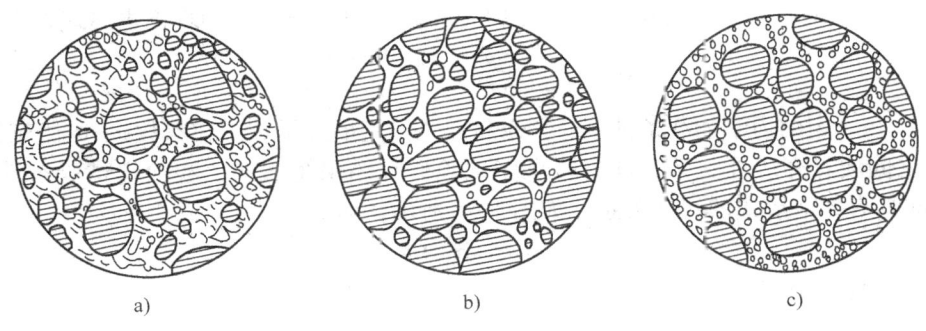

图10-3 沥青混合料的典型组成结构
a) 密实悬浮结构　b) 骨架空隙结构　c) 密实骨架结构

**1. 密实悬浮结构**

这种结构形态的沥青混合料,通常采用连续型密级配,集料的颗粒尺寸由大到小连续存在。这种材料中含有大量细料,而粗料数量较少,且相互间没有接触,不能形成骨架,粗颗粒犹如"悬浮"于细颗粒之中。这种沥青混合料表现为黏结力较高,而内摩阻力较小。用这种沥青混合料修筑的路面,由于受沥青材料性质的影响较大,故它的稳定性较差。

**2. 骨架空隙结构**

采用连续开级配的沥青混合料属于这一结构类型。在这种沥青混合料中,粗集料较多,而细料数量较少,因此,虽然能够形成骨架,但其残余空隙较大。这种材料的内摩阻力较大,而黏结力较小。用这种沥青混合料修筑的沥青路面,受沥青性质的影响较小,因而其稳定性较好。

**3. 密实骨架结构**

它是综合以上两种类型组成的结构。混合料既有一定数量的粗集料形成骨架,又根据残余空隙的多少加入细料，从而形成较高的密实度。这种沥青混合料同时具有较高的黏结力和内摩阻力。间断级配即是按此原理构成的。

根据沥青混合料的颗粒性特征，沥青混合料的强度构成来源于两个方面：一是由于沥青的存在而产生的黏结力；二是由于集料的存在而产生的内摩阻力。

目前，研究沥青混合料强度构成特性，普遍采用莫尔—库仑（Mohr-Coulomb）理论作为分析沥青混合料的强度理论，并引进两个强度参数——黏结力 $c$ 和内摩阻角 $\varphi$ 作为强度理论的分析指标。莫尔—库仑理论的一般表达式为

$$f(\sigma_{ij}) = \sigma_1 - \sigma_3 - (\sigma_1 + \sigma_3)\sin\varphi - 2c\cos\varphi = 0$$

式中　$\sigma_1$——最大主应力；

　　　$\sigma_3$——最小主应力；

　　　$\sigma_{ij}$——应力状态张量。

对于组成沥青混合料的两种原始材料——沥青和集料，通过试验研究和强度理论分析，可以认为：纯沥青材料的 $c \neq 0$ 而 $\varphi = 0$；干燥集料的 $c = 0$ 而 $\varphi \neq 0$。但由此形成的沥青混合料，其 $c \neq 0$ 且 $\varphi \neq 0$，沥青混合料在参数 $c$、$\varphi$ 值的确定上需要把理论准则与试验结果结合起来。理论准则采用莫尔—库仑理论，而试验结果则可通过三轴试验、简单拉压试验或直剪试验获得。

（1）三轴试验　对于三轴试验，由图 10-4 可得其莫尔—库仑的理论表达式为

$$\sigma_1 = \frac{1+\sin\varphi}{1-\sin\varphi}\sigma_3 + 2c\frac{\cos\varphi}{1-\sin\varphi} \tag{10-1}$$

显然，在一定的力学加载条件下，如果材料是给定的，那么内在参数 $c$、$\varphi$ 值应为常数，$\sigma_1$ 与 $\sigma_3$ 之间便具有线性关系。同时，众多试验研究结果也表明，在给定试验条件下，$\sigma_1$ 和 $\sigma_3$ 之间具有如下形式的线性关系，如图 10-5 所示，即

$$\sigma_1 = k\sigma_3 + b \tag{10-2}$$

式中，$k$ 与 $b$ 均大于零。

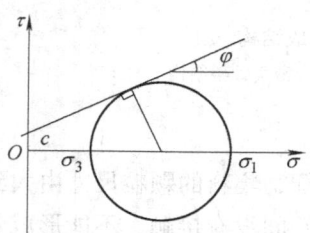
图 10-4　Mohr-Coulomb 平面

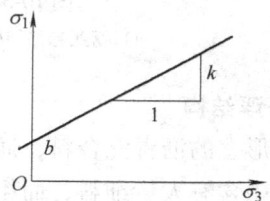
图 10-5　$\sigma_1$ 与 $\sigma_3$ 之间的试验关系

将式（10-1）与式（10-2）对等，则可得到参数 $c$、$\varphi$ 值的计算公式

$$\left. \begin{array}{l} \sin\varphi = \dfrac{k-1}{k+1} \\ c = \dfrac{b}{2}\dfrac{1-\sin\varphi}{\cos\varphi} = \dfrac{b}{2\sqrt{k}} \end{array} \right\} \tag{10-3}$$

（2）简单拉压试验　沥青混合料的 $c$、$\varphi$ 值一般可通过三轴试验直接获得，也可通过测定无侧限抗压强度 $R$ 和抗拉强度 $r$ 予以换算。其换算关系可通过式（10-1）推导获得，也可以直接利用莫尔应力圆求得，如图 10-6 所示。

当无侧限抗压时，相当于 $\sigma_3 = 0$ 及 $\sigma_1 = R$，代入式（10-1）得

$$R = \sigma_1 = \frac{2c\cos\varphi}{1-\sin\varphi} = 2c\tan\left(\frac{\pi}{4}+\frac{\varphi}{2}\right) \quad (10\text{-}4)$$

当抗拉时，相当于 $\sigma_1 = 0$ 及 $-\sigma_3 = r$，代入式（10-1）得

$$r = \sigma_3 = \frac{2c\cos\varphi}{1+\sin\varphi} = 2c\cot\left(\frac{\pi}{4}+\frac{\varphi}{2}\right) \quad (10\text{-}5)$$

联立解式（10-4）及式（10-5）得

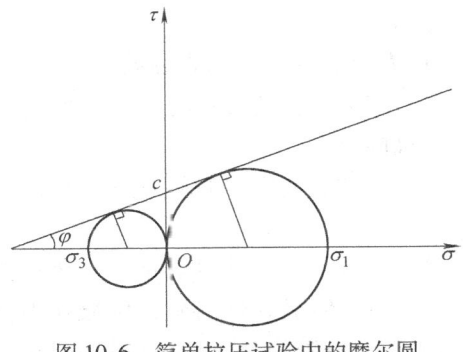

图 10-6　简单拉压试验中的摩尔圆

$$\left.\begin{array}{l} c = \dfrac{1}{2}\sqrt{Rr} \\ \sin\varphi = \dfrac{R-r}{R+r} \end{array}\right\} \quad (10\text{-}6)$$

简单拉压试验确定沥青混合料的参数 $c$、$\varphi$ 值，是以一项基本假定为前提的，即在试验变量（材料组成变量、力学激励变量）相同的条件下，假定沥青混合料在压缩和拉伸两种加载方式下的参数值是相同的。

这种试验方法相对于三轴试验来说，在操作上要容易得多，且在一般试验机上均可以实施，易于推广应用。但其试验结果的准确性依赖于试验技术的完善与提高，特别是拉伸试验。

（3）直剪试验　参数 $c$、$\varphi$ 值的确定，还可以通过沥青混合料的直剪试验来实现。这种试验方法与土的直剪试验非常类似，主要是通过测定不同正压力水平 $\sigma_i$ 下的抗剪强度 $\tau_{fi}$，在 $\tau$-$\sigma$ 坐标系中绘制库仑直线，从而获得材料的 $c$、$\varphi$ 值，如图 10-7 所示。

沥青混合料的直剪试验相对于三轴试验、简单拉压试验，在 $c$、$\varphi$ 值的原理上更为直观明了，但在操作上可能不容易实现，究竟何种方法最为有效，还有待于进一步探讨。

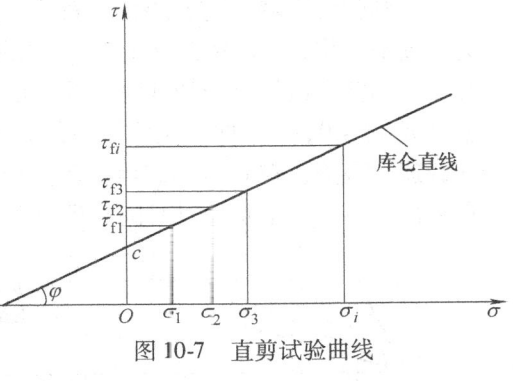

图 10-7　直剪试验曲线

由于沥青混合料材料的颗粒性及黏弹性性质，影响沥青混合料参数的因素多种多样，有沥青品质与用量、集料性质与级配、压实度、试验温度、加载速度等。通过对材料的结构组成及强度机理的分析，有助于合理地进行沥青路面的材料组成设计和路面结构组合设计，有效地控制沥青路面的施工质量以确保沥青路面良好的使用品质。

## 10.2.3　沥青混合料的黏弹性性质与力学模型

一般认为，沥青混合料是一种典型的弹、黏、塑性综合体，在低温小变形范围内接近线弹性体，在高温大变形活动范围内表现为黏塑性体，而在通常温度的过渡范围内则为一般黏弹性体。

从普遍意义上来说，所有的沥青混合料均为非弹性体，且在其实际工作范围内主要表现为黏弹性体。材料的非弹性主要表现在它的变形在卸载后的不可恢复性，以及其应力—应变

关系的曲线特性。

**1. 黏弹性材料的基本性质**

1）应力—应变关系的曲线性及其不可逆性。这类材料不像金属材料具有明显的屈服点（弹性极限）。

2）对加载速度（时间效应）和试验温度（温度效应）的依赖性，并服从时间温度换算法则。

3）具有十分明显的蠕变与应力松弛特性。

4）对于线黏弹性材料，则服从 Boltzmann 线性叠加原理和复数模量（Complex Modulus）原理。在常温下通过加、卸载及反向加载后的典型曲线如图 10-8 所示。

任意一点的切线模量定义为 $E(t) = d\sigma(t)/d\varepsilon(t)$，是时间 $t$ 的函数。通过对切线模量的分析可以发现，黏弹性材料的 $\sigma\text{-}\varepsilon$ 曲线具有以下三个区域：

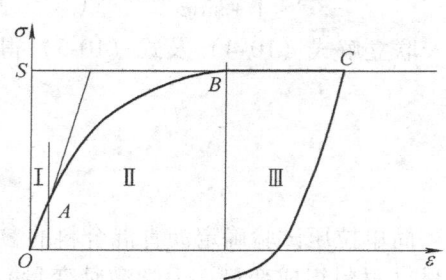

图 10-8 常温下沥青混合料应力—应变曲线

Ⅰ——弹性区域，在加荷初期的极短时间内，应变值较小（$\varepsilon < 10^{-4}$），切线模量 $E(t)$ 为常数，应力—应变具有线性比例关系，材料基本上处于弹性工作状态，如图 10-8 中 $OA$ 段。

Ⅱ——黏弹性区域，随着加载时间的增长，切线模量不再为常数，而是逐渐变小，且减小的速度逐渐加快，$\sigma\text{-}\varepsilon$ 具有曲线特征，如图 10-8 中 $AB$ 段。

Ⅲ——黏塑性区域，当加载时间继续延长超过图 10-8 中 $B$ 点后，应力不再增加，此时切线模量 $E(t)=0$，$\sigma\text{-}\varepsilon$ 曲线呈水平直线，如图中 $BC$ 段，材料发生塑性流动，且应力极限值与加载速度有关，在 $C$ 点卸载后会产生较大的永久变形，材料表现为一种塑性性质。

黏弹性材料的力学特性对时间与温度的依赖性具有图 10-9 所示的关系，当试验温度一

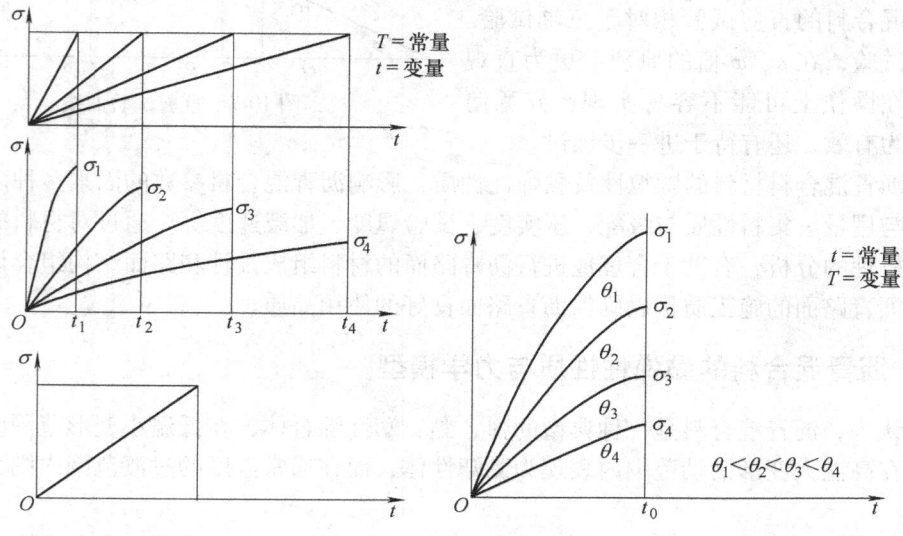

图 10-9 时间与温度对黏弹性材料的响应的影响

定时,给定不同的加载条件 $\varepsilon(t)=\alpha_i t$。达到相同的应变水平时,其响应表现为应力随加载速度的加快或加载时间的缩短而增大。当加载速度一定时,给定不同的试验温度,则相同时间内达到同样的应变水平时,黏弹性材料响应的应力水平随温度的升高而降低。事实上,试验温度的升高相当于慢速加载,加载时间的延长,黏弹性材料的这种特性称为时间温度换算法则。

**2. 蠕变与松弛特性**

蠕变与松弛是在恒荷载作用下应变与应力随时间变化的现象,是研究材料黏弹性行为最基本的方法。对于弹性材料,在一定的加载作用下,响应也为一定值,且为单值函数,不随时间而变化。只有黏弹性材料,在恒定的应变或应力作用下,对应的应力或应变随时间而变化。

蠕变是当应力为一恒定值时,应变随时间逐渐增加的现象。如图 10-10 所示,在时间 $t_0 \sim t_1$ 内,给定应力 $\sigma=\sigma_0$ 为常数,则应变会发生从 $A$ 到 $B$ 增大的变化,即为应变蠕变阶段;当在 $t=t_1$ 时刻,突然卸载至 $\sigma=0$ 时,应变发生瞬时回弹从 $B$ 变化到 $C$,然后在 $t>t_1$ 时间里,应变又逐渐减小。在 $t>t_1$ 时间内应变发生的变化称为应变恢复(回弹)。蠕变结束后的应变恢复不可能全部完成,而必然会产生残余变形 $\varepsilon_e$。

应力松弛是当应变为一恒定值时,应力随时间而衰减的过程,如图 10-11 所示。在时间 $t_0 \sim t_1$ 内,给定应变 $\varepsilon=\varepsilon_0$ 为常数,则应力会发生从 $A$ 到 $B$ 的衰减变化,称为应力松弛。当 $t=t_1$ 时刻,应变突然卸载到 $\varepsilon=0$,则应力瞬时变化到 $C$,然后在 $t>t_1$ 时间内,应力逐渐减小至 $\sigma \to 0$。在 $t>t_1$ 时间内应力的这种变化,称为应力消除。

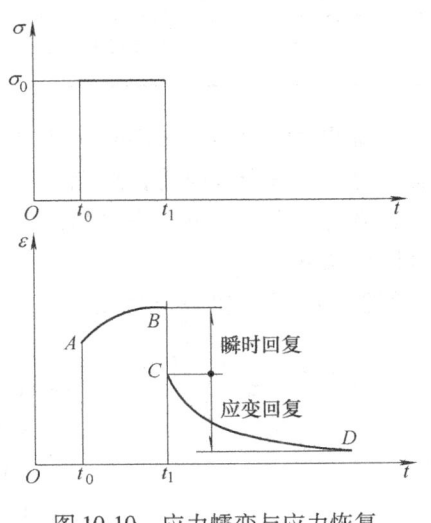

图 10-10 应力蠕变与应力恢复

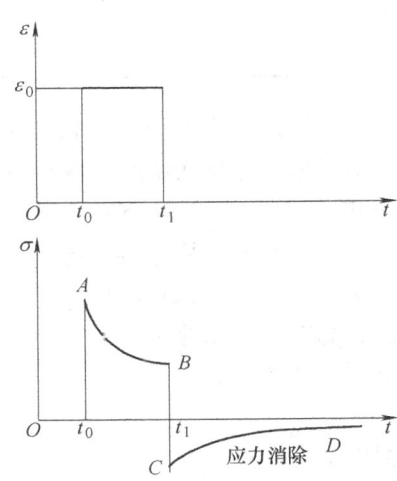

图 10-11 应力松弛与应力消除

研究表明,对于沥青混合料,材料的应力松弛曲线为幂指数衰减函数,即 $\sigma(t) = \alpha e^{\frac{\varepsilon}{\eta}}$;而应变蠕变的变化规律按蠕变现象可以分为蠕变迁移、蠕变稳定和蠕变破坏三个阶段,按蠕变速度又可分为瞬时蠕变、等速蠕变和加速蠕变三个阶段(图 10-12)。蠕变稳定或等速蠕变的 $\varepsilon(t)$ 函数为一直线,该过程占蠕变总过程的主要部分,这个阶段可用直线函数以 $\varepsilon(t)=at+b$ 来表示。

## 3. 基本流变模型

根据流变学的模型理论，认为弹、黏、塑性是认识材料力学特性的最基本单元，这些基本单元用一定的力学模型及本构关系来表达，即称为力学元件。力学元件通过并联和串联组合，形成更为复杂的组合模型，从而最大限度地反映材料真实的力学特性。最简单的力学元件即为线性元件，其基本特性见表10-3。

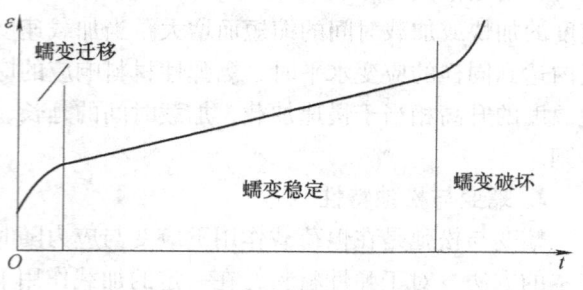

图 10-12 沥青混合料蠕变规律

表 10-3 流变模型中的力学元件及其特性

| 力学元件 | 模型图示 | 本构关系 | 基本特性 |
|---|---|---|---|
| 弹性元件 | 用弹簧表示 | 胡克定律 $\omega = E\varepsilon$ | (1) 可恢复性<br>(2) 瞬时性<br>(3) 对加载速度的独立性 |
| 黏性元件 | 用黏壶表示 | 牛顿定律 $\sigma = \eta\dot\varepsilon$ | (1) 可恢复性<br>(2) 时间延迟性<br>(3) 对加载速度的依赖性 |
| 塑性元件 | 用滑块表示 | 应力极限 $s$<br>$\|\sigma\| < s$ 时，$\varepsilon = 0$<br>$\|\sigma\| \geq s$ 时，$\varepsilon = \infty$ | (1) 不可恢复性<br>(2) 瞬时性<br>(3) 对加载速度的独立性 |

上述力学元件，通过若干个串联与并联组合，形成新的力学模型。并串联元件中的应力应变分配情况即为并串联特性：当元件为串联时，总应力等于各个分应力，总应变等于各个分应变之和，即 $\sigma = \sigma_i$，$\varepsilon = \sum \varepsilon_i$；当元件为并联时，总应力等于各个分应力之和，总应变等于各个分应变。即 $\sigma = \sum \sigma_i$，$\varepsilon = \varepsilon_i$。常用的简单组合模型如下。

(1) 麦克斯韦尔（Maxwell）模型 由一个弹性元件（弹簧）和一个黏性元件（黏壶）串联组成，如图10-13a 所示。

根据串联特性有

$$\sigma = \sigma_E = \sigma_\eta \tag{10-7a}$$

$$\varepsilon = \varepsilon_E + \varepsilon_\eta \tag{10-7b}$$

根据力学特性有

$$\sigma_E = E\varepsilon_E \tag{10-7c}$$

$$\sigma_\eta = \eta\dot\varepsilon_\eta \tag{10-7d}$$

解上述方程即可得麦克斯维尔模型的本构关系为

$$\dot\varepsilon = \frac{\dot\sigma}{E} + \frac{\sigma}{\eta} \tag{10-7e}$$

(2) 开尔文（Kelvin）模型 由一个弹簧和一个黏壶并联组成，如图10-13b 所示。

根据并联特性有

$$\sigma = \sigma_E + \sigma_\eta \tag{10-8a}$$

$$\varepsilon = \varepsilon_E = \varepsilon_\eta \tag{10-8b}$$

力学特性公式同前，同理可解得开尔文模型的本构关系为

$$\sigma = E\varepsilon + \eta\dot{\varepsilon} \tag{10-8c}$$

(3) 泽纳（Zener）模型  由一个开尔文模型与一个弹簧串联而成，如图 10-13c 所示。

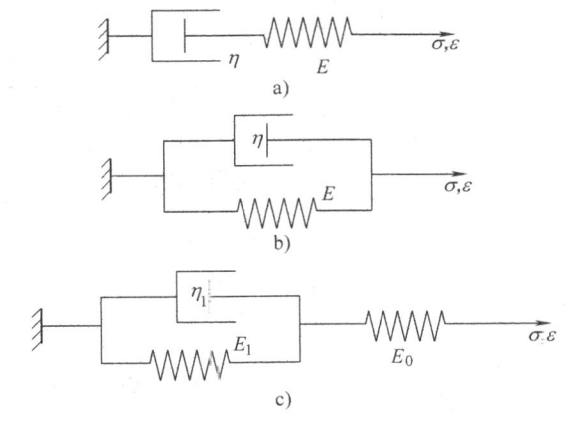

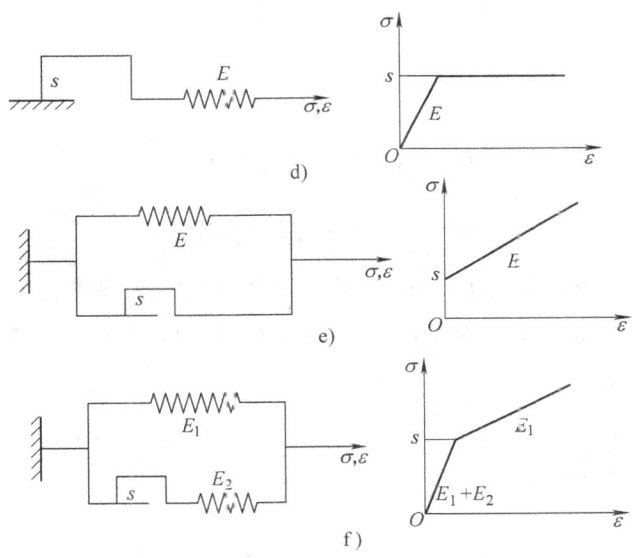

图 10-13  力学模型示意图

a) 麦克斯韦尔模型  b) 开尔文模型  c) 泽纳模型  d) 圣·维南模型  e) 刚塑性模型  f) 线强化模型

通过力学元件的并串联特性方程式和力学特性方程式的联解，可以回到本构关系式为

$$\sigma + \frac{\eta_1}{E_1 + E_0}\dot{\sigma} = \frac{E_1 E_0}{E_1 + E_0}\varepsilon + \frac{E_0 \eta_1}{E_1 + E_0}\dot{\varepsilon} \tag{10-9}$$

(4) 弹塑性模型  常用的简单弹塑性模型主要有圣·维南（Saint Venant）模型、刚塑性模型、线强化模型。这三种力学模型的组成及特性示意图分别如图 10-13d、e、f 所示。

**4. 沥青混合料的力学模型**

由于材料组成的复杂性和试验技术的限制，沥青混合料的力学模型显得多种多样，对于一个复杂的力学行为，应有分析理论为基础。

材料流变模型的建立一般应遵循两个原则：模型能够较好地反映材料的力学特性；模型

应尽可能的简单直观、便于工程应用。常用的沥青混合料的力学模型如下。

（1）Burgers 模型　如图 10-14 所示，其力学元件组成及有关方程为：

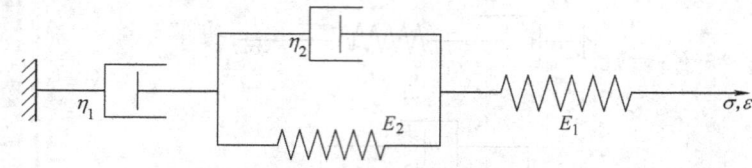

图 10-14　Burgers 模型示意图

| | | |
|---|---|---|
| 本构方程 | $\sigma + P_1\dot\sigma + P_2\ddot\sigma = q_1\dot\varepsilon + q_2\ddot\varepsilon$ | (10-10a) |
| 蠕变方程 | $\varepsilon(t) = \sigma_0\left[\dfrac{1}{E_1} + \dfrac{1}{\eta_1}t + \dfrac{1}{E_2}\left(1 - e^{\frac{E_2}{\eta_2}t}\right)\right]$ | (10-10b) |
| 松弛方程 | $\sigma(t) = \dfrac{\varepsilon_0}{\sqrt{P_1^2 - 4P_2}}[(-q_1 + fq_2\alpha)e^{-\alpha t} + (q_1 + q_2\beta)e^{-\beta t}]$ | (10-10c) |

式中

$$P_1 = \frac{\eta_1}{E_1} + \frac{\eta_1 + \eta_2}{E_2};\ P_2 = \frac{\eta_1\eta_2}{E_1 E_2}$$

$$q_1 = \eta_1;\ q_2 = \frac{\eta_1\eta_2}{E_2}$$

$$\alpha = \frac{1}{2P_2}(P_1 - \sqrt{P_1^2 - 4P_2})$$

$$\beta = \frac{1}{2P_2}(P_1 - \sqrt{P_1^2 - 4P_2})$$

（2）修正的 Burgers 模型　对 Burgers 模型的第一黏性元件进行非线性修正，取 $\eta_1 = Ae^{Bt}$，如图 10-15 所示，相应的有关方程同 Burgers 模型，只取 $\eta_1(t) = Ae^{Bt}$。

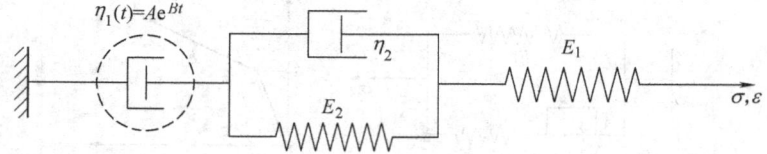

图 10-15　修正的 Burgers 模型示意图

（3）Delft-Xahu 模型　由荷兰 *Delf* 技术大学最早提出基本构思，但未进行数值拟合与分析。西安公路交通大学（现长安大学）为了在原力学模型的基础上引入塑性元件，通过室内试验结果分析及数值拟合计算，提出了表征沥青混合料的弹黏塑性的一体化模型。Delft-Xahu 模型的结构如图 10-16 所示。

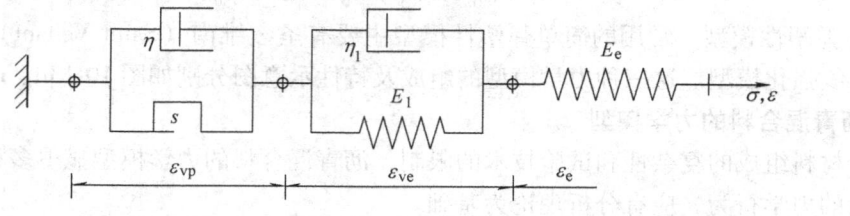

图 10-16　Delft-Xahu 模型示意图

当材料处于黏弹性工作范围内时，该模型即为 Zener 模型。

本构方程
$$\sigma + P_1\sigma = q_0 e + q_1 e \tag{10-11a}$$

松弛方程
$$\sigma(t) = \varepsilon_0 \left[ q_0 + \left( \frac{q_1}{P_1} - q_0 \right) e - \frac{1}{\eta_1} t \right] \tag{10-11b}$$

式中
$$P_1 = \frac{\eta_1}{E_0 E_1}$$

$$q_0 = \frac{E_0 E_1}{E_0 + E_1}; \quad q_1 = \frac{E_0 \eta_1}{E_0 + E_1}$$

当材料的工作状态进入黏塑性范围内时，应考虑材料的内摩阻角 $\varphi$ 及黏结力 $c$，用莫尔—库仑理论来分析。模型中力学参数的确定，需要通过模型试验的方法来进行，因为固体材料的流变参数有时是不可能直接通过试验得到的（如黏性系数 $\eta$）。

## 10.2.4 沥青混合料的模量

用黏弹性理论研究沥青混合料的模量时必须遵循如下基本原则：

1) 沥青混合料兼具胡克弹性与牛顿黏性的双重性质。
2) 沥青混合料的力学性质均应作为温度与时间的函数表示。
3) 将沥青混合料的性质作为"某一条件的响应"是比较合理的，宜将其描述为仅在某一条件下才具有的性质。

基于上述原则，在比较宽的温度及时间区域中考察混合料的力学性质，其变化是极有规律的，这种规律性可以用黏弹性理论加以描述，作为温度与时间的函数加以分析。

**1. 试验方法**

因为沥青路面工作在时间与温度均较宽的范围内，必须同时采用数种试验方法，才能把拟考察的区域全部包括进去。例如，在处理疲劳破损时，常采用动态试验；在解决车辙问题时，常采用蠕变试验；而在分析低温缩裂时，常采用应力松弛试验。各种试验方法的基本原理与模量计算式如下。

（1）蠕变试验 可采用拉伸、压缩和弯曲等力学图式，在臣定荷载作用下量测应变随时间的变化，蠕变柔量按下式计算

$$J(t) = \frac{\varepsilon(t)}{\sigma_0} \tag{10-12}$$

（2）应力松弛试验 使试件在瞬间产生应变 $\varepsilon_0$，连续量测保持这一应变时的应力随时间的变化。应力松弛也可采用拉伸、压缩、弯曲等力学图式，并按下式计算松弛模量

$$G(t) = \frac{\sigma(t)}{\varepsilon_0} \tag{10-13}$$

（3）等应变速率试验 在固定的应变速率下求得应力—应变曲线，计算时可以选取能够充分确定应力—应变曲线的坐标点进行计算。该试验要求使用能够完全控制变形速率的试验设备，在几种应变速率下进行试验。等应变速率试验同样适合于拉伸、压缩、弯曲等不同力学图式，并由下式计算

$$G_t(t) = \frac{d\sigma}{d\varepsilon} = \frac{1}{\varepsilon} \frac{d\sigma}{dt} \tag{10-14}$$

沥青混合料的应力—应变关系并不总是直线关系，在时间长、温度高时常常表现为曲线

关系，因而，应力—应变关系不仅可以用 $\sigma/\varepsilon$ 处理，也可以用应力—应变曲线的切线斜率来表示。按曲线斜率计算得到的是切线劲度模量，按割线得到的是割线劲度模量。

（4）动载试验 最常用的是对试件施加正弦波荷载。对于黏弹性体测得的应变也是一个正弦波，但存在一个相位差 $\varphi$，复数模量即是两个最大幅值之比，即

$$[E*] = \frac{\sigma_0}{\varepsilon_0} \tag{10-15}$$

**2. 沥青的劲度模量**

为使工程能在实用的整个温度范围与加荷时间内对沥青性质有一个统一、简便、实用的综合评价体系，Van Der Pool 在 1954 年提出了劲度模量的概念，即

$$S(t,T) = \left(\frac{\sigma}{\varepsilon}\right)_{t,T} \tag{10-16}$$

尽管劲度模量公式形式与弹性模量公式相同，但是劲度模量是一定时间（$t$）和温度（$T$）条件下应力与总应变的比值。总应变包括弹性应变 $\varepsilon_e$、延迟弹性应变（$\varepsilon_d$）与残余应变（$\varepsilon_v$），可以用四元素模量表达，如图 10-17 所示。

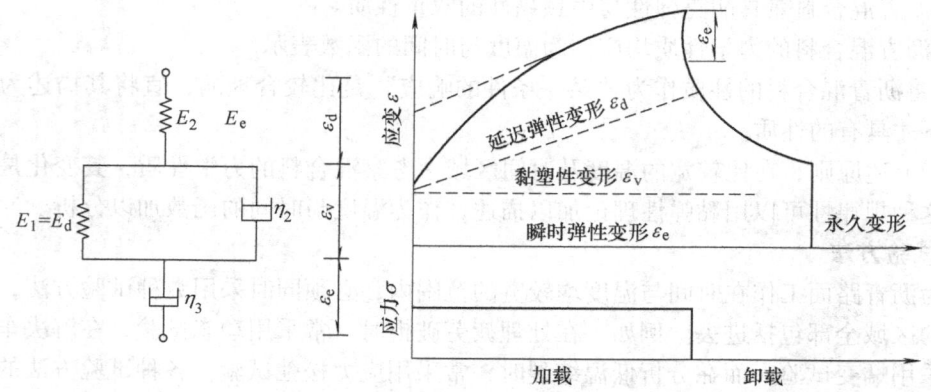

图 10-17 四元素模型的应力与应变

$$\varepsilon = \varepsilon_e + \varepsilon_v + \varepsilon_d \tag{10-17}$$

$$\varepsilon = \frac{\sigma}{E_e} + \frac{\sigma t}{3\eta_2} + \frac{\sigma}{E_d}(1 - e^{-\frac{t}{T_2}}) \tag{10-18}$$

式中 $T_2 = \eta_2/E_2$ 为延迟时间。

在施加荷载的瞬间，产生弹性变形 $\varepsilon_e$，随着时间的增长，延迟弹性变形 $\varepsilon_d$ 与黏塑性变形 $\varepsilon_v$ 逐渐增大，变形速率逐渐衰减趋于稳定。待卸荷后 $\varepsilon_e$ 得以瞬时恢复，$\varepsilon_d$ 随时间逐步恢复，经过相当长时间后剩余的即是 $\varepsilon_v$，也称为永久变形，如图 10-17 所示。

根据前式可得劲度模量为

$$\frac{1}{S_B} = \frac{1}{E_1} + \frac{1}{E_2}(1 - e^{-\frac{t}{T_2}}) + \frac{t}{3\eta_3} \tag{10-19}$$

以蠕变柔量表示则为

$$\frac{1}{S_B} = J(t) = J_0 + J_2\varphi(t) + \frac{t}{3\eta_3} \tag{10-20}$$

由于沥青材料在低温和在短暂荷载作用下符合线弹性，在高温和长时间荷载作用下成牛

顿体，因此线性条件再次得到满足；而在中等温度和加荷时间会出现非线性。但是对于工程应用来说，只有在大变形情况下才会出现严重偏离线性的趋势，所以符合线性假定的劲度模量是有足够精度的。

沥青的劲度是温度与时间的函数。当温度较低时，在短荷载作用时间下，其劲度模量趋近弹性模量；当长期荷载作用时，劲度随时间急剧下降，在双对数坐标上呈线性关系。随着温度上升，沥青的调度降低，其劲度模量随之减小。

**3. 沥青混合料的劲度模量**

研究表明，随着集料的掺入，沥青混合料的劲度模量 $S_M$ 不断地增大。1969 年 Heakelom 提出了根据沥青劲度模量 $S_B$ 计算沥青混合料劲度模量 $S_M$ 的公式，以集料系数 $C_v$ 与空隙率 $V_v$ 表示混合料的组成结构，设集料体积率 $V_a$ 与沥青体积率 $V_b$ 总和为 100，而集料系数 $C_v$，为集料体积率 $V_a$ 所占总量的百分数，即

$$C_v = \frac{V_a}{V_a + V_b} \tag{10-21}$$

Heakelom 以密级配沥青混合料建立了沥青混合料劲度模量计算公式，该公式以空隙率 3% 为基准，并引入系数 $K$ 对空隙率不等于 3% 的修正，即

$$S_M = S_B \left( \frac{1 + 2.5}{\eta} \frac{KC_v}{1 + KC_v} \right)^n \tag{10-22}$$

式中 $n = 0.831g \frac{4 \times 10^5}{S_B} (S_B > 100 \text{MPa})$, $K = \frac{1}{1 + (V_v - 0.03)}$

## 10.2.5 沥青混合料的强度

为保证沥青路面结构在设计年限内正常工作，必须对其破坏机理进行研究。作为路面结构的一个层次，沥青混合料的破坏特性应从多层体系受力的角度加以分析。沥青路面面层处于三向应力状态，正应力可以由正（拉应力）变负（压应力），各点的应力状态不仅随坐标变动，且随车轮荷载的运动而变化。

对于黏弹性物体，雷纳（Reiner）提出了与材料力学有所不同的破坏分类：① 超过某一"强度"而引起的破坏；② 超过某一"变形值"而引起的破坏；③ 超过某一"应力松弛状态"而引起的破坏。

分析路面的实际损坏状态后可以明显看出沥青混合料抵制破坏的强度主要有三个方面，即抗剪强度、断裂强度和临界应变。

**1. 抗剪强度**

沥青混合料的抗剪强度是一项重要的强度指标，沥青路面的推移、拥包、车辙等都是剪切变形的结果，由于莫尔—库仑公式反映了沥青混合料的强度与混合料内部的黏结力和内摩阻力之间的直接联系，有利于材料的组成设计。但是，由于沥青混合料在高温情况下力学性质的复杂，常使抗剪强度理论的应用处于半理论、半经验的状态。

一般根据沥青结构层的三向应力状态性符合莫尔—库仑公式，采用三轴试验方法，认为材料的抗剪强度（$\tau$）的特性符合莫尔—库仑公式 $\tau = c + \sigma \tan\varphi$。

不同试验方法，取值不同，黏结力 $c$ 与内摩阻角 $\varphi$ 的数值也不同，但是数值的绝对值相差并不大。

同样的物体，在三轴应力状态下，随着 $\sigma_3$ 的增大，材料由脆性破坏过渡为塑性破坏，呈现出不同的力学特性（图 10-18），存在一个脆性过渡到塑性的破坏临界值 $\sigma_3$，临界值的大小与材料的强度有关。

**2. 断裂强度**

断裂强度主要用于分析随气温下降时沥青面层收缩受阻而转化为收缩应力，当收缩应力超过极限强度时所造成的缩裂问题；也可用于分析车辆紧急制动时，车轮后侧路表受到的径向拉应力引起的拉裂问题。

沥青混合料的断裂强度，可由直接拉伸或间接拉伸（劈裂）试验确定。拉伸强度的规律与弯拉强度相似，但数值偏小。由于直接拉伸试验易于偏心，会对数值较小的拉伸强度产生较大的误差，因此开发了间接拉伸试验。直接拉伸

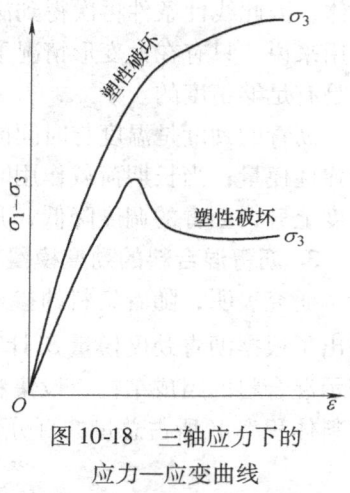

图 10-18  三轴应力下的
应力—应变曲线

采用长度为直径或边长的 2.5~3 倍的圆形或矩形截面的试件，间接拉伸采用高度只是直径 0.5 倍的圆柱体试件，因之成型简便，且可采用钻孔取样方法。间接拉伸试件在切向受拉应力的同时径向受压，其受力状态较之单向受拉的直接拉伸更接近于实际路面结构。随着侧向位移量测精度的提高，间接拉伸法使用范围正在扩大。

沥青混合料的断裂强度，同样是温度和加荷速率的函数，随着温度的下降和加载速率的增大而提高。当温度继续下降时，强度反而略有下降，这是因为拉伸强度与温度曲线存在一个峰值，其大小与加荷速率有关。

对于密级配沥青混合料，断裂强度随集料级配细度的增加而增大，且在某一最佳矿粉沥青比时断裂强度最高。

**3. 临界应变**

临界应变和强度一样是材料组成结构的特征值，并随温度和加荷时间而有规律的变化。

弯曲试验时，沥青混合料的临界应变值因温度不同而在很大范围内变化。

具有重要意义的是，临界应变不仅在每一温度与加载条件下有足够灵敏度的变化，而且对应每一破坏现象都有一个典型的数值。不论弯曲还是压缩，在不同荷载速度下，沥青混合料在流动破坏区的临界应变有收敛于 $(6~10) \times 10^{-2}$ 的趋势，而在脆性破坏区临界应变范围更窄，为 $(1~5) \times 10^{-3}$。

大量疲劳试验表明，当疲劳寿命为 $10^2 \sim 10^7$ 时，应变水平相应为 $10^{-5} \sim 10^{-3}$。满足一般使用年限要求时，应变水平约为 $10^{-4}$ 级。当应变水平 $<10^{-5}$ 时，大致达到耐久极限应变，即承受行车荷载重复作用而不至于产生疲劳破坏。

观察表明，沥青路面中产生的细微裂纹，由于连续行车的搓揉作用而弥合消失。此外，行车荷载下沥青混合料存在微小的侧向流动，累积形成车辙而不一定产生裂缝，这里存在一个延伸极限，约为 $10^{-1}$。

综上所述，对应于不同的破坏现象存在一个临界应变典型的数值（见表 10-4）。临界应变的这一特点对于路面结构的评价、开裂现象的分析都有重要的意义。

表 10-4　临界应变水平

| 工作区域 | 临界应变① | 破坏形式 | 备　注 |
|---|---|---|---|
| 延性区域 | $10^{-1}$<br>$10^{-2}$ | 具有延伸（展性）的区域（搓揉作用）<br>伴随流动的破坏区域 | 具有移动的交通荷载 |
| 过渡区域 | $(4\sim6)\times10^{-3}$② | | |
| 脆性区域 | $10^{-3}\sim10^{-4}$<br>$10^{-4}\sim10^{-5}$<br>$<10^{-5}$ | 脆性破坏区域<br>疲劳破坏区域<br>无疲劳破坏发生的区域 | 具有移动的交通荷载 |

① 对于道路经常出现的破坏。
② 对于过渡区域仅表示成一个水平。

## 10.3　沥青路面的稳定性与耐久性

沥青路面直接受车辆荷载和大气因素的作用，同时沥青混合料的物理、力学性质受气候因素与时间因素的影响，为了保证路面为车辆提供稳定、耐久的服务，沥青路面必须具有足够的稳定性和耐久性，高温稳定性、低温抗裂性、水稳定性、抗疲劳性能、抗老化性能五种性能均影响沥青路面的稳定性和耐久性。其中高温稳定性和低温抗裂性称为沥青路面的温度稳定性，水稳定性、抗疲劳性能及抗老化性能称为沥青路面的耐久性。

### 10.3.1　沥青路面的高温稳定性

沥青路面的高温稳定性通常是指沥青混合料在荷载作用下抵抗永久变形的能力。推移、拥包、搓板、泛油等现象均属于沥青路面高温稳定性不足的表现。稳定性不足问题，主要出现在高温、低加荷速率以及抗剪切能力不足时，即沥青路面的劲度较低的情况下。

沥青路面在行车荷载的反复作用下，产生永久变形的累积而导致路表面出现车辙，轮迹处沥青层厚度减薄，削弱了面层及路基结构的整体强度，从而诱发其他病害；雨天路表排水不畅，甚至由于车辙积水导致车辆漂滑，影响高速行车的安全；车辆在超车或更换车道时方向失控，将影响车辆操纵的稳定性。可见车辙的产生，将严重影响路面的使用寿命和服务质量。

推移、拥包、搓板等损坏主要是由于沥青路面在水平荷载作用下抗剪强度不足所引起的，它大量发生在表面处治、贯入、路拌等次高级沥青路面的交叉口和变坡路段。对于渠化交通的沥青混凝土路面来说，高温稳定性问题主要表现为车辙。泛油是由于交通荷载作用使混合料内集料不断挤紧，空隙率减小，最终将沥青挤压到道路表面，使路面光滑，导致抗滑能力下降。

**1. 车辙的形成机理及影响因素**

车辙主要发生在高温季节，在渠化交通的重交通道路上。当沥青路面采用半刚性基层时，车辙主要发生在沥青面层。根据车辙形成的起因，可分为三种类型。

（1）失稳型车辙　这类车辙是由于沥青路面结构层在车轮荷载作用下，内部材料流动，产生横向位移而发生，通常集中在轮迹处。

（2）结构型车辙　这类车辙是由于路面结构在交通荷载作用下产生整体永久变形而形

成,主要是由于路基变形传递到面层而产生。

(3) 磨耗型车辙　由于沥青路面结构顶层的材料在车轮磨耗和自然环境因素作用下持续不断地损失而形成,尤其是汽车使用了防滑链和凸钉(胶钉)轮胎后,这种车辙更易发生。

三种类型车辙中以失稳型车辙最为严重,其次为磨耗型车辙。在软土地区、路基路面结构整体承载力不足时产生结构型车辙的可能性较大。

纵观车辙形成过程,可简单地分为三个阶段:

(1) 初始阶段的压密过程　沥青混合料经碾压后,在高温下处于半流态的沥青及由沥青与矿粉组成的胶浆被挤进矿料间隙中,同时集料被强力排列成具有一定骨架的结构。交付使用后,在汽车荷载作用下,密实过程进一步发展,在轮辙位置产生局部沉陷。

(2) 沥青混合料的侧向流动　高温下的沥青混合料在轮胎荷载作用下,沥青及沥青胶浆产生流动,除部分填充混合料空隙外,还将促使沥青混合料产生侧向流动,从而使路面受载处被压缩,而轮辙的两侧向上隆起形成马鞍形车辙。

(3) 矿质集料的重新排列及矿质骨架的破坏　高温下处于半固态的沥青混合料,由于沥青及胶浆在荷载作用下首先流动,混合料中粗、细集料组成的骨架逐渐成为荷载主要承担者,促使沥青及胶浆向富集区流动,加速了混合料网络结构的破坏,特别是当沥青及胶浆过多时,这一过程会更加明显。

由此可见,车辙形成的最初原因是压密及沥青高温下的流动,最后导致骨架的失稳,从本质上讲就是沥青混合料的结构特征发生了变化。

影响沥青路面车辙的因素主要有集料、结合料、混合料类型、荷载、环境条件等。此外,压实方法会直接影响沥青混合料的内部结构,从而对车辙产生影响。

**2. 沥青混合料高温稳定性评价方法**

(1) 单轴压缩试验　用于沥青混合料高温稳定性评价最简便的方法是以高温(一般采用60℃)抗压强度 $R_T$ 及用常温与高温时抗压强度的比值即软化系数 $K_T(R_T/R_{20})$ 来衡量。单轴压缩试验测定抗压强度时其侧压力 $\sigma = 0$,在受力过程中压板与试件两端接触面上存在摩擦力的约束,这些都与工程实际有些差别。因此,采用高温抗压强度 $R_T$ 与软化系数 $K_T$ 评价混合料的高温稳定性均有一定的误差。

(2) 马歇尔试验(1948年)　很长时间来人们一直采用马歇尔试验的稳定度、流值和马歇尔模数作为评价沥青混合料高温稳定性和混合料设计的依据,但是由于马歇尔试验过程中试件内部的应力分布状态极为复杂,因此试验结果很难对路面实际状况作出关联评价,近来许多国家对此提出异议。

(3) 蠕变试验　由于马歇尔稳定度和流值是混合料稳定性的一种经验性指标,它不能确切反映永久变形产生的机理,近年来,有以蠕变试验取代它的趋势。蠕变试验常采用单轴静载、三轴静载、单轴重复加载和三轴重复加载四种方式进行。单轴静载蠕变试验以一圆柱形试件在轴向施加一瞬时荷载,并保持荷载大小不变,经过一段时间后再立即卸载,使试件变形恢复,由此可得到通常的蠕变曲线。动态蠕变试验有两种加载方式,即连续动态加载和间歇重复加载。静态蠕变曲线包括了可恢复的弹性黏弹性变形和不可恢复的黏塑性变形。动态蠕变曲线包括了黏塑性变形与来不及恢复的弹黏性变形。动态蠕变试验的两种加载方式中,后一种更接近实际荷载的作用,它的蠕变曲线也更多的由材料的永久变形组成,因此它是较好的一种试验方法。

（4）轮辙试验 轮辙试验是一种模拟实际车轮荷载在路面上行走而形成车辙的工程试验方法，从广义上来说，室内小型往复轮辙试验、旋转轮辙试验、大型环道试验、直道试验等都可认为是属于轮辙试验范畴。这些试验最基本的和共同的原理就是通过车轮在板块状试件或路面表面结构上反复行走，观察和检测试块或路面结构的响应。轮辙试验是评价沥青混合料在规定温度条件下抵抗塑性流动变形能力的有效方法。通过板块状试件与车轮之间的往复相对运动，使试块在车轮的重复荷载作用下，产生压密、剪切、推移和流动，从而产生车辙。从轮辙试验得到的时间—变形曲线如图10-19所示。由此可得出三类指标。

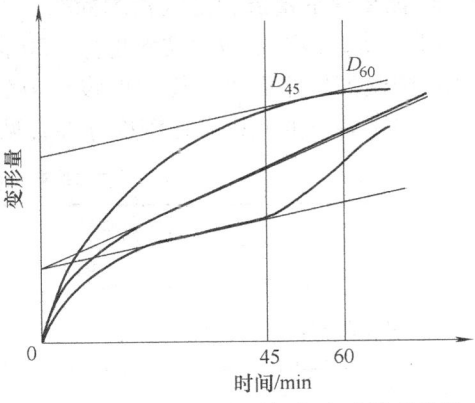

图10-19 轮辙试验中时间与变形关系曲线

1）任何一个时刻的总变形，即车辙深度。

2）在变形曲线的直线发展期，通常是求取试验时间45min、60min时试件的变形量$D_{45}$、$D_{60}$，按下式计算动稳定度DS（次/mm）

$$\mathrm{DS} = \frac{(60-45)}{D_{60} - D_{45}} \times C_1 \times C_2 \qquad (10\text{-}23)$$

式中 $C_1$——试验机类型修正系数，曲柄连杆驱动试件的变速行走方式为1.0，链驱动试验轮的等速行走方式为1.5；

$C_2$——试件系数，试验室制备的宽300mm的试件为1.0，从路面切割的宽150mm的试件为0.8。

3）变形速率RD，它实际上是动稳定度DS的倒数。

由实践可知，总变形尽管非常直观，但不同试件之间的波动较大。在整个变形中，开始阶段的几次碾压能产生很大的变形，与试件接触的均匀程度是数据波动的重要原因。另外，总变形能区分试验结果的差别，但不便估计变形的发展情况。因此，采用动稳定度作指标，以避免试验开始阶段、尤其是开始与试件接触的影响是比较合理的。

（5）简单剪切试验 沥青路面混合料的高温永久变形主要是由沥青混合料的塑性剪切流动引起的，简单剪切试验就是用于直接考察沥青混合料的抗剪切流动性能。这个试验方法由土的直剪试验方法移植过来，并进一步考虑了沥青混合料的特殊性质，增加了垂直的动力荷载、围压和温度控制，可测定试件的回弹剪切模量、动力剪切模量等。简单剪切试验结构如图10-20所示。图10-20中试件尺寸：$\phi 150\text{mm} \times (50 \sim 65)\text{mm}$，最大粒径$\leq 19\text{mm}$；$\phi 200\text{mm} \times 75\text{mm}$，最大粒径$\leq$

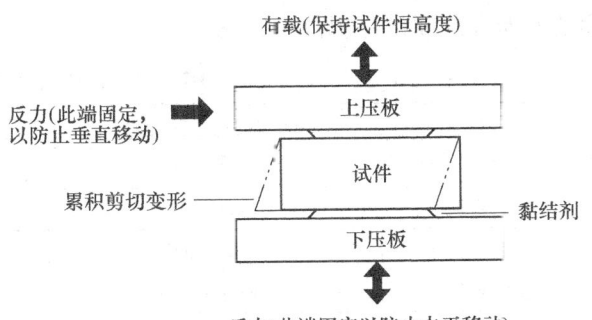

图10-20 简单剪切试验装置示意图

38mm。试验温度为 4℃、20℃、40℃。

**3. 沥青路面高温稳定性技术标准**

（1）沥青路面车辙的技术指标　20 世纪 70 年代，壳牌石油公司提出了用沥青面层的车辙深度限制沥青路面永久变形的设计方法。随后世界各国根据本国的气候、交通等具体条件，提出了各自的允许车辙深度标准，见表 10-5。

表 10-5　允许车辙深度标准/mm

| | | | |
|---|---|---|---|
| 美国地沥青学会（AI） | | | 13 |
| 英国 | | | 20 |
| 壳牌石油公司 | | 高速公路 | 10 |
| | | 一般道路 | 30 |
| 比利时 | | 干线公路 | 12 |
| | | 次级道路 | 18 |
| 中国 | | 高速公路 | 10~15 |
| | 其他等级公路 | 交叉口 | 25~30 |
| | | 非交叉口 | 15~20 |

（2）沥青混合料抗永久变形指标　各国道路研究人员对沥青混合料的抗永久变形性能进行了大量的研究之后，提出了一些有关指标，见表 10-6。由表 10-6 中数据可见，各研究者采用的试验条件是不同的，所提出的劲度模量极限值差异也较大。可以作为深入研究的参考。

表 10-6　沥青混合料蠕变劲度模量极限值

| 研 究 者 | 温度/℃ | 时间/min | 应用应力 $\sigma_0$/MPa | 混合料劲度模量/MPa |
|---|---|---|---|---|
| Viljoen 等（1981 年） | 40 | 100 | 0.2 | ≥80 |
| Kronfuss 等（1984 年） | 40 | 60 | 0.1 | ≥50 |
| Tinn 等（1983 年） | 40 | 60 | 0.2 | ≥135 |

（3）轮辙试验标准　调查研究发现，轮辙试验的动稳定度与沥青路面的车辙深度有较好的相关性，恰当地控制沥青混合料的动稳定度，能铺筑具有一定抗永久变形的沥青面层。对于轮辙试验动稳定度指标与标准，日本做了大量的试验研究工作，动稳定度已作为正式指标纳入沥青路面设计规范中，见表 10-7。

表 10-7　日本道路公团规定的动稳定度

| 交通量等级 | 一方向大型车交通量/(辆/日) | 动稳定度要求/(次/mm) | |
|---|---|---|---|
| | | 一般地区 | 低磨耗地区 |
| 轻交通量 | 1500 以下 | 800 | 500 |
| 中交通量 | 1500~3000 | 1000 | 800 |
| 重交通量 | 3000~15000 | 1200 | 1000 |
| 超重交通量 | 15000 以上 | 3000~5000 | |

"八五"期间我国首次提出用车辙试验动稳定度作为沥青混合料高温性能技术指标，JTG F40—2004《公路沥青路面施工技术规范》规定了公路沥青混合料动稳定度的技术要求，见表10-8。

表10-8 动稳定度建议标准　　　　　　　　　　　　　　（单位：次/mm）

| 轮辙试验动稳定度 | 年最高平均气温/℃ | | |
|---|---|---|---|
| | >30 | 20~30 | <20 |
| 普通沥青上中面层，不低于 | 800~1000 | 600~800 | >600 |
| 改性沥青上中面层，不低于 | 2400~2800 | 2000~2400 | >1800 |

**4. 沥青路面车辙的防治措施**

对于失稳型车辙，通过以下办法可以减缓：确保沥青混合料中含有较多的经破碎的集料；集料级配必须含有足够的矿粉；大尺寸集料必须具有较好的表面纹理和粗糙度；集料级配要含有足够的粗颗粒；沥青结合料具有足够的黏度；集料颗粒表面的沥青膜须具有足够的厚度，确保沥青与集料间的黏聚力。

对于结构型车辙通过以下方法可以减缓：确保基层设计满足工程点实践要求；基层材料满足规范要求，含有较多经破碎的颗粒；混合料内含有足够的矿粉；基层应充分地压实，工后不产生附加压密；路基压实应满足规范规定的要求。

磨耗型车辙主要是由于大颗粒集料缺乏韧性，带突钉轮胎作用，集料级配空隙太大以及集料周围沥青膜厚度不足而致。对此，可通过交通管制、改善混合料级配来防治。

## 10.3.2 沥青路面的低温抗裂性

沥青路面的低温开裂有两种。一是由于气温骤降使面层收缩，在有约束的沥青层内产生的温度应力超过沥青混凝土的抗拉强度造成开裂。此类裂缝多从路表面自上向下发展。另一种形式是温度疲劳裂缝，沥青混凝土经受长时间的温度循环，应力松弛性能下降，极限拉应变变小，结果在温度应力小于抗拉强度的情况下产生开裂。这种裂缝主要发生在温度变化频繁的温和地区。低温缩裂主要是温度下降时内部应力所致。

**1. 沥青路面低温开裂的机理**

沥青路面的低温缩裂与温度下降而引起材料的体积收缩有关。由于材料受到约束，随着温度下降材料不能缩短，则立即产生温度应力，当该应力达到材料的抗拉强度时，就会产生裂缝。温度较高时，沥青混凝土主要表现出黏弹性，温度略有降低，所产生的温度应力将因应力松弛而消失。但是在低温范围内，沥青混凝土主要表现为弹性，温度应力不会消失，就有可能产生裂缝。如图10-21所示，当破坏温度出现就会产生裂缝，释放应力。新建路面的裂缝间距一般在30m

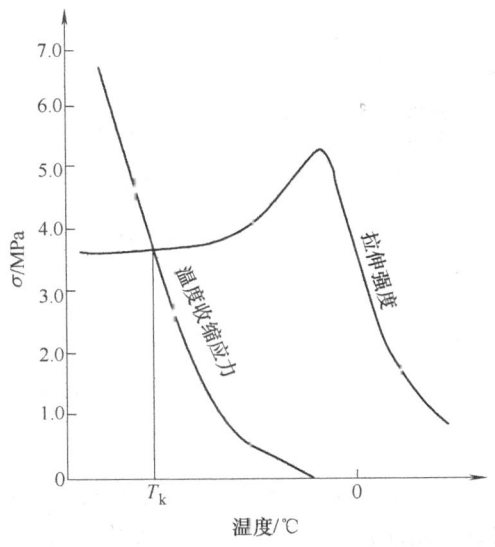

图10-21 低温破坏温度应力分布

左右。随着路面老化,裂缝间距将减小到 3~6m。

**2. 沥青混合料低温抗裂性能的评价方法**

(1) 间接拉伸试验　该试验方法是在低温条件下,通过加载压条对 $\phi 101.6\text{mm} \times 63.5\text{mm}$ 的沥青混凝土试件进行加载,获得沥青混合料的劈裂强度及垂直和水平变形,用于预测沥青路面的开裂情况。但水平变形量测要求精度较高。

(2) 直接拉伸试验　直接拉伸试验,取试件尺寸为 $38.1\text{mm} \times 38.1\text{mm} \times 101.6\text{mm}$,试件的两端由环氧树脂黏结在拉板上。试验系统以缓慢的拉伸速率(一般为 $2.5 \times 10^{-3} \sim 1.2 \times 10^{-3}\text{mm/min}$)在低温条件下加载拉伸,通过试验得到的强度-温度关系曲线可预估开裂温度。

(3) 蠕变试验　用弯曲蠕变试验评价沥青混合料的低温抗裂性能,取试件尺寸为 $30\text{mm} \times 35\text{mm} \times 250\text{mm}$,试验温度为 $0°C$。蠕变变形曲线的一般形式如图 10-22 所示。分为三个阶段,第一阶段为蠕变迁移阶段,第二阶段为蠕变稳定阶段,第三阶段为蠕变破坏阶段。在蠕变稳定阶段,荷载作用时间从 $t_1$ 到 $t_2$,应变由 $\varepsilon_1$ 增大到 $\varepsilon_2$,则蠕变速率大小为

$$\varepsilon_{\text{speed}}(\sigma, T) = \frac{(\varepsilon_2 - \varepsilon_1)/(t_2 - t_1)}{\sigma_0} \quad (10\text{-}24)$$

式中　$\sigma_0$——试验时沥青混合料小梁下缘的蠕变弯拉应力,根据车轮荷载预估。

(4) 受限试件的温度应力试验　该法是美国战略公路研究计划(SHRP)推荐的评价沥青混合料低温抗裂性能的方法。试验装置如图 10-23 所示,试件尺寸为 $5\text{cm} \times 5\text{cm} \times 25\text{cm}$,试件端部与夹具用环氧树脂黏结。降温速率为 $10°C/h$,试验时测定冷却过程中的温度应力变化曲线如图 10-24 所示。由图 10-24 可得到破断温度、破断强度、温度应力曲线斜率及转折点温度 4 个指标。

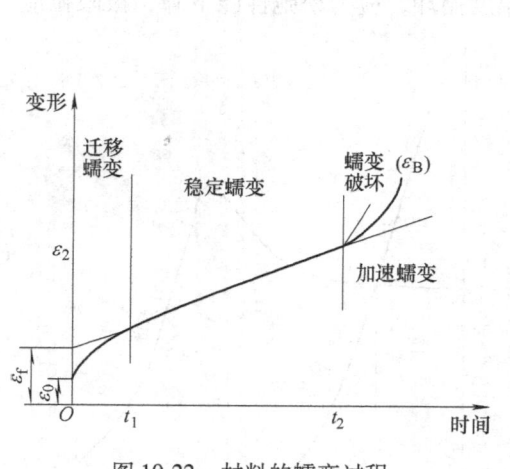

图 10-22　材料的蠕变过程

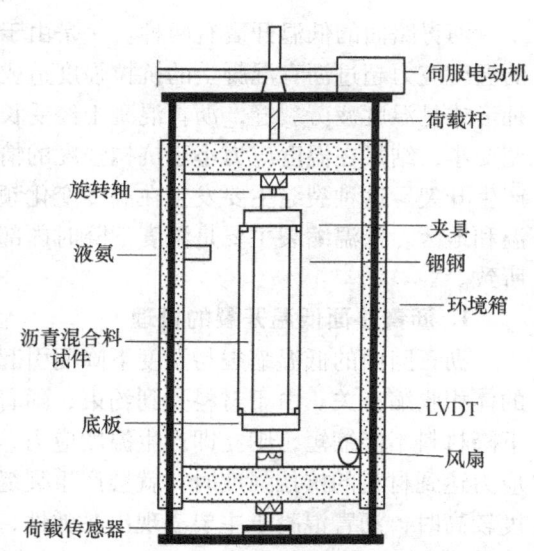

图 10-23　低温受限试件的温度应力试验装置

(5) 应力松弛试验　沥青路面在温度骤降时产生的温度收缩应力来不及松弛掉而被积累,乃至超过抗拉强度时,将发生开裂。因此,应力松弛性能是评价沥青混合料抵抗温度开裂的重要性能指标。在此应力条件下,材料的变形系数用应力松弛模量表述。应力松弛性能

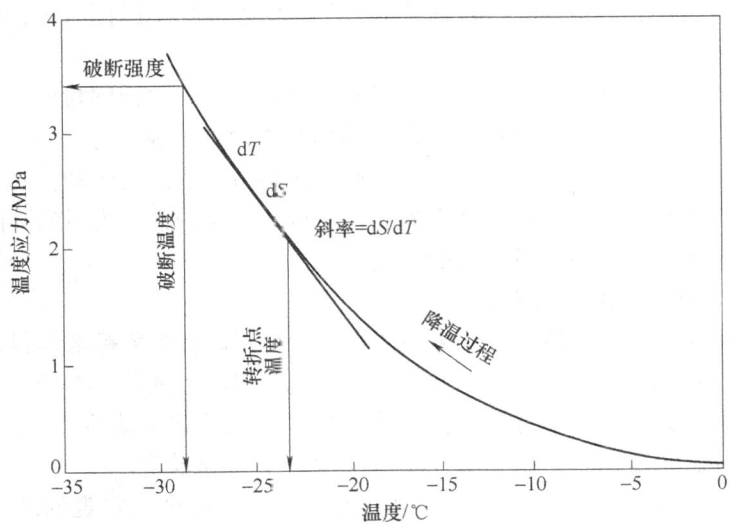

图 10-24 温度应力变化过程曲线

可由多种方法测定，如直接应力松弛试验、弯曲应力松弛试验以及由等速加载试验或蠕变试验经间接计算得到等。应力松弛模量越小，沥青混合料应力松弛性能越好，低温抗裂性能越好。同时，该指标也是温度开裂预估的重要力学参数。但应力松弛试验所需仪器精度较高。

（6）弯曲破坏试验 低温弯曲破坏试验通常采用长 250mm，宽 30mm，高 35mm 的小梁，其跨径为 200mm，在 -10℃ 的温度环境下，以 50mm/min 的速度在跨中单点加载。在小梁断裂时，记录梁底最大弯拉应变。用低温弯曲破坏应变评价沥青路面的低温抗裂性能，概念明确，指标直观、可控。控制指标的取值应根据气候分区的特征，通过试验确定。

**3. 沥青路面低温开裂的预防措施**

沥青路面的低温开裂受多种因素制约，就沥青材料选择和沥青混合料设计而言，应注意以下几点：注意沥青的油源，在严寒地区采用针入度较大、黏度较低的沥青，但同时也应满足夏季的要求；选用温度敏感性小的沥青有利于减小沥青路面的温度裂缝；采用吸水率低的集料，粗集料的吸水率应小于 2%；采用 100% 轧制碎石集料拌制沥青混合料；控制沥青用量在马歇尔最佳用量 ±0.5% 范围内对裂缝影响小，但同时也应保证高温稳定性；采用应力松弛性能好的聚合物改性沥青；掺加纤维，使用改性沥青。

## 10.3.3 沥青路面的水稳定性

沥青路面的耐久性主要依靠沥青与集料之间的黏附程度，水和矿料的作用破坏了沥青与集料之间的黏附性，是影响沥青路面耐久性的主要因素之一。在我国水损害问题仍是一个尚未被充分认识的潜在危险。无论在冰冻地区，还是在南方多雨地区，水损害都有可能发生。水损害发生后使得沥青与集料脱离，从而使路面出现松散、剥离、坑洞等病害，严重危害道路的使用性能。

**1. 沥青路面水稳性作用机理**

沥青路面的水损害包括两种过程，首先水浸入沥青中使沥青黏附性减小，导致混合料的强度和劲度减小；其次水进入沥青薄膜和集料之间，阻断沥青与集料的相互黏结，由于集料表面对水比对沥青有更强的吸附力，从而使沥青与集料表面的接触面减小，使沥青从集料表面剥落。

水稳性破坏作用机理的主要依据是黏附理论。黏附是指一种物体与另一物体黏结时的物理作用或分子力作用。目前用来解释沥青集料间的黏附理论包括力学理论、化学反应理论、表面能理论及分子定向理论等。影响沥青与集料之间黏结力的因素包括：沥青与集料表面的界面张力，沥青与集料的化学组成，沥青黏性，集料的表面构造，集料的孔隙率，集料的清洁度及集料的含水率，集料与沥青拌和的温度。

**2. 沥青路面水稳定性的评价方法**

对于沥青路面水稳定性的评价方法分为两类：一是用沥青裹覆标准集料，在松散状态下浸入水中煮沸，观察沥青从集料上剥离的情况；二是使用击实试件，在浸水条件下，对路面结构的服务条件进行评估。测试方法包括煮沸试验、浸水马歇尔试验、浸水间接拉伸试验、浸水轮辙试验、冻融台座试验、Lottman 条件下的间接拉伸试验等。

（1）煮沸试验　煮沸试验为区分沥青膜剥落与未剥落提供了直观的结果，可作为最先选用的试验，也可用于施工现场的质量控制。但是沥青含量、等级、集料等级以及水煮时间均会影响试验结果。该试验只能反映黏附力损失或沥青剥落的情况，但却忽视了黏聚力的损失。同时，由于该方法采用主观评价，评定结果往往因人而异。

（2）浸水马歇尔试验　浸水马歇尔试验是我国常用的评价沥青路面水稳定性的方法。该方法试验简单，易于操作，且能区分开不同沥青等级、不同性质集料水稳性的优劣，不失为一种衡量沥青路面水稳性的有效方法。

（3）浸水间接拉伸试验　浸水间接拉伸试验要求试件在浸水真空压力下达到55%~80%饱和度。试验结果是通过浸水与不浸水条件下试件的间接抗拉强度比来评定。该方法应用范围广，一般具有较好的相关性。

（4）浸水轮辙试验　浸水轮辙试验方法是把轮辙试验放在浸水条件下进行。通过浸水与不浸水条件下分别得出的动稳定度值之间的比值来评价混合料的水稳定性。

（5）冻融台座试验法　冻融台座试验试图模拟在路面使用5年时，沥青黏结力发生的变化。标准试件用较好的单一粒径集料拌制的沥青混合料制作而成，然后放在台座上，在水中重复冻融循环，直到与路面设计寿命相关的裂纹出现为止。该试验结果对判定混合料抗剥落潜力，能得到较好的结果。

（6）冻融劈裂试验　冻融劈裂试验方法与浸水间接拉伸试验方法相似，只是增加了冻融循环的条件，主要为了模拟冰冻地区沥青面层的工作环境，加剧水对混合料的破坏程度。

《公路沥青路面施工技术规范》规定用煮沸法检验沥青与集料之间的黏附性，用浸水马歇尔试验和冻融劈裂试验检验沥青混合料的水稳定性。

**3. 提高沥青路面水稳定性技术措施**

1）完善路面结构排水系统。路面结构设计应保证地表水、地下水及时排出结构之外。

2）沥青材料选择应考虑选取黏度大的沥青和表面活性成分含量高的沥青。

3）集料选择，在其他各项指标满足要求的前提下，尽量选择 $SiO_2$ 含量低的碱性集料，若不可能得到碱性集料时，应掺加外掺剂，以改善黏附性，如消石灰、抗剥离剂等。

4）施工时保持集料干燥，无杂质，拌和充分，摊铺时不产生离析，碾压时保证达到压实要求等。

## 10.3.4 沥青路面的抗疲劳性能

早在1942年O.J.Porter就注意到道路路面在车轮荷载重复作用几百万次后会遭到破坏。L.W.Nijbver指出沥青路面寿命后期出现的裂缝与行驶车辆产生的弯曲应力超过了材料的抗弯强度有关,强调裂缝是疲劳的结果,它取决于弯沉大小和重复次数。20世纪60年代开始世界各国对路面疲劳特性进行了系统研究,对路面疲劳破坏机理也有了更科学的认识。我国沥青路面的疲劳试验、疲劳寿命等问题的研究参考第8.4.2节。

## 10.3.5 沥青路面的耐老化性能

沥青材料在沥青混合料的拌和、摊铺、碾压过程中以及沥青路面的使用过程中都存在老化问题。老化过程一般分为两个阶段,即施工过程中的热老化和路面使用过程中的长期老化。沥青路面碾压成型后,沥青混合料的抗老化能力不仅与沥青材料有关,除了与光、氧等自然气候条件有关外,也与沥青在混合料中所处的形态有关,如混合料空隙率大小、沥青用量等。沥青混合料的老化将导致沥青路面路用性能的降低。

**1. 沥青的老化过程**

沥青的耐久性是影响沥青路面使用质量和寿命的重要因素。路面铺筑时受加热作用,路面建成后受自然因素和交通荷载作用,沥青的技术性能向着不利的方向发生不可逆的变化即沥青的老化。受沥青老化的制约,沥青混合料的物理力学性能随着时间的推移逐年降低直至满足不了交通荷载的要求。

图10-25所示为沥青的老化过程。在路面施工中沥青始终处于高温状态,受热会产生短期老化和热老化;路面使用期内沥青长期裸露在自然环境中,同时还要受到汽车交通等机械应力的作用而产生长期老化,即使用期老化。

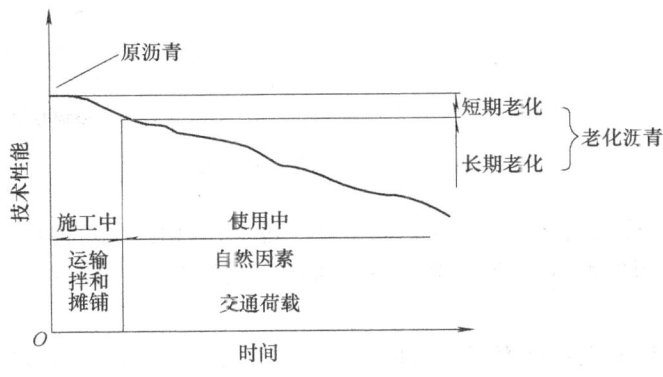

图10-25 沥青的老化过程

沥青的短期老化可分为三个阶段,如图10-26所示。

(1) 运输和储存过程的老化　沥青从炼油厂到拌和厂的热态运输一般在170℃左右,进入储油罐或池中,温度有所降低。调查资料表明,这一阶段沥青的技术性能几乎没有变化,因此在运输过程中沥青的老化非常小。

(2) 拌和过程的热老化　加热拌和过程中,沥青是在薄膜状态下受到加热,比运输过程中的老化条件严酷得多。沥青混合料拌和后,沥青针入度降低到拌和前沥青针入度的

80%～85%。因此，拌和过程引起的沥青老化是严重的，是沥青短期老化最主要阶段。

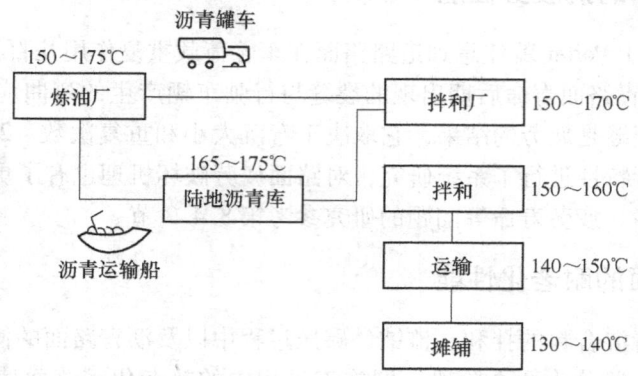

图 10-26　沥青生产到路面摊铺的过程

（3）施工期的老化　沥青混合料，运到施工现场摊铺、碾压完毕，降温至自然温度，这一过程中裹覆石料的沥青薄膜仍处于高温状态。从图 10-27 沥青针入度的变化可以看出，沥青混合料摊铺、碾压和降温期间，沥青的热老化有进一步发展。

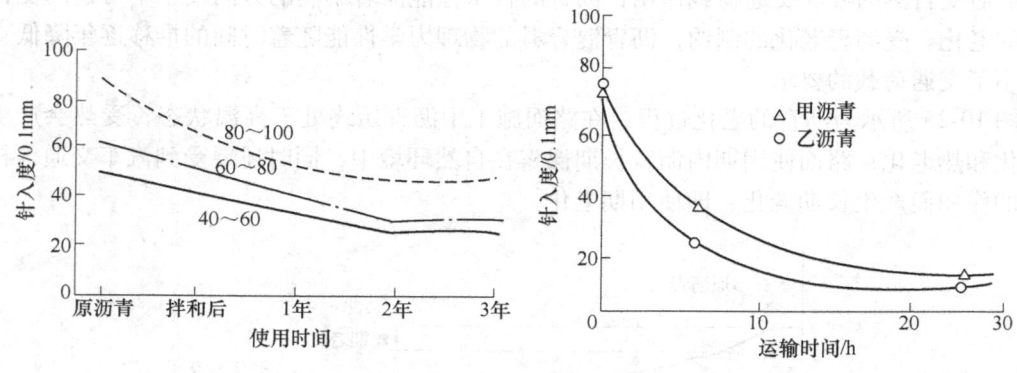

图 10-27　沥青针入度随时间变化

混合料中沥青的长期老化是一个漫长而复杂的过程，具有以下特点。

1）沥青路面使用早期针入度急剧变小，随后变化缓慢。大体发生在使用 1 年至 4 年之间。

2）沥青老化主要发生在路表与大气接触部分，在深度 0.5cm 左右处的沥青针入度降低幅度相当大。

3）沥青混合料的空隙率是影响沥青老化的主要因素。

4）当路面中的沥青针入度减小至 35～50（0.1mm）时，路面容易产生开裂，针入度小于 25（0.1mm）时路面容易产生龟裂。

**2. 沥青混合料老化试验和评价**

（1）短期老化的试验方法　短期老化的试验方法应体现松散混合料在拌和、储存和运输中受热而挥发和氧化的效应，以模拟沥青混合料施工阶段的老化效果。SHRP 根据以往研究，提出了三种方法，烘箱老化法、延时拌和法、微波加热法。

（2）长期老化试验方法　沥青混合料长期老化试验方法应着重体现沥青混合料压实成型试件持续氧化效应，以模拟使用期内沥青路面的老化效果。SHRP 提出了三种方法：加压氧化处理（三轴仪压力室内），延时烘箱加热，红外线/紫外线处理。

### 3. 国产沥青混合料的老化性能

我国在沥青混合料老化性能方面研究较晚，目前尚未有老化的标准试验方法。有关部门利用延时烘箱加热法评价了我国沥青混合料抗老化性能。试验时，加热温度控制在 135℃±1℃，时间 4h±5min，沥青混合料试件尺寸 $\phi 101.6mm \times 63.5mm$。

沥青混合料力学性能评价采用间接拉伸试验结果，以老化前后的抗裂强度 $R_T$、破坏拉伸应变 $\varepsilon_T$、破坏劲度模量 $S_T$ 作对比分析。试验结果见表 10-9。

表 10-9　国产沥青混合料老化后的间接拉伸试验

| 沥青 | 项目 | 空隙率(%) | 间接抗裂强度 $R_T$/MPa | 破坏拉伸应变 $\varepsilon_T/\varepsilon \times 10^{-6}$ | 破坏劲度模量 $S_T$/MPa | 备注 |
|---|---|---|---|---|---|---|
| AH-90(k) | 原（b） | 5.19 | 0.563 | 7480 | 218.3 | 级配：AC-16 I 油石比：4.6% |
| | 老化后（a） | 4.30 | 0.817 | 5860 | 297.1 | |
| | a/b | | 1.45 | 0.78 | 1.36 | |
| A-100(b) | 原（b） | 4.53 | 0.978 | 9420 | 221.6 | 级配：AC-16 I 油石比：4.6% |
| | 老化后（a） | 4.70 | 1.063 | 7500 | 299.9 | |
| | a/b | | 1.09 | 0.80 | 1.35 | |
| A-100(s) | 原（b） | 4.19 | 0.811 | 6610 | 262.5 | 级配：AC-16 I 油石比：4.6% |
| | 老化后（a） | 4.31 | 1.093 | 5700 | 311.1 | |
| | a/b | | 1.35 | 0.86 | 1.19 | |

由试验结果表明：不同油石比，不同矿料级配，不同沥青混合料经历老化之后，它们的 $R_T$、$S_T$、$\varepsilon_T$ 都有明显的变化，$R_T$、$S_T$ 呈现增大趋势，$\varepsilon_T$ 呈现减小趋势。

沥青路面的抗老化性能是沥青路面耐久性的重要组成部分，对于沥青路面老化的机理；老化过程中的影响因素；老化性能的评价方法；老化性能与其他路用性能之间的关联性；怎样来预防沥青路面的老化等一系列问题尚未得到解决，都有待进一步探求。

## 10.4　沥青路面的原材料

### 10.4.1　沥青材料

#### 1. 石油沥青

沥青路面一般采用道路石油沥青，或经过乳化、稀释、调和、改性等工艺加工处理的石油沥青产品作为结合料。有时也采用煤沥青，但是由于煤沥青对人体健康有害，已很少采用。我国道路石油沥青以针入度为指标分为 7 个标号。每一种标号的石油沥青技术指标见表 10-10。每一种标号的沥青，都分为 A、B、C 三个等级，分别适用于不同等级的公路和不同的结构层次，见表 10-11。

## 表 10-10　道路石油沥青技术要求

| 指　标 | 单位 | 等级 | 160号④ | 130号④ | 110号 | | | 90号 | | | | 70号③ | | | | 50号③ | 30号 | 试验方法① |
|---|---|---|---|---|---|---|---|---|---|---|---|---|---|---|---|---|---|---|
| 针入度 (25℃, 5s, 100g) | 0.1mm | | 140~200 | 120~140 | 100~120 | | | 80~100 | | | | 60~80 | | | | 40~60 | 20~40 | T0604 |
| 适用的气候分区⑥ | | | 注④ | 注④ | 2-1 | 2-2 | 2-3 | 1-1 | 1-2 | 1-3 | 2-2 | 2-3 | 2-4 | 1-3 | 1-4 | 2-2 | 2-3 | 2-4 | 1-4 | 注 | |
| 针入度指数 PI② | | A | | | | | | -1.5~+1.0 | | | | | | | | | | | T0604 |
| | | B | | | | | | -1.8~+1.0 | | | | | | | | | | | |
| 软化点 ($T_{R\&B}$) 不小于 | ℃ | A | 38 | 40 | 43 | | | 45 | | | | 46 | | | | 49 | 55 | T0606 |
| | | B | 36 | 39 | 42 | | | 43 | | | | 44 | | | | 46 | 53 | |
| | | C | 35 | 37 | 41 | | | 42 | | | | 43 | | | | 46 | 53 | |
| 60℃动力黏度② 不小于 | Pa·s | A | — | 60 | 120 | | | 160 | | | | 180 | | | | 200 | 260 | T0620 |
| 10℃黏度② 不小于 | cm | A | 50 | 50 | 40 | | | 45 | | 30 | | 20 | | 20 | 15 | 15 | 10 | 10 | 8 | T0605 |
| | | B | 30 | 30 | 30 | | | 30 | | 20 | | 20 | | 15 | 10 | | 10 | 8 | |
| 15℃延度 不小于 | cm | A、B | 80 | 80 | 60 | | | 50 | | | | 40 | | | | 30 | 20 | |
| 蜡含量 (蒸馏法) 不大于 | % | A | | | | | | 2.2 | | | | | | | | | | | T0615 |
| | | B | | | | | | 3.0 | | | | | | | | | | | |
| | | C | | | | | | 4.5 | | | | | | | | | | | |
| 闪点 不小于 | ℃ | | 230 | 230 | 230 | | | 245 | | | | 260 | | | | 260 | 260 | T0611 |
| 溶解度 不小于 | % | | | | | | | 99.5 | | | | | | | | | | | T0607 |
| 密度 (15℃) | g/cm³ | | | | | | | 实测记录 | | | | | | | | | | | T0603 |
| TFOT (或RTFOT) 后⑤ | | | | | | | | | | | | | | | | | | | |
| 质量变化 不大于 | % | | | | | | | ±0.8 | | | | | | | | | | | T0610或T0609 |
| 残留针入度比 不小于 | % | A | 48 | 54 | 55 | | | 57 | | | | 61 | | | | 63 | 65 | T0604 |
| | | B | 45 | 50 | 52 | | | 54 | | | | 58 | | | | 60 | 62 | |
| | | C | 40 | 45 | 48 | | | 50 | | | | 54 | | | | 58 | 60 | |
| 残留延度 (10℃) 不小于 | cm | A | 12 | 12 | 10 | | | 8 | | | | 6 | | | | 4 | — | T0605 |
| | | B | 10 | 10 | 8 | | | 6 | | | | 4 | | | | 2 | — | |
| 残留延度 (15℃) 不小于 | cm | C | 40 | 35 | 30 | | | 20 | | | | 15 | | | | 10 | — | T0605 |

① 试验方法按照 JTJ E20—2011《公路工程沥青及沥青混合料试验规程》规定的方法执行。用于仲裁试验取 PI 时的 5 个温度的针入度关系的相关系数不得小于 0.997。
② 经建设单位同意，表中 PI 值 60℃动力黏度、10℃黏度可作为选择性指标，也可不作为施工质量检验指标。
③ 70 号沥青可根据需要要求供应商提供针入度范围为 60~70 或 70~80 的沥青，50 号沥青可根据针入度范围为 40~50 或 50~60 的沥青。
④ 30 号沥青仅适用于沥青稳定基层。130 号和 160 号沥青除寒冷地区可直接在中低级公路上应用外，通常用作乳化沥青、稀释沥青、改性沥青和基质沥青。
⑤ 老化试验以 TFOT 为准，也可以 RTFOT 代替。
⑥ 气候分区见 JTG F40—2004《公路沥青路面施工技术规范》附录 A。

表 10-11 道路石油沥青的适用范围

| 沥青等级 | 适用范围 |
| --- | --- |
| A 级沥青 | 各个等级的公路，适用于任何场合和层次 |
| B 级沥青 | 高速公路、一级公路沥青下面层及以下的层次，二级及二级以下公路的各个层次；用作改性沥青、乳化沥青、改忾乳化沥青、稀释沥青的基质沥青 |
| C 级沥青 | 三级及三级以下公路的各个层次 |

石油沥青标号与等级的选择是影响沥青路面路用性能的重要因素。一般应根据公路等级、路面类型、结构层次、气候区划和施工季节等因素，综合考虑，论证后确定。通常对于夏季温度高、高温持续时间长的地区，宜采用稠度大的沥青；对于冬季寒冷的地区，宜选用稠度低，低温延度大的沥青；对于日温差、年温差大的地区应选择针入度指数大的沥青。对于重载交通路段、山区及丘陵区上坡路段、停车场等行车速度低的路段，宜采用稠度大的沥青；对交通量小的中低级公路、旅游公路宜选用稠度较小的沥青等级。

不同的路面类型及施工工艺要求选择不同的沥青标号与等级，同时应考虑不同气候区划的影响。如 SMA 结构宜选择表 10-10 所列的标号小一级的 A 级沥青；沥青表面处治及沥青贯入式路面的石油沥青标号选用可参考表 10-12，根据气候分区买选定，当施工气温高时选用稠度大的沥青，气温低时，选用稠度小的沥青。

表 10-12 沥青表面处治及贯入式路面的石油沥青标号选用参考

| 气候分区 | 1-1 | 1-2 | 1-3 | 1-4 | 2-1 | 2-2 | 2-3 | 2-4 | 3-2 |
| --- | --- | --- | --- | --- | --- | --- | --- | --- | --- |
| 沥青标号 | 130 号 | 110 号 | 90 号 | 70 号<br>90 号 | 130 号 | 110 号 | 110 号 | 90 号 | 130 号 |

当沥青标号不符合使用要求时，可采用不同标号搭配成调和沥青，可根据表 10-9 的要求，通过试验确定不同标号沥青的搭配比例。

**2. 乳化石油沥青**

由于乳化沥青能在常温条件下施工，并且具有节约能源、保护环境、简化施工等方面的优点，使用范围逐步扩大。乳化沥青的种类有阳离子乳化沥青、阴离子乳化沥青和非离子乳化沥青。按其破乳速度的快慢，又可分为快裂、中裂、慢裂。各类乳化沥青的技术要求列于表 10-13 中。

表 10-13 道路用乳化沥青技术要求

| 试验项目 | 单位 | 品种及代号 | | | | | | | | | 试验方法 |
| --- | --- | --- | --- | --- | --- | --- | --- | --- | --- | --- | --- |
| | | 阳离子 | | | | 阴离子 | | | | 非离子 | |
| | | 喷洒型 | | | 拌和型 | 喷洒型 | | | 拌和型 | 喷洒型 | 拌和型 | |
| | | PC-1 | PC-2 | PC-3 | BC-1 | PA-1 | PA-2 | PA-3 | BA-1 | PN-2 | BN-1 | |
| 破乳速度 | | 快裂 | 慢裂 | 快裂或中裂 | 慢裂或中裂 | 快裂 | 慢裂 | 快裂或中裂 | 慢裂或中裂 | 慢裂 | 慢裂 | T0658 |
| 粒子电荷 | | 阳离子（-） | | | | 阴离子（-） | | | | 非离子 | | T0653 |
| 筛上残留物（1.18mm 筛）不大于 | % | 0.1 | | | | 0.1 | | | | 0.1 | | T0652 |

(续)

| 试验项目 | | 单位 | 品种及代号 | | | | | | | | | | 试验方法 |
|---|---|---|---|---|---|---|---|---|---|---|---|---|---|
| | | | 阳离子 | | | | 阴离子 | | | | 非离子 | | |
| | | | 喷洒型 | | | 拌和型 | 喷洒型 | | | 拌和型 | 喷洒型 | 拌和型 | |
| | | | PC-1 | PC-2 | PC-3 | BC-1 | PA-1 | PA-2 | PA-3 | BA-1 | PN-2 | BN-1 | |
| 破乳速度 | | | 快裂 | 慢裂 | 快裂或中裂 | 慢裂或中裂 | 快裂 | 慢裂 | 快裂或中裂 | 慢裂或中裂 | 慢裂 | 慢裂 | T0658 |
| 黏度 | 恩格拉黏度计 $E_{25}$ | | 2~10 | 1~6 | 1~6 | 2~30 | 2~10 | 1~6 | 1~6 | 2~30 | 1~6 | 2~30 | T0622 |
| | 道路标准黏度计 $C_{25,3}$ | S | 10~25 | 8~20 | 8~20 | 10~60 | 10~25 | 8~20 | 8~20 | 10~60 | 8~20 | 10~60 | T0621 |
| 蒸发残留物 | 残留物含量 不小于 | % | 50 | 50 | 50 | 55 | 50 | 50 | 50 | 55 | 50 | 55 | T0651 |
| | 溶解度 不小于 | % | 97.5 | | | | 97.5 | | | | 97.5 | | T607 |
| | 针入度（25℃） | 0.1mm | 50~200 | 50~300 | 45~150 | | 50~200 | 50~300 | 45~150 | | 20~300 | 60~300 | T0604 |
| | 延度（15℃）不小于 | cm | 40 | | | | 40 | | | | 40 | | T0605 |
| 与粗集料的黏附性裹覆面积 不小于 | | | 2/3 | | | — | 2/3 | | | — | 2/3 | — | T0654 |
| 与粗、细式集料拌和试验 | | | — | | | 均匀 | — | | | 均匀 | — | | T0659 |
| 水泥拌和试验的筛上剩余 不大于 | | % | — | | | | — | | | | | 3 | T0657 |
| 常温储存稳定性：1d 不大于 5d 不大于 | | % | 1 5 | | | | 1 5 | | | | 1 5 | | T0655 |

注：1. P 为喷洒型，B 为拌和型，C、A、N 分别表示阳离子、阴离子、非离子乳化沥青。
2. 黏度可选用恩格拉黏度计或沥青标准黏度计之一测定。

乳化沥青适用于沥青表面处治、沥青贯入式、冷拌沥青混合料等各类路面，也可用于修补裂缝，用作透层油、黏层油和沥青封层。

选择乳化沥青的品种应考虑集料的品种与施工条件，阳离子乳化沥青适用于各种集料，而阴离子乳化沥青仅适用于碱性石料，与水泥、石灰、粉煤粉共同使用时，不宜使用阳离子乳化沥青。破乳速度的选择应考虑施工工艺和用途。拌和法施工的冷拌沥青混合料或稀浆封层宜选用慢裂或中裂型乳化沥青；对立即开放交通的稀浆封层，宜采用慢裂快凝型乳化沥青；对喷洒法施工的表面处治、贯入式路面宜选用喷洒型快裂乳化沥青。乳化沥青稠度的选择也应考虑施工工艺和用途，一般用于拌和法施工时，采用较大的稠度；用于喷洒法施工，采用稠度较小的乳化沥青。各种乳化沥青的适用范围列于表 10-14 中。

表 10-14　乳化沥青品种及适用范围

| 分　类 | 品种及代号 | 适 用 范 围 |
|---|---|---|
| 阳离子乳化沥青 | PC-1 | 表面处治、贯入式路面及下封层用 |
| | PC-2 | 透层油及基层养生用 |
| | PC-3 | 黏层油用 |
| | BC-1 | 稀浆封层或冷拌沥青混合料用 |
| 阴离子乳化沥青 | PA-1 | 表面处治、贯入式路面及下封层用 |
| | PA-2 | 透层油及基层养生用 |
| | PA-3 | 黏层油用 |
| | BA-1 | 稀浆封层或冷拌沥青混合料用 |
| 非离子乳化沥青 | PN-2 | 透层油用 |
| | BN-1 | 与水泥稳定集料同时使用（基层路拌或再生） |

**3. 改性沥青**

对于气候条件恶劣，交通特别繁重的路段，使用普通道路石油沥青不能满足使用要求时，可以使用改性沥青。使用改性沥青通常对改善沥青路面高温及低温稳定性有明显效果。改性沥青一般采用聚合物、天然沥青或其他改性剂对基质石油沥青进行改性。聚合物改性剂可分为三类：热塑性橡胶类，如苯乙烯—丁二烯—苯乙烯嵌段共聚物（SBS）；橡胶类，如丁苯橡胶（SBR）；热塑性树脂类，如乙烯—醋酸乙烯共聚物（EVA）、聚乙烯（PE）等。

改性沥青的制作工艺可以选用预混法或直接加入法，预混合可选用机械搅拌法，高速剪切法或胶体磨混融的方法也可制造高剂量改性沥青，然后在使用前混合基质沥青进行二次掺配。对聚合物改性沥青的技术要求列于表 10-15 中。

表 10-15　聚合物改性沥青技术要求

| 指　标 | 单位 | SBS类（Ⅰ类） | | | | SBR类（Ⅱ类） | | | EVA、PE类（Ⅲ类） | | | | 试验方法 |
|---|---|---|---|---|---|---|---|---|---|---|---|---|---|
| | | Ⅰ-A | Ⅰ-B | Ⅰ-C | Ⅰ-D | Ⅱ-A | Ⅱ-B | Ⅱ-C | Ⅲ-A | Ⅲ-B | Ⅲ-C | Ⅲ-D | |
| 针入度（25℃，100g，5s）不小于 | 0.1mm | >100 | 80~100 | 60~80 | 30~60 | >100 | 80~100 | 60~80 | >80 | 60~80 | 40~60 | 60~40 | T0604 |
| 针入度指数 PI 不小于 | | -1.2 | -0.8 | -0.4 | 0 | -1.0 | -0.8 | -0.6 | -1.0 | -0.8 | -0.6 | -0.4 | T0604 |
| 延度5℃，5cm/min 不小于 | cm | 50 | 40 | 30 | 20 | 60 | 50 | 40 | — | | | | T0605 |
| 软化点 $T_{R\&B}$ 不小于 | ℃ | 45 | 50 | 55 | 60 | 45 | 48 | 50 | 48 | 52 | 56 | 60 | T0606 |
| 运动黏度①135℃ | Pa·s | 3 | | | | | | | | | | | T0625 T0619 |
| 闪点　不小于 | ℃ | 230 | | | | 230 | | | 230 | | | | T0611 |
| 溶解度　不小于 | % | 99 | | | | 99 | | | — | | | | T0607 |
| 弹性恢复25℃ 不小于 | % | 55 | 60 | 65 | 75 | — | | | | | | | T0662 |

(续)

| 指标 | 单位 | SBS类（Ⅰ类） | | | | SBR类（Ⅱ类） | | | EVA、PE类（Ⅲ类） | | | | 试验方法 |
|---|---|---|---|---|---|---|---|---|---|---|---|---|---|
| | | Ⅰ-A | Ⅰ-B | Ⅰ-C | Ⅰ-D | Ⅱ-A | Ⅱ-B | Ⅱ-C | Ⅲ-A | Ⅲ-B | Ⅲ-C | Ⅲ-D | |
| 黏韧性 不小于 | N·m | — | | | | 5 | | | — | | | | T0624 |
| 韧性 不小于 | N·m | — | | | | 25 | | | — | | | | T0624 |
| 储存稳定性② 离析，48h 软化点差 不大于 | ℃ | 2.5 | | | | — | | | 无改性剂明显析出、凝聚 | | | | T0661 |
| TFOT（或RTFOT）后残留物 | | | | | | | | | | | | | |
| 质量变化 不大于 | % | 1.0 | | | | | | | | | | | T0610 或 T0609 |

续表

| 针入度比25℃ 不小于 | % | 50 | 55 | 60 | 65 | 50 | 55 | 60 | 50 | 55 | 58 | 60 | T0604 |
|---|---|---|---|---|---|---|---|---|---|---|---|---|---|
| 延度5℃ 不小于 | cm | 30 | 25 | 20 | 15 | 30 | 20 | 10 | — | | | | T0605 |

① 表中135℃运动黏度可采用JTJ E20—2011《公路工程沥青及沥青混合料试验规程》中的"沥青布氏旋转黏度 试验方法（布洛克菲尔德黏度计法）"进行测定。若在不改变改性沥青物理力学性质并符合安全条件的温度下易于泵送和拌和，或经证明适当提高泵送和拌和温度时能保证改性沥青的质量，容易施工，可不要求测定。

② 储存稳定性指标适用于工厂生产的成品改性沥青。现场制作的改性沥青对储存稳定性指标可不作要求，但必须在制作后，保持不间断的搅拌或泵送循环，保证使用前没有明显的离析。

### 10.4.2 粗集料

粗集料是指集料中粒径大于4.75mm（或2.36mm）的那部分材料，包括碎石、破碎砾石、筛选砾石、钢渣、矿渣等。高速公路和一级公路沥青路面的粗集料必须采用碎石或破碎砾石。粗集料应该洁净、干燥、表面粗糙、形状接近立方体，且无风化、无杂质，并且有足够的强度和耐磨耗性能。

粗集料按粒径大小分为14种规格，即表10-16所示的S1～S14。成品碎石应按规格生产和使用。粗集料的质量应符合表10-17的规定。沥青路面面层或磨耗层所用粗集料应选用坚硬、耐磨、抗冲击性好的碎石或破碎砾石。高速公路、一级公路选用的粗集料，其磨光值应符合表10-18的要求，以满足高速行车时，抗滑等表面性能的要求。

表10-16 沥青混合料用粗集料规格

| 规格名称 | 公称粒径/mm | 通过下列筛孔/mm的质量百分率（%） | | | | | | | | | | |
|---|---|---|---|---|---|---|---|---|---|---|---|---|
| | | 106 | 75 | 63 | 53 | 37.5 | 31.5 | 26.5 | 19.0 | 13.2 | 9.5 | 4.75 | 2.36 | 0.6 |
| S1 | 40～75 | 100 | 90～100 | — | — | 0～15 | — | 0～5 | | | | | | |
| S2 | 40～60 | | 100 | 90～100 | — | 0～15 | — | 0～5 | | | | | | |
| S3 | 30～60 | | 100 | 90～100 | — | 0～15 | — | 0～5 | | | | | | |
| S4 | 25～50 | | | 100 | 90～100 | — | 0～15 | — | 0～5 | | | | | |
| S5 | 20～40 | | | | 100 | 90～100 | — | 0～15 | — | 0～5 | | | | |

(续)

| 规格名称 | 公称粒径/mm | 通过下列筛孔/mm 的质量百分率（%） | | | | | | | | | | | |
|---|---|---|---|---|---|---|---|---|---|---|---|---|---|
| | | 106 | 75 | 63 | 53 | 37.5 | 31.5 | 26.5 | 19.0 | 13.2 | 9.5 | 4.75 | 2.36 | 0.6 |
| S6 | 15～30 | | | | | 100 | 90～100 | — | — | 0～15 | — | 0～5 | | |
| S7 | 10～30 | | | | | 100 | 90～100 | — | — | | 0～15 | 0～5 | | |
| S8 | 10～25 | | | | | | 100 | 90～100 | — | 0～15 | | 0～5 | | |
| S9 | 10～20 | | | | | | | 100 | 90～100 | 0～15 | | 0～5 | | |
| S10 | 10～15 | | | | | | | | 100 | 90～100 | 0～15 | 0～5 | | |
| S11 | 5～15 | | | | | | | | 100 | 90～100 | 40～70 | 0～15 | 0～5 | |
| S12 | 5～10 | | | | | | | | | 100 | 90～100 | 0～15 | 0～5 | |
| S13 | 3～10 | | | | | | | | | | 100 | 90～100 | 40～70 | 0～20 | 0～5 |
| S14 | 3～5 | | | | | | | | | | | 100 | 90～100 | 0～15 | 0～3 |

表 10-17 沥青混合料用粗集料质量技术要求

| 指 标 | | 单 位 | 高速公路及一级公路 | | 其他等级公路 | 试验方法 |
|---|---|---|---|---|---|---|
| | | | 表面层 | 其他层次 | | |
| 石料压碎值 | 不大于 | % | 26 | 28 | 30 | T0316 |
| 洛杉矶磨耗损失 | 不大于 | % | 28 | 30 | 35 | T0317 |
| 表观相对密度 | 不小于 | t/m³ | 2.60 | 2.50 | 2.45 | T0304 |
| 吸水率 | 不大于 | % | 2.0 | 3.0 | 3.0 | T0304 |
| 坚固性 | 不大于 | % | 12 | 12 | | T0314 |
| 针片状颗粒含量（混合料） | 不大于 | % | 15 | 18 | 20 | T0312 |
| 其中粒径大于 9.5mm | 不大于 | % | 12 | 15 | — | |
| 其中粒径小于 9.5mm | 不大于 | % | 18 | 20 | — | |
| 水洗法<0.075mm 颗粒含量 | 不大于 | % | 1 | 1 | 1 | T0310 |
| 软石含量 | 不大于 | % | 3 | 5 | 5 | T0320 |

注：1. 坚固性试验可根据需要进行。
2. 用于高速公路、一级公路时，多孔玄武岩的视密度可放宽至 2.45t/m³吸水率可放宽至 3%，但必须得到建设单位的批准，且不得用于 SMA 路面。
3. 对 S14 即 3～5mm 规格的粗集料，针片状颗粒含量可不予要求，<0.075mm 含量可放宽到 3%。

表 10-18 粗集料与沥青的黏附性、磨光值的技术要求

| 雨量气候区 | | 1（潮湿区） | 2（湿润区） | 3（半干区） | 4（干旱区） | 试验方法 |
|---|---|---|---|---|---|---|
| 年降雨量/mm | | >1000 | 1000～500 | 500～250 | <250 | |
| 粗集料的磨光值 PSY 不小于 | 高速公路、一级公路表面层 | 42 | 40 | 38 | 36 | T0321 |
| 粗集料与沥青的黏附性不小于 | 高速公路、一级公路表面高速公路 | 5 | 4 | 4 | 3 | T0616 |
| | 一级公路的其他层次及其他等级公路的各个层次 | 4 | 4 | 3 | 3 | T0663 |

沥青与粗集料之间应具有良好的黏附性。各气候区要求的黏附性等级见表 10-18，如黏

附性达不到规定要求时，可采取提高黏附性的抗剥离措施。

### 10.4.3 细集料

细集料是指集料中粒径小于4.75mm（或2.36mm）的那部分材料。沥青面层的细集料可采用机制砂、天然砂、石屑。细集料应洁净、干燥、无风化、无杂质，并有适当的颗粒级配，其质量应符合表10-19的要求。

表10-19 沥青混合料用细集料质量要求

| 项 目 | 单 位 | 高速公路、一级公路 | 其他等级公路 | 试验方法 |
|---|---|---|---|---|
| 表观相对密度 | 不小于 | 2.50 | 2.45 | T0328 |
| 坚固性（>0.3mm部分） | 不小于 % | 12 | — | T0340 |
| 含泥量（小于0.075mm的含量） | 不大于 % | 3 | 5 | T0333 |
| 砂当量 | 不小于 % | 60 | 50 | T0334 |
| 亚甲蓝值 | 不大于 g/kg | 25 | — | T0346 |
| 棱角性（流动时间） | 不小于 s | 30 | — | T0345 |

注：坚固性试验可根据需要进行。

采用河砂、海砂等天然砂作为细集料使用的，其规格应符合表10-20的规定，表中用水洗法得出的小于0.075mm颗粒含量对于高速公路和一级公路不得大于3%。通常粗砂、中砂质量较好。

表10-20 沥青混合料用天然砂规格

| 筛孔尺寸/mm | 通过各孔筛的质量百分率（%） | | |
|---|---|---|---|
| | 粗 砂 | 中 砂 | 细 砂 |
| 9.5 | 100 | 100 | 100 |
| 4.75 | 90~100 | 90~100 | 90~100 |
| 2.36 | 65~95 | 75~90 | 85~90 |
| 1.18 | 35~65 | 50~90 | 75~100 |
| 0.6 | 15~30 | 30~60 | 60~84 |
| 0.3 | 5~20 | 8~30 | 15~45 |
| 0.15 | 0~10 | 0~10 | 0~10 |
| 0.075 | 0~5 | 0~5 | 0~5 |

采石场破碎碎石时，通过4.75mm或2.36mm的筛下部分石屑用作细集料时，应杜绝泥土混入。其规格应符合表10-21的要求。当采用石英砂、海砂及酸性石料机制砂时，应采用抗剥离措施。

表10-21 沥青混合料用机制砂或石屑规格

| 规 格 | 公称粒径/mm | 水洗法通过各筛孔的质量百分率（%） | | | | | | |
|---|---|---|---|---|---|---|---|---|
| | | 9.5 | 4.75 | 2.36 | 1.18 | 0.6 | 0.3 | 0.15 | 0.075 |
| S15 | 0~5 | 100 | 90~100 | 60~90 | 40~75 | 20~55 | 7~40 | 2~20 | 0~10 |
| S16 | 0~3 | | 100 | 80~100 | 50~80 | 25~60 | 8~45 | 0~25 | 0~15 |

注：当生产石屑采用喷水抑制扬尘工艺时，应特别注意含粉量不得超过表中要求。

## 10.4.4 填料

填料的粒径小于 0.6mm，由沥青与填料混合而成的胶浆是沥青混合料形成强度的重要因素。所以填料必须采用由石灰岩或岩浆岩中的强基性岩石等憎水性石料经磨细的矿粉。矿粉要求干燥、洁净，能自由地从矿粉仓流出，其质量应符合表 10-22 的技术要求。有时为提高沥青混合料的黏结力，也可参加部分消石灰或水泥作为填料，其用量一般为矿料总量的 1%～3%。

表 10-22 沥青混合料用矿粉质量要求

| 项 目 | | 单 位 | 高速公路、一级公路 | 其他等级公路 | 试 验 方 法 |
|---|---|---|---|---|---|
| 表观相对密度 | 不小于 | | 2.50 | 2.45 | T0352 |
| 含水率 | 不大于 | % | 1 | 1 | T0103 烘干法 |
| 粒度范围 | <0.6mm | % | 100 | 100 | T0351 |
| | <0.15mm | % | 90～100 | 90～100 | |
| | <0.075mm | % | 75～100 | 70～100 | |
| 外观 | | | 无团粒结块 | | |
| 亲水系数 | | | <1 | | T0353 |
| 塑性指数 | | | <4 | | T0354 |
| 加热安定性 | | | 实测记录 | | T0355 |

# 10.5 沥青混合料组成设计

## 10.5.1 沥青混合料分类

热拌沥青混合料适用于各种等级公路沥青路面的面层或基层。沥青混合料按集料公称最大粒径、矿料级配、空隙率大小可分为以下几类。

1) 密级配沥青混凝土混合料（AC），适用于各级公路沥青面层的任何层次。
2) 沥青玛蹄脂碎石混合料（SMA），适用于表面层、中面层或加铺磨耗层。
3) 半开级配沥青碎石混合料，设计空隙率为 6%～12%（AM），适用于三级及三级以下公路，表面应设防水上封层。
4) 密级配沥青稳定碎石混合料，设计空隙率为 3%～60%（ATB），也称为大粒径沥青碎石混合料，适用于基层。
5) 排水式沥青稳定碎石混合料，设计空隙率大于 18%（ATPB），适用于排水基层。
6) 排水式开级配磨耗层，设计空隙率大于 18%（OGFC），适用于高速公路排水式沥青路面磨耗层。

各类热拌沥青混合料的特征分列于表 10-23 中。

表 10-23 热拌沥青混合料种类

| 混合料类型 | 密级配 连续级配 沥青混凝土 | 密级配 连续级配 沥青稳定碎石 | 密级配 间断级配 沥青玛蹄脂碎石 | 开级配 间断级配 排水式沥青磨耗层 | 开级配 间断级配 排水式沥青碎石基层 | 半开级配 沥青碎石 | 公称最大粒径/mm | 最大粒径/mm |
|---|---|---|---|---|---|---|---|---|
| 特粗式 | — | ATB—40 | — | — | ATPB—40 | — | 37.5 | 53.0 |
| 粗粒式 | — | ATB—30 | — | — | ATPB—30 | — | 31.5 | 37.5 |
|  | AC—25 | ATB—25 | — | — | ATPB—25 | — | 26.5 | 31.5 |
| 中粒式 | AC—20 | — | SMA—20 | — | — | AM—20 | 19.0 | 26.5 |
|  | AC—16 | — | SMA—16 | OGFC—16 | — | AM—16 | 16.0 | 19.0 |
| 细粒式 | AC—13 | — | SMA—13 | OGFC—13 | — | AM—13 | 13.2 | 16.0 |
|  | AC—10 | — | SMA—10 | OGFC—10 | — | AM—10 | 9.5 | 13.2 |
| 砂粒式 | AC—5 | — | — | — | — | AM—5 | 4.75 | 9.5 |
| 设计空隙率/% | 3~5 | 3~6 | 3~4 | >18 | >18 | 6~12 | — | — |

注：空隙率可按配合比设计要求适当调整。

密级配沥青混凝土混合料（AC），按其特征筛孔通过率分成粗型密级配混合料（AC—××C）和细型密级配混合料（AC—××F）。各级混合料的关键性筛孔及其通过率见表 10-24。

表 10-24 粗型和细型密级配沥青混凝土的关键性筛孔通过率

| 混合料类型 | 公称最大粒径/mm | 用以分类的关键性筛孔/mm | 粗型密级配 名称 | 粗型密级配 关键性筛孔通过率（%） | 细型密级配 名称 | 细型密级配 关键性筛孔通过率（%） |
|---|---|---|---|---|---|---|
| AC—25 | 26.5 | 4.75 | AC—25C | <40 | AC—25F | >40 |
| AC—20 | 19 | 4.75 | AC—20C | <45 | AC—20F | >45 |
| AC—16 | 16 | 2.36 | AC—16C | <38 | AC—16F | >38 |
| AC—13 | 13.2 | 2.36 | AC—13C | <40 | AC—13F | >40 |
| AC—10 | 9.5 | 2.36 | AC—10C | <45 | AC—10F | >45 |

## 10.5.2 沥青混合料的选用

选用沥青混合料种类时，应根据公路等级、交通负荷大小、当地气候特征、路基状况及环境条件，充分考虑本地区的工程建设经验，通过技术经济论证后确定。

通常情况下，沥青混合料的选用应遵循以下原则。

1）沥青面层与沥青碎石基层通常都采用双层或三层式结构，层间应喷洒黏层油，以加强层间联结。

2）满足耐久、稳定、密实、安全等功能性要求，且便于施工。

3）表面层应具有良好的表面功能、密水、耐久、抗车辙、抗裂性能。当抗滑性能不符合要求时，应及时在表面层上加铺抗滑磨耗层。

密级配沥青混凝土混合料运用于各个等级公路的各个层次。当普通密级配沥青混合料不能满足繁重交通和高温稳定性要求时，可采用改性沥青混合料或 SMA。

通常混合料的粒径大小应与其相应的层位匹配，特粗式沥青混合料适用于基层；粗粒式沥青混合料适用于下面层或基层；中粒式沥青混合料适用于下中面层和表面层；细粒式沥青混合料适用于表面层和薄层罩面；砂粒式沥青混合料适用于非机动车道路，或行人道路。

对于高速公路和一级公路，重载道路的上面层和中面层，应采用粗型密级配混合料（CDAC）；对于高速公路和一级公路的下面层、中低级公路、低交通量公路、寒冷地区公路、园林道路、行人道路等应采用细型密级配混合料（FDAC）。

对于开级配排水式沥青混合料磨耗层（OGFC），应采用特殊的高黏结性能改性沥青，下卧层应密实防水。开级配排水式沥青稳定碎石混合料基层（ATPB）的下卧层应具有排水和抗冲刷能力。

沥青面层集料的最大粒径应自上而下逐层增大，并与设计层厚相匹配。对于热拌热铺密级配沥青混合料，沥青层一层的压实厚度不应小于集料公称直径的 2.5 倍，对于高速公路和一级公路，不应小于公称粒径的 3 倍，对 SMA 和 OGFC 等混合料不应小于公称粒径的 2～2.5 倍，以保证压实，不产生离析。各层次适用的结构类型、公称最大粒径、最小压实层厚见表 10-25。

表 10-25 沥青混合料的最小压实层厚度　　　　　　　　　（单位：mm）

| 公路等级 | | 高速公路、一级公路 | | | 二级及二级以下公路 | | 行人道路 |
|---|---|---|---|---|---|---|---|
| | 结构层类型 | AC | SMA | OGFC | AC | SMA | AC |
| 磨耗层或表面层 | 公称最大粒径/mm　4.75 | × | × | × | × | × | 10 |
| | 9.50 | 30 | 25 | 20 | 25 | 25 | 20 |
| | 13.20 | 40 | 35 | 25 | 35 | 35 | 25 |
| | 16.00 | 50 | 40 | × | 45 | 40 | × |
| | 结构层类型 | AC | ATB | AC | AM | ATB | AC | AM |
| 中下面层及基层 | 公称最大粒径/mm　13.20 | × | × | 35 | 35 | × | 35 | 35 |
| | 16.00 | 50 | × | 45 | 40 | × | 40 | 40 |
| | 19.00 | 60 | × | 60 | 50 | × | 55 | × |
| | 26.50 | 80 | 80 | × | 60 | 80 | × | × |
| | 31.50 | × | 100 | × | × | 90 | × | × |
| | 37.50 | × | 120 | × | × | 100 | × | × |

注：×表示不宜使用。

### 10.5.3 沥青混合料的配合比设计

沥青混合料配合比设计的目的是确定沥青混合料各种原材料的品种及配比、矿料级配、最佳沥青用量。沥青混合料配合比设计包括目标配合比设计、生产配合比设计、生产配合比验证三个阶段。《公路沥青路面施工技术规范》明确规定，采用马歇尔试验配合比设计方法。若采用其他方法设计沥青混合料配合比，应按规范规定，用马歇尔试验检验各项配合比设计。因此本章主要介绍马歇尔试验配合比设计方法。

**1. 沥青混合料配合比设计程序**

沥青混合料配合比设计应严格按照规定的程序和方法进行。图 10-28 所示为沥青混合料配合比设计流程图。整个流程包括四个部分：

1) 选择混合料类型及原材料基本性能试验。
2) 初选配合比范围及沥青用量（初定 5 组用量）。
3) 按马歇尔试验方法成型试件，测定体积指标及马歇尔稳定度、流值，初定最佳沥青用量。
4) 按初定配合比进行高温抗车辙、低温稳定性与水稳定性等检验。若达不到要求，对初定配合比设计作调整，重做相关试验，直至达到要求。试验指标满足要求，则提交报告，

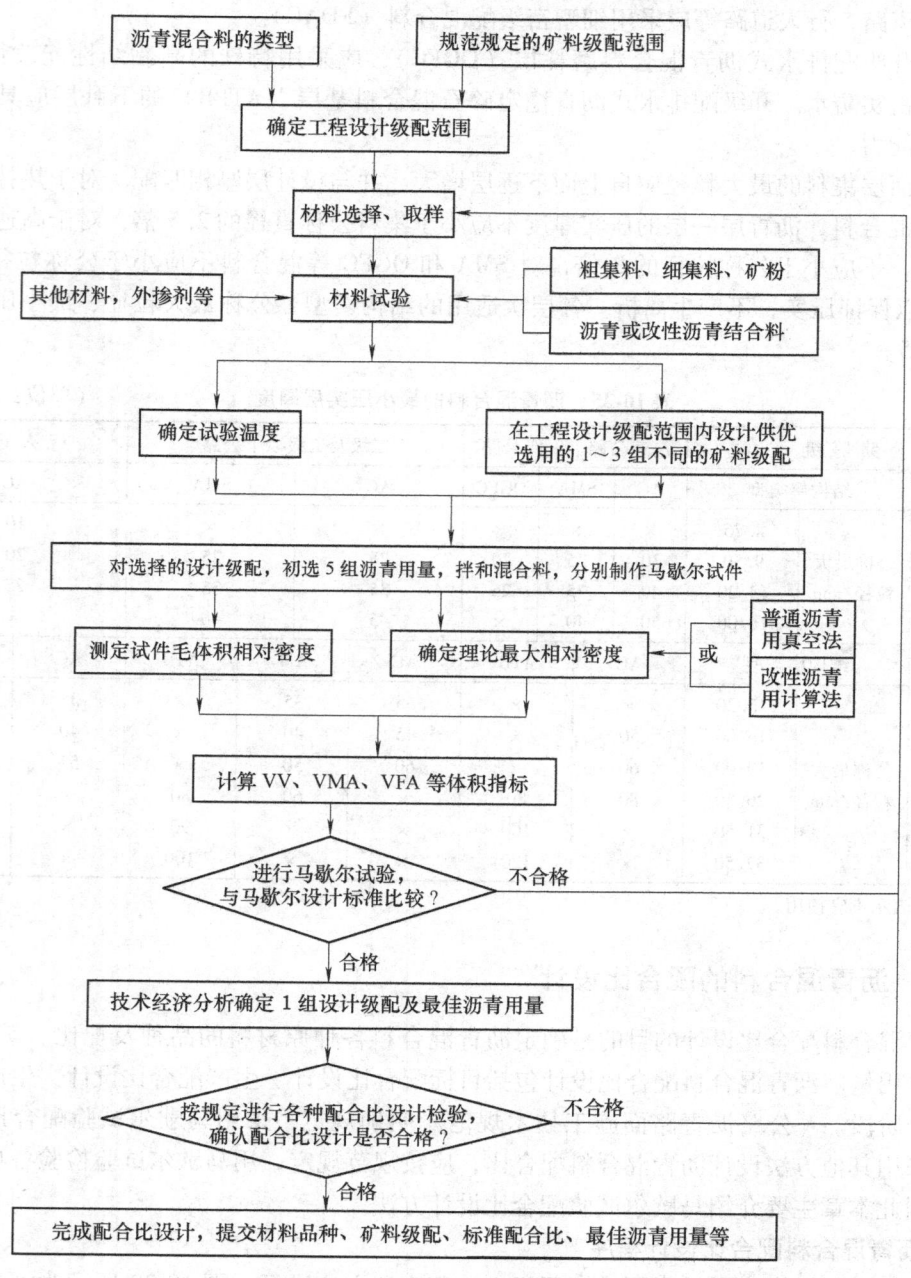

图 10-28　密级配沥青混合料目标配合比设计流程图

目标配合比工作告一段落。

生产配合比设计应以目标配合比为基础，原则上可以参照上述目标配合比运用程序进行。

**2. 沥青混合料设计级配范围的选择**

选择级配范围应充分吸取本地区的成功经验，根据气候条件、交通条件、公路等级、路面类型、结构层次、混合料类型等因素，经详细的技术经济论证后选定。

《公路沥青路面施工技术规范》根据各地使用经验的总结提出了有关各种混合料的级配范围，在选择混合料初选级配范围时，可参考表10-26～表10-31。

表10-26 密级配沥青混凝土混合料（AC）矿料级配范围

| 级配类型 | | 通过下列筛孔/mm 的质量百分率（%） | | | | | | | | | | | |
|---|---|---|---|---|---|---|---|---|---|---|---|---|---|
| | | 31.5 | 26.5 | 19 | 16 | 13.2 | 9.5 | 4.75 | 2.36 | 1.18 | 0.6 | 0.3 | 0.15 | 0.075 |
| 粗粒式 | AC—25 | 100 | 90~100 | 75~90 | 65~83 | 57~76 | 45~65 | 24~52 | 16~42 | 12~33 | 8~24 | 5~17 | 4~13 | 3~7 |
| 中粒式 | AC—20 | | 100 | 90~100 | 78~92 | 62~80 | 50~72 | 26~56 | 16~44 | 12~33 | 8~24 | 5~17 | 4~13 | 3~7 |
| | AC—16 | | | 100 | 90~100 | 76~92 | 60~80 | 34~62 | 20~48 | 16~36 | 9~26 | 7~18 | 5~14 | 4~8 |
| 细粒式 | AC—13 | | | | 100 | 90~100 | 68~85 | 38~68 | 24~50 | 15~38 | 10~28 | 7~20 | 5~15 | 4~8 |
| | AC—10 | | | | | 100 | 90~100 | 45~75 | 30~58 | 20~44 | 13~32 | 9~23 | 6~16 | 4~8 |
| 砂粒式 | AC—5 | | | | | | 100 | 90~100 | 55~75 | 35~55 | 20~40 | 12~28 | 7~18 | 5~10 |

表10-27 沥青玛蹄脂碎石混合料（SMA）矿料级配范围

| 级配类型 | | 通过下列筛孔/mm 的质量百分率（%） | | | | | | | | | | |
|---|---|---|---|---|---|---|---|---|---|---|---|---|
| | | 26.5 | 19 | 16 | 13.2 | 9.5 | 4.75 | 2.36 | 1.18 | 0.6 | 0.3 | 0.15 | 0.075 |
| 中粒式 | SMA—20 | 100 | 90~100 | 72~92 | 62~68 | 40~55 | 18~30 | 13~22 | 12~20 | 10~16 | 9~14 | 8~13 | 8~12 |
| | SMA—16 | | 100 | 90~100 | 65~86 | 45~65 | 20~32 | 15~24 | 14~22 | 12~18 | 10~15 | 9~14 | 8~12 |
| 细粒式 | SMA—13 | | | 100 | 90~100 | 50~75 | 20~34 | 15~26 | 14~24 | 12~20 | 10~16 | 9~15 | 8~12 |
| | SMA—10 | | | | 100 | 90~100 | 28~60 | 20~32 | 14~26 | 12~22 | 10~18 | 9~16 | 8~13 |

表10-28 开级配排水式磨耗层混合料（OGFC）矿料级配范围

| 级配类型 | | 通过下列筛孔/mm 的质量百分率（%） | | | | | | | | | |
|---|---|---|---|---|---|---|---|---|---|---|---|
| | | 19 | 16 | 13.2 | 9.5 | 4.75 | 2.36 | 1.18 | 0.6 | 0.3 | 0.15 | 0.075 |
| 中粒式 | OGFC—16 | 100 | 90~100 | 70~90 | 45~70 | 12~30 | 10~22 | 6~18 | 4~15 | 3~12 | 3~8 | 2~6 |
| | OGFC—13 | | 100 | 90~100 | 60~80 | 12~30 | 10~22 | 6~18 | 4~15 | 3~12 | 3~8 | 2~6 |
| 细粒式 | OGFC—10 | | | 100 | 90~100 | 50~70 | 10~22 | 6~18 | 4~15 | 3~12 | 3~8 | 2~6 |

表10-29 密级配沥青碎石混合料矿料（ATB）级配范围

| 级配类型 | | 通过下列筛孔/mm 的质量百分率（%） | | | | | | | | | | | | |
|---|---|---|---|---|---|---|---|---|---|---|---|---|---|---|
| | | 53 | 37.5 | 31.5 | 26.5 | 19 | 16 | 13.2 | 9.5 | 4.75 | 2.36 | 1.18 | 0.6 | 0.3 | 0.15 | 0.075 |
| 特粗式 | ATB—40 | 100 | 90~100 | 75~92 | 65~85 | 49~71 | 43~63 | 37~57 | 30~50 | 20~40 | 15~32 | 10~25 | 8~18 | 5~14 | 3~10 | 2~5 |
| | ATB—30 | | 100 | 90~100 | 70~90 | 53~72 | 44~66 | 39~60 | 31~51 | 20~40 | 15~32 | 10~25 | 8~18 | 5~14 | 3~10 | 2~6 |
| 粗粒式 | ATB—25 | | | 100 | 90~100 | 60~80 | 48~68 | 42~62 | 32~52 | 20~40 | 15~32 | 10~25 | 8~18 | 5~14 | 3~10 | 2~6 |

表 10-30　半开级配沥青碎石混合料（AM）矿料级配范围

| 级配类型 | | 通过下列筛孔/mm 的质量百分率（%） | | | | | | | | | | |
|---|---|---|---|---|---|---|---|---|---|---|---|---|
| | | 26.5 | 19 | 16 | 13.2 | 9.5 | 4.75 | 2.36 | 1.18 | 0.6 | 0.3 | 0.15 | 0.075 |
| 中粒式 | AM—20 | 100 | 90~100 | 60~85 | 50~75 | 40~65 | 15~40 | 5~22 | 2~16 | 1~12 | 0~10 | 0~8 | 0~5 |
| | AM—16 | | 100 | 90~100 | 60~85 | 45~68 | 18~40 | 6~25 | 3~18 | 1~14 | 0~10 | 0~8 | 0~5 |
| 细粒式 | AM—13 | | | 100 | 90~100 | 50~80 | 20~45 | 8~28 | 4~20 | 2~16 | 0~10 | 0~8 | 0~6 |
| | AM—10 | | | | | 90~100 | 35~65 | 10~35 | 5~22 | 2~16 | 0~12 | 0~9 | 0~6 |

表 10-31　开级配沥青碎石混合料（ATPB）矿料级配范围

| 级配类型 | | 通过下列筛孔/mm 的质量百分率（%） | | | | | | | | | | | | |
|---|---|---|---|---|---|---|---|---|---|---|---|---|---|---|
| | | 53 | 37.5 | 31.5 | 26.5 | 19 | 16 | 13.2 | 9.5 | 4.75 | 2.36 | 1.18 | 0.6 | 0.3 | 0.15 | 0.075 |
| 特粗式 | ATPB—40 | 100 | 70~100 | 65~90 | 55~85 | 43~75 | 32~70 | 20~65 | 12~50 | 0~3 | 0~3 | 0~3 | 0~3 | 0~3 | 0~3 | 0~3 |
| | ATPB—30 | | 100 | 80~100 | 70~95 | 53~85 | 36~80 | 26~75 | 14~60 | 0~3 | 0~3 | 0~3 | 0~3 | 0~3 | 0~3 | 0~3 |
| 粗粒式 | ATPB—25 | | | 100 | 80~100 | 60~100 | 45~90 | 30~82 | 16~70 | 0~3 | 0~3 | 0~3 | 0~3 | 0~3 | 0~3 | 0~3 |

在高温持续时间长的地区或交通负荷特别重的路段，应主要考虑抗车辙高温稳定性的能力，可适当减小 4.75mm 及 2.36mm 的通过率，选用较高的设计空隙率。当采用密级配沥青混合料时，可采用表 10-24 所列的粗型密级配混合料（AC—××C）。

在低温持续时间长的北方地区，或者交通负荷相对不是太繁重的路段，应充分考虑低温抗裂性能，可适当增加 4.75mm 及 2.36mm 的通过率，选用较小的设计空隙率，当采用密级配沥青混合料时，可采用表 10-24 所列的细型密级配混合料（AC—××F）。

在高温、低温气候都较恶劣，且交通特别繁重的道路，要求路面同时具备良好的高温稳定性和低温抗裂性的情况下，可在减小 4.75mm 和 2.36mm 通过率的同时，适当增加 0.075mm 通过率，取中等或 9 偏高水平的设计空隙率。

在潮湿区、湿润区，雨水、冰雪融化对路面有严重危害的地区，在考虑抗车辙能力的同时，还必须防止水损害，宜适当减少设计空隙率。

**3. 沥青混合料原材料**

沥青混合料的原材料沥青、粗集料、细集料、填料的选择原则已于第 10.5.2 节作介绍，在选择原材料时应严格按照表 10-10 ~ 表 10-22 中有关各种原材料的相关规定选料。

**4. 马歇尔试验**

沥青混合料配合比三个阶段的设计都要进行马歇尔试验。对密级配沥青混凝土混合料、沥青稳定碎石混合料、SMA 和 OCFC，四种混合料马歇尔试验中试件成型条件以及各项试验的技术要求分别列于表 10-32 ~ 表 10-35。

### 表10-32 密级配沥青混凝土混合料马歇尔试验技术标准

（本表适用于公称最大粒径≤26.5mm的密级配沥青混凝土混合料）

| 试验指标 | | 单位 | 高速公路、一级公路 | | | | 其他等级公路 | 行人道路 |
|---|---|---|---|---|---|---|---|---|
| | | | 夏炎热区（1-1, 1-2, 1-3, 1-4区） | | 夏热区及夏凉区（2-1, 2-2, 2-3, 2-4, 3-2区） | | | |
| | | | 中轻交通 | 重载交通 | 中轻交通 | 重载交通 | | |
| 击实次数（双面） | | 次 | 75 | | | | 50 | 50 |
| 试件尺寸 | | mm | $\phi 101.6mm \times 63.5mm$ | | | | | |
| 空隙率VV | 深约90mm以内 | % | 3~5 | 4~6 | 2~4 | 3~5 | 3~6 | 2~4 |
| | 深约90mm以下 | % | 3~6 | | 2~4 | 3~6 | 3~6 | — |
| 稳定度 MS 不小于 | | kN | 8 | | | | 5 | 3 |
| 流值 FL | | mm | 2~4 | 1.5~4 | 2~4.5 | 2~4 | 2~4.5 | 2~5 |
| 矿料间隙率 VMA（%）不小于 | 设计空隙率（%） | 相应于以下公称最大粒径/mm 的最小 VMA 及 VFA 技术要求（%） | | | | | | |
| | | 26.5 | 19 | 16 | 13.2 | 9.5 | 4.75 | |
| | 2 | 10 | 11 | 11.5 | 12 | 13 | 15 | |
| | 3 | 11 | 12 | 12.5 | 13 | 14 | 16 | |
| | 4 | 12 | 13 | 13.5 | 14 | 15 | 17 | |
| | 5 | 13 | 14 | 14.5 | 15 | 16 | 18 | |
| | 6 | 14 | 15 | 15.5 | 16 | 17 | 19 | |
| 沥青饱和度 VFA（%） | | | 55~70 | | 65~75 | | 70~85 | |

注：1. 对空隙率大于5%的夏炎热区重载交通路段，施工时应至少提高压实度1%。
2. 当设计的空隙率不是整数时，由内插确定要求的 VMA 最小值。
3. 对改性沥青混合料，马歇尔试验的流值可适当放宽。

### 表10-33 沥青稳定碎石混合料马歇尔试验配合比设计技术标准

| 试验指标 | | 单位 | 密级配基层（ATB） | | 半开级配面层（AM） | 排水式开级配磨耗层（OGFC） | 排水式开级配磨耗层（ATPB） |
|---|---|---|---|---|---|---|---|
| 公称最大粒径 | | mm | 26.5mm | ≥31.5mm | ≤26.5mm | ≤26.5mm | 所有尺寸 |
| 马歇尔试件尺寸 | | mm | $\phi 101.6mm \times 63.5mm$ | $\phi 152.4mm \times 95.3mm$ | $\phi 101.6mm \times 63.5mm$ | $\phi 101.6mm \times 63.5mm$ | $\phi 152.4mm \times 95.3mm$ |
| 击实次数 | | 次 | 75 | 112 | 50 | 50 | 75 |
| 空隙率VV | | % | 3~6 | | 6~10 | 不小于18 | 不小于18 |
| 稳定度不小于 | | kN | 7.5 | 15 | 3.5 | 3.5 | — |
| 流值 | | mm | 1.5~4 | 实测 | — | — | — |
| 沥青饱和度 VFA | | % | 55~70 | | 40~70 | — | — |
| 密级配基层ATB的矿料间隙率VMA不小于（%） | 设计空隙率（%） | | ATB—40 | ATB—30 | | ATB—25 | |
| | 4 | | 11 | 11.5 | | 12 | |
| | 5 | | 12 | 12.5 | | 13 | |
| | 6 | | 13 | 13.5 | | 14 | |

注：在干旱地区，可将密级配沥青稳定碎石基层的空隙率适当放宽8%。

表 10-34  SMA 混合料马歇尔试验配合比设计技术要求

| 试验项目 | | 单位 | 技术要求 | | 试验方法 |
|---|---|---|---|---|---|
| | | | 不使用改性沥青 | 使用改性沥青 | |
| 马歇尔试件尺寸 | | mm | $\phi 101.6mm \times 63.5mm$ | | T0702 |
| 马歇尔试件击实次数① | | | 两面击实 50 次 | | T0702 |
| 空隙率 VV② | | % | 3~4 | | T0708 |
| 矿料间隙率 VMA② | 不小于 | % | 17.0 | | T0708 |
| 粗集料骨架间隙率 $VCA_{min}$③ | 不大于 | | $VCA_{DRC}$ | | T0708 |
| 沥青饱和度 VFA | | % | 75~85 | | T0708 |
| 稳定度④ | 不小于 | kN | 5.5 | 6.0 | T0709 |
| 流值 | | mm | 2~5 | — | T0709 |
| 谢伦堡沥青析漏试验的结合料损失 | | % | 不大于 0.2 | 不大于 0.1 | T0732 |
| 肯塔堡飞散试验的混合料损失或浸水飞散试验 | | % | 不大于 20 | 不大于 15 | T0733 |

① 对集料坚硬不易击碎，通行重载交通的路段，也可将击实次数增加为双面 75 次。
② 对高温稳定性要求较高的重交通路段或炎热地区，设计空隙率允许放宽到 4.5%，VMA 允许放宽到 16.5%（SMA—16）或 16%（SMA—19），VFA 允许放宽到 70%。
③ 试验粗集料骨架间隙率 VCA 的关键性筛孔，对 SMA—19、SMA—16 是指 4.75mm，对 SMA—13、SMA—10 是指 2.36mm。
④ 稳定度难以达到要求时，容许放宽到 5.0kN（非改性）或 5.5kN（改性），但动稳定度检验必须合格。

表 10-35  OGFC 混合料技术要求

| 试验项目 | | 单位 | 技术要求 | 试验方法 |
|---|---|---|---|---|
| 马歇尔试件尺寸 | | mm | $\phi 101.6mm \times 63.5mm$ | T0702 |
| 马歇尔试件击实次数 | | | 两面击实 50 次 | T0702 |
| 空隙率 | | % | 18~25 | T0708 |
| 马歇尔稳定度 | 不小于 | kN | 3.5 | T0709 |
| 析漏损失 | | % | <0.3 | T0732 |
| 肯特堡飞散损失 | | % | <20 | T0733 |

马歇尔试验试件的拌和温度及压实温度应按表 10-36 的规定选定，并与施工温度相一致，改性沥青混合料试件成型温度可在此基础上提高 10~20℃。

表 10-36  热拌普通沥青混合料试件的制作温度

| 施工工序 | 石油沥青的标号 | | | | |
|---|---|---|---|---|---|
| | 50 号 | 70 号 | 90 号 | 110 号 | 130 号 |
| 沥青加热温度/℃ | 160~170 | 155~165 | 150~160 | 145~155 | 140~150 |
| 矿料加热温度/℃ | 集料加热温度比沥青温度高 10~30（填料不加热） | | | | |
| 沥青混合料加热温度/℃ | 150~170 | 142~165 | 140~160 | 135~155 | 130~150 |
| 试件击实成型温度/℃ | 140~160 | 135~155 | 130~150 | 125~145 | 120~140 |

进行马歇尔试验时,以预估的油石比为中值,按一定间隔(对密级配沥青混合料取 0.5%)取 5 个或 5 个以上不同的油石比,按规定方法成型试件。通过试验测定不同油石比相关混合料的各项马歇尔试验指标。

**5. 确定最佳沥青用量 OAC**

将马歇尔试验的结果,以油石比为横坐标,各项指标为纵坐标制成曲线如图 10-29 所示。在确定最佳沥青用量时,应保证沥青用量在允许范围以内。以图 10-29 为例,沥青最佳用量 OAC 应位于 $OAC_{min} \sim OAC_{max}$ 的范围内,同时,确定 $OAC_{min} \sim OAC_{max}$ 的范围应涵盖各项指标的要求范围,并使密度及稳定度曲线出现峰值。

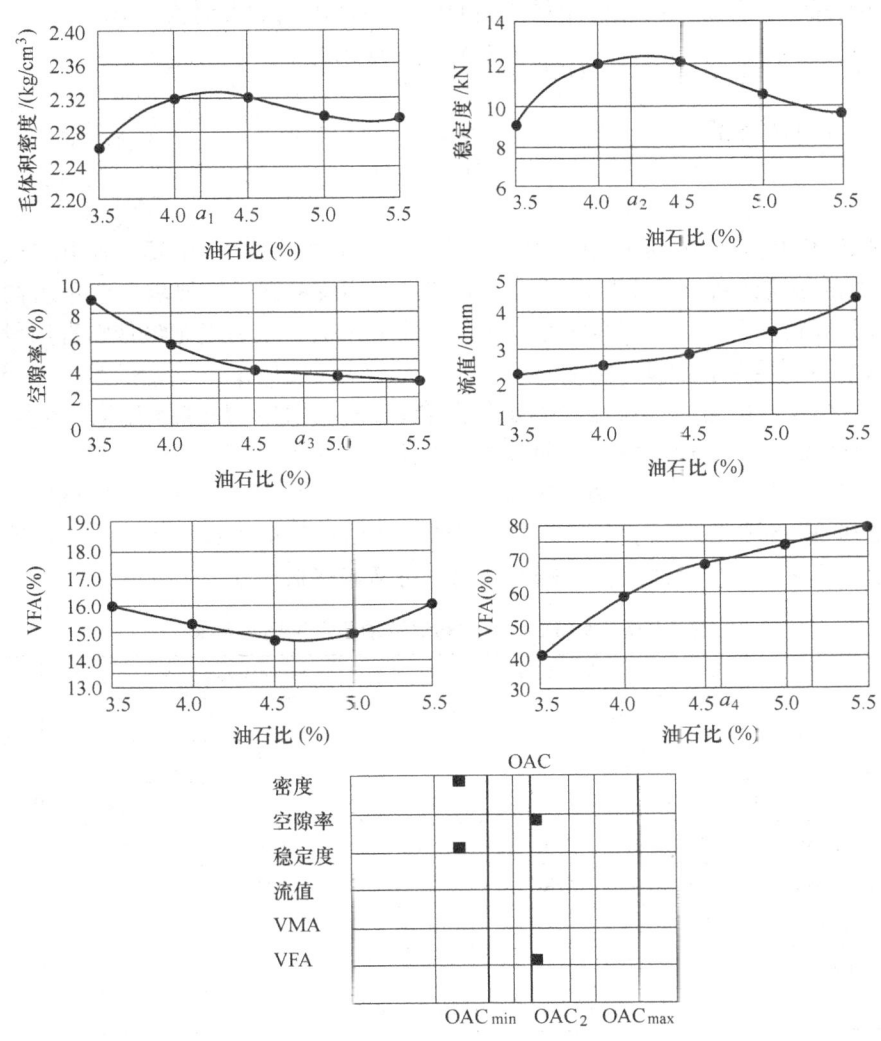

图 10-29 马歇尔试验结果示例

注:图中 $a_1 = 4.2\%$,$a_2 = 4.25\%$,$a_3 = 4.8\%$,$a_4 = 4.7\%$,则 $OAC_1 = (a_1 + a_2 + a_3 + a_4)/4 = 4.49\%$,$OAC_{min} = 4.3\%$,$OAC_{max} = 5.3\%$,$OAC_2 = 4.8\%$,$OAC = 4.64\%$。此例中相对于空隙率 4% 的油石比为 4.6%。

在选择沥青用量范围时,若不考虑沥青饱和度的要求范围,可以取空隙率要求范围的中值或目标空隙率所对应的沥青用量 $a_1$,取密度最大值所对应的沥青用量 $a_2$,稳定度最大值对应的沥青用量 $a_3$,取三者的平均值作为 $OAC_1$,即

$$OAC_1 = \frac{a_1 + a_2 + a_3}{3} \tag{10-25}$$

若在选择沥青用量范围时,沥青饱和度也考虑在内,则在式(10-25)的基础上再增加沥青饱和度中值对应的沥青用量 $a_4$,$OAC_1$ 按下式确定

$$OAC_1 = \frac{a_1 + a_2 + a_3 + a_4}{4} \tag{10-26}$$

以各项指标均符合要求的沥青用量范围 $OAC_{min} \sim OAC_{max}$ 的中值为 $OAC_2$,即

$$OAC_2 = \frac{OAC_{mix} + OAC_{max}}{2} \tag{10-27}$$

沥青混合料的最佳沥青用量取 $OAC_1$,与 $OAC_2$ 的平均值,即

$$OAC = \frac{OAC_1 + OAC_2}{2} \tag{10-28}$$

检查图 10-33 中与 OAC 沥青用量相应的各项指标是否符合表 10-32、表 10-33、表 10-34 与表 10-35 中的规定的各项技术标准。若不能满足上述技术标准的要求,应重新调整材料组成,重复以上试验程序,直至完全满足规定的技术标准时,最后确定最佳沥青用量 OAC。

**6. 沥青混合料稳定性检测**

确定最佳沥青用量之后,按已经确定的配合比制作试件,并进行有关抗车辙高温稳定性、抗裂低温稳定性、水稳定性等各种检测,具体要求如下。

(1)高温稳定性检测 在环境温度60℃,轮压0.7MPa条件下进行轮辙试验,其动稳定度应符合表 10-37 的要求。对于交通负荷特别繁重的路段,可以在表 10-37 的基础上适当提高动稳定度的要求。对于交通负荷很轻的道路,可适当降低要求。

表10-37 沥青混合料轮辙试验动稳定度技术要求

| 气候条件与技术指标 | | 相应于下列气候分区所要求的动稳定度/(次/mm) | | | | | | | | 试验方法 |
|---|---|---|---|---|---|---|---|---|---|---|
| 最热月平均最高气温/℃ 及气候分区 | | >30 | | | | 20~30 | | | <20 | |
| | | 1. 夏炎热区 | | | | 2. 夏热区 | | | 3. 夏凉区 | |
| | | 1-1 | 1-2 | 1-3 | 1-4 | 2-1 | 2-2 | 2-3 | 2-4 | 3-2 | |
| 普通沥青混合料 | 不小于 | 800 | | 1000 | | 600 | | 800 | | 600 | T0719 |
| 改性沥青混合料 | 不小于 | 2400 | | 2800 | | 2000 | | 2400 | | 1800 | |
| SMA 混合料 | 非改性 不小于 | 1500 | | | | | | | | | |
| | 改性 不小于 | 3000 | | | | | | | | | |
| OGFC 混合料 | | 1500(一般交通路段)、3000(重交通路段) | | | | | | | | | |

(2)水稳定性检测 在规定条件下进行浸水马歇尔试验和冻融劈裂试验,以检验沥青混合料的水稳定性。水稳定性以浸水马歇尔试验的残留稳定度以及冻融劈裂试验的残留强度比表示,应达到表 10-38 所列出的要求。若达不到表 10-38 的要求,必须采用抗剥落措施,或重新调整最佳沥青用量,重新检验水稳定性,直至满足要求为止。

表 10-38　沥青混合料水稳定性检验技术要求

| 气候条件与技术指标 | 相应于下列气候分区的技术要求（%） | | | | 试验方法 |
|---|---|---|---|---|---|
| 年降雨量/mm | >1000 | 500~1000 | 250~500 | <250 | |
| 气候分区 | 1. 潮湿区 | 2. 湿润区 | 3. 半干区 | 4. 干旱区 | |
| 浸水马歇尔试验残留稳定度（%）　不小于 | | | | | |
| 普通沥青混合料 | 80 | | 75 | | T0709 |
| 改性沥青混合料 | 85 | | 80 | | |
| SMA | 普通沥青 | 75 | | | | |
| | 改性沥青 | 80 | | | | |
| 冻融劈裂试验的残留强度比（%）　不小于 | | | | | |
| 普通沥青混合料 | 75 | | 70 | | T0729 |
| 改性沥青混合料 | 80 | | 75 | | |
| SMA 混合料 | 普通沥青 | 75 | | | | |
| | 改性沥青 | 80 | | | | |

（3）低温抗裂稳定性检测　在 -10℃ 的环境温度和 50mm/min 的加载速率条件下进行弯曲试验，测定破坏强度、破坏应变、破坏劲度模量，用于评价低温抗裂稳定性。不同沥青混合料的低温弯曲破坏应变应不小于表 10-39 的要求，若达不到表 10-39 的要求，应调整沥青材料的品种、标号、用量，重新试验，直至满足要求为止。

表 10-39　沥青混合料低温弯曲试验破坏应变（$\mu\varepsilon$）技术要求

| 气候条件与技术指标 | 相应于下列气候分区所要求的破坏应变（$\mu\varepsilon$） | | | | | | | | 试验方法 |
|---|---|---|---|---|---|---|---|---|---|
| 年极端最低气温及气候分区 | <-37.0℃ | | -21.5~-37.0℃ | | | -9.0~-21.5℃ | | >-9.0℃ | |
| | 1. 冬严寒区 | | 2. 冬寒区 | | | 3. 冬冷区 | | 冬温区 | |
| | 1-1 | 2-1 | 1-2 | 2-2 | 3-2 | 1-3 | 2-3 | 1-4 | 2-4 | |
| 普通沥青混合料　不小于 | 2600 | | 2300 | | | 2000 | | | | T0728 |
| 改性沥青混合料　不小于 | 3000 | | 2800 | | | 2500 | | | | |

（4）渗水性能检验　取轮碾机成型的轮辙试验试件进行渗水试验，其渗水系数应符合表 10-40 规定的要求。若渗水系数不能满足要求应调整配合比，直至满足要求为止。对于干旱区和半干旱区可以不进行渗水试验。

表 10-40　沥青混合料试件渗水系数技术要求

| 级配类型 | | 渗水系数/(mL/min) | 试验方法 |
|---|---|---|---|
| 密级配沥青混凝土 | 不大于 | 120 | |
| SMA | 不大于 | 80 | T0730 |
| OGFC | 不小于 | 实测 | |

对于 SMA 与应用改性沥青配制的沥青混合料，除了上述检测试验之外，还需增加一些专项试验，以检验其他一些特殊的性能。

1) 目标配合比设计阶段。用工程实际使用的材料，通过试验计算所得的矿料级配及沥青用量为目标配合比，主要用于工程制定工程材料供应计划，确定拌和机各冷料仓的供料比例、进料速度并进行试拌。

2) 生产配合比设计阶段。材料、机具进厂后，在目标配合比的基础上进行直接为生产服务的配合比设计，以目标配合比的最佳沥青用量±0.3%，以此取三个沥青用量进行马歇尔试验，通过室内试验和拌和机取样以确定生产配合比的最佳沥青用量。并根据生产配合比调整冷料仓和热料仓的进出料比例与速度。

3) 生产配合比验证阶段。拌和机按生产配合比配料进行试拌，并铺筑试验路。同时，用拌和的沥青混合料进行马歇尔试验；在试验路上钻孔取样，检验混合料的集料综合配合比和沥青用量是否在经过优选的生产配合比设计范围之内，力争接近中值。通过验证之后确定施工用的标准配合比以及各筛孔通过材料的允许波动范围，制定工程施工用的级配控制范围。

## 本 章 小 结

本章主要介绍沥青路面的基本特性、分类和沥青路面类型的选择，沥青路面材料的力学特性与温度稳定性，对沥青路面材料的要求，沥青路面的施工及质量控制等内容。

## 思 考 题

10-1 沥青路面的基本特性是什么？
10-2 沥青路面如何分类？
10-3 如何选择沥青路面类型？
10-4 按技术特性，沥青路面可分为哪几种类型？它们的区别在哪里？
10-5 沥青路面对材料有哪些基本要求？
10-6 沥青路面的力学特性主要有哪些？
10-7 如何进行沥青混合料的组成设计？
10-8 沥青面层的施工要点是什么？
10-9 沥青路面施工质量管理和检查项目有哪些？

# 第 11 章 沥青路面设计

## 11.1 概述

沥青路面是指在柔性基层、半刚性基层上铺筑一定厚度的沥青混合料作面层的路面结构。沥青路面设计的任务是根据公路使用要求以及水文、地质、气候等自然条件，交通条件，当地筑路材料及施工条件，设计确定技术经济合理的路面结构，以保证路面在预定的使用期限内，既能适应当地自然环境条件，又能满足行车的使用要求。路面设计内容包括选择适当的路面材料，进行材料配合比设计并确定设计参数，路面结构组合设计，路面厚度计算以及不同路面结构方案的比选。对高速公路、一级公路的路面设计，除行车道部分路面外，还应包括路缘带、硬路肩、加减速车道、紧急停车带、匝道、收费站和服务区的路面设计。

目前世界各国沥青路面设计方法基本上可分两类：一类是以经验或试验为依据的经验法，其著名代表是美国加州承载比法（CBR 法）和美国各州公路工作者协会（American Association of States Highway Officials）法，简称 AASHO 法；一类是以力学分析为基础，同时考虑环境因素、交通条件和路面材料特性的理论法，如英荷壳牌（Shell）法、美国地沥青协会（AI）法。理论法大多采用弹性层状体系理论分析沥青路面结构的应力、变形和位移，并可以运用计算机技术，因此理论法具有广阔的应用发展前景。

我国现行的 JTG D50—2006《公路沥青路面设计规范》采用弹性层状体系作力学分析基础理论，以双圆垂直均布荷载作用下的路面整体沉降（弯沉）和结构层的层底拉应力作为设计指标，以疲劳效应为基础，处理轴载标准化转换与轴载多次重复作用效应。

路面结构设计的目标是要求路面结构在设计年限内满足预测交通量累计标准轴载通行时，具有快速、安全、稳定的服务功能，路面结构具有相应的承载能力，结构层的应力应变满足材料允许的标准。

## 11.2 弹性层状体系理论分析

由不同材料的结构层及土基组成的路面结构，在荷载作用下应力—应变关系大多呈非线性，并且应变随应力作用时间而变，应力卸除后有一部分残余变形不可恢复。但是考虑到运动车轮作用于路面的瞬时性，路面结构在瞬时产生的永久变形很小，因此在进行路面结构分析和计算时，仍将其视为线弹性体，并应用弹性层状体系理论分析路面结构应力、应变和位移。

### 11.2.1 基本假设与解题方法

通常将路面结构视为弹性半空间地基上由若干个具有一定厚度材料组成的弹性层状体系，如图 11-1 所示，并假设如下：
1) 各层由均质、连续的、均匀的、各向同性的线弹性材料组成，用弹性模量 $E_i$ 和泊松

比 $\mu_i$ 表征其弹性参数。

2）最下一层为水平方向和竖直向下方向无限延伸的半无限体。其上各层在水平方向为无限大，但竖向具有一定厚度 $h_i$。

3）各层在水平方向无限远处及最下层无限深处的应力、变形和位移为零。

4）各层分界面上的应力和位移完全连续（称连续体系），或者仅竖向应力和位移连续，而层间无摩擦力（称滑动体系）。

5）不计各层材料自重。

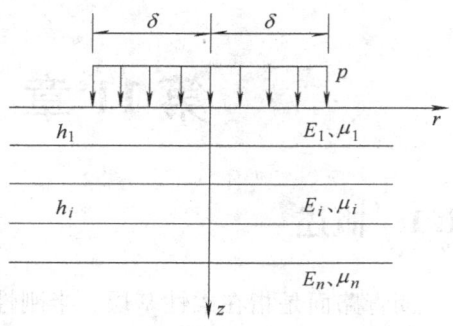

图 11-1 弹性层状路面结构

应用弹性力学理论求解弹性层状体系应力、位移时，通常将作用于层状体系表面的荷载，简化为圆形均布的竖向力或水平力，并采用圆柱坐标体系（$r, \theta, z$）进行分析，如图 11-2 所示。在弹性体内取微元六面体，其应力分量为 3 个法向应力 $\sigma_r$，$\sigma_\theta$，$\sigma_z$ 和 3 对剪应力 $\tau_{rz} = \tau_{zr}$，$\tau_{r\theta} = \tau_{\theta r}$，$\tau_{z\theta} = \tau_{\theta z}$，相应的应变分量为 3 个正应变 $\varepsilon_r$，$\varepsilon_\theta$，$\varepsilon_z$ 和 3 对剪应变 $\varepsilon_{rz} = \varepsilon_{zr}$，$\varepsilon_{r\theta} = \varepsilon_{\theta r}$，$\varepsilon_{z\theta} = \varepsilon_{\theta z}$。

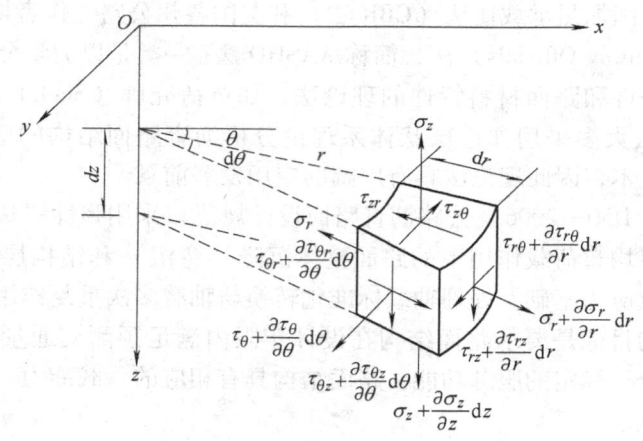

图 11-2 圆柱坐标中微元应力分量

当作用于层状体系表面的荷载是轴对称时，各应力、应变和位移分量也对称于该轴，并仅是 $r$ 和 $z$ 的函数。因此，$\tau_{r\theta} = \tau_{\theta r} = 0$，$\tau_{\theta z} = \tau_{z\theta} = 0$，与此相对应的 $\varepsilon_{r\theta} = \varepsilon_{\theta r} = 0$，$\varepsilon_{\theta z} = \varepsilon_{z\theta} = 0$，剪应力仅剩下 1 对 $\tau_{rz} = \tau_{zr}$。所有的未知应力分量只有 4 个，即 3 个正应力分量 $\sigma_r$、$\sigma_\theta$、$\sigma_z$ 和 1 个剪应力分量 $\tau_{rz}$。

根据弹性力学理论，对于圆柱坐标轴对称课题，平衡方程为

$$\left. \begin{array}{l} \dfrac{\partial \sigma_r}{\partial r} + \dfrac{\partial \tau_{zr}}{\partial z} + \dfrac{\sigma_r - \sigma_\theta}{r} = 0 \\[2mm] \dfrac{\partial \sigma_z}{\partial z} + \dfrac{\partial \tau_{rz}}{\partial r} + \dfrac{\tau_{rz}}{r} = 0 \end{array} \right\} \quad (11-1)$$

表征各点应力、应变的物理方程为

$$\left.\begin{aligned}\varepsilon_r &= \frac{1}{E}[\sigma_r - \mu(\sigma_\theta + \sigma_z)] \\ \varepsilon_\theta &= \frac{1}{E}[\sigma_\theta - \mu(\sigma_z + \sigma_r)] \\ \varepsilon_z &= \frac{1}{E}[\sigma_z - \mu(\sigma_r + \sigma_\theta)] \\ \gamma_{zr} &= \frac{2(1+\mu)}{E}\tau_{zr}\end{aligned}\right\} \quad (11\text{-}2)$$

各点应变和位移的几何方程为

$$\varepsilon_r = \frac{\partial u}{\partial r}, \quad \varepsilon_\theta = \frac{\mu}{r}, \quad \varepsilon_z = \frac{\partial \omega}{\partial z} \quad (11\text{-}3)$$

根据上述各方程和变形连续方程,可求解 4 个未知应力分量,从而由式(11-2)、式(11-3)求解应变和位移分量。在分析弹性层状体系路面时,通常采用应力函数及汉克尔积分变换法求解应力函数而获得应力、变形和位移的解答。

### 11.2.2 主应力计算

当已知弹性层状体系内任意点的应力状态,可按下述一元三次方程求解该点的 3 个主应力为

$$\sigma^3 - \Theta_1 \sigma^2 + \Theta_2 \sigma - \Theta_3 = 0 \quad (11\text{-}4)$$

式中 $\Theta_1$——第一应力不变量,$\Theta_1 = \sigma_r + \sigma_\theta + \sigma_z$;

$\Theta_2$——第二应力不变量,$\Theta_2 = \sigma_r\sigma_\theta + \sigma_\theta\sigma_z + \sigma_z\sigma_r - \tau_{r\theta}^2 - \tau_{z\theta}^2 - \tau_{r\theta}^2$;

$\Theta_3$——第三应力不变量,$\Theta_3 = \sigma_r\sigma_\theta\sigma_z + 2\tau_{r\theta}\tau_{z\theta}\tau_{zr} - \sigma_r\tau_{z\theta}^2 - \sigma_\theta\tau_{zr}^2 - \sigma_z\tau_{r\theta}^2$。

求解上式,3 个实根 $\sigma_1$、$\sigma_2$ 和 $\sigma_3$ 即为所求 3 个主应力。其中 $\sigma_1 > \sigma_2 > \sigma_3$,$\sigma_1$ 为最大主应力,$\sigma_3$ 为最小主应力,此时最大剪应力为

$$\tau_{\max} = \frac{1}{2}(\sigma_1 - \sigma_3) \quad (11\text{-}5)$$

利用式(11-5),可验算沥青路面在车辆荷载作用下结构层的抗拉和抗剪强度。

## 11.3 沥青路面结构设计年限及轴载

### 11.3.1 路面设计年限

路面设计年限的选择应根据公路等级、公路在路网中的功能定位、当地国民经济发展的需求以及投资条件等因素,经综合论证后确定,通常可参照表 11-1 选定。

表 11-1 各级公路沥青路面设计年限

| 公路等级及其功能 | 设计年限/年 | 公路等级及其功能 | 设计年限/年 |
| --- | --- | --- | --- |
| 高速公路、一级公路 | 15 | 三级公路 | 8 |
| 二级公路 | 12 | 四级公路 | 6 |

## 11.3.2 标准轴载及轴载当量换算

各个国家都根据本国国情确定标准轴载。我国路面设计以双轮组单轴载 100kN 为标准轴载，以 BZZ—100 表示，BZZ—100 的各项参数见表 11-2。

表 11-2 标准轴载 BZZ—100 各项参数

| 标准轴载名称 | BZZ—100 | 标准轴载名称 | BZZ—100 |
|---|---|---|---|
| 标准轴载 $P$/kN | 100 | 轮胎接地压力 $p$/MPa | 0.70 |
| 两轮中心距/cm | 1.5d | 单轮当量圆直径 $d$/cm | 21.30 |

公路行驶车辆的型号多种多样，而路面设计采用统一的标准轴载表示，各种车型应按规定的法则作当量换算，得到当量的标准轴载次数（见第 2 章）。轴载小于 40kN 的特轻轴重对结构的影响可以忽略不计，所以不纳入当量换算。由于不同力学参数的疲劳等效效应不同，我国规范规定，当量轴载换算分以下三种情况进行。

1) 当以弯沉值和沥青层的层底拉应力为设计指标时，按下式进行轴载当量换算

$$N = \sum_{i=1}^{K} C_1 C_2 n_i \left(\frac{P_i}{P}\right)^{4.35} \tag{11-6}$$

式中 $N$——标准轴载的当量轴次（次/日）；
$n_i$——各种被换算车辆的作用次数（次/日）；
$P$——标准轴载（kN）；
$P_i$——各种被换算车型的轴载（kN）；
$C_1$——轴数系数；
$C_2$——轮组系数，双轮组为 1，单轮组为 6.4，四轮组为 0.38。

当轴间距大于 3m 时，按单独的一个轴计算，此时轴数系数为 1；当轴间距小于 3m 时，双轴或多轴的轴数系数按下式计算

$$C_1 = 1 + 1.2(m - 1) \tag{11-7}$$

式中 $m$——轴数。

2) 当以半刚性材料结构层的层底拉应力为设计指标时，按下式进行轴载当量换算

$$N = \sum_{i=1}^{K} C_1' C_2' n_i \left(\frac{P_i}{P}\right)^{8} \tag{11-8}$$

式中 $C_1'$——轴数系数；
$C_2'$——轮组系数，双轮组为 1.0，单轮组为 18.5，四轮组为 0.09。

轴间距的划分同式（11-6），对于轴间距小于 3m 的双轴及多轴的轴数系数按下式计算

$$C_1' = 1 + 2(m - 1) \tag{11-9}$$

3) 对于贫混凝土基层以拉应力为设计指标时，按下式进行轴载当量换算

$$N = \sum_{i=1}^{K} C_1 C_2 n_i \left(\frac{P_i}{P}\right)^{12} \tag{11-10}$$

上述轴载换算公式，适用于单轴轴载小于或等于 130kN 的各种车型的轴载换算。

## 11.3.3 设计年限累计当量标准轴载数

设计年限内一个车道通过的累计当量标准轴次数 $N_e$，按下式计算

$$N_e = \frac{|(1+r)^t - 1| \times 365}{r} N_1 \eta \tag{11-11}$$

式中 $t$——设计年限（年）；

$N_1$——路面营运第一年双向日平均当量轴次（次/日）；

$r$——设计年限内交通量平均增长率（%）；

$\eta$——与车道数有关的车辆横向分布系数，简称车道系数，见表11-3。

表 11-3 车道系数

| 车 道 特 征 | 车道系数 $\eta$ | 车道特征 | 车道系数 $\eta$ |
|---|---|---|---|
| 双向单车道 | 1.00 | 双向六车道 | 0.30 ~ 0.40 |
| 双向两车道 | 0.60 ~ 0.70 | 双向八车道 | 0.25 ~ 0.35 |
| 双向四车道 | 0.40 ~ 0.50 | | |

### 11.3.4 交通等级

路面结构在设计年限内承担交通荷载的繁重程度以交通等级来划分。我国沥青路面按承担交通荷载的轻重划分为轻交通、中等交通、重交通和特重交通四级。路面结构选型、结构组合设计、结构层位的确定、路面材料的选定都应充分考虑沥青路面的交通等级。

我国沥青路面交通等级的划分按两种方法进行：第一种方法以设计年限内一个车道通过的标准当量轴次进行划分；第二种方法以营运车辆中的大客车、中型货车、大型货车、拖挂车等车型在一个车道上的日平均车数 $N_n$（辆/日/车道）进行划分，取两种方法得出的较高交通等级作为沥青路面交通等级。交通等级的划分标准见表11-4。

表 11-4 沥青路面交通等级的划分标准

| 交 通 等 级 | BZZ—100 累计标准轴次 $N_e$/（次/车道） | 大客车及中型以上各种货车交通量 $N_r$/（辆/日/车道） |
|---|---|---|
| 轻交通 | $<3 \times 11^6$ | <600 |
| 中等交通 | $3 \times 11^6 \sim 1.2 \times 11^7$ | 600 ~ 1500 |
| 重交通 | $1.2 \times 11^7 \sim 2.5 \times 11^7$ | 1500 ~ 3000 |
| 特重交通 | $>2.5 \times 11^7$ | >3 000 |

## 11.4 沥青路面结构组合设计

沥青路面通常由沥青面层、基层、底基层、垫层等多层结构组成。路面结构组合设计根据道路的交通等级与气象、水文等自然因素，合理选择与安排路面结构各个层次，确保在设计使用期内，承受行车荷载与自然因素的共同作用，充分发挥各结构层的最大效能，使整个路面结构满足技术经济合理的要求。沥青路面结构组合设计应遵循以下原则。

1) 保证路面表面使用品质长期稳定。在整个设计使用期内，表面抗滑安全性能、平整性、抗车辙性能等各项功能指标均稳定在允许范围之内。

2) 路面各结构层的强度、抗变形能力与各层次的力学响应相匹配。由于车轮荷载与温度、湿度变化产生的各项应力与变形均集中在路面结构上部，逐渐向下扩散、消失。因此，通常要求面层、基层具有较高的强度、模量和抗变形能力。

3) 直接经受温度、湿度等自然因素变化而造成强度、稳定性下降的结构层次应提高其抵御能力。

4) 充分利用当地材料，节约外运材料，做好优化选择，降低建设与养护费用。

### 11.4.1 沥青面层结构

沥青面层直接经受车轮荷载反复作用和各种自然因素影响，并将荷载传递到基层以下的结构层。因此，沥青面层应满足功能性和结构性的使用性能要求。沥青面层可为单层、双层、三层。双层结构分为表面层、下面层；三层结构分为表面层、中面层、下面层。

表面层应具有平整密实、抗滑耐磨、稳定耐久等服务功能，同时应具有高温抗车辙、低温抗开裂、抗老化等品质。中、下面层应具有一定的密水性、抗剥离性，高温或重载条件下，沥青混合料具有较高的抗剪强度；下面层应具有良好的抗疲劳裂缝的性能和兼顾其他性能要求。

高速公路、一级公路一般选用三层沥青面层结构。为满足上述要求，应精心选择沥青面层混合料。通常认为密实型中粒式或细粒式沥青混凝土混合料（如 DAC-13，DAC-16）最宜用于表面层，它的空隙率一般为 3%~5%。在这个最佳范围内，可以防止水害及冻害。又由于它保留一定的空隙率，热季不会泛油，表面层切忌使用空隙率大于 6% 的半密实型混合料。此外密实型级配沥青混合料的抗裂性、疲劳强度和耐久性均较优越。对于重交通和特重交通等级，普通热拌和沥青混凝土混合料不能满足使用要求时，可以采用 SMA-11、SMA-13，必要时可以采用改性沥青结合料。

沥青中面层和下面层经受着与沥青上面层相同的不利工作环境，但平整性和抗滑性方面的要求略低一些，因此对沥青混合料的选择同样有较高的要求，特别是在密实防水和抗剪切变形等方面的要求也很高，通常选用密实型中粒式和粗粒式混合料（如 DAC-20、DAC-25），有时对于特重交通等级也有采用 SMA-20 修筑中面层并采用改性沥青结合料。

二级、三级以下等级公路一般采用双层式沥青面层，即上面层与下面层。沥青混合料的选型，除了沥青混凝土之外，也可选用热拌沥青碎石（ATB）或沥青贯入式结构，再加上表面封层。三级公路、四级公路一般可采用双层沥青表面处治结构。

沥青面层在路面结构层中价格最高，一般情况下对沥青面层厚度应有所控制，但是也不宜过薄，从压实效果来看，各种类型的沥青层最小压实厚度与它的公称最大粒径值相关，若小于最小厚度，则压实效果不好。从技术经济合理的角度考虑，宜采用表 11-5 及表 11-6 所列的适宜厚度。

表 11-5 沥青混合料压实最小厚度与适宜厚度

| 沥青混合料类型 | | 最大粒径/mm | 公称最大粒径/mm | 符 号 | 压实最小厚度/mm | 适宜厚度/mm |
| --- | --- | --- | --- | --- | --- | --- |
| 密级配沥青混合料（AC） | 砂粒式 | 9.5 | 4.75 | AC-5 | 15 | 15~30 |
| | 细粒式 | 13.2 | 9.5 | AC-11 | 20 | 25~40 |
| | | 16 | 13.2 | AC-13 | 35 | 40~60 |
| | 中粒式 | 19 | 16 | AC-16 | 40 | 50~80 |
| | | 26.5 | 19 | AC-20 | 50 | 60~100 |
| | 粗粒式 | 31.5 | 26.5 | AC-25 | 70 | 80~120 |

(续)

| 沥青混合料类型 | | 最大粒径/mm | 公称最大粒径/mm | 符　号 | 压实最小厚度/mm | 适宜厚度/mm |
|---|---|---|---|---|---|---|
| 密级配沥青碎石（ATB） | 粗粒式 | 31.5 | 26.5 | ATB-25 | 70 | 80~120 |
| | 粗粒式 | 37.5 | 31.5 | ATB-30 | 90 | 90~150 |
| | 特粗式 | 53 | 37.5 | ATB-40 | 120 | 120~150 |
| 开级配沥青碎石（ATPB） | 粗粒式 | 31.5 | 26.5 | ATPB-25 | 80 | 80~120 |
| | 粗粒式 | 37.5 | 31.5 | ATPB-30 | 90 | 90~150 |
| | 特粗式 | 53 | 37.5 | ATPB-40 | 120 | 120~150 |
| 半开级配沥青碎石（AM） | 细粒式 | 16 | 13.2 | AM-13 | 35 | 40~60 |
| | 中粒式 | 19 | 16 | AM-16 | 40 | 50~70 |
| | 中粒式 | 26.5 | 19 | AM-20 | 50 | 60~80 |
| | 粗粒式 | 31.5 | 26.5 | AM-25 | 80 | 80~120 |
| | 特粗式 | 53 | 37.5 | AM-40 | 120 | 120~150 |
| 沥青玛蹄脂碎石混合料（SMA） | 细粒式 | 13.2 | 9.5 | SMA-11 | 25 | 25~50 |
| | 细粒式 | 16 | 13.2 | SMA-13 | 30 | 35~60 |
| | 中粒式 | 19 | 16 | SMA-16 | 40 | 40~70 |
| | 中粒式 | 26.5 | 19 | SMA-20 | 50 | 50~80 |
| 开级配沥青磨耗层（OGFC） | 细粒式 | 13.2 | 9.5 | OGFC-11 | 20 | 20~30 |
| | 细粒式 | 16 | 13.2 | OGFC-13 | 30 | 30~40 |

表 11-6　贯入式沥青碎石、沥青表面处治最小厚度与适宜厚度

| 结构层类型 | 压实最小厚度/mm | 适宜厚度/mm |
|---|---|---|
| 贯入式沥青碎石 | 40 | 40 |
| 上拌下贯沥青碎石 | 60 | 60 |
| 沥青表面处治 | 11 | 11 |

## 11.4.2　沥青路面基层结构

沥青路面的基层承担着沥青面层向下传递的全部负荷，支承着面层，确保面层发挥各项重要的路面性能。与此同时，基层结构还承受着由于土基水温状况多变而发生的地基支承能力变化的敏感性，使之不致影响沥青面层的正常工作。基层结构是承上启下保证路面结构耐久、稳定的承重结构层，因此要求基层具有较高的强度、稳定性和耐久性。与沥青面层相比，由于基层不直接与车轮和大气接触，相对于路面表面性能有关的材料性能指标（如抗滑性能、抗剪切变形等）可以略为放宽。

沥青路面的基层按材料和力学特性的不同可以分为柔性基层（有机结合料稳定碎石或无结合料级配碎石）、半刚性基层（水泥、石灰、工业废渣等无机结合料稳定碎石）和刚性基层（低强度等级混凝土）三种。各种基层有不同的特点，各有适用的场合。

**1. 柔性基层**

柔性基层主要采用沥青处治的级配碎石和无结合料的级配碎石修筑基层。通常沥青碎石适用于中等交通及更高交通等级的柔性基层；而无结合料的级配碎石适用于交通等级较低的、中等交通以下的沥青路面基层。柔性基层由于其力学特性与沥青面层一样都属于柔性结构，因此在应力、应变传递的协调过渡方面比较顺利，同时由于结构材料均为有级配的颗粒状材料，所以结构排水畅通，路面结构不易受水损害。柔性基层的缺点在于基层本身刚度较低，因此沥青面层将承受较多的荷载弯矩，在同样交通荷载作用之下，沥青面层应采用较厚的结构层。

**2. 半刚性基层**

半刚性基层主要采用水泥、石灰或工业废渣等无机结合料稳定碎石，对级配集料作稳定处理的基层结构。半刚性基层对集料的品质要求不是很高，且经过适当养生，结合料硬化之后，整个基层产生板体效应，大大提高了路面结构的整体刚度。半刚性基层沥青路面整体刚度较强，因此沥青面层的厚度可以适当减薄。由于半刚性基层承受了荷载弯矩的主要部分，沥青面层因荷载引起的裂缝破坏较少。半刚性基层的主要缺点是它本身的收缩裂缝难以避免，如沥青面层没有足够的厚度（通常认为沥青面层厚度小于20cm），基层的横向收缩裂缝在使用初期即会反射至沥青面层，形成较多的横向开裂。此外，在多雨地区，半刚性基层直接铺筑在沥青面层之下，雨水不易向下渗透，造成沥青路面水损害等病害，因此在选用时应全面权衡利弊。

**3. 刚性基层**

刚性基层采用低强度等级混凝土修筑基层混凝土板，板上铺筑沥青面层。刚性基层沥青路面的基层混凝土板承受了绝大部分车轮荷载，沥青面层的弯拉应力很小，主要考虑表面的功能效应，即满足路面平整性、抗车辙、防水、抗渗等要求。刚性基层沥青路面同样存在基层收缩裂缝向上反射而形成沥青面层横向裂缝等病害的可能性。

基层结构一般较沥青面层厚，通常需要20~40cm甚至更厚，为了节省原材料，降低造价，可将基层分为上基层、下基层（也称为底基层）。虽然都属基层结构，下基层的工作环境没有上基层严峻，因此可以采用性能略低的结合料与集料。基层材料以集料为主，应尽量利用当地材料，以降低工程造价。

选择基层类型关系到路面结构的耐久性和长期使用性能，首先应根据路面结构所承受的交通等级进行比选，同时应考虑地基支撑的可靠性以及当地水温状况和路基排水与路基稳定的可靠程度作不同方案，比较后择优选定。

在交通环境各方面工作条件都十分恶劣的情况下，可以考虑各种基层组合使用。如地基承载力不佳，交通特别繁重，雨水集中，路基排水不良，可以考虑半刚性基层和柔性基层组合应用，用半刚性下基层，柔性上基层。一方面提高结构承载力，减轻沥青面层荷载应力；另一方面发挥柔性基层变形协调，利于渗水排水的优势，使路面始终保持良好工作状态，还可避免横向裂缝反射到面层。对于严重超载的沥青路面，除了采用组合基层之外，也可以采用配钢筋的混凝土板或连续配筋混凝土板作基层的沥青路面。

基层结构的厚度主要应满足强度与刚度的设计要求，在厚度设计时，应逐层进行验算。除此之外，还应考虑施工实施的可行性和材料规格对厚度的影响。一般情况下，基层的厚度应大于混合料最大粒径的4倍，同时还应考虑压实机具的功能，通常取能一次压密的最佳厚度。若基层厚度超过最佳厚度，可分几层铺筑，每层厚度接近最佳厚度。各种基层的结构厚度见表11-7。

表 11-7 沥青路面基层结构厚度推荐表

| 结构类型 | | 最小厚度/cm | 结构层适宜厚度/cm |
| --- | --- | --- | --- |
| 柔性基层 | 沥青稳定碎石 | 11 | 11~20 |
| | 无结合料级配碎石 | 15 | 15~25 |
| 半刚性基层 | 水泥稳定类 | 20 | 20~30 |
| | 石灰粉煤灰稳定类 | 20 | 20~30 |
| | 综合稳定类 | 20 | 20~30 |
| 刚性基层 | 不配筋混凝土 | 22 | 22~24 |
| | 配筋混凝土 | 22 | 22~24 |
| | 连续配筋混凝土 | 22 | 22~24 |

## 11.4.3 沥青路面垫层结构

沥青路面垫层结构位于基层以下，主要用于路基状况不良的路段，以确保路面结构不受路基中滞留的自由水的侵蚀以及冻融的危害。通常认为路基处于以下状况，应专门设置垫层。

1）地下水位高，排水不良，路基经常处于潮湿、过湿状态的路段。

2）排水不良的土质路堑，有裂隙水、泉眼等水文不良的岩石开挖路段。

3）季节性冰冻地区的中湿、潮湿路段，可能产生冻胀需设防冻垫层的路段。

4）基层或底基层可能受污染以及路基软弱的路段。

从垫层的设置目的与功能出发，垫层可分为防水垫层、排水垫层、防污垫层、防冻垫层。

（1）防水垫层　在路基处于潮湿、过湿状态，土质不良，粉土的含量高，在毛细水作用下水分将自下而上渗入底基层和基层结构的情况下，为隔断地下水源而应设置防水垫层。防水垫层应不含粉土、黏土成分，主要采用粗砂、砂砾、矿渣等粗粒材料铺筑。在垫层以下应铺设不透水层（如透水系数低的黏土层及土工织物反滤层），防止自下而上的渗透和污染。

（2）排水垫层　排水垫层的功能主要是排除通过路基顶面渗入的潜水、泉水和毛细上升水。排水垫层的材料规格、要求以及排水能力，结构层厚度均应满足路面结构排水设计的规定与要求，通过设计计算确定。排水垫层与路基路面排水系统的衔接、出口的设置等都应按照设计要求选定。排水垫层以下应设置土工织物反滤层，严防路基土通过地下水进入排水垫层污染结构降低排水功能。若排水垫层同时也承担着排除地面渗入路面结构的雨水的功能，则排水层与底基层交界面上也应设置反滤层，以防止基层材料的有害成分污染排水层，影响其排水功能的发挥。

（3）防污垫层　对于地处软土地带的潮湿路段，为了防止路基土浸入路面污染结构，可设置防污垫层作为隔离层，以保护路面结构。通常采用土工合成材料与粒料分多层间隔铺筑，即可达到防污的效果。有时将防污垫层设置在防水垫层及排水垫层以下，两种垫层同时使用，可取得良好效果。

（4）防冻垫层　在季节性冰冻地区，当冻深较大，路基土为易冻胀土时，常常出现冻胀和翻浆。在这种路段应设置防冻垫层，以保护路面结构不受冻胀和翻浆的危害。防冻层应采用隔温性能良好，导热系数低的材料，如煤渣、矿渣、石灰煤渣稳定粒料等。防冻层厚度的确定除了路面结构总厚度应满足力学强度和弯沉等设计控制指标达到规范要求之外，主要应满足防止冻胀的要求，以确保路基路面在冻深范围内不会出现聚冰带。防冻厚度与路基干湿类型、路基土类、道路冻深以及路面结构材料的热物理性能有关。表 11-8 给出了路面防冻最小厚度参考值，如按设计指标设计得出的路面结构总厚度小于表 11-8 所列的防冻最小厚度时，应增设或加厚防冻垫层，以满足防冻需要的最小厚度要求。

表 11-8　路面最小防冻厚度　　　　　　　　　　（单位：cm）

| 路基类型 | 土质<br>基层、垫层类型<br>道路冻深/cm | 黏性土、细亚砂土 | | | 粉质土 | | |
|---|---|---|---|---|---|---|---|
| | | 砂石类 | 稳定土类 | 工业废料类 | 砂石类 | 稳定土类 | 工业废料类 |
| 中湿 | 50~100 | 40~45 | 35~40 | 30~35 | 45~50 | 40~45 | 30~40 |
| | 100~150 | 45~50 | 40~45 | 35~40 | 50~60 | 45~50 | 40~45 |
| | 150~200 | 50~60 | 45~55 | 40~50 | 60~70 | 50~60 | 45~50 |
| | >200 | 60~70 | 55~65 | 50~55 | 70~75 | 60~70 | 50~65 |
| 潮湿 | 50~100 | 45~55 | 40~50 | 35~45 | 50~60 | 45~55 | 40~50 |
| | 100~150 | 55~60 | 50~55 | 45~50 | 60~70 | 55~65 | 50~60 |
| | 150~200 | 60~70 | 55~65 | 50~60 | 70~80 | 60~70 | 60~65 |
| | >200 | 70~80 | 65~75 | 55~70 | 80~100 | 70~90 | 65~80 |

注：1. 对潮湿系数小于 0.5 的地区，Ⅱ、Ⅲ、Ⅳ等干旱地区防冻厚度应比表中值减少 15%~20%。
　　2. 对Ⅱ区砂性土路基防冻厚度应相应减少 5%~11%。

### 11.4.4　沥青路面层间结合

沥青路面各结构层之间应紧密结合，不因层间滑动或松散而丧失结构的整体效应。

1）沥青面层与基层之间应设置透层沥青或黏层沥青。当采用半刚性基层时，为防止粒料松散和雨水下渗，宜采用单层层铺法表处或稀浆封层表处进行封闭。当采用水泥混凝土刚性基层时，也应设黏层沥青。

2）沥青面层由两层或三层组成又不能连续摊铺时，则在铺上层之前彻底清扫下层表面的灰尘、泥土、油污等有可能破坏层间结合的有害物质，然后设黏层沥青。

3）透层沥青、黏层沥青，单层表面处治下封层，稀浆封层下封层的材料规格、用量应根据地区气候特点，施工季节和结构类型的不同，按《公路沥青路面施工技术规范》的要求选定。

## 11.5　沥青路面设计

### 11.5.1　设计指标与极限标准

设计控制标准是指根据路面结构的破坏过程和破坏机理所达到的极限状态，从力学响应提出的控制指标。路面结构设计中结构厚度分布满足了控制指标的极限标准，就能保证路面结构在设计使用期内正常工作，不致出现破坏的极限状态。

路面结构的破坏状态和机理是极其复杂的，至今还没有全部被人们所认识，即使有一些破坏状况已被人们认识，但是要从力学机理的角度，从理论上作准确的分析，并且将它列入设计系统中成为一项控制指标也需要漫长的研究过程。弯沉与弯拉应力（或弯拉应变）是目前各种力学经验法普遍采用的设计控制指标。

路面结构的路表弯沉（图 11-3 中 $A$ 点）表征路面结构在设计标准轴载作用下垂直方向的位移。弯沉是表征路面结构总体刚度的指标。在荷载相同、土基支撑相同的条件下，弯沉越小，表明总体刚度越大，因此它的抗变形能力与抗压入、抗弯曲的能力也大。弯沉的大小也能表征土基支撑的强弱，在夏热季节，沥青面层的抗高温稳定性也能间接地由弯沉表现出来。以弯沉值作为设计控制指标的另一个优点是便于直接量测。因此，我国沥青路面设计方法较长时间都以路表弯沉作为设计控制指标。

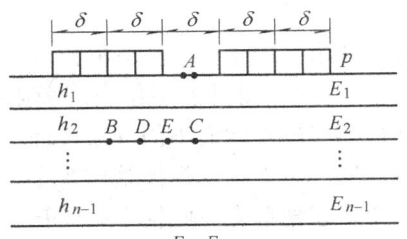 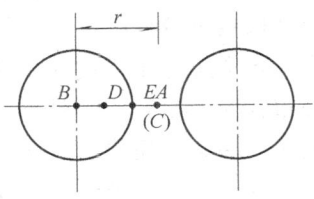

图 11-3　路表弯沉值计算图式

实践表明，回弹弯沉值大的路面，在经受了轴载不太多次数的重复作用之后，将呈现出某种形态的破坏；而回弹弯沉值小的路面，能经受轴载较多次重复作用之后，才达到这种形态的破坏。也就是说，在达到相同程度的破坏时，回弹弯沉值的大小同该路面的设计使用寿命，即轴载累计重复作用次数成反比关系。路面损坏的过程是随着累计轴载数的增加而逐步发展的。通常可以通过长期观测，建立起累计轴载数 $N$ 与路面损坏阶段的统计数学模型。不同等级公路所允许出现的破坏阶段特征是不一样的，当路面表面特征（如平整度、抗滑性能、车辙深度等）超出规定的界限，影响安全或行车质量，即使路面表面破坏尚未达到严重程度，即认为路面已达到极限状态，因此路面设计使用期内能够承受的与极限状态所对应的路表弯沉值与通过的累计轴载次数在该极限破坏阶段达到了平衡。对于等级略低的公路，通常不以路面使用品质作为设计使用期末的极限状态，而是以某一种路面结构性破坏作为极限状态，所对应的路表弯沉就可以大一些。由此可以确定路面结构在经受设计使用期累计通行标准轴载次数后，路面状况优于各级公路极限状态标准时，所必须具有的路表回弹弯沉值，即设计弯沉值 $l_d$。《公路沥青路面设计规范》规定路面设计弯沉值 $l_d$ 按下式确定

$$l_d = 600 N_e^{-0.2} A_c A_s A_b \tag{11-12}$$

式中　$l_d$——设计弯沉值/0.01mm；

　　　$N_e$——设计年限内一个车道累计当量标准轴载通行次数；

　　　$A_c$——公路等级系数，高速公路、一级公路为 1.0，二级公路为 1.1，三、四级公路为 1.2；

$A_\theta$——面层类型系数，沥青混凝土面层为 1.0，热拌沥青碎石、冷拌沥青碎石、上拌下贯或贯入式路面、沥青表面处治为 1.1；

$A_b$——路面结构类型系数，刚性基层、半刚性基层沥青路面为 1.0，柔性基层沥青路面为 1.6，若基层由半刚性材料层与柔性材料层组合而成，则 $A_b$ 通过线性内插确定。

用路表弯沉作为设计指标能够从总体结构与宏观性能方面控制路面结构在设计年限内正常工作，但是弯沉指标却不可能表征路面结构内个别结构层的某一个指标是否出现破坏极限状态。此外由于路表实测弯沉值随气候和水温环境发生变化，有时候难以确定弯沉与路面结构的绝对对应关系。因此，需要建立第二项设计指标。经过国内外工程界长期观察和研究，普遍认为，路面结构在车轮荷载作用之下，某一结构层的水平方向弯拉应力达到并超过该层材料的抗拉强度时，首先在轮载下方产生初始裂缝，随着车轮的反复多次作用，初始裂缝逐步延伸，并在垂直方向扩展，导致路面表面产生各种裂缝，进一步发展则成为局部范围或大面积的损坏。

沥青路面结构在车轮荷载作用下各结构层都出现水平向正应力，有的出现压应力，也有的出现拉应力，各个层位水平向正应力的分布也不相同。而且各层位出现极限拉应力的大小、次序与分布状况因轮载的位置与整个路面结构的层位不同而不同。通过理论计算和大量的实验验证表明，层位较高的刚性基层和半刚性基层，由于刚性板体结构效应，极限弯拉应力一般出现在刚性基层或半刚性基层极的底部，初始裂缝首先由此发生，而基层上方的沥青面层不会首先产生初始裂缝，若基层板裂缝进一步发展，形成断裂裂缝后，沥青面层随着应力重分布而逐步形成初始裂缝，最后导致沥青面层破坏。对于设置半刚性下基层的路面结构，通常极限状态首先发生在下基层底部，产生初始裂缝，然后向上使得基层拉应力增大而引起基层裂缝，最后扩展到沥青面层。

对于柔性基层沥青路面或组合基层沥青路面，则由于柔性基层材料以粒状结构为主，不承担弯拉应力，所以沥青面层承受较大的轮载弯矩，整个路面结构的极限状态可能首先出现在沥青面层底部，形成初始裂缝，然后在车轮反复作用下逐步扩展，沥青面层形成断裂裂缝。因此，对于柔性基层和组合基层的沥青面层，在路面结构设计中必须验算弯拉应力是否超出材料允许的极限标准。

《公路沥青路面设计规范》规定，沥青面层和基层层底拉应力作为沥青路面结构设计的第二项设计控制指标。

沥青路面在车轮反复多次作用之下，沥青面层和刚性、半刚性基层的层底拉应力超过极限，形成初始裂缝并逐步扩展至断裂的过程，属疲劳断裂损伤。通过大量路面试验、环道试验和小梁疲劳试验后表明，承受一次加载断裂的弯拉应力与受多次加载后达到同样断裂所施加的疲劳应力之间的比值与加载的次数之数存在如下相关关系

$$\frac{\sigma_{sp}}{\sigma_R} = K_s \tag{11-13}$$

式中 $\sigma_{sp}$——路面结构材料的抗拉强度（MPa），由实验室按标准试验方法测得；

$\sigma_R$——路面结构材料的允许拉应力（MPa），即该材料能承受设计年限 $N_e$ 次加载的疲劳弯拉应力；

$K_s$——抗拉强度结构系数，根据结构层材料不同，按以下公式计算 $K_s$ 值。

| | | |
|---|---|---|
| 沥青混凝土面层 | $K_s = 0.09 N_e^{0.22}/A_c$ | (11-14a) |
| 无机结合料稳定集料 | $K_s = 0.35 N_e^{0.11}/A_c$ | (11-14b) |
| 无机结合料稳定细粒土 | $K_s = 0.45 N_e^{0.11}/A_c$ | (11-14c) |
| 贫混凝土 | $K_s = 0.25 N_e^{0.11}/A_c$ | (11-14d) |

将式（11-13）变换成式（11-15）即可得到弯拉应力设计控制指标允许拉应力

$$\sigma_R = \frac{\sigma_{sp}}{K_s} \tag{11-15}$$

路面结构设计按两项指标设计结构层厚度，取其中较厚的层厚作为最终设计结果，即可以同时满足弯沉与弯拉应力两项设计指标的要求。

沥青路面在实际使用过程中，除了以上两种极限状态之外，引起路面损坏的形式还有很多种，在条件成熟的时候也可以考虑增加与之相应的设计控制指标。例如，为了控制热稳定性不足产生的车辙，有的设计方法将车辙永久变形的深度作为设计控制指标，也有将沥青面层的抗剪极限强度作为设计控制指标以控制路面永久变形，还有将低温裂缝的断裂应力（或应变）作为设计控制指标等。这些在今后的科学研究和设计方法的完善过程中还可以不断地深入探讨。

## 11.5.2 路面结构厚度设计方程式与设计参数

沥青路面结构组合设计的各项工作，即结构层材料选型、层位确定，结构层厚度初步选定之后，路面厚度设计验算阶段主要考察拟定的路面结构在经受设计使用期当量标准轴载的反复作用之后，是否能满足两项设计控制指标的要求，即以下两个方程式是否能满足。

$$l_s \leq l_d \tag{11-16}$$

$$\sigma_m \leq \sigma_R \tag{11-17}$$

式中 $l_s$——拟定结构的计算路表弯沉值（0.01mm）；

$l_d$——设计回弹总弯沉值（0.01mm）；

$\sigma_m$——拟定结构的验算结构层层底拉应力（MPa）。

式（11-16）、式（11-17）两式必须同时满足，若有一式不能满足，则可以重新调整结构层的材料、层位与厚度，直至满足两项设计指标的要求为止。

**1. 计算路表弯沉值 $l_s$**

路表弯沉值 $l_s$ 计算图式如图 11-3 所示，按下式计算

$$l_s = 1000 \frac{2p\delta}{E_1} \alpha_c F$$

$$\alpha_c = f\left(\frac{h_1}{\delta}, \frac{h_2}{\delta}, \cdots, \frac{h_{n-1}}{\delta}; \frac{E_2}{E_1}, \frac{E_3}{E_2}, \cdots, \frac{E_0}{E_{n-1}}\right) \tag{11-18}$$

可应用括号内的参数作为输入数据，应用通用软件计算得到。

弯沉综合修正系数，按下式计算

$$F = 1.63 \left(\frac{l_s}{2000\delta}\right)^{0.38} \left(\frac{E_0}{P}\right)^{0.36} \tag{11-19}$$

式中 $l_s$——路表弯沉（0.01mm）；

$P$、$\delta$——标准车轴载轮胎接地压力（MPa）和当量圆半径（cm）；

$F$——弯沉综合修正系数；
$\alpha_c$——理论弯沉系数；
$E_0$ 或 $E_n$——路基回弹模量（MPa）；
$E_1$、$E_2$、$E_{n-1}$——各结构层材料回弹模量（MPa）；
$h_1$、$h_2$、$h_{n-1}$——各结构层的厚度（cm）。

**2. 计算结构层底拉应力 $\sigma_m$**

结构层底拉应力 $\sigma_m$ 计算图式如图 11-3 所示。按下式计算

$$\sigma_m = p\,\overline{\sigma}_m \tag{11-20}$$

式中 $\overline{\sigma}_m$——理论最大拉应力系数，按下式计算

$$\overline{\sigma}_m = \phi\left(\frac{h_1}{\delta}, \frac{h_2}{\delta}, \cdots, \frac{h_{n-1}}{\delta}; \frac{E_2}{E_1}, \frac{E_3}{E_2}, \cdots, \frac{E_0}{E_{n-1}}\right)$$

可应用括号内的参数为输入数据，应用通用软件计算得到。

结构层的允许拉应力应通过实例确定极限拉应力 $\sigma_{sp}$ 后才能确定。所有这些构成了沥青路面结构设计必备的系列参数，以下逐项分述各参数选定的关键技术。

**3. 路基回弹模量 $E_0$**

在应用弹性层状体系理论进行路面设计时，必须确定路基土和路面材料的弹性模量值。无论路基土或路面材料，在常用荷载作用下，应力应变关系是非线性的，因而弹性模量并不是定值，而是应力状态的函数。工程上通常采用承载板试验或弯沉测定的方法确定路基土和路面材料回弹模量值，并将这种回弹模量作为弹性模量用广场算。路基回弹模量（$E_0$）是路面结构设计的重要参数，其取值的大小对路面结构厚度有较大影响，正确地确定 $E_0$ 是十分重要的。路基回弹模量值与土的性质、密实度、含水率、路基所处的干湿状态以及测试方法有密切的关系。

**4. 结构层回弹模量 $E_1$**

结构层材料的回弹模量值是沥青路面结构设计的重要参数。由于结构层材料性质的不同，测量回弹模量的试验方法也不一样。通常在选择试验方法和决定回弹模量取值时，应考虑下列因素：① 测试方法简便，测试结果稳定；② 测得的模量值应较好地反映该结构层在路面结构层位中的工作状态和力学特性；③ 设计参数应与设计方法能较好地匹配。

《公路沥青路面设计规范》规定：沥青路面结构，按设计回弹总弯沉 $l_d$ 和设计容许层底弯拉应力 $\sigma_R$ 两个指标控制设计厚度。无论采用哪项控制指标设计厚度，各结构层的回弹模量均采用抗压回弹模量。

半刚性材料的抗压回弹模量按 JTJ E51—2009《公路工程无机结合料稳定材料试验规程》有关规定进行试验测定，并按规定龄期测定各类混合料的抗压回弹模量值，即水泥稳定类材料为 90d，石灰稳定类材料为 180d，水泥粉煤灰稳定类为 120d。

沥青混合料结构层的抗压回弹模量按 JTJ E20—2011《公路工程沥青及沥青混合料试验规程》进行试验测定。当以路表弯沉值为设计验算指标时，取标准试验温度为 20℃；当以层底拉应力为设计验算指标时，取标准试验温度为 15℃，以适应不同设计控制指标所对应的最不利环境温度。

无结合料粒料结构层的抗压回弹模量测试，可以在工地现场铺筑整层试槽，通过承载板测定方法进行测试，详见 JTG E60—2008《公路路基路面现场测试规程》。

## 5. 结构层材料的抗拉强度 $\sigma_{sp}$

沥青面层与有机结合料或无机结合料稳定粒料基层的抗拉强度，应按照我国有关规程规定的方法进行测定。我国规范规定采用间接拉伸试验，即劈裂试验来测定结构层材料的抗拉强度。

路面结构层的各项设计参数，包括抗压回弹模量和抗弯拉强度等原则上都应该在确定原材料料源之后，配合工程，按规定取样后在实验室完成测定工作。对于高速公路和一级公路，所有的设计参数必须通过实验室测定，其他等级公路若部分参数确定有困难无法实际测定时，可以参考表 11-9 和表 11-10 论证选定。

表 11-9 沥青混合料设计参数

| 材料名称 | | 抗压模量/MPa | | 劈裂强度/MPa | 备 注 |
|---|---|---|---|---|---|
| | | 20℃ | 15℃ | 15℃ | |
| 细粒式沥青混凝土 | 密级配 | 1200～1600 | 1800～2200 | 1.2～1.6 | DAC-11<br>DAC-11 |
| | 开级配 | 700～1000 | 1000～1400 | 0.6～1.0 | OGFC-11<br>OGFC-11 |
| 沥青玛蹄脂碎石 | | 1200～1600 | 1600～2000 | 1.4～1.9 | SMA |
| 中粒式沥青混凝土 | | 1000～1400 | 1600～2000 | 0.8～1.2 | DAC-16<br>DAC-20 |
| 密级配粗粒式沥青混凝土 | | 800～1200 | 1000～1400 | 0.6～1.0 | DAC-25 |
| 大粒径沥青碎石基层 | 密级配 | 1000～1400 | 1200～1600 | 0.6～1.0 | ATB25-35 |
| | 半开级配 | 600～800 | | | AM25-40 |
| 沥青贯入式 | | 400～600 | | | |

表 11-10 粒料基层、底基层材料设计参数

| 材料名称 | 配合比或规格要求 | 抗压模量[①]/MPa<br>（弯沉计算用） | 劈裂强度/MPa | 抗压模量[②]/MPa<br>（弯沉计算用） |
|---|---|---|---|---|
| 二灰砂砾 | 7:13:80 | 1100～1500 | 0.6～0.8 | 3000～4200 |
| 二灰碎石 | 8:17:80 | 1300～1700 | 0.5～0.8 | 3000～4200 |
| 水泥砂砾 | 4%～6% | 1100～1500 | 0.4～0.6 | 3000～4200 |
| 水泥碎石 | 4%～6% | 1300～1700 | 0.4～0.5 | 3000～4200 |
| 石灰:水泥:粉煤灰:砂砾 | 6:3:16:75 | 1200～1600 | 0.4～0.55 | 2700～3700 |
| 水泥:粉煤灰:碎石 | 4:16:80 | 1300～1700 | 0.4～0.55 | 2400～3000 |
| 石灰土碎石 | 粉料>60% | 700～1100 | 0.3～0.4 | 1600～2400 |
| 碎石灰土 | 粉料>40%～50% | 600～900 | 0.25～0.35 | 1200～1800 |

（续）

| 材料名称 | 配合比或规格要求 | | 抗压模量①/MPa（弯沉计算用） | 劈裂强度/MPa | 抗压模量②/MPa（弯沉计算用） |
|---|---|---|---|---|---|
| 水泥：石灰：砂砾：土 | 4：3：25：68 | | 800~1200 | 0.3~0.4 | 1500~2200 |
| 二灰土 | 11：30：60 | | 600~900 | 0.2~0.3 | 2000~2800 |
| 石灰土 | 8%~12% | | 400~700 | 0.2~0.25 | 1200~1800 |
| 石灰土处理路基 | 4%~7% | | 200~350 | | |
| 级配碎石 | 上基层 | 连续级配 | 300~350 | | |
| | | 骨架密实 | 300~500 | | |
| | 底基层、垫层 | | 200~250 | | |
| 填隙碎石 | 底基层 | | 200~280 | | |
| 未筛分碎石 | 底基层 | | 180~220 | | |
| 砂砾 | 底基层 | | 150~200 | | |
| 中粗砂 | 垫层 | | 80~100 | | |

① 该列数据考虑式（11-21）的标准差修正。
② 该列数据考虑式（11-22）的标准差修正。

考虑到路面结构层回弹模量的最不利组合，回弹模量 $E_i$ 的设计值按以下方法计算：

1）计算路表弯沉时，各层材料的抗压回弹模量设计值按下式计算

$$E_i = \overline{E}_i - Z_\alpha S \tag{11-21}$$

2）计算层底弯拉应力时，计算层以下各层 $E_i$ 采用式（11-21）计算，计算层及其以上各层 $E_i$ 采用下式计算

$$E_i = \overline{E}_i + Z_\alpha S \tag{11-22}$$

式中 $\overline{E}_i$——$i$ 层试件模量的平均值；
$S$——各试件模量的标准差；
$Z_\alpha$——保证率 $\alpha = 95\%$ 的系数，取 2.0。

## 11.5.3 新建路面厚度设计

新建道路沥青路面厚度结构设计可按图 11-4 所示程序框图逐步完成设计最优方案。
设计规范规定，不同等级公路沥青路面结构的设计指标见表 11-11。

表 11-11 不同等级公路沥青路面结构的设计指标

| 公路等级 | 沥青路面结构设计指标 | | |
|---|---|---|---|
| | 路表面设计弯沉 $l_d$ | 沥青层弯拉应力 $\sigma_R$ | 半刚性层弯拉应力 $\sigma_R$ |
| 高速公路，一、二级公路 | ○ | ○ | ○ |
| 三、四级公路 | ○ | | |

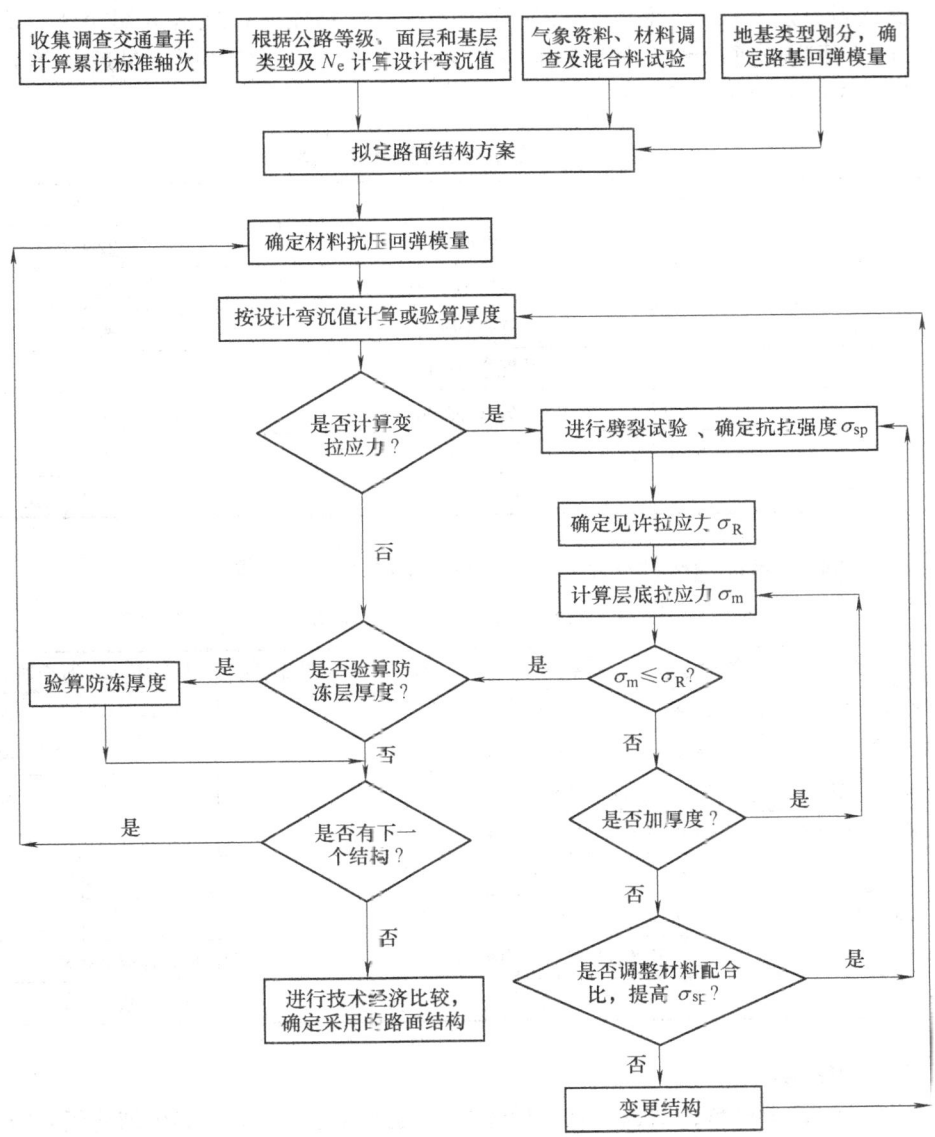

图 11-4 新建道路沥青路面结构设计程序框图

## 11.5.4 新建沥青路面厚度计算示例

**1. 基本资料**

（1）自然地理条件　新建高速公路地处 $II_2$ 区，为双向四车道，拟采用沥青路面结构进行施工图设计，沿线土质为中液限黏性土，填方路基高 1.8m，地下水位距路床 2.4m，属中湿状态；年降雨量为 620mm，最高气温 35℃ 最低气温 −31℃，多年最大道路冻深为 175cm，平均冻结指数为 882℃，最大冻结指数为 1225℃·d。

（2）土基回弹模量的确定　设计路段路基处于中湿状态，路基土为中液限黏质土，根据室内试验法确定土基回弹模量设计值为 40MPa。

(3) 交通量确定　根据工程可行性研究报告可知，路段所在地区近期交通组成与交通量见表 11-12。预测交通量增长率前 5 年为 8.0%，之后 5 年为 7.0%，最后 5 年为 5.0%。沥青路面累计标准轴次按 15 年计。

表 11-12　近期交通组成与交通量

| 车型分类 | 代表车型 | 数量/(辆/d) |
| --- | --- | --- |
| 小客车 | 桑塔纳 2000 | 2280 |
| 中客车 | 江淮 AL6600 | 220 |
| 大客车 | 黄海 DD680 | 450 |
| 轻型货车 | 北京 BJ130 | 260 |
| 中型货车 | 东风 EQ140 | 660 |
| 重型货车 | 黄河 JN163 | 868 |
| 铰接挂车 | 东风 SP9250 | 330 |

(4) 设计轴载　累计轴次计算结果见表 11-13，属于重交通等级。

表 11-13　轴载换算与累计轴载

| 汽车车型 | 前轴重/kN | 后轴重/kN | 后轴数 | 后轴轮组数 | 后轴距/m | 日交通量/(辆/d) |
| --- | --- | --- | --- | --- | --- | --- |
| 北京 BJ130 型轻型货车 | 13.4 | 27.4 | 1 | 2 | 0 | 260 |
| 东风 EQ140 型 | 23.6 | 69.3 | 1 | 2 | 0 | 660 |
| 东风 SP9250 型 | 50.7 | 113.3 | 3 | 2 | 4 | 330 |
| 黄海 DD680 型长途客车 | 49.0 | 91.5 | 1 | 2 | 0 | 450 |
| 黄海 JN163 型 | 58.6 | 114.0 | 1 | 2 | 0 | 868 |
| 江淮 AL6600 型 | 17.0 | 26.5 | 1 | 2 | 0 | 220 |
| 换算方法 | 弯沉及沥青层拉伸应力指标 | | | 半刚性层拉伸应力指标 | | |
| 累计交通轴次 | 2098 万次 | | | 2673 万次 | | |

## 2. 初拟路面结构

根据本地区的路用材料，结合已有工程经验与典型结构，拟定了三个结构组合方案。按计算法确定方案一、方案二的路面厚度；按验算法验算方案三的结构厚度。根据结构层的最小施工厚度、材料、水文、交通量以及施工机具的功能等因素，初步确定路面结构组合与各层厚度如下。

**方案一：**

4cm 细粒式沥青混凝土 + 6cm 中粒式沥青混凝土 + 8cm 粗粒式沥青混凝土 + 38cm 水泥稳定碎石基层 + 17cm 水泥石灰砂砾土层，以水泥石灰砂砾土为设计层。

**方案二：**

4cm 细粒式沥青混凝土 + 8cm 中粒式沥青混凝土 + 15cm 密级配沥青碎石 + 20cm 水泥稳定砂砾 + 18cm 级配砂砾垫层，以水泥稳定砂砾为设计层。

**方案三：**

4cm 细粒式沥青混凝土 + 8cm 中粒式沥青混凝土 + 2×10cm 密级配沥青碎石 + 35cm 级

配碎石。

**3. 路面材料配合比设计与设计参数的确定**

（1）试验材料的确定　半刚性基层所用集料取自沿线料场，结合料沥青选用 A 级 90 号，上面层采用 SBS 改性沥青，技术指标均符合《公路沥青路面施工技术规范》相关规定。

（2）路面材料配合比设计（略）

（3）路面材料抗压回弹模量的确定

1）根据设计配合比，选取工程用各种原材料制件，测定设计参数。按照《公路工程无机结合料稳定材料试验规程》中规定的方法测定半刚性材料的抗压回弹量。

2）按照《公路工程沥青及沥青混合料试验规程》中规定的方法测定沥青混合料的抗压回弹模量，测定 20℃、15℃的抗压回弹模量，各种材料的试验结果与设计参数见表 11-14 和表 11-15。

表 11-14　沥青材料抗压回弹模 f 测定与参数取值

| 材料名称 | 20℃抗压回弹模量/MPa | | | 15℃抗压回弹模量/MPa | | | |
|---|---|---|---|---|---|---|---|
| | $E_P$ | 方差 $\sigma$ | $E_P - 2\sigma$ $E_{PS}$ | $E_P$ | 方差 $\sigma$ | $E_P - 2\sigma$ $E_{P代}$ | $E_P + 2\sigma$ |
| 细粒式沥青混凝土 | 1991 | 201 | 1589 | 2680 | 344 | 1992 | 3368 |
| 中粒式沥青混凝土 | 1425 | 115 | 1215 | 2175 | 187 | 1801 | 2549 |
| 粗粒式沥青混凝土 | 978 | 55 | 868 | 1320 | 60 | 1200 | 1440 |
| 密级配沥青碎石 | 1248 | 116 | 1116 | 1715 | 156 | 1403 | 2027 |

表 11-15　半刚性材料及其他材料抗压回弹模量测定与参数取值

| 材料名称 | 抗压模量/MPa | | | |
|---|---|---|---|---|
| | $E_P$ | 方差 $\sigma$ | $E_P - 2\sigma$ $E_{P代}$ | $E_P + 2\sigma$ |
| 水泥稳定碎石 | 3188 | 782 | 1624 | 4752 |
| 水泥石灰砾石 | 1591 | 250 | 1191 | 2091 |
| 水泥稳定砂砾 | 2671 | 234 | 2148 | 3086 |
| 级配碎石 | 400 | | | |
| 级配砂砾 | 250 | | | |

（4）路面材料劈裂强度测定　根据设计配合比，选取工程用各种原材料，测定规定温度和龄期的材料劈裂强度。按照《公路工程沥青及沥青混合料试验规程》与《公路工程无机结合料稳定材料试验规程》中规定的方法进行测定，结果见表 11-16。

表 11-16　路面材料劈裂强度

| 材料名称 | 细粒式沥青混凝土 | 中粒式沥青混凝土 | 粗粒式沥青混凝土 | 密级配沥青碎石 | 水泥稳定碎石 | 水泥稳定砂砾 | 水泥石灰砂砾土 | 二灰稳定砂砾 |
|---|---|---|---|---|---|---|---|---|
| 劈裂强度/MPa | 1.2 | 1.0 | 0.8 | 0.6 | 0.6 | 0.5 | 0.4 | 0.6 |

### 4. 路面结构层厚度确定

（1）方案一的结构厚度计算　该结构为半刚性基层，沥青路面的基层类型系数为 1.0，设计弯沉值为 20.60（0.01mm）。利用设计程序计算出满足设计弯沉指标要求的水泥石灰砂砾土层厚度为 11.1cm；满足层底拉应力要求的水泥石灰砂砾土层厚度为 16.5cm。设计厚度取水泥石灰砂砾土层为 17cm。路表计算弯沉为 18.57（0.01mm）。各结构层的验算结果见表 11-17。

表 11-17　结构厚度计算结果

| 序号 | 结构层材料名称 | 20℃抗压模量/MPa | | 15℃抗压模量/MPa | | 劈裂强度/MPa | 厚度/cm | 层底拉应力/MPa | 允许拉应力/MPa |
|---|---|---|---|---|---|---|---|---|---|
| | | 均值 | 标准差 | 均值 | 标准差 | | | | |
| 1 | 细粒式沥青混凝土 | 1991 | 201 | 2680 | 344 | 1.2 | 4 | -0.19 | 0.46 |
| 2 | 中粒式沥青混凝土 | 1425 | 115 | 2175 | 187 | 1.0 | 6 | 0.06 | 0.38 |
| 3 | 粗粒式沥青混凝土 | 978 | 55 | 1320 | 60 | 0.8 | 8 | -0.06 | 0.31 |
| 4 | 水泥稳定碎石 | 3188 | 782 | 3188 | 782 | 0.6 | 38 | 0.15 | 0.26 |
| 5 | 水泥石灰砂砾土 | 1591 | 250 | 1591 | 250 | 0.4 | 17 | 0.13 | 0.14 |
| 6 | 土基 | 40 | 0 | — | — | — | — | — | — |

（2）方案二的结构厚度计算　该结构为柔性基层与半刚性基层组合，沥青层较厚。根据工程经验，按内插法确定基层类型系数为 1.45，设计弯沉值为 29.87（0.01mm）。利用设计程序计算出满足设计弯沉指标要求的水泥稳定砂砾层厚度为 16.4cm；满足层底拉应力要求的水泥稳定砂砾层厚度为 19.5cm。设计厚度取水泥稳定砂砾层为 20cm，路表计算弯沉为 27.0（0.01mm）。各结构层的验算结果见表 11-18。

表 11-18　结构厚度计算结果

| 序号 | 结构层材料名称 | 20℃抗压模量/MPa | | 15℃抗压模量/MPa | | 劈裂强度/MPa | 厚度/cm | 层底拉应力/MPa | 允许拉应力/MPa |
|---|---|---|---|---|---|---|---|---|---|
| | | 均值 | 标准差 | 均值 | 标准差 | | | | |
| 1 | 细粒式沥青混凝土 | 1991 | 201 | 2680 | 344 | 1.2 | 4 | -0.28 | 0.46 |
| 2 | 中粒式沥青混凝土 | 1425 | 115 | 2175 | 187 | 1.0 | 8 | 0.04 | 0.38 |
| 3 | 粗粒式沥青混凝土 | 1248 | 116 | 1715 | 156 | 0.6 | 15 | 0.04 | 0.23 |
| 4 | 水泥稳定砂砾 | 2617 | 234 | 2617 | 234 | 0.5 | 20 | 0.26 | 0.26 |
| 5 | 级配砂砾 | 250 | 0 | — | — | — | 18 | — | 0.14 |
| 6 | 土基 | 40 | 0 | — | — | — | — | — | — |

（3）方案三的结构厚度计算　该结构为比较方案，其结构为柔性基层，沥青路面的基层类型系数为 1.6，设计弯沉值为 32.96（0.01mm）。利用设计程序验算结构是否满足设计弯沉与容许拉应力的要求，验算结果见表 11-19。该结构路表计算弯沉为 31.47（0.01mm），

小于设计弯沉,符合要求;各结构层层底拉应力验算结果均满足要求。

表 11-19 结果厚度计算结果

| 序号 | 结构层材料名称 | 20℃抗压模量/MPa | | 15℃抗压模量/MPa | | 劈裂强度/MPa | 厚度/cm | 层底拉应力/MPa | 允许拉应力/MPa |
|---|---|---|---|---|---|---|---|---|---|
| | | 均值 | 标准差 | 均值 | 标准差 | | | | |
| 1 | 细粒式沥青混凝土 | 1991 | 201 | 2630 | 344 | 1.2 | 4 | −0.31 | 0.46 |
| 2 | 中粒式沥青混凝土 | 1425 | 115 | 2175 | 187 | 1.0 | 8 | 0.08 | 0.38 |
| 3 | 密级配沥青碎石 | 1248 | 116 | 1715 | 156 | 0.6 | 20 | 0.23 | 0.23 |
| 4 | 级配砂砾 | 350 | 0 | — | — | — | 35 | — | — |
| 5 | 土基 | 40 | 0 | — | — | — | — | — | — |

(4) 计算防冻厚度 方案一沥青层厚度为18cm,总厚度为73cm。根据表11-8规定,最小防冻厚度为40~50cm。方案二沥青层厚度为27cm,总厚度为65cm。根据表11-8规定,最小防冻厚度为45~55cm。方案三沥青层厚度为32cm,总厚度为67cm。根据表11-8规定,最小防冻厚度为50~60cm。以上路面结构厚度均满足最小防冻厚度要求。

### 11.5.5 路面交工验收指标

路面交工验收时,验收弯沉值 $l_a$ 是工程验收的重要指标,它是在不利季节、BZZ—100标准轴载作用下,轮隙中心处实测路表弯沉代表值 $l_r$ 进行评定的。即

$$l_r \leq l_a \tag{11-23}$$

式中 $l_r$——实测某路段的代表弯沉值(0.01mm);

$l_a$——路表面弯沉检测标准值(0.01mm),按最后确定的路面结构厚度和材料模量计算的路表弯沉值。

实测路面代表弯沉值的检测通常在交工时的不利季节,用标准轴载 BZZ—100 的汽车实测路表弯沉值。检测时,若不是在不利季节进行测定,还应考虑季节修正。对于沥青层厚度小于或等于5cm时,不考虑温度修正;若厚度大于5cm,应进行温度修正。通常以沥青层的温度为20℃作为标准温度,其余不在20℃标准温度下测得的路表弯沉应作如下修正

$$l_{20} = l_T K_3 \tag{11-24}$$

$$K_3 = e^{\left(\frac{1}{T} - \frac{1}{20}\right)h} \quad (T \geq 20℃) \tag{11-25a}$$

$$K_3 = e^{0.02(20-T)h} \quad (T \leq 20℃) \tag{11-25b}$$

$$T = a + bT_0 \tag{11-26}$$

式中 $l_{20}$——沥青层处于标准温度20℃下的弯沉值(0.01mm);

$l_T$——沥青层处于温度 $T$ 下的弯沉值(0.01mm);

$K_3$——温度修正系数;

$T$——测定的路面沥青层平均温度(℃);

$T_0$——测定时路表温度与前5h平均气温之和(℃);

$a$——系数，$a = -2.65 + 0.52h$；
$b$——系数，$b = 0.62 - 0.008h$；
$h$——沥青面层厚度（cm）。

取经过季节修正和温度修正后得到的路表弯沉值作为验收评定的实测弯沉指标，并考虑一定的保证率，按下式（11-27）计算路面交工验收弯沉值 $l_r$

$$l_r = (\bar{l}_r + Z_\alpha S) K_1 K_3 \tag{11-27}$$

式中 $\bar{l}_r$——实测路表弯沉的平均值；

$S$——实测路表弯沉的标准差；

$Z_\alpha$——考虑不同等级公路取不同保证率的系数，对于高速公路、一级公路，$Z_\alpha = 1.645$，对于其他公路，$Z_\alpha = 1.500$；

$K_1$——季节影响系数，根据当地经验确定；

$K_3$——温度修正系数，按式（11-24）~式（11-26）确定。

### 11.5.6 沥青路面改建设计

沥青路面随着使用时间的延续，其使用性能和承载能力不断降低，超过设计使用年限后便不能满足正常行车交通的要求，而需补强或改建。当原有路面需要提高等级时，对不符合技术标准的路段应先进行线形改善，改线路段应按新建路面设计。加宽路面、提高路基、调整纵坡的路段应视具体情况按新建或改建路面设计。在原有路面上补强时，按改建路面设计。路面补强设计工作包括现有路面结构状态调查、弯沉评定以及补强厚度计算。

**1. 路面结构状况调查与评定**

对使用中的路面进行结构状况的调查与评定，其目的主要是了解路面现有结构状况和强度，据以判断是否需要加强或预估剩余使用寿命，分析路面损坏的原因及提出处理措施。

现有路面状况调查工作包括如下内容：

1) 交通调查。对于当前的交通量和车型组成进行实地观测，通过调查分析预估交通量增长趋势，确定年平均增长率。

2) 路基状况调查。调查沿线路基土质、填挖高度、地面排水情况、地下水位，以确定路基土组和干湿类型。

3) 路面状况调查。调查路面结构类型、组合和各层厚度，为此需开挖试坑进行量测和取样试验，量测路基和路面宽度，详细记载路表状况及路拱大小，对路面的病害和破坏应详加记述并分析产生原因。

4) 路面修建和养护历史调查。

路面结构强度的评定，通常采用测量路表轮隙回弹弯沉的方法。由于路面在一年内的不同时期具有不同的强度，而经补强设计的路面必须保证在最不利季节具有良好的使用状态，因此原有路面的弯沉值应在最不利季节测定；若在非不利季节测定，应按各地的季节影响系数进行修正。如在原砂石路面上加铺沥青面层时，因补强后对路基的湿度有影响，路基和基层中的水分蒸发较以前困难，致使路基和基层中湿度增加，强度降低，弯沉增大，因此还应根据当地经验进行湿度影响的修正。当原路面为沥青路面时，应根据实测温度作温度修正。

在确定原路面的计算弯沉时，应将全线分段，分段时应考虑下列因素：

1) 同一路段路基的干湿类型与土质基本相同。

2) 同一路段内各测点的弯沉值比较接近，若局部路段弯沉值很大，应先进行修补处理，再进行补强。

3) 各路段的最小长度应与施工方法相适应，一般不小于1000m。在水文、土质条件复杂或需特殊处理的路段，其分段长度可视实际情况确定。

在对原有路面进行弯沉检测时，每一车道、每路段的测点数不少于20点，且应以标准轴载车辆配以贝克曼梁进行测定，或用落锤弯沉仪进行测定（FWD）。

各路段的计算弯沉值按下式计算

$$l_0 = (\bar{l}_0 + Z_\alpha S) K_1 K_2 K_3 \tag{11-28}$$

式中 $l_0$——路段的计算弯沉值（0.01mm）；

$\bar{l}_0$——路段内原路面上实测弯沉的平均值（0.01mm）；

$S$——路段内原始面上实测弯沉的标准差（0.01mm）；

$Z_\alpha$——保证率系数，高速公路、一级公路取1.645，补强二级及二级以上公路路面时取1.5，补强三、四级公路时取1.3；

$K_1$、$K_2$——季节影响系数和温度影响系数，可根据当地经验选用；

$K_3$——温度修正系数。

**2. 原路面当量回弹模量的计算**

用理论法进行路面的补强计算时，需要将原路面计算弯沉值换算成综合回弹模量值。进行这种换算时，将原路基路面体系看做计算弯沉相等的匀质体，同时考虑承载板测定回弹模量与弯沉测定回弹模量之间的差异，得到如下综合回弹模量 $E_z$ 的计算公式

$$E_z = 1000 \frac{2P\delta}{l_0} m_1 m_2 \tag{11-29}$$

式中 $P$——弯沉测定车的轮胎压力；

$\delta$——弯沉测定车双圆轮迹的单圆直径；

$l_0$——原路面计算弯沉值；

$m_1$——用标准轴载汽车在原有路面上测得的弯沉值 $l_{轮}$ 与用承载板在相同压强条件下所测得的回弹变形值 $l_{板}$ 之比，$m_1 = l_{轮}/l_{板}$，一般情况下，应通过在旧路面上进行对比试验确定，在没有对比资料的情况下，推荐 $m_1$ 取值为1.1；

$m_2$——原路面当量回弹模量扩大系数，计算与原有路面接触的强层层底拉应力时，$m_2$ 按式（11-30）计算，计算其他补强层层底拉应力及弯沉值时，$m_2 = 1.0$。

引入修正系数的原因是因为按照拉应力验算的原则，在进行与旧路面接触的补强层层底弯拉应力验算时，计算层与结构层（即旧路面面层）的材料参数应维持不变，但旧路面当量回弹模量相当于在弯沉等效的基础上将由数层不同材料组成的旧路面等效视作一均质弹性半空间体时所对应的等效模量。显然，该模量值不同于和计算层相邻的原路面面层的回弹模量，因此，在进行与旧路面接触的补强层层底拉应力验算时，应对旧路面当量回弹模量进行修正，根据研究，规范给出如下公式

$$m_2 = e^{0.037} \frac{h'}{\delta} \left(\frac{E_{n-1}}{p}\right)^{0.25} \tag{11-30}$$

$$h' = \sum_{i=1}^{n-1} h_i (E_i/E_{n-1})^{0.25} \tag{11-31}$$

式中 $E_{n-1}$——与原路面接触层材料的抗压回弹模量（MPa）；

$h'$——各补强层相当于原路面接触层 $E_{n-1}$ 的等效总厚度（cm）；

$h_i$——第 $i$ 层补强层的厚度（cm）；

$E_i$——第 $i$ 层补强层材料的抗压回弹模量（MPa）；

$n-1$——补强层层数。

**3. 加铺层设计**

加铺层厚度与结构组合设计应与纵横断面设计相结合，路面厚度设计应考虑路面纵坡是否顺适、与周围环境是否协调等情况进行综合分析确定。

加铺层的结构类型，可根据公路等级、交通量、当地经济条件和已有经验，选用一层或多层沥青混合料或半刚性基层、组合式基层、柔性基层、贫混凝土基层等结构。

加铺层设计可按以下步骤进行：

1）计算原有路面的当量回弹模量。

2）拟定结构组合方案及设计层位，确定各加铺层的材料参数。

3）根据加铺层的类型确定设计指标。当以路表回弹弯沉为设计指标时，弯沉综合修正系数 $F$ 按下式确定

$$F = 1.45 \left( \frac{l_a}{2000\delta} \right)^{0.61} \left( \frac{E_1}{P} \right)^{0.06} \tag{11-32}$$

当以弯拉应力为设计指标时，仍按新建路面设计方法进行计算。确定设计厚度后，按式（11-19）计算弯沉综合修正系数，最后计算路表回弹弯沉。

4）设计层的厚度采用弹性层状体系理论设计程序计算。

5）对于季节冰冻地区，中温与潮湿路段，还应验算防冻厚度。

6）根据各方案的计算结果，进行技术经济比较，确定采用的加铺方案。

## 本 章 小 结

本章主要介绍弹性层状体系理论分析，沥青路面的破坏状态与设计标准，沥青路面结构组合设计，新建沥青路面的结构厚度计算，沥青路面改建设计等内容。

## 思 考 题

11-1 沥青路面结构破坏有哪些状态？

11-2 沥青路面结构组合设计要遵循哪些原则？

11-3 路面弯沉、路面允许弯沉和路面设计弯沉的区别与联系是什么？

11-4 轴载换算有哪两条原则？

11-5 如何选用路面材料设计参数值？

11-6 如何计算结构层材料的允许拉应力？

11-7 新建沥青路面结构设计步骤有哪些？

11-8 路面补强设计工作包括哪些内容？

# 第12章 水泥混凝土路面

## 12.1 概述

### 12.1.1 水泥混凝土路面的分类

水泥混凝土路面是高级路面，它由混凝土面板和基层、垫层组成。根据材料的要求、组成及施工工艺的不同，水泥混凝土路面包括普通混凝土、钢筋混凝土、连续配筋混凝土、预应力混凝土、装配式混凝土和钢纤维混凝土等。目前采用最广泛的是就地浇筑的普通混凝土路面，简称混凝土路面。

### 12.1.2 水泥混凝土路面的特点

所谓普通混凝土路面，是指除接缝区和局部范围（边缘和角隅）外不配置钢筋的混凝土路面。与其他类型路面相比，混凝土路面具有以下优点：

1）强度高。混凝土路面具有很高的抗压强度和较高的弯拉强度以及抗磨耗能力。

2）稳定性好。混凝土路面的水稳性、热稳性均较好，特别是它的强度能随着时间的延长而逐渐提高，不存在沥青路面的那种"老化"现象。

3）耐久性好。由于混凝土路面的强度和稳定性好，所以它经久耐用，一般能使用20～40年，而且它能通行包括履带式车辆等在内的各种运输工具。

4）有利于夜间行车。混凝土路面色泽鲜明，能见度好，对夜间行车有利。

但是，混凝土路面也存在一些缺点，主要有以下几方面：

1）对水泥和水的需要量大。修筑厚0.2m、宽7m的混凝土路面，每1000m要耗费水泥400～500t、水约250t，尚不包括养生用水，这在水泥供应不足和缺水地区较为困难。

2）有接缝。一般混凝土路面要建造许多接缝，这些接缝不但增加施工和养护的复杂性，而且容易引起行车跳动，影响行车的舒适性，接缝又是路面的薄弱点，如处理不当，将导致路面板边和板角处破坏。

3）开放交通较迟。一般混凝土路面完工后，要经过28d的潮湿养生，才能开放交通，如需提早开放交通，则需采取特殊措施。

4）修复困难。混凝土路面损坏后，开挖很困难，修补工作量也大，且影响交通。

## 12.2 水泥混凝土路面的构造

### 12.2.1 土基

理论分析表明，通过刚性面层和基层传到土基上的压力很小，一般不超过0.05MPa，因此混凝土板下不需要有坚强的土基支撑。然而，如果土基的稳定性不足，在水温变化的影响下出现较大的变形，特别是不均匀沉陷，则仍将给混凝土面板带来很不利的影响。实践证明，由于土基不均匀支撑，使面板在受荷时底部产生过大的弯拉应力，导致混凝土路面产生破坏。因此，混凝土路面下的路基必须密实、稳定和均匀。路基一般要求处于干燥或中湿状况，过湿状态或强度与稳定性不符合要求的潮湿状态的路基必须经过处理。

路基的不均匀支撑，可能由下列因素所造成：

1）不均匀沉陷。湿软地基未达充分固结，土质不均匀，压实不充分、填挖结合部以及新老路基交接处处理不当。

2）不均匀冻胀。季节性冰冻地区，土质不均匀（对冰冻敏感性不同），路基潮湿条件变化。

3）膨胀土。在过干或过湿（相当于最佳含水率）时压实，排水设施不良等。

控制路基不均匀支撑的最经济、最有效的方法是：① 把不均匀的土掺配成均匀的土；② 控制压实时的含水率接近最佳含水率，并保证压实度达到要求；③ 加强路基排水设施，对于湿软地基加固；④ 加设垫层，以缓和可能产生的不均匀变形对面层的不利影响。

## 12.2.2 基层

混凝土面层下设置基层的目的是以下几种：

1）防唧泥。混凝土面层如直接放在路基上，会由于路基土塑性变形量大，细料含量多和抗冲刷能力低而极易产生唧泥现象。铺设基层后，可减轻以致消除唧泥的产生。但未经处治的砂砾基层，其细料含量和塑性指数不能太高，否则仍会产生唧泥。

2）防冰冻。在季节性冰冻地区，用对冰冻不敏感的粒状多孔材料铺筑基层，可以减少路基的冰冻深度，从而减轻冰冻的危害作用。

3）减小路基顶面的压应力，并缓和路基不均匀变形对面层的影响。

4）防水。在湿软土基上，铺筑开级配粒料基层，可以排除从路表面渗入面层板下的水分及隔断地下毛细水上升。

5）为面层施工（如立侧模、运送混凝土混合料等）提供方便。

6）提高路面结构承载能力，延长路面的使用寿命。

因此，除非土基本身就是有良好级配的砂砾类土，而且是良好排水条件的轻交通公路之外，都应设置基层。同时，基层应具有足够的强度和稳定性。理论计算和实践证明，采用整体性好，具有较高的弹性模量（如贫混凝土、沥青混凝土、水泥稳定碎石、石灰粉煤灰稳定碎石、级配碎石等）的材料修筑基层，可以确保混凝土路面良好的使用特性和延长路面的使用寿命。因此，基层材料的技术要求必须符合 JTJ 034—2000《公路路面基层施工技术规范》的要求。因为如果基层出现较大的塑性变形累积（主要在接缝附近），面层板将与之脱空，支撑条件恶化，从而增加板的应力；同时，若基层材料中含有过多的细料，还将促使唧泥和错台等病害产生。

基层厚度以 20cm 左右为宜。研究资料表明，用厚基层来提高土基的支撑力，或者说借以降低面层应力或减薄面层厚度一般是不经济的。但是随着稳定类基层厚度的减小，基层底面的弯拉应力随之增大，因此基层厚度不宜太薄。

基层宽度应比混凝土路面板每侧各宽出 25~35cm（采用小型机具或轨道式摊铺机施工）

或 50~60cm（采用滑模摊铺机施工），或与路基同宽，以供施工时安装模板，并防止路面边缘渗水至土基而导致路面破坏。

在冰冻深度大于 0.5m 的季节性冰冻地区，为防止路基可能产生的不均匀冻胀对混凝土面层的不利影响，路面结构应有足够的总厚度，以便将路基的冰冻深度约束在有限的范围内。

路面结构的最小总厚度，随冰冻线深度、路基的潮湿状态和土质而异，其数值可参照表 12-1 选定。超出面层和基层厚度的总厚度部分可用基层下的垫层（防冻层）来补足。

表 12-1 水泥混凝土路面结构防冻最小厚度

| 路基干湿类型 | 路基土质 | 当地最大冻深/cm | | | |
|---|---|---|---|---|---|
| | | 50~100 | 101~150 | 151~200 | >200 |
| 中湿路段 | 低、中、高液限黏土 | 30~50 | 40~60 | 50~70 | 65~95 |
| | 粉土、粉质低、中液限黏土 | 40~60 | 50~70 | 60~85 | 70~110 |
| 潮湿路段 | 低、中、高液限黏土 | 40~60 | 50~70 | 60~90 | 75~120 |
| | 粉土、粉质低、中液限黏土 | 45~70 | 55~80 | 70~100 | 30~130 |

### 12.2.3 混凝土面板

理论分析表明，轮载作用于板中部时，板所产生的最大应力约为轮载作用于板边部时的 2/3。因此，面层板的横断面应采用中间薄两边厚的形式，如图 12-1 所示，以适应荷载应力的变化，一般边部厚度较中部约大 25%，是从路面最外两侧板的边部，在 0.6~1.0m 宽度范围内逐渐加厚。

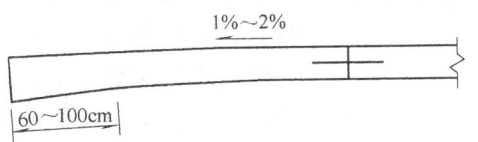

图 12-1 混凝土路面横断面示意图

但是厚边式路面对土基和基层的施工带来不便；而且使用经验也表明，在厚度变化转折处，易引起板的折裂。因此，目前国内外肯采用等厚式断面。

混凝土面板应保证表面平整、耐磨、抗滑。混凝土面板的平整度以 3m 直尺量测为准。3m 直尺与路面表面的最大间隙，高速公路和一级公路不应大于 3mm，其他各级公路不应大于 5mm。混凝土面板的抗滑标准以构造深度为指标，高速公路和一级公路不应低于 0.8mm，其他各级公路不应低于 0.6mm。

### 12.2.4 接缝的构造与布置

混凝土面层是由一定厚度的混凝土板所组成，它具有热胀冷缩的性质。由于一年四季气温的变化，混凝土板会产生不同程度的膨胀和收缩。而在一昼夜中，白天气温升高，混凝土板顶面温度较底面为高，这种温度坡差会形成板的中部隆起的趋势；夜间气温降低，板顶面温度较底面为低，会使板的周边和角隅发生翘起的趋势（图 12-2a）。这些变形会受到板与基础之间的摩擦力和黏结力，以及板的自重车轮荷载等的约束，致使板内产生过大的应力，造成板的断裂（图 12-2b）或拱胀等破坏。

从图 12-2 可见，由于翘曲而引起的裂缝，则在裂缝发生后被分割的两块板体尚不致完全分离，倘若板体温度均匀下降引起收缩，则将使两块板体被拉开，从而失去荷载传递作

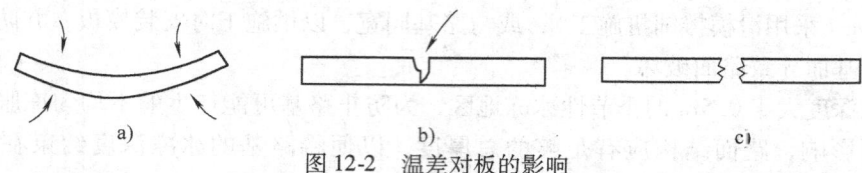

图 12-2 温差对板的影响
a）混凝土由于温度坡差引起的变形　b）开裂　c）由于均匀温度下降使板的开裂

用。为避免这些缺陷，混凝土路面不得不在纵横两个方向设置许多接缝，把整个路面分割成许多板块，如图 12-3 所示。

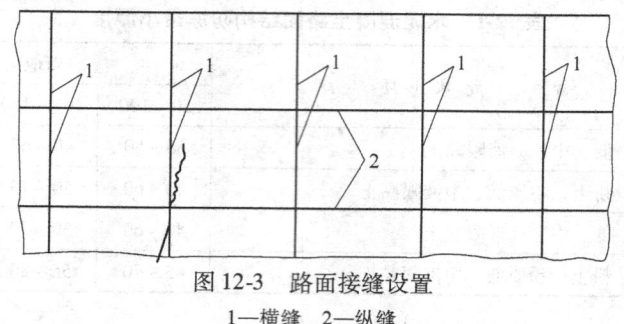

图 12-3 路面接缝设置
1—横缝　2—纵缝

横向接缝是垂直于行车方向的接缝，共有三种：缩缝、胀缝和施工缝。缩缝保证板因温度和湿度的降低而收缩时沿该薄弱断面缩裂，从而避免产生不规则的裂缝。胀缝保证板在温度升高时能部分伸张，从而避免产生路面板在热天的拱胀和折断破坏，同时胀缝也能起到缩缝的作用。另外，混凝土路面每天完工以及因雨天或其他原因不能继续施工时，应尽量做到胀缝处。如不可能，也应做至缩缝处，并做成施工缝的构造形式。

在任何形式的接缝处板体都不可能是连续的，其传递荷载的能力总不如非接缝处。而且任何形式的接缝都不免要漏水。因此，对各种形式的接缝，都必须为其提供相应的传荷与防水的设施。

**1. 横缝的构造与布置**

（1）胀缝的构造　胀缝缝隙宽 20~25mm。如施工时气温较高，或胀缝间距较短，应采用低限；反之用高限。缝隙上部 3~4cm 深度内浇灌填缝料，下部则设置富有弹性的嵌缝板，它可由油浸或沥青浸制的软木板制成。

对于交通繁重的道路，为保证混凝土板之间能有效地传递荷载，防止形成错台，应在胀缝处板厚中央设置传力杆。传力杆一般是长 40~60cm，直径 20~38mm 的光圆钢筋，每隔 30cm 设一根。杆的半段固定在混凝土内，另半段涂以沥青、套上长 8~10cm 的铁皮或塑料套筒，筒底与杆端之间留出宽 3~4cm 的空隙，并用木屑与弹性材料填充，以利板的自由伸缩，如图 12-4a 所示。在同一条胀缝上的传力杆，设有套筒的活动端最好在缝的两边交错布置。由于设置传力杆需用钢材，故有时不设传力杆，而在板下用 C10 混凝土或其他刚性较大的材料，铺成断面为矩形或梯形的垫枕，如图 12-4b 所示。当用炉渣石灰土等半刚性材料作基层时，可将基层加厚形成垫枕，如图 12-4c 所示，结构简单，造价低廉。为防止水经过胀缝渗入基层和土基，还可在板与垫枕或基层之间铺一层或两层油毛毡或 2cm 厚沥青砂。

（2）缩缝的构造　缩缝一般采用假缝形式，如图 12-5a 所示，即只在板的上部设缝隙，当板收缩时将沿此最薄弱断面有规则地自行断裂。缩缝缝隙宽 3~8mm，深度为板厚的

1/5~1/4，一般为 5~6cm，近年来国外有减小假缝宽度与深度的趋势。假缝缝隙内也需浇灌填缝料，以防地面水下渗及石砂杂物进入缝内。

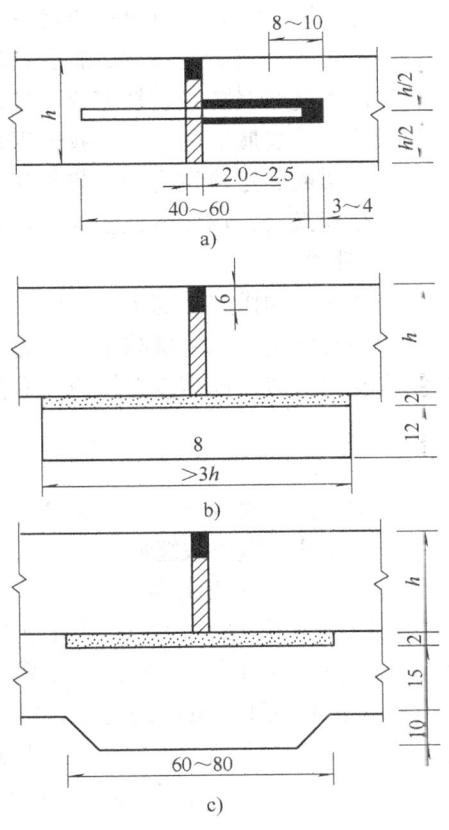

图 12-4　胀缝与施工缝的构造形式（单位：cm）
a) 套筒式传力杆　b) 垫枕式传力杆
c) 基层加厚垫枕式传力杆

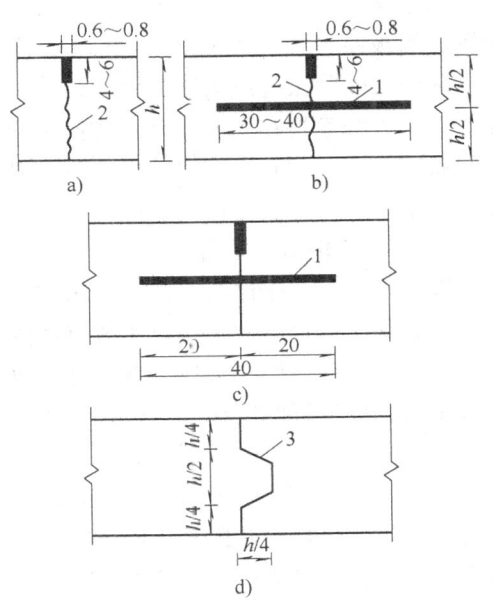

图 12-5　缩缝与施工缝的构造形式（单位：cm）
a) 假缝　b)、c) 传力杆　d) 企口缝
1—传力杆　2—裂缝　3—凸棒接头

由于缩缝缝隙下面板断裂面凹凸不平，能起一定的传递荷载作用，一般不必设置传力杆，但对交通繁重或地基水文条件不良路段，也应在板厚中央设置传力杆。这种传力杆长度为 30~40cm，直径为 14~16mm，每隔 30~60cm 设一根，如图 12-5b 所示，一般全部锚固在混凝土内，以使缩缝下部凹凸面的传递荷载作用有所保证；但为便于板的翘曲，有时也将传力杆半段涂以沥青，称为滑动传力杆，而这种缝称为翘曲缝。

应当补充指出，当在胀缝或缩缝上设置传力杆时，传力杆与路面边缘的距离，应较传力杆间距小些。

（3）施工缝的构造　施工缝采用平头缝或企口缝的构造形式。平头缝上部应设置深为 3~4cm，宽为 5~10mm 的沟槽，内浇灌填缝料。为利于板间传递荷载，在板厚的中央也应设置传力杆，如图 12-5c 所示。传力杆长约 40cm，直径 20mm，半段锚固在混凝土中，另半段涂沥青或润滑油，也称为滑动传力杆。如不设传力杆，则需用专门拉毛模板，把混凝土接头处做成凹凸不平的表面，以利于传递荷载。另一种形式是企口缝如图 12-5d 所示。

（4）横缝的布置　缩缝间距一般为 4~6m（即为板长），在昼夜气温变化较大的地区，或地基水文情况不良路段,应取低限值,反之取高限。在桥涵两端以及小半径平、竖曲线处应设置胀缝。胀缝是混凝土路面的薄弱环节,它不仅给施工带来不便,同时,由于施工时传力杆设置不当(未能正确定位),使胀缝处的混凝土常出现碎裂等病害;当雨水通过胀缝渗入地基后,易使地基软化,引起唧泥、错台等破坏;当砂石进入胀缝后,易造成胀缝处板边挤碎、拱胀等破坏。同时,胀缩容易引起行车跳动,其中的填缝料又要经常补充或更换,增加了养护的麻烦。因此,近年来国内外修筑的混凝土路面均有减少胀缝的趋势。我国现行刚性路面设计规范规定,胀缝应尽量少设或不设;但在邻近桥梁或固定建筑物处,或与其他类型路面相连接处、板厚变化处、隧道口、小半径曲线和纵坡变换处,均应设置胀缝。在其他位置,当板厚等于或大于 20cm 并在夏期施工时,也可不设胀缝。

采用长间距胀缝或无胀缝路面结构时,需注意采取一些相应的措施,如增大基层表面的摩擦力,以约束板在高温或潮湿时伸长的趋势;在气温较高时施工,以尽量减小水泥混凝土板的胀缩幅度;相对地缩短缩缝间距,以便减少板的温度翘曲应力,提高传刀杆的传递荷载能力,增进板对地基变形的适应性。

**2. 纵缝的构造与布置**

纵缝是指平行于混凝土路面行车方向的那些接缝。纵缝间距一般按 3~4.5cm 设置,这对行车和施工都较方便。当双车道路面按全幅宽度施工时,纵缝可做成假缝形式。对这种假缝,国外规定在板厚中央应设置拉杆,拉杆直径可小于传力杆,间距为 1.0m 左右,锚固在混凝土内,以保证两侧板不致被拉开而失掉缝下部的颗粒嵌锁作用,如图 12-6a 所示。当按一个车道施工时,可做成平头式纵缝,如图 12-6b 所示。为利于板间传递荷载,也可采用企口式纵缝,如图 12-6c 所示,缝壁应涂沥青,缝的上部也应留有宽 3~8mm 的缝隙,内浇灌填缝料。为防止板沿两侧路拱横坡爬动拉开和形成错台,以及防止横缝错开,有时在平头式及企口式纵缝上设置拉杆,如图 12-6c、d 所示,拉杆长 50~70mm,直径为 18~20mm,间距为 1.0~1.5m。

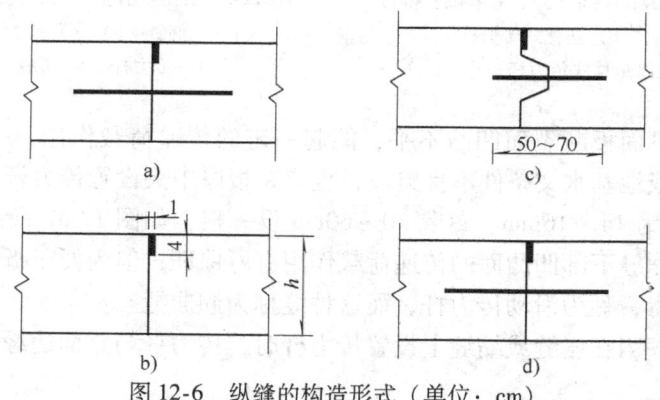

图 12-6 纵缝的构造形式(单位:cm)
a) 假缝带拉杆 b) 平头缝 c) 企口缝加拉杆 d) 平头缝加拉杆

对多车道路面,应每隔 3~4 个车道设一条纵向胀缝,其构造与横向胀缝相同。当路旁有路缘石时,缘石与路面板之间也应设胀缝,但不必设置传力杆或垫枕。

**3. 纵横缝的布置**

纵缝与横缝一般做成垂直正交,使混凝土板具有 90° 的角隅。纵缝两旁的横缝一般成一条直线。实践证明,如横缝在纵缝两旁错开,将导致板产生从横缝延伸出来的裂缝,如

图 12-7 所示。在交叉口范围内，为了避免板形成较锐的角并使板的长边与行车方向一致，大多采用辐射式的接缝布置形式，如图 12-8 所示。

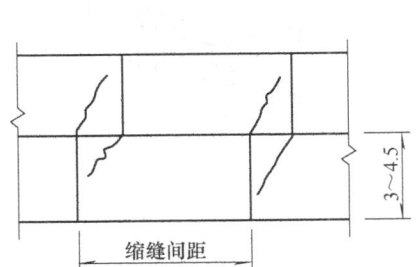

图 12-7 横缝错开时引起的裂缝（单位：m）

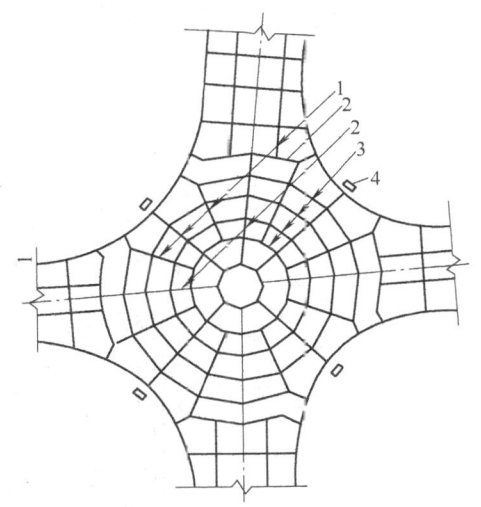

图 12-8 交叉口接缝布置
1—纵缝（企口缝） 2—胀缝 3—缩缝 4—进水口

应当补充指出，目前国外流行一种新的混凝土路面接缝布置形式，即胀缝甚少，缩缝间距不等，按 4m、4.5m、5m、5.5m 和 6m 的顺序设置，而且横缝与纵缝交成 80°左右的斜角，如设传力杆，则传力杆与路中线平行，其目的是使一辆车只有一个后轮横越接缝，减轻由于共振作用所引起的行车跳动的幅度，同时也可缓和板伸张时的顶推作用。

### 12.2.5 特殊部位混凝土路面的处理

**1. 板边和角隅补强**

当采用板中计算厚度的等厚式板时，或混凝土板纵、横向自由边缘下的基础有可能产生较大的塑性变形时，应在其自由边缘和角隅处设置下述两种补强钢筋。

（1）边缘钢筋 一般用两根直径为 12~16mm 的螺纹钢筋或圆钢筋，设在板的下部板厚的 1/4~1/3 处，且距边缘和板底均不小于 5cm，两根钢筋的间距不应小于 10cm，如图 12-9a 所示。纵向边缘钢筋一般只做在一块板内，不得穿过缩缝，以免妨碍板的翘曲；但有时也可将其穿过缩缝，但不得穿过胀缝。为加强锚固能力，钢筋两端应向上弯起。在横胀缝两侧板边缘以及混凝土路面的起终端处，为加强板的横向边缘，也可设置横向边缘钢筋。

（2）角隅钢筋 设置在胀缝两侧板的角隅处，一般可用两根直径为 12~14mm，长 2~4m 的螺纹钢筋弯成如图 12-9b 所示的形状。角隅钢筋应设在板的上部，距板顶面不小于 5cm，距胀缝和板边缘各为 10cm。在交叉口处，对无法避免形成的锐角，宜设置双层钢筋网补强，如图 12-9c 所示，以避免板角断裂。钢筋布置在板的上下部，距板顶（底）5~7cm 为宜。

**2. 混凝土路面与桥梁相接**

混凝土路面与桥梁相接处，宜设置钢筋混凝土搭板。搭板一端放在桥台上，并加设防滑锚固钢筋和在搭板上预留灌浆孔。如为斜交桥梁，应设置混凝土渐变板。

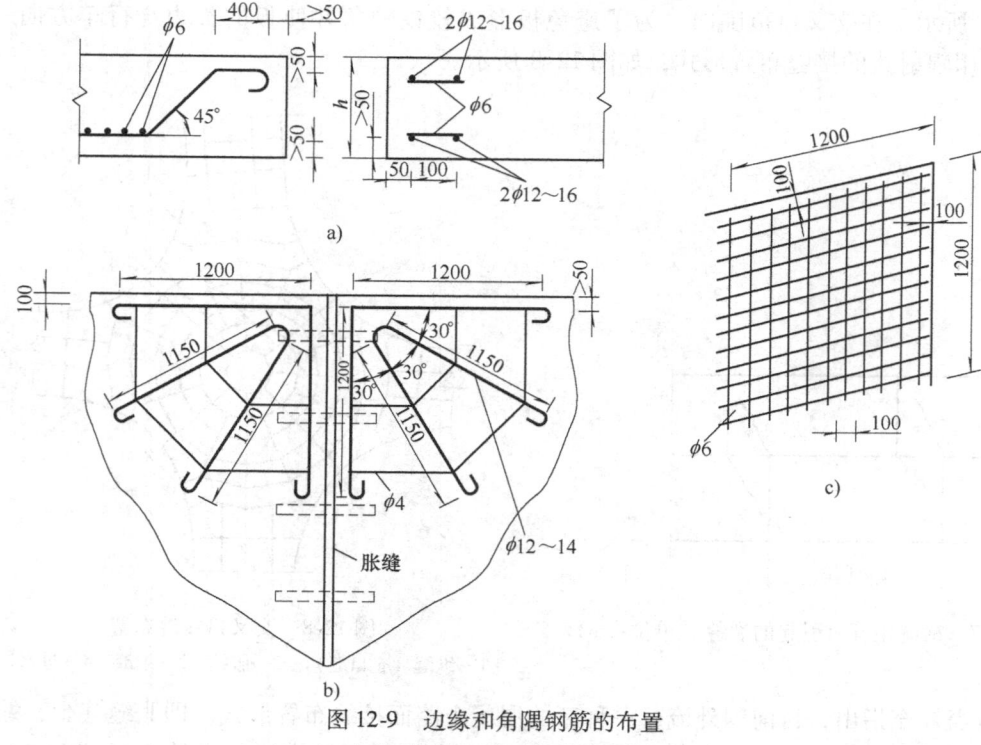

图 12-9 边缘和角隅钢筋的布置
a) 边缘钢筋 b)、c) 角隅钢筋

渐变板的块数为：当桥梁斜角大于 70°时设 1 块；45°~70°时设 2 块；小于 45°时至少设 3 块，如图 12-10 所示。渐变板的短边最小为 5m，长边最大为 10m。

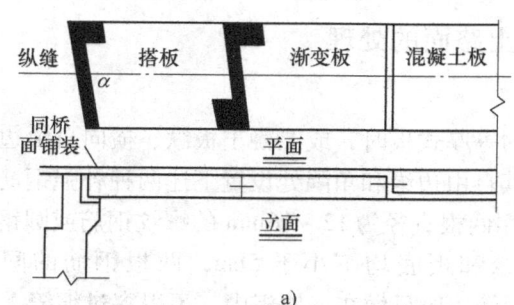

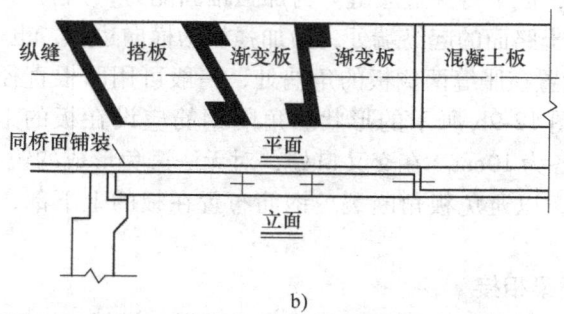

图 12-10 混凝土路面与斜交桥梁相接时的构造示意图
a) $\alpha \geqslant 70°$  b) $45° < \alpha < 70°$

# 第 12 章 水泥混凝土路面

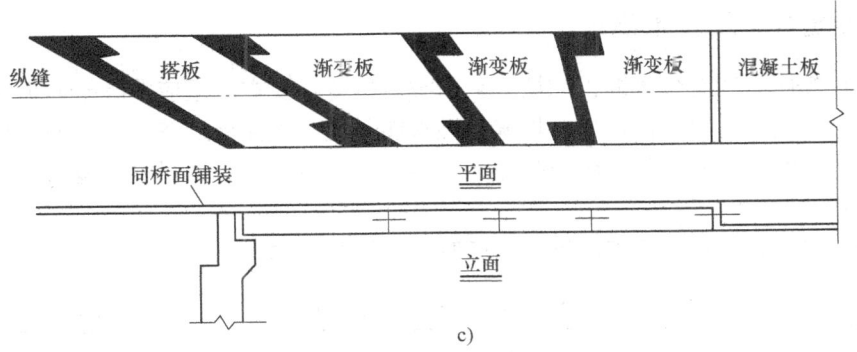

c)

图 12-10 混凝土路面与斜交桥梁相接时的构造示意图（续）
c) $\alpha \leqslant 15°$

### 3. 混凝土路面与沥青路面相接

水泥混凝土路面与沥青路面相接处，为避免出现沉陷或错台，或沥青路面受顶推而拥起，宜按图 12-11 的方式处理；或将混凝土板埋入沥青路面内，如图 12-12 所示。

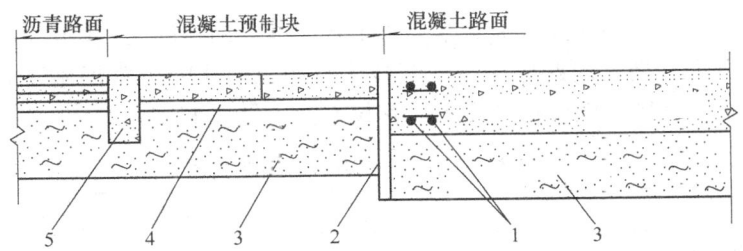

图 12-11 混凝土路面与沥青路面相接处的示意图
1—端部边缘钢筋  2—张缝  3—基层  4—卧层  5—混凝土平道牙

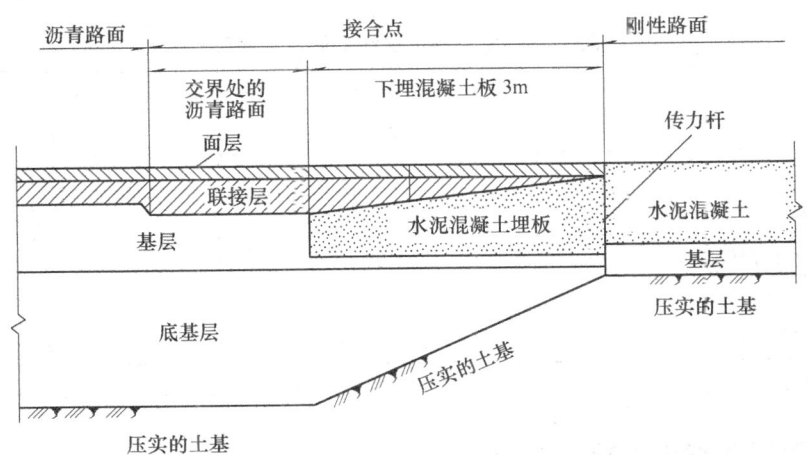

图 12-12 混凝土板埋入沥青路面的连接方法

### 12.2.6 接缝材料及技术要求

接缝材料按使用性能分接缝板和填缝料两类。接缝板要求能适应混凝土面板的膨胀与收缩，且施工时不变形、耐久性良好。填缝料要求能与混凝土面板缝壁黏结力强，且材料的回弹性好、能适应混凝土面板的膨胀与收缩、不溶于水、不渗水、高温时不溢出、低温时不脆裂和耐久性好。

接缝板可采用杉木板、沥青纤维板、橡胶泡沫板等。其技术性质见表12-2。

表12-2 接缝板技术性质

| 试验项目 | 接缝板种类 | | | 备注 |
|---|---|---|---|---|
| | 木材料 | 塑胶、橡胶泡沫类 | 纤维类 | |
| 压缩应力/MPa | 5.0~20.0 | 0.2~0.6 | 2.0~10.0 | — |
| 复原率（%） | ≥55 | ≥90 | ≥65 | 吸水后不应小于不吸水的90% |
| 挤出量/mm | <5.5 | <5.0 | <3.0 | — |
| 弯曲荷载/N | 100~400 | 0~50 | 5~40 | |

填缝料按施工温度分加热施工式和常温施工式两类。加热施工式填缝料主要有改性沥青类、聚氯乙烯胶泥类和沥青玛蹄脂类等。其技术性质见表12-3。常温施工式填缝料有聚氨酯、硅树脂类，氯丁橡胶、沥青橡胶类等。其技术性质见表12-4。

表12-3 加热施工式填缝料技术性质

| 试验项目 | 低弹性型 | 高弹性型 |
|---|---|---|
| 针入度/(0.1mm) | <50 | <90 |
| 弹性复原率（%） | ≥30 | ≥60 |
| 流动度/mm | <5 | <2 |
| （-10℃）拉伸量/mm | ≥10 | ≥15 |

表12-4 常温施工式填缝料技术性质

| 试验项目 | 低弹性型 | 高弹性型 |
|---|---|---|
| 失黏（固化）时间/h | 6~24 | 3~16 |
| 弹性复原率/% | ≥75 | ≥90 |
| 流动度/mm | 0 | 0 |
| （-10℃）拉伸量/mm | ≥15 | ≥25 |
| 与混凝土黏结度/MPa | ≥0.2 | ≥0.4 |
| 黏结延伸率（%） | ≥200 | ≥400 |

注：低弹性型适宜在气候严寒、寒冷地区使用；高弹性型适宜在炎热、温暖地区使用。

### 12.2.7 对面层混凝土材料的要求

路面用水泥混凝土混合料比之于其他工程结构水泥混凝土混合料应具有更高的品质要求。由于路面面层除了承受动荷载的冲击、磨耗和反复弯曲作用之外，还受到大气温度、湿度反复变化的影响。因此，面层混凝土混合料必须具有较高的弯拉强度和耐磨性能、良好的耐冻性以及尽可能低的膨胀系数和弹性模量。此外，还应有适当的施工和易性。路面混凝土混合料原材料的质量是混凝土混合料与混凝土路面工程质量的重要保障。

**1. 水泥**

水泥作为混凝土的胶结料，是混凝土成分中最重要的部分，一般要求采用强度等级为 42.5 以上的普通硅酸盐水泥。高速公路、一级公路以及通行特重、重交通的道路路面应采用旋窑生产的道路硅酸盐水泥，或采用旋窑生产的普通硅酸盐水泥，对于通行中、轻交通的道路可采用矿渣硅酸盐水泥。各交通等级路面水泥抗折强度、抗压强度应符合表 12-5 的要求。

表 12-5 各交通等级路面水泥各龄期的抗折强度、抗压强度

| 交通等级 | 特重交通 | | 重交通 | | 中、轻交通 | |
|---|---|---|---|---|---|---|
| 龄期/d | 3 | 28 | 3 | 28 | 3 | 28 |
| 抗压强度/MPa | 25.5 | 57.5 | 22.0 | 52.5 | 16.0 | 42.5 |
| 抗折强度/MPa | 4.5 | 7.5 | 4.0 | 7.0 | 3.5 | 6.5 |

根据公路等级及通行交通的状况选定水泥强度等级后，应检验或验证选用水泥的化学成分、物理性能和路用品质是否符合要求，表 12-6 提供的各项指标可作为路用水泥各项性能指标的参考标准。

表 12-6 各交通等级路面用水泥的化学成分和物理指标

| 水泥性能 | 特重、重交通路面 | 中、轻交通路面 |
|---|---|---|
| 铝酸三钙 | 不宜大于 7.0% | 不宜大于 9.0% |
| 铁铝酸四钙 | 不宜大于 15.0% | 不宜大于 12.0% |
| 游离氯化钙 | ≤1.0% | ≤1.5% |
| 氧化镁 | ≤5.0% | ≤6.0% |
| 三氧化硫 | ≤3.5% | ≤4.0% |
| 碱含量 | $Na_2O - 0.658K_2O ≤ 0.6\%$ | 怀疑有碱活性集料时，≤0.6%  无碱活性集料时，≤1.0% |
| 水泥特性 | 特重、重交通路面 | 中、轻交通路面 |
| 混合材种类 | 不得掺窑灰、煤矸石、火山灰和黏土有抗盐冻要求时不得掺石灰、石粉 | 不得掺窑灰、煤矸石、火山灰和黏土有抗盐冻要求时不得掺石灰、石粉 |
| 出磨时安定性 | 雷式夹或蒸煮法检验必须合格 | 蒸煮法检验必须合格 |
| 标准稠度需水量 | 不宜大于 23% | 不宜大于 30% |
| 烧失量 | ≤3.0% | ≤5.0% |
| 比表面积 | 宜为 300～450 $m^2/kg$ | 宜为 300～450 $m^2/kg$ |
| 细度（80μm） | 筛余率≤10% | 筛余率≤10% |
| 初凝时间 | ≤1.5h | ≤1.5h |
| 终凝时间 | ≤10h | ≤10h |
| 28d 干缩率 | ≤0.09% | ≤0.10% |
| 耐磨性 | ≤3.6 $m^2/kg$ | ≤3.6 $m^2/kg$ |

注：28d 干缩率和耐磨性试验方法采用 GB 13693—2005《道路硅酸盐水泥》标准。

## 2. 粗集料

混凝土混合料中的粗集料（>4.75mm）宜选用基岩为岩浆岩或未风化的沉积岩的碎石、碎卵石和卵石，要求质地坚硬、耐久、洁净，符合表12-7的规定。水泥混凝土混合料的粗集料按各项技术指标的标准分为Ⅰ、Ⅱ、Ⅲ三级。

表12-7 碎石、碎卵石和卵石技术指标

| 项 目 | 技术要求 | | |
|---|---|---|---|
| | Ⅰ级 | Ⅱ级 | Ⅲ级 |
| 碎石压碎指标（%） | <10 | <15 | <20① |
| 卵石压碎指标（%） | <12 | <14 | <16 |
| 坚固性（按质量损失计,%） | <5 | <8 | <12 |
| 针片状颗粒含量（按质量计,%） | <5 | <15 | <20② |
| 含泥量（按质量计,%） | <0.5 | <1.0 | <1.5 |
| 泥块含量（按质量计,%） | <0 | 0.2 | <0.5 |
| 有机物含量（比色法） | 合格 | 合格 | 合格 |
| 硫化物及硫酸盐（按$SO_3$质量计,%） | <0.5 | <1.0 | <1.0 |
| 岩石抗压强度 | 火成岩不应小于100MPa；变质岩不应小于80MPa；水成岩不应小于60MPa | | |
| 表面密度/（kg/m³） | >2500 | | |
| 松散堆密度/（kg/m³） | >1350 | | |
| 孔隙率（%） | <47 | | |
| 碱集料反应 | 经碱集料反应试验后，试件无裂缝、酥裂、胶体外溢等现象，在规定试验龄期的膨胀率应小于0.10% | | |

① 表示Ⅲ级碎石的压碎指标，用作路面时，应小于20%；用作下面层或基层时，可小于25%。
② 表示Ⅲ级粗集料的针片状颗粒含量，用作路面时，应小于20%；用作下面层或基层时，可小于25%。

高速公路、一级公路、二级公路以及有抗冻、抗盐腐蚀要求的公路路面混凝土，粗集料等级取Ⅰ级或Ⅱ级；无抗冻、抗盐腐蚀要求的三、四级公路路面混凝土、碾压混凝土路面以及贫混凝土基层可使用Ⅲ级集料。有抗冻、抗盐腐蚀要求时，Ⅰ级集料吸水率不得大于1.0%；Ⅱ级集料吸水率不得大于2.0%。

路面水泥混凝土混合料中的粗集料应具有严格的颗粒级配组成。传统的混凝土混合料对颗粒级配的要求比较宽，仅控制最大粒径及中间粒径的通过率，实践证明，传统的方法不利于混凝土的各项性能指标。JTG F30—2003《公路水泥混凝土路面施工技术规范》明确规定，应按最大公称粒径的不同，采用2~4个粒级的集料进行掺配，并应达到表12-8列出的合成级配的要求。对于粗集料最大公称粒径的限制，规定卵石不大于19.0mm；碎卵石不大于26.5mm；碎石不大于31.5mm。贫混凝土基层粗集料最大公称粒径不大于31.5mm；钢纤维混凝土与碾压混凝土不大于19.0mm。粗集料中粒径小于0.075mm的石粉含量不大于1.0%。

表12-8 粗集料级配范围

| 级配粒径类型 | | 放筛孔尺寸/mm | | | | | | | |
|---|---|---|---|---|---|---|---|---|---|
| | | 2.36 | 4.75 | 9.50 | 16.0 | 19.0 | 26.5 | 31.5 | 37.5 |
| | | 累计筛余（以质量计,%） | | | | | | | |
| 合成级配 | 4.75~16 | 95~100 | 85~100 | 40~60 | 0~10 | — | — | — | — |
| | 4.75~19 | 95~100 | 85~95 | 60~75 | 30~45 | 0~5 | 0 | — | — |
| | 4.75~26.5 | 95~100 | 90~100 | 70~90 | 50~70 | 25~40 | 0~5 | 5 | — |
| | 4.75~31.5 | 95~100 | 90~100 | 75~90 | 60~75 | 40~60 | 20~35 | 0~5 | 0 |
| 粒级 | 4.75~9.5 | 95~100 | 80~100 | 0~15 | 0 | — | — | — | — |
| | 9.5~16 | — | 95~100 | 80~100 | 0~15 | 0 | — | — | — |
| | 9.5~19 | — | 95~100 | 85~100 | 40~60 | 0~15 | 0 | — | — |
| | 16~26.5 | — | — | 95~100 | 55~70 | 25~40 | 0~10 | 0 | — |
| | 16~31.5 | — | — | 95~100 | 85~100 | 55~70 | 25~40 | 0~10 | 0 |

### 3. 细集料

混凝土混合料中的细集料（<4.75mm）应采用坚硬、耐久、洁净的天然砂、机制砂或混合砂。细集料的各项技术指标应符合表12-9的规定。

表12-9 细集料技术指标

| 项 目 | 技术要求 | | |
|---|---|---|---|
| | Ⅰ级 | Ⅱ级 | Ⅲ级 |
| 机制砂单粒级最大压碎指标（%） | <20 | <25 | <30 |
| 氯化物（氯离子质量计,%） | <0.01 | <0.02 | <0.06 |
| 坚固性（按质量损失计,%） | <6 | <8 | <10 |
| 云母（按质量计,%） | <1.0 | <2.0 | <2.0 |
| 天然砂、机制砂含泥量（按质量计,%） | <1.0% | <2.0% | <3.0[①] |
| 天然砂、机制砂泥块含量（按质量计,%） | 0 | <1.0 | <2.0 |
| 机制砂 MB 值<1.4 或合格石粉质量（按质量计,%） | <3.0 | <5.0 | <7.0 |
| 机制砂 MB 值≥1.4 或不合格石粉质量（按质量计,%） | <3.0 | <5.0 | <7.0 |
| 有机物含量（比色法） | 合格 | 合格 | 合格 |
| 硫化物及硫酸盐（按$SO_3$质量计,%） | <0.5 | <0.5 | <0.5 |
| 轻物质（按质量计,%） | <1.0 | <1.0 | <1.0 |

（续）

| 项目 | 技术要求 | | |
|---|---|---|---|
| | Ⅰ级 | Ⅱ级 | Ⅲ级 |
| 机制砂母岩抗压强度 | 火成岩不应小于100MPa；变质岩不应小于80MPa；水成岩不应小于60MPa | | |
| 表观密度/(kg/m³) | >2500 | | |
| 松散堆密度/(kg/m³) | >1350 | | |
| 空隙率（%） | >47 | | |
| 碱集料反应 | 经碱集料反应试验后，由砂配制的试件无裂缝、酥裂、胶体外溢等现象，在规定试验龄期的膨胀率应小于0.10% | | |

① 表示天然Ⅲ级砂用作路面时，含泥量应小于3%；用作贫混凝土基层时，可小于5%。

高速公路、一级公路、二级公路及有抗冻、抗盐腐蚀要求的三、四级公路路面混凝土，细集料等级取Ⅰ级或Ⅱ级；无抗冻、抗盐腐蚀要求的三、四级公路路面混凝土、碾压混凝土路面以及贫混凝土基层可使用Ⅲ级集料。特重、重交通道路混凝土路面应采用河砂，且砂的硅质含量不低于25%。

细集料的级配要求应符合表12-10的规定。此外，路面混凝土采用天然砂时，应选择中砂，应采用细度模数为2.0~3.5的砂。

表12-10 细集料级配范围

| 砂分级 | 方筛孔尺寸/mm | | | | | |
|---|---|---|---|---|---|---|
| | 0.15 | 0.30 | 0.60 | 1.18 | 2.36 | 4.75 |
| | 累计筛余（以质量计,%） | | | | | |
| 粗砂 | 90~100 | 80~95 | 71~85 | 35~65 | 5~35 | 0~10 |
| 中砂 | 90~100 | 70~92 | 41~70 | 10~50 | 0~25 | 0~10 |
| 细砂 | 90~100 | 55~85 | 16~40 | 0~25 | 0~15 | 0~10 |

路面混凝土中的细集料除了满足表12-9规定的要求之外，还应检验砂浆磨光值，通常要求砂浆磨光值大于35。

**4. 水**

通常饮用水可以直接作为混凝土搅拌和养护用水；若对水质有疑问时，应检验以下指标是否符合要求，不符合要求的水不能使用。水质要求为：

1) 硫酸盐含量（按$SO_4^{2-}$计）小于$0.0027mg/mm^3$。
2) 含盐量不得超过$0.005mg/mm^3$。
3) pH值不得小于4。

**5. 外加剂**

外加剂已经成为水泥混凝土混合料的重要成分。如为了保证混凝土具有足够的强度和密实度，应将水胶比限制在一定的取值范围内，但这又会影响施工和易性与混合料的均匀性，掺加塑化剂或减水剂则可以缓解这一矛盾，使得强度、密实度与和易性均优。有时为了施工的需要，要求混凝土提早硬化，达到规定的强度，可以掺加早强剂、减水剂等。外加剂的种类很多，我国有关部门已颁布专用规范以指导施工。对于公路路面水泥混凝土所用的外加剂、规范已提出了几种常用外加剂的技术性能指标要求，列于表12-11，可供参考使用。

## 表 12-11 掺常用外加剂混凝土的性能要求

| 实验项目 \ 外加剂种类 | 普通减水剂 | 高效减水剂 | 引气剂 | 引气减水剂 | 引气高效减水剂 | 缓凝剂 | 高效缓凝剂 | 缓凝减水剂 | 缓凝高效减水剂 | 引气缓凝高效减水剂 | 早强剂 | 早强减水剂 | 泵送剂 |
|---|---|---|---|---|---|---|---|---|---|---|---|---|---|
| 减水率(%), ≥ | 8 | 15 | 6 | 12 | 18 | — | 6 | 8 | 15 | 18 | — | 8 | 坍落度增加不小于100mm |
| 泌水率比(%), ≤ | 95 | 90 | 70 | 70 | 70 | 100 | 95 | 100 | 100 | 70 | 100 | 95 | 常压及压力泌水率不大于90 |
| 含气量(%) | ≤3.0 | ≤3.0 | ≥3.0 | ≥3.0 | ≥3.0 | — | ≤2.5 | ≤4.5 | ≤5.5 | ≥3.0 | — | ≤3.0 | ≤4.5 |
| 凝结时间差/min 初凝 | −90~120 | −90~120 | −90~120 | −90~120 | −60~90 | >90 | 300~480 | >90 | >90 | >90 | −90~90 | −90~90 | 坍落度保留值 30min不小于150mm |
| 凝结时间差/min 终凝 | — | — | −90~120 | −90~120 | — | — | ≤720 | — | — | — | — | — | 60min不小于120mm |
| 抗压强度比(%), ≥ 1d | — | 140 | — | — | — | — | — | — | — | — | 135 | 140 | — |
| 抗压强度比(%), ≥ 3d | 115 | 130 | 95 | 115 | 120 | 90 | — | 100 | 125 | 115 | 130 | 130 | 90 |
| 抗压强度比(%), ≥ 7d | 115 | 125 | 95 | 110 | 115 | 95 | 90 | 110 | 125 | 110 | 110 | 115 | 90 |
| 抗压强度比(%), ≥ 28d | 110 | 120 | 90 | 105 | 105 | 100 | 100 | 110 | 120 | 105 | 100 | 105 | 90 |
| 弯拉强度比(%), ≥ 7d | — | — | — | — | — | 100 | 100 | 105 | 115 | 115 | 105 | 110 | — |
| 弯拉强度比(%), ≥ 28d | 105 | 115 | 100 | 100 | 115 | 100 | 100 | 105 | 115 | 115 | 100 | 105 | — |
| 收缩率比(%), ≤ 28d | 125 | 125 | 120 | 120 | 120 | 125 | 125 | 125 | 125 | 120 | 130 | 130 | 125 |
| 磨耗量 (kg/m³) | 2.0 | 2.0 | 2.5 | 2.5 | 2.0 | 2.0 | 2.0 | 2.0 | 2.0 | 2.0 | 2.0 | 2.0 | — |
| 冻融循环系数, ≥ | 100 | 100 | 200 | 200 | 200 | — | — | — | 100 | 200 | 100 | 100 | 100 |
| 碱含量(%) | 测定值(以混凝土每立方米总碱量不超过3.0kg控制) | | | | | | | | | | | | |
| 对钢筋腐蚀作用 | 应说明对钢筋有无锈蚀危害 | | | | | | | | | | | | |

## 12.3 其他类型混凝土路面简介

### 12.3.1 钢筋混凝土路面

当混凝土板的平面尺寸较大;或者预计路基或基层有可能产生不均匀沉陷;或者板下埋有地下设施等情况时,宜采用钢筋混凝土路面。

钢筋混凝土路面是指为防止可能产生的裂缝、缝隙张开,板内配置有纵、横向钢筋(或钢丝)网的混凝土路面。设置钢筋网的主要目的是控制裂缝、缝隙的张开量,把开裂的板拉在一起,使板依靠断裂面上的集料嵌锁作用而保证结构强度,并非增加板的抗弯强度。因而,钢筋混凝土面层所需的厚度与素(无筋)混凝土面层的厚度相同。配筋是按混凝土收缩时将板块拉在一起所需的拉力确定。最大的拉力出现在板中央开裂时,它等于由该处到最近的板边缘范围内面层和基层之间的摩阻力。

每延长米板所需的配筋量（$cm^2$）为

$$A = \frac{3.2 L_s h}{f_{sy}} \tag{12-1}$$

式中 $h$——板厚（cm）;

$f_{sy}$——钢筋的屈服强度（MPa）;

$L_s$——计算纵向钢筋时,为横缝间距,计算横向钢筋时,为不设拉杆的纵缝或自由边缘间的间距（m）。

为使板内应力尽可能分散,宜采用小直径的钢筋。纵、横向钢筋宜采用相同直径。网筋的最小间距应为集料最大粒径的两倍,有关规定见表12-12。根据经验,钢筋的搭接长度宜为直径的24倍以上。由于钢筋的主要作用是使裂缝密闭,它在板内的竖向位置并不太重要,只要有足够的保护层以防锈蚀即可。通常在顶面下1/3~1/2板厚范围内。外侧钢筋中心到接缝或自由边的距离为10~15cm,钢筋保护层的最小厚度不应小于5cm。

表12-12 钢筋最小直径和最大间距

| 钢筋类型 | 光面钢筋 | 螺纹钢筋 |
| --- | --- | --- |
| 最小直径/mm | 8 | 12 |
| 纵向最大间距/cm | 15 | 35 |
| 横向最大间距/cm | 30 | 75 |

钢筋混凝土板的缩缝间距(即板长)一般为10~20m,最大不宜超过30m。缩缝内必须设置传力杆。其他接缝构造与素混凝土路面相同。

### 12.3.2 连续配筋混凝土路面

连续配筋混凝土路面的特点是沿纵向配置连续的钢筋,除了在与其他路面交接处或临近构造物附近设置胀缝以及视施工需要设置施工缝外,一般不设横缝的混凝土面层。其一般适用于高速公路或一级公路和机场混凝土路面。

这种面层会在温度和湿度变化引起的内应力作用下产生许多横向裂缝,裂缝的间距为

1.0~3.0m，缝隙的平均宽度为0.2~0.5mm。但是，由于配置了许多纵向连续钢筋，这些横向裂缝不至于张开而使杂物侵入或使混凝土剥落，因而不会影响行车的使用品质。

确定纵向钢筋用量的控制因素是裂缝、缝隙的宽度。缝隙过宽易使杂物和水侵入。配筋量多，可使缝宽度和缝与缝间距都减小。由于裂缝间距同缝隙宽度有直接关联，钢筋用量可按规定的裂缝间距来确定。虽然有好几种理论公式可用于计算钢筋用量，但通常都是根据经验确定，一般认为保持裂缝完整无损所需配筋量为混凝土板断面积的0.6%~0.8%。在美国一般气候区最小钢筋用量取0.6%，在寒冷气候区取0.7%。钢筋间距最小10cm，最大23m。钢筋直径应按规定选用。钢筋的埋置深度，在顶面下1/3~1/2板厚范围内，搭接长度至少50cm或钢筋直径的30倍，所有搭接均需错开。

我国规定纵横向钢筋应采用螺纹钢筋，纵向钢筋配筋率 $\beta$ 按式（12-2）计算，但应控制在0.5%~0.7%的范围内。最小配筋率，一般地区为0.5%，寒冷地区为0.6%。

$$\beta = \frac{E_c f_{cm}}{2E_s f_{sy} - E_s f_{cm}}(1.3 - 0.2\mu) \times 100\% \qquad (12-2)$$

式中 $\beta$ ——纵向钢筋配筋率（%）；

$f_{cm}$ ——混凝土弯拉强度设计值（MPa）；

$f_{sy}$ ——钢筋屈服强度（MPa）；

$\mu$ ——面板与基层之间的摩擦系数。

横向钢筋的用量很小，其配筋率为纵向钢筋的1/8~1/5，主要目的是保持纵向钢筋的间距。纵、横向钢筋均需采用螺纹钢筋，以保证混凝土和钢筋之间具有足够的握裹力。

连续配筋混凝土板内的钢筋并非按承受荷载应力进行设计的。因此，它的厚度仍可采用无筋混凝土面板的计算方法确定。其基层厚度与普通混凝土路面的基层相同。面板厚度对高速公路取普通混凝土路面板的设计厚度，对一级公路，取普通混凝土路面板的设计厚度的0.9倍。

连续配筋混凝土面层在浇筑中断时需设置施工缝。施工缝采用平缝形式，并用长度为1m的拉杆增强。拉杆的直径与间距同纵向钢筋，以使施工缝两侧的混凝土板块加固成连续的整体。

由于连续配筋混凝土路面没有接缝（施工缝除外），所以，在长板的端部、桥头连接处，或者与其他路面纵向接头处都要设置胀缝，以便于混凝土的膨胀留有余地。

### 12.3.3 装配式混凝土路面

装配式混凝土路面是在工厂中把混凝土预制成板块，然后运至工地现场装配而成。这种路面的优点是：混凝土板可以全年生产，不受气候影响，混凝土质量容易保证；施工进度快，铺筑完毕即可通车；损坏后易于拆换修理。因此，它适用于城市道路、厂矿道路、大型基建场地、停车站场和软弱土基上。装配式混凝土路面的缺点是接缝多，整体性差，容易引起行车颠簸跳动，因而在公路上一般不宜采用。

为了便于吊装及搬运，装配式混凝土板一般做成1~2m的正方形或矩形，也可做成边长为1.2m的六角形。板厚一般为0.12~0.18m。近年来有些国家还采用宽3.5m，长3~6m的矩形板，但需有相应的运输和吊装机具来配合。六角形板的强度和稳定性较好。为承受车轮荷载应力和吊装应力，装配式混凝土板可在边缘和角隅配置钢筋，有时也可设全面网状钢筋。

为提高板的质量，可采用预应力、真空作业、机械振捣或蒸汽养生等技术来制造混凝土板。冬期为加速板的硬结，可采用电热法或在铸模内安装管线，内通蒸汽或热水。有些国家还利用先张法或电热法施加预应力，做成装配式预应力混凝土板。

### 12.3.4 组合式（双层式）混凝土路面

新建道路的混凝土面板一般按单层式建造，只有当缺乏品质良好的材料时，才考虑采用双层式混凝土路面板，即利用当地品质较差的材料铺筑板的下层，而用品质较好的材料铺筑板的上层，以降低造价。在改建旧混凝土路面时，有时在其上加铺一层新混凝土面层，这样也形成双层式混凝土路面结构（必要时可以掺入一定量的粉煤灰）。根据双层混凝土路面上下层板之间结合程度的不同，有结合式、分离式和部分结合式三种形式。

（1）结合式　上、下层混凝土板牢固结合，成为一整体。新建路面时，上下层混凝土连续施工，即可做成结合式。改建路面时，将下层板表面凿毛、洗净晾干，并喷刷高强度等级水泥浆（水胶比为 0.4~0.5）或环氧树脂等黏结剂，随即浇筑新混凝土面层。对于这种结合形式，下层板的裂缝和接缝将会反射到上层板内，因此要求上、下层板的接缝必须对齐，并采用同样的接缝形式和缝隙宽度。这种结合形式适用于下层板完整无裂缝或虽有一些裂缝但不再发展的情况。支立模板时，可采用混凝土块顶撑或利用旧路面板的接缝钻孔插入钢钎固定的方法。

（2）分离式　上、下层混凝土板之间铺以 1~2cm 厚的联结层，可防止下层板的裂缝和接缝反射到上层板内。因此，分离式双层混凝土路面板不要求上下层板的接缝对齐。当下层板严重破碎时，也可采用这种形式。新铺混凝土面层的厚度不宜小于 0.12m。施工立模时可采用穿孔插钎固定模板，也可采用预制混凝土块顶撑模板的方法固定模板。

（3）部分结合式　改建路面时，先对原有混凝土板表面进行清理后再浇筑上层板。由于上、下层板之间存在部分结合，下层板上的裂缝与接缝通常仍会反射到上层板内，所以上、下层板的接缝位置应相同，但其形式和宽度不要求完全相同。旧面层的结构损坏不太严重并已经修复时，可采用这种结合形式。

### 12.3.5 钢纤维混凝土路面

近年来，国内外都在研究钢纤维混凝土路面。在混凝土中掺入一些低碳钢、不锈钢纤维或其他纤维（如塑料纤维、纤维网等），即成为一种均匀而多向配筋的混凝土。试验表明，钢纤维与混凝土的握裹力高达 4MPa。施工时一般在混凝土中掺入 1.0%~1.2%（体积比）的钢纤维，相当于每立方米混凝土中掺入 77kg，如过多则混凝土和易性不好。钢纤维长度宜为 25~50mm，直径为 0.4~0.7mm，如过长则与混凝土拌和易成团，过短则混凝土强度增高不多，长度与直径的最佳比值为 50~70。

表 12-13 列出美国对钢纤维混凝土和普通混凝土物理力学性质试验结果的比较，可以看出前者的物理力学性质要比后者好得多，特别是它的抗疲劳强度、抗冲击能力和防止裂缝的能力更好。因此与普通混凝土路面相比，钢纤维混凝土路面厚度可以减薄 35%~45%，而缩缝间距可以增至 15~20m，胀缝与纵缝可以不设。

表 12-13　钢纤维混凝土与普通混凝土物理力学性质，试验结果的比较

| 物理力学性质指标 | 普通混凝土 | 钢纤维混凝土 |
| --- | --- | --- |
| 弯拉强度 | 2~5.5MPa | 5~26MPa |
| 抗压强度 | 21~35MPa | 35~56MPa |
| 抗剪强度 | 2.5MPa | 4.2MPa |
| 弹性模量 | $2\times10^{-4}$~$3.5\times10^{-4}$MPa | $1.5\times10^{-4}$~$3.5\times10^{-4}$MPa |
| 热胀系数（$10^{-4}$） | 9.9~10.8mm/MPa | 10.4~11.1mm/MPa |
| 抗冲击数 | 9.9~10.8mm/MPa | 9.9~10.8mm/MPa |
| 抗磨指数 | 1 | 2 |
| 抗疲劳限度 | 0.5~0.55 | 0.80~0.95 |
| 抗裂指标比 | 1 | 7 |
| 耐冻融破坏指数 | 1 | 1.9 |

在搅拌混凝土过程中，为保证钢纤维均匀分布，合理分开，不致成团，应按砂、碎（砾）石、水泥、钢纤维的顺序加入拌和机中，干拌 2min 后，再加水湿拌 1min。钢纤维混凝土路面可用一般混凝土路面的施工方法来铺筑，不需要特殊的机具设备。在抹面时，需将冒出混凝土表面的钢纤维拔出，否则应另加铺磨耗层。

钢纤维混凝土路面可以做成薄板、少缝，而且它的使用寿命长，养护费用少，国外一致认为它是一种新型路面材料，具有广泛的发展前途，特别是作为旧混凝土路面的罩面尤为适宜。国内有关单位也正在研究中。

## 12.3.6　混凝土小块铺砌路面

块料由高强的水泥混凝土材料预制而成。抗压强度约为 60MPa，水泥含量为 350~380kg/m³，水胶比为 0.35，最大集料尺寸为 8~16mm，块料承受磨耗的面积一般小于 0.03m²，厚度至少 0.06m，形状有矩形和嵌锁形（不规则形状）两类。这种路面结构由面层、砂整平层（厚 0.03m）和基层组成，基层类型同普通混凝土路面。

这种混凝土小块铺砌路面具有结构简单，价格低廉，能承受较大的单位压力，出现较大变形也不会破坏块料，易于修复等优点。因此，20 世纪 70 年代中期以来，这种路面在欧美各国得到了较大发展，较广泛地用于铺筑人行道、停车场、堆场（特别是集装箱码头堆场）、街区道路、次要道路、一般公路的路面等。

## 12.3.7　碾压混凝土路面

碾压混凝土是一种含水率低，通过碾压施工工艺达到高密度、高强度的水泥混凝土。碾压混凝土路面与普通水泥混凝土路面相比能节省大量的水泥，且施工速度快，养生时间短，强度高，具有很好的社会经济效益。

根据我国碾压混凝土路面的施工水平，全厚式碾压混凝土路面的平整度难以达到规定的要求。国外也没有直接用做车辆高速行驶的路面面层。因此，碾压混凝土路面一般适用于二级及其以下等级的公路。

碾压混凝土的集料最大粒长以 20mm 为宜。当碾压混凝土分两层摊铺时，其下层集料最

大粒径可采用40mm，碾压混凝土集料级配见表12-14。

表12-14 碾压混凝土粗集料的标准级配范围

| 级配类型 | 最大粒径/mm | 筛孔尺寸/mm | | | | | | | | |
|---|---|---|---|---|---|---|---|---|---|---|
| | | 圆孔 | | | | | | 方孔 | | |
| | | 40 | 25 | 20 | 10 | 5 | 2.5 | 0.6 | 0.3 | 0.15 |
| | | 通过百分比（以质量计）(%) | | | | | | | | |
| 连续 | 40 | 90~100 | 65~77 | | 35~50 | 25~40 | 19~32 | 10~20 | 7~15 | 5~10 |
| | 20 | | | 90~100 | 50~65 | 30~45 | 21~35 | 10~20 | 7~15 | 5~10 |

当碾压混凝土路面分两层铺筑时，可以加适量的粉煤灰。碾压混凝土加粉煤灰以后，不仅造价减低，而且可以起到降低水化热，改善工作度，提高抗冻、抗渗的作用，粉煤灰的质量不低于GB/T 1596—2005《用于水泥和混凝土中的粉煤灰》Ⅱ级粉煤灰的标准。

## 本 章 小 结

水泥混凝土路面是由混凝土面板和基层、垫层组成，属于高级路面。由于水泥混凝土路面本身的诸多优点，在我国特别是南方得到了广泛的应用。

本章主要介绍水泥混凝土路面的特点及分类，水泥混凝土路面的构造，水泥混凝土路面施工工艺及质量控制，其他类型混凝土路面简介等。

## 思 考 题

12-1 水泥混凝土路面如何分类？
12-2 水泥混凝土路面的优缺点是什么？
12-3 水泥混凝土路面的接缝构造与布置如何？
12-4 对面层混凝土材料的要求有哪些？
12-5 水泥混凝土路面的施工工艺有哪些？
12-6 如何进行水泥混凝土路面的施工质量控制和检验？
12-7 常见的其他类型混凝土路面有哪些？

# 第13章 水泥混凝土路面设计

## 13.1 水泥混凝土路面设计理论

### 13.1.1 概述

水泥混凝土路面从工程结构分类来看，应属于岩土工程的地基结构物，因此混凝土路面结构设计理论与方法是随着结构工程设计理论与岩土结构设计理论的发展而不断发展并完善的。20世纪20~50年代威斯特卡德（H. M. Westergaard）、霍格（A. H. A. Hogg）、舍赫捷尔（O. Я. ШехTep）、波米斯特（D. M. Burmister）以及柯岗（b. H. KopaH）等人在混凝土路面应力分析和设计方法方面的贡献为当代混凝土路面设计方法奠定了基础。总的来讲，目前世界各国的混凝土路面设计方法都是以弹性地基板的荷载应力、温度应力分析方法为基本理论，以混凝土路面板的弯拉应力作为极限状态和设计控制指标。但是其设计理论与方法的各主要组成部分，数十年来被不断地改进与完善，设计方法也更加符合工程实际。

在荷载图式方面，最早采用静力作用点荷载，后来提出了静力作用均布面荷载（如圆形、椭圆形、圆头矩形荷载等）。美国波特兰水泥协会（PCA）最早提出了混凝土疲劳断裂的概念，设计方法改用多次重复作用静荷载，混凝土的极限控制指标用疲劳极限应力表示。20世纪60年代后提出了荷载动力影响问题，考虑荷载的振动与移动效应，在设计方法中掺入了动力响应系数。

在地基模型方面，一般均采用文克勒地基模型和弹性半空间均质地基模型，至今仍然是世界各国设计方法的基础。在研究探索中也有提出采用双参数地基、多层地基、非线性弹性地基等模型，但是由于数学概念的复杂性和参数测定的困难，至今在设计方法中均未采纳。

在路面板的形态方面，威斯特卡德最早提出了文克勒地基上矩形板在特定加载位置下，荷载应力的求解方法。后来提出了半空间弹性地基上无限大圆板的求解方法。20世纪70年代随着计算机应用和有限元分析法的推广，提出了有限尺寸板在各种模型地基支撑下，任意荷载位置的荷载应力求解方法，以及各种不同边界传力条件下的解算方法。

20世纪80年代工程结构设计提出以概率法替代定值法，引入可靠度概念，对于混凝土路面设计，引入可靠度后的设计方法仍然以路面板的疲劳极限弯拉应力作为极限状态指标。结构分析的理论基础与分析方法仍然没有本质的变化。

从20世纪50年代至今，我国水泥混凝土路面设计理论与方法不断改进，曾经于1958年、1966年、1984年、1994年、2003、2011年先后颁布过6个版本的设计规范。JTG D40—2011《公路水泥混凝土路面设计规范》是现行的我国最新的混凝土路面设计规范。新规范列出的设计方法以弹性半空间地基有限大矩形板模型为基础，以100kN单轴双轮设计轴载作用于矩形板纵向边缘中部产生的最大荷载应力控制设计。设计方法采用了可靠度设计方法，以行车荷载和温度梯度综合作用产生的疲劳断裂作为设计的极限状态。该方法综合了多年来我国道路界在科学研究和工程实践中积累的成果和经验，可用于指导我国当前混凝土路面工程设计。

### 13.1.2 混凝土路面交通等级

路面结构设计的目标是要求混凝土路面结构在设计基准期内满足预测交通量累计设计轴载通行时,具有快速、安全、稳定的服务功能,路面结构具有相应的承载能力,路面板的弯拉应力满足疲劳极限应力的允许标准。

**1. 混凝土路面设计基准期**

路面设计基准期是计算路面结构可靠度时,考虑各项基本度量与时间关系所取用的基准时间,也可理解为保证路面结构达到规定可靠度指标的有效期间。

混凝土路面设计基准期与公路等级有关,可根据公路在路网中的功能定位,当地国民经济发展的需求以及投资条件等因素,经综合论证后确定,通常可参照表13-1选定。

表13-1 公路混凝土路面设计基准期参考值

| 公路技术等级 | 设计基准期/年 | 公路技术等级 | 设计基准期/年 |
| --- | --- | --- | --- |
| 高速公路、一级公路 | 30 | 三级公路 | 15 |
| 二级公路 | 20 | 四级公路 | 10 |

**2. 设计轴载及轴载当量换算**

水泥混凝土路面结构设计以100kN单轴—双轮组荷载为设计轴载,对极重交通荷载等级的水泥混凝土路面,宜选用货车中占主要份额特重车型的轴载作为设计轴载。各级轴载的作用次数 $N_i$,可按下式换算为设计轴载的作用次数

$$N_s = \sum_{i=1}^{n} N_i \left(\frac{P_i}{P_s}\right)^{16} \tag{13-1}$$

式中 $N_s$——设计轴载的作用次数;

$P_i$——第 $i$ 级轴载重(kN),联轴按每一根轴载单独计;

$P_s$——设计轴载重(kN);

$n$——各种轴型的轴载级位数;

$N_i$——$i$ 级轴载的作用次数;

**3. 交通调查与轴载分析**

可利用当地交通量观测站的观测和统计资料,或者通过实地设立站点进行交通量观测和统计,获取所设计公路的初期年平均日交通量(双向)及车辆类型组成数据。由于轻型车对混凝土路面的疲劳损伤可以不计,因此将统计的年平均日交通量中的2轴4轮以下的轻型客货车辆所占的交通量剔除,从而得到包括大型客车交通量在内的初期年平均日货车交通量(双向)。

公路通行车辆在横断面上的分布是不均匀的,根据统计规律,车道数不同,分布概率也不一样,为安全考虑,将分布概率集中的车道作为设计车道。因此,初期年平均日货车交通量(双向)应乘以方向系数(2轴6轮及以上车辆的方向分配系数应根据实际调查确定,如确有困难可在0.5~0.6范围内选取)和车道分布系数(见表13-2,2轴6轮及以上车辆的车道分配系数)才能得到设计车道的年平均日货车交通量ADTT(单向)。

表 13-2  交通量车道分布系数

| 单向车道数 | | 1 | 2 | 3 | ≥4 |
|---|---|---|---|---|---|
| 车道分配系数 | 高速公路 | — | 0.7~0.85 | 0.45~0.6 | 0.4~0.5 |
| | 其他等级公路 | 1.0 | 0.5~0.75 | 0.5~0.75 | — |

注：交通受非机动车和行人影响较严重的取低限，反之取高限。

各类车辆按轴型称重和统计时，可采用以轴型为基础的轴载当量换算系数法计算分析设计车道使用初期的设计轴载日作用次数。随机统计 3000 辆 2 轴 6 轮及以上车辆中单轴、双联轴和三联轴等不同轴型出现的单轴次数，并分别称取其单轴轴重。可按单轴轴重级位统计整理后得到轴载谱，并按下式计算确定不同轴重级位的设计轴载当量换算系数

$$K_{p,i} = \left(\frac{P_i}{P_s}\right)^{16} \tag{13-2}$$

式中 $K_{p,i}$——不同单轴轴重级位的设计轴载当量换算系数；
$P_i$——单轴级位 $i$ 的轴重（kN）；
$P_s$——设计轴载的轴重（kN）。

根据单轴轴载谱和相应的设计轴载当量换算系数，可按下式计算得到设计车道使用初期的设计轴载日作用次数 $N_s$

$$N_s = \text{ADTT} \frac{n}{1000} \sum_i (K_{p,i} \times P_i) \tag{13-3}$$

式中 ADTT——设计车道的年平均日货车交通量〔辆/(车道·日)〕；
$n$——随机调查 3 000 辆 2 轴 6 轮及以上车辆中出现的单轴总轴数；
$P_i$——单轴轴重级位 $i$ 的频率（以分数计）。

设计基准期内交通量的年平均增长率 $g_r$，可以通过交通观测点多年的交通统计资料进行分析，同时参考当地经济与交通发展的宏观形势，并根据公路的等级及其承担的功能，通过论证后确定。

以车辆类型为基础进行各种轴载的轴载称重和统计时，可采用车辆当量轴载系数法分析设计车道使用初期的设计轴载日作用次数。将 2 轴 6 轮及以上车辆分为整车、半挂和多挂 3 大类，每类车再按轴数细分，分别按车型称重后得到单轴轴载谱，由下式 (13-4a) 计算各类车辆的设计轴载当量换算系数

$$k_{p,k} = \sum_i k_{p,i} p_i \tag{13-4a}$$

式中 $k_{p,k}$——$k$ 类车辆的设计轴载当量换算系数；
$p_i$——$k$ 类车辆单轴轴重级位 $i$ 的频率（以分数计）。

依据调查所得的车辆类型组成数据，可按下式计算设计车道使用初期的设计轴载日作用次数

$$N_s = \text{ADTT} \sum_k k_{p,k} p_k \tag{13-4b}$$

式中 $p_k$——$k$ 类车辆的组成比例（以分数计）。

**4. 设计轴载累计当量作用次数 $N_e$**

设计基准期内水泥混凝土面设计车道临界荷位处所承受的设计轴载累计当量作用次数 $N_e$，可以通过下式计算

$$N_e = \frac{N_s \times [(1+g_r)^t - 1]}{g_r} \times 365 \times \eta \qquad (13-5)$$

式中 $t$——设计基准期（年）；

$g_r$——基准期内货车交通量的年平均增长率（以分数计）；

$\eta$——临界荷位处的车辆轮迹横向分布系数，按表13-3选用。

表13-3 混凝土路面临界荷位车辆轮迹横向分布系数

| 公路等级 | | 纵缝边缘处 |
|---|---|---|
| 高速公路、一级公路、收费站 | | 0.17~0.22 |
| 二级及二级以下公路 | 行车道>7m | 0.34~0.39 |
| | 行车道≤7m | 0.54~0.62 |

注：车道、行车道较宽或者交通量较大时，取高值；反之，取低值。

**5. 混凝土路面交通等级划分**

水泥混凝土路面设计车道在设计基准期内所承受的设计轴载累积作用次数，按规范相关要求进行调查与分析，按设计基准期内设计车道临界荷位处所承受的设计轴载累积作用次数分为5级，分级范围见表13-4。

表13-4 交通荷载分级

| 交通荷载等级 | 极重 | 特重 | 重 | 中等 | 轻 |
|---|---|---|---|---|---|
| 设计基准期内设计车道承受设计轴载（100kN）累积作用次数 $N_e/10^4$ | $>1\times10^6$ | $1\times10^6\sim2000$ | $2000\sim100$ | $100\sim3$ | $<3$ |

## 13.2 水泥混凝土路面可靠度设计

### 13.2.1 路面可靠度的定义和极限状态函数

从可靠性理论中可靠度的一般定义出发，路面可靠度可广义地定义为："在设计使用年限内，在将遇到的环境条件和荷载作用下，路面能够发挥其预期功能的概率"。路面的功能是为行车提供一个平整、坚实、抗滑的表面。但是，目前的路面结构设计往往并不意味着满足路面所需各项功能的要求，而只是通过对一项或几项设计指标的控制，以避免路面在使用期内出现某种或某几种的损坏。因此，路面结构可靠度的定义也应就相应的结构设计方法具体化。

我国现行的《公路水泥混凝土路面设计规范》采用的结构设计方法是以混凝土路面板在车辆荷载应力和温度应力综合作用下，在纵缝边缘中部出现纵向疲劳开裂作为临界损坏状态，设计时以荷载应力和疲劳温度应力的叠加小于等于混凝土疲劳强度作为设计标准。因此，路面结构的极限状态函数可表示为

$$\sigma_p + \sigma_t \leq \sigma_{rf} = \sigma_s(A - B\lg N) \qquad (13-6)$$

式中 $\sigma_t$——疲劳温度应力（MPa）；

$\sigma_p$——荷载应力（MPa）；

$\sigma_{rf}$——混凝土疲劳强度（MPa）；

$\sigma_s$——混凝土极限抗折强度（MPa）；

$N$——当量设计轴载作用次数；

$A$、$B$——混凝土疲劳方程的两个回归系数。

混凝土路面结构可靠度可相应地定义为：在设计使用年限内，在车辆荷载应力和温度应力综合作用下，路面板纵缝边缘中部不出现疲劳开裂的概率，即

$$R = p(\sigma_p + \sigma_t \leq \sigma_{rf}) \tag{13-7}$$

由于，$\sigma_p$ 和 $\sigma_{rf}$ 之间是相互独立的，因此可直接应用可靠性理论中的干涉理论求解。

另外，在保持控制失效模式的实质不变的前提下，也可采用路面结构疲劳寿命（结构允许当量设计轴载作用次数 $N_R$）大于等于累计当量设计轴载作用次数 $N_e$ 作为路面结构级限状态函数，即

$$N_R \geq N_e \tag{13-8}$$

路面结构可靠度则可表示为

$$R = p(N_R \geq N_e) \tag{13-9}$$

采用式（13-8）的极限状态函数和式（13-9）的路面结构可靠度的表达式，有两个显著的优点：① 将路面结构本身参数变异性的影响和外部因素——交通荷载变异影响区分开来，给研究工作带来了便利；② 为设计方法的改进提供了方便，如增加设计指标或改变设计标准，路面结构的极限状态函数和可靠度计算式仍可采用式（13-8）和式（13-9）的形式，只需更改 $N_R$ 的内涵即可。

## 13.2.2 路面结构的目标可靠度

路面结构的目标可靠度是在满足高等级公路行驶安全和舒适性要求的前提下，考虑道路初期费用、养护费用与用户费用对目标可靠度的影响后综合确定的，通常采用"校准法"来确定目标可靠度。所谓"校准法"，就是对按现行规范设计方法所设计的路面进行隐含可靠度的分析，以这些隐含可靠度作为目标可靠度，则所设计的路面结构具有与原确定型设计方法相同的可靠度水平。该方法接纳了以往多年的工程设计和使用经验，包含了与原有设计方法相等的可接受性和经济合理性。

综合分析和考虑我国沥青路面和水泥混凝土路面设计的隐含可靠度情况以及国外分析数据，我国《公路工程结构可靠度设计统一标准》规定了各级公路的目标可靠度和相应的目标可靠指标值，见表13-5。

表13-5 可靠度设计统一标准规定的目标可靠度

| 公路等级 | 高速 | 一级 | 二级 | 三级 | 四级 |
|---|---|---|---|---|---|
| 安全等级 | 一级 | 一级 | 二级 | 三级 | 三级 |
| 设计基准期（年） | 30 | 30 | 20 | 15 | 10 |
| 目标可靠度（%） | 95 | 90 | 85 | 80 | 70 |
| 目标可靠指标 | 1.64 | 1.28 | 1.04 | 0.84 | 0.52 |

## 13.2.3 设计参数均值的取值和变异系数范围

水泥混凝土路面结构可靠度设计的有关参数有：设计年限内累计轴载作用次数 $N_e$、混凝土的弯拉强度和弹性模量以及路面板厚度等。目前我国水泥混凝土路面较广泛地采用了无机结合料稳定粒料基层，基层和土基抗压回弹模量以及由此计算获得的基层顶面综合回弹模量也是路面结构可靠度设计的重要参数。

**1. 设计年限内累计当量设计轴载作用次数 $N_e$**

累计轴载作用次数 $N_e$ 是由使用初期的当量轴次、年增长率和横向分布系数三个随机变量决定的。它的变异系数见表 13-6。

表 13-6 水泥混凝土路面设计轴载累计作用次数 $N_e$ 的预估标准差和变异系数

| 公路等级 | 高速 | 一级 | 二级 | 三级 |
|---|---|---|---|---|
| 设计基准期/年 | 30 | 30 | 20 | 15 |
| 标准差 | 0.0385 | 0.0385 | 0.0470 | 0.0794 |
| 变异系数 | 0.304 | 0.252 | 0.197 | 0.237 |

**2. 混凝土的弯拉强度**

路用水泥混凝土设计强度以龄期 28d 的弯拉强度为标准。各级交通荷载等级要求的水泥混凝土设计弯拉强度标准值不得低于表 13-7 所示。表 13-7 中所列的水泥混凝土及钢纤维混凝土弯拉强度的标准值为 JTG D40—2011《公路水泥混凝土路面设计规范》中的强制性条文，在设计混凝土路面结构时，必须严格执行。极限状态平衡方程式（13-14）集中体现了混凝土路面结构经受了设计基准期内所有车辆和温差作用的极限应力不超过强度标准值，保证了规定的目标可靠度的实现。

表 13-7 混凝土弯拉强度标准值

| 交通等级 | 极重、特重、重 | 中等 | 轻 |
|---|---|---|---|
| 水泥混凝土的弯拉强度标准值/MPa | ≥5.0 | 4.5 | 4.0 |
| 钢纤维混凝土的弯拉强度标准值/MPa | ≥6.0 | 5.5 | 5.0 |

混凝土的抗弯拉强度和弹性模量变异系数范围见表 13-8。

表 13-8 水泥混凝土路面有关参数的变异系数 $c_v$ 的范围

| 变异水平等级 | 低 | 中 | 高 |
|---|---|---|---|
| 水泥混凝土弯拉强度 | $0.05 \leqslant c_v \leqslant 0.10$ | $0.10 \leqslant c_v \leqslant 0.15$ | $0.15 \leqslant c_v \leqslant 0.20$ |
| 基层顶面当量回弹模量 | $0.15 \leqslant c_v \leqslant 0.25$ | $0.25 \leqslant c_v \leqslant 0.35$ | $0.35 \leqslant c_v \leqslant 0.55$ |

**3. 路面板厚度**

路面板厚度的变异系数范围见表 13-9。

表 13-9 路面板厚度的变异系数范围

| 变异水平 | 低 | 中 | 高 |
|---|---|---|---|
| 变异系数 | 0.02~0.04 | 0.04~0.06 | 0.06~0.08 |

**4. 基层和土基抗压回弹模量以及基层顶面综合回弹模量**

稳定粒料基层弯拉强度和抗压回弹模量及土基回弹模量均值，见表 13-10。基层顶面综合回弹模量变异系数范围见表 13-8。

表 13-10　稳定粒料基层和土基弯拉强度和抗压回弹模量

| 项　　目 | 弯拉强度/MPa | 抗压回弹模量/MPa |
|---|---|---|
| 水泥稳定粒料 | 1.0 | 1300～1600 |
| 二灰稳定材料 | 1.0 | 1300～1600 |
| 土基 | — | 30～80 |

## 13.2.4　路面结构可靠度的计算

根据可靠性理论中的干涉理论，式（13-9）的路面可靠度计算式可写为

$$R = \int_{-\infty}^{\infty} f_{\ln}(x)[1 - F_w(x)] dx \tag{13-10}$$

式中　$f_{\ln}(x)$——$x$ 服从对数正态分布时的分布密度函数；
　　　$F_w(x)$——$x$ 采用威布尔函数为代表时的分布函数。

从上述公式中可以看到：只要知道轴载作用次数 $N_e$ 和疲劳寿命 $N_R$ 的分布函数，就可得到路面结构的可靠值。下面讨论轴载作用次数 $N_e$ 和疲劳寿命 $N_R$ 的分布。

**1. 路面疲劳寿命 $N_R$ 的分布**

在以往的可靠性研究中，路面疲劳寿命 $N_R$ 大多假设服从对数正态分布。采用对数正态分布在数学处理上十分方便，但其失效规律与路面疲劳开裂的规律不太相符。对数正态分布的失效率在开始时呈递增，而从接近均值起则呈递减，而实际上路面在使用期内开裂率基本上呈单调递减的。由于施工中的一些缺陷，如收缩微裂缝等，使路面出现一些早期断裂，随后在荷载和温度应力共同作用下出现随机断裂，这阶段的断裂率比早期断裂率小且较为稳定。当路面板出现一定量的损坏之后，由于雨水下渗及基层冲刷而出现了板底局部脱空的现象，使路面板断裂迅速增加，对于这种路面板的后期损坏，目前尚无可行的理论分析方法，而且大多已不能满足使用性能的要求，故可不予考虑。

根据室内小梁弯曲疲劳试验结果可知，混凝土弯曲疲劳寿命服从两参数的威布尔分布。而且，两参数威布尔分布的失效率函数与路面损坏规律也比较一致。因此，有理由认为路面结构的疲劳寿命服从两参数的威布尔分布，其分布函数为

$$F_w(N_R) = \begin{cases} 1 - \exp\left[-\left(\dfrac{N_R}{\alpha}\right)^{\beta}\right] \\ 0 \end{cases} \tag{13-11}$$

式中　$\alpha$、$\beta$——威布尔分布的两个参数。

按现行混凝土路面设计规范的结构设计方法，路面疲劳寿命 $N_R$ 为混凝土极限抗折强度 $\sigma_s$ 和荷载应力 $\sigma_p$ 及疲劳温度应力 $\sigma_t$ 的函数。根据混凝土疲劳方程，路面疲劳寿命 $N_R$ 与 $\sigma_p$、$\sigma_t$ 以及 $\sigma_s$ 的关系可表示为

$$N_R = \left(\dfrac{A\sigma_s}{\sigma_p + \sigma_t}\right)^{\left(\dfrac{1+\sigma_t/\sigma_p}{B}\right)} \tag{13-12}$$

式中，$B = 0.422$；$A$ 与疲劳方程的可靠度水平有关，当疲劳方程的可靠度水平为 50% 时，$A = 1.038$。

**2. 累计当量设计轴载作用次数 $N_e$ 的分布**

累计当量设计轴载作用次数 $N_e$（以下简称为轴载作用次数）的变异性虽较大，但其变异性对路面结构可靠度的影响不大，采用不同的分布假设对可靠度计算结果的影响更小，考虑到它具有的非负性，采用对数正态分布假定为宜，则 $N_e$ 的分布密度函数为

$$F_{\ln}(N_e) = \begin{cases} \dfrac{1}{\sqrt{2\pi}\sigma_0 N_e} \exp\left[-\dfrac{(\ln N_e - \mu_0)^2}{2\sigma_0^2}\right] \\ 0 \end{cases} \quad (13\text{-}13)$$

式中 $\sigma_0$、$\mu_0$ ——对数正态分布的参数。

从研究的角度来看，详细地分析 $N_e$ 的概率分布和变异水平在目前尚有许多需要克服的困难，因为道路交通组织措施（如画线、机动车和非机动车分道）、车辆组成、交通量大小以及路面宽度等因素均对 $N_e$ 以及其变异性有影响。

### 13.2.5 路面结构的可靠性设计

在路面结构可靠性设计中，为了能考虑各设计参数变异性影响，可以通过引入一个可靠度系数，将可靠度概念应用到考虑荷载应力和温度应力综合疲劳作用的路面结构设计方法中，它不改变原设计方法的步骤。

路面结构可靠度系数 $\gamma_r$ 定义为疲劳方程求得的最大允许应力 $[\sigma_p + \sigma_t]$ 与实际最大应力 $[\sigma_p + \sigma_t]$ 之比，即 $\gamma_r = \dfrac{[\sigma_p + \sigma_t]}{\sigma_p + \sigma_t}$，它的倒数就是混凝土极限抗折强度的折减系数。

计算结果表明 $\sigma_s$、$h$、$E_e$、$E_t$、$T_e$ 和 $N_0$ 的均值对路面可靠度 $R$ 与路面可靠度系数 $\gamma_r$ 之间关系几乎无影响，在 $R$ 一定时，$\gamma_r$ 大小取决于各参数的变异水平。图 13-1 给出了各设计参数，按变异水平低（L）、中（M）和高（H）三级（各设计参数的变异系数取值见表 13-11）情况下的 $R$-$\gamma_r$ 关系曲线。

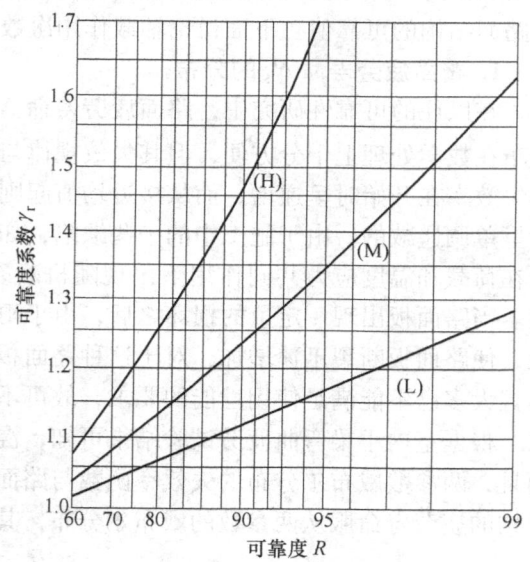

图 13-1　$R$-$\gamma_r$ 关系曲线

表 13-11　变异系数取值

| 变异水平 | $C(\sigma)$ | $C(h)$ | 变异水平 | $C(E)$ | $C(E)$ |
|---|---|---|---|---|---|
| 低 | 0.06 | 0.02 | 低 | 0.10 | 0.15 |
| 中 | 0.10 | 0.05 | 中 | 0.15 | 0.30 |
| 高 | 0.15 | 0.09 | 高 | 0.22 | 0.50 |

## 13.3 水泥混凝土路面结构组合设计

### 13.3.1 混凝土面层板

水泥混凝土面层板应具有足够的强度、耐久性、表面抗滑、耐磨、平整等良好的路用性能,一般采用设接缝、不配筋的普通混凝土路面板。对于不同等级公路承受不同交通等级的道路,也可以选择其他类型的混凝土路面板。如对于承受特重交通的高速公路,可以选用连续配筋混凝土面层或选用连续配筋混凝土路面加沥青混凝土面层的复合式路面结构等。其他类型混凝土面层板可根据表13-12选用。

表13-12 其他面层类型选择

| 面层类型 | | 使用条件 |
| --- | --- | --- |
| 连续配筋混凝土面层 | | 高速公路 |
| 复合式面层 | 密级配沥青混合料上面层 | 极重、特重交通荷载的高速公路 |
| | 连续配筋混凝土下面层 设传力杆的普通混凝土下面层 | |
| 碾压混凝土面层 | | 二级及二级以下公路 |
| 钢纤维混凝土面层 | | 高程受限路段、混凝土加铺层 |
| 混凝土预制块面层 | | 二级及二级以下公路桥头引道沉降未稳定段、服务区停车场 |

普通混凝土、钢筋混凝土、碾压混凝土或钢纤维混凝土面层板一般采用矩形分仓,用纵横接缝分隔,纵向和横向接缝应垂直相交,纵缝两侧的横缝不得相互错位。纵缝间距按路面宽度在3.0~4.5m范围内确定。普通混凝土面层板的横缝间距一般为4~6m,面层板的长宽比不宜超过1.30,平面尺寸不宜大于25m$^2$。碾压混凝土或钢纤维混凝土面层板的横缝间距一般为6~10m,钢筋混凝土面层板一般为6~15m。

混凝土面层板的厚度决定于公路和交通等级,普通混凝土、钢筋混凝土、碾压混凝土或连续配筋混凝土面层板所需的厚度,可参考表13-13所列的范围初步选定。

表13-13 水泥混凝土面层厚度的参考范围

| 交通等级 | 极重 | 特重 | | | 重 | | |
| --- | --- | --- | --- | --- | --- | --- | --- |
| 公路等级 | — | 高速 | 一级 | 二级 | 高速 | 一级 | 二级 |
| 变异水平等级 | 低 | 低 | 中 | 低 | 中 | 低 | 中 | 低 | 中 |
| 面层厚度/mm | ≥320 | 280~320 | 260~320 | 240~280 | | 230~270 | 220~260 | |
| 交通等级 | 中等 | | | | 轻 | | |
| 公路等级 | 二级 | | 三、四级 | | 三、四级 | | |
| 变异水平等级 | 高 | 中 | 高 | 中 | 高 | 中 | |
| 面层厚度/mm | 220~250 | | 210~240 | | 200~230 | 190~220 | 180~210 |

钢纤维混凝土面层板的厚度一般为普通混凝土路面厚度的0.65~0.75倍(钢纤维体积率为0.6%~1.0%)。特重或重交通时,最小厚度为160mm;中等或轻交通时,最小厚度为

140mm。复合式路面沥青上面层的厚度一般为 25～80mm。

为保证行车安全，路面混凝土板表面构造应采用刻槽、压槽、拉槽或拉毛等方法制作。构造深度在使用初期应满足表 13-14 的要求。

表 13-14　各级公路水泥混凝土面层的表面构造深度要求/mm

| 公 路 等 级 | 高速公路 一级公路 | 二、三、四级公路 | 公 路 等 级 | 高速公路 一级公路 | 二、三、四级公路 |
| --- | --- | --- | --- | --- | --- |
| 一般路段 | 0.70～1.10 | 0.50～0.90 | 特殊路段 | 0.80～1.20 | 0.60～1.00 |

注：1. 特殊路段——对于高速公路和一级公路系指立交、平交或变速车道等处；对于其他等级公路系指急弯、陡坡、交叉口或集镇附近。
　　2. 年降雨量 600mm 以下的地区，表列数值可适当降低。

### 13.3.2　混凝土路面基层结构

混凝土路面的基层应具备足够的抗冲刷能力和一定的刚度。对于湿润和多雨地区，路基为低透水性细粒土的高速公路和一级公路或者承受特重交通或重交通的二级公路，宜采用排水基层。各类基层的适宜交通等级与适宜厚度范围见表 13-15。

表 13-15　各类材料基层和底基层的结构层适宜施工厚度

| 材 料 种 类 | | 厚度适宜的范围/mm |
| --- | --- | --- |
| 贫混凝土、碾压混凝土 | | 120～200 |
| 无机结合料稳定粒料 | | 150～200 |
| 沥青混凝土基层 | 集料公称最大粒径 9.5mm | 25～40 |
| | 集料公称最大粒径 13.2mm | 35～65 |
| | 集料公称最大粒径 16mm | 40～70 |
| | 集料公称最大粒径 19mm | 50～75 |
| 沥青稳定碎石 | 集料公称最大粒径 19mm | |
| | 集料公称最大粒径 26.5mm | 75～100 |
| 多孔隙水泥稳定碎石 | | 100～150 |
| 级配碎石、未筛分碎石、级配砾石或碎砾石 | | 100～200 |

基层的宽度应比混凝土面板每侧宽出 300～650mm。路肩采用混凝土面层，其厚度与行车道面层板相同时，基层宽度宜与路基同宽。

采用碾压混凝土作为基层时，应设置与混凝土面层板相对应的纵、横接缝。采用贫混凝土作为基层时，若弯拉应力超过 1.8MPa，应设置与混凝土面层板相对应的横向接缝；一次摊铺宽度大于 7.5m，还应设置纵向缩缝。

排水基层下应设置由水泥稳定粒料或密级配粒料组成的不透水底基层，厚度一般为 200mm。底基层顶面应铺设沥青封层或防水土工织物。

在基层下若未设置垫层，而上路床土质为细粒土、黏土质砂或级配不良砂（承受特重或重交通时），或者上路床土质为细粒土（承受中等交通时），均应在基层下设置底基层。底基层可采用级配粒料、水泥稳定粒料或石灰粉煤灰稳定粒料，厚度可取 200mm。

### 13.3.3 混凝土路面垫层结构

混凝土路面的垫层结构一般是为应对路基的特殊需求而设置，分为防冻垫层、排水垫层与加固垫层三类。

1）在季节性冰冻地区修筑混凝土路面，当路面结构总厚度不能满足最小防冻要求时，应设置防冻垫层，保证总厚度满足最小防冻厚度的要求。

2）对于水文地质条件不良的土质路堑，路床土的湿度较大时，为防止地下水对路面结构的侵蚀，应设置排水垫层。

3）当路基土特别软弱，经加固后，仍有可能出现不均匀沉降、变形时，应设置加固垫层以增强路床的承载能力。

有时候，以上三种情况兼而有之，在选择垫层结构材料时，也应兼顾，具备多种功能。一般情况，垫层多数选用当地廉价材料修筑，或取当地材料掺少量无机结合料处治后使用，如砂、砂砾料、低剂量无机结合料稳定粒料等。垫层厚度一般为150mm。

### 13.3.4 混凝土路面的路基结构

水泥混凝土路面的路基应满足稳定、密实、均质、耐久的要求，为路面结构提供均匀的支撑。因此对路基土质的要求很严格，一般高液限黏土及含有机质细粒土均不能用于高速公路和一级公路的路床填料，也不能用于二级和二级以下公路的上路床填料。高液限粉土及塑性指数大于16或膨胀率大于3%的低液限黏土不能用作高速公路和一级公路的上路床填料。因条件限制而必须采用上述土作填料时，应掺入石灰或水泥等无机结合料进行处治。

地下水位较高的路段，应提高路堤设计标高。若设计标高受限制，路基达不到中湿状态的临界高度时，应选用粗粒土或低剂量石灰或水泥稳定细粒料做路床填料；未能达到潮湿状态的路基临界高度时，除采用上述填料之外，还应采取在边沟下设置排水渗沟等降低地下水位的措施。

路基压实度应符合 JTG D30—2004《公路路基设计规范》的要求，岩石或填石路床顶面应铺设整平层，整平层可采用未筛分碎石和石屑或低剂量水泥稳定粒料，其厚度视路床顶面不平整程度而定，一般为100～150mm。

## 13.4 我国水泥混凝土路面设计方法

我国水泥混凝土路面设计方法采用单轴分轮组100kN设计轴载作用下的弹性半空间地基有限大矩形薄板理论有限元解为理论基础，以路面板纵缝边缘荷载与温度综合疲劳弯拉应力为设计指标进行路面板厚度设计。设计完成后，路面板的综合疲劳弯拉应力应满足以目标可靠度为依据的极限状态平衡方程。

### 13.4.1 目标可靠度与疲劳极限状态方程式

我国水泥混凝土路面按可靠度方法进行设计，不同等级公路的路面结构设计安全等级及相应的设计基准期、可靠度指标和目标可靠度见表13-5。二级及二级以下公路面结构破坏可能产生很严重后果时，可提高一级安全等级。

水泥混凝土路面结构设计应以面层板在设计基准期内，在行车荷载和温度梯度综合作用下，不产生的疲劳断裂作为设计标准；并以最重轴载和最大温度梯度综合作用下，不产生极限断裂为验算标准。其极限状态设计表达式可分别采用式（13-14a、b）所示，即

$$\gamma_r(\sigma_{pr} + \sigma_{tr}) \leq f_r \qquad (13\text{-}14a)$$

$$\gamma_r(\sigma_{p,max} + \sigma_{t,max}) \leq f_r \qquad (13\text{-}14b)$$

式中 $\gamma_r$ ——可靠度系数，依据所选目标可靠度、变异水平等级及变异系数，按表13-16确定；

$\sigma_{pr}$ ——面层板在临界荷位处产生的行车荷载疲劳应力（MPa）；

$\sigma_{tr}$ ——面层板在临界荷位处产生的温度梯度疲劳应力（MPa）；

$\sigma_{p,max}$ ——最重的轴载在临界荷位处产生的最大荷载疲劳应力（MPa）；

$\sigma_{t,max}$ ——所在地区最大温度梯度在临界荷位处产生的最大温度翘曲应力（MPa）；

$f_r$ ——水泥混凝土弯拉强度标准值（MPa），见表13-7。

表13-16 可靠度系数 $\gamma_r$

| 变异水平等级 | 目标可靠度（%） | | | |
|---|---|---|---|---|
| | 95 | 90 | 85 | 80 |
| 低 | 1.20~1.33 | 1.09~1.16 | 1.04~1.08 | — |
| 中 | 1.33~1.50 | 1.16~1.23 | 1.08~1.13 | 1.04~1.07 |
| 高 | — | 1.23~1.33 | 1.13~1.18 | 1.07~1.11 |

注：变异系数在表13-14所示的变化范围的下限时，可靠度系数取低值；上限时，取高值。

### 13.4.2 弯拉应力分析及厚度设计

**1. 弹性地基单层板荷载应力**

混凝土面层板的临界荷位位于纵缝边缘中部。基层板的临界荷位与面层板相同。

设计轴载在面层板临界荷位处产生的荷载疲劳应力 $\sigma_{pr}$ 按下式计算

$$\sigma_{pr} = k_r k_f k_c \sigma_{ps} \qquad (13\text{-}15)$$

式中 $k_r$ ——考虑接缝传荷能力的应力折减系数，采用混凝土路肩时，$k_r = 0.87~0.92$（路肩面层与路面面层等厚时取低值，减薄时取高值），采用柔性路肩或土路肩时，$k_r = 1$；

$k_f$ ——考虑设计基准期内荷载应力累计疲劳作用的疲劳应力系数。

$k_c$ ——考虑计算理论与实际差异以及动载等因素影响的综合系数，按公路等级查表13-17确定；

表13-17 综合系数 $k_c$

| 公路等级 | 高速公路 | 一级公路 | 二级公路 | 三四级公路 |
|---|---|---|---|---|
| $k_c$ | 1.15 | 1.10 | 1.05 | 1.00 |

$\sigma_{ps}$ ——设计轴载 $P_s$ 在四边自由板的临界荷位处产生的荷载应力（MPa）。

1) $k_f$ 的计算。$k_f$ 按下式计算

$$k_f = N_e^\lambda \qquad (13\text{-}16)$$

式中　$N_e$——设计基准期内设计轴载累计作用次数，按式（13-5）计算确定；
　　　$\lambda$——材料疲劳指数。

对于普通混凝土、钢筋混凝土、连续配筋混凝土，$\lambda = 0.057$；对于碾压混凝土和贫混凝土，$\lambda = 0.065$；对于钢纤维混凝土，按下式计算

$$\lambda = 0.053 - 0.017 p_f \frac{l_f}{d_f} \tag{13-17}$$

式中　$p_f$——钢纤维的体积率（%）；
　　　$l_f$——钢纤维的长度（mm）；
　　　$d_f$——钢纤维的直径（mm）；

2）$\sigma_{ps}$的计算。$\sigma_{ps}$按下式计算

$$\sigma_{ps} = 1.47 \times 10^{-3} r^{0.70} h_c^{-2} P_s^{0.94} \tag{13-18a}$$

$$r = 1.21 (D_c/E_t)^{1/3} \tag{13-18b}$$

$$D_c = \frac{E_c h_c^3}{12(1-\nu_c^2)} \tag{13-18c}$$

式中　$h_c$、$\nu_c$——混凝土面层板的厚度（m）、泊松比；
　　　$r$——混凝土面层板的相对刚度半径（m）；
　　　$D_c$——混凝土面层板的截面弯曲刚度（MN·m）；
　　　$E_c$——水泥混凝土的弯拉弹性模量（MPa），可查用表13-18的参考值；
　　　$E_t$——板底地基当量回弹模量（MPa）。

**表13-18　水泥混凝土强度和弹性模量经验参考值**

| 弯拉强度/MPa | 1.5 | 2.0 | 2.5 | 3.0 | 3.5 | 4.0 | 4.5 | 5.0 | 5.5 |
|---|---|---|---|---|---|---|---|---|---|
| 抗压强度/MPa | 7 | 11 | 15 | 20 | 25 | 30 | 36 | 42 | 49 |
| 抗拉强度/MPa | 0.89 | 1.21 | 1.53 | 1.86 | 2.20 | 2.54 | 2.85 | 3.22 | 3.55 |
| 弹性模量/GPa | 15 | 18 | 21 | 23 | 25 | 27 | 29 | 31 | 33 |

新建公路的板底地基当量回弹模量 $E_t$ 应按下式计算

$$E_t = \left(\frac{E_x}{E_0}\right)^\alpha E_0 \tag{13-19a}$$

$$\alpha = 0.86 + 0.26 \ln h_x \tag{13-19b}$$

$$E_x = \sum_{i=1}^n (h_i^2 E_i) / \sum_{i=1}^n h_i^2 \tag{13-19c}$$

$$h_x = \sum_{i=1}^n h_i \tag{13-19d}$$

式中　$E_0$——路床顶综合回弹模量（MPa），查用表13-19的参考值；
　　　$\alpha$——与粒料层总厚度 $h_x$ 有关的回归系数；
　　　$E_x$——粒料层的当量回弹模量（MPa）；
　　　$h_x$——粒料层的总厚度（m）；

$D_x$——基层和底基层或垫层的当量弯曲刚度（kN·m）；
$n$——粒料层的层数；
$E_i$、$h_i$——第 $i$ 结构层的回弹模量（MPa）与厚度（m）。

表 13-19　中湿路基路床顶面回弹模量经验参考值范围　　　（单位：MPa）

| 土组 | 公路自然区划 | | | | |
|---|---|---|---|---|---|
| | II | III | IV | V | VI |
| 土质砂 | 26~42 | 40~50 | 39~50 | 35~60 | 50~60 |
| 黏质土 | 25~45 | 30~40 | 25~45 | 30~45 | 30~45 |
| 粉质土 | 22~46 | 32~54 | 30~50 | 27~43 | 30~45 |

在旧沥青混凝土路面上铺筑水泥混凝土面层时，原沥青混凝土路面顶面的地基综合当量回弹模量 $E_t$ 可根据落锤式弯沉仪（荷载 50kN、承载板半径 150mm）的中心点弯沉的测定结果应按式（13-20a），或根据贝克曼梁（后轴重 100kN 的车辆）的弯沉测定结果，按式（13-20b）计算确定。

$$E_t = 18621/\omega_0 \tag{13-20a}$$

$$E_t = 13739\omega_0^{-1.04} \tag{13-20b}$$

$$\omega_0 = \bar{\omega} + 1.04s_w \tag{13-20c}$$

式中　$\omega_0$——路段代表弯沉值（0.01mm）计算；
　　　$\bar{\omega}$——路段弯沉平均值（0.01mm）；
　　　$s_w$——路段弯沉的标准差（0.01mm）。

最重轴载在面层板临界荷位处产生的最大荷载应力，应按下式计算

$$\sigma_{p,max} = k_r k_c \sigma_{pm} \tag{13-21}$$

式中　$\sigma_{p,max}$——最重轴载 $P_m$ 在面层板临界荷位处产生的最大荷载应力（MPa）；
　　　$\sigma_{pm}$——最重轴载 $P_m$ 在四边自由板临界荷位处产生的最大荷载应力（MPa），按式（13-18a）计算，式中的设计轴载 $P_s$ 改为最重轴载 $P_m$（以单轴计，kN）。

**2. 弹性地基单层板温度应力**

在面层板临界荷位处产生的温度疲劳应力应按下式计算

$$\sigma_{tr} = k_t \sigma_{t,max} \tag{13-22a}$$

$$\sigma_{t,max} = \frac{\alpha_c E_c h_c T_g}{2} B_L \tag{13-22b}$$

$$B_L = 1.77 e^{-4.48 h_c} C_L - 0.131(1 - C_L) \tag{13-22c}$$

$$C_L = 1 - \frac{\sinh t \cos t + \cosh t \sin t}{\cos t \sin t + \sinh t \cosh t} \tag{13-22d}$$

$$t = \frac{L}{3r} \tag{13-22e}$$

式中　$\sigma_{tr}$——面层板临界荷位处的温度疲劳应力（MPa）；
　　　$\sigma_{t,max}$——最大温度梯度时面层板产生的最大温度应力；
　　　$\alpha_c$——混凝土的线膨胀系数，根据粗集料的岩性按表 13-20 取用；
　　　$T_g$——公路所在地 50 年一遇的最大温度梯度，查表表 13-21 取用；

$B_L$——综合温度翘曲应力和内应力的温度应力系数；
$C_L$——混凝土面层板的温度翘曲应力系数；
$L$——面层板的横缝间距，即板长（m）；
$r$——面层板的相对刚度半径（m）；

表13-20　水泥混凝土线膨胀系数经验参考值

| 粗集料类型 | 石英岩 | 砂岩 | 砾石 | 花岗岩 | 玄武岩 | 石灰岩 |
|---|---|---|---|---|---|---|
| 水泥混凝土线膨胀系数 $10^{-6}$/℃ | 12 | 12 | 11 | 10 | 9 | 7 |

表13-21　最大温度梯度标准值 $T_g$

| 公路自然区划 | Ⅱ、Ⅴ | Ⅲ | Ⅳ、Ⅵ | Ⅶ |
|---|---|---|---|---|
| 最大温度梯度/(℃/m) | 83~88 | 90~95 | 86~92 | 93~98 |

注：海拔高时，取高值；湿度大时，取低值。

$k_t$——温度疲劳应力系数，按下式计算

$$k_t = \frac{f_r}{\sigma_{t,\max}} \left[ a_t \left( \frac{\sigma_{t,\max}}{f_r} \right)^{b_t} - c_t \right] \qquad (13-23)$$

其中　$a_t$、$b_t$、$c_t$——回归系数，按所在地区的公路自然区划查表13-22确定。

表13-22　回归系数 $a_t$、$b_t$ 和 $c_t$

| 系数 | 公路自然区划 | | | | | |
|---|---|---|---|---|---|---|
| | Ⅱ | Ⅲ | Ⅳ | Ⅴ | Ⅵ | Ⅶ |
| $a_t$ | 0.828 | 0.855 | 0.841 | 0.871 | 0.837 | 0.834 |
| $b_t$ | 1.323 | 1.355 | 1.323 | 1.287 | 1.382 | 1.270 |
| $c_t$ | 0.041 | 0.041 | 0.058 | 0.058 | 0.071 | 0.052 |

**3. 混凝土板厚度设计**

1) 首先进行行车道路面结构组合设计，初拟路面结构，包括路床、垫层、基层和面层材料类型和厚度，依据公路等级、交通等级和所选变异水平等级初选混凝土板厚度。

2) 按照初拟路面结构的组合情况，选择相应的结构分析模型。

3) 按照图13-2所示的混凝土路面板厚度计算流程，分别计算出混凝土面层板的最重轴载产生的最大荷载应力、设计轴载产生的荷载疲劳应力、最大温度梯度产生的最大温度应力，以及温度疲劳应力。

4) 当荷载疲劳应力与温度疲劳应力之和与可靠度系数的乘积，小于且接近混凝土弯拉强度标准值，同时，最大荷载应力与最大温度应力之和与可靠度系数的乘积，小于混凝土弯拉强度标准值，即满足式（13-14a）和式（13-14b）时，初选厚度可作为混凝土板的计算厚度。

5) 贫混凝土或碾压混凝土基层或者双层板的下面层板，需要计算其荷载疲劳应力，并检算荷载疲劳应力与可靠度系数的乘积是否小于其料的弯拉强度标准值，即

$$\gamma_r \sigma_{bpr} \leq f_{br} \qquad (13-24)$$

式中　$\sigma_{bpr}$——基层内产生的行车荷载疲劳应力（MPa）；

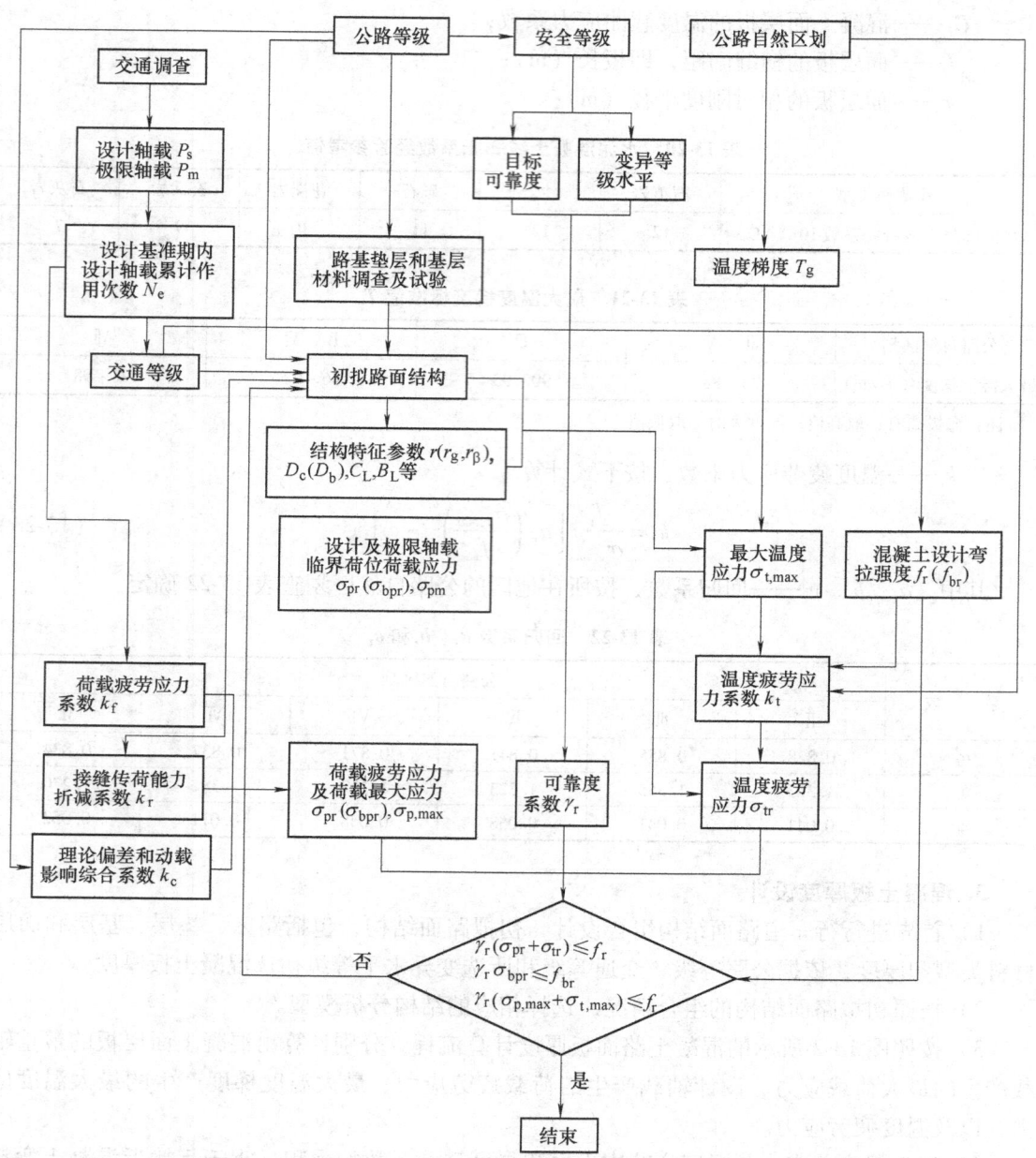

图 13-2 混凝土路面板厚度计算流程图

$f_{br}$——基层材料的弯拉强度标准值（MPa）。

6）若不能同时满足式（13-14）及式（13-24），则应改选混凝土面层板厚度或（和）调整基层类型或（和）厚度，重新计算，知道同时满足式（13-14）及式（13-24）。

7）计算厚度加 6mm 磨损厚度后，应按 10mm 向上取整，作为混凝土面层的设计厚度。

### 13.4.3 混凝土路面板厚度计算示例

**1. 粒料基层上混凝土面板厚度计算示例**

公路自然区划二号区拟新建一条二级公路，路面宽 7m，路基为低液限黏土，路床顶距地下水位平均 1.2m，当地的粗集料以花岗岩为主。拟采用普通混凝土路面。经交通调查得知，设计轴载 $P_s$ = 100kN，最重轴载 $P_m$ = 150kN，设计车道使用初期设计轴载的日作用次数为 100 次，交通量年平均增长率为 5%。

（1）交通分析　由表 13-15，二级公路的设计基准期为 20 年，安全等级为二级。由表 13-3，临界荷位处的车辆轮迹横向分布系数取 0.62。按式（13-5）计算得到设计基准期内设计车道设计轴载累计作用次数

$$N_e = \frac{N_s \times [(1+g_r)-1] \times 365}{g_r} \times \eta = \frac{100 \times [(1+0.05)^{20}-1] \times 365}{0.05} \times 0.62 = 74.8 \times 10^4 \text{ 次}$$

由表 13-4 可知，属中等交通荷载等级。

（2）初拟路面结构　由表 13-8，施工质量变异水平选择中级。根据二级公路、中等交通荷载等级和中级变异水平查表 13-13，初拟普通混凝土面层厚度为 0.23m，基层选用级配碎石，厚 0.20m。普通混凝土板的平面尺寸 4.5m×3.5m 纵缝为设拉杆平缝，横缝为不设传力杆的假缝，路肩面层与行车道面层等厚并设拉杆相连。

（3）路面材料参数确定　按表 13-7，取普通混凝土面层的弯拉强度标准值为 4.5MPa，相应弯拉弹性模量与泊松比为 29GPa、0.15。查表 13-20，粗集料为花岗岩的混凝土线膨胀系数 $\alpha_c = 10 \times 10^{-6}/℃$。

查表 13-23，取低液限黏土路基回弹模量 80MPa。查表 13-24，取距地下水位 1.2m 时的湿度调整系数为 0.75，由此得到路床顶综合回弹模量为 80×0.75MPa = 60MPa。查表 13-25，取级配碎石基层回弹模量为 300MPa。

表 13-23　路基回弹模量经验参考值

| 土　组 | 取值范围/MPa | 代表值/MPa |
| --- | --- | --- |
| 级配良好砾（GW） | 240～290 | 250 |
| 级配不良砾（GP） | 170～240 | 190 |
| 含细粒土砾（GF） | 120～240 | 180 |
| 粉土质砾（GM） | 160～270 | 220 |
| 黏土质砾（GC） | 120～190 | 150 |
| 级配良好砂（SW） | 120～190 | 150 |
| 级配不良砂（SP） | 100～160 | 130 |
| 含细粒土砂（SF） | 80～160 | 120 |
| 粉土质砂（SM） | 120～190 | 150 |
| 黏土质砂（SC） | 80～120 | 100 |
| 低液限粉土（ML） | 70～110 | 90 |
| 低液限黏土（CL） | 50～100 | 70 |
| 高液限粉土（MH） | 30～70 | 50 |
| 高液限黏土（CH） | 20～50 | 30 |

注：1. 对于砾和砂，$D_{60}$（通过率为 60% 时的颗粒粒径）大时，模量取高值；$D_{60}$ 小时，模量取低值。
　　2. 对于其他含细粒的土组，小于 0.075mm 颗粒含量大和塑性指数高时，模量取低值；反之，模量取高值。

表 13-24 路基回弹模量湿度调整系数

| 土 组 | 路床顶距地下水位的距离/m | | | | | |
|---|---|---|---|---|---|---|
| | 1.0 | 1.5 | 2.0 | 2.5 | 3.0 | 4.0 |
| 细粒质砾（GF）<br>土质砾（GM、GC） | 0.81~0.88 | 0.86~1.00 | 0.91~1.00 | 0.96~1.00 | — | — |
| 细粒质砂（SF）土质<br>砂（SM、SC） | 0.80~0.86 | 0.83~0.97 | 0.87~1.00 | 0.90~1.00 | 0.94~1.00 | — |
| 低液限粉土（ML） | 0.71~0.74 | 0.75~0.81 | 0.78~0.89 | 0.82~0.97 | 0.86~1.00 | 0.94~1.00 |
| 低液限黏土（CL） | 0.70~0.73 | 0.72~0.80 | 0.74~0.88 | 0.75~0.95 | 0.77~1.00 | 0.81~1.00 |
| 高液限粉土（MH）、<br>高液限黏土（CH） | 0.70~0.71 | 0.71~0.75 | 0.72~0.78 | 0.73~0.82 | 0.73~0.86 | 0.74~0.94 |

注：1. 小于 0.075mm 颗粒含量大和塑性指数高时，调整系数取低值；反之，调整系数取高值。
2. 当表中调整系数最大值为 1.00 时，调整系数取高值。

表 13-25 粒料类基层和底基层材料回弹模量经验参考值

| 材料类型 | 取值范围/MPa | 代表值/MPa |
|---|---|---|
| 级配碎石（基层） | 200~400 | 300 |
| 级配碎石（底基层） | 180~250 | 220 |
| 未筛分碎石 | 180~220 | 200 |
| 级配砾石（基层） | 150~300 | 250 |
| 级配砾石（底基层） | 150~220 | 190 |
| 天然砂砾 | 105~135 | 120 |

按式（13-19a）~式（13-19d）计算板底地基当量回弹模量如下

$$E_x = \sum_{i=1}^{n}(h_i^2 E_i)/\sum_{i=1}^{n} h_i^2 = \frac{h_1^2 E_1}{h_1^2} = 300\text{MPa}$$

$$h_x = \sum_{i=1}^{n} h_i = h_1 = 0.20\text{m}$$

$$\alpha = 0.26\ln(h_x) + 0.86 = 0.26 \times \ln(0.20) + 0.86 = 0.442$$

$$E_t = \left(\frac{E_x}{E_0}\right)^\alpha E_0 = \left(\frac{300}{60}\right)^{0.442} \times 60\text{MPa} = 122.2\text{MPa}$$

板底地基当量回弹模量 $E_t$ 取为 120MPa。

普通混凝土面层的弯曲刚度 $D_c$ 按式（13-18c）计算，相对刚度半径 $r$ 按式（13-18b）计算。

$$D_c = \frac{E_c h_c^3}{12(1-v_c^2)} = \frac{29000 \times 0.23^3}{12 \times (1-0.15^2)}\text{MN}\cdot\text{m} = 30.1\text{MN}\cdot\text{m}$$

$$r = 1.21\left(\frac{D_c}{E_t}\right)^{1/3} = 1.21 \times \left(\frac{30.1}{120}\right)^{1/3}\text{m} = 0.763\text{m}$$

（4）荷载应力 按式（13-18a）计算设计轴载和最重荷载在临界荷位处产生的荷载应力

$$\sigma_{ps} = 1.47 \times 10^{-3} r^{0.70} h_c^{-2} P_s^{0.94} = 1.47 \times 10^{-3} \times 0.763^{0.70} 0.23^{-2} \times 100^{0.94}\text{MPa} = 1.744\text{MPa}$$

$$\sigma_{pm} = 1.47 \times 10^{-3} r^{0.70} h_c^{-2} P_s^{0.94} = 1.47 \times 10^{-3} \times 0.763^{0.70} 0.23^{-2} \times 150^{0.94} \text{MPa} = 2.554 \text{MPa}$$

按式（13-15）计算荷载疲劳应力，按式（13-21）计算最大荷载应力

$$\sigma_{pr} = k_r k_f k_c \sigma_{ps} = 0.87 \times 2.162 \times 1.05 \times 1.744 \text{MPa} = 3.44 \text{MPa}$$

$$\sigma_{p,max} = k_r k_c \sigma_{pm} = 0.87 \times 1.05 \times 2.554 \text{MPa} = 2.33 \text{MPa}$$

其中，考虑接缝传荷能力的应力折减系数 $k_r = 0.87$；综合系数 $k_c = 1.05$（表13-20）；疲劳应力系数 $k_f = N_e^\lambda = (74.8 \times 10^4)^{0.057} = 2.162$。

(5) 温度应力 由表13-21，最大温度梯度取 88℃/m。按式（13-22c）～式（13-22e）计算综合温度翘曲应力和内应力的温度应力系数 $B_L$，即

$$t = \frac{L}{3r} = \frac{4.5}{3 \times 0.763} = 1.97$$

$$C_L = 1 - \frac{\sinh(1.97)\cos(1.97) + \cosh(1.97)\sin(1.97)}{\cos(1.97)\sin(1.97) + \sinh(1.97)\cosh(1.97)} = 1 - 0.162 = 0.838$$

$$B_L = 1.77 e^{-4.48 h_c} C_L - 0.131(1-C_L) = 1.77 e^{-4.48 \times 0.23} \times 0.838 - 0.131 \times (1 - 0.838) = 0.508$$

按式（13-22b）计算最大温度应力

$$\sigma_{t,max} = \frac{\alpha_c E_c h_c T_g}{2} B_L = \frac{10^{-5} \times 29000 \times 0.23 \times 88}{2} \times 0.508 \text{MPa} = 1.49 \text{MPa}$$

温度疲劳应力系数 $k_t$ 按式（13-23）计算

$$k_t = \frac{f_t}{\sigma_{t,max}} \left[ a_t \left( \frac{\sigma_{t,max}}{f_t} \right)^{b_t} - c_t \right] = \frac{4.5}{1.491} \left[ 0.828 \times \left( \frac{1.491}{4.5} \right)^{1.323} - 0.041 \right] = 0.46$$

再由式（13-22a）计算温度疲劳应力

$$\sigma_{tr} = k_t \sigma_{t,max} = 0.46 \times 1.49 \text{MPa} = 0.69 \text{MPa}$$

(6) 结构极限状态校核 查表13-15及表13-16，二级公路、中等变异水平条件下的可靠度系数 $\gamma_r$ 取1.13。按式（13-14a）和式（13-14b）校核路面结构极限状态是否满足要求，即

$$\gamma_r (\sigma_{pt} + \sigma_{tr}) = 1.13 \times (3.44 + 0.69) \text{MPa} = 4.67 \text{MPa} > f_r = 4.5 \text{MPa}$$

$$\gamma_r (\sigma_{p,max} + \sigma_{t,max}) = 1.13 \times (2.33 + 1.49) \text{MPa} = 4.32 \text{MPa} \leq f_r = 4.5 \text{MPa}$$

显然，初拟的路面结构不能满足要求。将混凝土面层厚度增至 0.24m，重复以上计算，得到荷载疲劳应力 $\sigma_{pr} = 3.26 \text{MPa}$，最大荷载应力 $\sigma_{p,max} = 2.21 \text{MPa}$，最大温度应力 $\sigma_{t,max} = 1.47 \text{MPa}$，温度疲劳应力 $\sigma_{tr} = 0.67 \text{MPa}$，然后再进行结构极限状态验算，即

$$\gamma_r (\sigma_{pr} + \sigma_{tr}) = 1.13 \times (3.26 + 0.67) \text{MPa} = 4.46 \text{MPa} \leq f_r = 4.5 \text{MPa}$$

$$\gamma_r (\sigma_{p,max} + \sigma_{t,max}) = 1.13 \times (2.21 + 1.47) \text{MPa} = 4.16 \text{MPa} \leq f_r = 4.5 \text{MPa}$$

满足结构极限状态要求，所选的普通混凝土面层计算厚度 0.24m 可以承受设计基准期内设计轴载荷载和温度梯度的综合疲劳作用，以及最重轴载在最大温度梯度时的一次极限作用。取设计厚度为 0.25m。

**2. 水泥稳定粒料基层上混凝土面板厚度计算示例**

公路自然区划Ⅳ区新建一条一级公路，路基土为低液限粉土，路床顶距地下水位1.0m，当地粗集料以砾石为主。拟采用普通混凝土面层，基层采用水泥稳定砂砾。经交通调查分析得知，设计轴载为 $P_s = 100 \text{kN}$，最重轴载 $P_m = 180 \text{kN}$，设计车道使用初期标准轴载日作用次数为3200，交通量年平均增长率为5%。

(1) 交通分析 由表13-15,一级公路的设计基准期为30年,安全等级为一级。由表13-3,临界荷位处的车辆轮迹横向分布系数取0.22。按式(13-5)计算得到设计基准期内设计车道标准荷载累计作用次数

$$N_e = \frac{N_s \times [(1+g_r)^t - 1] \times 365}{g_r} \times \eta = \frac{3200 \times [(1+0.05)^{30} - 1] \times 365}{0.05} \times 0.22 = 1707 \times 10^4 \text{ 次}$$

由表13-4可知,属重交通荷载等级。

(2) 初拟路面结构 施工变异水平取低等级。根据一级公路重交通荷载等级和低变异水平等级,查表13-13,初拟普通混凝土面层厚度 $h_c$ 0.26m,水泥稳定砂砾基层 $h_b$ 0.20m,底基层选用级配砾石,厚0.18m。单向路幅宽度为 $2 \times 3.75$m(行车道) $+ 2.75$m(硬路肩),行车道水泥混凝土面层板平面尺寸取 $5.0$m $\times 3.75$m,纵缝为设拉杆平缝,横缝为设传力杆的假缝。硬路肩面层采用与行车道面层等厚的混凝土,并设拉杆与行车道板相连。

(3) 路面材料参数确定 按表13-7,取普通混凝土面层的弯拉强度标准值为5.0MPa,相应的弯拉弹性模量 $E_c = 31$GPa,泊松比 $\nu_c = 0.15$。砾石粗集料混凝土的线膨胀系数 $\alpha_c = 11 \times 10^{-6}/℃$,查表13-23,取低液限粉土的回弹模量为100MPa。查表13-24,取距地下水位1.0m时的湿度调整系数为0.80。由此,路床顶综合回弹模量取为 $100 \times 0.80$MPa $= 80$MPa。水泥稳定砂砾基层的弹性模量取 $E_b$ 2000MPa,泊松比取 $V_b$ 0.20,级配砾石底基层回弹模量取250MPa,泊松比取0.35。

按式(13-19a)~式(13-19d)计算板底地基综合回弹模量

$$E_x = \sum_{i=1}^n (h_i^2 E_i) / \sum_{i=1}^n h_i^2 = \frac{h_1^2 E_1}{h_1^2} = 250\text{MPa}$$

$$h_x = \sum_{i=1}^n h_i = h_1 = 0.18\text{m}$$

$$\alpha = 0.26\ln(h_x) + 0.86 = 0.26 \times \ln(0.18) + 0.86 = 0.414$$

$$E_t = \left(\frac{E_x}{E_0}\right)^\alpha E_0 = \left(\frac{250}{80}\right)^{0.414} \times 80\text{MPa} = 128.2\text{MPa}$$

板底地基综合回弹模量 $E_t$ 取为125MPa。

混凝土面层板的弯曲刚度 $D_c$、半刚性基层板的弯曲刚度 $D_b$、路面结构总相对刚度半径 $r_g$ 为

$$D_c = \frac{E_c h_c^3}{12(1-\nu_c^2)} = \frac{31000 \times 0.26^3}{12 \times (1-0.15^2)}\text{MN}\cdot\text{m} = 46.4\text{MN}\cdot\text{m}$$

$$D_b = \frac{E_b h_b^3}{12(1-\nu_b^2)} = \frac{2000 \times 0.20^3}{12 \times (1-0.20^2)}\text{MN}\cdot\text{m} = 1.39\text{MN}\cdot\text{m}$$

$$r_g = 1.21\left(\frac{D_c + D_b}{E_t}\right)^{1/3} = 1.21 \times \left(\frac{46.4 + 1.39}{125}\right)^{1/3}\text{m} = 0.878\text{m}$$

(4) 荷载应力 标准轴载和极限荷载在临界荷位处产生的荷载应力为

$$\sigma_{ps} = \frac{1.45 \times 10^{-3}}{1+D_b/D_c} r_g^{0.65} h_c^{-2} P_s^{0.94} = \frac{1.45 \times 10^{-3}}{1+\frac{1.39}{46.4}} \times 0.878^{0.65} \times 0.26^{-2} \times 100^{0.94}\text{MPa} = 1.452\text{MPa}$$

$$\sigma_{pm} = \frac{1.45 \times 10^{-3}}{1+D_b/D_c} r_g^{0.65} h_c^{-2} P_m^{0.94} = \frac{1.45 \times 10^{-3}}{1+\frac{1.39}{46.4}} \times 0.978^{0.65} \times 0.26^{-2} \times 180^{0.94}\text{MPa} = 2.522\text{MPa}$$

按式（13-15）计算面层荷载疲劳应力，按式（13-21）计算面层最大荷载应力

$$\sigma_{pr} = k_r k_f k_c \sigma_{ps} = 0.87 \times 2.584 \times 1.10 \times 1.452 \text{MPa} = 3.59 \text{MPa}$$

$$\sigma_{p,\max} = k_r k_c \sigma_{pm} = 0.87 \times 1.10 \times 2.522 \text{MPa} = 2.41 \text{MPa}$$

其中，应力折减系数 $k_r = 0.87$，综合系数 $k_c = 1.10$，疲劳应力系数 $k_f = N_e^\lambda = (1707 \times 10^4)^{0.057} = 2.584$。

（5）温度应力 由表13-21，最大温度梯度取92℃/m，计算综合温度翘曲应力和内应力的温度应力系数 $B_L$。

$$k_n = \frac{1}{2} \left( \frac{h_c}{E_c} + \frac{h_b}{E_b} \right)^{-1} = \frac{1}{2} \times \left( \frac{0.26}{31000} + \frac{0.20}{2000} \right)^{-1} \text{MPa} = 4613 \text{MPa/m}$$

$$r_\beta = \left[ \frac{D_c D_b}{(D_c + D_b) k_n} \right]^{1/4} = \left[ \frac{46.4 \times 1.39}{(46.4 + 1.39) 4613} \right]^{1/4} \text{m} = 0.131 \text{m}$$

$$\xi = -\frac{(k_n r_g^4 - D_c) r_\beta^3}{(k_n r_\beta^4 - D_c) r_g^3} = -\frac{(4613 \times 0.878^4 - 46.4) \times 0.131^3}{(4613 \times 0.131^4 - 46.4) \times 0.878^3} = 0.199$$

$$t = \frac{L}{3 r_g} = \frac{5.0}{3 \times 0.878} = 1.90$$

$$C_L = 1 - \left( \frac{1}{1+\xi} \right) \frac{\sinh(1.90)\cos(1.90) + \cosh(1.90)\sin(1.90)}{\cos(1.90)\sin(1.90) + \sinh(1.90)\cosh(1.90)} = 1 - \frac{0.200}{1 + 0.199} = 0.833$$

$$B_L = 1.77 e^{-4.48 h_c} C_L - 0.131 (1 - C_L) = 1.77 e^{-4.48 \times 0.26} \times 0.833 - 0.131 \times (1 - 0.833) = 0.438$$

按式（13-22）计算面层最大温度应力

$$\sigma_{t,\max} = \frac{\alpha_c E_c h_c T_g}{2} B_L = \frac{11 \times 10^{-6} \times 31000 \times 0.26 \times 92}{2} \times 0.438 \text{MPa} = 1.79 \text{MPa}$$

温度疲劳应力系数 $k_t$ 按式（13-23）的计算

$$k_t = \frac{f_r}{\sigma_{t,\max}} \left[ a_t \left( \frac{\sigma_{t,\max}}{f_r} \right)^{1.323} - c_t \right] = \frac{5.0}{1.79} \left[ 0.841 \times \left( \frac{1.79}{5.0} \right)^{1.323} - 0.058 \right] = 0.442$$

按式（13-22a）计算温度疲劳应力

$$\sigma_{tr} = k_t \sigma_{t,\max} = 0.442 \times 1.79 \text{MPa} = 0.79 \text{MPa}$$

（6）结构极限状态校核 查表13-15，一级安全等级，低变异水平条件下，可靠度系数 $\gamma_r$ 取1.14。按式（13-14a）和式（13-14b）校核路面结构极限状态是否满足要求

$$\gamma_r (\sigma_{pr} + \sigma_{tr}) = 1.14 \times (3.59 + 0.79) \text{MPa} = 4.99 \text{MPa} \leq f_r = 5.0 \text{MPa}$$

$$\gamma_r (\sigma_{p,\max} + \sigma_{t,\max}) = 1.14 \times (2.41 + 1.79) \text{MPa} = 4.79 \text{MPa} \leq f_r = 5.0 \text{MPa}$$

拟定的由计算厚度0.26m的普通混凝土面层和厚度0.18m的水泥稳定粒料基层组成的路面结构满足要求，可以承受设计基准期内荷载应力和温度应力的综合疲劳作用，以及最重轴载在最大温度梯度时的一次作用。取混凝土面层设计厚度为0.27m。另外，本计算示例设计弹性地基双层板荷载应力相关参数计算，具体公式参见《公路水泥混凝土路面设计规范》。

## 本章小结

水泥混凝土路面设计在我国已经进行了较系统而具有相当规模的研究。在力学基础理论

方面，运用解析法及有限元法建立了弹性力学层状结构、弹性地基板体结构模型，形成了整套分析计算方法与计算机程序，建立了以弹性力学为基础，以混凝土弯拉应力为设计控制指标，综合考虑荷载应力与温度应力作用的设计体系与方法。

本章主要介绍水泥混凝土路面的设计理论，水泥混凝土路面板厚的确定，复合式混凝土路面板厚的计算，水泥混凝土路面加铺层设计等。

## 思 考 题

13-1  水泥混凝土路面包含哪些路面？
13-2  水泥混凝土路面温度应力如何计算？
13-3  水泥混凝土路面的破坏形式主要有哪些？其设计标准如何？
13-4  水泥混凝土路面的设计内容有哪些？
13-5  如何进行轴载换算？
13-6  如何确定基层顶面的当量回弹模量和计算回弹模量？
13-7  如何计算荷载疲劳应力和温度疲劳应力？
13-8  水泥混凝土路面板厚的确定步骤有哪些？

# 第 14 章 路面结构排水设计

一般道路路面排水设施通常由路拱横坡度、路肩横坡和边坡组成。高速公路和一级公路的路面排水一般由路面（路肩）排水和中央分隔带排水组成，必要时采用路面结构排水。在降水量大且路基通水性差、路基两侧有滞水、严重冰冻地区、路面改建等情况下需要设置路面内部排水系统，可采用路面边缘排水系统或排水基层排水系统。

## 14.1 概述

水是引起道路产生各种病害和变形的主要外因之一。大气降水直接降落在道路表面，降落在路面表面的雨水，会通过路面接缝或裂缝、松散等病害处或者沥青路面面层孔隙渗入到路面结构以及路基部分；对于新建的刚性路面由于设置各种接缝，而路面在使用期间又会出现各种裂缝、松散、坑槽等病害，降水也会由路面面层孔隙渗入到路面结构。此外，道路两侧有滞水时，水分也可能侧向渗入路面结构内部。大量的实践证明了路面设置排水设施的重要性。

路面排水的目的是把降落在路面范围内的表面水有效地汇集并迅速排除出路界，以减少地表水对路基和路面的危害以及对行车安全的不利。

路面内部排水系统的设计通常需满足三方面的要求，一是各项设施应具有足够的泄水能力，排除渗入路面结构内的自由水；二是自由水在路面结构内的渗流时间不能太长，渗流路径不能太长；三是排水设施要有较好的耐久性。

公路的路面排水设施通常由路面表面排水、中央分隔带排水、路面内部排水、路面边缘排水、路面基层的排水等设施组成。

## 14.2 路面排水设计

### 14.2.1 路面表面排水

路面表面排水的主要任务是迅速把降落在路面和路肩表面的降水排走，以免造成路面积水而影响行车安全。路面表面排水设计应遵循下列原则：

1）降落在路面上的雨水，应通过路面横向坡度向两侧排流，避免行车道路路面范围内出现积水。

2）在线纵坡平缓、汇水量不大、路堤较低且边坡坡面不会受到冲刷的情况下，应采用在路堤边坡上横向漫流的方式排除路面表面水。

3）在路堤较高，边坡坡面未做防护而易遭受路面表面水流冲刷，或者坡面虽已采取防护措施但仍有可能受到冲刷时，应沿路肩外侧边缘设置拦水带，汇集路面表面水，然后通过泄水口和急流槽排离路堤。

4) 设置拦水带汇集路面表面水时，拦水带过水断面内的水面，在高速公路及一级公路上不得漫过右侧车道外边缘，在二级及二级以下公路上不得漫过右侧车道中心线。

由于修筑拦水带和急流槽需增加工程投资，因而，须对投资的经济性进行分析和比较，是采用有效的坡面防护措施而不设拦水带和急流槽经济，还是修筑拦水带和急流槽而降低对坡面防护工程的要求合算。

拦水带可由沥青混凝土现场浇筑，或者由水泥混凝土预制块铺砌而成。采用水泥混凝土预制块拦水带时，应避免预制块影响路面内部水的排泄。拦水带的横断面尺寸可参考图 14-1，拦水带的顶面应略高于过水断面的设计水面高（水深），设计水深按设计流量公式（14-1）计算确定。

$$Q_c = 0.377 \frac{1}{i_h n} h^{\frac{8}{3}} I^{\frac{1}{2}} \tag{14-1}$$

式中  $Q_c$——沟或管的泄水能力（$m^3/s$）；
$i_h$——沟或过水断面的横向坡度；
$n$——沟壁或管壁的粗糙系数，按表 14-1 选用；
$I$——水力坡度，要取用沟或管的坡度。

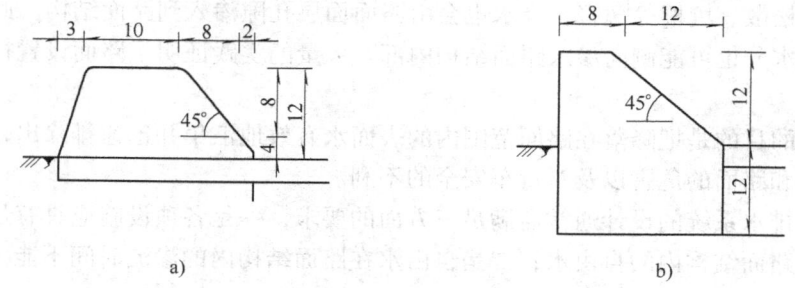

图 14-1 拦水带横断面参考尺寸（尺寸单位：cm）
a) 沥青混凝土拦水带 b) 水泥混凝土拦水带

表 14-1 沟壁或管壁的粗糙系数 $n$

| 沟或管类别 | $n$ | 沟或管类别 | $n$ |
| --- | --- | --- | --- |
| 塑料管（聚氯乙烯） | 0.010 | 岩石质明沟 | 0.035 |
| 石棉水泥管 | 0.012 | 植树皮明沟（流速0.6m/s） | 0.035~0.050 |
| 水泥混凝土管 | 0.013 | 植坡明沟（0.8m/s） | 0.050~0.090 |
| 陶土管 | 0.013 | 浆砌石明沟 | 0.025 |
| 铸铁管 | 0.015 | 干砌石明沟 | 0.032 |
| 波纹管 | 0.027 | 水泥混凝土明沟（馒抹面） | 0.015 |
| 沥青路面（光滑） | 0.013 | 水泥混凝土明沟（预制） | 0.012 |
| 沥青路面（粗糙） | 0.016 | 土质明沟 | 0.022 |
| 水泥混凝土路面（馒抹面） | 0.014 | 带杂草土质明沟 | 0.027 |
| 水泥混凝土路面（拉毛） | 0.016 | 砂砾质明沟 | 0.025 |

拦水带的泄水口可设置成开口（喇叭口）式。设在纵坡坡段上的泄水口为提高泄水能力，宜做成不对称的喇叭口，并在硬路肩边缘的外侧设置逐渐变宽的低凹区。其平面布置可

参照图14-2，泄水口的泄水量以及开口长度、低凹区宽度和下凹深度等尺寸按泄水口水力计算确定。

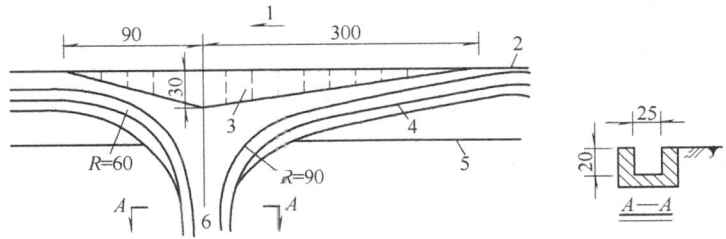

图 14-2　纵坡坡段上拦水带不对称泄水口的平面布置（尺寸单位：cm）
1—水流流向　2—硬路肩边缘　3—低凹区　4—拦水带顶　5—路堤边坡坡顶　6—急流槽

在纵坡坡段上的开口式泄水口，其泄水量随开口长度 $L_i$，低凹区的宽度 $B_w$ 和下凹深度 $h_a$ 以及过水断面的纵向坡度 $i_z$ 和横向坡度 $i_n$ 而变化（图 14-3），可利用图 14-4 查取截流率（$Q_0/Q_c$），按过水断面泄水能力 $Q_c$ 确定其泄水量 $Q_0$。

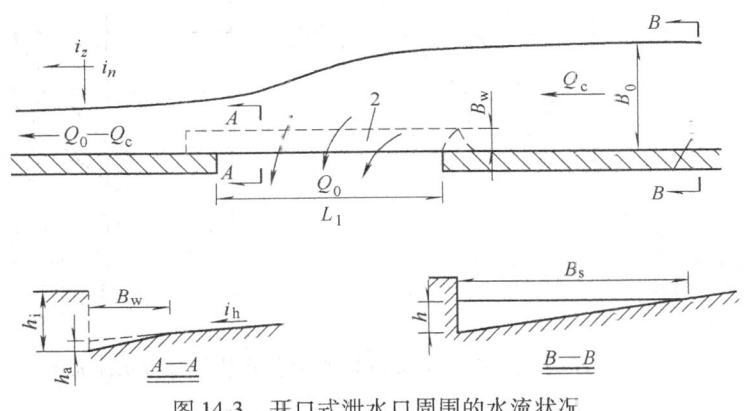

图 14-3　开口式泄水口周围的水流状况
1—拦水带或缘石　2—低凹区

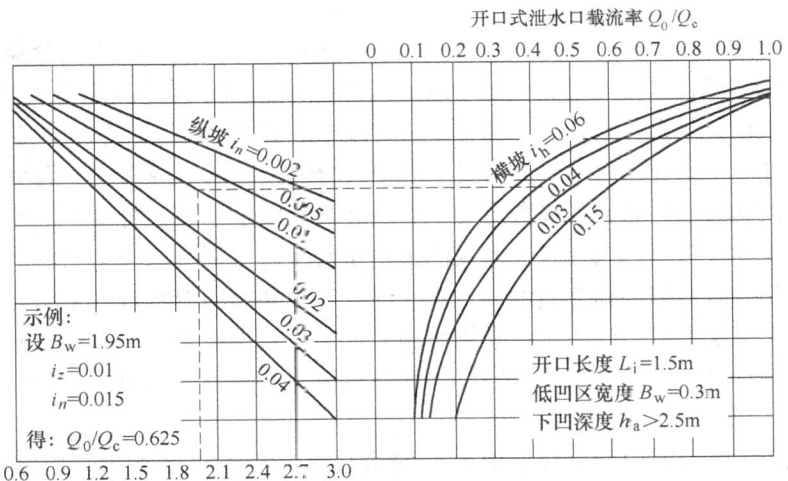

图 14-4　开口式泄水口截流率计算诺漠图

在凹形竖曲线底部的开口式泄水口,按泄水口处的水深和泄水的尺寸确定其泄水量。

1) 如开口处设有低凹区,当开口处的净高 $h_0$ 不小于由图 14-5 确定的满足堰流要求的最小高度 $h_m$ 时,可利用图 14-6 确定开口的泄水量或最大水深 $h_i$。

2) 如不设低凹区,可按下式确定其泄水量

$$Q_0 = 166 L_i h_i^{1.5} \quad (14-2)$$

3) 当开口处水深 $h_i$ 超过净高 $h_0$ 的 1.4 倍时,按下式确定其泄水量

$$Q_0 = 13.14 h_0 L_i (h_i - 0.5 h_0) \quad (14-3)$$

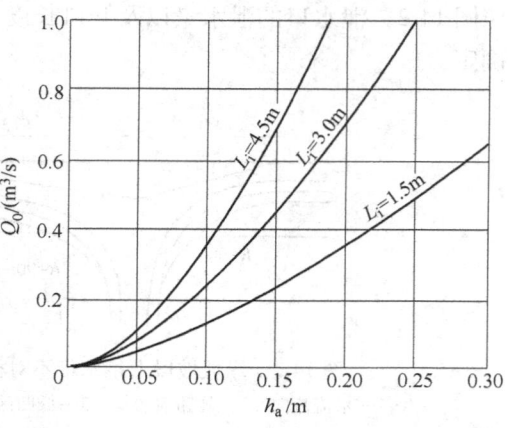

图 14-5 开口式泄水口满足堰流的最小开口高度计算图

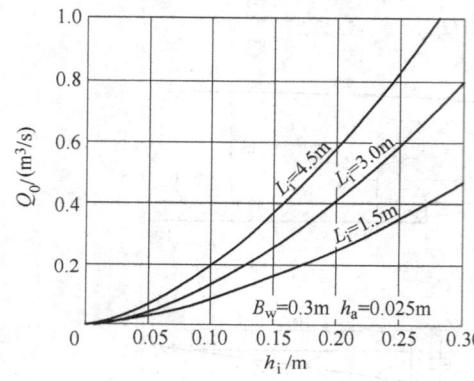 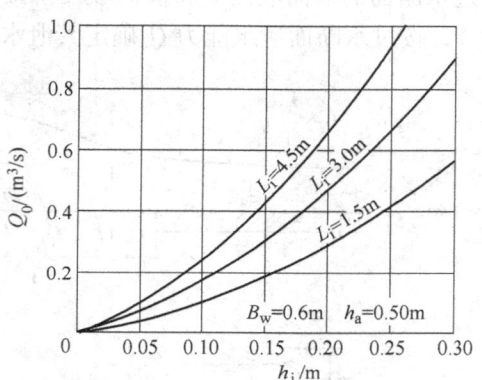

图 14-6 开口处的净高 $h_0$ 不小于 $h_m$ 时开口的泄水量 $Q_0$ 或最大水深 $h_i$ 的计算图

## 14.2.2 中央分隔带排水

中央分隔带排水是高速公路及一级公路地表排水的重要内容,应根据分隔带宽度、绿化和交通安全设施的形式、分隔带表面的处理方式等因素选择不同的排水方式。JTG/T D33—2012《公路排水设计规范》将中央分隔带排水划分为三种类型。

(1) 宽度小于 3m 且表面采用铺面封闭的中央分隔带排水 降落在分隔带上的表面水排向两侧行车道,其坡度与路面的横坡度相同;在超高路段上,可在分隔带上侧边缘处设置缘石或泄水口,或者在分隔带内设置缝隙式圆形集水管或碟形混凝土浅沟和泄水口,如图 14-7 所示,以拦截和排泄上侧半幅路面的表面水。缘石过水断面的泄水口可采用开口式、格栅式或组合式;碟形混凝土浅沟的泄水口采用格栅式。格栅铁条应平行于水流方向,孔口的净泄水面积应占格栅面积的一半以上,泄水口间距和截流量计算以及断面尺寸等可通过计算选取。

在纵坡坡段上的格栅式泄水口,其泄水量为过水断面中格栅宽度。所截流的部分,如图 14-7 所示,可利用式 (14-1) 确定。格栅孔口所需的最小净长度按下式确定

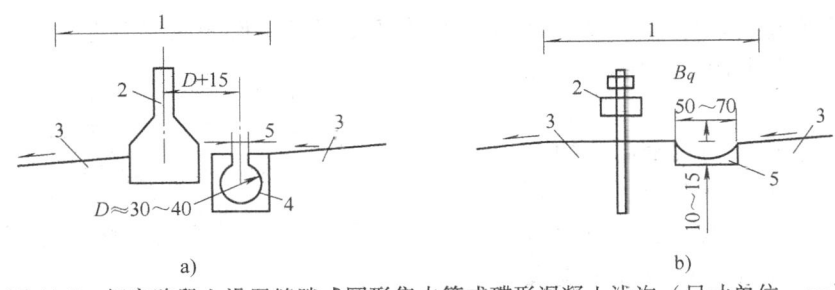

图 14-7 超高路段上设置缝隙式圆形集水管或碟形混凝土浅沟（尺寸单位：cm）
a) 缝隙式圆形集水管 b) 碟形混凝土浅沟
1—中央分隔带 2—护栏 3—铺面 4—缝隙式圆形集水管 5—碟形混凝土浅沟

$$L_g = 0.91 v_g (h_i + t_g)^{0.5} \tag{14-4}$$

式中 $L_g$——格栅孔口的最小净长度（cm）；
$v_g$——格栅宽度范围内水流的平均流速（m/s）；
$t_g$——格栅栅条的厚度（m）；
$h_i$——格栅上面的水深（m）。

（2）宽度大于 3m 且表面未采用铺面封闭的中央分隔带排水 降落在分隔带上的表面水汇集在分隔带中央的低洼处，并通过纵坡排流到泄水口或横穿路界的桥涵水道中。分隔带的横向坡度不得陡于 1∶6；分隔带的纵向排水坡度，在过水断面无铺面时不得缓于 25%，有铺面时不得缓于 12%。当水流速度超过地面土的最大允许流速时，应在过水断面宽度范围内对地面土进行防冲刷处理，做成三角形或 U 形断面的水沟。防冲刷层可采用石灰或水泥稳定土，或者采用浆砌片石铺砌，层厚 10~15cm。当中央分隔带内的水流流量过大或流速超过允许范围处，或者在分隔带低凹区的流水汇集处，应设置格栅或泄水口，并通过排水管引排到桥涵或路界处。格栅可以同周围面齐平，也可适当降低，并在其周围一定宽度范围内做成低凹区，如图 14-8 所示，以增加泄水能力。在凹形竖曲线底部的格栅式泄水口，其泄水量以下方法计算

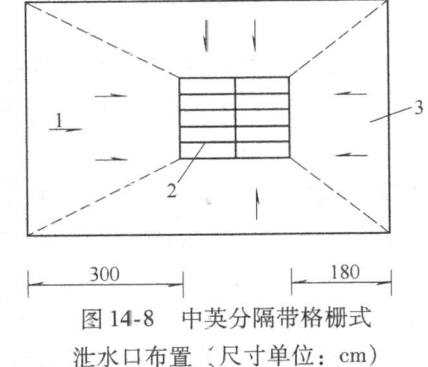

图 14-8 中央分隔带格栅式泄水口布置（尺寸单位：cm）
1—上游 2—隔栅 3—低凹区

1）当格栅上面的水深 $h_i < 0.12$m 时
$$Q_0 = 1.66 p_g h_i^{1.5} \tag{14-5}$$

式中 $p_g$——格栅的有效周边长，为格栅进水周边边长之和的一半（m）。

2）当格栅上面的水深 $h_i > 0.43$m 时
$$Q_0 = 2.96 A_i h_i^{0.5} \tag{14-6}$$

式中 $A_i$——格栅孔口净泄水面积的一半（m²）。

3）当格栅上的水深度为 0.12~0.43m 时，其泄水量介于按式（14-5）和式（14-6）计算的结果之间，可按水深通过直线内插得到。

（3）表面无铺面且未采用表面排水措施的中央分隔带 降落在分隔带上的表面水下渗，由分隔带内的地下排水设施排除。常用的纵向排水渗沟如图 14-9 所示，应隔一定间距通过横向排水管将渗沟内的水排引出路界。渗沟周围包裹反滤织物（土工布），以免渗入水携带

的细粒将渗沟堵塞。渗沟上的回填料与路面结构的交界面铺设涂双层沥青的土工布隔渗层。排水管可采用直径 70~150mm 的塑料管。

在我国，通常采用较窄的中央分隔带，仅在中间设预留车道时才采用宽的中央分隔带。各地在选用排水设施类型时，不应拘泥于以分隔带宽度限值作为唯一的依据，应结合地区和工程需要确定。因而，上述分类中的宽度标准并不是绝对的。

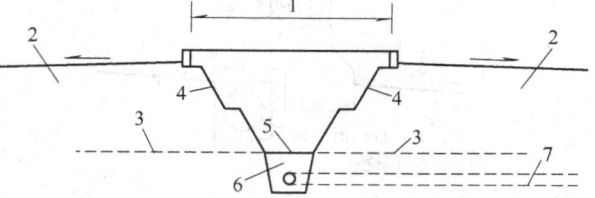

图 14-9　中央分隔带下设排水沟示意
1—中央分隔带　2—路面　3—路床顶面　4—隔渗层
5—反滤织物　6—渗沟　7—横向排水管

### 14.2.3　路面内部排水

水可以通过路面接缝、裂缝、路面表面和路肩渗入路面，或是由高水位地下水、截断的含水层和当地泉水进入路面结构，被围封在路面结构内的水分产生的有害影响可归纳如下：

1) 浸湿各结构层材料和路基土，易造成无黏结粒状材料和地基土的强度降低。
2) 使混凝土路面产生唧泥，随之出现错台、开裂和整个路肩破坏。
3) 进入空隙的自由水在行车荷载的作用下，会形成高孔隙水压力和高流速的水流，引起路面基层的细颗粒产生唧泥，结果失去支承。
4) 在冰冻深度大于路面厚度的地方，高地下水位会造成冻胀，并在冻融期间降低承载能力。
5) 水使冻胀土产生不均匀冻胀。
6) 与水经常接触将使沥青混合料剥落，影响沥青混凝土耐久性和产生龟裂。

表 14-2 所列即为每延米双车道路面（7.5m）下各种路基土排除 $0.1m^3$ 路面结构内自由水所需时间的计算结果（表中，$H$ 为路面结构底面到地下水位的距离，$H_0$ 为到不透水层的距离）。由表可知，当路基土为低透水性时（渗透系数不大于 $10^{-5}$cm/s），排除 $0.1m^3$ 路面结构内自由水约需 1d 以上时间；而当路基土的渗透系数不大于 $10^{-7}$cm/s 时，排除这些水分所需时间达数个月，也即实际上是不透水的。当路基为低透水性（渗透系数不大于 $10^{-5}$cm/s），而两侧路肩外也由这种土填筑时，路面结构便类似于被安置在封闭的槽式"浴盆"内，进入路面结构内的水分，无法向下或向两侧迅速渗漏，而被长时间积滞在路面结构内部。特别是位于凹形竖曲线底部、低洼河谷地、曲线超高断面内侧，或者立体交叉的下穿路段的路面结构，由于地表径流或地下水汇集，进入结构内的自由水不仅数量大，而且停滞时间久。

表 14-2　不同渗透性路基土排除 $0.1m^3$ 路面结构内自由水所需的渗流时间

| $H/H_0$ | 渗透系数/(cm/s) | | | | |
| --- | --- | --- | --- | --- | --- |
| | $10^{-3}$ | $10^{-4}$ | $10^{-5}$ | $10^{-6}$ | $10^{-7}$ |
| | min | h | d | w (7d) | m (30d) |
| 0.2 | 111 | 18.52 | 7.72 | 11.02 | 25.72 |
| 0.4 | 56 | 9.62 | 3.68 | 5.51 | 12.86 |

（续）

| $H/H_0$ | 渗透系数/(cm/s) | | | | |
|---|---|---|---|---|---|
| | $10^{-3}$ | $10^{-4}$ | $10^{-5}$ | $10^{-6}$ | $10^{-7}$ |
| | min | h | d | w (7d) | m (30d) |
| 0.6 | 37 | 6.17 | 2.57 | 3.67 | 8.57 |
| 0.8 | 28 | 4.63 | 1.93 | 2.75 | 6.43 |
| 1.0 | 22 | 3.71 | 1.54 | 2.20 | 5.14 |

大量的路面损坏状况调查和路面使用经验表明，进入路面结构内的自由水是造成或加速路面损坏的重要原因。国外的一些对比分析和试验段观察结果表明，设有排水基层的路面，其使用寿命要比未设的提高30%（沥青混凝土路面）和50%（水泥混凝土路面）左右。因而，采用内部排水设施所增加的资金投入，可以很快从路面使用性能的提高、使用寿命的增加和养护工作的减少中得到补偿。

美国在20世纪60年代末和70年代初通过调查和经验总结，认识到了路面内部排水的重要性，在1973年便由联邦公路局组织制订了路面结构内部排水系统设计指南，以引导和推动公路部门采用路面内部排水措施。到1996年，经过10余年的使用经验和研究成果的积累，又进一步在AASHTO路面结构设计指南中，把排除渗入路面结构内水分所需的时间和一年内路面结构处于水饱和状态的时间比例作为指标，在路面设计中作为一项设计因素予以考虑。

《公路排水设计规范》建议遇有下列情况时，应设置路面内部排水系统：

1）年降水量为600mm以上的湿润和多雨地区，路基由透水性差的细粒土（渗透系数不大于$10^{-5}$cm/s）组成的高速公路、一级公路或重要的二级公路。

2）路基两侧有滞水，可能渗入路面结构内。

3）严重冰冻地区，路基为由粉性土组成的潮湿、过湿路段。

4）现有路面改建或改善工程，需排除积滞在路面结构内的水分。

同时规定，路面内部排水系统设计应符合下列要求：

1）路面内部排水系统中各项排水设施的泄水能力均应大于渗入路面结构内的水量，且下游排水设施的泄水能力应超过上游排水设施的泄水能力。

2）渗入水在路面结构内的最大渗流时间，冰冻地区不应超过1h，其他地区不应超过2h（重交通）~4h（轻交通）。渗入水在路面结构内的渗流路径长度不宜超过45~60m。

3）各项排水设施不应被渗流从路面结构、路基或路肩中带来的细料堵塞，以保证系统的排水能力不随时间推移而很快丧失。

路面结构表面渗水的量，按路面类型分别按下列公式计算

水泥混凝土路面 
$$Q_i = I_c \left( n_z + n_h \frac{B}{L} \right) \tag{14-7}$$

沥青路面 
$$Q_i = I_a B \tag{14-8}$$

式中 $Q_i$——纵向每延米路面结构表面水的渗入量 [m³/(d·m)]；

$I_c$——每延米水泥混凝土路面接缝或裂缝的表面水设计渗入率 [m³/(d·m)]，可按0.36m³/(d·m)取用；

$I_a$——每平方米沥青路面的表面水设计渗入率 [m³/(d·m²)]，可按 0.15m³/(d·m²) 取用；

$B$——单向坡度路面的宽度（m）；

$L$——水泥混凝土路面的横缝间距（即板长）（m）；

$n_z$——长度 $B$ 范围内纵向接缝和裂缝的条数（包括路面与路肩之间的接缝）；

$n_h$——长度 $L$ 范围内横向接缝和裂缝的条数。

进入路面结构内的自由水，可通过向路基下部渗流而逐渐排走。渗流的速度随路基土的渗透性和地下水位的高度而异，可以利用达西渗流定律，以不同渗透性的路基土的排水时间进行计算分析。自由水在排水层内的渗流时间按下列公式计算

$$t = \frac{L_s}{3600 v_s} \tag{14-9}$$

$$L_s = B\sqrt{1 + \frac{i_z^2}{i_h^2}} \tag{14-10}$$

$$v_s = \frac{1}{n_e} k_b \sqrt{i_z^2 + i_h^2} \tag{14-11}$$

式中 $t$——渗流时间（h）；

$L_s$——渗流路径长（m）；

$v_s$——渗流速度（m/s）；

$k_b$——透水材料的渗透系数（m/s）；

$n_e$——透水材料的有效孔隙率。

### 14.2.4 路面边缘排水系统

沿路面边缘设置由透水性填料集水沟、纵向排水沟、横向出水管和过滤织物组成的边缘排水系统。该系统是将渗入路面结构内的自由水，先沿路面结构层间空隙或某一透水层横向流入纵向集水沟和排水管，再由横向出水管排引出路基。这种方案常用于基层透水性小的水泥混凝土路面，特别是用于改善排水状况不良的旧水泥混凝土路面。水泥混凝土面层板的边缘和角隅处，由于温度和湿度梯度引起的翘曲变形作用以及地基的沉降变形，常出现板底面同基层顶，促使唧泥和错台等发生。设置边缘排水系统，便于将面层—基层—路肩界面处积滞的自由水排离路面结构。对于排水状况不良的旧水泥混凝土路面，采用边缘排水设施方案，可以在不改变原路面结构的情况下改善其排水状况，从而提高原路面的使用性能和使用寿命。然而，自由水在路面结构层内沿层间渗流的速率要比向下渗流的速率慢许多倍，并且部分自由水仍有可能被阻封在路面结构内，因而，边缘排水系统的渗流时间较长，路面结构处于潮湿状态的时间要比排水基层排水系统长许多。边缘排水系统的常用形式如图 14-10 所示。

纵向排水管通常选用聚氯乙烯（PVC）或聚乙烯（PE）塑料管。排水管设 3 排槽口或孔口，其开口总面积不小于 42cm²/延米。管径按设计流量由水力计算确定，通常在 70～150mm 范围内选用。排水管的埋设深度，应保证不被车辆或施工机械压裂，并应超过当地的冰冻深度；在非冰冻地区，新建路面时排水管管底通常与基层底面齐平，改建路面时管中心应低于基层顶面。排水管的纵向坡度宜与路线纵坡相同，但不得小于 0.25%。

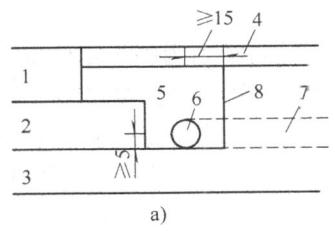 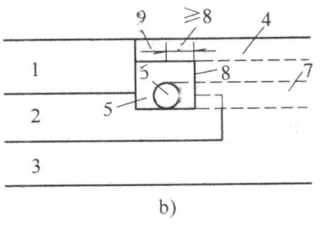

图 14-10 边缘排水系统（尺寸单位：cm）
a）新建路面边缘排水系统 b）改建路面边缘排水系统
1—面层 2—基层 3—垫层 4—路肩面层 5—集水沟 6—排水管 7—出水管 8—反滤织物 9—回填路肩面层

横向出水管选用不带槽或孔的聚氯乙烯塑料管，管径与排水管相同。其间距和安全位置由水力计算并考虑邻近地面高程和公路纵横断面情况确定，一般在 50～100m 范围内。出水管的横向坡度不宜小于 5%。埋设出水管所开挖的沟须用低透水材料回填。出水管的外露端头用镀锌钢丝网或格栅罩住。出水口的下方应铺设水泥混凝土防冲刷垫板或者对泄水道的坡面进行浆砌片石防护，以防止水流冲刷路基边坡和不利植物生长。出水水流应尽可能排引至排水沟或涵洞内。

透水性填料由水泥处治开级配粗集料组成，其孔隙率为 15%～20%。粗集料最大粒径不大于 40mm，粒径 4.75mm 以下的细粒含量不应超过 16%，2.36mm 以下的细粒含量不应超过 6%。为避免带孔排水管被堵塞，透水性填料在通过率为 85% 时的粒径应比排水管槽口宽或孔口直径大 1.0～1.2 倍。水泥处治集料的配合比应按透水性要求和施工要求通过试配确定。

集水沟底面的最小宽度，对新建路面，不应小于 30cm；对改建路面，应能保证排水管两侧各有至少 5cm 宽的透水填料。透水填料的底面和外侧围以反滤织物（土工布），以防垫层、基层和路肩内的细粒侵入而堵塞填料空隙或管孔。反滤织物可选用由聚酯类、尼龙或聚丙烯材料制成的无纺织物，能透水，但细粒土不能随水透过。

**【例 14-1】** 某一级公路为单向双车道水泥混凝土路面，宽 7.5m，共有纵向缝 3 条，横向接缝间距 5m，路面无纵向和横向裂缝。试计算表面水渗入量。

**解**：设渗入率 $I_c = 0.36 \text{m}^3/(\text{d}\cdot\text{m})$，安全系数为 2，则纵向每延米水泥混凝土路面的表面渗入量为

$$Q_i = 2I_c(n_z + n_b B/L) = 2 \times 0.36 \times (3 + 1 \times 7.5/5) \text{m}^3/(\text{d}\cdot\text{m})$$
$$= 3.24 \text{m}^3/(\text{d}\cdot\text{m}) = 3.75 \times 10^{-5} \text{m}^3/(\text{s}\cdot\text{m})$$

## 14.2.5 路面基层的排水系统

基层排水系统是直接在面层下设置透水性排水基层，在其边缘设置纵向集水沟、排水管及横向出水管等，组成排水基层排水系统，如图 14-11 所示。采用透水性材料作基层，使渗入路面结构内的水分先通过竖向渗流进入排水层，然后横向渗流进入纵向集水沟和排水管，再由横向出水管排引出路基。这种排水系统，由于自由水进入排水层的渗流路径短，在透水性材料中渗流的速率快，其排水效果要比边缘排水系统好得多。一般在新建路面时采用此方案。排水基层设在面层下，作为路面结构的基层或基层的一部分，共同承受车辆荷载的

作用。

排水层也可采用横贯路基整个宽度的形式,不设纵向集水沟和排水管以及横向出水管。渗入排水层内的自由水,横向渗流,直接排泄到路基坡面外。这种形式便于施工,但其主要缺点是排水层在坡面出口处易生长杂草或被其他杂物堵塞,从而在使用几年后便不再能排泄渗入水,而集中积滞在排水层内的自由水反而使路面结构,特别是路肩部分,更易出现损坏。

在一些特殊地段,如连续长纵坡坡段、曲线超高过渡段和凹形竖曲线段等,排水层内渗流的自由水有可能被堵封或者渗流路径超过 45~60m。在这些地段,应增设横向排水管以拦截水流,缩短渗流长度。

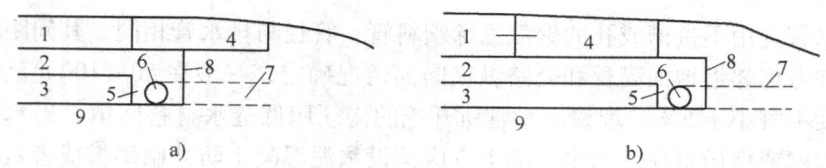

图 14-11　排水基层排水系统

1—面层　2—排水基层　3—不透水垫层　4—路肩面层或水泥混凝土路肩面层　5—集水沟
6—排水管　7—出水管　8—反滤织物　9—路基

排水层的透水性材料可以采用经水泥或沥青处治,或者未经处治的开级配碎石集料。未处治碎石集料的透水性一般比水泥或沥青处治的要低,其渗透系数为 60~1000m/d。而水泥或沥青处治碎石集料的渗透系数为 1000~6000m/d,其中沥青处治碎石的透水性略高于水泥处治碎石。未经水泥或沥青处治的碎石集料,在施工摊铺时易出现离析,在碾压时不易压实稳定,并且在施工机械行驶下易出现推移变形,因而一般情况下不宜用作排水基层。用作水泥混凝土面层的排水基层时,宜采用水泥处治开级配碎石集料,其最大粒径可选取用 25mm;用作沥青混凝土面层的排水基层时,则宜采用沥青处治碎石集料,最大粒径宜为 20mm。材料的透水性同集料的颗粒组成情况有关,空隙率大的组成材料,其渗透系数也大,需通过透水试验确定。表 14-3 列示了国外一些未处治和水泥或沥青处治集料排水基层的集料级配情况及相应的渗透系数。

表 14-3　未处治和水泥或沥青处治集料排水基层的集料级配与渗透系数

| 材料类型 | | 通过下列方筛孔(mm)百分率(%) | | | | | | | | | 渗透系数/(m/d) |
|---|---|---|---|---|---|---|---|---|---|---|---|
| | | 37.5 | 25 | 19 | 12.5 | 9.5 | 4.75 | 2.36 | 1.18 | 0.3 | 0.075 | |
| 未处治集料 | ① | 100 | 95~100 | — | 25~60 | — | 0~10 | — | 0~5 | — | 0~2 | 6000 |
| | ② | | 100 | 90~100 | — | 0~10 | 0~10 | — | 0~5 | | | 5400 |
| | ③ | | 95~100 | — | 60~80 | 40~55 | 40~55 | 5~25 | | | | 600 |
| | ④ | | | | 0~90 | 0~8 | 0~8 | | | | | 300 |
| 水泥处治 | ① | 100 | 88~100 | 52~85 | — | 0~16 | 0~16 | 0~6 | | | | 1200 |
| | ② | 100 | 95~100 | — | 25~60 | 0~10 | 0~10 | 0~5 | — | — | 0~2 | 6000 |
| 沥青处治 | ① | 100 | 90~100 | 35~65 | 20~45 | 0~5 | 0~5 | — | — | 0~2 | 0~2 | 4500 |
| | ② | 100 | 50~100 | — | 15~85 | | | | | | | |

纵向集水沟布置在路面横坡的下方。行车道路面采用双向坡路拱时，在路面两侧都设置纵向集水沟。集水沟的内侧边缘可设在行车道面层边缘处，但有时为了避免排水管被面层施工机械压裂，或者避免路肩铺面受集水沟沉降变形的影响，将集水沟向外侧移出 60~90m。路肩采用水泥混凝土铺面时，集水沟内侧边缘可外移到路肩面层边缘处。

排水基层下必须设置不透水垫层或反滤层，以防止表面水下渗入垫层，浸湿垫层和路基，同时防止垫层或路基土中的细粒进入排水基层而造成堵塞。

排水垫层按路基全宽设在其顶面。过湿路基中的自由水上移到排水垫层内后，向两侧横向渗流。路基为路堤时，水向路基坡面外排流；路基为路堑或半路堑时，挖方坡脚处须设置纵向集水沟、排水管和横向排水管。

排水垫层一方面要能渗水，另一方面要防止渗流带来的细粒堵塞透水材料。为此，在材料级配组成上要满足关于透水和反滤要求，如图 14-12 所示。

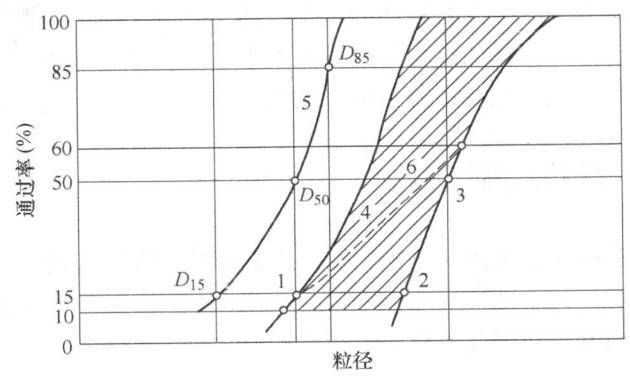

图 14-12　符合渗透和反滤要求的材料设计标准
1—不小于 $5D_{15}$　2—不大于 $5D_{85}$　3—不大于 $25D_{50}$　4—$(D_{60}/D_{30})$ 不大于 20
5—路基土级配曲线　6—符合上述要求的排水垫层级配范围

## 本 章 小 结

本章主要介绍了公路路面表面排水、中央分隔带排水、路面内部排水、路面边缘排水、路面基层的排水等常用路面排水设施的组成，布置方式，以及相关流量计算。

## 思 考 题

14-1　路面排水的目的和任务是什么？
14-2　在路面表面排水设计过程中，应注意哪些原则？
14-3　常用中央分隔带排水有哪些类型？
14-4　路面内部排水可采用哪些措施？

# 第15章 路面施工

为了确保公路质量,需在公路路面的施工技术上加强研究和监控力度。本章从路面质量控制技术上进行阐述。

## 15.1 概述

公路的路面施工是整个道路施工过程中的关键所在,关系到公路的质量、运行状况和使用寿命等,如不引起高度重视,沥青路面会产生泛油、波浪、拥包、滑溜、裂缝、松散等病害,水泥混凝土路面会产生接缝的破坏和混凝土板本身的破坏等一系列问题。因此,加强对道路工程路面施工管理和质量控制,是一项极其重要的任务。

## 15.2 碎(砾)石基层施工

无论是对于沥青路面还是水泥混凝土路面,影响其使用性能和使用寿命的最关键因素是基层的材料和质量。碎(砾)石基层施工不好,容易引起面层出现不规则裂缝和形变,影响路面使用质量和使用寿命,因此,在施工中应加以重视。

### 15.2.1 级配碎石施工

用于二级和二级以上公路基层和底基层的级配碎石应用预先筛分成几组不同粒径的碎石(如37.5~19mm,19~9.5mm,9.5~4.75mm 的碎石)及4.75mm以下的石屑组配而成。在其他等级公路上,级配碎石可用未筛分碎石和石屑组配而成;缺乏石屑时,可以添加细砂砾或粗砂,也可以用颗粒组成合适的含细集料较多的砂砾与未筛分碎石组配成级配碎砾石。

级配碎石层施工时,应遵守下列规定:颗粒组成应是一根顺滑的曲线;配料必须准确;塑性指数应符合规定;混合料必须拌和均匀,没有粗细颗粒离析现象;在最佳含水率时碾压,直到达到按重型击实试验法确定的压实度(中间层100%、基层98%、底基层96%);应使用12t以上三轮压路机碾压,每层的压实厚度不应超过18cm,用重型振动压路机和轮胎压路机碾压时,每层的压实厚度可达20cm。级配碎石基层未洒透层沥青或未铺封层时,禁止开放交通,以保护表层不受破坏。

**1. 材料**

级配碎石或级配碎砾石用作二级和二级以下公路的基层时,其颗粒组成和塑性指数应满足表15-1 中1号级配的规定。级配碎石用做高速公路和一级公路的基层时,其颗粒组成和塑性指数应满足表15-1 中2号级配的规定。同时,级配曲线宜为圆滑曲线。

表 15-1　级配碎石或级配碎砾石的颗粒组成范围

| 项目 | 通过筛孔的质量百分率（%）　编号 | 1 | 2 |
|---|---|---|---|
| 筛孔尺寸/mm | 37.5 | 100 | |
| | 31.5 | 90~100 | 100 |
| | 19.0 | 73~88 | 85~100 |
| | 9.5 | 49~69 | 52~74 |
| | 4.75 | 29~54 | 29~54 |
| | 2.36 | 17~37 | 17~37 |
| | 0.6 | 8~20 | 8~20 |
| | 0.075 | 0~7[②] | 0~7[②] |
| 液限（%） | | <28 | <28 |
| 塑性指数 | | <6（或9[①]） | <6（或9[①]） |

① 潮湿多雨地区塑性指数宜小于6，其他地区塑性指数宜小于9。
② 对于无塑性混合料，小于0.075mm的颗粒含量应接近高限。

级配碎石用作中间层时，其颗粒组成和塑性指数应符合表15-1中2号级配的规定。未筛分碎石用做二级和二级以下公路的底基层时，其颗粒组成和塑性指数应符合表15-2中1号级配的规定；用做高速公路和一级公路的底基层时，其颗粒组成和塑性指数应符合表15-2中2号级配的规定。

表 15-2　级配碎石或级配碎砾石的颗粒组成范围

| 项目 | 通过筛孔的质量百分率（%）　编号 | 1 | 2 |
|---|---|---|---|
| 筛孔尺寸/mm | 53 | 100 | |
| | 37.5 | 85~100 | 100 |
| | 31.5 | 69~88 | 83~100 |
| | 19.0 | 40~65 | 54~84 |
| | 9.5 | 19~43 | 29~59 |
| | 4.75 | 10~30 | 17~45 |
| | 2.36 | 8~25 | 11~35 |
| | 0.6 | 6~18 | 6~21 |
| | 0.075 | 0~10 | 0~10 |
| 液限（%） | | <28 | <28 |
| 塑性指数 | | <6（或9[①]） | <6（或9[①]） |

① 在潮湿多雨地区，塑性指数宜小于6，其他地区塑性指数宜小于9。

**2. 路拌法施工**

级配碎石路拌法施工的工艺流程应符合图15-1的顺序。
（1）准备下承层　下承层不宜做成槽式断面。

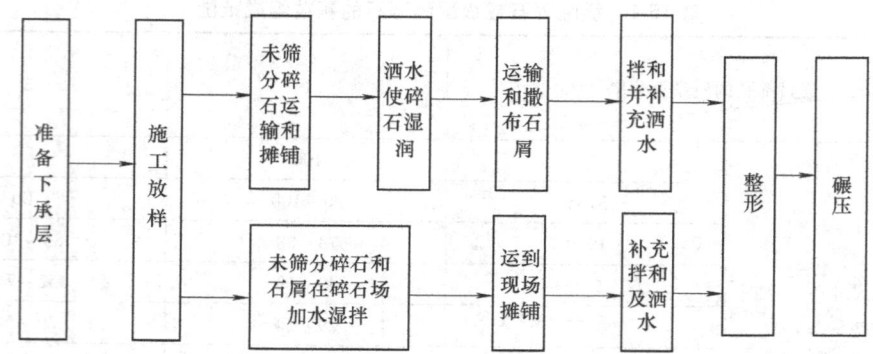

图 15-1　级配碎石路拌法施工工艺流程图

（2）备料　采用未筛分碎石和石屑组成级配碎石时，按表 15-1 的要求，计算未筛分碎石和石屑的配合比。采用不同粒级的单一尺寸碎石和石屑组成级配碎石时，按表 15-1 的要求，计算不同粒级碎石和石屑的配合比。根据各路段基层或底基层的宽度、厚度及规定的压实度并按确定的配合比分别计算各段需要的未筛分碎石和石屑的数量或不同粒级碎石和石屑的数量，并计算每车料的堆放距离。

未筛分碎石的含水率较最佳含水率宜大 1% 左右；未筛分碎石和石屑可按预定比例在料场混合，同时洒水加湿，使混合料的含水率超过最佳含水率约 1%。

（3）运输和摊铺集料　集料装车时，应控制每车料的数量基本相等。在同一料场供料的路段内，宜由远到近卸置集料。卸料距离应严格掌握，避免料不够或过多。未筛分碎石和石屑分别运送时，应先运送碎石。料堆每隔一定距离应留一缺口。集料在下承层上的堆置时间不应过长。运送集料较摊铺集料工序宜只提前数天。

应事先通过试验确定集料的松铺系数并确定松铺厚度。人工摊铺混合料时，其松铺系数为 1.40～1.50；平地机摊铺混合料时（图 15-2），其松铺系数为 1.25～1.35。用平地机或其他合适的机具将料均匀地摊铺在预定的宽度上，表面应力求平整，并具有规定的路拱。应同时摊铺路肩用料。检查松铺材料层的厚度，必要时，应进行减料或补料工作。采用不同粒级的碎石和石屑时，应将大碎石铺在下层，中碎石铺在中层，小碎石铺在上层。洒水使碎石湿润后，再摊铺石屑。

图 15-2　级配碎石摊铺

图 15-3　级配碎石拌和及整形

（4）拌和及整形　对于二级及二级以上公路，应采用专用稳定土拌和机拌和级配碎石。

对于二级以下的公路，在无稳定土拌和机的情况下，可采用平地机（图 15-3）或多铧犁与缺口圆盘耙相配合进行拌和。

用稳定土拌和机应拌和两遍以上，拌和深度应直到级配碎石层底，在进行最后一遍拌和之前，必要时先用多铧犁紧贴底面翻拌一遍。用平地机进行拌和，宜翻拌 5～6 遍，使石屑均匀分布于碎石料中，平地机拌和的作业长度，每段宜为 300～500m，平地机刀片的安装角度宜符合表 15-3 和图 15-4 的要求。拌和结束时，混合料的含水率应均匀，并较最佳含水率大 1% 左右，同时应没有粗细颗粒离析现象。

表 15-3　平地机刀片安装角度

| 拌和条件 | 平面角 $\alpha$ (°) | 倾角 $\beta$ (°) | 切角 $\gamma$ (°) |
| --- | --- | --- | --- |
| 干拌 | 30～50 | 45 | 3 |
| 湿拌 | 35～40 | 45 | 2 |

用缺口圆盘耙与多铧犁相配合拌和级配碎石时，用多铧犁在前面翻拌，圆盘耙紧跟在后面拌和，即采用边翻边耙的方法，共翻耙 4～6 遍。应随时检查调整翻耙的深度。用多铧犁翻拌时，第一遍由路中心开始，将混合料向中间翻，同时机械应慢速前进。第二遍从两边开始，将混合料向外翻。拌和过程中，应保持足够的水分。

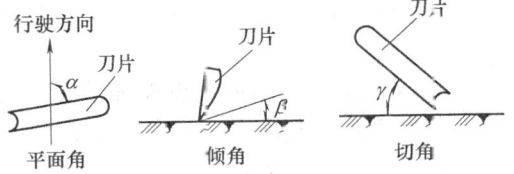

图 15-4　平地机刀片安装示意图

使用在料场已拌和均匀的级配碎石混合料时，摊铺后混合料如有粗细颗粒离析现象，应用平地机进行补充拌和。

用平地机将拌和均匀的混合料按规定的路拱进行整平和整形，在整形过程中，应注意消除粗细集料离析现象。用拖拉机、平地机或轮胎压路机在已初平的路段上快速碾压一遍，以暴露潜在的不平整，再用平地机进行整平和整形。

(5) 碾压　整形后，当混合料的含水率等于或略大于最佳含水率时，立即用 12t 以上三轮压路机、振动压路机或轮胎压路机碾压。直线和不设超高的平曲线段，由两侧路肩开始向路中心碾压；在设超高的平曲线段，由内侧路肩向外侧路肩碾压。碾压时，后轮应重叠 1/2 轮宽；后轮必须超过两段的接缝处。后轮压完路面全宽时，即为一遍。碾压一直进行到要求的密实度为止，一般需碾压 6～8 遍，应使表面无明显轮迹。压路机的碾压速度，头两遍宜采用 1.5～1.7km/h，其后采用 2.0～2.5km/h。路面的两侧应多压 2～3 遍。严禁压路机在已完成的或正在碾压的路段上调头或急刹车。凡含土的级配碎石层，都应进行滚浆碾压，一直压到碎石层中无多余细土泛到表面为止，滚到表面的浆（或事后变干的薄土层）应清除干净。

(6) 横缝的处理　两作业段的衔接处，应搭接拌和。第一段拌和后，留 5～8m 不进行碾压，第二段施工时，前段留下未压部分与第二段一起拌和整平后进行碾压。

(7) 纵缝的处理　应避免纵向接缝。在必须分两幅铺筑时，纵缝应搭接拌和。前一幅全宽碾压密实，在后一幅拌和时，应将相邻的前幅边部约 30cm 搭接拌和，整平后一起碾压密实。

**3. 中心站集中厂拌法施工**

（1）拌和　级配碎石混合料可以在中心站用多种机械进行集中拌和，如强制式拌和机、卧式双转轴桨叶式拌和机、普通水泥混凝土拌和机等。在正式拌制级配碎石混合料之前，必须先调试所用的厂拌设备，使混合料的颗粒组成和含水率都能达到规定的要求。在采用未筛分碎石和石屑时，如未筛分碎石或石屑的颗粒组成发生明显变化，应重新调试设备。

（2）摊铺及碾压　将级配碎石用于高速公路和一级公路时，应用沥青混凝土摊铺机或其他碎石摊铺机摊铺碎石混合料，摊铺机后面应设专人消除粗细集料离析现象。用振动压路机、三轮压路机进行碾压。级配碎石用于二级和二级以下公路时，如没有摊铺机，也可用自动平地机（或摊铺箱）摊铺混合料：根据摊铺层的厚度和要求达到的压实度，计算每车混合料的摊铺面积；将混合料均匀地卸在路幅中央，路幅宽时，也可将混合料卸成两行；用平地机将混合料按松铺厚度摊铺均匀。设一个三人小组跟在平地机后面，及时消除粗细集料离析现象。对于粗集料"窝"和粗集料"带"，应添加细集料，并拌和均匀；对于细集料"窝"，应添加粗集料，并拌和均匀。用平地机摊铺混合料后的整形和碾压均与路拌法施工相同。

（3）横向接缝　用摊铺机摊铺混合料时，靠近摊铺机当天未压实的混合料，可与第二天摊铺的混合料一起碾压，但应注意此部分混合料的含水率。必要时，应人工补充洒水，使其含水率达到规定的要求。用平地机摊铺混合料时，每天的工作缝可按路拌法处理。

（4）纵向接缝　应避免纵向接缝。如摊铺机的摊铺宽度不够，必须分两幅摊铺时，宜采用两台摊铺机一前一后相隔约 5~8m 同步向前摊铺混合料。在仅有一台摊铺机的情况下，可先在一条摊铺带上摊铺一定长度后，再开到另一条摊铺带上摊铺，然后一起进行碾压。

在不能避免纵向接缝的情况下，纵缝必须垂直相接，不应斜接，并按下述方法处理：在前一幅摊铺时，在靠后一幅的一侧应用方木或钢模板做支撑，方木或钢模板的高度与级配碎石层的压实厚度相同；在摊铺后一幅之前，将方木或钢模板除去；如在摊铺前一幅时未用方木或钢模板支撑，靠边缘的 30cm 左右难于压实，而且形成一个斜坡，在摊铺后一幅时，应先将未完全压实部分和不符合路拱要求部分挖松并补充洒水，待后一幅混合料摊铺后一起进行整平和碾压。

## 15.2.2　级配砾石施工

天然砂砾符合规定的级配要求，而且塑性指数在 6 或 9 以下时，可以直接用做基层。塑性指数偏大的砂砾，可加少量石灰降低其塑性指数，也可以用无塑性的砂或石屑掺配，使其塑性指数降低到符合要求，或塑性指数与细土（粒径小于 0.5mm 的颗粒）含量的乘积符合要求。可在天然砂砾中掺加部分碎石或轧碎砾石，以提高混合料的强度和稳定性。

级配砾石层施工时，应遵守下列规定：颗粒级配应符合规定；配料应准确；塑性指数应符合规定；混合料应拌和均匀，没有粗细颗粒离析现象；在最佳含水率时进行碾压，直至达到按重型击实试验法确定的压实度（基层 98%、底基层 96%）；级配砾石应用 12t 以上三轮压路机碾压，每层的压实厚度不应超过 18cm，用重型振动压路机和轮胎压路机碾压时，每层的压实厚度不应超过 20cm。级配砾石基层未洒透层沥青或未铺封层时，禁止开放交通，以保护表层不受破坏。

**1. 材料**

级配砾石基层颗粒组成和塑性指数应满足表 15-4 的规定，同时级配曲线应为圆滑曲线。

表 15-4　级配砾石基层的颗粒组成范围

| 项目 | 通过筛孔的质量百分率（%） 编号 | 1 | 2 | 3 |
|---|---|---|---|---|
| 筛孔尺寸/mm | 53 | 100 | | |
| | 37.5 | 90~100 | 100 | |
| | 31.5 | 81~94 | 90~100 | 100 |
| | 19.0 | 63~81 | 73~88 | 85~100 |
| | 9.5 | 45~66 | 49~69 | 52~74 |
| | 4.75 | 27~51 | 29~54 | 29~54 |
| | 2.36 | 16~35 | 17~37 | 17~37 |
| | 0.6 | 8~20 | 8~20 | 8~20 |
| | 0.075 | 0~7② | 0~7② | 0~7② |
| 液限（%） | | <28 | <28 | |
| 塑性指数 | | <6（或9①） | <6（或9①） | <6（或9①） |

① 潮湿多雨地区塑性指数宜小于6，其他地区塑性指数宜小于9。
② 对于无塑性混合料，小于0.075mm 的颗粒含量应接近高限。

用作底基层的砂砾、砂砾土或其他粒状材料的级配，应位于表 15-5 的范围内。

表 15-5　砂砾底基层的级配范围

| 筛孔尺寸/mm | 53 | 37.5 | 9.5 | 4.75 | 0.6 | 0.075 |
|---|---|---|---|---|---|---|
| 通过筛孔的质量百分率（%） | 100 | 80~100 | 40~100 | 25~85 | 8~45 | 0~15 |

**2. 施工**

级配砾石施工的工艺流程按图 15-5 的顺序进行。

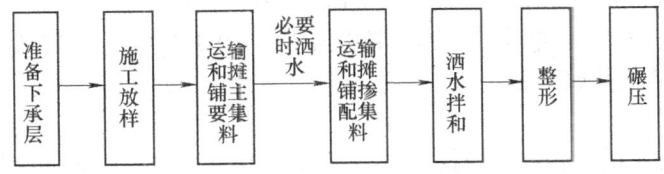

图 15-5　级配砾石施工工艺流程图

（1）计算材料用量　根据各路段基层或底基层的宽度、厚度及预定的干密度，计算各段需要的集料数量。如级配砾石是用两种集料合成的，分别计算两种集料的数量；根据料场集料的含水率以及所用运料车辆的吨位，计算每车材料的堆放距离。

（2）运输和摊铺集料　集料装车时，应控制每车料的数量基本相等。同一料场供料的路段内，由远到近将料卸置于下承层上。卸料距离应严格掌握，避免料不够或过多。采用两种集料时，应先运主要集料，待主要集料摊铺后，再运另一种集料并摊铺。如粗细两种集的最大粒径相差很多,应在粗集料处于潮湿状态下摊铺细集料。料堆每隔一定距离应留一缺口。集料在下承层上的堆置时间不宜过长。运送集料较摊铺集料工序宜只提前数天。应通过试验确定集料的松铺系数,并确定松铺厚度。人工摊铺混合料时,其松铺系数为1.40~1.50;平地机摊铺混合料时,其松铺系数为1.25~1.35。用平地机或其他合适的机具将料均匀地摊铺在预定的宽度上,表面应力求平整,并有规定的路拱。应同时摊铺路肩用料。检查松铺材料层的厚度是否符合预计要求,必要时,应进行减料或补料工作。

(3) 拌和及整形　用平地机拌和时,每一作业段的长度宜为300~500m。拌和时,平地机刀片的安装角度宜符合表15-3和图15-4的要求。一般需拌和5~6遍。拌和过程中,用洒水车洒足所需的水分。拌和结束时,混合料的含水量应均匀,并较最佳含水量大1%左右,应无粗细颗粒离析现象。使用符合级配要求的天然砂砾时,如摊铺后混合料有粗细颗粒离析现象,应用平地机进行补充拌和。用平地机将拌和均匀的混合料按规定的路拱进行整平和整形。用拖拉机、平地机或轮胎压路机在已初平的路段上快速碾压一遍,以暴露潜在的不平整。再用平地机进行整平和整形。

用拖拉机牵引四铧犁或五铧犁进行拌和时,每一作业段的长度宜为100~150m。第一遍由路中心开始,将混合料向中间翻,同时机械应慢速前进。第二遍则应从两边开始,将混合料向外翻。拌和过程中,用洒水车洒足所需的水分。拌和遍数以双数为宜,一般需拌6遍。拌和结束时,混合料含水率应均匀,并较最佳含水率大1%左右,且无离析现象。用平地机或用其他机具按规定的路拱进行整平和整形,在整形过程中,严禁任何车辆通行。

(4) 碾压及接缝处理　级配砾石碾压、横缝处理、纵缝处理的要求同于级配碎石。

### 15.2.3 填隙碎石施工

用单一粒径的粗碎石和石屑组成的填隙碎石可用干法或湿法施工。干法施工的填隙碎石特别适宜于干旱缺水地区。填隙碎石的一层压实厚度,可取碎石最大粒径的1.5~2.0倍。缺乏石屑时,可以添加细砾砂或粗砂等细集料,但其技术性能不如石屑。

填隙碎石施工时,应遵守下列规定:细集料应干燥;应采用振动轮每米宽质量不小于1.8t的振动压路机碾压;填隙料应填满粗碎石层内部的全部孔隙;碾压后,表面粗碎石间的孔隙应填满,但不得使填隙料覆盖粗集料而自成一层,表面应看得见粗碎石;碾压后基层的固体体积率应不小于85%,底基层的固体体积率应不小于83%。填隙碎石基层未洒透层沥青或未铺封层时,禁止开放交通。

**1. 材料**

填隙碎石、粗碎石的颗粒组成应符合表15-6的规定。填隙料宜具有表15-7的颗粒组成。

表15-6　填隙碎石、粗碎石的颗粒组成

| 编号 | 通过筛孔的质量百分率(%) 标称尺寸/mm | 筛孔尺寸/mm | | | | | | | |
|---|---|---|---|---|---|---|---|---|---|
| | | 63 | 53 | 37.5 | 31.5 | 26.5 | 19 | 16 | 9.5 |
| 1 | 30~60 | 100 | 25~60 | | 0~15 | | 0~5 | | |
| 2 | 25~50 | | 100 | 25~50 | 0~15 | | 0~5 | | |
| 3 | 20~40 | | | 100 | 35~70 | | 0~15 | | 0~5 |

表 15-7 填隙料的颗粒组成

| 筛孔尺寸/mm | 9.5 | 4.75 | 2.36 | 0.6 | 0.075 | 塑性指数 |
|---|---|---|---|---|---|---|
| 通过筛孔的质量百分率（%） | 100 | 85~100 | 50~70 | 30~50 | 0~10 | <6 |

**2. 施工**

填隙碎石的施工工艺流程宜按图 15-6 的顺序进行，填隙碎石施工现场如图 15-7 所示。

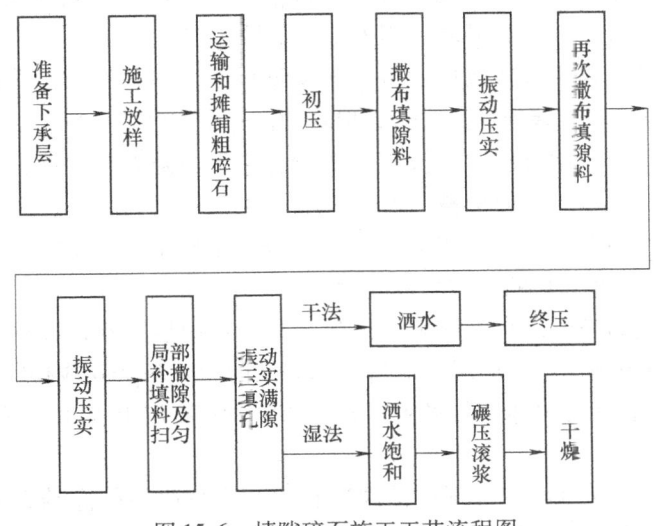

图 15-6 填隙碎石施工工艺流程图

图 15-7 填隙碎石施工

（1）备料 根据各路段基层或底基层的宽度、厚度及松铺系数，计算各段需要的粗碎石数量；根据运料车辆的车厢体积，计算每车料的堆放距离。填隙料的用量为粗碎石质量的 30%~40%。

（2）运输和摊铺粗碎石 碎石装车时，应控制每车料的数量基本相等。在同一料场供料的路段内，由远到近将粗碎石卸置于下承层上。卸料距离应严格掌握，避免有的路段料不够或料过多。料堆每隔一定距离应留一缺口。用平地机或其他合适的机具将粗碎石均匀地摊铺在预定的宽度上，表面应力求平整，并有规定的路拱。应同时摊铺路肩用料。检查松铺材料层的厚度是否符合预计要求，必要时，应进行减料或补料工作。

（3）撒铺填隙料和碾压

1) 干法施工。

① 初压。用 8t 两轮压路机碾压 3~4 遍，使粗碎石稳定就位。在直线和不设超高的平曲线段上，碾压从两侧路肩开始，逐渐错轮向路中心进行；在设超高的平曲线段上，碾压从内侧路肩开始，逐渐错轮向外侧路肩进行。错轮时，每次重叠 1/3 轮宽。在第一遍碾压后，应再次找平。初压终了时，表面应平整，并具有要求的路拱和纵坡。

② 撒铺填隙料。用石屑撒布机或类似设备将干填隙料均匀地撒铺在已压稳的粗碎石层上，松铺厚度为 2.5~3.0cm。必要时，用人工或机械扫匀。

③ 碾压。用振动压路机慢速碾压，将全部填隙料振入粗碎石间的孔隙中。如没有振动压路机，可用重型振动板。碾压方法同①，但路面两侧应多压 2~3 遍。

④ 再次撒布填隙料。用石屑撒布机或类似设备将干填隙料再次撒铺在粗碎石层上，松铺厚度为 2.0~2.5cm。用人工或机械扫匀。

⑤ 再次碾压。用振动压路机按③项的要求碾压。在碾压过程中，对局部填隙料不足之处，人工进行找补。局部多余的填隙料应扫除。

⑥ 再次碾压后，如表面仍有未填满的孔隙，则应补撒填隙料，并用振动压路机继续碾压，直到全部孔隙被填满为止。同时，应将局部多余的填隙料铲除或扫除。填隙料不应在粗碎石表面自成一层。表面必须能看得见粗碎石。如填隙碎石层上为薄沥青面层，应使粗碎石的棱角外露 3~5mm。

⑦ 当需分层铺筑时，应将已压成的填隙碎石层表面粗碎石外露约 5~10mm，然后在上摊铺第二层粗碎石，并按①~⑥项的要求施工。

⑧ 填隙碎石表面孔隙全部填满后，用 12~15t 三轮压路机再碾压 1~2 遍。在碾压过程中，不应有任何蠕动现象。在碾压之前，宜在表面先洒少量水，洒水量宜为 $3kg/m^2$ 以上。

2) 湿法施工。

① 开始工序与干法施工要求相同。

② 粗碎石层表面孔隙全部填满后，立即用洒水车洒水，直到饱和，但应注意避免多余水浸泡下承层。

③ 用 12~15t 三轮压路机跟在洒水车后碾压。在碾压过程中，将湿填隙料扫入所出现的孔隙中。需要时，再添加新的填隙料。洒水和碾压应一直进行到填隙料和水形成粉砂浆为止。粉砂浆应填塞全部孔隙，并在压路机轮前形成微波纹状。

④ 干燥。碾压完成的路段应让水分蒸发一段时间。结构层变干后，表面多余的细料以及细料覆盖层都应扫除干净。

⑤ 当需分层铺筑时，应待结构层变干后，将已压成的填隙碎石层表面的填隙料扫除一些，使表面粗碎石外露 5~10mm，然后摊铺第二层粗碎石，按同一工序施工。

## 15.3 半刚性基层施工

半刚性基层的混合料可在拌和厂（场）集中拌和，也可沿路拌和，故施工方法有厂拌法和路拌法之分。高速公路和一级公路的半刚性基层对强度、平整度等技术性能有很高的要求，应采用施工质量好、进度快的厂拌法施工；其他公路的半刚性基层可用路拌法施工。

### 15.3.1 水泥稳定土施工

水泥稳定土可适用于各级公路的基层和底基层，但水泥土不宜用作二级和二级以上公路高级路面的基层。水泥稳定中粒土和粗粒土用作基层时，水泥剂量不宜超过6%。必要时，应首先改善集料的级配，然后用水泥稳定。

水泥稳定土结构层宜在春末和气温较高季节组织施工。施工期的日最低气温应在5℃以上，在有冰冻的地区，应在第1次重冰冻（-3~-5℃）前半个月到一个月完成。在雨期施工水泥稳定土，特别是水泥土结构层时，应特别注意气候变化，勿使水泥和混合料遭雨淋。降水时应停止施工，但已经摊铺的水泥混合料应尽快碾压密实。路拌法施工时，应采取措施排除下承层表面的水，勿使运到路上的集料过分潮湿。

水泥稳定土结构层施工时，应遵守下列规定：土块应尽可能粉碎，土块最大尺寸不应大于15mm；配料应准确；路拌法施工时水泥应摊铺均匀；洒水、拌和均匀；应严格控制基层厚度和高程，其路拱横坡应与面层一致；应在混合料处于或略大于最佳含水率时碾压，直至达到按重型击实试验法确定的压实度。

**1. 材料**

1）二级和二级以下的公路，水泥稳定土所用的粗粒土、中粒土、细粒土应满足如下要求：水泥稳定土用作底基层时，颗粒组成应在表15-8所列范围内；水泥稳定土用作基层时，颗粒组成应在表15-9范围内；对于二级公路宜按接近级配范围的下限组配混合料或采用表15-10中的2号级配。级配碎石、未筛分碎石、砂砾、碎石土、砂砾土、煤矸石和各种粒状矿渣均适宜用水泥稳定。

表15-8  用作底基层时水泥稳定土的颗粒组成范围

| 筛孔尺寸/mm | 53 | 4.75 | 0.6 | 0.075 | 0.002 |
|---|---|---|---|---|---|
| 通过筛孔的质量百分率（%） | 100 | 50~100 | 17~100 | 0~50 | 0~30 |

表15-9  用作基层时水泥稳定土的颗粒组成范围

| 筛孔尺寸/mm | 通过筛孔的质量百分率（%） | 筛孔尺寸/mm | 通过筛孔的质量百分率（%） |
|---|---|---|---|
| 37.5 | 90~100 | 2.36 | 20~70 |
| 26.5 | 66~100 | 1.18 | 14~57 |
| 19 | 54~100 | 0.6 | 8~47 |
| 9.5 | 39~100 | 0.075 | 0~30 |
| 4.75 | 28~84 | | |

2）高速公路和一级公路，水泥稳定土所用的粗粒土和中粒土应满足如下要求：水泥稳定土用作底基层时，颗粒组成应在表15-10所列1号级配范围内，对于中粒土和粗粒土，宜采用表15-10中2号级配；水泥稳定土用作基层时，颗粒组成应在表15-10所列3号级配范围内，对所用的碎石或砾石，应预先筛分成3~4个不同粒级，然后配合，使颗粒组成符合表15-10所列级配范围。

表 15-10　水泥稳定土的颗粒组成范围

| 项目 | 通过筛孔的质量百分率（%）\编号 | 1 | 2 | 3 |
|---|---|---|---|---|
| 筛孔尺寸/mm | 37.5 | 100 | 100 | |
| | 31.5 | | 90~100 | 100 |
| | 26.5 | | | 90~100 |
| | 19 | | 67~90 | 72~89 |
| | 9.5 | | 45~68 | 47~67 |
| | 4.75 | 50~100 | 29~50 | 29~49 |
| | 2.36 | | 18~38 | 17~35 |
| | 0.6 | 17~100 | 8~22 | 8~22 |
| | 0.075 | 0~30 | 0~7① | 0~7① |
| 液限（%） | | | | <28 |
| 塑性指数 | | | | <9 |

① 集料中0.5mm以下细粒土有塑性指数时，小于0.075mm的颗粒含量不应超过5%；细粒土无塑性指数时，小于0.075mm颗粒含量不应超过7%。

3）水泥稳定粒径较均匀的砂时，宜在砂中添加少量塑性指数小于10的黏性土或石灰土，也可添加部分粉煤灰，加入比例可按使混合料的标准干密度接近最大值确定，一般为20%~40%。有机质含量超过2%的土，必须先用石灰进行处理，闷料一夜后再用水泥稳定。硫酸盐含量超过0.25%的土，不应用水泥稳定。普通硅酸盐水泥、矿渣硅酸盐水泥和火山灰质硅酸盐水泥都可用于稳定土，但应选用初凝时间3h以上和终凝时间较长（宜在6h以上）的水泥。不应使用快硬水泥、早强水泥以及已受潮变质的水泥。宜采用强度等级为32.5或42.5的水泥。

**2. 混合料组成设计**

各级公路用水泥稳定土的7d浸水抗压强度应符合表15-11的规定。水泥稳定土的组成设计应根据表15-11的强度标准，通过试验选取最适宜于稳定的土，确定必需的水泥剂量和混合料的最佳含水率，在需要改善混合料的物理力学性质时，还应确定掺加料的比例。综合稳定土的组成设计应通过试验选取最适宜于稳定的土，确定必需的水泥和石灰剂量以及混合料的最佳含水率。

表 15-11　水泥稳定土的抗压强度标准

| 层位\公路等级 | 二级和二级以下公路 | 高速公路和一级公路 |
|---|---|---|
| 基层/MPa | 2.5~3 | 3~5 |
| 底基层/MPa | 1.5~2.0 | 1.5~2.5 |

混合料的设计步骤：分别按五种水泥剂量配制同一种土样、不同水泥剂量的混合料；确定各种混合料的最佳含水率和最大干（压实）密度，至少应做三个不同水泥剂量混合料的击实试验，即最小剂量、中间剂量和最大剂量。按规定压实度分别计算不同水泥剂量的试件

应有的干密度。按最佳含水率和计算得的干密度制备试件。试件在规定温度下保湿养生 6d，浸水 24h 后，进行无侧限抗压强度试验。计算试验结果的平均值和偏差系数。根据表 15-11 的强度标准，选定合适的水泥剂量。工地实际采用的水泥剂量应比室内试验确定的剂量多 0.5%～1.0%。

**3. 路拌法施工**

路拌法施工的工艺流程宜按图 15-3 的顺序进行。

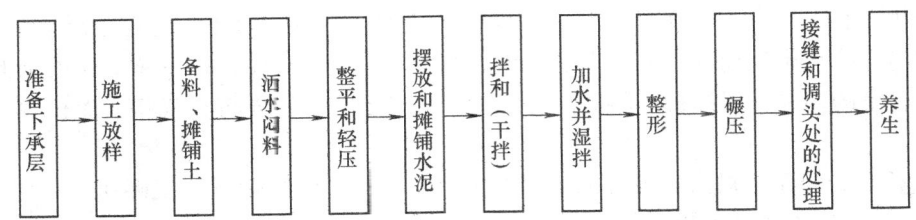

图 15-8　路拌法施工水泥稳定土的工艺流程

（1）准备下承层　下承层表面应平整、坚实，具有规定的路拱。对土基不论是路堤还是路堑，必须用 12～15t 三轮压路机或等效的碾压机械进行 3～4 遍碾压检验。在碾压过程中，如发现土过干、表层松散，应适当洒水；如土过湿，发生"弹簧"现象，应采用挖开晾晒、换土、掺石灰或水泥等措施进行处理。对于底基层，应进行压实度检查，对于柔性底基层还应进行弯沉值检验。底基层或老路面上的低洼和坑洞，应仔细填补及压实；搓板和辙槽应刮除；松散处，应耙松洒水并重新碾压，达到平整密实。在槽式断面的路段，两侧路肩上每隔一定距离（可为 5～10m）交错开挖泄水沟（或做盲沟）。

（2）施工放样　在底基层或老路面或土基上恢复中线，直线段每 15～20m 设一桩，平曲线段每 10～15m 设一桩，并在两侧路肩边缘外设指示桩。在两侧指示桩上用明显标记标出水泥稳定土层边缘的设计高。

（3）备料

1）利用老路面或土基上部材料。必须首先清除干净老路面上或土基表面的石块等杂物。每隔 10～20m 挖一小洞，使洞底标高与预定的水泥稳定土层的底面标高相同，并在洞底做一标记，以控制翻松及粉碎的深度。用犁、松土机或装有强固齿的平地机或推土机将老路面或土基的上部翻松到预定的深度，土块应粉碎到符合要求。应经常用犁将土向路中心翻松，使预定处治层的边部成一个垂直面，防止处治宽度超过规定。

2）利用料场的土。采集土前，应先将树木、草皮和杂土清除干净。应在预定的深度范围内采集土，不应分层采集，不应将不合格的土采集一起。根据各路段水泥稳定土层的宽度、厚度及预定的干密度，计算各路段需要的干燥土的数量，根据料场土的含水量和所用运料车辆的吨位，计算每车料的堆放距离，根据水泥稳定土层的厚度和预定的干密度及水泥剂量，计算每一平方米水泥稳定土需要的水泥用量，并确定水泥摆放的纵横间距。在预定堆料的下承层上，在堆料前应先洒水，使其表面湿润，但不应过分潮湿而造成泥泞。

（4）摊铺土　事先通过试验确定土的松铺系数。人工摊铺混合料时，其松铺系数可按表 15-12 选用。摊铺土应在摊铺水泥的前一天进行。如第二天有雨，不宜提前摊铺土。将土均匀地摊铺在预定的宽度上，表面应力求平整，并有规定的路拱。如土中有较多土块，应进行粉碎。除洒水车外，严禁其他车辆在土层上通行。

表 15-12　混合料松铺系数参考表

| 材料名称 | 松铺系数 | 备注 |
|---|---|---|
| 水泥稳定砂砾 | 1.30～1.35 | |
| 水泥土 | 1.53～1.58 | 现场人工摊铺土和水泥，机械拌和，人工整平 |

（5）洒水闷料　如已整平的土（含粉碎的老路面）含水率过小，应在土层上洒水闷料。洒水应均匀，防止出现局部水分过多的现象。细粒土应经一夜闷料；中粒土和粗粒土，视其中细粒土含量的多少，可缩短闷料时间。如为综合稳定土，应先将石灰和土拌和后一起进行闷料。

（6）整平和轻压　对人工摊铺的土层整平后，用6～8t两轮压路机碾压1～2遍，使其表面平整，并有一定的压实度。

（7）摆放和摊铺水泥　根据水泥用量计算出每袋水泥的纵横间距，在土层上做安放标记。将水泥当日直接送到摊铺路段，卸在做标记的地点。用刮板将水泥均匀摊开，并注意使每袋水泥的摊铺面积相等。水泥摊铺完后，表面应没有空白位置，也没有水泥过分集中的地点。

（8）拌和（干拌）

1）二级及二级以上公路，采用专用稳定土拌和机进行拌和，设专人跟随拌和机，随时检查拌和深度并配合拌和机操作员调整拌和深度。拌和深度应达稳定层底并侵入下承层5～10mm，以利上下层黏结。通常拌和两遍以上，在最后一遍拌和之前，必要时可先用多铧犁紧贴底面翻拌一遍。

2）三、四级公路，在没有专用拌和机械的情况下，可用农用旋转耕作机与多铧犁或平地机相配合进行拌和。先用平地机或多铧犁将铺好水泥的土翻拌两遍，使水泥分布到土中，但不应翻犁到底，防止水泥落到底部。第一遍由路中心开始，将混合料向中间翻，机械应慢速前进；第二遍应相反，从两边开始，将混合料向外侧翻。接着用旋转耕作机拌和两遍。再用多铧犁或平地机将底部料翻起。随时检查调整翻犁的深度，使稳定土层全部翻透。接着再用旋转耕作机拌和两遍，用多铧犁或平地机再翻犁两遍。

3）三、四级公路，在没有专用拌和机械的情况下，可以用缺口圆盘耙与多铧犁或平地机相配合，拌和水泥稳定细粒土和中粒土。用平地机或多铧犁在前面翻拌，用圆盘耙跟在后面拌和。应翻拌四遍，开始的两遍不应翻犁到底，以防水泥落到底部；后面的两遍应翻犁到底，随时检查调整翻犁的深度。

（9）加水并湿拌　如果混合料的含水率不足，应用喷管式洒水车补充洒水。洒水后，应再次进行拌和。洒水及拌和过程中，应及时检查混合料的含水率。混合料拌和均匀后应色泽一致，没有灰条、灰团和花面，即无明显粗细集料离析现象，且水分合适和均匀。

（10）整形　混合料拌和均匀后，应立即用平地机初步整形。在直线段，平地机由两侧向路中心进行刮平；在平曲线段，平地机由内侧向外侧进行刮平。用拖拉机、平地机或轮胎压路机立即在初平的路段上快速碾压一遍，以暴露潜在的不平整，再用平地机进行整形，碾压一遍。对于局部低洼处，应用齿耙将其表层5cm以上耙松，并用新拌的混合料进行找平，再用平地机整形一次。每次整形都应达到规定的坡度和路拱，并应特别注意接缝必须顺适平整。

(11) 碾压 整形后，当混合料的含水率为最佳含水率（-1%～+2%）时，应立即用轻型压路机并配合12t以上压路机在结构层全宽内进行碾压（图15-9）。直线和不设超高的平曲线段，由两侧路肩向路中心碾压时，应重叠1/2轮宽，后轮必须超过两段的接缝处，后轮压完路面全宽时，即为一遍。一般需碾压6～8遍。压路机的碾压速度，头两遍以采用1.5～1.7km/h为宜，以后宜采用2.0～2.5km/h。碾压过程中，水泥稳定土的表面应始终保持湿润。经过拌和、整形的水泥稳定土，宜在水泥初凝前并应在试验确定的延迟时间内完成碾压，并达到要求的密实度，同时没有明显的轮迹。在碾压结束之前，用平地机再终平一次，使其纵向顺适，路拱和超高符合设计要求。

(12) 接缝和调头处的处理 同日施工的两工作段的衔接处，应采用搭接。前一段拌和整形后，留5～8m不进行碾压，后一段施工时，前段留下未压部分，应再加部分水泥重新拌和，并与后一段一起碾压。工作缝和调头处可按下述方法处理：在已碾压完成的水泥稳定土层末端，沿稳定土挖一条横贯铺筑层全宽的宽约30cm的槽，直挖到下承层顶面，如图15-10所示，此槽应与路的中心线垂直，靠稳定土的一面应切成垂直面，并放两根与压实厚度等厚、长为全宽一半的方木紧贴其垂直面，用原挖出的素土回填槽内其余部分。如拌和机械或其他机械必须到已压成的水泥稳定土层上调头，可在用于调头的8～10m长的稳定土层上，先覆盖一张厚塑料布或油毡纸，然后铺上约10cm厚的土、砂或砂砾。第二天，邻接作业段拌和后，除去方木，用混合料回填。靠近方木未能拌和的一小段，应人工进行补充拌和。整平时，接缝处的水泥稳定土应较已完成断面高出约5cm。在新混合料碾压过程中，将接缝修整平顺。

图15-9 压路机碾压

图15-10 横向接缝处理示意图

(13) 纵缝的处理 避免纵向接缝，在必须分两幅施工时，纵缝必须垂直相接，不应斜接。纵缝按下述方法处理：在前一幅施工时，在靠中央一侧用方木或钢模板做支撑方木或钢模板的高度与稳定土层的压实厚度相同；混合料拌和结束后，靠近支撑木（或板）的一部分，应人工进行补充拌和，然后整形和碾压。养生结束后，在铺筑另一幅之前，拆除支撑木（或板）；第二幅混合料拌和结束后，靠近第一幅的部分，应人工进行补充拌和，然后进行整形和碾压。

**4. 中心站集中厂拌法施工**

(1) 拌和 水泥稳定土可以在中心站用厂拌设备集中拌和（图15-11a）。集中拌和时，应符合下列要求：土块应粉碎，最大尺寸不得大于15mm；配料应准确，拌和应均匀；含水

图 15-11 中心站集中厂拌法施工图
a) 拌和站现场 b) 摊铺现场 c) 碾压现场

率宜略大于最佳值,使混合料运到现场摊铺后碾压时的含水率不小于最佳值;不同粒级的碎石或砾石以及细集料(如石屑和砂)应隔离,分别堆放。

(2) 运输 尽快将拌成的混合料运送到铺筑现场。车上的混合料应覆盖,减少水分损失。

(3) 摊铺与碾压 采用沥青混凝土摊铺机或稳定土摊铺机摊铺混合料(图15-11b)。如下承层是稳定细粒土,应先将下承层顶面拉毛,再摊铺混合料。拌和机与摊铺机的生产能力应互相匹配。在摊铺机后面应设专人消除粗细集料离析现象,特别应该铲除局部粗集料"窝",并用新拌混合料填补。先用轻型两轮压路机跟在摊铺机后及时碾压,后用重型振动压路机、三轮压路机或轮胎压路机继续碾压密实(图15-11c)。在二、三、四级公路上,没有摊铺机时,可采用摊铺箱摊铺混合料,也可以用自动平地机摊铺混合料。用平地机摊铺混合料后的整形和碾压均与路拌法相同。

(4) 接缝处理 横向接缝和纵向接缝的处理方法与路拌法相似。

**5. 养生及交通管制**

水泥稳定土底基层分层施工时,下层水泥稳定土碾压完后,在采用重型振动压路机碾压时,宜养生7d后铺筑上层水泥稳定土。在铺筑上层稳定土之前,应始终保持下层表面湿润。

在铺筑上层稳定土时,宜在下层表面撒少量水泥或水泥浆。底基层养生 7d 后,方可铺筑基层。水泥稳定级配碎石(或砾石)基层分两层用摊铺机铺筑时,下层分段摊铺和碾压密实后,在不采用重型振动压路机碾压时,宜立即摊铺上层,否则在下层顶面应撒少量水泥或水泥浆。

每一段碾压完成并经压实度检查合格后,应立即开始养生(图 15-12)。在养生期间未采用覆盖措施的水泥稳定土层上,除洒水车外,应封闭交通。在采用覆盖措施的水泥稳定土层上,不能封闭交通时,应限制重车通行,其他车辆的车速不应超过 30km/h。

养生期结束后,如其上为沥青面层,应先清扫基层,并立即喷洒透层或黏层沥青。在喷洒透层或黏层沥青后,宜在上均匀撒布 5~10mm 的小碎(砾)石,用量为全铺一层用量的 60%~70%。

图 15-12 水泥稳定碎石基层养生

**6. 施工组织与作业段划分**

水泥稳定土施工时,必须采用流水作业法,使各工序紧密衔接。特别是要尽量缩短从拌和到完成碾压之间的延迟时间。一般情况下,当稳定土层宽 7~8m 时,每一流水作业段以 200m 为宜,如稳定土层较宽,则作业段再缩短。

## 15.3.2 石灰稳定土施工

石灰稳定土层应在春末和夏季组织施工。施工期的日最低气温应在 5℃ 以上,并应在第一次重冰冻(-3~-5℃)到来之前一个月到一个半月完成。稳定土层宜经历半月以上温暖和热的气候养生。多雨地区,应避免在雨期进行石灰土结构层的施工。

石灰稳定土层施工时,应遵守下列规定:细粒土应尽可能粉碎,土块最大尺寸不应大于 15mm;配料应准确;路拌法施工时,石灰应摊铺均匀;洒水、拌和应均匀;严格控制基层厚度和高程,其路拱横坡应与面层一致;在混合料处于最佳含水率或略小于最佳含水率(1%~2%)时进行碾压,直到达到按重型击实试验法确定的压实度。

**1. 材料**

石灰技术指标应符合表 15-13 的规定,应尽量缩短石灰的存放时间。对于高速公路和一级公路,采用磨细生石灰粉。凡饮用水(含牲畜饮用水)均可用于石灰土施工。

表 15-13 石灰的技术指标

| 指标 项目 | 类别 | 钙质生石灰 | | | 镁质生石灰 | | | 钙质消石灰 | | | 镁质消石灰 | | |
|---|---|---|---|---|---|---|---|---|---|---|---|---|---|
| | | 等 级 | | | | | | | | | | | |
| | | Ⅰ | Ⅱ | Ⅲ | Ⅰ | Ⅱ | Ⅲ | Ⅰ | Ⅱ | Ⅲ | Ⅰ | Ⅱ | Ⅲ |
| 有效钙加氧化镁含量(%) | | ≥85 | ≥80 | ≥70 | ≥80 | ≥75 | ≥65 | ≥65 | ≥60 | ≥55 | ≥60 | ≥55 | ≥50 |
| 未消化残渣含量 (5mm 圆孔筛的筛余)(%) | | ≤7 | ≤11 | ≤17 | ≤10 | ≤14 | ≤20 | | | | | | |

(续)

| 项目 | 类别指标 | 钙质生石灰 | | | 镁质生石灰 | | | 钙质消石灰 | | | 镁质消石灰 | | |
|---|---|---|---|---|---|---|---|---|---|---|---|---|---|
| | | 等级 | | | | | | | | | | | |
| | | I | II | III | I | II | III | I | II | III | I | II | III |
| 含水率（%） | | | | | | | | ≤4 | ≤4 | ≤4 | ≤4 | ≤4 | ≤4 |
| 细度 | 0.71mm方孔筛的筛余（%） | | | | | | | 0 | ≤1 | ≤1 | 0 | ≤1 | ≤1 |
| | 0.125mm方孔筛的筛余（%） | | | | | | | ≤13 | ≤20 | — | ≤13 | ≤20 | — |
| 钙镁石灰的分类界限，氧化镁含量（%） | | ≤5 | | | >5 | | | ≤4 | | | >4 | | |

### 2. 混合料组成设计

各级公路用石灰稳定土的 7d 浸水抗压强度应符合表 15-14 的规定。

表 15-14 石灰稳定土的抗压强度标准

| 层 位 | 公 路 等 级 | 二级和二级以下公路 | 高速公路和一级公路 |
|---|---|---|---|
| 基层/MPa | | ≥0.8 | — |
| 底基层/MPa | | 0.5~0.7 | ≥0.8 |

石灰稳定土的组成设计应根据表 15-14 的强度标准，通过试验选取最适宜于稳定的土，确定必需的或最佳的石灰剂量和混合料的最佳含水率，在需要改善混合料的物理力学性质时，还应确定掺加料的比例。

混合料的设计步骤：按石灰剂量配制同一种土样、不同石灰剂量的混合料；确定混合料的最佳含水率和最大干（压实）密度，至少应做三个不同石灰剂量混合料的击实试验，即最小剂量、中间剂量和最大剂量；按规定的压实度，分别计算不同石灰剂量的试件应有的干密度；按最佳含水率和计算的干密度制备试件；试件在规定温度下保温养生 6d，浸水 24h 后，进行无侧限抗压强度试验，计算试验结果的平均值和偏差系数；根据强度标准，选定合适的石灰剂量；工地实际采用的石灰剂量应比室内试验确定的剂量多 0.5%~1.0%。

### 3. 路拌法施工

路拌法施工石灰稳定土的工艺流程宜按图 15-13 的顺序进行。

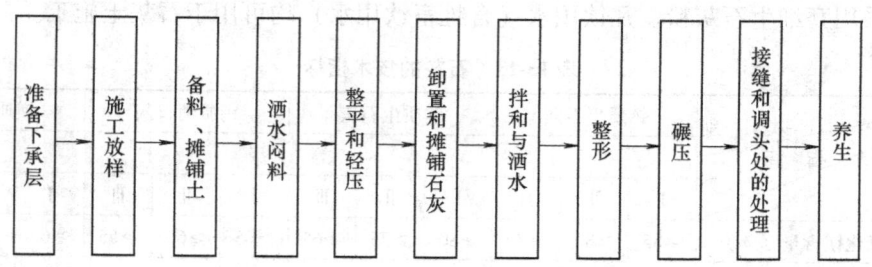

图 15-13 石灰稳定土路拌法施工的工艺流程

(1) 准备下承层、施工放样  施工要求同于水泥稳定土。

(2) 备料  当需分层采集土时,应将土先分层堆放在一场地上,然后从前到后将上、下层土一起装车运送到现场。石灰应选择公路两侧宽敞、临近水源且地势较高的场地集中堆放。当堆放时间较长时,应覆盖封存。石灰堆放在集中拌和场地时间较长时,也应覆盖封存。生石灰块应在使用前7~10d充分消解。消解后的石灰应保持一定的湿度,不得产生扬尘,也不可过湿成团。

(3) 摊铺土  事先通过试验确定土的松铺系数。人工摊铺混合料时,其松铺系数可按表15-15选用。

表15-15  人工摊铺混合料松铺系数表

| 材料名称 | 松铺系数 | 备注 |
| --- | --- | --- |
| 石灰土 | 1.53~1.58 | 现场人工摊铺土和石灰,机械拌和,人工整平 |
| | 1.65~1.70 | 路外集中拌和,运到现场人工摊铺 |
| 石灰土砂砾 | 1.52~1.56 | 路外集中拌和,运到现场人工摊铺 |

(4) 洒水闷料、整平和轻压  施工要求同于水泥稳定土。

(5) 卸置和摊铺石灰  按计算所得的每车石灰的纵横间距,用石灰在土层上做标记,同时划出摊铺石灰的边线。用刮板将石灰均匀摊开,石灰摊铺完后,表面应没有空白位置。

(6) 拌和与洒水

1) 二级及二级以上公路,当使用生石灰粉时,宜先用平地机或多铧犁将石灰翻到土层中间,但不能翻到底部。

2) 三、四级公路的石灰稳定细粒土和中粒土,在没有专用拌和机械的情况下,可用农用旋转耕作机与多铧犁或平地机相配合拌和四遍。先用旋转耕作机拌和两遍,后用多铧犁或平地机将底部素土翻起,再用旋转耕作机拌和两遍,多铧犁或平地机将底部料再翻起,并随时检查调整翻犁的深度,使稳定土层全部翻透。

(7) 整形、碾压、接缝和调头处的处理  施工要求同于水泥稳定土。

**4. 养生及交通管制**

石灰稳定土在养生期间应保持一定的湿度,不应过湿或忽干忽湿。养生期不宜少于7d。每次洒水后,应用两轮压路机将表层压实。石灰稳定土基层碾压结束后1~2d,当其表层较干燥时,可以立即喷洒透层沥青,然后做下封层或铺筑面层,但初期应禁止重型车辆通行。

在养生期间未采用覆盖措施的石灰稳定土层上,除洒水车外,应封闭交通。在采用覆盖措施的石灰稳定土层上,不能封闭交通时,应限制车速不得超过30km/h,禁止重型卡车通行。

养生期结束后,在铺筑沥青面层前,应清扫基层并喷洒透层沥青或做下封层。如面层是沥青混凝土,在喷洒透层沥青后,应撒布5~10mm的小碎(砾)石,小碎(砾)石应均匀撒布约60%的面积。如喷洒的透层沥青能透入基层,其上作业车辆不会破坏沥青膜时,可以不撒小碎(砾)石。

石灰稳定土分层施工时,下层石灰稳定土碾压完成后,可以立即铺筑上一层石灰稳定土,不需专门的养生期。

### 15.3.3 石灰工业废渣稳定土施工

石灰工业废渣稳定土宜在春末和夏季组织施工。施工期的日最低气温应在5℃以上，并应在第一次重冰冻（-3～-5℃）到来之前一个月到一个半月完成。

石灰工业废渣稳定土结构层施工时，应遵守下列规定：配料应准确；石灰应摊铺均匀；洒水、拌和应均匀；应严格控制基层厚度和高程，其路拱横坡应与面层一致；应在混合料处于或略大于最佳含水率时碾压，直到达到按重型击实试验法确定的要求压实度。

石灰工业废渣稳定土基层上未铺封层或面层时，应封闭交通，保护表层不受破坏。当施工中断，临时开放交通时，必须采取保护措施。

**1. 材料**

石灰工业废渣稳定土所用石灰质量应符合本规范表15-13规定的Ⅲ级消石灰或Ⅲ级生石灰的技术指标。

粉煤灰中 $SiO_2$、$Al_2O_3$ 和 $Fe_2O_3$ 的总含量应大于70%，粉煤灰的烧失量不应超过20%。干粉煤灰和湿粉煤灰都可以应用。湿粉煤灰的含水率不宜超过35%。煤渣颗粒组成宜有一定级配，且不宜含杂质。

二级及二级以下公路的用二灰稳定土作基层时，碎石、砾石符合表15-16或表15-17的级配范围。高速公路和一级公路的用二灰稳定土作基层时，颗粒组成宜符合表15-16或表15-17中2号级配的范围。

表15-16　二灰级配砂砾中集料的颗粒组成范围

| 通过筛孔的质量百分率（%）　　　编号<br>筛孔尺寸/mm | 1 | 2 |
|---|---|---|
| 37.5 | 100 | |
| 31.5 | 85～100 | 100 |
| 19.0 | 65～85 | 85～100 |
| 9.50 | 50～70 | 55～75 |
| 4.75 | 35～55 | 39～59 |
| 2.36 | 25～45 | 27～47 |
| 1.18 | 17～35 | 17～35 |
| 0.60 | 10～27 | 10～25 |
| 0.075 | 0～15 | 0～10 |

表15-17　二灰级配砂砾石中集料的颗粒组成范围

| 通过筛孔的质量百分率（%）　　　编号<br>筛孔尺寸/mm | 1 | 2 |
|---|---|---|
| 37.5 | 100 | |
| 31.5 | 90～100 | 100 |
| 19.0 | 72～90 | 81～98 |

(续)

| 通过筛孔的质量百分率（%）\编号 筛孔尺寸/mm | 1 | 2 |
|---|---|---|
| 9.50 | 48~68 | 52~70 |
| 4.75 | 30~50 | 30~50 |
| 2.36 | 18~38 | 18~38 |
| 1.18 | 10~27 | 10~27 |
| 0.60 | 6~20 | 6~20 |
| 0.075 | 0~7 | 0~7 |

**2. 混合料组成设计**

石灰工业废渣稳定土的7d浸水抗压强度应符合表15-18的规定。石灰工业废渣稳定土的组成设计应根据表15-18的强度标准，通过试验选取最适宜于稳定的土，确定石灰与粉煤灰或石灰与煤渣的比例，石灰粉煤灰或石灰煤渣与土的质量比例，混合料的最佳含水率。

表15-18  二灰混合料的抗压强度标准

| 公路等级\层位 | 二级和二级以下公路 | 高速公路和一级公路 |
|---|---|---|
| 基层/MPa | 0.6~0.8 | 0.8~1.1 |
| 底基层/MPa | ≥0.5 | ≥0.6 |

混合料的设计步骤：制备不同比例的石灰粉煤灰混合料，确定其各自的最佳含水率和最大干密度，确定同一龄期和同一压实度试件的抗压强度，选用强度最大时的石灰粉煤灰比例；根据所得的二灰比例，制备同一种土样的4~5种不同配合比的二灰土或二灰级配集料；确定各种二灰土或二灰级配集料的最佳含水率和最大干密度；按规定达到的压实度，分别计算不同配合比时二灰土、二灰级配集料试件应有的干密度；按最佳含水率和计算的干密度制备试件；试件在规定温度下保湿养生6d，浸水24h后，进行无侧限抗压强度试验；根据强度标准，选定混合料的配合比。

**3. 路拌法施工**

（1）准备下承层、施工放样  施工要求同于水泥稳定土。

（2）备料  运到现场的粉煤灰，应含有足够的水分，防止扬尘。在干燥和多风季节，应使料堆表面保持湿润，或者覆盖。集料和石灰的备料要求同与石灰稳定土。

（3）计算材料用量  根据各路段石灰工业废渣稳定土层的宽度、厚度及预定的干密度，计算各路段需要的干混合料质量；根据混合料的配合比、材料的含水率以及所用运料车辆的吨位，计算各种材料每车料的堆放距离。

（4）运输和摊铺  材料装车时，控制每车料的数量基本相等。采用地灰时，先将粉煤灰运到现场；采用二灰稳定土时应先将土运到现场。在同一料场供料的路段内，由远到近将料卸置于下承层上，卸料距离应均匀。料堆每隔一定距离应留一缺口。通过试验确定各种材料及混合料的松铺系数。采用机械路拌时，采用层铺法。即每种材料摊铺均匀后，宜先用两轮压路机碾压1~2遍，然后再运送、摊铺下一种材料。摊铺每层材料时应力求平整，并具有规定的路拱。集料应较湿润，必要时先洒少量水。

（5）拌和及洒水

1）二级和二级以上公路，采用专用稳定土拌和机进行拌和，并应先干拌两遍。用稳定土拌和机拌和时，拌和深度应直到稳定层底，并宜侵入下承层5~10mm，以加强上下层黏结。设专人跟随拌和机，随时检查拌和深度并配合拌和机操作员调整拌和深度。通常拌和两遍以上，在进行最后一遍拌和之前，必要时先用多铧犁紧贴底面翻拌一遍。

2）三、四级公路，在没有专用拌和机械的情况下，如为二灰稳定细粒土和中粒土，也可用旋转耕作机与多铧犁或平地机相配合先干拌四遍。先用旋转耕作机拌和两遍，后用多铧犁或平地机将底部素土翻起，再用旋转耕作机拌和第二遍，用多铧犁或平地机将底部料再翻起，随时检查调整翻犁的深度，使稳定土层全部翻透。

3）在洒水拌和过程中，及时检查混合料的含水率，水分宜大于最佳含水率1%左右。

4）拌和完成的标志是：混合料色泽一致，没有灰条、灰团和花面，没有粗细颗粒"窝"或"带"，且水分合适和均匀。

5）对于二灰级配集料，应先将石灰和粉煤灰拌和均匀，然后均匀地摊铺在集料层上，再一起进行拌和。

（6）整形、碾压、接缝和调头处的处理　施工要求同于水泥稳定土。

**4. 中心站集中厂拌法施工**

石灰工业废渣混合料可以在中心站用多种机械集中拌和，也可用路拌机械或人工在现场分批集中拌和。对于高速公路和一级公路，应采用专用稳定土集中厂拌机械拌制混合料。石灰工业废渣稳定土的集中拌和流程按图15-14进行。

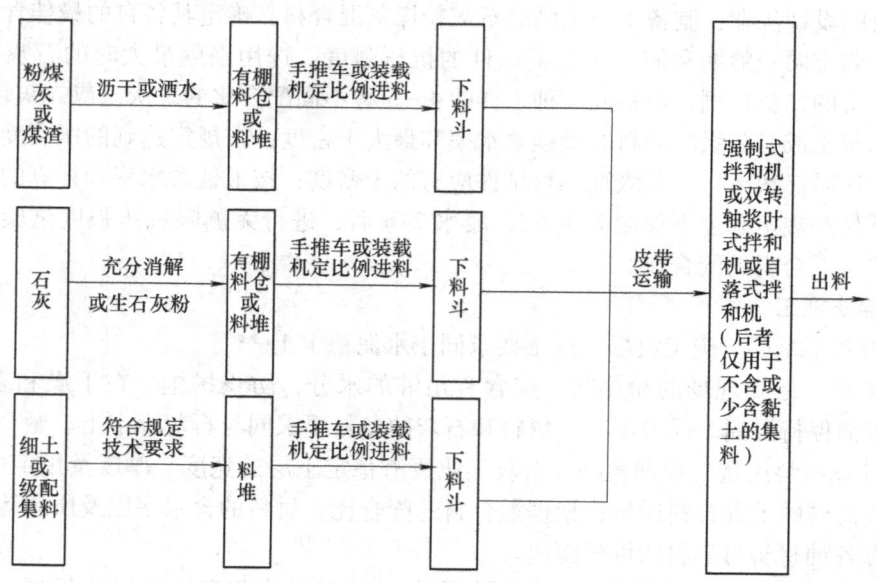

图15-14　石灰工业废渣稳定土的集中拌和工艺流程

**5. 养生及交通管制**

石灰工业废渣稳定土层碾压完成后的第二天或第三天开始养生，每天洒水的次数视气候条件而定，应始终保持表面潮湿，也可用泡水养生法。对于二灰稳定粗、中粒土的基层，也可用沥青乳液和沥青下封层进行养生，养生期一般为7d。二灰层宜采用泡水养生法，养生期应为14d。在养生期间，除洒水车外，应封闭交通。

对于二灰集料基层，养生期结束后，宜先让施工车辆慢速通行7～10d，磨去表面的二灰薄层，或用带钢丝刷的机械扫刷去表面的二灰薄层。清扫和冲洗干净后再喷洒透层或黏层沥青。在喷洒透层或黏层沥青后，宜撒布5～10mm的小碎（砾）石，小碎（砾）石均匀撒布60%～70%的面积，然后应尽早铺筑沥青面层的底面层。

石灰工业废渣底基层分层施工时，下层碾压完毕后，可以立即铺筑上一层，不需专门的养生期，也可以养生7d后再铺筑另一层。

## 15.4 沥青路面施工

沥青及沥青混合料的质量和施工方法，直接影响着沥青路面的使用性能和使用寿命。在沥青路面服务期内，要维持良好的使用性能，应通过精心的施工和及时适宜的维护来保证。沥青施工质量不仅与施工质量控制技术有关，也与所使用的施工机械设备有关，应选用合适的施工机械设备并通过严格的质量控制措施确保沥青路面工程质量。沥青路面的表面特性（平整度、纹理深度、抗滑阻力、反光特性等）与行车安全和舒适性有直接的关系。在行车荷载和自然因素的作用下，表面特性比结构性能衰减更快，因此表面特性更应通过预防性养护予以保证。沥青路面结构功能首先由科学合理的设计和优质的施工实现，之后必须及时对出现的各类结构性损坏进行养护处治，养护维修不仅可以恢复路面使用性能，还能延缓结构损坏的发展。

### 15.4.1 热拌沥青混合料路面施工

**1. 施工准备**

铺筑沥青层前，应检查基层或下卧沥青层的质量，不符要求的不得铺筑沥青面层。旧沥青路面或下卧层已被污染时，必须清洗或经铣刨处理后方可铺筑沥青混合料。普通沥青结合料的施工温度可参照表15-19的范围选择，并根据实际情况确定使用高值或低值。当表中温度不符实际情况时，允许作适当调整。聚合物改性沥青混合料的施工温度根据实践经验并参照表15-20选择。通常宜较普通沥青混合料的施工温度提高10～20℃。

表15-19　热拌沥青混合料的施工温度　　　　　　　　　　（单位：℃）

| 施工工序 | | 石油沥青的标号 | | | |
|---|---|---|---|---|---|
| | | 50号 | 70号 | 90号 | 110号 |
| 沥青加热温度 | | 160～170 | 155～165 | 150～160 | 145～155 |
| 矿料加热温度 | 间隙式拌和机 | 集料加热温度比沥青温度高10～30 | | | |
| | 连续式拌和机 | 矿料加热温度比沥青温度高5～10 | | | |
| 沥青混合料出料温度 | | 150～170 | 145～165 | 140～160 | 135～155 |
| 混合料储料仓储存温度 | | 储料过程中温度降低不超过10 | | | |
| 混合料废弃温度　高于 | | 200 | 195 | 190 | 185 |
| 运输到现场温度　不低于 | | 150 | 145 | 140 | 135 |

(续)

| 施工工序 | | 石油沥青的标号 | | | |
|---|---|---|---|---|---|
| | | 50号 | 70号 | 90号 | 110号 |
| 混合料摊铺温度 不低于 | 正常施工 | 140 | 135 | 130 | 125 |
| | 低温施工 | 160 | 150 | 140 | 135 |
| 开始碾压的混合料内部温度 不低于 | 正常施工 | 135 | 130 | 125 | 120 |
| | 低温施工 | 150 | 145 | 135 | 130 |
| 碾压终了的表面温度 不低于 | 钢轮压路机 | 80 | 70 | 65 | 60 |
| | 轮胎压路机 | 85 | 80 | 75 | 70 |
| | 振动压路机 | 75 | 70 | 60 | 55 |
| 开放交通的路表温度 不高于 | | 50 | 50 | 50 | 45 |

注：沥青混合料的施工温度采用具有金属探测针的插入式数显温度计测量。表面温度可采用表面接触式温度计测定。当采用红外线温度计测量表面温度时，应进行标定。表中未列入的130号、160号及30号沥青的施工温度由试验确定。

表15-20 聚合物改性沥青混合料的正常施工温度范围 （单位：℃）

| 工 序 | | 聚合物改性沥青品种 | | |
|---|---|---|---|---|
| | | SBS类 | SBR胶乳类 | EVA、PE类 |
| 沥青加热温度 | | 160~165 | | |
| 改性沥青现场制作温度 | | 165~170 | — | 165~170 |
| 成品改性沥青加热温度，不大于 | | 175 | — | 175 |
| 集料加热温度 | | 190~220 | 200~210 | 185~195 |
| 改性沥青SMA混合料出厂温度 | | 170~185 | 160~180 | 165~180 |
| 混合料最高温度（废弃温度） | | 195 | | |
| 混合料贮存温度 | | 拌和出料后降低不超过10 | | |
| 摊铺温度 | 不低于 | 160 | | |
| 初压开始温度 | 不低于 | 150 | | |
| 碾压终了的表面温度 | 不低于 | 90 | | |
| 开放交通时的路表温度 | 不高于 | 50 | | |

**2. 混合料的拌制**

沥青混合料必须在沥青拌和厂（场、站）采用拌和机械拌制。拌和厂与工地现场距离应充分考虑交通堵塞的可能，确保混合料的温度下降不超过要求，且不致因颠簸造成混合料离析。

沥青混合料可采用间歇式拌和机（图15-15）或连续式拌和机（图15-16）拌制。高速公路和一级公路宜采用间歇式拌和机拌和。连续式拌和机使用的集料必须稳定不变，一项工程从多处进料，料源或质量不稳定时，不得采用连续式拌和机。目前应用较多的是生产率在300t/h以下的拌和设备。

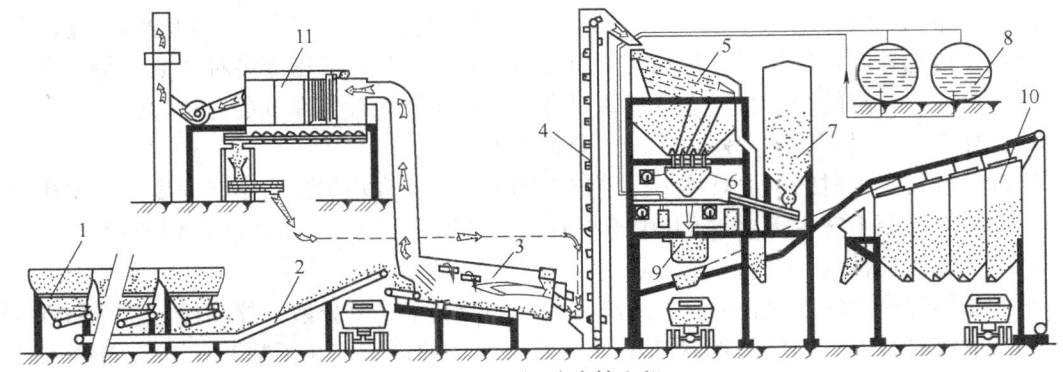

图 15-15　间歇式拌和机

1—冷矿料储存及配料装置　2—冷矿料输送机　3—冷矿料烘干、加热系统　4—热矿料提升机　5—热矿料筛分及储料装置
6—热矿料计量装置　7—矿料供给及计量装置　8—沥青供给系统　9—搅拌器　10—成品料储存仓　11—集尘装置

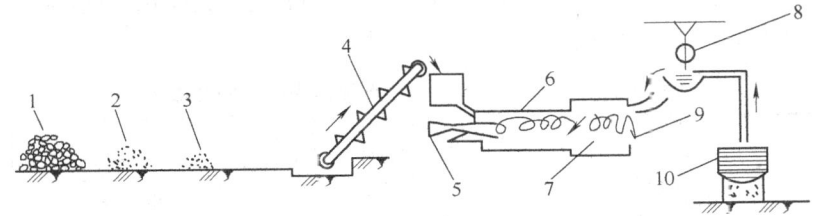

图 15-16　连续式拌和机

1—粗粒矿料　2—细粒矿料　3—砂　4—冷拌提升机　5—燃料喷雾器　6—干燥器
7—拌和器　8—沥青秤　9—活门　10—沥青罐

拌制沥青混合料的工艺流程如图 15-17 所示。

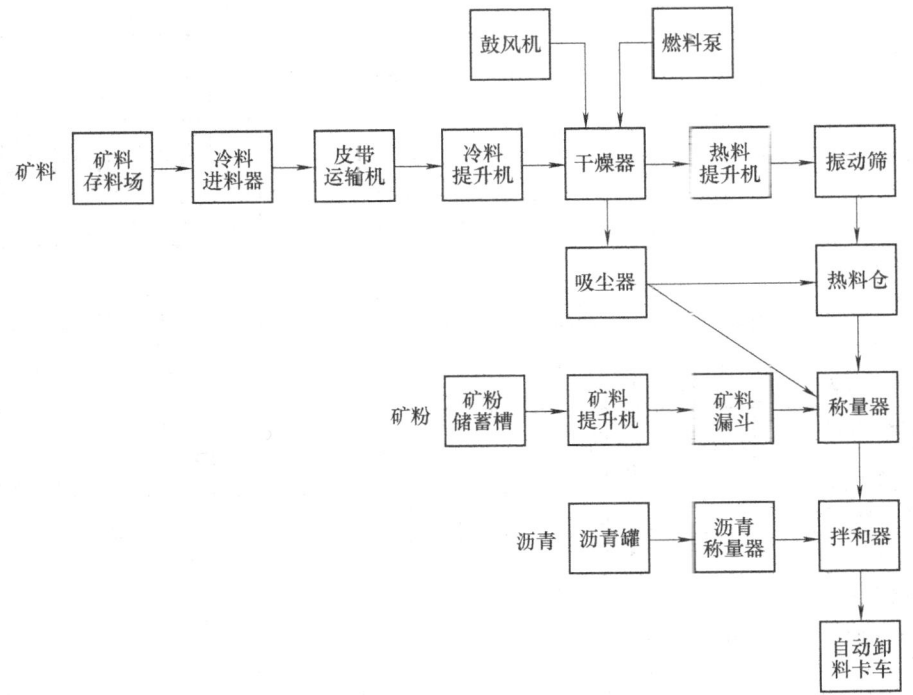

图 15-17　拌制沥青混合料的工艺流程

高速公路和一级公路施工用的间歇式拌和机必须配备计算机设备，拌和过程中逐盘采集并打印各个传感器测定的材料用量和沥青混合料拌和量、拌和温度等各种参数，每个台班结束时打印出一个台班的统计量，进行沥青混合料生产质量及铺筑厚度的总量检验，总量检验的数据有异常波动时，应立即停止生产，分析原因。

沥青混合料拌和时间根据具体情况经试拌确定，以沥青均匀裹覆集料为度。间歇式拌和机每盘的生产周期不宜少于45s（其中干拌时间不少于5~10s）。改性沥青和SMA混合料的拌和时间应适当延长。

生产添加纤维的沥青混合料时，纤维必须在混合料中充分分散，拌和均匀。拌和机应配备同步添加投料装置，松散的絮状纤维可在喷入沥青的同时或稍后采用风送设备喷入拌和锅，拌和时间宜延长5s以上。颗粒纤维可在粗集料投入的同时自动加入，经5~10s的干拌后，再投入矿粉。工程量很小时，也可分装成塑料小包或由人工量取直接投入拌和锅。

沥青混合料出厂时应逐车检测沥青混合料的重量和温度，记录出厂时间，签发运料单。

沥青混合料拌和中可能出现的问题及原因见表15-21。

**表15-21 沥青混合料拌和中可能出现的问题及原因**

| 原因 | 沥青含量不符合要求 | 集料等级不符合要求 | 混合料中的细料过量 | 无法保持均匀的温度 | 料车所载质量与所拌的质量不符合 | 料车中的沥青混合料呈游离状态 | 料车中的混合料粉尘呈游离状态 | 大骨料未被沥青裹覆 | 料车内混合料不均匀 | 料车一边混合料沥青过量 | 料车内的混合料无光泽 | 混合料明显老化 | 混合料呈深褐色或深灰色 | 混合料中沥青过量 | 料车内沥青混合料冒烟 | 料车内沥青混合料冒水蒸气 | 料车内沥青混合料色泽灰暗 |
|---|---|---|---|---|---|---|---|---|---|---|---|---|---|---|---|---|---|
| 矿料含水量过大 | | | | A | | | | A | | | | | A | | | A | |
| 料仓分隔不严 | | A | A | | | | | | | | | | | | | | |
| 矿料进料口设置不当 | A | A | A | | | | | | | | | | | | | | |
| 烘干机超负荷运行 | | | | A | | | | A | | | | | A | | | A | |
| 烘干机位置太陡 | | | | A | | | | A | | | | | A | | | | |
| 烘干机操作不当 | | | | A | | | | A | | | A | A | A | | | | |
| 温度指示器未调准 | | | | A | | | | A | | | | A | A | | A | | A |
| 矿料温度过高 | | | | A | | | | | | | | A | | | A | | |
| 筛网破损 | | B | | | | | | | | | | | | | A | | A |
| 筛网工作故障 | | B | B | | | | B | | | | B | | | | | | |
| 溢料溜槽失灵 | | B | B | | | | B | | | | | | | | | | |
| 料斗渗漏 | | B | B | B | | | A | | | | | | | | | | |
| 料斗内矿料离析 | | A | A | | | | A | | | | | | | | | | |
| 筛网超载（料过满） | | A | A | | | | A | | | | | | | | | | |
| 矿料规格未作调整 | B | B | B | | B | B | B | | | | | B | | | | | |
| 矿料不准 | B | B | B | | B | B | | | | | | | | | | | |
| 矿粉供料不均 | | B | B | | | | | | | | | | | B | | | |

（续）

| 原因 | 沥青含量不符合要求 | 集料等级不符合要求 | 混合料中的细料过量 | 无法保持均匀的温度 | 料车所载质量与所拌的质量不符合 | 料车中的沥青混合料呈游离状态 | 料车中的混合料粉尘呈游离状态 | 大骨料未被沥青裹覆 | 料车内混合料不均匀 | 料车一边混合料过量 | 料车内的混合料无光泽 | 混合料明显老化 | 混合料呈深褐色或深灰色 | 混合料中沥青过量 | 料车内沥青混合料冒烟 | 料车内沥青混合料冒水蒸气 | 料车内沥青混合料色泽灰暗 |
|---|---|---|---|---|---|---|---|---|---|---|---|---|---|---|---|---|---|
| 热料斗矿粉不足 |  | A | A |  |  |  |  |  | A |  |  |  | A |  |  |  |  |
| 称量次序不对 |  |  |  |  |  | B |  |  | B | B |  |  |  |  |  |  |  |
| 沥青用量不足 | A |  |  |  |  |  |  |  | A |  |  |  | A |  |  |  | A |
| 沥青用量过多 | A |  |  |  |  |  |  |  | A |  |  |  |  |  |  |  |  |
| 矿料中沥青分布不均 | A |  |  |  |  |  |  | A | A | A | A |  |  | A |  |  |  |
| 沥青称量不准 | B |  |  |  |  |  |  | B | B | B |  |  |  |  |  |  |  |
| 沥青计量器不准 | C |  |  |  |  |  |  | C | C | C | C |  |  | C |  |  |  |
| 拌数量过多或过少 | B | B | B |  |  | B |  |  | B | B |  |  |  |  |  |  |  |
| 拌和时间不适 | B |  | B |  |  |  |  |  | B | B | B |  |  |  |  |  |  |
| 出料口安装不当或叶片破损 | B | B |  |  |  |  |  | B |  |  |  |  |  |  |  |  |  |
| 卸料口故障 |  |  |  |  | B |  |  |  | B | B |  |  |  |  |  |  |  |
| 沥青和矿料供应不协调 | C | C | C |  |  | C |  |  | C | C | C |  |  | C |  |  |  |
| 料斗中混入灰尘 | D | B | B |  |  | C |  |  | B |  |  |  |  |  |  |  | A |
| 拌和设备作业不稳定 |  |  |  |  | A | A | A | A | A | A | A | A | A | A | A | A | A |
| 取样错误 |  |  | A | A | A |  |  |  |  |  |  |  |  |  |  |  |  |

注：A 为适合于传统间歇式拌和设备和滚筒式拌和设备；B 为适合于传统间歇式拌和设备；C 为适合于滚筒式拌和设备。

**3. 混合料的运输**

热拌沥青混合料宜采用较大吨位的运料车运输。对高速公路、一级公路，宜待等候的运料车多于 5 辆后开始摊铺。

运料车每次使用前后必须清扫干净，在车厢板上涂一薄层防止沥青黏结的隔离剂或防黏剂，但不得有余液积聚在车厢底部。从拌和机向运料车上装料时，应多次挪动汽车位置，平衡装料，以减少混合料离析。运料车运输混合料宜用苫布覆盖保温、防雨、防污染。

摊铺过程中运料车应在摊铺机前 100～300mm 处停住，空挡等候，由摊铺机推动前进开始缓缓卸料，避免撞击摊铺机。

厂拌沥青混合料通常用自动倾卸汽车运往铺筑现场，必须根据运送的距离和道路交通状况来组织运输。混合料运输所需的车辆数可按下式计算

$$需要车辆数 = 1 + \frac{t_1 + t_2 + t_3}{T} + a \tag{15-1}$$

式中 $T$——车辆容量的沥青混合料拌和与装车所需的时间（min）；

$t_1$——运到铺筑现场所需的时间（min）；

$t_2$——由铺筑现场返回拌和厂所需的时间（min）；
$t_3$——在现场卸料和其他等待时间（min）；
$a$——备用的车辆数（运输车辆发生故障及其他用途时使用）。

**4. 混合料的摊铺**

热拌沥青混合料应采用沥青摊铺机摊铺，如图15-18、图15-19所示。在喷洒有黏层油的路面上铺筑改性沥青混合料或SMA时，宜使用履带式摊铺机。摊铺机的受料斗应涂刷薄层隔离剂或防黏剂。

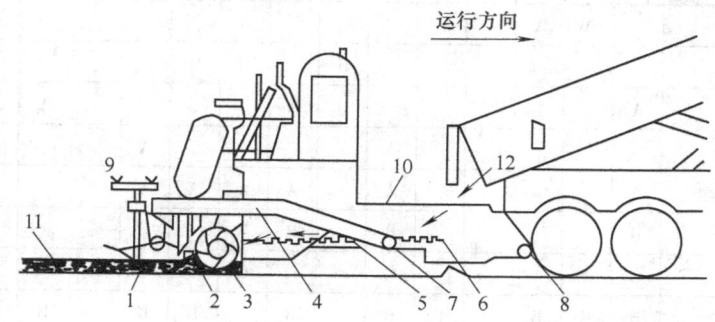

图15-18 沥青混合料摊铺机
1—摊平机 2—振捣板 3—螺旋摊铺器 4—水平臂 5—链式传送器 6—履带 7—枢轴
8—顶推辊 9—厚度控制器 10—料斗 11—摊铺面 12—自卸汽车

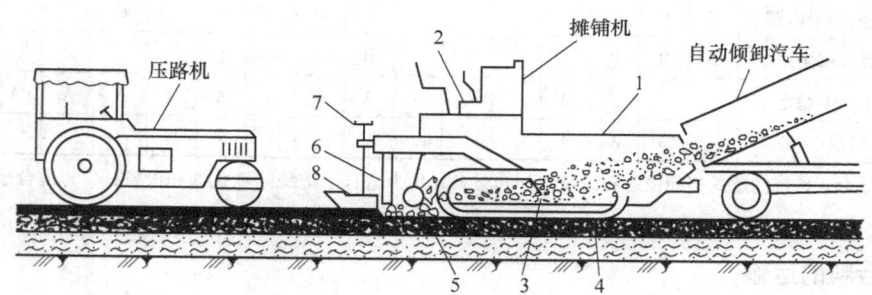

图15-19 沥青混合料摊铺机操作示意图
1—料斗 2—驾驶台 3—送料器 4—履带 5—螺旋摊铺器 6—振捣器 7—厚度调节螺杆 8—摊平板

铺筑高速公路、一级公路沥青混合料时，一台摊铺机的铺筑宽度不宜超过6（双车道）~7.5m（3车道以上），通常宜采用两台或更多台数的摊铺机前后错开10~20m成梯队方式同步摊铺，两幅之间应有30~60mm左右宽度的搭接，并避开车道轮迹带，上下层的搭接位置宜错开200mm以上。为了减少摊铺次数，每一条摊铺带的宽度应该按该型号摊铺机的最大摊铺宽度来考虑。宽带为$B$的路面所需横向摊铺的次数$n$按下式计算

$$n = \frac{B-x}{b-x} \tag{15-2}$$

式中 $B$——路面宽度（m）；
$b$——摊铺机熨平板的总宽度（m）；
$x$——相邻摊铺带的重叠量（m），一般$x = 0.025 \sim 0.08$m。

摊铺机开工前应提前 0.5~1h 预热熨平板不低于 100℃。铺筑过程中应选择熨平板的振捣或夯锤压实装置具有适宜的振动频率和振幅，以提高路面的初始压实度。熨平板加宽连接应仔细调节至摊铺的混合料没有明显的离析痕迹。

摊铺机必须缓慢、均匀、连续不间断地摊铺，不得随意变换速度或中途停顿，以提高平整度，减少混合料的离析。摊铺速度宜控制在 2~6m/min 的范围内。对改性沥青混合料及 SMA 混合料宜放慢至 1~3m/min。当发现混合料出现明显的离析、波浪、裂缝、拖痕时，应分析原因，予以消除。合理的摊铺速度可根据混合料供给能力、摊铺宽度和厚度按下式求得

$$v = \frac{100QC}{60\rho WT} \tag{15-3}$$

式中　$Q$——拌和机产量（t/h）；
　　　$v$——摊铺机摊铺速度（m/min）；
　　　$T$——压实后的摊铺厚度（cm）；
　　　$C$——效率系数，根据材料供应、运输能力等配套情况确定，宜为 0.6~0.8；
　　　$W$——摊铺宽度（m）；
　　　$\rho$——沥青混合料压实成形后的密度（t/m³），一般取 2.35 t/m³。

摊铺机应采用自动找平方式，下面层或基层宜采用钢丝绳引导的高程控制方式，上面层宜采用平衡梁或雪橇式摊铺厚度控制方式，中面层根据情况选用找平方式。直接接触式平衡梁的轮子不得黏附沥青。铺筑改性沥青或 SMA 路面时宜采用非接触式平衡梁。图 15-20 和图 15-21 为调平装置和液压传感器的示意图。

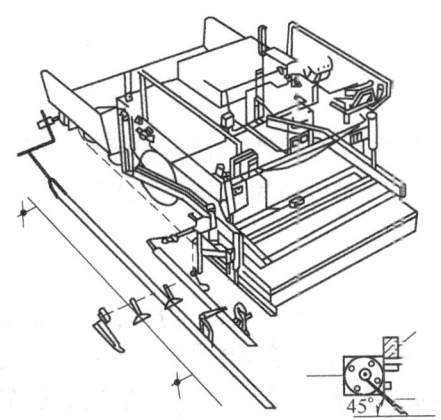

图 15-20　脉冲式自动调平装置示意图

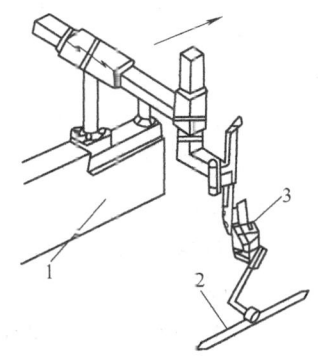

图 15-21　液压传感器示意图
1—熨平板端闸板　2—滑橇　3—传感器

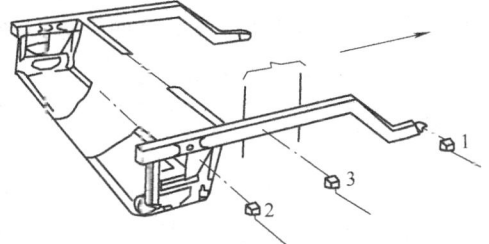

图 15-22　纵向传感器的安装位置
1—牵引点位置　2—熨平板位置　3—牵引臂上的某一位置

沥青路面施工的最低气温不得低于表15-22的要求。每天施工开始阶段宜采用较高温度的混合料。

表15-22 沥青混合料的最低摊铺温度

| 下卧层的表面温度/℃ | 相应于下列不同摊铺层厚度的最低摊铺温度/℃ | | | | | |
|---|---|---|---|---|---|---|
| | 普通沥青混合料 | | | 改性沥青混合料或SMA沥青混合料 | | |
| | <50mm | 50~80mm | >80mm | <50mm | 50~80mm | >80mm |
| <5 | 不允许 | 不允许 | 140 | 不允许 | 不允许 | 不允许 |
| 5~10 | 不允许 | 140 | 135 | 不允许 | 不允许 | 不允许 |
| 10~15 | 145 | 138 | 132 | 165 | 155 | 150 |
| 15~20 | 140 | 135 | 130 | 158 | 150 | 145 |
| 20~25 | 138 | 132 | 128 | 153 | 147 | 143 |
| 25~30 | 132 | 130 | 126 | 147 | 145 | 141 |
| >30 | 130 | 125 | 124 | 145 | 140 | 139 |

沥青混合料的松铺系数应根据混合料类型由试铺试压确定，摊铺过程中应随时检查摊铺层厚度及路拱、横坡。所铺的实际平均厚度可按下式计算

$$T = \frac{100m}{\rho LW} \tag{15-4}$$

式中 $m$——摊铺的沥青混合料总质量（t）；

$T$——摊铺层压实成形后的平均厚度（cm）；

$L$——摊铺段长度（m）；

$\rho$——压实成形后沥青混合料密度（t/m³），一般为2.35t/m³；

$W$——摊铺宽度（m）。

在路面狭窄部分、平曲线半径过小的匝道或加宽部分，以及小规模工程不能采用摊铺机铺筑时可用人工摊铺混合料。在雨季铺筑沥青路面时，应加强气象联系，已摊铺的沥青层因遇雨未行压实的应予铲除。

**5. 沥青路面的压实及成型**

沥青混凝土的压实层最大厚度不宜大于100mm，沥青稳定碎石混合料的压实层厚度不宜大于120mm。沥青路面施工应配备足够数量的压路机，选择合理的压路机组合方式及初压、复压、终压（包括成型）的碾压步骤，以达到最佳碾压效果。高速公路铺筑双车道沥青路面的压路机数量不宜少于5台。压路机应以慢而均匀的速度碾压，压路机的碾压速度应符合表15-23的规定。压路机的碾压路线及碾压方向不应突然改变而导致混合料推移。碾压区的长度应大体稳定，两端的折返位置应随摊铺机前进而推进，横向不得在相同的断面上。

表15-23 压路机碾压速度

| 压路机类型 | 初压/(km/h) | | 复压/(km/h) | | 终压/(km/h) | |
|---|---|---|---|---|---|---|
| | 适宜 | 最大 | 适宜 | 最大 | 适宜 | 最大 |
| 钢筒式压路机 | 2~3 | 4 | 3~5 | 6 | 3~6 | 6 |
| 轮胎压路机 | 2~3 | 4 | 3~5 | 6 | 4~6 | 8 |
| 振动压路机 | 2~3<br>（静压或振动） | 3<br>（静压或振动） | 3~4.5<br>（振动） | 5<br>（振动） | 3~6<br>（静压） | 6<br>（静压） |

在不产生严重推移和裂缝的前提下，初压、复压、终压都应在尽可能高的温度下进行。同时不得在低温状况下作反复碾压，使石料棱角磨损、压碎，破坏集料嵌挤。

图 15-23　沥青路面压实施工图

沥青混合料的初压应符合下列要求：初压应紧跟摊铺机后碾压，并保持较短的初压区长度，以尽快使表面压实，减少热量散失。通常宜采用钢轮压路机静压 1～2 遍。碾压时应将压路机的驱动轮面向摊铺机，从外侧向中心碾压，在超高路段则由低向高碾压，在坡道上应将驱动轮从低处向高处碾压。初压后应检查平整度、路拱，有缺陷时进行修整乃至返工。

复压应紧跟初压进行，且不得随意停顿，并应符合下列要求。采用不同型号的压路机组合碾压时宜安排每一台压路机进行全幅碾压，防止不同部位的压实度不均匀。密级配沥青混凝土的复压宜优先采用重型的轮胎压路机进行搓揉碾压，以增加密水性，相邻碾压带应重叠 1/3～1/2 的碾压轮宽度，碾压至要求的压实度为止。对粗集料为主的较大粒径的混合料，尤其是大粒径沥青稳定碎石基层，宜优先采用振动压路机复压。厚度小于 30mm 的薄沥青层不宜采用振动压路机碾压。相邻碾压带重叠宽度为 100～200mm。振动压路机折返时应先停止振动。当采用三轮钢筒式压路机时，总质量不宜小于 12t，相邻碾压带宜重叠后轮的 1/2 宽度，并不应少于 200mm。对路面边缘、加宽等大型压路机难于碾压的部位，宜采用小型振动压路机或振动夯板作补充碾压。

终压应紧接复压进行，如经复压后已无明显轮迹时可免去终压。终压可选用双轮钢筒式压路机或关闭振动的振动压路机碾压不宜少于 2 遍，至无明显轮迹为止。

SMA 路面的压实应符合以下要求：不宜采用轮胎压路机碾压，以防将沥青结合料搓揉挤压上浮。SMA 路面宜采用振动压路机或钢筒式压路机碾压。振动压路机应遵循"紧跟、慢压、高频、低幅"的原则，即紧跟在摊铺机后面，采取高频率、低振幅的方式慢速碾压。

OGFC 宜采用质量小于 12t 的钢筒式压路机碾压。

碾压轮在碾压过程中应保持清洁。有混合料黏轮应立即清除。对钢轮可涂刷隔离剂或防黏结剂，但严禁涂刷柴油。当采用向碾压轮喷水（可添加少量表面活性剂）的方式时，必须严格控制喷水量且成雾状，不得漫流，以防混合料降温过快。

压路机不得在未碾压成型路段上转向、调头、加水或停留。在当天成型的路面上，不得停放各种机械设备或车辆，不得散落矿料、油料等杂物。

**6. 接缝**

沥青路面的施工必须接缝紧密、连接平顺，不得产生明显的接缝离析。上下层的纵缝应错开 150mm（热接缝）或 300~400mm（冷接缝）以上。相邻两幅及上下层的横向接缝均应错位 1m 以上。接缝施工应用 3m 直尺检查，确保平整度符合要求。

纵向接缝部位的施工应符合下列要求：摊铺时采用梯队作业的纵缝应采用热接缝，将已铺部分留下 100~200mm 宽暂不碾压，作为后续部分的基准面，然后作跨缝碾压以消除缝迹。

当半幅施工或因特殊原因而产生纵向冷接缝时，宜加设挡板或加设切刀切齐，如图 15-24 所示，也可在混合料尚未完全冷却前用镐刨除边缘留下毛茬的方式，但不宜在冷却后采用切割机作纵向切缝。加铺另半幅前应涂洒少量沥青，重叠在已铺层上 50~100mm，再铲走铺在前半幅上面的混合料，碾压时由边向中碾压留下 100~150mm，再跨缝挤紧压实。或者先在已压实路面上行走碾压新铺层 150mm 左右，然后压实新铺部分，如图 15-25 所示。

图 15-24 带切刀的压路机

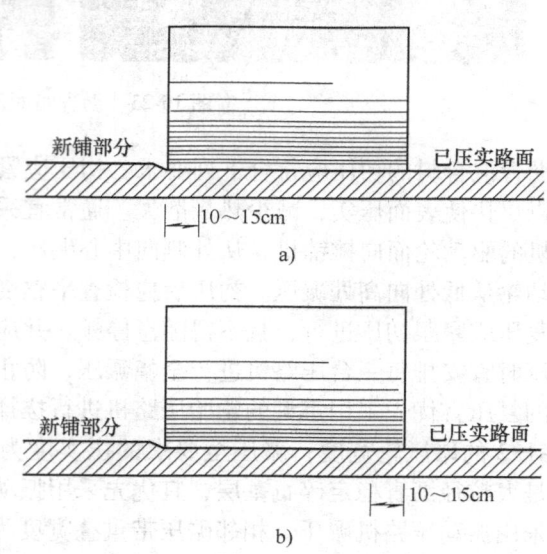

图 15-25 纵缝冷接缝的碾压

高速公路和一级公路的表面层横向接缝应采用垂直的平接缝，其下各层可采用自然碾压的斜接缝，沥青层较厚时也可作阶梯形接缝，如图 15-26 所示。其他等级公路的各层均可采用斜接缝。

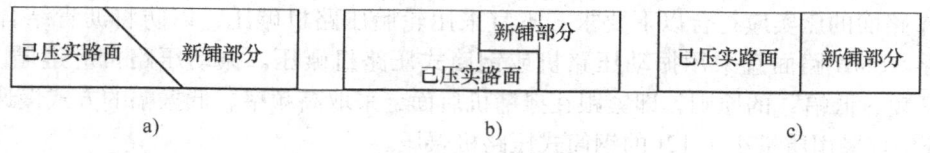

图 15-26 横向接缝的几种形式
a) 斜接缝　b) 阶梯形接缝　c) 平接缝

斜接缝的搭接长度与层厚有关，宜为 0.4~0.8m。搭接处应洒少量沥青。阶梯形接缝的台阶经铣刨而成，并洒黏层沥青，搭接长度不宜小于 3m。平接缝宜趁尚未冷透时用凿岩机或人工垂直刨除端部层厚不足的部分，使工作缝成直角连接，不得损伤下层路面。干燥后涂刷黏层油。铺筑新混合料接头应使接茬软化，压路机先进行横向碾压，再纵向碾压成为一体，充分压实，连接平顺（图15-27）。

**7. 开放交通及其他**

热拌沥青混合料路面应待摊铺层完全自然冷却，混合料表面温度低于50℃后，方可开放交通。需要提早开放交通时，可洒水冷却降低混合料温度。

沥青路面雨期施工应符合下列要求：注意气象预报，加强工地现场、沥青拌和厂及气象台站之间的联系，控制施工长度，各项工序紧密衔接；运料车和工地应备有防雨设施，并做好基层及路肩排水，铺筑好的沥青层应严格控制交通，做好保护，保持整洁，不得造成污染，严禁在沥青层上堆放施工产生的土或杂物，严禁在已铺沥青层上制作水泥砂浆。

沥青路面施工缺陷的产生原因见表15-24。

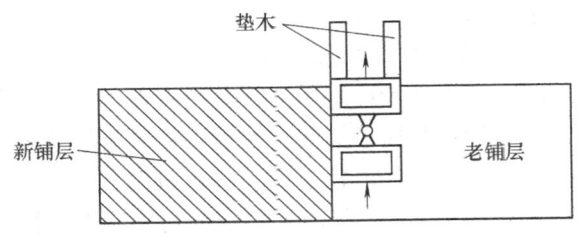

图15-27 横向接缝的碾压方法

表15-24 沥青路面施工缺陷的产生原因

| | 铺面缺陷原因 | 裂纹 | 拉沟 | 小波浪 | 混合料离析 |
|---|---|---|---|---|---|
| 混合料 | 200号以下石料过多（0.074mm） | ○ | | | |
| | 温度不当 | ○ | | | |
| | 沥青含量过多或过少 | | | ○ | |
| | 矿粉含量不足 | | | ○ | |
| | 骨料的尺寸与摊铺厚度不协调 | | | ○ | |
| | 砂未完全烘干 | ○ | | | |
| 摊铺机的操作 | 受料斗两翼板上积料过多 | | | | ○ |
| | 受料斗两翼板翻动过速 | | | | ○ |
| | 供料系统速度忽快忽慢 | | | ○ | |
| | 机械猛烈起步和紧急制动 | ○ | | ○ | |
| | 摊铺速度快慢不均 | | | ○ | |
| | 行走装置打滑 | | | ○ | |
| 摊铺机的调整 | 熨平板的工作仰角调整过量 | | | ○ | |
| | 振捣梁与熨平板的相互位置调整不当 | | ○ | | |
| | 振捣梁、熨平板底面磨损 | ○ | ○ | | |
| | 刮料护板安装不当 | | ○ | | |
| | 各部分的驱动链条松紧度未调好 | | | ○ | |
| | 发动机调速未调好 | | | ○ | |

## 15.4.2 沥青表面处治与封层的施工

沥青表面处治适用于三级及三级以下公路的沥青面层。各种封层适用于加铺薄层罩面、磨耗层、水泥混凝土路面上的应力缓冲层、各种防水和密水层、预防性养护罩面层。沥青表面处治与封层宜选择在干燥和较热的季节施工，并在最高温度低于15℃到来以前半个月及雨季前结束。

**1. 层铺法沥青表面处治**

沥青表面处治可采用道路石油沥青、乳化沥青、煤沥青铺筑，沥青标号应按规范相关规定选用。沥青表面处治的集料最大粒径应与处治层的厚度相等，其规格和用量宜按表 15-25 选用；沥青表面处治施工后，应在路侧另备 S12（5~10mm）碎石或 S14（3~5mm）石屑、粗砂或小砾石 $2~3m^3/1000m^2$ 作为初期养护用料。

表 15-25 沥青表面处治材料规格和用量

| 沥青种类 | 类型 | 厚度/mm | 集料/(m³/1000m²) | | | | | | 沥青或乳液用量/(kg/m²) | | | |
|---|---|---|---|---|---|---|---|---|---|---|---|---|
| | | | 第一层 | | 第二层 | | 第三层 | | 第一次 | 第二次 | 第三次 | 合计用量 |
| | | | 规格 | 用量 | 规格 | 用量 | 规格 | 用量 | | | | |
| 石油沥青 | 单层 | 1.0 | S12 | 7~9 | | | | | 1.0~1.2 | | | 1.0~1.2 |
| | | 1.5 | S10 | 12~14 | | | | | 1.4~1.6 | | | 1.4~1.6 |
| | 双层 | 1.5 | S10 | 12~14 | S12 | 7~8 | | | 1.4~1.6 | 1.0~1.2 | | 2.4~2.8 |
| | | 2.0 | S9 | 16~18 | S12 | 7~8 | | | 1.6~1.8 | 1.0~1.2 | | 2.6~3.0 |
| | | 2.5 | S8 | 18~20 | S12 | 7~8 | | | 1.8~2.0 | 1.0~1.2 | | 2.8~3.2 |
| | 三层 | 2.5 | S8 | 18~20 | S12 | 12~14 | S12 | 7~8 | 1.6~1.8 | 1.2~1.4 | 1.0~1.2 | 3.8~4.4 |
| | | 3.0 | S6 | 20~22 | S12 | 12~14 | S12 | 7~8 | 1.8~2.0 | 1.2~1.4 | 1.0~1.2 | 4.0~4.6 |
| 乳化沥青 | 单层 | 0.5 | S14 | 7~9 | | | | | 0.9~1.0 | | | 0.9~1.0 |
| | 双层 | 1.0 | S12 | 9~11 | S14 | 4~6 | | | 1.8~2.0 | 1.0~1.2 | | 2.8~3.2 |
| | 三层 | 3.0 | S6 | 20~22 | S10 | 9~11 | S12 | 4~6 | 2.0~22 | 1.8~2.0 | 1.0~1.2 | 4.8~5.4 |
| | | | | | | | S14 | 3.5~4.5 | | | | |

注：煤沥青表面处治的沥青用量可比石油沥青用量增加 15%~20%；在高寒地区及干旱风沙大的地区，可超出高限 5%~10%。

在清扫干净的碎（砾）石路面上铺筑沥青表面处治时，应喷洒透层油。在旧沥青路面、水泥混凝土路面、块石路面上铺筑沥青表面处治路面时，可在第一层沥青用量中增加 10%~20%，不再另洒透层油或黏层油。

层铺法沥青表面处治路面宜采用沥青洒布车及集料撒布机联合作业。小规模工程可采用机动或手摇的手工沥青洒布机洒布沥青。洒布设备的喷嘴应适用于沥青的稠度，确保能成雾状，与洒油管成 15°~25°的夹角，洒布管的高度应使同一地点接受 2~3 个喷油嘴喷洒的沥青，不得出现花白条，如图 15-28 所示。

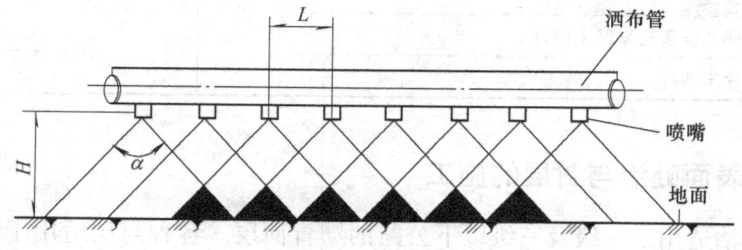

图 15-28 沥青洒布车喷油嘴的高度

三层式沥青表面处治的施工工艺应按下列步骤进行：

1）清扫基层，撒布第一层沥青。沥青的撒布温度根据气温及沥青标号选择，石油沥青宜为 130～170℃，煤沥青宜为 80～120℃，乳化沥青在常温下洒布，加温洒布的乳液温度不得超过 60℃。前后两车喷洒的接茬处用铁板或建筑纸铺 1～1.5m，使搭接良好。分几幅浇洒时，纵向搭接宽度宜为 100～150mm。撒布第二、三层沥青的搭接缝应错开。

2）撒布主层沥青后应立即用集料撒布机或人工撒布第一层主集料。撒布集料后应及时扫匀，达到全面覆盖、厚度一致、集料不重叠、也不露出沥青的要求。局部有缺料时适当找补，积料过多的将多余集料扫出。两幅搭接处，第一幅撒布沥青应暂留 100～150mm 宽度不撒布石料，待第二幅一起撒布。

3）撒布主集料后，不必等全段撒布完，立即用 6～8t 钢筒双轮压路机从路边向路中碾压 3～4 遍，每次轮迹重叠约 300mm。碾压速度开始不宜超过 2km/h，以后可适当增加。

4）第二、三层的施工方法和要求与第一层相同。

双层式或单层式沥青表面处治浇洒沥青及撒布集料的次数相应减少，其施工程序和要求与上述相同。

除乳化沥青表面处治应待破乳、水分蒸发并基本成型后方可通车外，沥青表面处治在碾压结束后即可开放交通，并通过开放交通补充压实，成型稳定。沥青表面处治应注意初期养护，当发现有泛油时，应在泛油处补撒与最后一层石料规格相同的嵌缝料并扫匀，过多的浮料应扫出路外。

**2. 上封层**

铺设上封层的下卧层必须彻底清扫干净，对车辙、坑槽、裂缝进行处理或挖补。

上封层的类型根据使用目的、路面的破损程度选用：裂缝较细、较密的可采用涂洒类密封剂、软化再生剂等涂刷罩面；对二级及二级以下公路的旧沥青路面可以采用普通的乳化沥青稀浆封层，也可在喷洒道路石油沥青后撒布石屑（砂）后碾压作封层；对高速公路、一级公路有轻微损坏的宜铺筑微表处；对用于改善抗滑性能的上封层可采用稀浆封层、微表处或改性沥青集料封层。

**3. 下封层**

下封层宜采用层铺法表面处治或稀浆封层法施工。稀浆封层可采用乳化沥青或改性乳化沥青作结合料。下封层的厚度不宜小于 6mm，且做到完全密水。以层铺法沥青表面处治铺筑下封层时，通常采用单层式，矿料用量宜为 $5～8m^3/1000m^2$，沥青用量可采用要求范围的中高限。

**4. 稀浆封层和微表处**

稀浆封层和微表处必须使用专用的摊铺机进行摊铺。单层微表处适用于旧路面车辙深度不大于 15mm 的情况，超过 15mm 的必须分两层铺筑，或先用 V 字形车辙摊铺箱摊铺，深度大于 40mm 时不适宜微表处处理。微表处必须采用改性乳化沥青，稀浆封层可采用普通乳化沥青或改性乳化沥青。

稀浆封层和微表处应选择坚硬、粗糙、耐磨、洁净的集料。其中微表处用通过 4.75mm 筛的合成矿料的砂含量不得低于 65%，稀浆封层用通过 4.75mm 筛的合成矿料的砂含量不得低于 50%。当用于抗滑表层时，还应符合有关磨光值的要求。细集料宜采用碱性石料生产的机制砂或洁净的石屑。对集料中的超粒径颗粒必须筛除。

根据铺筑厚度、处治目的、公路等级等条件，按照表15-26选用合适的矿料级配。

表15-26 稀浆封层和微表处的矿料级配

| 筛孔尺寸/mm | 不同类型通过各筛孔的百分率（%） | | | | |
|---|---|---|---|---|---|
| | 微表处 | | 稀浆封层 | | |
| | MS-2型 | MS-3型 | ES-1型 | ES-2型 | ES-3型 |
| 9.5 | 100 | 100 | | 100 | 100 |
| 4.75 | 95~100 | 70~90 | 100 | 95~100 | 70~90 |
| 2.36 | 65~90 | 45~70 | 90~100 | 65~90 | 45~70 |
| 1.18 | 45~70 | 28~50 | 60~90 | 45~70 | 28~50 |
| 0.6 | 30~50 | 19~34 | 40~65 | 30~50 | 19~34 |
| 0.3 | 18~30 | 12~25 | 25~42 | 18~30 | 12~25 |
| 0.15 | 10~21 | 7~18 | 15~30 | 10~21 | 7~18 |
| 0.075 | 5~15 | 5~15 | 10~20 | 5~15 | 5~15 |
| 一层的适宜厚度/mm | 4~7 | 8~10 | 2.5~3 | 4~7 | 8~10 |

稀浆封层和微表处的混合料中乳化沥青及改性乳化沥青的用量应通过配合比设计确定。混合料的质量应符合表15-27的技术要求。

表15-27 稀浆封层和微表处混合料技术要求

| 项目 | 单位 | 微表处 | 稀浆封层 |
|---|---|---|---|
| 可拌和时间 | s | >120 | |
| 稠度 | cm | — | 2~3 |
| 黏聚力试验 | | | （仅适用于快开放交通的稀浆封层） |
| 30min（初凝时间） | N·m | ≥1.2 | ≥1.2 |
| 60min（开放交通时间） | N·m | ≥2.0 | ≥2.0 |
| 负荷轮碾压试验（LWT） | | | （仅适用于重交通道路表层时） |
| 黏附砂量 | g/m² | <450 | <450 |
| 轮迹宽度变化率 | % | <5 | — |
| 湿轮磨耗试验的磨耗值（WTAT） | | | |
| 浸水1h | g/m² | <540 | <800 |
| 浸水6d | g/m² | <800 | |

稀浆封层和微表处混合料的配合比设计按下列步骤进行：根据选择的级配类型，按表15-26确定矿料的级配范围；计算各种集料的配合比例，使合成级配在要求的级配范围内。

根据以往的经验初选乳化沥青、填料、水和外加剂用量，进行拌和试验和黏聚力试验。可拌和时间的试验温度应考虑最高施工温度，黏聚力试验的温度应考虑施工中可能遇到的最低温度。根据上述试验结果和稀浆混合料的外观状态，选择1~3个认为合理的混合料配方，按表15-27规定试验稀浆混合料的性能，如不符合要求，适当调整各种材料的配合比例再试验，直至符合要求为止。当设计人员经验不足时，可将初选的1~3个混合料配方分别变化不同的沥青用量（沥青用量一般在6.0%~8.5%之间），按照表15-27的要求重复试验，并分别将不同沥青用量的1h湿轮磨耗值及砂黏附量绘制成图15-29的关系曲线，以磨耗值接近表15-27中要求的沥青用量作为最小沥青用量$P_{bmin}$，砂黏附量接近表15-27中要求的沥青用量为最大沥青用量$P_{bmax}$，得出沥青用量的可选择范围$P_{bmin} \sim P_{bmax}$。根据经验在沥青用量的可选范围内选择适宜的沥青用量。根据以往经验及配合比设计试验结果，在充分考虑气候及交通特点的基础上综合确定混合料配方。

稀浆封层和微表处施工前，应彻底清除原路面的泥土、杂物，修补坑槽、凹陷，较宽的裂缝宜清理灌缝。稀浆封层和微表处的最低施工温度不得低于10℃，严禁在雨天施工。稀浆封层和微表处两幅纵缝搭接的宽度不宜超过80mm，横向接缝宜做成对接缝。分两层摊铺时，第一层摊铺后至少应开放交通24h后方可进行第二层摊铺。稀浆封层和微表处铺筑后的表面不得有超粒径料拖拉的严重划痕，横向接缝和纵向接缝处不得出现余料堆积或缺料现象。经养生和初期交通碾压稳定的稀浆封层和微表处，在行车作用下应不飞散且完全密水。

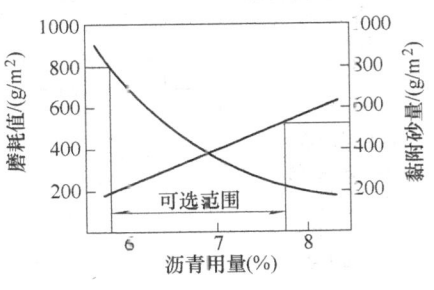

图 15-29　确定稀浆封层和微表处最佳沥青用量的曲线

### 15.4.3　沥青贯入式路面施工

沥青贯入式路面适用于三级及三级以下公路，也可作为沥青路面的联结层或基层。沥青贯入式路面的厚度宜为 4~8cm，但乳化沥青贯入式路面的厚度不宜超过 5cm。当贯入层上部加铺拌和的沥青混合料面层成为上拌下贯式路面时，拌和层的厚度宜不小于 1.5cm。沥青贯入式路面的最上层应撒布封层料或加铺拌和层。沥青贯入层作为联结层使用时，可不撒表面封层料。沥青贯入式路面宜选择在干燥和较热的季节施工，并宜在日最高温度降低至 15℃ 以前半个月结束，使贯入式结构层通过开放交通碾压成型。

**1. 材料规格和用量**

沥青贯入式路面的集料应选择有棱角、嵌挤性好的坚硬石料，其规格和用量宜根据贯入层厚度按表 15-28 或表 15-29 选用。沥青贯入层主层集料中大于粒径范围中值的数量不宜少于 50%。沥青贯入层的主层集料最大粒径宜与贯入层厚度相当。沥青贯入式路面的结合料可采用道路石油沥青、煤沥青或乳化沥青，用量应按表 15-28 或表 15-29 选用。贯入式路面各层分次沥青用量应根据施工气温及沥青标号等在规定范围内选用，在寒冷地带或当施工季节气温较低、沥青针入度较小时，沥青用量宜用高限。在低温潮湿气候下用乳化沥青贯入时，应按乳液总用量不变的原则进行调整，上层较正常情况适当增加，下层较正常情况适当减少。

表 15-28　沥青贯入式路面材料规格和用量

（用量单位：集料：$m^3/1000m^2$，沥青及沥青乳液：$kg/m^2$）

| 沥青品种 | 石油沥青 | | | | | |
|---|---|---|---|---|---|---|
| 厚度/cm | 4 | | 5 | | 6 | |
| 规格和用量 | 规格 | 用量 | 规格 | 用量 | 规格 | 用量 |
| 封层料 | S14 | 3~5 | S14 | 3~5 | S13（S14） | 4~6 |
| 第三遍沥青 | | 1.0~1.2 | | 1.0~1.2 | | 1.0~1.2 |
| 第二遍嵌缝料 | S12 | 6~7 | S11（S10） | 10~12 | S11（S10） | 10~12 |
| 第二遍沥青 | | 1.6~1.8 | | 1.8~2.0 | | 2.0~2.2 |
| 第一遍嵌缝料 | S10（S9） | 12~14 | S8 | 12~14 | S8（S6） | 16~18 |
| 第一遍沥青 | | 1.8~2.1 | | 1.6~1.8 | | 2.8~3.0 |
| 主层石料 | S5 | 45~50 | S4 | 55~60 | S3（S4） | 66~76 |
| 沥青总用量 | | 4.4~5.1 | | 5.2~5.8 | | 5.8~6.4 |

（续）

| 沥青品种 | 石油沥青 | | | | 乳化沥青 | | | |
|---|---|---|---|---|---|---|---|---|
| 厚度/cm | 7 | | 8 | | 4 | | 5 | |
| 规格和用量 | 规格 | 用量 | 规格 | 用量 | 规格 | 用量 | 规格 | 用量 |
| 封层料 | S13(S14) | 4~6 | S13(S14) | 4~6 | S13(S14) | 4~6 | S14 | 4~6 |
| 第五遍沥青 | | | | | | | | 0.8~1.0 |
| 第四遍嵌缝料 | | | | | S14 | 5~6 | | |
| 第四遍沥青 | | | | | | 0.8~1.0 | | 1.2~1.4 |
| 第三遍嵌缝料 | | | | | S14 | 5~6 | S12 | 7~9 |
| 第三遍沥青 | | 1.0~1.2 | | 1.0~1.2 | | 1.4~1.6 | | 1.5~1.7 |
| 第二遍嵌缝料 | S10(S11) | 11~13 | S10(S11) | 11~13 | S12 | 7~8 | S10 | 9~11 |
| 第二遍沥青 | | 2.4~2.6 | | 2.6~2.8 | | 1.6~1.8 | | 1.6~1.8 |
| 第一遍嵌缝料 | S6(S8) | 18~20 | S6(S8) | 20~22 | S9 | 12~14 | S8 | 10~12 |
| 第一遍沥青 | | 3.3~3.5 | | 4.4~4.2 | | 2.2~2.4 | | 2.6~2.8 |
| 主层石料 | S2 | 80~90 | S1(S2) | 95~100 | S5 | 40~45 | S4 | 50~55 |
| 沥青总用量 | | 6.7~7.3 | | 7.6~8.2 | | 6.0~6.8 | | 7.4~8.5 |

表15-29 上拌下贯式路面的材料规格和用量

（用量单位：集料：m³/1000m²，沥青及沥青乳液：kg/m²）

| 沥青品种 | 石油沥青 | | | | | |
|---|---|---|---|---|---|---|
| 厚度/cm | 4 | | 5 | | 6 | |
| 规格和用量 | 规格 | 用量 | 规格 | 用量 | 规格 | 用量 |
| 第二遍嵌缝料 | S12 | 5~6 | S12(S11) | 7~9 | S12(S11) | 7~9 |
| 第二遍沥青 | | 1.4~1.6 | | 1.6~1.8 | | 1.6~1.8 |
| 第一遍嵌缝料 | S10(S9) | 12~14 | S8 | 16~18 | S8(S7) | 16~18 |
| 第一遍沥青 | | 2.0~2.3 | | 2.6~2.8 | | 3.2~3.4 |
| 主层石料 | S5 | 45~50 | S4 | 55~60 | S3(S2) | 66~76 |
| 沥青总用量 | | 3.4~3.9 | | 4.2~4.6 | | 4.8~5.2 |

| 沥青品种 | 石油沥青 | | 乳化沥青 | | | |
|---|---|---|---|---|---|---|
| 厚度/cm | 7 | | 5 | | 6 | |
| 规格用量 | 规格 | 用量 | 规格 | 用量 | 规格 | 用量 |
| 第四遍嵌缝料 | | | | | S14 | 4~6 |
| 第四遍沥青 | | | | | | 1.3~1.5 |
| 第三遍嵌缝料 | | | S14 | 4~6 | S12 | 8~10 |
| 第三遍沥青 | | | | 1.4~1.6 | | 1.4~1.6 |
| 第二遍嵌缝料 | S10(S11) | 8~10 | S12 | 9~10 | S9 | 8~12 |
| 第二遍沥青 | | 1.7~1.9 | | 1.8~2.0 | | 1.5~1.7 |
| 第一遍嵌缝料 | S6(S8) | 18~20 | S8 | 15~17 | S6 | 24~26 |
| 第一遍沥青 | | 4.0~4.2 | | 2.5~2.7 | | 2.4~2.6 |
| 主层石料 | S2(S3) | 80~90 | S4 | 50~55 | S3 | 50~55 |
| 沥青总用量 | | 5.7~6.1 | | 5.9~6.2 | | 6.7~7.2 |

**2. 施工准备**

沥青贯入式路面施工前，基层必须清扫干净。当需要安装路缘石时，应在路缘石安装完成后施工。乳化沥青贯入式路面必须浇洒透层或黏层沥青。沥青贯入式路面厚度小于或等于5cm时，也应浇洒透层或黏层沥青。

**3. 施工方法**

沥青贯入式路面的施工应按下列步骤进行：

1）采用碎石摊铺机、平地机或人工摊铺主层集料，并碾压撒布后应采用 6～8t 的轻型钢筒式压路机自路两侧向路中心碾压，碾压速度宜为 2km/h，每次轮迹重叠约 30cm，碾压一遍后检验路拱和纵向坡度，当不符合要求时，应调整找平后再压。然后用重型的钢轮压路机碾压，每次轮迹重叠 1/2 左右，宜碾压 4～6 遍，直至主层集料嵌挤稳定，无显著轮迹为止。

2）浇洒第一层沥青。采用乳化沥青贯入时，为防止乳液下漏过多，可在主层集料碾压稳定后，先撒布一部分上一层嵌缝料，再浇洒主层沥青。

3）采用集料撒布机或人工撒布第一层嵌缝料。撒布后尽量扫匀，不足处应找补。当使用乳化沥青时，石料撒布必须在乳液破乳前完成。立即用 8～12t 钢筒式压路机碾压嵌缝料，轮迹重叠轮宽的 1/2 左右，宜碾压 4～6 遍，直至稳定为止。碾压时随压随扫，使嵌缝料均匀嵌入。因气温较高使碾压过程中发生较大推移现象时，应立即停止碾压，待气温稍低时再继续碾压。

4）按上述方法浇洒第二层沥青、撒布第二层嵌缝料，然后碾压，再浇洒第三层沥青。按撒布嵌缝料方法撒布封层料。采用 6～8t 压路机作最后碾压，宜碾压 2～4 遍，然后开放交通。

铺筑上拌下贯式路面时，贯入层不撒布封层料，拌和层应紧跟贯入层施工，使上下成为一整体。贯入部分采用乳化沥青时应待其破乳、水分蒸发且成型稳定后方可铺筑拌和层，当拌和层与贯入部分不能连续施工，且要在短期内通行施工车辆时，贯入层部分的第二遍嵌缝料应增加用量 2～3m³/1000m²，在摊铺拌和层沥青混合料前，应作补充碾压，并浇洒黏层沥青。

### 15.4.4 冷拌沥青混合料路面施工

冷拌沥青混合料适用于三级及三级以下的公路沥青面层、二级公路的罩面层施工以及各级公路沥青路面的基层、联结层或整平层。冷拌改性沥青混合料可用于沥青路面的坑槽冷补。冷拌沥青混合料宜采用乳化沥青或液体沥青拌制，也可采用改性乳化沥青。冷拌沥青混合料宜采用密级配沥青混合料，当采用半开级配的冷拌沥青碎石混合料路面时应铺筑上封层。

**1. 冷拌沥青混合料的配合比设计**

冷拌沥青混合料可参照规范规定的热拌沥青混合料路面的矿料级配使用，并根据已有的成功经验经试拌确定设计级配范围和施工配合比。乳化沥青碎石混合料的乳液用量应根据当地实践经验以及交通量、气候、集料情况、沥青标号、施工机械等条件确定，也可按热拌沥青混合料的沥青用量折算，实际的沥青残留物数量可较同规格热拌沥青混合料的沥青用量减少 10%～20%。

**2. 冷拌沥青混合料路面施工**

冷拌沥青混合料宜采用拌和厂机械拌和及沥青摊铺机摊铺的方式。缺乏厂拌条件时也可采用现场路拌及人工摊铺方式。当采用阳离子乳化沥青拌和时，宜先用水使集料湿润，若湿润后仍难于与乳液拌和均匀时，应改用破乳速度更慢的乳液，或用 1%～3% 的氯化钙水溶液代替水润湿集料表面。

混合料适宜的拌和时间应根据实际情况调节并通过试拌确定。矿料中加进乳液后的机械拌和时间不宜超过 30s，人工拌和时间不宜超过 60s。已拌好的混合料应立即运至现场摊铺，并在乳液破乳前结束。在拌和与摊铺过程中已破乳的混合料，应予废弃。

乳化沥青冷拌混合料摊铺后宜采用 6t 左右的轻型压路机初压 1～2 遍，使混合料初步稳定，再用轮胎压路机或钢筒式压路机碾压 1～2 遍。当乳化沥青开始破乳、混合料由褐色转变成黑色时，改用 12~15t 轮胎压路机碾压，将水分挤出，复压 2~3 遍后停止，待晾晒一段时间，水分基本蒸发后继续复压至密实为止。当压实过程中有推移现象时应停止碾压，待稳定后再碾压。当天不能完全压实时，可在较高气温状态下补充碾压。当缺乏轮胎压路机时，也可采用钢筒式压路机或较轻的振动压路机碾压。

乳化沥青混合料路面施工结束后宜封闭交通 2~6h，并注意做好早期养护。开放交通初期，应设专人指挥，车速不得超过 20km/h，不得刹车或掉头。

冷拌沥青混合料施工遇雨应立即停止铺筑，以防雨水将乳液冲走。

**3. 冷补沥青混合料**

用于修补沥青路面坑槽的冷补沥青混合料宜采用适宜的改性沥青结合料制造，并具有良好的耐水性。冷补沥青混合料的矿料级配宜参照表 15-30 的要求执行。沥青用量通过试验并根据实际使用效果确定，通常宜为 4%~6%。其级配应符合补坑的需要，粗集料级配必须具有充分的嵌挤能力，以便在未经充分碾压的条件下可开放通车碾压而不松散。

表 15-30 冷补沥青混合料的矿料级配

| 类型 | 通过下列筛孔/mm 的百分率（%） | | | | | | | | | | |
|---|---|---|---|---|---|---|---|---|---|---|---|
| | 26.5 | 19.0 | 16.0 | 13.2 | 9.5 | 4.75 | 2.36 | 1.18 | 0.6 | 0.3 | 0.15 | 0.075 |
| 细粒式 LB-10 | | | | 100 | 80~100 | 30~60 | 10~40 | 5~20 | 0~15 | 0~12 | 0~8 | 0~5 |
| 细粒式 LB-13 | | | 100 | 90~100 | 60~95 | 30~60 | 10~40 | 5~20 | 0~15 | 0~12 | 0~8 | 0~5 |
| 中粒式 LB-16 | | 100 | 90~100 | 50~90 | 40~75 | 30~60 | 10~40 | 5~20 | 0~15 | 0~12 | 0~8 | 0~5 |
| 粗粒式 LB-19 | 100 | 95~100 | 80~100 | 70~100 | 60~90 | 30~70 | 5~20 | 0~15 | 0~12 | 0~8 | 0~5 |

冷补沥青混合料的质量宜符合下列要求：制造冷补沥青混合料的集料必须符合规范规定的热拌沥青混合料集料的质量要求；有良好的低温操作和易性；有良好的耐水性，混合料按水煮法或水浸法检验的抗水剥落性能（裹覆面积）不得小于 95%；冷补沥青混合料应有足够的黏聚性，马歇尔试验稳定度宜不小于 3kN。

### 15.4.5 透层、黏层

**1. 透层**

沥青路面各类基层都必须喷洒透层油，沥青层必须在透层油完全渗透入基层后方可铺筑。基层上设置下封层时，透层油不宜省略。气温低于 10℃ 或大风、即将降雨时不得喷洒透层油。

根据基层类型选择渗透性好的液体沥青、乳化沥青、煤沥青作透层油，喷洒后通过钻孔或挖掘确认透层油渗透入基层的深度宜不小于 5mm（无机结合料稳定集料基层）~10mm（无结合料基层），并能与基层联结成为一体。透层油的黏度通过调节稀释剂的用量或乳化沥青的含量得到适宜的黏度，基质沥青的针入度通常宜不小于 100。透层用乳化沥青的蒸发残留物含量允许根据渗透情况适当调整，当使用成品乳化沥青时可通过稀释得到要求的黏度。透层用液体沥青的黏度通过调节煤油或轻柴油等稀释剂的品种和掺量经试验确定。透层油的用量通过试洒确定，不宜超出表 15-31 要求的范围。

表 15-31 沥青路面透层材料的规格和用量表

| 用 途 | 液体沥青 | | 乳化沥青 | | 煤沥青 | |
|---|---|---|---|---|---|---|
| | 规 格 | 用量/(L/m²) | 规 格 | 用量/(L/m²) | 规 格 | 用量/(L/m²) |
| 无结合料粒料基层 | AL (M)-1、2 或 3<br>AL (S)-1、2 或 3 | 1.0~2.3 | PC-2<br>PA-2 | 1.0~2.0 | T-1<br>T-2 | 1.0~1.5 |
| 半刚性基层 | AL (M)-1 或 2<br>AL (S)-1 或 2 | 0.6~1.5 | PC-2<br>PA-2 | 0.7~1.5 | T-1<br>T-2 | 0.7~1.0 |

在无结合料粒料基层上洒布透层油时，宜在铺筑沥青层前 1~2d 洒布。透层油宜采用沥青洒布车一次喷洒均匀（图 15-30），使用的喷嘴宜根据透层油的种类和黏度选择并保证均匀喷洒，沥青洒布车喷洒不均匀时宜改用手工沥青洒布机喷洒。喷洒透层油前应清扫路面，遮挡防护路缘石及人工构造物避免污染，透层油必须洒布均匀，有花白遗漏应人工补洒，喷洒过量的立即撒布石屑或砂吸油，必要时作适当碾压。透层油洒布后不得在表面形成能被运料车和摊铺机黏起的油皮，透层油达不到渗透深度要求时，应更换透层油稠度或品种。

图 15-30 洒布透层油

**2. 黏层**

下列情况之一必须喷洒黏层油：双层式或三层式热拌热铺沥青混合料路面的沥青层之间；水泥混凝土路面、沥青稳定碎石基层或旧沥青路面层上加铺沥青层；路缘石、雨水口、检查井等构造物与新铺沥青混合料接触的侧面。

黏层油宜采用快裂或中裂乳化沥青、改性乳化沥青，也可采用快、中凝液体石油沥青，其规格和质量应符合规范的要求，所使用的基质沥青标号宜与主层沥青混合料相同。黏层油品种和用量，应根据下卧层的类型通过试洒确定，并符合表 15-32 的要求。当黏层油上铺筑薄层大空隙排水路面时，黏层油的用量宜增加到 0.6~1.0 L/m²。在沥青层之间兼作封层而喷洒的黏层油宜采用改性沥青或改性乳化沥青，其用量宜不少于 1.0L/m²。

表 15-32 沥青路面黏层材料的规格和用量表

| 下卧层类型 | 液体沥青 | | 乳化沥青 | |
|---|---|---|---|---|
| | 规 格 | 用量/(L/m²) | 规 格 | 用量/(L/m²) |
| 新建沥青层或旧沥青路面 | AL (R)-3~AL (R)-6<br>AL (M)-3~AL (M)-6 | 0.3~0.5 | PC-3<br>PA-3 | 0.3~0.6 |
| 水泥混凝土 | AL (M)-3~AL (M)-6<br>AL (S)-3~AL (S)-6 | 0.2~0.4 | PC-3<br>PA-3 | 0.3~0.5 |

黏层油宜采用沥青洒布车喷洒，并选择适宜的喷嘴，洒布速度和喷洒量保持稳定。当采用机动或手摇的手工沥青洒布机喷洒时，必须由熟练的技术工人操作，均匀洒布。气温低于 10℃时不得喷洒黏层油，寒冷季节施工不得不喷洒时可以分成两次喷洒。路面潮湿时不得喷洒黏层油，用水洗刷后需待表面干燥后喷洒。喷洒的黏层油必须成均匀雾状，在路面全宽度内均匀分布成一薄层，不得有洒花漏空或成条状，也不得有堆积。喷洒不足的要补洒，喷洒过量处应予刮除。喷洒黏层油后，严禁运料车外的其他车辆和行人通过。黏层油宜在当天洒

布,待乳化沥青破乳、水分蒸发完成,或稀释沥青中的稀释剂基本挥发完成后,紧跟着铺筑沥青层,确保黏层不受污染。

## 15.5 水泥混凝土路面施工

水泥混凝土路面的使用性能很大程度上取决于施工质量,而施工质量又依赖于先进的施工机具。为保证水泥混凝土路面的施工质量,必须以拌和、运输、摊铺、养生的整个工艺过程,采用机械化施工与现代化施工质量检测手段。本节着重介绍就地浇筑和振捣压实的水泥混凝土面层的材料组成和施工工艺。

### 15.5.1 施工前的准备工作

**1. 施工技术准备**

熟悉招投标文件、施工合同;熟悉设计文件、进行图样审查,对设计中存在的问题及时提请设计单位解决,并做好施工技术交底。对施工现场进行全面详尽、深入的调查。详细了解设计标准,结构做法和质量要求以及设计中所采用的新技术、新材料、新工艺、新标准。

**2. 施工机械选择**

水泥混凝土路面质量和性能的好坏,主要取决于混凝土的摊铺成型和拌和。一般情况下把混凝土摊铺成型机械作为第一主导机械,把混凝土拌和机械作为第二主导机械。在机械选型时应首先选用主导机械,然后根据主导机械的技术性能和生产率选择配套机械。不同等级公路对施工工艺及机械设备要求见表15-33。

表15-33 与公路等级相适应的机械设备

| 摊铺机械装备 | 高速 | 一级 | 二级 | 三级 | 四级 |
| --- | --- | --- | --- | --- | --- |
| 滑模摊铺机 | √ | √ | √ | ▲ | ○ |
| 轨道摊铺机 | ▲ | √ | √ | √ | ○ |
| 三辊轴机组 | ○ | ▲ | √ | √ | √ |
| 小型机具 | × | ○ | ▲ | √ | √ |
| 碾压混凝土机械 | × | ○ | √ | √ | ▲ |
| 计算机自动控制强制搅拌站 | √ | √ | √ | √ | ○ |
| 强制搅拌站 | × | ○ | ▲ | √ | √ |

注:√应使用 ▲有条件使用 ○不宜使用 ×不得使用。

在条件允许的情况下尽量采用滑模摊铺机具,它与小型机具相比主要有以下优点:内在质量高,表面功能及表观质量好,动态平整度好,拌和物均匀稳定,适应的路面结构种类齐全,生产效率高,使用寿命延长,提高科技和养生水平。

**3. 材料与设备检查**

在工程开始前以及施工过程中材料来源或规格发生变化时,应对材料来源、材料质量、数量、供应计划、材料场堆放及储存条件等进行检查。施工前材料的质量检查应以同一料源、同一次购入并运至生产现场的相同规格品种的材料为一"批"进行检查。材料试样的取样数量与频率应符合表15-34规定,每批材料的质量应符合规定。

表 15-34  混凝土原材料检测项目和频率

| 材料 | 检查项目 | 检查频率 高速公路、一级公路 | 检查频率 二级及以下公路 |
|---|---|---|---|
| 水泥 | 抗折强度、抗压强度、安定性 | 机铺 1500t 一批，小型机具 500t 一批 | 机铺 1500t 一批，小型机具 500t 一批 |
| 水泥 | 凝结时间、标稠需水量、细度 | 机铺 2000t 一批，小型机具 500t 一批 | 机铺 3000t 一批，小型机具 500t 一批 |
| 水泥 | $f$-CaO、MgO、$SO_3$ 含量，铝酸三钙、铁铝酸四钙、干缩性、耐磨性、碱度、混合材料种类及数量 | 必要时进场前检测 | 必要时进场前检测 |
| 水泥 | 温度、水化热 | 冬、夏季施工需要时检测 | 冬、夏季施工需要时检测 |
| 粉煤灰 | 活性指数、细度、烧失量 | 机铺 1500t 一批，小型机具 500t 一批 | 机铺 1500t 一批，小型机具 500t 一批 |
| 粉煤灰 | 需水量比 | 每标段不少于 3 次，进场前检测 | 每标段不少于 3 次，进场前检测 |
| 粉煤灰 | $SO_3$ 含量 | 必要时进场前检测 | 必要时进场前检测 |
| 粗集料 | 针片状、超径颗粒含量，级配、表观密度、堆积密度、空隙率 | 机铺 2500$m^3$ 一批，小型机具 1500$m^3$ 一批 | 机铺 5000$m^3$ 一批，小型机具 1500$m^3$ 一批 |
| 粗集料 | 含泥量、泥块含量 | 机铺 1000$m^3$ 一批，小型机具 1000$m^3$ 一批 | 机铺 2000$m^3$ 一批，小型机具 1000$m^3$ 一批 |
| 粗集料 | 坚固性、岩石抗压强度、压碎指标 | 每种粗集料每标段不少于 2 次 | 每种粗集料每标段不少于 2 次 |
| 粗集料 | 碱集料反应 | 怀疑有碱活性集料时进场前检测 | 怀疑有碱活性集料时进场前检测 |
| 粗集料 | 含水量 | 降雨或湿度变化随时测 | 降雨或湿度变化随时测 |
| 砂 | 细度模数、表观密度、堆积密度、空隙率、级配 | 机铺 2000$m^3$ 一批，小型机具 1500$m^3$ 一批 | 机铺 2000$m^3$ 一批，小型机具 1500$m^3$ 一批 |
| 砂 | 含泥量、泥块、石粉含量 | 机铺 1000$m^3$ 一批，小型机具 500$m^3$ 一批 | 机铺 1000$m^3$ 一批，小型机具 500$m^3$ 一批 |
| 砂 | 坚固性 | 每种砂每标段不少于 3 次 | 每种砂每标段不少于 3 次 |
| 砂 | 云母含量、轻物质与有机物含量 | 目测有云母或杂质时测 | 目测有云母或杂质时测 |
| 砂 | 含盐量 | 必要时测 | 必要时测 |
| 砂 | 含水量 | 降雨或湿度变化随时测 | 降雨或湿度变化随时测 |
| 外加剂 | 减水剂减水率，液体外加剂含固量和相对密度，粉状外加剂的不溶物含量 | 机铺 5t 一批，小型机具 3t 一批 | 机铺 5t 一批，小型机具 3t 一批 |
| 外加剂 | 引气剂引气量、气泡细密程度和稳定性 | 机铺 2t 一批，小型机具 1t 一批 | 机铺 3t 一批，小型机具 1t 一批 |
| 钢纤维 | 抗拉强度、弯折性能、长度、长径比、形状 | 开工前或有变化时，每标段 3 次 | 开工前或有变化时，每标段 3 次 |
| 钢纤维 | 杂质、质量及其偏差 | 机铺 50t 一批，小型机具 30t 一批 | 机铺 50t 一批，小型机具 30t 一批 |
| 养生剂 | 有效保水率、抗压强度比、耐磨性、耐热性、膜水溶性 | 开工前或有变化时，每标段 3 次 | 开工前或有变化时，每标段 3 次 |
| 养生剂 | 含固量、成膜时间 | 试验路段测，施工每 5t 测一次 | 试验路段测，施工每 5t 测一次 |
| 水 | pH、含盐量、硫酸根及杂质含量 | 开工前或水源有变化时（采用饮用水可不检测） | 开工前或水源有变化时（采用饮用水可不检测） |

注：1. 开工前所有原材料项目均应检验，当原材料规格、品种、生产厂、来源发生变化时，必检。
2. 机铺是指滑模、轨道、三辊轴机组摊铺，数量不足一批时，按一批检验。

施工前应对拌和厂、站及路面施工机械和设备的配套情况、性能、计量精度等进行检查；对实行监理制度的工程项目，材料试验结果及据此进行的配合比设计结果、施工机械和设备的检查结果，都应在使用前规定的期限内向监理工程师提出正式报告，待取得正式认可后，方可使用。

**4. 测量放线**

在验收合格的道路基层上，根据设计图样放出中心线及道路边线（路缘石线）并钉桩，并测定高程。测量精度应满足相应规范的要求。

应按设计规定划分路面板块。宜由路口开始，路口弧线部位（"八字"处）分块时，应避免面层板出现锐角；在曲线段分块，应使横向分块线与该点法线方向一致。

混凝土路面层板块分块线距检查井盖的边缘距离应大于1m。

**5. 混凝土搅拌站设置**

（1）搅拌站设置选择　根据施工方案、施工路线长短、运输工具等条件，选择搅拌站位置，施工路线较长时，搅拌站宜设置在摊铺路段的中间位置。搅拌站站址应具备水源、电源与运输道路，并应有按规格堆放砂石料及搭建水泥仓等的条件；水源的供水能力应满足搅拌、清洗、养生用水等的需要，并保证水质，供水能力不足时，应设置与日搅拌量相适应的蓄水池。电源的电力总容量应满足全部施工用电设备、夜间施工照明及施工用电的需要，必要时应配备两套电源。搅拌站在满足原材料储运、运输、供水、供电等前提下，尽量要减少占地面积。

（2）砂石料储备　施工前，宜储备正常施工10～15d的砂石料；砂石料场应建在排水通畅的位置，其底部应作硬化处理，不同规格的砂石料之间应有隔离设施，并设标志牌，严禁混杂；在低温天、雨天、大风天及日照强烈的条件下，应在砂石料堆上架设顶棚或覆盖。

（3）水泥、粉煤灰存储和供应　推荐使用散装水泥，采用散装水泥时，每台搅拌楼至少配备2个水泥罐仓，如掺粉煤灰还应至少配备1个粉煤灰罐仓。当水泥的日用量很大，需要两家以上的水泥厂供应水泥时，不同厂家的水泥应清仓再灌，并分仓存放，严禁粉煤灰与水泥混罐。

（4）生产和运输能力　搅拌站的生产和运输能力，应满足浇筑工作不间断，且水泥混凝土运到浇筑地点时，仍保持均匀性和规定的坍落度。从搅拌地点运至浇筑地点水泥混凝土拌和料的运输时间不宜超过表15-35规定。

表15-35　水泥混凝土拌和物运输时间限制表

| 气温/℃ | 无搅拌设施运输/min | 有搅拌设施运输/min |
| --- | --- | --- |
| 30～35 | 15 | 45 |
| 20～30 | 30 | 60 |
| 10～20 | 45 | 75 |
| 5～10 | 60 | 90 |

注：1. 掺用外加剂或采用快硬水泥拌制混凝土时，应通过试验，查明所配制水泥混凝土的凝结时间，确定运输时间限制。
　　2. 表列时间系指从加水搅拌到入模时间。

（5）场内道路与排水　汽车运输道路要求坚实、平整，宽度不小于4m，并应设有错车道。搅拌机安装高度应满足上料、卸料需要，卸料高度不应超过1.5m，料场四周和搅拌机附近，应有排水设施。

## 15.5.2 水泥混凝土路面配合比设计

**1. 普通混凝土配合比设计**

普通混凝土配合比设计适用于滑模摊铺机、轨道摊铺机、三辊轴机组及小型机具四种施工方式。

(1) 配合比设计要求 普通混凝土路面的配合比设计在兼顾经济性的同时应满足下列四项技术要求：

1) 弯拉强度。各交通等级路面板的 28d 设计弯拉强度标准值 $f_{cm}$，应符合《公路水泥混凝土路面设计规范》的规定。按下式计算配制 28d 弯拉强度的均值

$$f_c = f_{cm}/(1 - 1.04c_v) + ts \quad (15-5)$$

式中 $f_c$——配制 28d 弯拉强度的均值（MPa）；

$f_{cm}$——设计弯拉强度标准值（MPa）；

$s$——弯拉强度试验样本的标准差（MPa）；

$t$——保证率系数，应按表 15-36 确定；

$c_v$——弯拉强度变异系数，应按统计数据在表 13-8 的规定范围内取值，在无统计数据时应按设计取值，如果施工配制弯拉强度超出设计给定的弯拉强度变异系数上限，则必须改进机械装备和提高施工控制水平。

表 15-36 保证率系数 $t$

| 公路等级 | 判别概率 $p$ | 样本数 $n$（组） | | | | |
|---|---|---|---|---|---|---|
| | | 3 | 6 | 9 | 15 | 20 |
| 高速 | 0.05 | 1.36 | 0.79 | 0.61 | 0.45 | 0.39 |
| 一级 | 0.10 | 0.95 | 0.59 | 0.46 | 0.35 | 0.30 |
| 二级 | 0.15 | 0.72 | 0.46 | 0.37 | 0.28 | 0.24 |
| 三、四级 | 0.20 | 0.56 | 0.37 | 0.29 | 0.22 | 0.19 |

2) 工作性。

① 路面混凝土应振捣密实，不应产生蜂窝、麻面、拉裂和倒边现象，可通过限制混凝土拌和物最大振动黏度系数和最小坍落度予以保证。

② 滑模摊铺机摊铺前拌合物最佳工作性及允许范围应符合表 15-37 的规定。

表 15-37 混凝土最佳工作性及允许范围

| 检测方法<br>界限 | 坍落度 SL/mm | | 振动黏度系数<br>$\eta/(Pa \cdot s)$ | 摊铺速度<br>/(m/min) |
|---|---|---|---|---|
| | 卵石混凝土 | 碎石混凝土 | | |
| 最佳工作性 | 20～40 | 30～60 | 150～500 | 1.0～2.0 |
| 允许范围 | 10～50 | 20～70 | 100～600 | 0.5～3.0 |
| 稳定性 | 30±20 | 40±20 | 300±200 | 1.5±0.5 |

③ 轨道摊铺机、三辊轴机组、小型机具摊铺的路面混凝土坍落度及最大单位用水量，应满足表 15-38 的规定。

表 15-38 不同路面施工方式混凝土坍落度及最大单位用水量

| 摊铺方式 | 滑模摊铺机摊铺 | 轨道摊铺机摊铺 | 三辊轴机组摊铺 | 小型机具摊铺 |
|---|---|---|---|---|
| 出机坍落度/mm | 40～70 | 40～60 | 30～50 | 10～40 |
| 摊铺坍落度/mm | 20～50 | 20～40 | 10～30 | 0～20 |

（续）

| 摊铺方式 | 滑模摊铺机摊铺 | | 轨道摊铺机摊铺 | | 三辊轴机组摊铺 | | 小型机具摊铺 | |
|---|---|---|---|---|---|---|---|---|
| 最大单位用水量/<br>(kg/m³) | 碎石 | 卵石 | 碎石 | 卵石 | 碎石 | 卵石 | 碎石 | 卵石 |
| | 160 | 155 | 156 | 153 | 153 | 148 | 150 | 145 |

注：1. 表中的最大单位用水量系采用中砂、粗细集料为风干状态的取值，采用细砂时，应使用减水率较大的（高效）减水剂。
　　2. 使用碎卵石时，最大单位用水量可取碎石与卵石中值。

3）耐久性。

① 各级公路路面混凝土全部要求掺引气剂。根据当地路面无抗冻性、有抗冻性或有抗盐冻性要求及混凝土最大公称粒径，路面混凝土含气量宜符合表15-39的规定。

表15-39　路面混凝土适宜含气量推荐值/%

| 最大公称粒径/mm | 无抗冻性要求 | 有抗冻性要求 | 有抗盐冻要求 |
|---|---|---|---|
| 19.0 | 4.0±1.0 | 5.0±0.5 | 6.0±0.5 |
| 26.5 | 3.5±1.0 | 4.5±0.5 | 5.5±0.5 |
| 31.5 | 3.5±1.0 | 4.0±0.5 | 5.0±0.5 |

② 耐久性所要求的最大水灰（胶）比及最小水泥用量。各交通等级路面混凝土满足耐久性要求的最大水灰（胶）比和最小单位水泥用量应符合表15-40的规定。最大单位水泥用量不宜大于400kg/m³；掺粉煤灰时，最大单位胶材总量不宜大于420kg/m³。

表15-40　耐久性要求的最大水灰（胶）比和最小单位水泥用量

| 公路等级 | | 高速、一级公路 | 二级公路 | 三、四级公路 |
|---|---|---|---|---|
| 最大水灰（胶）比 | | 0.44 | 0.46 | 0.48 |
| 抗冰冻要求最大水灰（胶）比 | | 0.42 | 0.44 | 0.46 |
| 抗盐冻要求最大水灰（胶）比 | | 0.40 | 0.42 | 0.44 |
| 最小单位水泥用量<br>/(kg/m³) | 42.5级 | 300 | 300 | 290 |
| | 32.5级 | 310 | 310 | 305 |
| 抗冰（盐）冻时最小单位<br>水泥用量/(kg/m³) | 42.5级 | 320 | 320 | 315 |
| | 32.5级 | 330 | 330 | 325 |
| 掺粉煤灰时最小单位<br>水泥用量/(kg/m³) | 42.5级 | 260 | 260 | 255 |
| | 32.5级 | 280 | 270 | 265 |
| 抗冰（盐）冻掺粉煤灰最小单位水泥<br>用量（42.5级水泥）/(kg/m³) | | 280 | 270 | 265 |

注：1. 掺粉煤灰，并有抗冰（盐）冻性要求时，不得使用32.5级水泥。
　　2. 水灰（胶）比计算以砂石料的自然风干状态计（砂含水量≤1.0%；石子含水量≤0.5%）。
　　3. 处在除冰盐、海风、酸雨或硫酸盐等腐蚀性环境中，或在大纵坡等加减速车道上的混凝土，最大水灰（胶）比可比表中数值降低0.01~0.02。

4）经济性。在满足上述三项技术要求的前提下，配合比应尽可能经济。

（2）外加剂的使用要求

1）高温施工，混凝土拌合物的初凝时间不得小于3h，否则应采取缓凝或保塑措施；低温施工时，终凝时间不得大于 10h，否则应采取必要的促凝或早强措施。

2) 外加剂的掺量应由混凝土试配试验确定。引气剂的适宜掺量可由搅拌机的拌合物含气量进行控制。实际路面和桥面引气混凝土的抗冰冻、抗盐冻耐久性，宜采用钻芯法测定，测定位置为：路面为表面和表面下 50mm；桥面为表面和表面下 30mm；测得的上下两个表面的最大平均气泡间距系数不宜超过表 15-41 的规定。

表 15-41 混凝土路面和桥面最大平均气泡间距系数/μm

| 环　境 | 公路等级 | 高速、一级公路 | 二级公路及以下公路 |
|---|---|---|---|
| 严寒地区 | 冰冻 | 275 | 300 |
| | 盐冻 | 225 | 250 |
| 严寒地区 | 冰冻 | 325 | 350 |
| | 盐冻 | 275 | 300 |

3) 引气剂与减水剂或高效减水剂等其他外加剂复配在同一水溶液中时，应保证其共溶性，防止外加剂溶液发生絮凝现象。如产生絮凝现象，应分别稀释、分别加入。

(3) 配合比参数的计算

1) 水灰（胶）比的计算和确定。根据粗集料的类型，水灰比可分别按下列统计公式计算：

$$碎石或碎卵石混凝土 \quad W/C = 1.5684 \div (f_c + 1.0097 - 0.3595 f_s) \quad (15-6)$$

$$卵石混凝土 \quad W/C = 1.2618 \div (f_c + 1.5492 - 0.4709 f_s) \quad (15-7)$$

式中　$W/C$——混凝土水灰比；

$f_s$——水泥实测 28d 抗折强度（MPa）；

$f_c$——配制 28d 弯拉强度的均值（MPa）；

掺用粉煤灰时，应计入超量取代法中代替水泥的那一部分粉煤灰用量（代替砂的超量部分不计入），用水胶比 $W/(C+F)$ 代替水灰比 $W/C$；应在满足弯拉强度计算值和耐久性（表 15-40）两者要求的水灰（胶）比中取小值。

2) 选取砂率。砂率应根据砂的细度模数和粗集料种类，查表 15-42 取值。在做抗滑槽时，砂率在表基础上可增大 1%~2%。

表 15-42 砂的细度模数与最优砂率关系

| 砂细度模数 | | 2.2~2.5 | 2.5~2.8 | 2.8~3.1 | 3.1~3.4 | 3.4~3.7 |
|---|---|---|---|---|---|---|
| 砂率 SP/% | 碎石 | 30~34 | 32~36 | 34~38 | 36~40 | 38~42 |
| | 卵石 | 28~32 | 30~34 | 32~36 | 34~38 | 36~40 |

注：碎卵石可在碎石和卵石混凝土之间内插取值。

3) 用水量计算。根据粗集料种类和表 15-37、15-38 中适宜的坍落度，分别按下列经验式计算单位用水量（砂石料以自然风干状态计）：

$$碎石 \quad W_0 = 104.97 + 0.309 S_L + 11.27 C/W + 0.61 S_P \quad (15-8)$$

$$卵石 \quad W_0 = 86.89 + 0.370 S_L + 11.24 C/W + 1.00 S_P \quad (15-9)$$

式中　$W_0$——不掺外加剂与掺合料混凝土的单位用水量（kg/m³）；

$S_L$——坍落度 (mm);

$S_P$——砂率 (%);

$C/W$——灰水比,水灰比之倒数;

掺外加剂的混凝土单位用水量 $W_{0w}$ 应按下式计算

$$W_{0w} = (1-\beta)W_0 \qquad (15\text{-}10)$$

式中 $\beta$——所用外加剂剂量的实测减水率 (%)。

单位用水量应取计算值和表 15-37 的规定中的数值。若实际单位用水量仅掺引气剂不满足所取数值,则应掺用引气(高效)减水剂。

4)单位水泥用量。单位水泥用量 $C_0$ 应由式(15-11)计算,并取计算值与表 15-40 规定值两者中的大值。

$$C_0 = W_0(C/W) \qquad (15\text{-}11)$$

5)砂石料用量。砂石料用量可按密度法或体积法计算。按密度法计算时,混凝土单位质量可取 2400~2450kg/m³;按体积法计算时,应计入设计含气量。采用超量取代法掺用粉煤灰时,超量部分应代替砂,并折减用砂量。经计算得到的配合比,应验算单位粗集料填充体积率,且不宜小于 70%。

(4)使用真空脱水工艺时的单位用水量 用真空脱水工艺时,可采用比经验式计算值略大的单位用水量,但在真空脱水后,扣除每立方米混凝土实际吸除的水量,剩余单位用水量和剩余水灰(胶)比分别不宜超过表 15-38 最大单位用水量和表 15-40 最大水灰(胶)比的规定。

(5)粉煤灰的使用 路面混凝土掺用粉煤灰时,其配合比计算应按超量取代法进行。粉煤灰掺量应根据水泥中原有的掺合料数量和混凝土弯拉强度、耐磨性等要求由试验确定。Ⅰ、Ⅱ级粉煤灰的超量系数可按表 15-43 初选。代替水泥的粉煤灰掺量:Ⅰ型硅酸盐水泥宜小于等于 30%;Ⅱ型硅酸盐水泥宜小于等于 25%;道路水泥宜小于等于 20%;普通水泥宜小于等于 15%;矿渣水泥不得掺粉煤灰。

**表 15-43 各级粉煤灰的超量取代系数**

| 粉煤灰等级 | Ⅰ | Ⅱ | Ⅲ |
|---|---|---|---|
| 超量取代系数 $A$ | 1.1~1.4 | 1.3~1.7 | 1.5~2.0 |

**2. 钢纤维混凝土配合比设计**

本配合比设计适用于采用滑模摊铺机、轨道摊铺机、三辊轴机组及小型机具铺筑的钢纤维混凝土路面。

(1)钢纤维混凝土的配合比设计要求 钢纤维混凝土的配合比设计在兼顾经济性的同时应满足下列四项技术要求:

1)弯拉强度。钢纤维混凝土路面板 28d 设计弯拉强度标准值应符合设计规范的规定。钢纤维混凝土配制 28d 弯拉强度的均值应按式(15-5)计算,但须将式中混凝土各符号替换为钢纤维混凝土。

2)工作性。钢纤维混凝土的坍落度可比表 15-37 或 15-38 的规定值小 20mm 左右。钢纤维混凝土掺高效减水剂时单位用水量可按表 15-44 初选,再由拌合物实测坍落度确定。

表 15-44 钢纤维混凝土单位用水量选用表

| 拌合物条件 | 粗集料种类 | 粗集料最大公称粒径 $D_m$/mm | 单位用水量/(kg/m³) |
|---|---|---|---|
| 长径比 $L_f/d_f = 50$<br>$\rho_f = 0.6\%$<br>坍落度20mm<br>中砂,细度模数2.5<br>水灰比 0.42~0.50 | 碎石 | 9.5、16.0 | 215 |
| | | 19.0、26.5 | 200 |
| | 卵石 | 9.5、16.0 | 208 |
| | | 19.0、26.5 | 190 |

注:1. 钢纤维长径比每增减10,单位用水量相应增减10kg/m³。
   2. 钢纤维体积率每增减0.5%,单位用水量相对应增减8kg/m³。
   3. 坍落度为10~50mm变化范围内,相对于坍落度20mm每增减10mm,单位用水量相应增减7kg/m³。
   4. 细度模数在2.0~3.5范围内,砂的细度模数每增减0.1,单位用水量相应增减1kg/m³。

3) 耐久性。钢纤维混凝土满足耐久性要求最大水灰(胶)比和最小单位水泥用量应符合表15-45的规定。钢纤维混凝土严禁采用海水、海砂,不得掺加氯盐和氯盐类早强剂、防冻剂等外加剂。处在海风、酸雨、硫酸盐等环境中的钢纤维混凝土路面宜掺用Ⅰ、Ⅱ级粉煤灰,桥面宜掺用硅灰与S95和S105级磨细矿渣。

表 15-45 钢纤维混凝土满足耐久性要求最大水灰(胶)比和最小单位水泥用量

| 公路等级 | | 高速公路、一级公路 | 二级公路 | 三、四级公路 |
|---|---|---|---|---|
| 最大水灰(胶)比 | | 0.47 | 0.49 | 0.50 |
| 抗冰冻要求最大水灰(胶)比 | | 0.45 | 0.46 | 0.48 |
| 抗盐冻要求最大水灰(胶)比 | | 0.42 | 0.43 | 0.46 |
| 最小单位水泥用量<br>(kg/m³) | 42.5级 | 360 | 360 | 350 |
| | 32.5级 | 370 | 370 | 365 |
| 抗冰(盐)冻要求最小单位<br>水泥用量/(kg/m³) | 42.5级 | 380 | 380 | 375 |
| | 32.5级 | 390 | 390 | 385 |
| 掺粉煤灰时最小单位水泥<br>用量/(kg/m³) | 42.5级 | 320 | 320 | 315 |
| | 32.5级 | 340 | 340 | 335 |
| 抗冰(盐)冻掺粉煤灰最小单位水泥用量<br>(42.5级水泥)/(kg/m³) | | 330 | 330 | 325 |

4) 经济性。路面和桥面钢纤维混凝土的经济性要求:应在保证行车安全性和钢纤维质量的前提下,选择性能价格比优良的钢纤维,即应优选掺量少而性能优良(600级以上)具有锚固台外形的钢纤维,保证路面中不使用低级、劣质钢纤维。钢纤维混凝土路面的使用寿命长的优势方可发挥,长寿命就是最好的经济性。

(2) 钢纤维混凝土配合比设计

1) 水灰(胶)比计算和确定。以钢纤维混凝土配制28d弯拉强度$f_{cf}$替换$f_c$,按式(15-6)或式(15-7)计算出基体混凝土的水灰比。取钢纤维混凝土基体的水灰(胶)比计算值与表15-44、表15-45规定值两者中的小值。

2) 钢纤维掺量体积率。钢纤维掺量体积率宜在0.60%~1.0%范围内初选,当板厚折减系数小时,体积率宜取上限;当长径比大时,宜取较小值;有锚固端者宜取较小值。

3) 单位用水量。根据路面不同摊铺方式所要求的钢纤维混凝土拌和物坍落度查表15-

44，得出单位用水量 $W_{0f}$，或由试验确定。

4）单位水泥用量。钢纤维混凝土的单位水泥用量应按下式计算

$$C_{0f} = W_{0f} \cdot (C/W) \tag{15-12}$$

式中 $C_{0f}$——钢纤维混凝土的单位水泥用量（kg/m³）；

$W_{0f}$——钢纤维混凝土的单位用水量（kg/m³）；

取计算值与表 15-45 规定值两者中的大值，但不宜大于 500kg/m³。

5）钢纤维混凝土砂率。砂率可按式（15-13）计算，也可按表 15-46 初选。钢纤维混凝土砂率宜为 38%~50%。

$$S_{Pf} = S_P + 10P_f \tag{15-13}$$

式中 $S_{Pf}$——钢纤维混凝土砂率（%）；

$P_f$——钢纤维掺量体积率（%）；

表 15-46 纤维混凝土砂率选用值

| 拌合物条件 | 最大公称粒径 19mm 碎石 | 最大公称粒径 19mm 卵石 |
|---|---|---|
| $L_f/d_f = 50$；$P_f = 1.0\%$；$W/C = 0.5$；砂细度模数 $M_X = 3.0$ | 45% | 40% |
| $L_f/d_f$ 增减 10 | ±5% | ±3% |
| $P_f$ 增减 0.10% | ±2% | ±2% |
| $W/C$ 增减 0.1 | ±2% | ±2% |
| 砂细度模数 $M_X$ 增减 0.1 | ±1% | ±1% |

6）砂石料用量。砂石料用量可采用密实度法或体积法计算。按密度法计算时，钢纤维混凝土单位质量可取 2450~2580kg/m³；按体积法计算时，应计入设计含气量。

**3. 配合比的确定与施工控制**

（1）实验室基准配合比确定、调整及验证 由上述各经验公式推算得出的普通混凝土、钢纤维混凝土配合比，应在试验室内按下述步骤进行试配检验和调整：

1）首先检验各种混凝土拌合物是否满足不同摊铺方式的最佳工作性要求。检验项目包括含气量、坍落度及其损失、振动黏度系数、外加剂品种及其最佳掺量等。在工作性和含气量不满足相应摊铺方式要求时，可在保持水灰（胶）比不变的前提下调整单位用水量、外加剂掺量或砂率，不得减小满足计算弯拉强度及耐久性要求的单位水泥用量、钢钎维体积率。

2）对于采用密度法计算的配合比，应实测拌合物视密度，并应按视密度调整配合比，调整时水灰比不得增大，单位水泥用量、钢纤维掺量不得减小，调整后的拌合物视密度允许偏差为 ±2.0%。实测拌合物含气量及其偏差应满足规定，不满足要求时，应调整引气剂掺量直至达到规定含气量。

3）以初选水灰（胶）比为中心，按 0.02 增减幅度选定 2~4 个水灰（胶）比，制作试件，检验各种混凝土的 7d 和 28d 配制弯拉强度、抗压强度、耐久性等指标（有抗冻性要求的地区，抗冻性为必测项目，耐磨性及干缩为选测项目）。也可保持计算水灰（胶）比不变，以初选单位水泥用量为中心，按 15~20kg/m³ 增减幅度选定 2~4 个单位水泥用量；钢纤维混凝土还应以选定的钢纤维掺量为中心，按 0.1% 增减幅度选定 2~4 个钢纤维掺量，

制作试件并做上述各项检验。

4）施工单位通过上述各项指标检验提出的配合比，应经监理方审核确认。

(2) 搅拌楼试拌配合比　试验室的基准配合比应通过搅拌楼实际拌和检验，并应根据料场砂石料含水率、拌合物实测视密度、含气量、坍落度及其损失，调整单位用水量、砂率或外加剂掺量。调整时，水灰（胶）比、单位水泥用量、钢纤维体积率不得减小。考虑施工中原材料含泥量、泥块含量、含水率变化和施工变异性等因素，单位水泥用量应适当增加 $5\sim10kg/m^3$。满足试拌试铺的工作性、28d（至少 7d）配制弯拉强度、抗压强度和耐久性等要求的配合比，经监理方批准后方可确定为施工配合比。

(3) 施工现场配合比的微调与现场控制　施工期间配合比的微调与控制应符合下列要求：

1）根据施工季节、气温和运距等的变化，可微调缓凝（高效）减水剂、引气剂或保塑剂的掺量，保持摊铺现场的坍落度始终适宜于铺筑，且波动最小。

2）降雨后，应根据每天不同时间的气温及砂石料实际含水率变化，微调加水量，同时微调砂石料称量，其他配合比参数不得变更，维持施工配合比基本不变。雨天或砂石料变化时应加强控制，保持现场拌合物工作性始终适宜摊铺和稳定。

### 15.5.3　混凝土拌合物搅拌与运输

**1. 搅拌设备**

(1) 搅拌场的拌和能力配置　采用滑模、轨道、碾压、三辊轴机组摊铺时，搅拌场配置的混凝土总拌和生产能力可按式（15-14）计算，并按总拌和能力确定所要求的搅拌楼数量和型号。

$$M = 60\mu b h v_t \tag{15-14}$$

式中　$M$——搅拌楼总拌和能力（$m^3/h$）；

　　　$b$——摊铺宽度（m）；

　　　$v_t$——摊铺速度（m/min），$v_t \geq 1m/min$；

　　　$h$——面板厚度（m）；

　　　$\mu$——搅拌楼可靠性系数，$\mu=1.2\sim1.5$，根据下述具体情况确定：搅拌楼可靠性高，$\mu$ 可取较小值；反之，$\mu$ 应取较大值；拌和钢纤维混凝土时，$\mu$ 应取较大值；坍落度要求较低者，$\mu$ 应取较大值。

不同摊铺方式所要求的搅拌楼最小生产容量应满足表 15-47 的规定，一般可配备 2~3 台搅拌楼，最多不宜超过 4 台，搅拌楼的规格和品牌尽可能统一。

表 15-47　混凝土路面不同摊铺方式的搅拌楼最小配置容量

| 摊铺方式<br>摊铺宽度 | 滑模摊铺<br>/(m³/h) | 轨道摊铺<br>/(m³/h) | 碾压混凝土<br>/(m³/h) | 三辊轴摊铺<br>/(m³/h) | 小型机具<br>/(m³/h) |
|---|---|---|---|---|---|
| 单车道 3.75~4.5m | ≥100 | ≥75 | ≥75 | ≥50 | ≥25 |
| 双车道 7.5~9m | ≥200 | ≥150 | ≥150 | ≥100 | ≥50 |
| 整幅宽≥12.5m | ≥300 | ≥200 | ≥200 | — | — |

(2) 搅拌楼选配　搅拌楼的配备应符合表 15-47 的规定，应优先选配间歇式搅拌楼，也可使用连续式搅拌楼。混凝土搅拌楼选配应以强制双卧轴或行星立轴为主要机型。这是国际

公认搅拌速度和效率最高,搅拌效果最好的机型。每台搅拌楼应配备齐全自动供料、称量、计量、砂石料含水率反馈控制、有外加剂加入装置和计算机控制自动配料操作系统设备和打印设备。

**2. 拌和技术要求**

(1) 配料精确度　每台搅拌楼在投入生产前,必须进行标定和试拌。在标定有效期满或搅拌楼搬迁安装后,均应新标定施工中应每15d校验一次搅拌楼计量精确度。搅拌楼配料计量偏差不得超过表15-48的规定。不满足时,应分析原因,排除故障,确保拌和计量精确度。采用计算机自动控制系统的搅拌楼时,应使用自动配料生产,并按需要打印每天(周、旬、月)对应路面摊铺桩号的混凝土配料统计数据及偏差。

表15-48　搅拌楼的混凝土拌和计量允许偏差　　　　　　　　(单位:%)

| 材料名称 | 水泥 | 掺合料 | 钢纤维 | 砂 | 粗集料 | 水 | 外加剂 |
|---|---|---|---|---|---|---|---|
| 高速公路、一级公路每盘 | ±1 | ±1 | ±2 | ±2 | ±2 | ±1 | ±1 |
| 高速一级公路累计每车 | ±1 | ±1 | ±1 | ±2 | ±2 | ±1 | ±1 |
| 其他公路 | ±2 | ±2 | ±2 | ±3 | ±3 | ±2 | ±2 |

(2) 拌和时间　根据拌合物的黏聚性、均质性及强度稳定性试拌确定最佳拌和时间。一般情况下,单立轴式搅拌机总拌和时间宜为80～120s,全部原材料到齐后的最短纯拌和时间不宜短于40s;行星立轴和双卧轴式搅拌机总拌和时间为60～90s,最短纯拌和时间不宜短于35s;连续双卧轴搅拌楼的最短拌和时间不宜短于40s。最长总拌和时间不应超过高限值的2倍。

(3) 砂石料要求　混凝土拌和过程中,不得使用沥水、夹冰雪、表面沾染尘土和局部曝晒过热的砂石料。

(4) 外加剂的使用　外加剂的质量应符合 GB 8076 等国家现行标准的规定,以稀释溶液加入,其稀释用水和原液中的水量,应从拌和加水量中扣除。使用间歇搅拌楼时,外加剂溶液浓度应根据外加剂掺量、每盘外加剂溶液筒的容量和水泥用量计算得出。连续式搅拌楼应按流量比例控制加入外加剂。加入搅拌锅的外加剂溶液应充分溶解,并搅拌均匀。有沉淀的外加剂溶液,应每天清除一次稀释池中的沉淀物。

(5) 引气混凝土拌和　拌和引气混凝土时,搅拌楼一次拌和量不应大于其额定搅拌量的90%,纯拌和时间应控制在含气量拌和或较大时。

(6) 粉煤灰混凝土拌和　粉煤灰或其他掺合料应采用与水泥相同的输送、计量方式加入。粉煤灰混凝土的纯拌和时间应比不掺的延长10～15s。当同时掺用引气剂时,宜通过试验适当增大引气剂掺量,以达到规定含气量。

(7) 拌合物质量检验与控制　搅拌过程中,低温或高温天气施工时,拌合物出料温度宜控制10～35℃,并应测定原材料温度、拌合物的温度、坍落度损失率和凝结时间等。拌合物应均匀一致,有生料、干料、离析或外加剂、粉煤灰成团现象的非均质拌合物严禁用于路面摊铺。一台搅拌楼的每盘之间,各搅拌楼之间,拌合物的坍落度最大允许偏差为±10mm,拌和坍落度应为最适宜摊铺的坍落度值与当时气温下运输坍落度损失值两者之和。

(8) 钢纤维混凝土拌和的特殊要求

1) 当钢纤维体积率较高,拌合物较干时,搅拌楼一次拌和量不宜大于其额定搅拌量的

80%。拌合物中不得有钢纤维结团现象。

2) 钢纤维混凝土搅拌的投料次序和方法应以搅拌过程中钢纤维不产生结团和保证一定的生产率为原则,并通过试拌或根据经验确定。宜采用将钢纤维、水泥、粗细集料先干拌后加水湿拌的方法;也可采用钢纤维分散机在拌和过程中分散加入钢纤维。

3) 钢纤维混凝土的拌和时间应通过现场搅拌试验确定,并应比普通混凝土规定的纯拌和时间延长 20~30s,采用先干拌后加水的搅拌方式时,干拌时间不宜少于 1min。

4) 钢纤维混凝土严禁用人工拌和。当桥梁伸缩缝等零星工程使用少量的钢纤维混凝土时,可采用容量较小的搅拌机拌和,每种原材料应准确称量后加入,不得使用体积计量。采用小容量搅拌机拌和时,钢纤维混凝土总拌和时间应较搅拌楼拌和时间延长 1~2min,采用先干拌后加水的搅拌方式时,干拌时间不宜少于 1.5min。

5) 应保证钢纤维在混凝土中的分散性及均匀性,水洗法检测的钢纤维含量偏差不应大于设计掺量的 ±15%。

**3. 运输车辆**

(1) 运输车辆配置 机械摊铺系统配套的运输车数量 $N$ 可按下式计算

$$N = 2n(1 + S\gamma_c m/v_q - g_q) \tag{15-15}$$

式中 $n$——相同产量搅拌楼台数;
$S$——单程运输距离 (km);
$\gamma_c$——混凝土密度 (t/m³);
$m$——一台搅拌楼每小时生产能力 (m³/h);
$v_q$——车辆的平均运输速度 (km/h);
$g_q$——汽车载重能力 (t/辆)。

(2) 车况和车型要求 自拌混凝土可选配车况良好、载质量为 5~20t 的自卸车。自卸车后挡板应关闭紧密,运输时不漏浆撒料,车厢板应平整光滑。远距离运输或摊铺钢筋混凝土路面及桥面时,宜选配混凝土罐车。

**4. 运输技术要求**

(1) 总动力要求 根据施工进度、运量、运距及路况,选配车型和车辆总数,总运力应比总拌和能力略有富余,确保新拌混凝土在规定时间内运到摊铺现场。

(2) 运输时间 运输到现场的拌合物必须具有适宜摊铺的工作性。不同摊铺工艺的混凝土拌合物从搅拌机出料到运输、铺筑完毕的允许最长时间应符合表 15-49 的规定。不满足时应通过试验加大缓凝剂或保塑剂的剂量。

表 15-49 混凝土拌合物出料到运输、铺筑完毕允许最长时间

| 施工气温/℃ | 到运输完毕允许最长时间/h | | 到铺筑完毕允许最长时间/h | |
| --- | --- | --- | --- | --- |
| | 滑模、轨道 | 三轴、小机具 | 滑模、轨道 | 三轴、小机具 |
| 5~9 | 2.0 | 1.5 | 2.5 | 2.0 |
| 10~19 | 1.5 | 1.0 | 2.0 | 1.5 |
| 20~29 | 1.0 | 0.75 | 1.5 | 1.25 |
| 30~35 | 0.75 | 0.50 | 1.25 | 1.0 |

注:施工气温是指施工时间的日间平均气温,使用缓凝剂延长凝结时间后,本表数值可增加 0.25~0.5h。

(3) 混凝土拌和物运输的其他技术要求

1) 运输混凝土的车辆装料前,应清洁厢、罐,洒水湿润,排干积水。装料前,自卸车应挪动车位,防止离析。搅拌楼卸料落差不应大于2m。

2) 混凝土运输过程中漏浆、漏料和污染路面,途中不得随意耽搁。自卸车运输应减少颠簸,防止拌合物离析。车辆起步和停车应平稳。

3) 超过表15-49规定摊铺允许最长时间的混凝土不得用于路面摊铺,混凝土一旦在车内停留超过初凝时间,应采取紧急措施处置,严禁混凝土硬化在车厢(罐)内。

4) 烈日、大风、雨天和低温天远距离运输时,自卸车应遮盖混凝土,罐车宜加保温隔热套。

5) 使用自卸车运输混凝土最远运输半径不宜超过20km。

6) 运输车辆在模板或导线区调头或错车时,严禁碰撞模板或基准线,一旦碰撞,应告知测量人员重新测量纠正。

7) 车辆倒车及卸料时,应有专人指挥。卸料应到位,严禁碰到摊铺机和前场施工设备及测量仪器。卸料完毕,车辆应迅速离开。

### 15.5.4 滑模式摊铺机施工

滑模摊铺技术成为我国在高等级公路水泥混凝土路面施工中广泛采用的工程质量最高、施工速度最快、装备最现代化的高新成熟技术,如图15-31所示。

图15-31 滑模摊铺技术

**1. 施工工艺**

(1) 铺筑前检查 基层应平整,设有砂垫层的,垫层表面应平整、密实;模板尺寸、位置、高程等应满足设计要求,支撑牢固稳定,隔离剂涂刷均匀,模板接缝严密、模内洁净;预埋胀缝板的位置正确;边缘、角隅及其他部位的钢筋安装牢固,位置准确,传力杆与胀缝垂直,绑扎牢固,套筒安齐全、位置准确;各种检查井井盖、井座,雨水口箅子、箅圈应预先安装完成,且安装牢固,位置准确,标高与路面标高协调一致。水泥混凝土运输应确保及时、连续;设有纵缝的水泥混凝土路面层,在成型水泥混凝土板块侧立面,应按要求涂刷隔离剂。

（2）滑模摊铺工艺流程　滑模式摊铺机（图15-32）比轨模式摊铺机更高度集成化，整机性能好，操纵方便，生产效率高，但对原材料、混凝土拌和物的要求更严格，设备费用较高。滑模式摊铺机的特点是不需轨模，整个摊铺机的机架支承在四个液压缸上，它可以通过控制机械上下移动，以调整摊铺机铺层厚度。在摊铺机的两侧设置有随机移动的固定滑模板，因此不需另设轨模。这种摊铺机一次通过就可以完成摊铺、振捣、整平等多道工序。滑模摊铺机完整的施工工艺如图15-33所示。

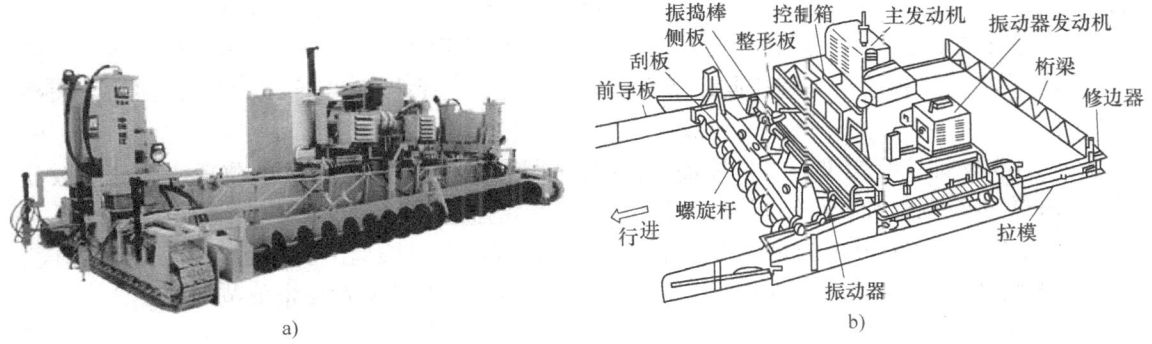

图15-32　滑模式摊铺机
a）机具　b）细部构造

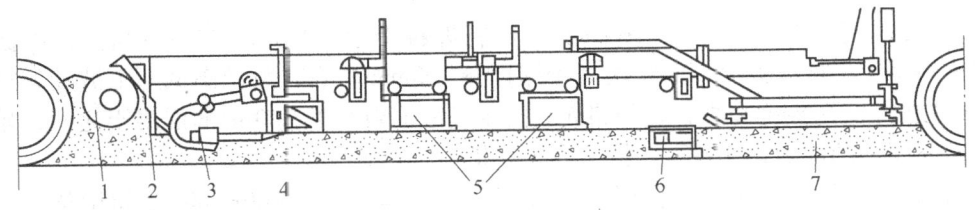

图15-33　滑模摊铺机完整的施工工艺图
1—螺旋摊铺器　2—刮平器　3—振捣器　4—刮平板　5—振动振平板　6—光面带　7—混凝土面层

（3）基准线设置　滑模摊铺混凝土路面的拉线设置与沥青路面非常接近，可以有几种摊铺基准设置方式：拉线、滑靴、铝方管和多轮支架等，我国仅规定使用拉线方式，它与沥青路面摊铺上面层和中面层不同的是上基层的平整度达不到路面的严格要求，国外采用除拉线以外的方式施工是有条件的，就是基层必须经过精整机洗刨过，3m直尺平整度不大于3mm。我国目前的基层施工一是未用精整机，二是基层规范规定的平整度为8mm。在这种条件下，要保证滑模摊铺水泥混凝土路面的高平整度，原则上不得采用其他简易基准设置方式。

**2. 施工过程**

（1）布料

1）布料高度。无论采用哪种布料方式，滑模摊铺机前的正常料位高度应控制在螺旋布料器叶片最高点以下，不得缺料。卸料、布料应与摊铺速度相协调。

2）松铺系数控制。当坍落度在10～50mm时，布料松铺系数宜控制在1.08～1.15。布料机与滑模摊铺机之间施工距离宜控制在5～10mm。

3）钢筋结构保护。摊铺钢筋混凝土路面、桥面或搭板时，严禁任何机械开上钢筋网、胀缝支架。防止将钢筋网压变形、变位或贴底。

(2) 滑模摊铺机的施工参数设定及校准

1) 振捣棒位置。振捣棒下缘位置应在挤压板最低点以上,振捣棒的横向间距不宜大于450mm,均匀排列;两侧最边缘振捣棒与摊铺边沿距离不宜大于250mm。

2) 前倾角。挤压底板前倾角宜设置为3°左右。提浆夯板位置宜在挤压底板前缘以下5~10mm。挤压底板前倾角大小和提浆夯板深度与滑模摊铺机的推进阻力与挤压力大小关系很大,也是横向拉裂与否的关键要素,必须设定在最佳位置,方可正常摊铺。

3) 超铺角及搓平梁。两边缘超铺高程根据拌和物调度宜在3~8mm间调整。搓平梁前沿宜调整到与挤压板后沿高程相同,搓平梁的后沿比挤压底板后沿低1~2mm,并与路面高程相同。

4) 首次摊铺位置校准。滑模摊铺机首次摊铺路面,应挂线对其铺筑位置、几何参数和机架水平度进行调整和校准,正确无误后,方可开始摊铺。

5) 复核测量。在开始摊铺的5m内,应在铺筑行进中对摊铺出的路面标高、边缘厚度、中线、横坡度等参数进行复核测量。所摊铺的路面精确度应控制在规定值范围内。

(3) 铺筑作业技术要领

1) 摊铺速度。操作滑模摊铺机应缓慢、匀速、连续不间断地作业。摊铺速度应根据拌和物稠度、供料多少和设备性能控制在0.5~3.0m/min,一般宜控制在1m/min左右。拌和物稠度发生变化时,应先调振捣频率,后改变摊铺速度。

2) 松方控制。应随时调整松方高度板控制进料位置,开始时宜略设高些,以保证进料。正常摊铺时应保持振捣仓内料位高于振捣棒100mm左右,料位高低上下波动宜控制在±30mm之内。为了摊铺高平整度的路面,挤压底板的料与振动仓内的混凝土之间,始终应维持相互间压力的均衡,才不至于挤压力忽大忽小而影响平整度。

3) 振捣频率控制。正常摊铺时,振捣频率可在6000~11000r/min之间调整,宜采用9000r/min左右的频率。应防止混凝土过振、欠振或调振。应根据混凝土的稠度大小,随时调整摊铺的振捣频率或速度。摊铺机起步时,应先开启振捣棒振捣2~3min,再缓慢平稳推进。摊铺机脱离混凝土后,应立即关闭振捣棒组。

4) 纵坡施工。滑模摊铺机满负荷时可铺筑的路面最大纵坡为:上坡5%、下坡6%。上坡时,挤压底板前仰角宜适当调小,并适当调轻抹平板压力,坡度较大时,为了防止摊铺机过载,推不动,宜适当调整挤压底板前仰角。下坡时,前仰角宜适当调大,并适当调大抹平板压力。板底不小于3/4长度接触路表面时抹平板压力适宜。

5) 弯道施工。滑模摊铺机施工的最小弯道半径不应小于50m;最大超高横坡不宜大于7%。滑模摊铺弯道和渐变段路面时,单向横坡,使滑模摊铺机跟线摊铺,应随时观察并调整抹平板内外侧的抹面距离,防止压垮边缘。摊铺中央路拱时,计算机控制条件下,输入弯道和渐变段边缘及拱中几何参数,计算机自动控制生成路拱;手控条件下,机手应根据路拱消失和生成几何位置,在给定路段范围内分级逐渐消除和调成路拱。进出渐变段时,保证路拱的生成和消失,保证弯道和渐变段路面几何尺寸的正确性。

6) 插入拉杆。摊铺单车道路面,应视路面的设计要求配置一侧或双侧打入纵缝拉杆的机械装置。侧向打拉杆装置的正确插入位置应在挤压底板的下中间或底部。同时摊铺2个以上车道时,除侧向打拉杆的装置外,还应在假纵缝位置中间配置1个以上中间拉杆自动插入装置。打入的拉杆必须处在路面板厚中间位置。中间和侧向拉杆打入的高低、误差均不得大于±2mm；前后误差不得大于±3mm。

7) 履带上已铺路面的时间。连接铺筑时，滑膜摊铺机一侧履带上前次水泥混凝土路面的养护时间应控制在7d以上，最短不得少于5d。

(4) 问题讨论　滑模摊铺机施工中，最常见的问题是塌边和麻面。塌边的主要形式有边缘出现塌落，或边缘倒塌，或松散无边等。

1) 边缘塌落。造成边缘塌落的主要原因有：模板边缘调整角度不正确，正确的调整应根据混凝土的坍落度调整一定的预抛高，使坍落定型时恰好符合设计的边缘要求；摊铺速度快慢，当摊铺机工作速度在0.5~0.8m/min时，由于L形振动器强有力的振动影响到滑模板已摊铺好的边缘，引起边缘坍落，滑模机的理想速度为2~4m/min。

2) 倒边或松散无边。主要原因有：

① 拌和料出现离析现象，使用立轴式混凝土拌和设备时离析尤为严重。因为它的出料靠拌叶将混凝土拌和料刮出，由于混合料各成分的密度不一，在刮出力的作用下抛出距离不同，大集料常被抛在一起，使集料和砂浆离析。这种现象若处在边缘，就避免不了地出现倒边。若处在中间，就会出现麻面。因此，发现集料集中在一起时，就需要处理，将集料散开，或除去，或开动螺旋布料器实现二次布料等。

② 布料器布料往往将振捣的混凝土稀浆分到两边儿导致倒边。其解决方法是人工粗布料或适当调整靠边侧的振动器的振动频率。

③ 集料形状和配比。扁平状或圆状集料成型差，边缘在脱离滑模板后失去支承就会发生倒边。若混凝土的坍落度不大，塌边是可以避免的。

3) 麻面。混凝土的坍落度值低是形成麻面的主要原因，其次是拌和不匀。严格控制混凝土的坍落度是减少或消除麻面的首要工作，这就要求拌和设备的计量装置精度高。

### 15.5.5　轨道摊铺机铺筑施工

轨道摊铺如图15-34所示。凡是可使用轨道摊铺机的场合，均可使用滑模摊铺机。轨道摊铺机（图15-35）的优点是可以倒车反复做路面，缺点是轨道模板过重，轨道模板安装劳动强度大。

图15-34　轨道摊铺技术

图 15-35 轨道摊铺机

**1. 轨道模板安装**

轨道式摊铺机施工的整套机械,在轨道上移动推进,也以轨道为基准控制路面表面的高程。由于轨道和模板同步安装,一同调整定位,将轨道固定在模板上,既作水泥混凝土路面的侧模板也是每节轨道的固定基座(见图 15-36)。

轨道高程控制是否精确,铺轨是否平直,接头是否平顺,将直接影响路面表面的质量和行驶性能,轨道模板本身的精度标准和安装精度必须符合要求。模板要能承受从轨道传下来的机组重力,横向要保证模板的刚度。轨道数量根据进度配备,并要有拆模周期内的周转数量。施工时日平均气温在 20℃ 以上时,按日进度配置;日平均气温低于 19℃ 时,按日铺筑进度 2 倍配置。设置纵缝时,应按要求间距在模板上预先作拉杆置放孔。

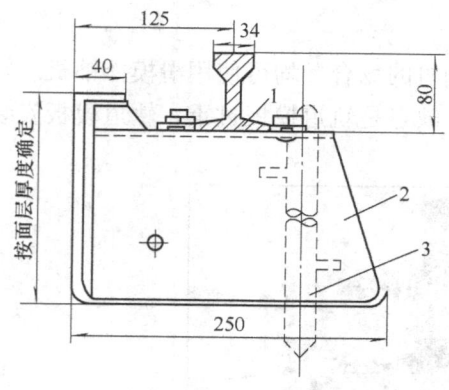

图 15-36 轨道安装
1—轨道 2—模板 3—钢钎

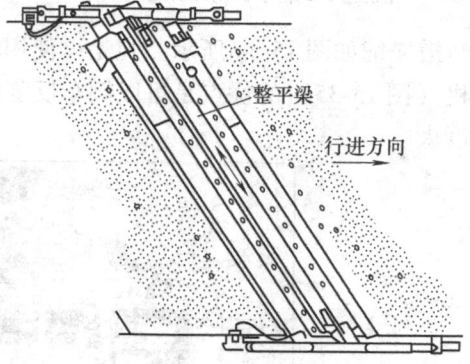

图 15-37 轨道式摊铺机施工示意图

**2. 摊铺与振捣**

轨道式摊铺机施工示意图如图 15-37 所示。

(1)机械选型与配套 轨道摊铺机的选型应根据路面车道数或设计宽度按表 15-50 的技术参数选择。最小摊铺宽度不得小于单车道 3.75m。轨道摊铺机按布料方式不同,可选用刮板式、箱式和螺旋式。

表15-50 轨道摊铺机的基本技术参数表

| 项目 | 发动机功率/kW | 最大摊铺宽度/m | 摊铺厚度/mm | 摊铺速度/(m/min) | 整机质量/t |
|---|---|---|---|---|---|
| 三车道轨道摊铺机 | 33～45 | 11.75～18.3 | 250～600 | 1～3 | 13～38 |
| 双车道轨道摊铺机 | 15～33 | 7.5～9.0 | 250～600 | 1～3 | 7～13 |
| 单车道轨道摊铺机 | 8～22 | 3.5～4.5 | 250～450 | 1～4 | ≤7 |

各施工工序可以采用不同类型的机械，而不同类型的机械具有不同的工艺要求和生产率。因此，整个机械化施工需要考虑机械的选型和配套。

1) 主导机械选型。决定水泥混凝土路面质量和使用性能的施工工序，主要是混凝土的摊铺成型和拌和。因此，通常把混凝土摊铺成型机械作为第一主导机械，把混凝土拌和机械作为第二主导机械。在机械选型时，应首先选定主导机械，然后根据主导机械的技术性能和生产率，选配配套机械。主导机械的选择，应考虑满足施工质量和进度的要求，同时还要考虑我国现阶段工程单位的技术人员素质、管理水平和购买能力等实际情况。配套机械的选型和配套数量，须保证主导机械发挥其最大效率，且使用配套机械的类型和数量尽可能少。用机械铺筑的路面质量（密实度和平整度）以及操作进度取决于水泥混凝土的拌制质量。工作度主要与混凝土配合比有关，也与拌和方式有关。在选择拌和机型时，主要考虑拌和品质及拌和能力、机械可靠度、工作效率及经济性。

2) 配合机械及配套机械。配合机械主要是指运输混凝土的车辆。选择的主要依据是混凝土的运量和运输距离。研究表明：运距在1km以内，以2t以下小型自卸车比较经济；运距在5km左右时，以5～8t中型自卸车最为经济。考虑到混凝土在运输过程中水分的散失和离析等问题，更远的运输距离以采用容量为$6m^3$以上的混凝土拌和运输车较为理想。

3) 机械合理配套。合理配套主要指拌和机与摊铺机、运输车辆之间的配套情况。当摊铺机选定后，可根据机械的有关参数和施工中的具体情况计算出摊铺机械的生产率。拌和机械与之配套就是在保证摊铺机械生产率充分发挥的前提下，使拌和机械的生产率得到正常发挥，并在施工中保持均衡、协调一致。当摊铺机和拌和机的生产率确定后，车辆在整个系统内的配套实质上是车辆与拌和机的配套。车辆的配套问题可以应用排队论，找出合理的配套方案。

(2) 布料 使用轨道摊铺机前部配备的螺旋布料器或可上下左右移动的刮板布料，料堆不得过高过大，不得缺料。可使用挖掘机、装载机或人工辅助布料。螺旋布料器前的拌合物应保持在面板以上100mm左右，布料器后宜配备松铺高度控制刮板。也可使用有布料箱的轨道摊铺机精确布料，箱式轨道摊铺机的料斗出料口关闭时，装进拌合物并运到布料位置后，轻轻打开料斗出料口，待拌合物堆成"堤状"，左右移动料斗布料。轨道摊铺时的适宜坍落度按振捣密实情况宜控制在20～40mm。不同坍落度时的松铺系数$k$可参考表15-51确定，并按此计算出松铺高度。

表15-51 松铺系数$k$与坍落度$S_L$的关系

| 坍落度$S_L$/mm | 5 | 10 | 20 | 30 | 40 | 50 | 60 |
|---|---|---|---|---|---|---|---|
| 松铺系数$k$ | 1.30 | 1.25 | 1.22 | 1.19 | 1.17 | 1.15 | 1.12 |

当施工钢筋混凝土路面时，宜选用（两台）箱型轨道摊铺机分两层两次布料，可在第一层布料完成后，将钢筋网片安装好，再进行表面第二层布料，然后一次振实；也可两次布料两次振实，中间安装钢筋网。采用双层两遍摊铺钢筋混凝土路面时，下部混凝土的布料与摊铺长度应根据钢筋网片长度和第一层混凝土凝结情况而定，且不宜超过 20m。

（3）振实　轨道摊铺机应配备振捣棒组，振捣方式有斜插连续拖行及间歇垂直插入两种，当面板厚度超过 150mm、坍落度小于 30mm 时，必须插入振捣；连续拖行振捣时，宜将作业速度控制在 0.5～1.0m/min，并随着坍落度的大小而增减。间歇振捣时，当一处混凝土振捣密实后，将振捣棒组缓慢拔出，再移动到下一处振实，移动距离不宜大于 500mm。振捣机的一般构造如图 15-38 所示。

轨道摊铺机应配备振动板或振动梁对混凝土表面进行振捣和修整，振动梁的振捣频率宜控制在 50～100Hz，偏心轴转速调节到 2500～3500r/min。经振捣棒组振实

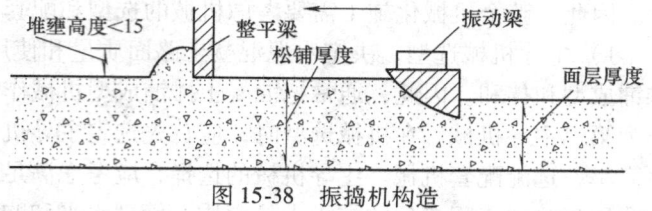

图 15-38　振捣机构造

的混凝土，宜使用振动板振动提浆，并密实饰面，提浆厚度宜控制在 (4±1)mm。

### 3. 表面整修

振实后混凝土还应进行整平、精光、纹理制作等工序。

采用机械修整时的表面修整机有斜向移动和纵向移动两种。斜向表面修整机通过一对与机械行走轴线成 10°～13°的整平梁作相对运动来完成修整，其中一根整平梁为振动整平梁。纵向表面修整机为整平梁在混凝土表面沿纵向往返移动，由于机体前进而将混凝土板表面整平。机械修整的速度须考虑混凝土的易修整性和机械的特性。

整平操作时，也应使整平机械前的拥料涌向路面横坡高的一侧。采用 VOGELE 机整平时，要注意随时清除因修光梁往复运行推到路面边沿的粗集料，确保整平效果和机械正常行驶。在施工中途有停歇时，整平梁停驻处混凝土表面常有微小的棱条出现，可辅以人工抹面。

精光工序是对混凝土表面进行最后的精细修整，使混凝土表面更加致密、平整、美观，这是混凝土路面外观质量的关键工序。国产 C-450X 机由于整机采用三点式整平原理和较为完善的修光配套机械，整平质量较高。由于 VOGELE 机国内未引进、开发纵向修光机组，所以精光工作由人工辅助完成。施工中应加强质量检查、校核，保证精光质量。

纹理制作时提高水泥混凝土路面行车安全性的重要措施之一。施工时用纹理制作机，对混凝土路面进行拉槽或压槽，使混凝土表面在不影响平整度的前提下，具有一定的粗糙度。纹理制作的平均深度控制在 1～2mm 以内，制作时应控制纹理的走向与路面前进方向垂直，相邻板的纹理要相互衔接，横向邻板的纹理要沟通以利排水。适宜的纹理制作时间以混凝土表面无波纹水迹比较合适，过早和过晚都会影响纹理制作质量。近年来，国外还采用一种更有效的方法，即在完全凝固的面层上用切槽机切出深 5～6mm、宽 3mm、间距为 20mm 的横向防滑槽。

### 4. 养护

水泥混凝土路面层应及时养护。养护应根据施工工地情况及条件，选用喷洒养生剂养生、覆盖保湿养生或塑料薄膜覆盖养生等。

（1）喷洒养生剂养生　混凝土路面采用喷洒养生剂养生时，喷洒应均匀，成膜厚度应足以形成完全密闭水分的薄膜，喷洒后的表面不得有颜色差异。喷洒时间宜在表面混凝土泌水完成后进行。喷洒高度宜控制在 0.5~1m，使用一级品养生时，最小喷洒剂量不得少于 0.3kg/m²；合格品的最小喷洒剂量不得少于 0.35kg/m²。不得使用易被雨水冲刷掉的和对混凝土强度、表面耐磨性有影响的养生剂。当喷洒一种养生剂达不到 90% 以上有效保水率要求时，可采用两种养生剂各喷洒一层或喷一层养生剂再加覆盖的方法。

（2）覆盖保湿养生　覆盖保湿养生宜使用保湿膜、土工毡、土工布、麻袋、草袋、草帘等进行覆盖，及时洒水，保持混凝土表面始终处于潮湿状态。覆盖物覆盖时，应确保混凝土表面、侧面覆盖到位，不漏盖。

（3）塑料薄膜覆盖养生　塑料薄膜覆盖养生的初始时间以不压坏细观抗滑构造为准，薄膜厚度（韧度）应合适，宽度应大于覆盖面 600mm。两条薄膜对接时，搭接宽度不应小于 400mm，养生期间应始终保持薄膜完整盖满。

（4）其他要求　养生时间应根据混凝土弯拉强度增长情况而定，不宜小于混凝土设计弯拉强度的 80%，应特别注重 7d 的保湿（温）养生。一般养生天数宜为 14~21d，气温较高时，养生不宜少于 14d；低温时，养生期不宜少于 21d；掺粉煤灰的混凝土路面最短养生时间不宜少于 28d。昼夜温差大于 10℃ 以上的地区或日平均温度小于 5℃ 施工的混凝土路面应采取保温保湿养生措施，防止混凝土板产生收缩裂缝。混凝土板在养护期间和填缝前，禁止车辆通行，在达到设计弯拉强度的 40% 以后，方可允许行人通行。养护期间应封闭交通、不得堆放重物；面板达到设计弯拉强度后，方可开放交通；养护终结，应及时清除路面层养护材料。

**5. 接缝施工**

（1）纵缝施工　应按设计规定设置纵缝（间距宜为 3.5~4.0m），位置应避开轮迹；企口纵缝施工时，宜先浇筑凹榫一侧的水泥混凝土；已成型的水泥混凝土路面层板，纵缝侧面应涂刷沥青或隔离剂，沥青或隔离剂不得涂于传力杆上；当一次摊铺宽度大于 4.5m 时，应采用假缝拉杆型纵缝，即锯切纵向裂缝，纵缝位置应按车道宽度设置，并在摊铺过程中用专用的拉杆插入装置插入拉杆；钢筋混凝土路面、桥面和搭板的纵缝拉杆可由横向钢筋延伸穿过接缝代替；钢纤维混凝土路面切开的假纵缝可不设拉杆，纵向施工缝应设拉杆；插入的纵向拉杆应牢固，不得松动、碰撞或拔出；若发现拉杆松脱或漏插，应在横向相邻路面摊铺前，钻孔重新植入；当发现拉杆可能被拔出时，应进行拉杆拔出力（握裹力）检验。

（2）横向缩缝施工

1）缩缝间距和缝宽。普通混凝土路面横向缩缝宜等间距布置，不宜采用斜缝。必须调整板长时，最大板长不宜大于 6.0m，最小板长不宜小于板宽。对高填土、弯道和软土路基地段板长应适当减小；交叉口及接近构造物处的路面板块尺寸可适当调整。横缝中的胀缝间距和缝宽，应根据设计要求确定，当设计未要求时，施工方或监理方应在设计交底会上提出，并由设计方通过设计变更或洽商记录予以明确。与结构物衔接处、道路交叉和填挖土方变化处，应设置胀缝；胀缝宽度不宜小于 20mm。

2）设传力杆缩缝。普通水泥混凝土路面的胀缝应设置胀缝补强钢筋支架、胀缝板和传力杆。胀缝构造如图 15-39 所示。钢筋混凝土和钢纤维混凝土路面可不设钢筋支架。传力杆一半以上长度的表面应涂防黏涂层，端部应戴活动套帽，套帽材料与尺寸应符合要求。胀缝板应与路中心线垂直,缝壁垂直,缝隙宽度一致,缝中完全不连浆。胀缝应采用前置钢筋支架法施工,也可采用预留一块面板,高温时再铺封。前置法施工应预先加工、安装和固定胀缝钢筋支架,并在使用手持振捣棒振实胀缝板两侧的混凝土后再摊铺。已在混凝土未硬化时,剔出胀缝板上部的混凝土,嵌入 (20~25)mm×20mm 的木条,整平表面。胀缝板应连续贯通整个混凝土路面板宽度。有传力杆的缩缝深不应小于路面层板厚的三分之一,且不小于 70mm,如图 15-40 所示。

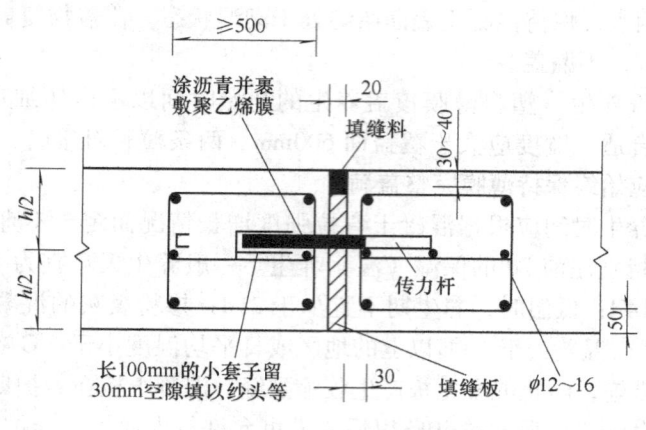

图 15-39 胀缝构造示意图

3) 无传力杆缩缝。无传力杆缩缝的切缝深度不应小于路面层板厚的四分之一,且不小于 60mm,缩缝应与混凝土面板垂直,并应与设计要求的位置一致。

4) 切缝技术。采用切缝机切割缩缝时,应严格控制切割时机,其切缝时机一般为水泥混凝土强度达到设计强度 25%~30%。

5) 施工设置。每天摊铺结束或摊铺中断时间超过 30min 时,应设置横向施工缝,其位置宜与胀缝或缩缝重合,确有困难不能重合时,施工缝应设置螺纹传力杆,且应与路中心线垂直。横向施工缝在缩缝处采用平缝加传力杆型,在胀缝处其构造与胀缝相同。

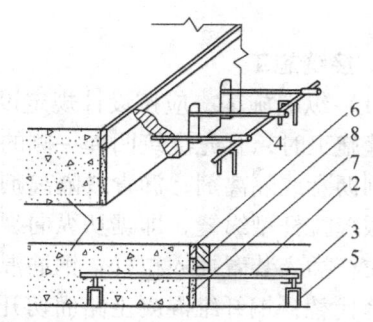

图 15-40 胀缝传力杆的架设(钢筋支架法)
1—先浇混凝土 2—传力杆 3—金属套管
4—钢筋 5—支架 6—压缝板条
7—嵌缝板 8—胀缝模板

(3) 填灌缝

1) 应先采用切缝机清除接缝中夹杂的砂石、凝结的泥浆等,再使用压力大于等于 0.5MPa 的压力水和压缩空气彻底清除接缝中的尘土及其他污染物,确保缝壁及内部清洁、干燥。缝壁检验以擦不出灰尘为灌缝标准。

2) 常温施工式填缝料的养生期,低温天宜为 24h,高温天宜为 12h。加热施工式填缝料的养生期,低温天宜为 2h,高温天宜为 6h。在灌缝料养生期间应封闭交通。

### 15.5.6 三辊轴机组铺筑施工

三辊轴机组施工工艺（图 15-41）的机械化程度适中，设备投入少，技术容易掌握，不少地方在使用。三辊轴机组施工比较适用于二、三、四级公路及县乡公路水泥混凝土路面的施工。

**1. 设备选择与配套**

（1）三辊轴整平机（图 15-42） 三辊轴整平机的主要技术参数应符合表 15-52 的规定。板厚 200mm 以上宜采用直径 168mm 的辊轴；桥面铺装或厚度较小的路面可采用直径为 219mm 的辊轴。轴长宜比路面宽度长出 600~1200mm。振动轴的转速不宜大于 380r/min。

图 15-41 三辊轴机组施工工艺

图 15-42 三辊轴整平机

表 15-52 三辊轴整平机的主要技术参数

| 型号 | 轴直径 /mm | 轴速 /(r/min) | 轴长 /m | 轴质量 /(kg/m) | 行走机构质量/kg | 行走速度 /(m/min) | 整平轴距 /mm | 振动功率 /kW | 驱动功率 /kW |
|---|---|---|---|---|---|---|---|---|---|
| 5001 | 168 | 300 | 1.8~9 | 65±0.5 | 340 | 13.5 | 504 | 7.5 | 6 |
| 6001 | 219 | 300 | 5.1~12 | 77±0.7 | 568 | 13.5 | 657 | 17 | 9 |

（2）振捣机 三辊轴机组铺筑混凝土面板时，必须同时配备一台有安装插入式振捣棒组的排式振捣机，振捣棒的直径宜为 50~100mm，间距不应大于其效作用半径的 1.5 倍，并不大于 500mm。插入式振捣棒组的振动频率可在 50~200Hz 之间选择，当面板厚度较大和坍落度较低时，宜使用 100Hz 以上的高频振捣棒。该机宜同时配备螺旋布料器和松方控制刮板，并具备自动行走功能。

（3）振捣梁 当桥面铺装厚度小于 150mm 时，可采用振捣梁。振捣频率宜为 50~100Hz，振捣加速度为 4~5g（g 为重力加速度）。

（4）拉杆插入机 当一次摊铺双车道路面时应配备纵缝拉杆插入机，并配有插入深度控制和拉杆间距调整装置。

**2. 工艺流程**

布料→密集排振→拉杆安装→人工补料→三辊轴整平→（真空脱水）→（精平饰面）→拉毛→切缝→养生→（硬刻槽）→填缝。

三辊轴机组的施工工艺流程与小型机具施工接近。不同之处有两点：一是使用排式振捣机代替手持式振捣棒;二是将振动梁与滚杠两步工序合成为三辊轴整平机一步。三辊轴机组施工时,推荐使用真空脱水工艺和硬刻槽来保证表面的耐磨性和抗滑性。

### 15.5.7 小型配套机具铺筑施工

由于小型机具(图 15-43)施工技术简单成熟,施工便捷,不需要大型设备,主要靠人工,所以一般用在县乡公路,三、四级公路,旅游公路,村镇内道路与广场建设中。

图 15-43 小型配套机具施工技术

**1. 机具的选型与配套**

小型机具性能应稳定可靠,操作简易,维修方便,机具配套应与工程规模、施工进度相适应。选配的成套机械、机具应符合表 15-53 的要求。

表 15-53 小型机具施工配套机械、机具配置

| 工作内容 | 主要施工机械机具 | |
|---|---|---|
| | 机械机具名称、规格 | 数量、生产能力 |
| 钢筋加工 | 钢筋锯断机、折弯机、电焊机 | 根据需要定规格和数量 |
| 测量 | 水准仪、经纬仪 | 根据需要定规格和数量 |
| 架设模板 | 与路面等厚等高 3m 长槽钢模板、固定钢钎 | 数量不少于 3d 摊铺用量 |
| 搅拌 | 强制式搅拌楼 | 总搅拌生产能力根据施工规模和进度由计算确定 |
| | 装载机 | $2 \sim 3m^3$ |
| | 发电机 | 120kW 以上 |
| | 供水泵、蓄水池 | 单车道≥$100m^3$,双车道≥$200m^3$ |
| 运输 | 自卸汽车 | 数量由匹配计算确定 |

**2. 模板安装与拆除**

(1) 模板技术要求 混凝土路面板、桥面板和加铺层的施工模板宜采用刚度足够的槽钢、轨模或钢制边侧模板,不宜使用木模板、塑料模板等其他易变形的模板。模板的精确度应符合表 15-54 的规定。钢模板的高度应为面板设计厚度,模板长度宜为 3~5m。需设置拉杆时,模板应设拉杆插入孔。每米模板应设置一处支撑固定装置,模板垂直度用垫木楔方法调整。

表 15-54　模板（加式矫正）允许偏差

| 施工方式 | 高度偏差/mm | 局部变形/m | 垂直边夹角/(°) | 顶面平整度/mm | 侧面平整度/mm | 纵向变形/mm |
|---|---|---|---|---|---|---|
| 三辊轴机组 | ±1 | ±2 | 90±2 | ±1 | ±2 | ±2 |
| 轨道摊铺机 | ±1 | ±2 | 90±1 | ±1 | ±2 | ±1 |
| 小型机具 | ±2 | ±3 | 90±3 | ±2 | ±3 | ±3 |

横向施工缝端模板应按设计规定的传力杆直径和间距设置传力杆插入孔和定位套管。两边缘传力杆到自由边的距离不宜小于 150mm。每米设置一个垂直固定孔套。

模板或轨模数量应根据施工进度和施工气温确定，并应满足乔模周期内周转需要。一般情况下，模板或轨模总量不宜少于 3~5d 摊铺的需要。

（2）模板安装

1）测量放样。支模前在基层上应进行模板安装及摊铺位置的测量放样，每 20m 设中心桩；每 100m 宜布设临时水准点；核对路面标高、面板分块、胀缝和构造物位置。

2）轨模及其架设。轨道摊铺应采用长度为 3m 的专用钢制轨模，轨模底面宽度宜为高度的 80%，轨道用螺栓、垫片固定在模板支座上，模板应使用钢钎与基层固定。轨道顶面应高于模板 20~40mm，轨道中心至模板内侧边缘距离宜为 125mm。

3）模板架设。小型机具水泥混凝土路面层钢筋或钢筋网布设（含边缘及角隅构造筋）应满足设计要求，钢筋安装牢固，位置准确。传力杆安装应符合下列要求：胀缝传力杆应与胀缝板一起安放；缩缝传力杆应在摊铺混凝土时安放，传力杆安装应位置准确、牢固；纵缝传力杆安装应位置准确、牢固，符合设计要求。当分幅摊铺时，宜在混凝土摊铺后，按预留孔位置安放，并采取固定传力杆措施。模板应安装稳固、顺直、平整，无扭曲，相邻模板连接应紧密平顺，不得有底部漏浆、前后错茬、高低错台等现象。

4）模板安装精度。模板安装完毕，应经过测量人员检验，其安装精确度应符合表 15-54 的规定。

表 15-55　模板安装精确度要求

| 检测项目 | | 施工方式 | | |
|---|---|---|---|---|
| | | 三辊轴机组 | 轨道摊铺机 | 小型机具 |
| 平面偏位/mm，≤ | | 10 | 5 | 15 |
| 摊铺宽度偏差/mm，≤ | | 10 | 5 | 15 |
| 面板厚度/mm，≥ | 代表值 | -3 | -3 | -4 |
| | 极值 | -8 | -8 | -9 |
| 纵断高程偏差/mm | | ±5 | ±5 | ±10 |
| 横坡偏差（%） | | ±0.10 | ±0.10 | ±0.20 |
| 相邻板高差/mm，≤ | | 1 | 1 | 2 |
| 顶面接茬 3m 直尺平整度/mm，≤ | | 1.5 | 1 | 2 |
| 模板接缝宽度/mm，≤ | | 3 | 2 | 3 |
| 侧向垂直度/mm，≤ | | 3 | 2 | 4 |
| 纵向顺直度/mm，≤ | | 3 | 2 | 4 |

(3) 模板拆除及矫正 当路面混凝土抗压强不小于8.0MPa时，方可拆模。如缺乏强度实测数据，边模的允许最早拆模时间应符合表15-56的规定。达不到要求，不能拆除端模时，可空出一块面板，重新起头摊铺，空出的面板待两端均可拆模后再补做。

表15-56 混凝土路面板的允许最早拆模时间 （单位：h）

| 昼夜平均气温/℃ | -5 | 0 | 5 | 10 | 15 | 20 | 25 | ≥30 |
|---|---|---|---|---|---|---|---|---|
| 硅酸盐水泥、R型水泥 | 240 | 120 | 60 | 36 | 34 | 28 | 24 | 18 |
| 道路、普通硅酸盐水泥 | 360 | 168 | 72 | 48 | 36 | 30 | 24 | 18 |
| 矿渣硅酸盐水泥 | — | — | 120 | 60 | 50 | 45 | 36 | 24 |

注：允许最早拆模时间从混凝土面板精整成型后开始计算。

拆模不得损坏板边、板角和传力杆、拉杆周边的混凝土，也不得造成传力杆和拉杆松动或变形。模板拆卸宜使用专用拔楔工具，严禁使用大锤强击拆卸模板。

拆卸的模板应将黏附的砂浆清除干净，并矫正变形或局部损坏，矫正精度应符合表15-54的规定。

**3. 拌和物摊铺、振捣与表面修整**

（1）摊铺 人工小型机具施工水泥混凝土路面层，应符合下列要求：

1）摊铺水泥混凝土时，应预留水泥混凝土振实的沉落量，拌和物松铺系数宜控制1.10~1.25。

2）摊铺厚度达到水泥混凝土板厚的2/3时，应拔出模内铁钉，并填实钉洞。

3）混凝土面层分两次摊铺时，上层水泥混凝土的摊铺应在下层水泥混凝土初凝前完成，且下层厚度宜为总厚的3/5。

4）水泥混凝土摊铺应与传力杆及边缘钢筋的安放配合，摊铺程序应符合下列要求：首先摊铺边缘钢筋处，待缩缝传力杆安放就位后，再继续摊铺上面的水泥混凝土；水泥混凝土板四角处，先摊铺角隅钢筋处和钢筋网下的水泥混凝土，然后依据设计位置与高度安放角隅钢筋与钢筋网，待安放就位后，再继续摊铺上层水泥混凝土。

5）一块水泥混凝土板应一次连续浇筑完毕，施工缝应留在分缝处。

6）摊铺水泥混凝土应有防雨措施，施工过程中遇雨，应停止浇筑，同时对刚成型混凝土做好防护措施，并架好防雨罩。

（2）混凝土振捣

1）插入式振捣棒振捣。使用插入式振捣棒振捣时，在待振横断面上，每车道路面应使用两根振捣棒，组成横向振捣棒组，沿横断面连续振捣密实，并应注意路面板底、内部及边角处不得欠振或漏振。

2）振动板振实。在插入式振捣棒已完成振捣的部位，可开始采用平板振捣器纵横交错两遍全面提浆振实，每车道路面应配备一块平板振捣器。平板振捣器在每一处振捣的持续时间不应少于15s，振捣移位时应重叠10~20cm；平板振捣器应由两人提拉振捣和移位，行进速度应均匀一致，不得自由放置或长时间持续振动。横缝和纵缝边缘应加强振捣，须达到密实、表面平整、不露石子，缺料的部分应辅以人工补料找平。

3）振动梁振实。平板振捣器振捣后，每车道路面宜使用一根振动梁拖振。振动梁应具有足够的刚度和质量，底部应焊接或安装深度4mm左右的粗集料压实齿，保证有（4±1）

mm 的表面砂浆厚度。振动梁应垂直路面中线沿纵向拖行，往返 2~3 遍，使表面泛浆均匀平整。在振动梁拖振整平过程中，缺料处应使用混凝土拌合物填补，不得用纯砂浆填补，料多的部分应铲除。

（3）表面平整　包括滚杠提浆整平、抹面机压浆整平饰面、精整饰面三道工序，三道整平工序缺一不可。

1) 每车道路面应配备 1 根滚杠。振动梁振实后，应拖动滚杠往返 2~3 遍提浆整平。第一遍应短距离缓慢推滚或拖滚，以后应较长距离匀速拖滚，并将水泥浆始终赶在该杠前方。多余水泥浆应铲除。

2) 拖滚后的表面宜采用 3m 刮尺，纵横各一遍整平饰面，或采用叶片式或圆盘式抹面机往返 2~3 遍压实整平饰面。抹面机配备每车道路面不宜少于一台。

3) 在抹面机完成作业后，应进行清边整缝，清除粘浆，修补缺边、掉角。应使用抹刀将抹面机留下的痕迹抹平，当烈日曝晒或风大时，应加快表面的修整速度，或在防雨篷遮阴下进行。精平饰面后的面板表面应无抹面印痕，致密均匀，无露骨，平整度应达到规定要求。

**4. 真空脱水工艺**

（1）适用范围　小型机具施工三、四级公路混凝土路面，应优先采用在拌和物中掺外加剂，不掺外加剂条件时，应使用真空脱水工艺，该工艺适用于面板厚度不大于 240mm 混凝土面板施工。

（2）单位用水量和坍落度控制　使用真空脱水工艺时，混凝土拌和物的最大单位用水量可比不采用外加剂时增大 3~12kg/m³；拌和物适宜坍落度：高温天 30~50mm，低温天 20~30mm。

（3）真空脱水机具

1) 真空度稳定、有自动脱水计量装置，有效抽速不小于 15L/s 的脱水机。

2) 真空度均匀，密封性能好，脱水效率高、操作简便、铺放容易、清洗方便的真空吸垫。每台真空脱水机应配备不少于 3 块吸垫。

### 15.5.8　特殊气候条件下施工

**1. 高温季节施工**

（1）高温天施工　施工现场的气温高于 30℃，拌合物摊铺温度在 30~35℃，同时，空气相对湿度小于 80% 时，混凝土路面和桥面的施工应按高温季节施工的规定进行。

（2）高温天铺筑措施

1) 避开高温时段。当现场气温大于等于 30℃ 时，应避开中午高温时段施工，可选择在早晨、傍晚或夜间施工，夜间施工应有良好的操作照明，并确保施工安全。

2) 采用拌合物降温保塑措施。砂石料堆应设遮阳篷；采用冷水或冰屑水拌和。拌合物中宜加允许最大掺量的粉煤灰或磨细矿渣，但不宜掺硅灰。拌合物中宜掺足够剂量的缓凝剂、高温缓凝剂、保塑剂或缓凝（高效）减水剂等。

3) 覆盖车内拌合物。混凝土运输车上的混凝土拌合物应加遮盖。

4) 加快施工各环节的衔接。应加快施工各环节的衔接，尽量压缩搅拌、运输、摊铺、饰面等各工艺环节所耗费的时间。

5) 遮阳搭篷。可使用防雨篷作防晒遮阳篷。在每日气温最高和日照最强烈时段遮阳。

6) 温度检测。高温天气施工时，混凝土拌合物的出料温度不宜超过35℃，并应随时监测气温、水泥、拌和水、拌合物及路面混凝土温度，必要时加测混凝土水化热。

7) 加强水养生。在采用覆盖保湿养生时，应加强洒水，并保持足够的湿度。

8) 提早切缝防止断板。切缝应视混凝土强度的增长情况进行，宜比常温施工适当提早切缝，以防止断板。特别是在昼夜温差较大时，应提早切缝。

**2. 低温季节施工**

(1) 低温季节施工　当摊铺现场连续5昼夜平均气温高于5℃，夜间最低气温在 -3 ~ 5℃，混凝土路面和桥面的施工应按下述低温季节施工规定的措施进行：

1) 拌合物中应优选和掺用早强剂或促凝剂。

2) 应选用水化总热量大的 R 型水泥或单位水泥用量较多的强度等级为32.5的水泥，不宜掺粉煤灰。

3) 搅拌机出料温度不得低于10℃，摊铺混凝土温度不得低于5℃。在养生期间，应始终保持混凝土板最低温度不低于5℃。否则，应采用热水或加热砂石料拌和混凝土，热水温度不得高于80℃；砂石料温度不宜高于50℃。

4) 应加强保温保湿覆盖养生，可先用塑料薄膜保湿隔离覆盖或喷洒养生剂，再采用草帘、泡沫塑料垫等保温覆盖初凝后的混凝土路面。遇雨雪必须再加盖油布、塑料薄膜等。

5) 应随时检测气温、水泥、拌和水、拌合物及路面混凝土的温度，每工班至少测定3次。

(2) 抗冻临界强度　混凝土路面或桥面弯拉强度未达到1.0MPa或抗压强度未达到5.0MPa时，应严防路面受冻。

(3) 低温天养生和拆模　低温天施工，路面或桥面覆盖保温保湿养生天数不得少于28d。

**3. 雨期施工**

(1) 防雨准备

1) 场地防淹。地势低洼的搅拌场、水泥仓、备件库及砂石料堆场，应按汇水面积修建排水沟或预备抽排水设施。搅拌楼的水泥和粉煤灰罐仓顶部的通气口、料斗及不得遇水部位应有防潮、防水覆盖措施，砂石料堆应防雨覆盖。

2) 防雨覆盖。雨天施工时，在新铺路面上，应备足防雨篷、帆布和塑料布或薄膜。

3) 防雨篷。防雨篷支架宜采用可推行的焊接钢结构，并具有人工饰面拉槽的足够高度。

(2) 路面铺筑过程中防雨水冲刷措施

1) 遇雨即停。水泥路面铺筑过程中遭遇阵雨，应立刻停工，并要求立即覆盖刚摊铺的路面，以免遭雨水冲刷。

2) 紧急覆盖。摊铺中遭遇阵雨时，应紧急使用防雨篷、塑料布或塑料薄膜等覆盖尚未硬化的混凝土路面。

3) 雨水冲刷路面的处理措施。被阵雨轻微冲刷过的路面，视平整度和抗滑构造破损情况，采用硬刻槽或先磨平再刻槽的方式处理。对被暴雨冲刷后，路面平整度严重劣化或损坏的部位，应尽早铲除重铺。

4) 雨后摊铺。降雨后开工前，应及时排除车辆内、搅拌场及砂石料堆场内的积水或淤泥。运输便道应排除积水，并进行必要的修整。摊铺前应扫除基层上的积水。

## 15.6 质量评定及验收

### 15.6.1 基层施工质量评定及验收

必须建立、健全工地试验，质量检查及工序间的交接验收等项制度。试验、检验应做到原始记录齐全，数据真实可靠。

各个工序完结后，均应进行检查验收。经检验合格后，方可进行下一个工序。凡经检验不合格的段落，必须进行补救，使其达到要求。

**1. 材料的标准试验**

在组织现场施工以前以及在施工过程中，原材料（包括土）或混合料发生变化时，必须对拟采用的材料进行规定的基本性质试验，评定材料质量和性能是否符合要求。

对用作底基层和基层的原材料，应进行表15-57所列的试验。对初步确定使用的底基层和基层混合料，包括掺配后不用结合料稳定的材料，应进行表15-58所列的试验。

表15-57 底基层和基层原材料的试验项目

| 试验项目 | 材料名称 | 目的 | 频度 | 仪器和试验方法 |
|---|---|---|---|---|
| 含水量 | 土、砂砾、碎石等集料 | 确定原始含水量 | 每天使用前测2个样品 | 烘干法、酒精燃烧法、含水量快速测定仪 |
| 颗粒分析 | 砂砾、碎石等集料 | 确定级配是否符合要求，确定材料配合比 | 每种土使用前测2个样品，使用过程中每2000m³测2个样品 | 筛分法 |
| 液限、塑限 | 土、级配砾石或级配碎石中0.5mm以下的细土 | 求塑性指数，审定是否符合规定 | 每种土使用前测2个样品，使用过程中每2000m³测2个样品 | 液限塑限联合测定法测液限；滚搓法塑限试验测塑限 |
| 相对毛体积密度、吸水率 | 砂砾、碎石等 | 评定粒料质量，计算固体体积率 | 使用前测2个样品，砂砾使用过程中每2000m³测2个样品，碎石种类变化重做2个样品 | 网篮法或容积1000mL以上的比重瓶法 |
| 压碎值 | 砂砾、碎石等 | 评定石料的抗压碎能力是否符合要求 | 同上 | 集料压碎值试验 |
| 有机质和硫酸盐含量 | 土 | 确定土是否适宜于用石灰或水泥稳定 | 对土有怀疑时做此试验 | 有机质含量试验，易溶盐试验 |
| 有效钙、氧化镁 | 石灰 | 确定石灰质量 | 做材料组成设计和生产使用时分别测2个样品，以后每月测2个样品 | 石灰的化学分析 |
| 水泥强度等级和终凝时间 | 水泥 | 确定水泥的质量是否适宜应用 | 做材料组成设计时测1个样品，水源或标号变化时重测 | 水泥胶砂强度检验方法，水泥凝结时间检验方法 |
| 烧失量 | 粉煤灰 | 确定粉煤灰是否适用 | 做材料组成设计前测2个样品 | 烧失量试验 |

表 15-58　底基层和基层混合料的试验项目

| 试验项目 | 目的 |
|---|---|
| 重型击实试验 | 求最佳含水量和最大干密度,以规定工地碾压时的合适含水率和应该达到的最小干密度,确定制备强度试验和耐久性试验的试件所应采用的含水率和干密度;确定制备承载比试件的材料含水率 |
| 承载比 | 求工地预期干密度下的承载比,确定材料是否适宜用作基层或底基层 |
| 抗压强度 | 进行材料组成设计,选定最适宜于用水泥或石灰稳定的土(包括粒料);规定施工中所用的结合料剂量;为工地提供评定质量的标准 |
| 延迟时间 | 对已定水泥剂量的混合料,确定延迟时间对混合料密度和抗压强度的影响,并据此确定施工允许的延迟时间 |

**2. 铺筑试验段**

在底基层和基层正式开工之前,应铺筑试验段。应通过铺筑无结合料的集料基层试验段,确定以下主要项目:施工集料配合比例,材料的松铺系数,标准施工方法;每一作业段的合适长度;一次铺筑的合适厚度。

**3. 质量管理**

外形尺寸检查项目、频度和质量标准应符合表 15-59 的要求。质量控制的项目、频度和质量标准应符合表 15-60 的要求。

表 15-59　外形尺寸检查项目、频度和质量标准

| 工程类别 | 项目 | | 频度 | 质量标准 | |
|---|---|---|---|---|---|
| | | | | 高速公路和一级公路 | 一般公路 |
| 底基层 | 纵断高程/mm | | 二级及二级以下公路每20m 1点;高速公路和一级公路每20m 1个断面,每个断面3~5个点 | +5,-15 | +5,-20 |
| | 厚度/mm | 均值 | 每1500~2000m² 分布6个点 | -10 | -12 |
| | | 单个值 | | -25 | -30 |
| | 宽度/mm | | 每40m 1处 | +0 以上 | +0 以上 |
| | 横坡度(%) | | 每100m 3处 | ±0.3 | ±0.5 |
| | 平整度/mm | | 每200m 2处,每处连续10尺(3m 直尺) | 12 | 15 |
| 基层 | 纵断高程/mm | | 二级及二级以下公路每20m 1点;高速公路和一级公路每20m 1个断面,每个断面3~5个点 | +5,-10 | +5,-15 |
| | 厚度/mm | 均值 | 每1500~2000m² 分布6个点 | -8 | -15 |
| | | 单个值 | | -10 | -20 |
| | 宽度/mm | | 每40m 1处 | +0 以上 | +0 以上 |
| | 横坡度(%) | | 每100m 3处 | ±0.3 | ±0.5 |
| | 平整度/mm | | 每200m 2处,每处连续10尺(3m 直尺) | 8 | 12 |
| | | | 连续式平整度仪的标准差(mm) | 3.0 | |

表 15-60　质量控制的项目、频度和质量标准

| 工程类别 | 项目 | | 频度 | 质量标准 |
|---|---|---|---|---|
| 无结合料底基层 | 含水量 | | 据观察，异常时随时试验 | 在规范规定范围内 |
| | 级配 | | 据观察，异常时随时试验 | 在规范规定范围内 |
| | 拌和均匀性 | | 随时观察 | 无粗细集料离析现象 |
| | 压实度 | | 每一作业段或不大于2000m² 检查6次以上 | 96%以上，填隙碎石以固体体积率表示，不小于83% |
| | 塑性指数 | | 每1000m² 1次，异常时随时试验 | 小于规范规定值 |
| | 承载比 | | 每3000m² 1次，据观察，异常时随时增加试验 | 不小于规范规定值 |
| | 弯沉值检验 | | 每一评定段（不超过1km）每车道40~50个测点 | 95%（二级及二级以下公路）或97.7%（高速公路和一级公路）概率的上波动界限不大于计算得的允许值 |
| 无结合料基层 | 含水量 | | 据观察，异常时随时试验 | 在规范规定范围内 |
| | 级配 | | 每2000m² 级配1次 | 在规范规定范围内 |
| | 拌和均匀性 | | 随时观察 | 无粗细集料离析现象 |
| | 压实度 | | 每一作业段或不大于2000m² 检查6次以上 | 级配集料基层98%，中间层100%，填隙碎石固体体积率85% |
| | 塑性指数 | | 每100㎝² 1次，异常时随时试验 | 小于规范规定值 |
| | 集料压碎值 | | 据观察，异常时随时试验 | 不超过规范规定值 |
| | 承载比 | | 每3000m² 1次，据观察，异常时随时增加试验 | 不小于规范规定值 |
| | 弯沉值检验 | | 每一评定段（不超过1km）每车道40~50个测点 | 95%（二级及二级以下公路）或97.7%（高速公路和一级公路）概率的上波动界限不大于计算得的允许值 |
| 水泥或石灰稳定土及综合稳定土 | 级配 | | 每2000m² 级配1次 | 在规范规定范围内 |
| | 集料压碎值 | | 据观察，异常时随时试验 | 不超过规范规定值 |
| | 水泥或石灰剂量 | | 每2000m² 1次，至少6个样品，用滴定法或用直读式测钙仪试验，并与实际水泥或石灰用量校核 | 不小于设计值-1.0% |
| | 含水量 | 水泥稳定土 | 据观察，异常时随时试验 | 在规范规定范围内 |
| | | 石灰稳定土 | | |
| | 拌和均匀性 | | 随时观察 | 无灰条、灰团，色泽均匀，无离析现象 |
| | 压实度 | 稳定细粒土 | 每一作业段或不大于2000m² 检查6次以上 | 二级及二级以下公路93%以上，高速公路和一级公路95%以上 |
| | | 稳定中粒土和粗粒土 | | 二级及二级以下公路的底基层95%，基层97%；高速公路和一级公路的底基层96%，基层98% |
| | 抗压强度 | | 稳定细粒土，每一作业段或每2000m² 6个试件；稳定中粒土和粗粒土，每一作业段或每2000m² 6个或9个试件 | 符合规范规定要求 |

(续)

| 工程类别 | 项目 | | 频度 | 质量标准 |
|---|---|---|---|---|
| 石灰工业废渣稳定土 | 延迟时间 | | 每个作业段1次 | 不超过规范规定 |
| | 配合比 | | 每2000m²1次 | 石灰剂量不小于设计值-1%（当石灰剂量少于4%时，为不小于设计值-0.5%）以内 |
| | 级配 | | 每2000m²1次 | 在规范规定范围内 |
| | 含水量 | | 据观察，异常时随时试验 | 最佳含水量±1%（二灰土为±2%） |
| | 拌和均匀性 | | 随时观察 | 无粗细集料离析现象 |
| | 压实度 | 二灰土 | 每一作业段或不大于2000m²检查6次以上 | 二级及二级以下公路93%以上，高速公路和一级公路95%以上 |
| | | 其他含粒料的石灰工业废渣 | | 二级及二级以下公路底基层95%或93%，基层97%以上；高速公路和一级底基层97%或95%，基层98%以上 |
| | 抗压强度 | | 稳定细粒土，每一作业段或每2000m²6个试件；稳定中粒土和粗粒土，每一作业段或每2000m²6个或9个试件 | 符合规定要求 |

### 4. 检查验收

判定路面结构层质量是否合格时，以1km长的路段为评定单位。采用大流水作业法施工时，也可以每天完成的段落为评定单位。竣工工程外形的检查项目、频度和质量标准值应符合表15-61的要求，按表15-62对工程质量进行检查验收。

表15-61 竣工工程外形的检查项目、频度和质量标准值

| 工程类别 | 项目 | | 频度 | 质量标准 | |
|---|---|---|---|---|---|
| | | | | 高速公路和一级公路 | 二级和二级以下公路 |
| 底基层 | 高程/mm | | 每200m 4点 | +5，-15 | +5，-20 |
| | 厚度/mm | 均值 | 每200m每车道1点 | -10 | -12 |
| | | 单个值 | | -25 | -30 |
| | 宽度/mm | | 每200m 4个断面 | +0以上 | +0以上 |
| | 横坡度（%） | | 每200m 4个断面 | ±0.3 | ±0.5 |
| | 平整度/mm | | 每200m 2处，每处连续10尺 | 12 | 15 |
| 基层 | 高程/mm | | 每200m 4点 | +5，-10 | +5，-15 |
| | 厚度/mm | 均值 | 每200m每车道1点 | -8 | -10 |
| | | 单个值 | | -15 | -20 |
| | 宽度/mm | | 每200m 4个断面 | +0以上 | +0以上 |
| | 横坡度（%） | | 每200m 4个断面 | ±0.3 | ±0.5 |
| | 平整度/mm | | 每200m 2处，每处连续10尺 | 8 | 12 |
| | | | 连续式平整度仪的标准差（mm） | 3.0 | |

表 15-62　质量合格标准值

| 工程类别 | 检查项目 | 检查数量 | 标准值 | 极限低值 |
|---|---|---|---|---|
| 无结合料底基层 | 压实度 | 6~10 处 | 96% | 92% |
| | 弯沉值 | 每车道 40~50 个测点 | 弯沉标准值 | |
| 级配碎石（或砾石） | 压实度 | 6~10 处 | 基层 98% | 94% |
| | | | 底基层 96% | 92% |
| | 颗粒组成 | 2~3 | 规定级配范围 | |
| | 弯沉值 | 每车道 40~50 个测点 | 弯沉标准值 | |
| 填隙碎石 | 压实度（固体体积率） | 6~10 处 | 基层 85% | 82% |
| | | | 底基层 83% | 80% |
| | 弯沉值 | 每车道 40~50 个测点 | 弯沉标准值 | |
| 水泥土、石灰土、二灰、二灰土 | 压实度 | 6~10 处 | 93%（95%） | 89%（91%） |
| | 水泥或石灰剂量（%） | 3~6 处 | 设计值 | 水泥 1.0% 石灰 2.0% |
| 水泥稳定土、石灰稳定土、石灰工业废渣稳定土 | 压实度 | 6~10 处 | 基层 98%（97%） | 94%（93%） |
| | | | 底基层 96%（95%） | 92%（91%） |
| | 颗粒组成 | 2~3 | 规定级配范围 | |
| | 水泥或石灰剂量（%） | 3~6 处 | 设计值 | 设计值 -1.0% |

### 15.6.2　沥青路面施工质量评定及验收

高速公路、一级公路沥青路面应加强施工过程质量控制，实行动态质量管理。

所有与工程建设有关的原始记录、试验检测及计算数据、汇总表格，必须如实记录和保存。对已经采取措施进行返工和补救的项目，可在原记录和数据上注明，但不得销毁。

**1. 施工前的材料与设备检查**

施工前必须检查各种材料的来源和质量。各种材料都必须在施工前以"批"为单位进行检查，不符合本规范技术要求的材料不得进场。

正式开工前，各种原材料的试验结果，及据此进行的目标配合比设计和生产配合比设计结果，应在规定的期限内向业主及监理提出正式报告，待取得正式认可后，方可使用。

**2. 铺筑试验路段**

高速公路和一级公路的沥青路面在施工前应铺筑试验段。试验段的长度通常为 100~200m，宜选在正线上铺筑。

热拌热铺沥青混合料路面试验段铺筑分试拌及试铺两个阶段，应包括下列试验内容：检验各种施工机械的类型、数量及组合方式是否匹配；通过试拌确定拌和机的操作工艺，考察计算机打印装置的可信度，通过试铺确定透层油的喷洒方式和效果、摊铺、压实工艺，确定松铺系数等；验证沥青混合料生产配合比设计，提出生产用的标准配合比和最佳沥青用量检测试验段的渗水系数。

试验段铺筑应由有关各方共同参加，及时商定有关事项，明确试验结论。铺筑结束后，施工单位应就各项试验内容提出完整的试验路施工、检测报告，取得业主或监理的批复。

**3. 施工过程中的质量管理与检查**

施工单位在施工过程中应随时对施工质量进行自检。沥青混合料生产过程中，必须按表15-63规定的检查项目与频度，对各种原材料进行抽样试验。

表15-63　施工过程中材料质量检查的项目与频度

| 材料 | 检查项目 | 检查频度 | | 试验规程规定的平行试验次数或一次试验的试样数 |
|---|---|---|---|---|
| | | 高速公路、一级公路 | 其他等级公路 | |
| 粗集料 | 外观（石料品种、含泥量等） | 随时 | 随时 | — |
| | 针片状颗粒含量 | 随时 | 随时 | 2~3 |
| | 颗粒组成（筛分） | 随时 | 必要时 | 2 |
| | 压碎值 | 必要时 | 必要时 | 2 |
| | 磨光值 | 必要时 | 必要时 | 4 |
| | 洛杉矶磨耗值 | 必要时 | 必要时 | 2 |
| | 含水率 | 必要时 | 必要时 | 2 |
| 细集料 | 颗粒组成（筛分） | 必要时 | 必要时 | 2 |
| | 砂当量 | 必要时 | 必要时 | 2 |
| | 含水率 | 必要时 | 必要时 | 2 |
| | 松方单位重 | 必要时 | 必要时 | 2 |
| 矿粉 | 外观 | 随时 | 随时 | — |
| | <0.075mm含量 | 必要时 | 必要时 | 2 |
| | 含水率 | 必要时 | 必要时 | 2 |
| 石油沥青 | 针入度 | 每2~3d 1次 | 每周1次 | 3 |
| | 软化点 | 每2~3d 1次 | 每周1次 | 2 |
| | 延度 | 每2~3d 1次 | 每周1次 | 3 |
| | 含蜡量 | 必要时 | 必要时 | 2~3 |
| 改性沥青 | 针入度 | 每天1次 | 每天1次 | 3 |
| | 软化点 | 每天1次 | 每天1次 | 2 |
| | 离析试验（对成品改性沥青） | 每周1次 | 每周1次 | 2 |
| | 低温延度 | 必要时 | 必要时 | 3 |
| | 弹性恢复 | 必要时 | 必要时 | 3 |
| | 显微镜观察（对现场改性沥青） | 随时 | 随时 | — |
| 乳化沥青 | 蒸发残留物含量 | 每2~3d 1次 | 每周1次 | 2 |
| | 蒸发残留物针入度 | 每2~3d 1次 | 每周1次 | 2 |
| 改性乳化沥青 | 蒸发残留物含量 | 每2~3d 1次 | 每周1次 | 2 |
| | 蒸发残留物针入度 | 每2~3d 1次 | 每周1次 | 3 |
| | 蒸发残留物软化点 | 每2~3d 1次 | 每周1次 | 2 |
| | 蒸发残留物的延度 | 必要时 | 必要时 | 3 |

沥青拌和厂必须按下列步骤对沥青混合料生产过程进行质量控制，并按表15-64规定的项目和频度检查沥青混合料产品的质量，计算产品的合格率。

表15-64　热拌沥青混合料的频度和质量要求

| 项目 | 检查频度及单点检验评价方法 | 质量要求或允许偏差 | |
|---|---|---|---|
| | | 高速公路、一级公路 | 其他等级公路 |
| 混合料外观 | 随时 | 观察集料粗细、均匀性、离析、油石比、色泽、冒烟、有无花白料、油团等各种现象 | |

（续）

| 项目 | | 检查频度及单点检验评价方法 | 质量要求或允许偏差 | |
|---|---|---|---|---|
| | | | 高速公路、一级公路 | 其他等级公路 |
| 拌和温度 | 沥青、集料的加热温度 | 逐盘检测评定 | 符合规范规定 | |
| | 混合料出厂温度 | 逐车检测评定 | 符合规范规定 | |
| | | 逐盘测量记录，每天取平均值评定 | 符合规范规定 | |
| 矿料级配（筛孔） | 0.075mm | 逐盘在线检测 | ±2%（2%） | — |
| | ≤2.36mm | | ±5%（4%） | — |
| | ≥4.75mm | | ±6%（5%） | — |
| | 0.075mm | 逐盘检查，每天汇总1次取平均值评定 | ±1% | |
| | ≤2.36mm | | ±2% | |
| | ≥4.75mm | | ±2% | |
| | 0.075mm | 每台拌和机每天1~2次，以2个试样的平均值评定 | ±2%（2%） | ±2% |
| | ≤2.36mm | | ±5%（3%） | ±6% |
| | ≥4.75mm | | ±6%（4%） | ±7% |
| 沥青用量（油石比） | | 逐盘在线监测 | ±0.3% | |
| | | 逐盘检查，每天汇总1次取平均值评定 | ±0.1% | |
| | | 每台拌和机每天1~2次，以2个试样的平均值评定 | ±0.3% | ±0.4% |
| 马歇尔试验：空隙率、稳定度、流值 | | 每台拌和机每天1~2次，以4~6个试件的平均值评定 | 符合规范规定 | |
| 浸水马歇尔试验 | | 必要时（试件数同马歇尔试验） | 符合规范规定 | |
| 车辙试验 | | 必要时（以3个试件的平均值评定） | 符合规范规定 | |

沥青路面铺筑过程中随时对铺筑质量进行评定，质量检查的内容、频度、允许差应符合表15-65、表15-66、表15-67的规定。

**表15-65　公路热拌沥青混合料路面施工过程中工程质量的控制标准**

| 项目 | | 检查频度及单点检验评价方法 | 质量要求或允许偏差 | |
|---|---|---|---|---|
| | | | 高速公路、一级公路 | 其他等级公路 |
| 外观 | | 随时 | 表面平整密实，不得有明显轮迹、裂缝、推挤、油包等缺陷，且无明显离析现象 | |
| 接缝 | | 随时 | 紧密平整、顺直、无跳车 | |
| | | 逐条缝检测评定 | 3mm | 5mm |
| 施工温度 | 摊铺温度 | 逐车检测评定 | 符合规范规定 | |
| | 碾压温度 | 随时 | 符合规范规定 | |

(续)

| 项 目 | | 检查频度及单点检验评价方法 | 质量要求或允许偏差 | |
|---|---|---|---|---|
| | | | 高速公路、一级公路 | 其他等级公路 |
| 厚度 | 每一层次 | 随时，厚度 50mm 以下<br>厚度 50mm 以上 | 设计值的 5%<br>设计值的 8% | 设计值的 8%<br>设计值的 10% |
| | 每一层次 | 1 个台班区段的平均值<br>厚度 50mm 以下<br>厚度 50mm 以上 | −3mm<br>−5mm | —<br>— |
| | 总厚度 | 每 2000m² 1 点，单点评定 | 设计值的 −5% | 设计值的 −8% |
| | 上面层 | 每 2000m² 1 点，单点评定 | 设计值的 −10% | 设计值的 −10% |
| 压实度 | | 每 2000m² 检查 1 组，逐个试件评定并计算平均值 | 实验室标准密度的 97%<br>最大理论密度的 93%<br>试验段密度的 99% | |
| 平整度（最大间隙） | 上面层 | 随时，接缝处单杆评定 | 3mm | 5mm |
| | 中下面层 | 随时，接缝处单杆评定 | 5mm | 7mm |
| 平整度（标准差） | 上面层 | 连续测定 | 1.2mm | 2.5mm |
| | 中面层 | 连续测定 | 1.5mm | 2.8mm |
| | 下面层 | 连续测定 | 1.8mm | 3.0mm |
| | 基层 | 连续测定 | 2.4mm | 3.5mm |
| 宽度 | 有侧石 | 检测每个断面 | ±20mm | ±20mm |
| | 无侧石 | 检测每个断面 | 不小于设计宽度 | 不小于设计宽度 |
| 纵断面高程 | | 检测每个断面 | ±10mm | ±15mm |
| 横坡度 | | 检测每个断面 | ±0.3% | ±0.5% |
| 沥青层层面上的渗水系数 | | 每 1km 不少于 5 点，每点 3 处取平均值 | 300mL/min（普通密级配沥青混合料）<br>200ml/min（SMA 混合料） | |

表 15-66 公路沥青表面处治及贯入式路面施工过程中工程质量的控制标准

| 路面类型 | 项 目 | 检查频度及单点检验评价方法 | 质量要求或允许偏差 |
|---|---|---|---|
| 沥青表面处治 | 外观 | 随时 | 集料嵌挤密实，沥青撒布均匀，无花白料，接头无油包 |
| | 集料及沥青用量 | 每日 1 次，逐日评定 | ±10% |
| | 沥青洒布温度 | 每车 1 次评定 | 符合规范规定 |
| | 厚度（路中及路侧各 1 点） | 不少于每 2000m² 1 点，逐点评定 | −5mm |
| | 平整度（最大间隙） | 随时，以连续 10 尺的平均值评定 | 10mm |
| | 宽度 | 检测每个断面，逐个评定 | ±30mm |
| | 横坡度 | 检测每个断面 | ±0.5% |
| 沥青贯入式路面 | 外观 | 随时 | 集料嵌挤密实，沥青撒布均匀，无花白料，接头无油包 |
| | 集料及沥青用量 | 每日 1 次，逐日评定 | ±10% |
| | 沥青洒布温度 | 每车 1 次，逐点评定 | 符合规范规定 |
| | 厚度 | 每 2000m² 1 点逐点评定 | −5mm 或设计厚度的 −8% |
| | 平整度（最大间隙） | 随时，以连续 10 尺的平均值评定 | 8mm |
| | 宽度 | 检测每个断面 | ±30mm |
| | 横坡度 | 检测每个断面 | ±0.5% |

表 15-67　公路稀浆封层、微表处施工过程中工程质量的控制标准

| 项　目 | | 检查频度及单点检验评价方法 | 质量要求或允许偏差 |
|---|---|---|---|
| 外观 | | 随时 | 表面平整，均匀一致，无拖痕，无显著离析，接缝顺畅 |
| 油石比 | | 每日1次总量评定 | ±0.3% |
| 厚度 | | 每1km 5个断面 | ±10% |
| 矿料级配 | 0.075mm | 每日1次取2个试样筛分的平均值 | ±2% |
| | 0.15mm | | ±3% |
| | 0.3mm | | ±4% |
| | 0.6、1.18、2.36、4.75、9.5mm | | ±5% |
| 湿轮磨耗试验 | | 每周1次 | 符合设计要求 |

**4. 交工验收阶段的工程质量检查与验收**

工程完工后，施工单位应将全线以 1~3km 作为一个评定路段，每一侧车行道按表 15-68、表 15-69、表 15-70 的规定频度，随机选取测点，对沥青面层进行全线自检。施工单位应在规定时间内提交全线检测结果及施工总结报告，申请交工验收。工程交工时应对全线宽度、纵断面高程、横坡度、中线偏位等进行实测，以每个桩号的测定结果评定合格率，最后提出实际的竣工图。

表 15-68　公路热拌沥青混合料路面交工检查与验收质量标准

| 检查项目 | | 检查频度（每一侧车行道） | 质量要求或允许偏差 | |
|---|---|---|---|---|
| | | | 高速公路、一级公路 | 其他等级公路 |
| 外观 | | 随时 | 表面平整密实，不得有明显轮迹、裂缝、推挤、油包等缺陷，且无明显离析现象 | |
| 面层总厚度 | 代表值 | 每1km 5点 | 设计值的 -5% | 设计值的 -8% |
| | 极值 | 每1km 5点 | 设计值 -10% | 设计值的 -15% |
| 上面层厚度 | 代表值 | 每1km 5点 | 设计值的 -10% | — |
| | 极值 | 每1km 5点 | 设计值的 -20% | — |
| 压实度 | 代表值 | 每1km 5点 | 实验室标准密度的96%（98%）最大理论密度的92%（94%）试验段密度的98%（99%） | |
| | 极值（最小值） | 每1km 5点 | 比代表值放宽1%（每km）或2%（全部） | |
| 路表平整度 | 标准差 σ | 全线连续 | 1.2mm | 2.5mm |
| | IRI | 全线连续 | 2.0m/km | 4.2m/km |
| | 最大间隙 | 每1km 10处，各连续10杆 | — | 5mm |
| 路表渗水系数，不大于 | | 每1km不少于5点，每点3处，取平均值评定 | 300mL/min（普通沥青路面）200mL/min（SMA路面） | |

（续）

| 检查项目 | | 检查频度（每一侧车行道） | 质量要求或允许偏差 | |
|---|---|---|---|---|
| | | | 高速公路、一级公路 | 其他等级公路 |
| 宽度 | 有侧石 | 每1km 20个断面 | ±20mm | ±30mm |
| | 无侧石 | 每1km 20个断面 | 不小于设计宽度 | 不小于设计宽度 |
| 纵断面高程 | | 每1km 20个断面 | ±15mm | ±20mm |
| 中线偏位 | | 每1km 20个断面 | ±20mm | ±30mm |
| 横坡度 | | 每1km 20个断面 | ±0.3% | ±0.5% |
| 弯沉值 | 回弹弯沉 | 全线每20m 1点 | 符合设计对交工验收的要求 | 符合设计对交工验收的要求 |
| | 总弯沉 | 全线每5m 1点 | 符合设计对交工验收的要求 | — |
| 构造深度 | | 每1km 5点 | 符合设计对交工验收的要求 | — |
| 摩擦系数摆值 | | 每1km 5点 | 符合设计对交工验收的要求 | — |
| 横向力系数 | | 全线连续 | 符合设计对交工验收的要求 | — |

表15-69　公路沥青表面处治及贯入式路面交工检查与验收质量标准

| 路面类型 | 检查项目 | | 检查频度（每一侧车行道） | 质量要求或允许偏差 |
|---|---|---|---|---|
| 沥青表面处治 | 外观 | | 全线 | 密实，不松散 |
| | 厚度 | 代表值 | 每200m每车道1点 | −5mm |
| | | 极值 | 每200m每车道1点 | −10mm |
| | 路表平整度 | 标准差 | 全线每车道连续 | 4.5mm |
| | | IRI | 全线每车道连续 | 7.5m/km |
| | | 最大间隙 | 每1km 10处，各连续10尺 | 10mm |
| | 宽度 | 有侧石 | 每1km 20个断面 | ±3cm |
| | | 无侧石 | 每1km 20个断面 | 不小于设计宽度 |
| | 纵断面高程 | | 每1km 20个断面 | ±20mm |
| | 横坡度 | | 每1km 20个断面 | ±0.5% |
| | 沥青用量 | | 每1km 1点 | ±0.5% |
| | 矿料用量 | | 每1km 1点 | ±5% |
| 沥青贯入式路面 | 外观 | | 全线 | 密实，不松散 |
| | 厚度 | 代表值 | 每200m 1点 | −5mm 或 −8% |
| | | 极值 | 每200m 1点 | 15mm |
| | 路表平整度 | 标准差 | 全线连续 | 3.5mm |
| | | IRI | 全线连续 | 5.8m/km |
| | | 最大间隙 | 每1km10处，各连续10尺 | 8mm |
| | 宽度 | 有侧石 | 每1km 20个断面 | ±30mm |
| | | 无侧石 | 每1km 20个断面 | 不小于设计宽度 |
| | 纵断面高程 | | 每1km 20个断面 | ±20mm |
| | 横坡度 | | 每1km 20个断面 | ±0.5% |
| | 沥青用量 | | 每1km 1点 | ±0.5% |
| | 矿料用量 | | 每1km 1点 | ±5% |

表 15-70　公路沥青路面稀浆封层交工检查与验收质量标准

| 检查项目 | 检查频度（每一幅车行道） | 质量要求或允许偏差 | |
|---|---|---|---|
| | | 高速公路、一级公路 | 其他等级公路 |
| 平均厚度 | 每 1km 3 点 | -10% | -10% |
| 渗水系数 | 每 1km 3 处 | 10mL/min | 10mL/min |
| 路表构造深度 | 每 1km 5 点 | 符合设计要求 | — |
| 路面摩擦系数摆值 | 每 1km 5 点 | 符合设计要求 | — |
| 横向力系数 | 全线连续 | 符合设计要求 | — |

## 15.6.3　水泥混凝土路面施工质量评定及验收

**1. 施工前检查**

施工质量的监控、管理与检查应贯穿整个施工过程，应对每个施工技术环节严格控制把关，对出现的问题或检验出的问题，立即进行纠正或停工整顿。问题不解决不得开工。确保工程质量，为施工质量验收与评定打好坚实的基础。

**2. 铺筑试验路段**

水泥混凝土路面工程，使用滑模、轨道、三辊轴机组施工时，在正式摊铺水泥混凝土路面前，必须铺筑试验路段。试验路段长度不应短于 200m，高速公路、一级公路宜在主线路面以外试铺，路面厚度、摊铺宽度、接缝设置、钢筋设置等均应与实际工程相同。

铺筑试验路段的目的：检验施工设备配套；检验路面摊铺工艺和质量；全体施工人员现场施工培训；检验施工组织形式和人员编制；建立健全路面铺筑系统的质量管理体系；确定施工管理调度系统。

**3. 混凝土路面施工中的质量管理程序**

施工单位在施工过程中应随时对施工质量进行自检。除施工方自检外，监理、质检站应按规定频率抽检。混凝土拌合物的稳定性取决于原材料稳定及搅拌楼配料精确度；而路面铺筑的质量稳定性除满足上述条件外，还要求现场水泥路面的铺筑及关键设备如摊铺机、布料机、三棍轴整平机、刻槽机、切缝机等操作应规范稳定。

**4. 三大关键质量指标的自检规定**

施工过程中施工单位应及时按表 15-71 对水泥混凝土路面工程进行检测，其中平整度、弯拉强度、板厚三大关键质量指标的检验要求尚应符合下列规定：

表 15-71　水泥混凝土路面检测项目、方法和频率

| 检验项目 | 检查频率 | |
|---|---|---|
| | 高速公路、一级公路 | 其他公路 |
| 弯拉强度 | 每班 2~4 组试件，日进度 <500m 取 2 组；≥500m 取 3 组；≥1000m 取 4 组，测 $f_{cs}$、$f_{min}$、$c_v$ | 每班 1~3 组试件，日进度 <500m 取 1 组；≥500m 取 2 组；≥1000m 取 3 组，测 $f_{cs}$、$f_{min}$、$c_v$ |
| 钻芯劈裂强度 | 每车道每 3km 钻取 1 个芯样，硬路肩为 1 个车道，测平均 $f_{cs}$、$f_{min}$、$c_v$、板厚 $h$ | 每车道每 3km 钻取 1 个芯样，硬路肩为 1 个车道，测平均 $f_{cs}$、$f_{min}$、$c_v$、板厚 $h$ |

(续)

| 检验项目 | 检查频率 | |
|---|---|---|
| | 高速公路、一级公路 | 其他公路 |
| 板厚 | 路面摊铺宽度内每100m左右各2处,连接摊铺每100m单边1处,参考芯样 | 路面摊铺宽度内每100m左右各1处,连接摊铺每100m单边1处,参考芯样 |
| 3m直尺平整度 | 每半幅车道100m 2处10尺 | 每半幅车道100m 2处10尺 |
| 动态平整度 | 所有车道连续检测 | 所有车道连续检测 |
| 抗滑构造深度 | 铺砂法:每幅200m 2处 | 铺砂法:每幅200m 1处 |
| 相邻板高差 | 尺测:每200m纵缝2条,每条3处 | 尺测:每200m纵缝2条,每条2处 |
| 连接摊铺纵缝高差 | 尺测:每200m纵向工作缝,每条3处,每处间隔2m 3尺,共9尺 | 尺测:每200m纵向工作缝,每条2处,每处间隔2m 3尺,共6尺 |
| 接缝顺直度 | 20m拉线测:每200m 6条 | 20m拉线测:每200m 4条 |
| 中线平面偏位 | 经纬仪:每200m 6点 | 经纬仪:每200m 4点 |
| 路面宽度 | 尺测:每200m 6处 | 尺测:每200m 4处 |
| 纵断高程 | 经纬仪:每200m 6点 | 经纬仪:每200m 4点 |
| 横坡度 | 经纬仪:每200m 6个断面 | 经纬仪:每200m 4个断面 |
| 断板率 | 数断板块数,计算其占总块数比例 | 数断板块数,计算其占总块数比例 |
| 脱皮、裂纹、露石、缺边、掉角 | 量实际面积,并计算与总面积比 | 量实际面积,并计算与总面积比 |
| 路缘石顺直度和高度 | 20m拉线测:每200m 4处 | 20m拉线测:每200m 2处 |
| 灌缝饱满度 | 尺测:每200m接缝测6处 | 尺测:每200m接缝测4处 |
| 切缝深度 | 尺测:每200m 6处 | 尺测:每200m 4处 |
| 胀缝表面缺陷 | 每条观察填缝及啃边断角 | 每条观察填缝及啃边断角 |
| 胀缝板连浆 | 每条胀缝板安装时测量 | 每条胀缝板安装时测量 |
| 胀缝板倾斜 | 尺测:每块胀缝板每条两侧 | 尺测:每块胀缝板每条两侧 |
| 胀缝板弯曲和位移 | 尺测:每块胀缝板每条3处 | 尺测:每块胀缝板每条2处 |
| 传力杆偏斜 | 钢筋保护层仪:每车道4根 | 钢筋保护层仪:每车道3根 |

（1）平整度 3m直尺检测平整度,作为施工过程中质量控制检测目的;车载式平整度仪检测的动态平整度结果,作为二级以上公路交工及竣工验收时工程质量的评定依据。施工时,当采用3m直尺测高速公路、一级公路纵向平整度时,应达到≤3mm 90%以上合格率,其他公路达到≤5mm 90%以上合格率。

（2）弯拉强度 混凝土路面弯拉强度的评价,以搅拌楼生产的混凝土中随机取样,在标准振动台上制作、标准养生的小梁弯拉强度为准。

（3）板厚 板厚应在面层摊铺前通过基准线或模板进行严格控制,摊铺后板厚可在侧面用尺测量,当板厚不足时,应以行车道横坡低侧面板钻心厚度和面板平均厚度两项指标均满足设计厚度允许偏差（不薄于10mm）作为返工判定依据。

**5. 路面铺筑过程中的质量检验技术要求**

在混凝土路面铺筑过程中,路面技术指标的质量检验评定标准应符合表15-72的规定。

表 15-72　各级道路混凝凝土路面铺筑质量要求

| 检查项目 | | 规定值或允许值 | |
|---|---|---|---|
| | | 高速公路、一级公路 | 其他公路 |
| 弯拉强度/MPa | | 100%，符合规范规定 | |
| 板厚度/mm | | 代表值≥-5；极值≥-10，$c_V$值符合设计规定 | |
| 平整度 | $\delta$/mm | ≤1.2 | ≤2.0 |
| | IRI/(m/km) | ≤2.0 | ≤3.2 |
| | 3m 直尺最大间隙 $\Delta h$/mm | ≤3（合格率≥90%） | ≤5（合格率应≥90%） |
| 抗滑构造深度/mm | 一般路段 | 0.70~1.10 | 0.50~0.90 |
| | 特殊路段 | 0.80~1.20 | 0.60~1.00 |
| 相邻高差/mm | | ≤2 | ≤3 |
| 连接摊铺纵缝高差/mm | | 平均值≤3；极值≤5 | 平均值≤5；极值≤7 |
| 接缝顺直度/mm | | ≤10 | |
| 中线平面偏位/mm | | ≤20 | |
| 路面宽度/mm | | ≤±20 | |
| 纵断高程/mm | | ±10 | ±15 |
| 横坡度（%） | | ±0.15 | ±0.25 |
| 断板率（‰） | | ≤2 | ≤4 |
| 脱皮、印痕、裂纹、露石、缺边、掉角（‰） | | ≤2 | ≤3 |
| 路缘石顺直度和高度/mm | | ≤20 | ≤20 |
| 灌缝饱满度/mm | | ≤2 | ≤3 |
| 切缝深度/mm | | ≥50 | ≥50 |
| 胀缝表面缺陷/mm | | 不应有 | 不应有 |
| 胀缝板连浆/mm | | ≤20 | ≤30 |
| 胀缝板倾斜/mm | | ≤20 | ≤25 |
| 胀缝板弯曲和位移/mm | | ≤10 | ≤15 |
| 传力杆倾斜/mm | | ≤10 | ≤13 |

**6. 竣工验收**

混凝土路面完工后，施工方应将全线以每 1km 为一个评定路段，按规定检测项目，提交检测结果、试验数据、施工总结报告及全部原始记录等齐全资料，申请交工验收。

## 本章小结

碎石路面按施工方法及所用填充混合料的不同，分为填隙碎石（干压与湿压）、泥结碎石、泥灰结碎石等数种。级配碎（砾）石路面包括级配碎石路面、级配砾石路面和天然砂砾基层。在中湿和潮湿路段沥青面层的基层和底基层时，应在级配碎石和级配砾石中掺加石灰。

石灰稳定土是由石灰、土和水组成，通过离子交换作用、结晶硬化作用、火山灰作用和碳酸化作用形成强度，影响强度形成的因素主要有土质、灰质、石灰剂量、含水率、密实度、龄期、养生条件（温度和湿度）等。而水泥稳定土是由水泥、土和水组成，其强度通过水泥的水化作用、离子交换作用、化学激发作用和碳酸化作用等形成，影响强度形成的因素主要有土质、水泥的成分和剂量、含水率和施工工艺过程等。

石灰稳定土基层防治缩裂的措施有：控制压实含水率，严格控制压实标准，在气温进入0℃前一个月到一个半月完成，重视初期养护，尽早铺筑面层，掺加集料（砂砾、碎石等）、增韧剂（如聚合物、乳化沥青）、加筋纤维和膨胀剂等。

按施工工艺的不同，沥青路面可分为层铺法、路拌法和厂拌法三类；根据技术特性，沥青路面可分为沥青混凝土、热拌沥青碎石、乳化沥青碎石混合料、沥青贯入式、沥青表面处治五种类型。

沥青表面处治路面可采用拌和法或层铺法施工，采用层铺法施工时按照洒布沥青及铺撒矿料的层次多少划分工序；沥青贯入式路面在初步碾压的矿料层上洒布沥青，再分层铺筑嵌缝料、洒布沥青和碾压，并借行车压实而成的。热拌法沥青路面包括沥青混凝土路面、沥青碎（砾）石路面等，施工过程可分为沥青混合料的拌制与运输及现场铺筑两个阶段；而冷拌沥青混合料在常温下完成拌和、摊铺、碾压等各项工序。

混凝土面板施工程序因摊铺机具而异，我国目前采用的摊铺机具与摊铺方式包括滑模摊铺、轨道摊铺、碾压摊铺、三辊轴摊铺、手工摊铺等。混凝土面板施工工序主要包括安装模板、设置传力杆、混凝土的拌和与运输、混凝土的摊铺和振捣、接缝的设置、表面整形和混凝土的养生与填缝等。

路面施工质量管理与检查验收包括施工前的材料与设备检查、试验路段的铺筑、施工过程中的质量管理与检查、工程施工总结及质量保证期管理等。

## 思 考 题

15-1　基层试验段的长度为多长？基层试验段需要检验哪些施工工艺环节？

15-2　水泥稳定中粒土和粗粒土用作基层时，为什么水泥剂量不宜超过6%？

15-3　石灰稳定土施工时，是否碾压遍数越多越好，为什么？

15-4　级配碎石基层与级配砾石基层在各施工工艺环节有何异同？

15-5　基层施工过程中需检测哪些项目？

15-6　热拌沥青混合料路面在拌和过程中易出现哪些异常现象？如何处理？

15-7　沥青表面处治的施工方法有哪两种？试述层铺法施工的程序。

15-8　冷拌沥青混合料路面的施工工艺要求是什么？

15-9　沥青路面的透层和黏层分别有何作用？

15-10　试述沥青贯入式路面的材料要求及施工工艺。

15-11　为什么水泥混凝土路面不宜采用 R 型早强水泥？

15-12　混凝土拌合物应检验哪些项目？

15-13　滑模式摊铺机施工水泥混凝土路面有何特点？有哪些施工工艺要求？

15-14　水泥混凝土路面施工在各种特殊气候情况下应采取哪些措施？

15-15　水泥混凝土路面有哪些自检项目？

# 第 16 章 路面养护与管理

## 16.1 概述

路面养护与管理工作是公路工程中一项重要工作，路面结构能够按设计使用年限正常发挥作用，养护与管理工作要长达 10~20 年，甚至更长。

路面养护是维护现有路面设施，延缓未来病害发展，保持或改善未来功能状况的一种有成本效益的处治计划策略。在路面建成后早期，路面状况良好，随时间增长，病害逐渐出现，并呈现加速发展趋势，早期养护工作主要是以日常养护工作为主，病害发展到一定阶段或路面结构承载能力下降到一定程度后，就要考虑采取大、中修手段来恢复路面的行驶功能。

路面管理工作主要是通过了解路面各阶段的行驶性能、强度、病害、交通需求等方面的状况，为养护工作的决策服务，通过资料收集与现场数据采集，管理系统可为路面养护决策提供第一手资料，帮助工程技术人员确定养护工作的轻重缓急和工作顺序，为有限的养护资金的合理利用打下基础，为病害发展趋势、养护费用增长趋势、剩余使用寿命等作出预测。

## 16.2 路面病害、防治与养护

### 16.2.1 沥青路面主要病害、防治与养护

沥青混凝土面层由于具有良好的力学性能、较好的耐久性和行车舒适性，现越来越受到公路部门的重视，但沥青路面的破坏现象是十分普遍和严重的。

沥青路面各种病害的成因比较复杂，病害的情况不一，如不及时治理及维修，经过车轮荷载的反复作用，破坏现象逐渐加剧，对交通安全产生严重威胁，严重降低路面的使用寿命。因此，分析各种病害产生原因，提出防治病害产生的建议，是非常重要的。

**1. 主要病害**

路面的破坏大体上可以分为两类：一类是结构性破坏，即路面结构整体或其某一或几个组成部分的破坏，严重时不能承受车辆的荷载；另一类是功能性破坏，如由于路面不平整而使其不再具有预期的功能。这两类破坏不一定同时发生，但都是逐渐累积起来的。对于功能性破坏，可以通过修整、养护来恢复路面平整性，以满足行车实用的要求。但对结构性破坏，一般均需进行彻底的翻修。

根据公路技术状况评定标准的方法，将沥青路面损害类型分为 11 类，见表 16-1。

表 16-1 沥青路面破损分类

| 分类 | 裂缝类 | | | | 松散类 | | 变形类 | | | 其他 | |
|---|---|---|---|---|---|---|---|---|---|---|---|
| 病害名称 | 龟裂 | 块裂 | 纵向裂缝 | 横向裂缝 | 坑槽 | 松散 | 沉陷 | 车辙 | 波浪拥包 | 泛油 | 修补 |

（1）龟裂　龟裂是沥青路面最为重要的裂缝形式，在路面表现为相互交错的小网格状裂缝，形如鳄鱼皮状，如图16-1所示。

1）轻。初期裂缝，裂区无变形、无散落，缝细，主要裂缝宽度在2mm以下，主要裂缝块度为0.2~0.5m，损坏按面积计算。

2）中。龟裂的发展期，龟裂状态明显，裂缝区有轻度散落或轻度变形，主要裂缝宽度为2~5mm，部分裂缝块度小于0.2m，损坏按面积计算。

3）重。龟裂特征显著，裂块较小，裂缝区变形明显、散落严重，主要裂缝宽度大于5mm，大部分裂缝块度小于0.2m，损坏按面积计算。

（2）块状裂缝　块状裂缝是指纵向和横向裂缝交错而使路面分裂成多边形大块，块的尺寸约为50cm以上，如图16-2所示。

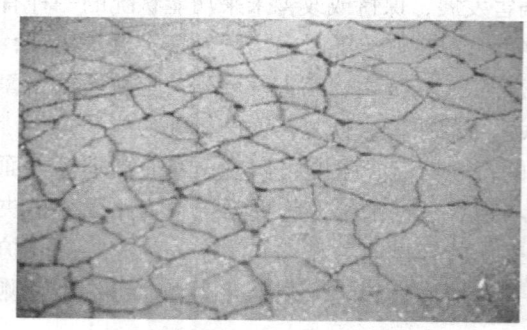

图16-1　龟裂图

图16-2　块状裂缝

1）轻。缝细、裂缝区无散落，裂缝宽度在3mm以内，大部分裂缝宽度大于1.0m，损坏按面积计算。

2）重。缝宽、裂缝区有散落，裂缝宽度在3mm以上，主要裂缝宽度为0.5~1.0m，损坏按面积计算。

（3）纵向裂缝　纵向裂缝是道路中线大致平行的裂缝，有时伴随少量支缝，如图16-3所示。

1）轻。缝细、裂缝壁无散落或有轻微散落，无支缝或有少量支缝，裂缝宽度在3mm以内，损坏按长度计算，检测结果要用影响宽度（0.2m）换算成面积。

2）重。缝宽、裂缝壁有散落、有支缝，主要裂缝宽度大于3mm，损坏按长度计算，检测结果要用影响宽度（0.2m）换算成面积。

（4）横向裂缝　横向裂缝通常不是由于荷载作用引起的，表现为与道路中线近于垂直，有时伴随少量支缝，如图16-4所示。

图16-3　纵向裂缝

图16-4　横向裂缝

1）轻。缝细、裂缝壁无散落或有轻微散落，裂缝宽度在 3mm 以内，损坏按长度计算，检测结果要用影响宽度（0.2m）换算成面积。

2）重。缝宽、裂缝贯通整个路面、裂缝壁有散落并伴有少量支缝，主要裂缝宽度大于 3mm，损坏按长度计算，检测结果要用影响宽度（0.2m）换算成面积。

（5）车辙　车辙是沥青路面表面形成的沿轮迹方向大于 10mm 的纵向凹陷，如图 16-5 所示。

1）轻。辙浅，深度为 10~15mm，损坏按长度计算，检测结果要用影响宽度（0.4m）换算成面积。

2）重。辙深，深度 15mm 以上，损坏按长度计算，检测结果要用影响宽度（0.4m）换算成面积。

（6）坑槽　坑槽是局部集料丧失而在路表面形成的坑洞，可伸及不同路面层次，如图 16-6 所示。

图 16-5　车辙

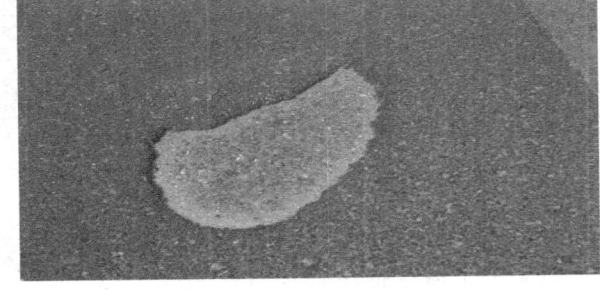

图 16-6　坑槽

1）轻。坑浅，有效坑槽面积在 0.1m² 以内（约 0.3m×0.3m），损坏按面积计算。

2）重。坑深，有效坑槽面积大于 0.1m²（约 0.3m×0.3m），损坏按面积计算。

（7）松散　松散是一种从路面表面向下不断发展的集料颗粒流失和沥青结合料流失而造成的路面损坏，如图 16-7 所示。

1）轻。路面细集料散失、脱皮、麻面等表面损坏，损坏按面积计算。

2）重。路面粗集料散失、脱皮、麻面、露骨，表面剥落、有小坑洞，损坏按面积计算。

（8）沉陷　沉陷是路面表面产生的大于 10mm 的路面局部下沉，如图 16-8 所示。

图 16-7　松散

图 16-8　沉陷

1) 轻。深度为 10~25mm，正常行车无明显感觉，损坏按面积计算。
2) 重。深度大于 25mm，正常行车有明显感觉，损坏按面积计算。

(9) 波浪拥包 波浪拥包指的是局部沥青面层材料移动而在路表面形成的有规律的纵向起伏，波峰和波谷间隔很近，如图 16-9 所示。
1) 轻。波峰波谷高差小，高差为 10~25mm，损坏按面积计算。
2) 重。波峰波谷高差大，高差大于 25mm，损坏按面积计算。

(10) 泛油 路面沥青被挤出或表面被沥青膜覆盖形成发亮的薄油层，损坏按面积计算，如图 16-10 所示。

图 16-9 波浪拥包

图 16-10 泛油

(11) 修补 修补是指因龟裂、坑槽、松散、沉陷、车辙等损坏处理后在路面表面形成德修补部分，裂缝修补按长度计算，影响宽度为 0.2m，如图 16-11 所示。

**2. 出现原因及防治对策**

(1) 龟裂 龟裂是沥青路面裂缝病害之一，路面龟裂产生初期对路面的使用性能无较大影响，但随着路面龟裂处水的渗入使路基内部结构力学性能降低，由于行车荷载在

图 16-11 修补

沥青路面破损处的反复作用，会加剧沥青路面的破坏。龟裂病害出现的主要原因包括基层质量差、沥青面层厚度偏薄、行车荷载重复作用以及道路养护修复不及时等。为了防治沥青路面龟裂的出现，应做好路面结构设计，严格控制车辆荷载、路基、基层和面层材料设计和施工工艺，加强施工质量控制，积极采用新材料和新技术，注重维修养护。

(2) 块状裂缝 块状裂缝主要是由于面层材料的低温收缩、沥青老化、沥青路面采用的沥青混合料性能较差、沥青路面出现了纵向和横向裂缝，纵横裂缝交错在一起，从而造成块状裂缝出现。在实际施工过程中，应采用优质道路石油沥青，严格控制混合料配合比，确保上下层间有良好的黏结，处理好路面结构的排水。

(3) 纵向裂缝 纵向裂缝产生的原因主要是荷载型疲劳开裂，低洼、河谷、水塘或软基等路段地基未作特殊处理或处理不当，半填半挖路基或道路加宽在衔接处处理不当导致路基沉降不均匀引起纵向裂缝，沥青面层分幅摊铺时两幅衔接未处理好，在行车荷载作用下形成纵缝。为防治纵向裂缝病害，应使用合格材料填筑路基或对填料处理后再进行填筑；旧路

加宽或半填半挖路段，严格控制施工工艺，同时采用低模量、高变形材料作为应力吸收膜，可有效地防止裂缝产生；面层施工应尽可能采用全幅摊铺。

（4）横向裂缝　横向裂缝产生的原因主要是半刚性基层材料的温缩和干缩特性引起的反射裂缝；沥青混合料自身的抗裂性降低使其随温度变化而产生的温缩裂缝；在构造物或台背与路段交接处、填挖方结合部、软土地基与非软土地基交界处、软土地基处理方法变化处等因地基引起的差异沉降导致基层的开裂，并反射到沥青面层，形成横向裂缝。防治措施主要包括：采用合理的路面结构层材料及配合比设计；确定合理的路面厚度；加强路基路面施工质量控制；桥涵两侧填土充分压实或进行加固处理；沉降严重地段，事前应进行软土地基处理和合理的路基施工组织。

（5）车辙　车辙产生的主要原因包括：沥青混合料配合比设计不当，高温稳定性差，易产生流动性车辙；基层施工质量差或道路整体强度不足，产生结构性车辙；在施工过程中片面追求平整度而放松压实度，在通车后，行车碾压造成压密性车辙。防治措施主要包括：合理地选择路面结构形式和沥青层的厚度；采用高质量、高黏度重交通道路沥青；选用优质矿料；选择合理矿料级配；加强压实，提高压实度；做好封层和透层；综合治理超限、超载车辆。

（6）坑槽　坑槽产生的原因往往都是由轻微病害发展为较严重的坑槽病害。一般都是起初局部发生网裂、松散，并在交通荷载和雨水等自然因素作用下逐步形成坑槽。沥青与石料黏结性差，沥青路面在施工过程中混合料离析、压实度不均匀等。防治措施主要包括：在使用过程中，尽可能选择与沥青黏附性好的集料，采用改性沥青等品质优良的胶结料，加强与集料的黏结；做好沥青混合料配合比设计；控制在施工过程中的材料、温度、碾压离析；加强排水及养护工作。

（7）松散　松散一般在轮迹带比较严重，产生的主要原因是骨料与沥青黏附性差，混合料中沥青用量偏少，混合料压实不足，原材料粉尘过大，沥青混合料拌和时沥青温度过高导致沥青老化，基层强度松软而引起的面层龟裂松散等。防治措施主要包括：选用合格的原材料，特别严格控制细集料含泥量及矿粉掺量以增强沥青混合料的黏结力；严格控制混合料配合比设计、施工温度及压实效果；控制沥青混合料均匀性，防止混合料离析等。

（8）沉陷　沉陷是路面变形中最普遍的一种，特点是涉及的结构层次深。其产生的主要原因是：路基或基层强度不足或填挖路基强度不一；路床下部路基过于湿润产生不均匀沉降，引起路面局部下沉；桥头路面沉降不均匀而引起沉陷并与桥面发生错位。防治措施主要包括：针对湿陷性黄土地区、地质不良地段修建道路时，要进行地基处理；必须坚持分层填筑，分层压实，切忌一次填方过高；控制路基土在最佳含水率时压实，达到最大密实度；设置完善排水设施；确保基层平整度；保证道路整体强度、刚度和稳定性。

（9）波浪拥包　波浪拥包产生的因素是多方面的，如交通量的大小、车辆超载情况、温度、路线线型、路面设计、路面材料、路面施工工艺及施工机械水平等，主要有以下几方面原因：路基不均匀沉降，基层强度不足，沥青混合料级配不合理，或层间透层油和黏层油黏结力不足等。防治措施主要包括：加强路面基层施工质量，提高基层平整度，重视同透层油（下封层）作用，加强层间黏结；对于因基层施工质量差引起的车辙、推移，在重新摊铺面层前应先行处理好软弱基层；治理超载问题。

（10）泛油　产生泛油的主要原因包括：混合料组成设计不当；黏层油用量不当；摊铺

时混合料产生离析,局部细料过分集中;路表水的影响及高温等。防治措施主要包括:选用满足使用要求的道路石油沥青,严格进行沥青混合料配合比设计、控制沥青路面施工工艺,注重施工材料性能保护,防止沥青高热高涨负压位移;同时,应采取科学的路面养护维修管理,减少沥青路面在高温下发生膨胀性泛油。

(11)修补 修补本身并非损坏现象,但它反映路面曾经损坏并已采取过修理措施的面积。同时,修补也影响行驶平稳和路容美观。

### 3. 沥青路面养护技术

路面养护就是采取有效技术手段来减缓退化,使路面在设计寿命期内提供良好的服务质量,保证车辆安全快速行驶。在我国已建成通车的高等级公路中,约80%的为沥青路面,养护占比重很大,我国现行规范分类方法反映的是"重修理、轻预防"的观念。国际上更为合理的分类方法是根据病害类型、路面破坏程度以及所需采用养护维修措施的性质和功能分为预防性养护、改正性养护和应急性养护三类。应用科学有效的沥青路面养护措施,保持和改善路面的使用功能,延长路面的使用寿命,降低养护成本,是路面养护工作的核心。

(1)预防性养护 预防性养护是在路面结构强度良好的前提下,在恰当的时间,采取适当的措施,应用在适宜的路面上,来改善路面的功能性服务状态,延缓路面功能衰减,让整个道路系统保值增值,全寿命周期成本最低的养护方法。

1)裂缝填封类。裂缝填封是道路养护中应用最为广泛,也是较为经济的一种预防性养护措施,其作用是避免由于水的渗透对路面结构和路面基层造成结构性损坏。常用的接缝、裂缝填封材料包括普通沥青、改性沥青、专用填封料和封缝胶等。普通沥青填封效果较差,使用寿命短,夏天容易被车辆轮胎带出,一般用于交通量很小的道路路面养护。改性沥青的效果要好很多,适用于交通量较大的道路。

2)薄层罩面类。薄层罩面作为一项预防性养护技术,给原沥青路面提供了一个崭新的表面,平整度的改善提高了行车的舒适性;抗滑能力的提高增加了行车的安全性;路面原有的许多表面破坏,如坑洞、裂缝、辙槽等,都得到了有效的治理,延长了道路的使用寿命。薄层罩面按照施工工艺的不同可分为冷薄层罩面、热薄层罩面和温薄层罩面三种。

3)表面封层类。沥青路面表面封层是一层用连续方式敷设在整个路表面上的养护层。封层材料可以是单独的沥青或其他封层剂,也可以是沥青与集料组成的混合料。常用的沥青路面预防性养护表面封层维修方法有雾封层、稀浆封层、微表处、石屑封层、开普封层和碎石封层等。

4)沥青再生类。沥青再生类包括各种类型的沥青再生剂(还原剂)和就地热再生。沥青再生剂是一种能够在一定程度上恢复沥青性能的产品。沥青再生剂能渗入路面,将老化沥青激活,不改变或降低路面的摩擦系数,密封路面的细小裂缝,防止水、汽油和化学剂等杂质渗入路面,使路面呈均匀的黝黑色,改善沥青路面的外观。就地热再生又称现场热再生,是一种预防性养护技术,采用专用的就地热再生设备,对需要维修的沥青路面进行就地加热软化、翻松,掺入一定数量的新沥青、新沥青混合料、再生剂等,经拌和、摊铺、碾压等工序连续作业,一次性实现对表面一定深度范围内的旧沥青路面再生利用的技术。就地热再生的主要特点是具有100%循环利用旧料,施工快捷,减少运输成本,经济环保的特点;但再生设备投入较大。

(2)改正性养护 当沥青路面结构承载力不能满足行车荷载要求或表面损坏严重,采用预防性养护措施恢复技术在经济上不合理时，对沥青路面进行铣刨加铺来恢复其路面使用功能。

1）SMA 技术。沥青玛蹄脂碎石混合料（Stone Mastic Asphalt，简称 SMA）是一种由沥青、纤维稳定剂、矿粉及少量的细集料组成的沥青玛蹄脂，填充间断级配的粗集料骨架空隙而组成的沥青混合料，它是一种热拌热铺的断级配骨架型密实沥青混合料。SMA 混合料主要应用于高等级道路沥青路面的表层。

2）高模量沥青混合料。高模量沥青混合料是一种通过采用低标号硬质沥青或添加高模量外加剂以及调整混合料级配形成的模量较高的材料，其特点是模量高因而可以减少路面结构层厚度。这种混合料主要应用在易发生车辙的路段上，如重载车辆较多和气温较高的地区，由于车辙一般多发生在道路的中面层，因此高模量沥青混凝土材料的设置也多为中面层，用以抵抗车辙。

3）橡胶沥青混合料。橡胶沥青混合料是以橡胶沥青为胶结料的沥青混合料，将满足规定要求的废胎胶粉按一定比例（大于15%）掺入基质沥青中，在高温条件下，经充分拌和、剪切、研磨、溶胀而形成的满足相关技术指标要求的改性沥青。这种混合料主要应用于道路结构中的应力吸收层和路面面层。它具有高低温性能好，抗车辙能力强，抗老化性、抗氧化性能、耐久性性好以及低噪声等优点；在延缓反射裂缝、减薄沥青路面厚度、抵抗重交通和不良气候方面都有明显的优势。

4）温拌沥青技术。温拌沥青混合料是一类拌和温度介于热拌沥青混合料（150～180℃）和冷拌（常温）（10～40℃）沥青混合料之间，性能达到（或接近）热拌沥青混合料的新型沥青混合料。这种混合料广泛用于各等级道路沥青路面各层位的铺筑，鉴于其在较低温度下仍具有良好压实性能，温拌沥青混合料尤其适用于隧道为沥青面层的铺筑、超薄沥青面层的铺筑、低温季节沥青面层的铺筑情况，以及应用于城市等对空气质量要求高的地区。

5）沥青路面再生技术。路面改建带来大量的沥青混凝土废料，产生污染环境等问题，沥青混合料旧料再生利用技术应运而生。沥青混合料再生工艺包括厂拌热再生、厂拌冷再生、就地冷再生等。原路面结构的沥青材料经过再生后，可以作为新路面结构的面层、基层或底基层使用。路面再生适用于路面基础结构完整、承载力能够满足交通要求、路面损坏以老化和开裂为主的场合。

（3）应急性养护　为了保证路面处于良好的使用状态，应对沥青路面进行经常性和季节性的日常养护。沥青路面的日常养护工作包括的主要程序内容为：建立完善的巡视检查制度和技术检测系统，及时、准确地掌握路面状况及相关信息，科学地、客观的评定路面使用品质，有依据、有计划、有针对性地安排养护项目。应急性养护包括：冬季出现坑槽等路面破损时，采用常温混合料、水泥-乳化沥青混合料等对沥青路面，采用快速快凝混凝土技术等对水泥路面进行快速修补；公路在日常使用过程中为了保证使用质量和行车安全，采取的紧急应对性养护措施。

## 16.2.2　水泥混凝土路面主要病害、防治与养护

### 1. 主要病害

水泥混凝土路面是高等级公路常见的路面结构形式之一，分为有接缝和无接缝两类，后

者较为少见。本节主要讨论有接缝水泥混凝土路面的损坏类型。

水泥混凝土路面的使用性能在行车和自然因素作用下逐渐降低，出现各种类型的损坏，按损坏性质可分为功能性损坏和结构性损坏两个范畴。根据公路技术状况评定标准的分法，将水泥混凝土路面损坏类型分为11类，见表16-2。

表16-2 水泥混凝土路面破损分类

| 分 类 | 裂缝类 | | | 变形类 | | | 松散类 | | 接缝类 | | 其他 |
|---|---|---|---|---|---|---|---|---|---|---|---|
| 病害名称 | 破碎板 | 裂缝 | 板角断裂 | 错台 | 唧泥 | 拱起 | 坑洞 | 露骨 | 边角剥落 | 接缝损坏 | 修补 |

（1）破碎板 破碎板是指混凝土板被多条裂缝分为3个以上板块的破坏。破碎板是一种较为严重的损坏形式。如图16-12所示。根据路面损坏的程度可以分为以下两种情况：

1）轻。板块被裂缝分为3块以下，破碎板未发生松动和沉陷，损坏按板块面积计算。

2）重。板块被裂缝分为3块以上，破碎板有松动、沉陷和唧泥等现象，损坏按板块面积计算。

（2）裂缝 裂缝是指板块上只有一条横向、纵向或不规则的斜裂缝，类型包括横向、纵向和不规则的斜裂缝等，如图16-13～图16-15所示。根据损坏程度不同裂缝可以分为轻、中、重三个等级。

图16-12 破碎板

图16-13 横向裂缝

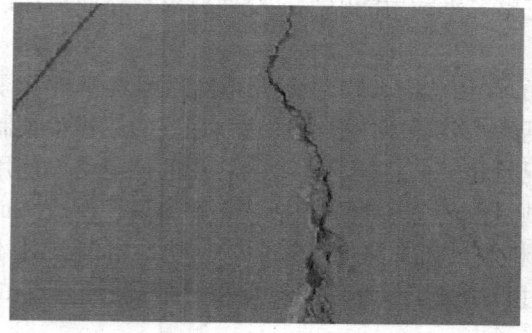

图16-14 纵向裂缝图

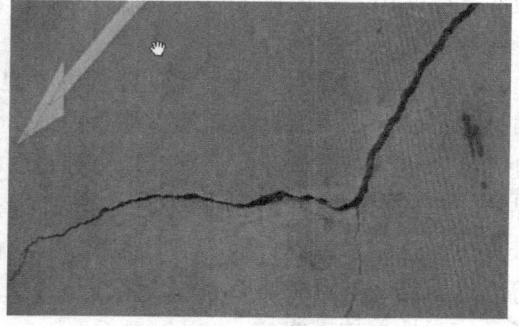

图16-15 不规则斜裂缝

1）轻。裂缝窄、裂缝处未剥落，缝宽小于3mm，一般为未贯通裂缝，损坏按长度计算，检验结果要用影响宽度（1.0mm）换算成面积。

2）中。边缘有破裂，裂缝宽度为3～10mm，损坏按长度计算，检验结果要用影响宽度

（1.0mm）换算成面积。

3）重。边缘有破碎并伴有错台出现，宽缝大于10mm，损坏按长度计算，检验结果要用影响宽度（1.0mm）换算成面积。

（3）板角断裂 板角断裂是指裂缝与横接缝相交，且交点距板角小于或等于板边长度一半的损坏，如图16-16所示。板角断裂可以分为以下三种情况：

1）轻。裂缝宽度小于3mm，损坏按断裂板角的面积计算。

2）中。裂缝宽度为3~10mm，损坏按断裂板角的面积计算。

3）重。裂缝宽度大于10mm，板角有松动，损坏按断裂板角的面积计算。

（4）错台 错台是指接缝两边出现的高差，大于5mm的损坏，是造成水泥路面行驶舒适性下降的主要原因之一。如图16-17所示。根据损坏的程度可以分为以下两种情况：

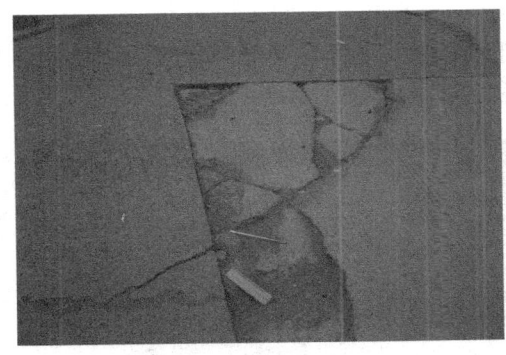

图16-16 板角断裂

图16-17 错台

1）轻。高差小于10mm，损坏按长度计算，检测结果要用影响宽度（1.0mm）换算成面积。

2）重。高差在10mm以上，损坏按长度计算，检测结果要用影响宽度（1.0mm）换算成面积。

（5）唧泥 唧泥是指板块在车辆驶过后，接缝处有基层泥浆涌出，损坏按长度计算，检测结果要用影响宽度（1.0mm）换算成面积。如图16-18所示。

（6）边角剥落 边角剥落是指沿接缝方向的板边碎裂和脱落，裂缝面与板面成一定角度。图15-38即为路面出现边角剥落破坏的形式，如图16-19所示。根据损坏的程度可以分为以下三种情况：

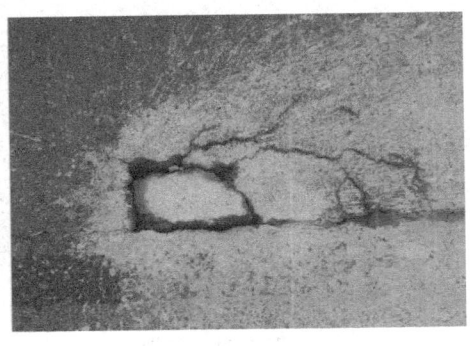

图16-18 唧泥

图16-19 边角剥落

1) 轻。浅层剥落，损坏按长度计算，检测结果要用影响宽度（1.0mm）换算成面积。

2) 中。中深层剥落，接缝处混凝土有开裂，损坏按长度计算，检测结果要用影响宽度（1.0mm）换算成面积。

3) 重。三分之一以上接缝出现空隙或被砂、石、土填塞，损坏按长度计算，检测结果要用影响宽度（1.0mm）换算成面积。

(7) 接缝料损坏　由于接缝的填缝料老化、剥落等原因，接缝内已无填料，接缝等被砂、石、土等填塞。如图 16-20 所示。根据损坏程度分为轻、重两个等级。

1) 轻。填料老化，不密水，但尚未剥落脱空，未被砂、石、泥土等填塞，损坏按长度计算，检测结果要用影响宽度（1.0mm）换算成面积。

2) 重。三分之一以上接缝出现空隙或被砂、石、土填塞，损坏按长度计算，检测结果要用影响宽度（1.0mm）换算成面积。

(8) 坑洞　坑洞是指板面出现有效直径大于 30mm，深度大于 10mm 的局部坑洞，如图 16-21 所示。损坏按坑洞或坑洞群所涉及的面积计算。

图 16-20　填缝料脱落

图 16-21　坑洞

(9) 拱起　拱起是指混凝土面板在膨胀受阻时，接缝两侧的板突然向上拱起，横缝两侧的板体发生明显抬高，高度大于 10mm，损坏按拱起所涉及的板块面积计算。图 16-22 所示为路面出现拱起的病害形式。

(10) 露骨　露骨是指板块表面细集料散失、粗集料暴露或表层疏松剥落，损坏按面积计算，如图 16-23 所示。

图 16-22　拱起

图 16-23　露骨

（11）修补不良　修补是指裂缝、板角断裂、边角剥落、坑洞和层状剥落等损坏的部分。裂缝修补按长度计算，影响宽度为 0.2m。经修补的路面在行车荷载作用又出现病害叫做修补不良。

**2. 产生原因及防治**

（1）破碎板　主要产生原因：重载超载车辆加剧破坏，在路基填挖交界段或高填方路段及路面与桥涵等构造物交接路段路基的不均匀沉降，路面基层和面层强度不足，板下脱空等。

防治措施：对于路基、基层及水泥混凝土在材料选择、设计、施工过程中严格控制，应满足规范或设计要求；轻微破碎板可以采用灌缝法维修，对于严重的破碎板可以采用换板方式处理混凝土路面，即挖除整块破碎板，然后浇筑水泥混凝土，板厚与原面板厚度一致即可。

（2）裂缝　纵向裂缝是指和路线走向平行或基本平行的裂缝。主要产生原因：路基体填料土质不均匀、含水率不均匀、施工方法不当等，导致路基不均匀沉降，从而使路面板在自重和行车压力作用下产生纵向裂缝。纵向裂缝通常出现在高填方，半填半挖路段、填挖交界以及软土地基路段。横向裂缝是指垂直于路线方向的有规则的裂缝。主要产生原因：水泥混凝土失水干缩、冷缩、切缝不及时等。不规则的斜裂缝产生主要与路面材料温度变化系数的差异、温度及路面板的尺寸等。

防治措施：混凝土路面的结构组合与厚度设计应满足交通需要；基层应具有较好的密实度、足够的强度和稳定性；严格控制混凝土的切缝时间和切缝深度；严格控制设计和施工过程中各个环节，保证施工质量。

（3）板角断裂　主要产生原因：

1）板角是水泥混凝土面板的薄弱部位，由于侧模的模壁效应，施工时较难保证板角密实，因而板角强度较小，相邻板角若无传力杆，传荷能力也较差，在车轮连续荷载作用下易产生板角裂缝及断裂。

2）板角处于纵横缝交叉处，受纵横双向接缝渗水淘刷容易产生唧泥，形成脱空、导致板角应力增大，产生板角断裂。

3）由于板底脱空或基层破损，车轮在板角部位行驶概率最大，而板角往往最先脱空后在荷载作用下断裂，尤其是低坡位的板角渗水淘刷更明显，在车轮冲击荷载作用使相邻板块的板角产生断裂等。

防治措施：在设计上应采用加固钢筋或适当提高混凝土抗折强度；混凝土路面拆模与浇捣时要防止角隅损伤并注意充分捣实；保证土基、基层、面层材料、设计要求，加强施工质量控制。

（4）错台　主要产生原因：横缝处未设置传力杆或传力杆设置不合理、效果降低；由于基层或路基体压实不均匀，致使相邻水泥混凝土路面板在车辆的重复荷载作用下，产生不均匀沉降等。防治措施：保证道路设计和施工质量；加强超载车辆管理；加强路基路面排水；增大混凝土板块厚度或加设钢筋等。

（5）唧泥　主要产生原因：路基或基层的土壤处于松散状态，即存在松散的细粒土；在面板与基层及路面之间有自由水存在，并与松散细粒土混合形成泥浆；频繁的重载车辆轴载的作用，水泥混凝土路面板产生泵吸作用将泥浆喷出、吸入。防治措施：严格控制路基、路面材料，设计和施工工艺，保证施工质量；加强路面排水，使用灌封料进行多次重复填堵水泥混凝土路面板的各种缝隙，以防止水的渗入；治理超载超限车辆。

（6）边角　边角剥落是由于接缝内进入坚硬材料而妨碍了板的膨胀变形，接缝处混凝土强度不足，传荷设施（传力杆）设计或设置不当（未正确定位，锈蚀等），接缝施工质量差，重载反复作用等造成的。防治措施：在水泥混凝土板浇筑振捣时，加强模板四周、边角振捣，保证边角强度；注重传荷设施（传力杆）；掌握路面板切缝时间；拆模后，边角要及时养护。

（7）接缝料损坏　接缝料损坏的主要原因：施工时缝内灰尘清理不彻底；填缝料弹性和黏结能力差；填缝料本身没有达到耐热度技术指标等。防治措施：选择性能良好的填缝料和接缝板；保证施工质量，要彻底清除缝内的灰层、泥浆、油污等杂物，确保填缝料与接缝板的良好黏结状态；加强路面排水，保证表面水的排泄畅通，减少接缝和板边缝隙渗水，可通过设置尽可能大的路面横坡、设置路肩表面排水系统来实现。

（8）坑洞　公路路面形成坑洞的主要原因：混凝土级配不合理，混凝土的强度达不到设计的要求，路面在重载车的作用下形成坑洞；路基压实度不够，在重载车的反复作用下，路面出现局部沉降破碎，破碎混凝土被车带走能形成坑洞；公路路面的断角在车载和雨水直接作用下，出现松动破碎，随着时间的推移逐步形成坑洞等。防治措施：严格控制混凝土原材料品质、矿料级配和施工质量，加强路面排水等。

（9）拱起　主要产生原因：胀缝被砂、石、杂物堵塞，使板伸胀受阻；胀缝设置的传力杆水平、垂直向偏差大，使板伸胀受阻；凹曲线的纵坡变接处未设胀缝，水泥混凝土膨胀时，易在竖曲线两端变形的板内产生压力，形成拱起；长胀缝拱胀的发生同施工季节、连续铺筑长度、基层与面板之间的摩阻力等因素有关。防治措施是：填缝料应符合规范要求，遵守操作规程，使异物不易嵌入，保证应有的胀缝间隙；传力杆的设置要正确定位；胀缝的设置长度要根据规范规定与当地的实践经验，并考虑气象条件、施工季节、板厚、基层以及平面、纵断面情况综合论定。

（10）露骨　主要产生原因：表面灰浆不足，洒水提浆造成路面表层强度不足或水泥的耐磨性差，用量不足；为了提高平整度，局部采用砂浆找平，在交通荷载作用下，表层剥落、露骨；混凝土拌和不均匀或运输中离析，局部粗集料多水泥浆少，造成露骨。

防治措施：严格控制混凝土原材料质量，满足现行规范要求；正确进行矿料配合比设计，控制水胶（灰）比、水泥用量、碎（砾）石级配和砂率等指标；严格控制混凝土拌和、振捣、整平等施工工艺；注重养护。

（11）修补　现在的路面的修补可以采取沥青混凝土修补、水泥混凝土修补、环氧树脂修补等。可采用新材料、新技术、新工艺等有效地阻止修补不良的出现。

**3. 水泥混凝土路面养护技术**

在路面寿命周期各个不同阶段采用不同的养护措施，路面养护技术不仅延长道路的使用寿命，提高社会和经济效益，而且顺应交通运输事业的发展要求。

（1）白改黑技术　白改黑技术是将原水泥混凝土路面稳固处理后作为路面基层，加铺沥青混凝土面层，形成一种刚性基层与柔性面层的组合结构。国外确定加铺层厚度主要有ARE法、弯沉法、AI法、AASHTO法等。目前我国的指导理论主要是弹性层状理论、有限元理论、弹性地基板理论以及断裂力学理论等。使用白改黑技术建造的道路，能够很好地利用原有的旧水泥混凝土路面结构，充分利用了原路面的材料，既节约了资金，又不破坏环境，并且有工期短、对交通影响小、修复后路面服务性能好等优点。加铺的沥青混凝土路面可以提供摩阻系数高、平整度好的表面层，大大改善了路面的使用性能，提高了行车质量，美化了路容路貌。白加黑技术适用于旧水泥混凝土面层的结构性损坏和接缝传荷能力均评价为优良或中时，并且对面层裂缝、错台和板底脱空等病害进行修复后的水泥混凝土路面。

（2）水泥路面再生利用技术

1）打裂—压稳技术。水泥混凝土路面打裂压稳技术是使用门式破碎机将旧水泥混凝土路面每隔 40~60cm 打裂，经压实后在上面摊铺沥青混凝土面层。

2）碎石化技术。碎石化技术就是将水泥混凝土路面破碎成表面小于 8cm、底部小于 40cm 的紧密结合、内部嵌挤的混凝土块，用以限制新铺的热拌沥青（HMA）罩面上出现反射裂缝。

3）集料再生技术。集料再生技术即先将旧水泥混凝土现场初步破碎后，运输至集料厂进行再次集中破碎、筛分并去除杂物，回收优质集料，再生出可用于水泥混凝土、水泥稳定碎石、二灰土等混合料的集料。

（3）冲击碾压破碎技术　采用冲击压路机对碾压面的压实，主要作用是提高被压对象的密实度与破碎度，冲压效果与土质状况、冲击压路机型号、行驶速度有关，冲击碾压可简称冲压。路基冲击增强补压：通过一般压路机的碾压，路基压实度已达设计要求，再用冲击压路机补充压实以提高路基的均匀性与整体强度，减少施工后差异沉降。

（4）病害修补技术　病害修补技术是指路面在出现各种病害后，根据病害的类型及病害的严重程度采取不同的修补方法进行处治，使其恢复路用性能。

（5）水泥混凝土路面及其他技术　水泥混凝土路面的养护技术除了以上介绍的方法外，下面将介绍几种养护技术，主要包括快速修复技术、预制拼接快速修复技术以及补设传力杆恢复接缝传荷能力技术等。

## 16.3　路面功能与评价

路面是用各种材料的混合料铺筑在路基上供车辆行驶的层状结构物，是直接为汽车行驶服务的，路面在道路造价中所占比重很大，路面工程对施工机械、检测设备和手段以及施工的质量要求高，是施工控制的重点环节。

路面的好坏直接影响行车速度、运输成本以及行车的安全性和舒适性，路面结构在汽车和自然因素的反复作用下，其使用性能会发生改变，由此路面结构逐渐出现破坏，并最终导致不能满足使用性能的要求。在路面试用过程中，必须采取相应的养护、补强和改建措施，使路面的使用性能得到部分恢复，甚至提高。

为了掌握路面使用性能的变化情况，以便及时采取各种养护和改建措施，延缓其衰变或恢复性能，必须定期对路面的性能进行评价。路面评价体系通常包括行驶质量、破损状况、承载能力和抗滑性能四项指标。

### 16.3.1　路面功能

为了保证道路最大限度地满足车辆运行的要求，提高车速、增强安全性和舒适性，降低运输成本和延长道路使用年限，要求路面具有以下的功能和要求。

**1. 具有足够的强度和刚度**

行驶在路面上的车辆，通过车轮把荷载传给路面，在路面结构内部产生应力、应变及位移，如果路面结构整体或某一组成部分的强度或抗变形能力不足以抵抗这些应力、应变及位移，则路面会出现断裂、沉陷、波浪或车辙，使路况恶化，服务水平下降。因此，要求路面结构整体及其各组成部分都应具有足够的强度和刚度，具有与行车荷载相适应的承载能力。

**2. 具有足够的稳定性**

路面结构暴露在大气之中，经常受到大气温度、降水与湿度变化的影响，从而影响着路面的强度和刚度。

路面稳定性是指路面保持其本身结构强度的性能，在外界各种影响因素的作用下，路面强度变化幅度，路面稳定性包括高温稳定性、低温稳定性和水稳定性。

大气温度周期性的变化对路面结构的稳定性有重要影响，高温季节沥青路面软化，在车轮荷载作用下产生永久性变形，水泥混凝土结构在高温季节因结构变形产生过大内应力，导致路面压曲破坏。北方冰冻地区，在低温冰冻季节，水泥混凝土路面、沥青路面、半刚性基层由于低温收缩产生大量裂缝，最终失去承载能力。

大气降水和高速行驶的车辆使得路面结构内部的湿度状态和水压状态发生变化。水泥混凝土路面，如果不能及时将水分排出结构层，会发生唧泥现象，冲刷基层，导致结构层提前破坏。沥青混凝土路面中水分的侵蚀，会引起沥青结构层剥落，结构松散。砂石路面，在雨期时会因雨水冲刷和渗入结构层，而导致强度下降，产生沉陷、松散等病害，因此防水、排水是确保路基路面稳定的重要方面。

**3. 具有足够的耐久性**

路面工程投资昂贵，从规划、设计、施工到建成通车需要较长的时间，对于这样的大型工程都应有较长的使用年限，一般的道路工程使用年限至少数十年。路面结构要承受车辆荷载的反复作用和大气水温周期性的重复作用，路面材料的各项性能也可能老化衰变，路面使用性能将逐年下降，强度和刚度逐年衰减，从而引起路面结构的损坏，缩短路面的使用年限。

因此，提高路面的耐久性，保持其强度、刚度，几何形态经久不衰，除了精心设计、精心施工、精选材料之外，要把长年的养护、维修、恢复使用性能的工作放在重要的位置。

**4. 具有良好的表面平整度**

路面表面平整度是影响行车安全、行车舒适性以及运输效益的重要使用性能，特别是高速公路，对路面平整度的要求更高。为了减少振动冲击力，提高行车速度和增进行车舒适性、安全性，路面应保持一定的平整度。

强度和抗变形能力差的路基路面结构和面层混合料，经不起车轮荷载的反复作用，极易出现沉陷、车辙和推挤破坏，从而形成不平整的路面表面。优良的路面平整度，要依靠优良的施工装备、精细的施工工艺、严格的施工质量控制、及时的养护来保证。同时，路面的平整度同整个路面结构和路基顶面的强度和抗变形能力有关，同结构层所用材料的强度、抗变形能力以及均匀性有很大关系。

因此，采用强度和刚度高、稳定性好的路面结构和面层材料，对于长期保证路面优良的平整度、减小其衰变速度是非常重要的。

**5. 具有良好的表面抗滑性能**

路面表面要求平整，但不宜光滑。汽车在光滑的路面上行驶时，致使行车速度降低、油料消耗增多，甚至引起严重的交通事故。

路面表面的抗滑能力可以通过采用坚硬、耐磨、表面粗糙的粒料组成路面表层材料来实现，有时也可以采用一些工艺措施来实现，如水泥混凝土路面的刷毛或刻槽等。此外，路面上的积雪、浮冰或污泥等，也会降低路面的抗滑性能，必须及时予以清除。

**6. 具有良好的密闭性**（不透水性）

在降水量大的潮湿多雨地区，交通量大、载货车辆多的高速公路沥青路面水破坏严重，透水的路面，雨水容易渗入路面结构和土基，路面容易产生剥落、坑洞、唧浆和网裂等早期水破坏现象。

为避免路面水破坏，通常情况下，路面结构应该尽量采用不透水的路面面层，设置路面结构排水层或有效防水层。

**7. 具有良好的环保性**

砂石路面在车辆行驶时引起的灰尘以及行车时车辆在各类路面上产生的噪声，对旅客、沿路居民的环境卫生、货物和路旁农作物以及车辆本身均带来不良影响，因此要求路面在行车过程中尽量减少扬尘，降低噪声。

## 16.3.2 路面评价

**1. 路面行驶质量评价**

路面的基本功能是为车辆提供快速、安全、舒适和经济的行驶表面。路面行驶质量反映路面满足这一基本功能的能力。

路面行驶质量的好坏，同路表的平整度特性、车辆悬挂系统的振动特性和人对振动的反应或接受能力三方面因素有关。从路面状况的角度，影响路面行驶质量的主要因素是路面平整度。

路面平整度可定义为路面表面诱使行驶车辆出现振动的高程变化。路面不平整所引起的车辆振动，会对车辆磨损、燃油消耗、行驶舒适、行车速度、路面损坏和交通安全等多方面产生直接影响。因此采用平整度是度量路面行驶质量的一项性能指标。

（1）平整度测定方法　路面平整度测定方法可划分为断面类平整度测定和反应类平整度测定两大类型。

1）断面类平整度测定是直接沿行驶车辆的轮迹量测路面表面的高程，得到路表纵断面，通过数学分析后采用综合统计量作为其平整度指标。属于这一类的方法，主要有水准仪测量、梁式断面仪测定和惯性断面仪测定。采用水准仪和水准尺沿轮迹测路表的高程，由此得到精确的路表纵断面。其测量结果较稳定，测量方法简便，但测量速度很慢、很费工。梁式断面仪测定是用3m长的梁（或直尺）连续量测轮迹处路表同梁底的高程差，由此得到路表纵断面。这种方法较水准测量的测定速度要快些。惯性断面仪是在测试车的车身上安置竖向加速度计，以测定行驶车辆的竖向位置变化。车身同路表面之间的距离，利用激光、超声等传感器进行测定。两方面测定结果叠加后，便可得到路表面纵断面。

断面类平整度测定方法的主要优点：可直接得到轮迹带路表面的实际断面，依据它可以对路面平整度的特性进行分析。主要缺点：对于前两种方法来说，测定速度太慢，不宜用于大范围的平整度数据采集；对于惯性断面仪来说，仪器精密度高，操作和维修技术要求高，因而其广泛应用受到了限制。

2）反应类平整度测定系统是在主车或拖车上安装由传感器和显示器组成的仪器。可以传感和累积车辆以一定速度驶经不平路表面时悬挂系统的竖向位移量。显示器记下的测定值，通常是一个计数数值，每计一个数相应于一定的悬挂系位移量。

反应类平整度测定系统优点：价格低廉，操作简便，可用于大范围内的路面平整度快速测定。测定结果同测试车辆的动态反应状况有关，即随测试车辆机械系统的振动特性和车辆行驶的速度而变化。因而，它存在三项主要缺点：时间稳定性差，即同一台仪器在不同时期测定的结果，会因车辆振动特性随时间的变化而不一致；转换性差，即不同部门测定的结果，由于所用测试车辆振动特性的差异而难以进行对比；不能给出路表的纵断面。

为克服上述第一项缺点，需经常对测定仪器进行标定。标定路段的平整度采用断面类平整度测定方法测定。测定仪器在标定路段上的测定结果与标准结果建立回归关系，即为标定曲线。利用此曲线，可将不同时期的测定结果进行转换。为克服上述第二项缺点，需寻找一个通用的平整度指标，以便把不同仪器或不同部门定的结果，统一转换成以这个通用指标表示的平整度值。这样，它们就能够进行相互比较。

(2) 国际平整度指数（IRI）  反应类平整度仪测定的结果，通常以车辆行驶一段距离后的累积计数值表示。如果把每一种反应类平整度仪的计数以相应的悬挂系竖向位移量表示，则测定结果可表示为 m/km，它反映了单位行驶距离内悬挂系的累积竖向行程。这是一个类似于坡度的单位，称为平均调整坡（ARS）。

以 ARS 作为指标表示测定结果时，不同反应类平整度仪测定之间可以建立良好的相关关系。但这种关系只能在测定速度相同的条件下才能成立，必须按速度分别建立回归方程。

国际平整度指数（IRI）是一项标准化的平整度指标。它同反应类平整度测定系统类似，但是采用数学模型模拟 1/4 车（即单轮，类似于拖车）以规定速度（80km/h）行驶在路面上，分析具有特定特征参数的悬挂系在行驶距离内由于动态反应而产生的累积竖向位移量。因而，这一指标与反应类仪器的 ARS 相似，称为参照平均调整坡（RARS30）。

对标定路段的平整度，按上述方法用国际平整度指数表征，同反应类平整度仪的测定结果建立标定曲线，则使用此类标定曲线便可克服反应类平整度仪转换性差的缺点。

(3) 行驶质量评价  路面行驶质量同路表面的不平整度、车辆的动态响应和人的感受能力三方面因素有关。不同的乘客乘坐同一辆车行驶在同一个路段上，由于各人对行驶舒适性的要求和对颠簸的接受能力不同，对该路段的行驶质量会作出不同的评价。

由于评价带有个人主观性，为了避免随意性，提出了主客观相结合的评价方法。一方面邀请具有不同代表性的乘客，分别按各人的主观意见进行评分，而后汇总大家的评价，以平均评分值代表众人的评价。另一方面对各评价路段进行平整度量测。通过回归分析建立主观评分同客观量测结果的相关关系。由此建立的评价模型，便可用来对路面行驶质量进行较统一的评价。

对行驶质量的评价可以采用 5 分或 10 分评分制。评分小组的成员应能覆盖对行驶舒适性有不同反应的各类人员（不同职业、年龄、社会经济和文化背景等）。所选择的评分路段，其平整度和路面类型应能覆盖住可能遇到的范围和情况。评分时所乘坐的车辆，应选择其振动特性具有代表性的试验车。整个评分过程中，采用相同的试验车和行驶速度。

整理各评分路段的主观评分和客观量测结果后，通过回归分析可建立线性或非线性的评价模型，利用评价模型可以对路面行驶质量的好坏作出相对的评价。然而，还需要建立行驶质量评定标准（见表16-3），以衡量该评价对使用性能最低要求的满足程度。

表16-3 路面行驶质量评定标准

| 评定指标 | 优 | 良 | 中 | 次 | 差 |
| --- | --- | --- | --- | --- | --- |
| 行驶质量RQI | RQI≥8.5 | 7.0≤RQI<8.5 | 5.5≤RQI<7.0 | 4.0≤RQI<5.5 | RQI<4.0 |

**2. 路面破损状况评价**

路面结构的损坏状况，反映了路面结构在行车和自然因素作用下保持完整性或完好的程度。路面结构损坏的发生和发展同路面养护和改建工作密切相关，可以通过平整度指标在一定程度上反映路面的损坏状况，平整度的好坏还同路面施工质量等因素有关，主要反映道路使用者的要求和利益。

路面结构的损坏状况，须从损坏类型、损坏严重程度、出现损坏的范围或密度三方面描述。综合这三方面，才能对路面结构的损坏状况作出全面的估计。

（1）损坏类型　路面出现损坏的原因是多方面的（荷载、环境、施工、养护等），结构损坏所表现出的形态和特征也是多种多样的。各种损坏对路面结构完好程度和路面使用性能有不同程度的影响，需相应采取不同的养护或改建对策。路上常遇到的主要损坏类型，可按损坏模式和影响程度的不同而分为四大类：

1）裂缝或断裂类。路面结构的整体性因裂缝或断裂而受到破坏；

2）永久变形类。路面结构虽仍保持整体性，但形状在各种因素的作用下产生较大的变化。

3）表面损坏类。路面表层部分出现的局部缺陷，如材料的散失或磨损等。

4）接缝损坏类。水泥混凝土接缝及其邻近范围出现的局部损坏。

（2）损坏分级　各种路面损坏都有一产生和发展的过程。在这过程中，处于不同阶段的损坏，对于路面使用性能有不同程度的影响。为了区别同一种损坏对路面使用性能的不同影响程度，对各种损坏须按其影响的严重程度划分为几个等级，一般2~3个等级。

对于断裂或裂缝类损坏，分级时主要考虑对结构整体性影响的程度，可采用缝隙宽度、边缘碎裂程度、裂缝发展情况等指标表征。对于变形类损坏，主要考虑对行车舒适性的影响程度，可采用平整度作为指标进行分级。对于表面损坏类，往往可以不分级。具体指标和分级标准，可根据各地区的特点和其他考虑，经过调查分析后确定。损坏严重程度分级的调查，往往通过目测进行。为了使不同调查人员得到大致相同的判别，对分级的标准要有明确的定义和规定。

各种损坏出现的范围，对于沥青路面和砂石路面，通常按面积、长度或条数量测，除以被调查子路段的面积或长度后，以损坏密度计（以%或Σ条数/子路段长表示）。而对于水泥混凝土路面，则调查出现该种损坏的板块数，以损坏板块数占该子路段总板块数的百分率计。

（3）损坏状况评价　每个路段的路面可能出现各种不同类型、严重程度和范围的损坏。为了使各路段的损坏状况或程度可以进行定量比较，需采用一项综合评价指标，把这三方面的状况和影响综合起来。通常采用的是扣分法。对于不同的损坏类型、严重程度和范围规定不同的扣分值，按路段的损坏状况累计其扣分值后，以剩余的数值表征或评价路面结构的完好程度。

各种损坏类型和严重程度对路面完好程度及其衰变速率有不同程度的影响，对路面使用要求的满足程度有不同影响，对养护和改建措施有不同的需要。其间很难建立明确的定量关系。因而，只能采用主客观相结合的方法（类似于行驶质量评价中采用的方法），确定不同损坏类型、严重程度和范围的扣分值。

我国沥青路面和水泥混凝土路面养护技术规范规定在评定路面状况指数 PCI 时，采用下式计算

$$\text{PCI} = C - \sum_{i=1}^{n}\sum_{j=1}^{m} DP_{ijk}W_{ij} \tag{16-1}$$

式中　$C$——初始（无损坏时）评分值，百分制时一般用 $C=100$；

　　　$i, j$——相应为损坏类型数（共 $n$ 种）和严重程度等级数（共 $m$ 级）；

　　　$DP_{ijk}$——$i$ 种损坏、$j$ 级严重程度和 $k$ 范围的扣分值；

　　　$W_{ij}$——多种损坏类型和严重程度时的权函数。

我国规范沥青路面破损评定标准见表 16-4，水泥混凝土路面破损评定标准见表 16-5。

表 16-4　我国规范沥青路面破损状况评定标准

| 损坏状况评价等级 | 优 | 良 | 中 | 次 | 差 |
|---|---|---|---|---|---|
| 路面评价指标 PCI | ≥85 | 84~70 | 69~55 | 54~40 | <40 |

表 16-5　我国规范水泥混凝土路面破损状况评定标准

| 损坏状况评价等级 | 优 | 良 | 中 | 次 | 差 |
|---|---|---|---|---|---|
| 路面评价指标 PCI | ≥85 | 84~70 | 69~55 | 54~40 | <40 |
| 断板率 DBL | ≤1 | 2~5 | 6~10 | 11~20 | >20 |

**3. 路面结构承载能力评价**

路面结构承载能力，是指路面在达到预定的损坏状况之前还能承受的行车荷载作用次数，或者还能使用的年数。

路面结构的承载能力同损坏状况有着内在联系。在使用过程中，路面的承载能力逐渐下降，与此同时损坏逐步发展。承载能力低的路面结构，其损坏的发展速度迅速；承载能力接近于临界状态时，路面的损坏达到严重状态，必须采取改建措施（设置加铺层等）来恢复或提高其承载能力。

路面结构承载能力的测定分为破损类和无破损类两种。破损类从路面各结构层内钻取试样，试验确定其各项计算参数，通过同设计标准相比较，估算其结构承载能力。无破损类测定则通过路表的无破损弯沉测定，估算路面的结构承载能力。

不同路面结构具有不同的路表弯沉值，不能单独从最大弯沉值大小来判断路面构的剩余寿命，同时路面结构的承载能力会在使用过程中会逐渐下降。反映在弯沉值变化上，则为路段的代表弯沉值随时间（轴载作用次数）的增加而逐渐增长。随着弯沉值的增长，路面逐渐出现车辙变形和裂缝等损坏。定义某种程度的损坏作为临界状态，相应于这种损坏状况的路面弯沉值，即为路面结构的极限承载能力。为此要判断现有路面结构的承载能力（剩余

寿命），除了由测定得到代表弯沉值外，还须知道路面结构类型、路面损坏状况以及到调查测定时路面已承受的标准轴载作用次数。

利用沥青路面的弯沉值同标准轴载累计作用次数和路面损坏临界状态间的关系曲线，可按路段的代表弯沉值和路面已承受的标准轴载累计作用次数，确定现有路面结构的剩余寿命。

利用由动态弯沉测定得到的弯沉曲线，可以分别计算确定各结构层的弹性模量值。然后，配合由钻孔得到的结构层厚度数据，便可利用有关路面结构设计图表或公式计算确定路面结构的承载能力，力学分析法是其中之一。

采用强度系数 SSI 作为评价指标，SSI 定义为路面允许弯沉值/路面代表弯沉值比值，评价标准见表 16-6。

表 16-6 沥青路面采用强度系数 SSI 作为评价标准

| 评价指标 | 优 | 良 | 中 | 次 | 差 |
| --- | --- | --- | --- | --- | --- |
| 结构强度系数 | ≥1.2 | 1.0~1.2 | 0.8~1.0 | 0.6~1.0 | ≤0.6 |

**4. 路面抗滑性能的评价**

路面抗滑性能是指车辆轮胎受到制动时沿路表面滑移所产生的抗滑力。通常，抗滑性能被看做是路面的表面特性，并定义为

$$f = \frac{F}{W} \tag{16-2}$$

式中　$f$——摩阻系数；
　　　$F$——作用于路表面的摩阻力；
　　　$W$——垂直于路表面的荷载。

影响路面抗滑性能的因素有路面表面特性（细构造和粗构造）、路面潮湿程度和行车速度。

路表面的细构造是指集料表面的粗糙度，它随车轮的反复磨耗作用而逐渐被磨光。通常采用石料磨光值（PSV）表征其抗磨光的性能。细构造在低速（30~50km/h 以下）时对路表抗滑性能起决定作用，高速时起主要作用的是粗构造，它是由路表外露集料间形成的构造，功能是使车轮下的路表水迅速排除，以免形成水膜。粗构造由构造深度表征其性能。

路表面应具有的最低抗滑性能，视道路状况、测定方法和行车速度等条件而定。各国根据对交通事故率的调查和分析，以及同路面实测抗滑性能间建立的对应关系，制定有关抗滑指标的规定。表 16-7 为我国沥青路面设计规范中所列的沥青路面抗滑性能标准。抗滑性能评定以摆式仪的抗滑值 SRV 为指标。

表 16-7 沥青路面抗滑性能标准

| 公路等级 | 横向力系数 SFC | 构造深度 TC/mm | 摆值 $F_b$/BPN |
| --- | --- | --- | --- |
| 高速、一级公路 | ≥54 | ≥0.55 | ≥45 |

## 16.4 路面管理系统

### 16.4.1 路面管理系统的基本概念

路面管理系统（Pavement Management System，简称 PMS）是近 20 年来在道路工程界出

现的一个新研究领域,它的研究起源于美国和加拿大,最初针对的是路面的养护和改建。

路面管理系统是以路面管理为目的,运用现代管理科学的理论、系统的分析方法和计算机技术手段,综合考虑技术、经济、社会、和政治等方面的因素,协调各项路面管理活动,为路面的养护、改建提供科学的数据和分析方法,以便有效地使用有限的资源,提供良好服务水平的路面,最终达到降低整个社会的交通运输成本,节约社会资源的目的。

### 16.4.2 路面管理系统的分级

路面管理系统,一般划分为网级管理系统和项目级管理系统两个层次,以分别适应不同管理层次的需求,两者具有不同的结构和功能。

**1. 网级路面管理系统**

网级管理系统通常包括一个地区,如省、市的公路网或一大批工程项目。其主要任务是为管理部门在进行关键性的行政决策时提供对策,包括:

1) 路况分析——路网内路面现有状况的分析及路面状况变化预估。
2) 路网规划——确定路网内需要新建、改建和养护的项目。
3) 安排计划——确定进行上述项目的合适时间和各项目的优先次序。
4) 预算安排——确定各年度的投资额。
5) 资源分配——各行政区域或不同等级道路或养护、改建和新建之间的资源分配。

为实施上述任务,网级管理系统包含16-24所示的各项基本要素。

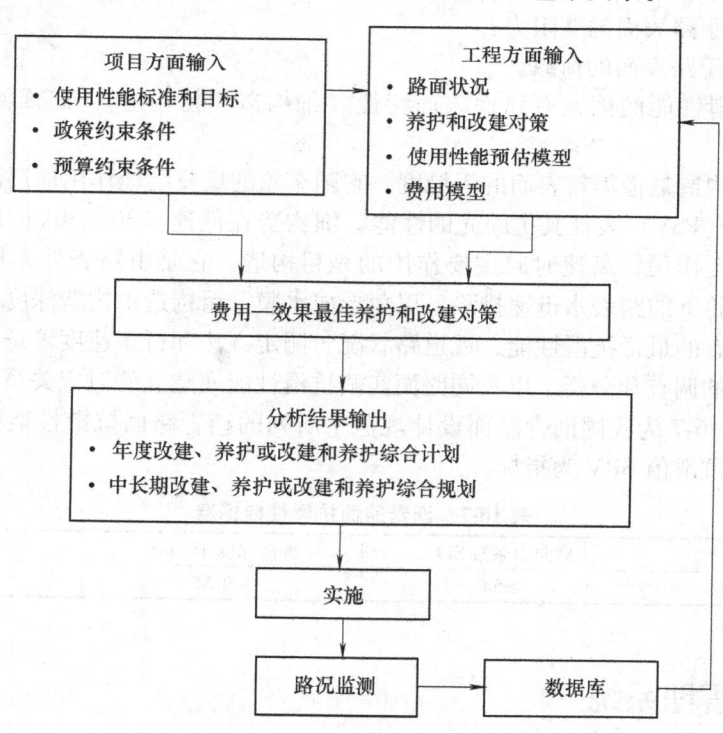

图 16-24 网级路面管理系统的基本要素

管理方面的输入包括:

1）使用性能指标——路网规定的在使用性能方面应达到的总水平。

2）政策约束条件——事先规定投资的地区分配比例或新建、改建和养护的投资分配比例等。

3）预算约束条件——可以用于路面工程的资金。

工程方面的输入包括：

1）路面现状——调查、评定现有路面在结构和功能方面的使用性能状况。

2）养护和改建对策——对不同类型和不同路况的路面拟定若干典型的养护和改建对策。

3）使用性能预测模型——预测路面在结构和功能方面的使用性能随时间或交通量变化而变化的情况。

4）费用模型——不同养护、改建对策的养护费用、建筑费用和用户费用等。

**2. 项目级路面管理系统**

项目级管理系统的服务对象是一个工程项目。它的主要任务是为管理部门对某一工程进行技术决策时提供对策，以选择费用—效果最佳的方案。

项目级管理系统的基本要素及其同网级管理系统的关系，如图16-25所示。

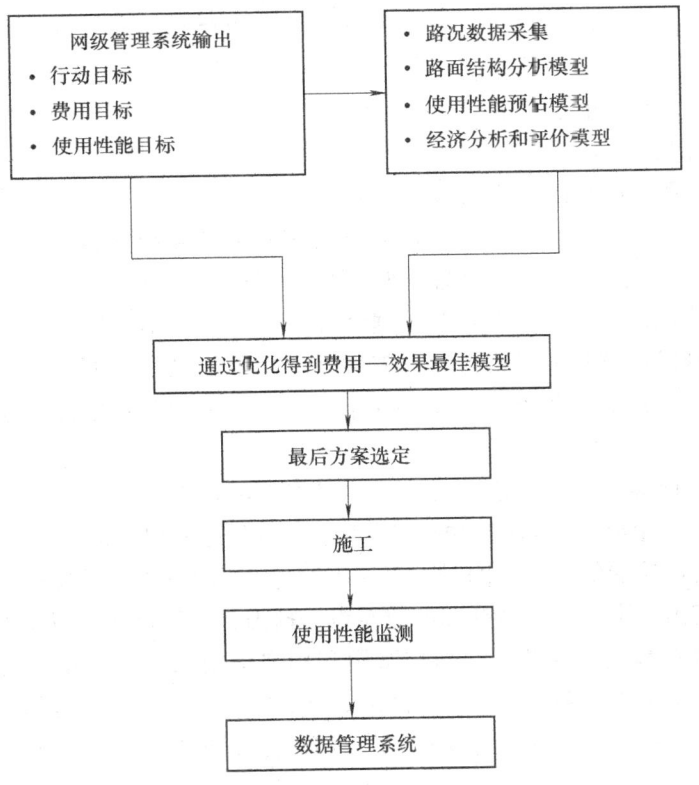

图16-25　项目级管理系统的基本要素

由网级管理系统的输入，可以得到某一工程项目的三方面目标：行动目标（采取哪一种新建、改建或养护行动）、费用目标（可分配到的投资额）和使用性能目标（在预定期限内应具有的使用性能指标）。项目级管理系统则是通过进一步采集特定的现场资料拟定备选路面方案，并结合具体条件进行详细的结构计算和经济分析，以确定采用费用—效果最佳或更合理的行动方案。

### 16.4.3 路面管理系统的结构与组成

完整的路面管理系统通常由数据管理系统、网级管理系统和项目级管理系统三个子系统所组成。

**1. 数据管理系统**

路面管理系统必须建立在掌握大量信息的基础上，即必须以数据系统作为支持，才能保证系统提出的对策具有客观性。数据管理系统通常包含下述四类信息：

1）设计和施工数据，包括交通参数、道路等级、几何参数、路面厚度、所用材料及性质实验结果、路基土性质及实验结果等。

2）养护和改建数据，包括曾进行过的养护和改建的类型、实施的日期和费用等。

3）使用性能数据，主要包括行驶质量、路面损坏状况、结构承载能力和抗滑能力四方面，均通过路况监测系统定期采集得到。

4）其他方面，如环境（降水、温度、冰冻）、材料单价等。

数据管理系统由数据库和路况监测（数据采集）系统两部分组成。数据采集是一项既费时又费钱的工作，而数据库的容量又有一定限制，因此在采集数据前，必须先仔细分析哪些数据是必要的，避免将非必要的数据纳入系统。

**2. 网级管理系统**

网级路面管理系统通常由下述几部分组成。

（1）使用性能评价模型　对于通过监测系统采集到的路况资料，进行评级或评分。要由多方面的属性来表征路面所处的状态，如损坏、平整度、结构承载力或抗滑能力等。

（2）使用性能预估模型　仅靠路况数据和评价，由于尚不知道采取某项对策后的效果（路况的变化），难以比较各种对策方案，需建立使用性能预估模型，即建立处于某种状态的路面在采取某项养护或改建措施后路况的有关属性（使用性能参数）随时间或交通的变化关系。

（3）使用性能标准和养护改建对策模型　根据使用要求经济分析和经济条件，为公路网规定路面的使用性能标准。当路面的使用性能达不到这一要求时，须采取养护或改建措施，以恢复路况到可接受的状态。同时，要为不同等级和不同路况的路面，按当地的经验、条件和政策，制定出若干典型的养护和改建对策，提出各种对策方案以供参考。

（4）费用模型　包括建筑费用、养护费用和用户费用三部分。建筑费用是指新建成时的一次投资；养护费用则是路面在使用期间的日常养护费；用户费用是指使用道路的车辆的运行费、行程时间费和延误费等。它反映了公路部门提供的投资和服务水平所产生的直接社会效益。

（5）优先次序或优化　建立管理系统的主要目的是提供最佳的路网养护和改建对策。这些对策能使整个路网在预算受约束的条件下维持最高的路况（服务）水平，或者使整个路网在满足最低使用性能标准的条件下所需的投资最少。为实现这一目标，可以使用不同的优先规划或优化方法。

**3. 项目级管理系统**

项目级管理系统的组成基本与网级系统相同。由于项目及系统的主要任务是为网级系统所确定的工程项目提供在预期分析期内的费用——效果最佳的改建方案，因此必须采集更为详细和结合当地情况的资料，并进行具体的结构和功能分析。项目级和网级所采用的使用性能参数基本相同，但在数据采集和路况评价方面有重要差别。

## 16.4.4 路面管理系统的数据库

路面管理系统涉及路面的规划、设计、施工、评价和相关研究工作，相关的数据库就成为路面管理系统的核心，如图 16-26 所示。

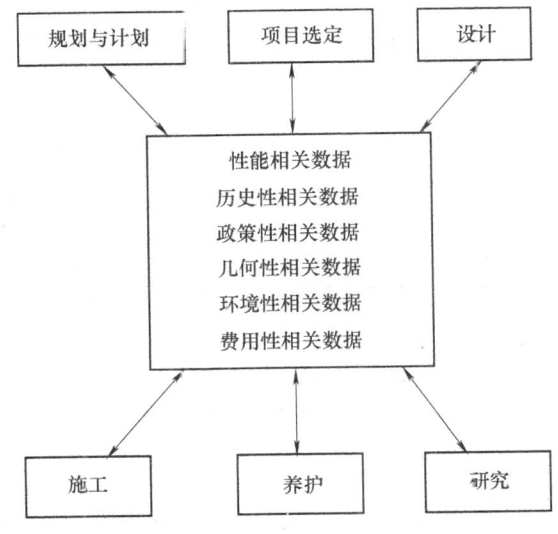

图 16-26 路面管理系统的核心——数据库

为了实现路面管理系统的目标，为路面养护和修复对策提供支持，施工和养护历史数据是非常重要的，不断收集起来的路面资料为开发、更新、评价在规划和设计中使用的路面模型提供了基础。施工和养护资料对于路面模型的开发至关重要。路面施工资料包括材料的质量信息，如混凝土的抗弯强度、沥青混凝土的密实度等。路面养护资料包含所有影响使用的养护工作，如封缝、补坑、表面剥落等。高效的养护将使得使用周期大于设计周期成为可能。

使用性能评价的主要目的是确定路面结构现有状况。常用不平整度（与行车舒适性有关）、破损状况、弯沉（与结构承载能力有关）、表面摩擦（与安全有关）四项测试可以用来确定路面状况。

一个好的路面应该是行车舒适，结构可靠并且提供足够的摩擦以避免滑车事故。在主要考虑用户要求的前提下，不平整度是路面用户行车特性的主要影响因素，影响行车的舒适性。结构能力是路面在不损坏的情况下承受荷载的能力，它也会受到严重的车辙或坑洞的影响。

上述四项指标和养护、用户费用被看做路面的输出参数，即它们是确定路面是否令人满意的变量。这些输出变量多数在设计阶段就应预测，并且在路面服务期间结束。如果有足够的资金进行修复,则一个新的服务周期又开始了。

### 16.4.5 路面损坏的预测模型

为了估计路网中某些路段的服务年限,有必要预测路面评价指标的变化率,进而进行维护需求的分析和评价。

为了建立路面损坏预测模型,如图16-27所示,必须具备以下基本条件:满足要求的数据库;包含影响路面损坏的所有重要因素;认真选择能代表实际情况的预算模型的形式;合理评价模型精度的标准。

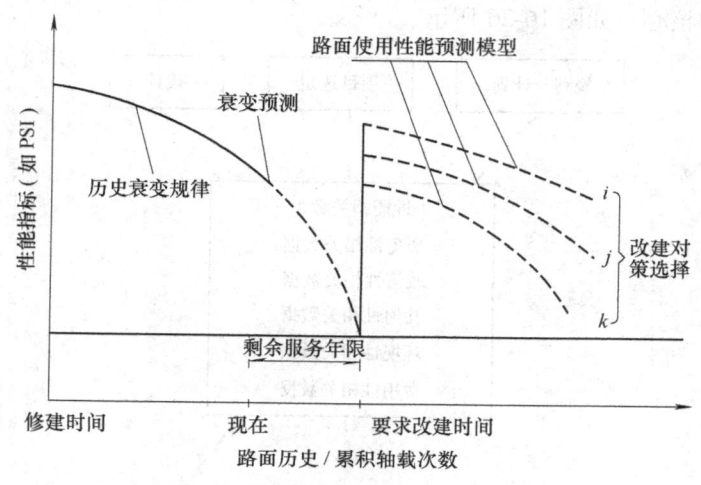

图16-27 路面使用性能预测模型

路面预测模型可以分为确定型和概率型两种基本类型。确定型模型可以用于结构基本响应的确定等。根据不同的工作目的,常用的模型又可分为以下四类:

1)纯力学模型,通常是结构响应类模型,如应力、应变和弯沉等。

2)力学经验模型,如通过回归方程建立路面响应参数与实测的结构性或功能性损坏(如弯沉和不平整度)的关系。

3)回归模型,由观察或实测得到的结构性或功能性的相关变量与一个或多个独立变量,如路基强度、轴承分布、路面厚度及其材料特性和环境因素以及它们之间的相互作用的关系。

4)主管模型,用转移过程模型"捕捉"经验,如开发损坏预测模型。

### 16.4.6 路面管理系统的功能

路面管理系统的功能主要表现在以下几方面:

1)通过监测系统采集到的客观数据评价道路的现状。

2)利用具有一定可靠度的使用性能预估模型,预测各种养护和改建对策的后果。

3)以客观的数据作为申请投资的依据,并可以论证不同投资(预算)水平对路网服务水平和路况的改善和影响。

4)为合理地和有效地分配投资和资源提供费用—效果最佳的对策。

5) 合理地评价各种设计方案。
6) 利用监测系统采集到的数据，为考察和评价设计施工和养护方法提供依据。

为了保持和改善现有路网的服务水平和路面状况，如何使用好有限的资金，提供尽可能高服务水平的路面，是各级管理部门需优先解决的任务。因此，建立和完善依赖于管理科学系统工程和计算机技术的路面管理系统是解决这一问题强有力的工具。

## 本 章 小 结

本章主要讲解了路面的病害、防治与养护技术，路面的功能与评价，路面管理系统三个方面的内容。重点掌握路面的主要病害及其产生原因，防治与养护技术；理解路面的功能，熟悉路面的评价指标及路面管理系统。

## 思 考 题

16-1 简述沥青路面的病害类型及其防治措施。
16-2 常见的沥青路面养护技术包括哪些内容？
16-3 简述水泥路面的病害类型及其防治。
16-4 常见的水泥路面养护技术包括哪些内容？
16-5 路面功能和要求有哪些？
16-6 路面评价有哪些方面？如何进行评价？
16-7 何为路面管理系统？
16-8 路面管理系统如何进行分级？其结构与组成有哪些？
16-9 路面管理系统的损坏预测模型必须具备哪些基本条件？
16-10 路面管理系统的功能有哪些？

# 参 考 文 献

[1] 邓学钧. 路基路面工程 [M]. 3版. 北京：人民交通出版社，2011.
[2] 中华人民共和国行业标准. JTG B01—2003 公路工程技术标准 [S]. 北京：人民交通出版社，2003.
[3] 中华人民共和国行业标准. JTG D30—2004 公路路基设计规范 [S]. 北京：人民交通出版社，2004.
[4] 中华人民共和国行业标准. JTG E40—2007 公路土工试验规程 [S]. 北京：人民交通出版社，2007.
[5] 中华人民共和国行业标准. JTG F10—2006 公路路基施工技术规范 [S]. 北京：人民交通出版社，2006.
[6] 中华人民共和国行业标准. JTG D50—2006 公路沥青路面设计规范 [S]. 北京：人民交通出版社，2006.
[7] 中华人民共和国行业标准. JTG D40—2011 公路水泥混凝土路面设计规范 [S]. 北京：人民交通出版社，2011.
[8] 中华人民共和国行业标准. JTG F40—2004 公路沥青路面施工技术规范 [S]. 北京：人民交通出版社，2004.
[9] 中华人民共和国行业标准. JTG E60—2008 公路路基路面现场测试规程 [S]. 北京：人民交通出版社，2008.
[10] 中华人民共和国行业标准. JTG E51—2009 公路工程无机结合料稳定材料试验规程 [S]. 北京：人民交通出版社，2009.
[11] 中华人民共和国行业标准. JTG/T D33—2012 公路排水设计规范 [S]. 北京：人民交通出版社，2009.
[12] 中华人民共和国行业标准. JTG E20—2011 公路工程沥青及沥青混合料试验规程 [S]. 北京：人民交通出版社，2009.
[13] 中华人民共和国行业标准. JTJ 004—1989 公路工程抗震设计规范 [S]. 北京：人民交通出版社，1989.
[14] 偶昌宝，石泉彬. 路基路面工程 [M]. 北京：北京大学出版社，2011.
[15] 程培峰. 路基路面工程 [M]. 北京：科学出版社，2009.
[16] 刘黎萍. 新编路基路面工程 [M]. 上海：同济大学出版社，2011.
[17] 沙爱民. 路基路面工程 [M]. 北京：高等教育出版社，2010.
[18] 包惠明，曹晓岩. 路基路面工程 [M]. 北京：机械工业出版社，2007.
[19] 李福普，沈金安. 公路沥青路面施工技术规范实施手册 [M]. 北京：人民交通出版社，2005.
[20] 陈忠达. 公路挡土墙设计 [M]. 北京：人民交通出版社，1999.
[21] 凌天清，曾德荣. 公路支挡结构 [M]. 北京：人民交通出版社，2006.
[22] 李立寒，张南鹭，孙大群，等. 道路工程材料 [M]. 5版. 北京：人民交通出版社，2010.
[23] 李峻利，姚代禄. 路基设计原理与计算 [M]. 北京：人民交通出版社，2001.
[24] 曹东伟，刘清泉，唐国奇. 排水沥青路面 [M]. 北京：人民交通出版社，2010.
[25] 万德臣. 路基路面工程 [M]. 北京：高等教育出版社，2005.
[26] 邓学钧，陈荣生. 刚性路面设计 [M]. 北京：人民交通出版社，2005.
[27] 天津市市政工程设计研究院. 城市道路—水泥混凝土路面（05MR202）[M]. 北京：中国建筑标准设计研究院，2005.
[28] 周娟，李燕. 路基路面工程 [M]. 郑州：黄河水利出版社，2008.
[29] 李维勋. 路基路面工程 [M]. 北京：机械工业出版社，2008.
[30] 尤晓伟. 现代道路路基路面工程 [M]. 北京：清华大学出版社，北京交通大学出版社，2010.